HÉROS

LES ORIGINES DE L'UNIVERS MARVEL

SOMMAIRE

Pour l'édition française : Panini France S.A. - Nice La Plaine, Bât. C2
Avenue Emmanuel Pontremoli, 06200 Nice.
ISBN : 979-10-391-2083-8
Dépôt légal : **novembre 2023**
Achevé d'imprimer en **Italie** en **octobre 2023** par **Lito Terrazzi S.r.l.** - Prato.
Code produit : **FMH23031**

www.panini.fr

LES FONDATIONS DE LA MAISON DES IDÉES

Spider-Man, les Avengers, les X-Men… qui, aujourd'hui, ne connaît pas ces vedettes du grand écran ? Mais derrière ces personnages fabuleux se cache l'histoire tout aussi passionnante de leur création au sein des comics.

Quelles sont les origines de cet univers ? Eh bien, une maison d'édition qui a connu au cours de son existence plusieurs noms : Timely, durant une grande partie des années 1940, puis Atlas dans les années 1950, et enfin Marvel, à partir de 1963. À sa tête, on trouve son fondateur **Martin Goodman**, un éditeur de *pulps*, des magazines dédiés à des récits policiers, d'aventure ou de science-fiction imprimés sur du papier bon marché. En 1939, Goodman est contacté par **Frank Torpey**, un agent de Funnies Inc., une entreprise qui se spécialise dans la réalisation de comics. Elle emploie notamment **Carl Burgos** et **Bill Everett**, les auteurs qui viennent de concevoir la **Torche Humaine** et **Namor**, le Prince des Mers, deux personnages inspirés d'éléments opposés : le feu et l'eau. Ces héros sont destinés à une publication qui ne verra pas le jour, et Goodman les récupère afin qu'ils tiennent la vedette de son premier travail : *Marvel Comics*. À l'époque, le médium est encore jeune et chaque création a un parfum d'inédit. **Superman** a été imaginé un an auparavant, en juin 1938, dans les pages d'*Action Comics* 1, publié par la future DC Comics, et ses imitateurs envahissent les kiosques.

Mais Namor et la Torche Humaine ont quelque chose en plus. Contrairement à Superman, qui a fait vœu de servir l'humanité, le Prince des Mers, lui, lui déclare la guerre. Rendu fou furieux par les incursions de plongeurs près de son royaume sous-marin, il jure de conquérir le monde de la surface. Quant à la Torche Humaine, ce n'est ni un humain ni un extraterrestre, mais un androïde ! Inventé par le professeur **Phineas Horton**, il ressemble comme deux gouttes d'eau à un homme ordinaire, à ceci près qu'il prend feu à l'air libre. S'échappant du caisson hermétique où Horton l'a enfermé, la Torche Humaine apprend à contrôler ses pouvoirs et adopte une identité secrète, celle de **Jim Hammond**, afin de rejoindre les forces de police. Se tenant des deux côtés de la loi, Namor et la Torche sont appelés à se rencontrer les mois suivants… et à s'affronter ! Dans *Marvel Mystery Comics* 9, sorti en juillet 1940, a lieu le "combat du siècle des comics". Les lecteurs constatent alors que ces personnages évoluent dans le même monde. C'est le début de l'univers Marvel.

Le temps des conflits

Marvel Comics 1 a été mis en vente au moment même où les troupes d'**Adolf Hitler** envahissaient la Pologne, c'est dire si l'ombre de la Seconde Guerre mondiale plane sur les premiers comics de l'éditeur. Fin 1940, il devient évident que les États-Unis vont devoir choisir leur camp. En s'inspirant de cette actualité pesante, **Joe Simon** et **Jack Kirby**, deux auteurs qui ont déjà fourni quelques séries pour Timely, inventent alors celui qui incarnera le symbole de toute une nation : **Captain America**. Joe Simon est par ailleurs le premier rédacteur en chef de Timely. Lorsque Kirby et lui rejoignent la concurrence et travaillent pour DC, Goodman remplace Simon en recrutant son cousin par alliance, un jeune homme de 18 ans, **Stanley**

Martin Lieber, mondialement connu aujourd'hui sous son nom de plume : **Stan Lee**. Excepté durant la période où il est appelé sous les drapeaux, Stan Lee restera à ce poste jusqu'en 1972, menant la barque dans les moments les plus sombres.

Ce fut le cas à la fin des années 1950, après qu'une enquête sénatoriale particulièrement médiatisée a pointé du doigt les comics comme principaux responsables de la montée de la délinquance juvénile. L'argumentaire est cousu de fil blanc, mais le grand public se détourne des comics, et un code d'autocensure établi par les différents éditeurs, le Comics Code, est mis en place en 1955. Les ventes sont en berne et Timely, entre-temps devenu Atlas, perd son distributeur en 1957, puis son dessinateur phare, **Joe Maneely**, victime d'un accident ferroviaire en 1958. Il semble un temps que l'éditeur soit à deux doigts de mettre la clé sous la porte. Mais le retour de Jack Kirby et le maintien d'autres collaborateurs fidèles comme **Steve Ditko**, **Don Heck**, ou le propre frère de Lee, **Larry Lieber**, lui permettent de garder la tête hors de l'eau. Ces auteurs délivrent à cette époque des récits de monstres, d'invasions extraterrestres, de westerns et même des romances. Tout, sauf du super-héros. De son côté, le grand rival DC domine les ventes avec la famille des titres *Superman* et une toute nouvelle série, *Justice League of America*, consacrée au groupe phare de l'éditeur.

Un univers en expansion

Ni une ni deux, Martin Goodman demande à Stan Lee de concevoir un titre de super-héros. Mais de l'aveu de l'artiste, et bien qu'il ait déjà réalisé ce type de série, il ne se sent pas à l'aise avec le concept de justicier masqué. En discutant avec l'imaginatif Jack Kirby, il conçoit alors une équipe d'un genre nouveau qui intègre les motifs de leurs magazines de monstres. Fin 1961 sort *Fantastic Four* 1, et le monde du neuvième art américain ne sera jamais plus le même. Les lecteurs s'enthousiasment immédiatement pour ces personnages à la fois surhumains et faillibles. Les **Quatre Fantastiques** affrontent tout autant leurs conflits internes que leurs adversaires. Ils connaissent des soucis d'argent ou se trouvent en butte avec les autorités, mais ce sont surtout des célébrités, n'ayant aucune identité secrète. Dans les années 1960, *Fantastic Four* pose les bases de l'univers Marvel naissant. De nombreuses créations y font leurs premières apparitions et c'est tout un pan de ce monde fabuleux qui se dévoile au gré des épisodes.

Le partenariat artistique de Stan Lee et Jack Kirby est assez particulier, puisque ces derniers discutent des intrigues au téléphone avant que Jack Kirby ne réalise l'ensemble des pages en crayonnés. Stan Lee ajoute ensuite les récitatifs, les dialogues et les onomatopées, mais souvent, ces textes se trouvent déjà plus ou moins rédigés par Kirby. Lee applique cette "méthode Marvel" à toutes les créations des années 1960. Avec Kirby, sur **Hulk**, **Ant-Man**, **Thor**, les **X-Men**, les **Avengers** ou **Nick Fury**, mais aussi avec Don Heck sur **Iron Man**, Steve Ditko sur **Spider-Man** et le **Dr Strange**, Bill Everett sur **Daredevil**, **Gene Colan** sur **Captain Mar-Vell**... Plus tard, au fil des décennies, on apprend que Kirby a aussi apporté sa patte au moment de la conception de certains héros (Iron Man et Spider-Man, notamment).

Cette méthode a pour avantage de donner une grande latitude au dessinateur. Contrairement aux séries DC très corsetées par leurs éditeurs, les titres Marvel offrent une mise en page dynamique et toujours singulière. De plus, comme elles sont toutes chapeautées par Stan Lee, il est aisé pour les personnages de se rencontrer. Un mois, Spider-Man rend visite aux Quatre Fantastiques, un autre, il fait équipe avec Daredevil, tandis que Hulk affronte la **Chose** et que les ennemis des X-Men, **Vif-Argent** et la **Sorcière Rouge**, rejoignent les Avengers. Là aussi, Marvel innove : de **Black Widow** au **Silver Surfer** en passant par **Hawkeye** ou la **Vision**, de nombreuses grandes figures héroïques débutent en tant que vilains de la Maison des Idées. La tradition est maintenue durant des décennies : de **Mystique**, **Malicia** et **Moon Knight** aux plus inquiétants **Punisher**, **Deadpool** et **Venom**.

Renouveau et diversification

Toujours dans les années 1960, Marvel est pionnier en matière de diversité. On croise de nombreux personnages secondaires afro-américains dans les pages de différentes séries : **Gabe Jones**, **Robbie Robertson**, **Bill Foster**. Surtout, la création de héros noirs, comme la **Panthère Noire** et le **Faucon**, participe au progrès de la société. Avec les années 1970 et le Mouvement de libération des femmes, naissent en outre les premières séries mettant en vedette des super-héroïnes comme la **Chatte** (qui devient ensuite **Tigra**), **Miss Marvel** et **Spider-Woman**. Durant cette décennie, la diversité, c'est aussi celle des genres abordés, puisque Marvel s'aventure sur différents terrains : le kung-fu avec **Shang-Chi** et **Iron Fist**, l'horreur avec **Dracula** ou l'**Homme-Chose**, et même la satire politique avec **Howard le Canard** ! Mais le titre le plus important, celui qui emporte les suffrages du public comme de la critique et donne le *la* de la décennie suivante, n'est autre qu'une refonte d'une série annulée pour cause d'échec commercial : il s'agit du comics dédié aux **X-Men**. La nouvelle équipe propose une distribution plus diverse et qui se féminise, petit à petit, sous l'influence de son scénariste, **Chris Claremont**.

Depuis les années 1980, les nouveaux personnages Marvel suivent la transformation du lectorat et de la société dans laquelle ils évoluent. Ils peuvent être des mutants à l'attitude plus agressive, comme **Cable**, ou des extraterrestres à l'apparence étrange comme **Rocket Raccoon**. Ils peuvent être des versions alternatives, comme les Spider-Men ou Spider-Women échappés du Spider-Verse, tels **Miles Morales** ou **Spider-Gwen**. Ou ils peuvent être des successeurs, héritiers d'une longue tradition, comme la nouvelle Miss Marvel, **Kamala Khan**. Enfin, symboliquement, certains anciens personnages reprennent le flambeau des mains de leurs alliés : comme **Carol Danvers**, qui troque son alias de Miss Marvel contre celui de **Captain Marvel**, ou **Sam Wilson**, ex-Faucon et nouveau Captain America.

De nos jours, les origines des héros classiques se retrouvent sur grand écran, retranscrites pour le grand public dans des films à succès. Mais elles sont également remaniées ou honorées en BD par une nouvelle génération d'artistes, influencés par les créateurs d'antan. De *Marvels* de **Kurt Busiek** et **Alex Ross** au *X-Men Grand Design* d'**Ed Piskor**, en passant par *Daredevil : Jaune* de **Jeph Loeb** et **Tim Sale**, preuve est faite que les fondations de la Maison des Idées sont assez solides pour supporter la présence, toujours plus nombreuse, de nouveaux architectes.

MARVEL

LE PRINCE DES MERS
The Sub-Mariner
Marvel Comics (1939) 1
octobre 1939

Scénario et dessin : Bill Everett
Traduction : Thomas Davier/
Nicole Duclos
Lettrage : Astarte Design - Roma/
Christophe Semal
Rédaction USA : Martin Goodman,
Stan Lee, C.B. Cebulski

Comme de nombreux héros de comics, le **Prince des Mers** doit sa création à de nombreuses sources d'inspiration. Son surnom original, "**Sub-Mariner**", est tiré du poème de **Samuel Taylor Coleridge** *La Complainte du vieux marin* (en anglais, *The Rime of the Ancient Mariner*), ses ailettes viennent du *Mercure* de **Jean Bologne** et le contexte de ses origines renvoie aux récits d'aventure de **Jack London**. La première apparition même de **Namor** précède celle de sa maison d'édition, puisque **Bill Everett** conçoit son héros et les premières pages de cet épisode pour une autre publication destinée à être distribuée dans les salles de cinéma : *Motion Pictures Funny Weekly*. Malheureusement, le projet périclite et seules quelques copies sont envoyées. Lorsque **Martin Goodman** décide de lancer un nouveau titre, *Marvel Comics*, il y inclut les deux vedettes du magazine avorté : Namor et la **Torche Humaine**. Everett rajoute des pages à son histoire et crée **Dorma**, future épouse de Namor.

*LE PRINCE DES MERS

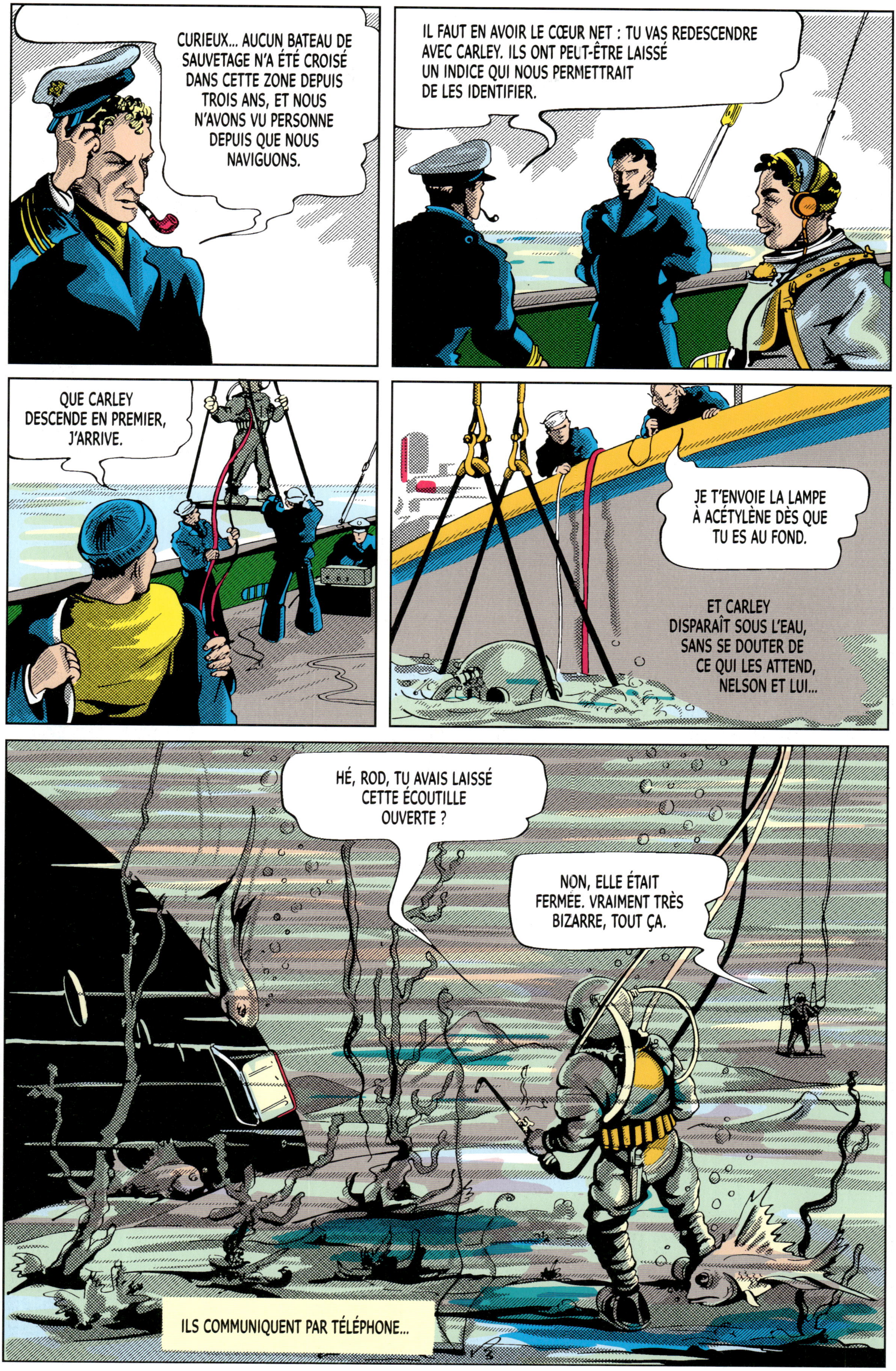
CURIEUX... AUCUN BATEAU DE SAUVETAGE N'A ÉTÉ CROISÉ DANS CETTE ZONE DEPUIS TROIS ANS, ET NOUS N'AVONS VU PERSONNE DEPUIS QUE NOUS NAVIGUONS.
IL FAUT EN AVOIR LE CŒUR NET : TU VAS REDESCENDRE AVEC CARLEY. ILS ONT PEUT-ÊTRE LAISSÉ UN INDICE QUI NOUS PERMETTRAIT DE LES IDENTIFIER.
QUE CARLEY DESCENDE EN PREMIER, J'ARRIVE.
JE T'ENVOIE LA LAMPE À ACÉTYLÈNE DÈS QUE TU ES AU FOND.
ET CARLEY DISPARAÎT SOUS L'EAU, SANS SE DOUTER DE CE QUI LES ATTEND, NELSON ET LUI...
HÉ, ROD, TU AVAIS LAISSÉ CETTE ÉCOUTILLE OUVERTE ?
NON, ELLE ÉTAIT FERMÉE. VRAIMENT TRÈS BIZARRE, TOUT ÇA.
ILS COMMUNIQUENT PAR TÉLÉPHONE...

ALLUME LA LAMPE, ROD, QU'ON JETTE UN ŒIL LÀ-DEDANS.
BON SANG ! C'EST QUOI, ÇA ?!
UN **HOMME**, ROD !
TO A DECK
IMPOSSIBLE ! AUCUN ÊTRE HUMAIN NE SUPPORTERAIT UNE TELLE **PRESSION** ! POURTANT, IL EST BIEN VIVANT !
SUIVONS-LE. IL N'A PAS PU ALLER LOIN.
MAIS LE NAGEUR LEUR ÉCHAPPE ET, GRÂCE À DE PUISSANTES BRASSES, GAGNE LE PONT DU NAVIRE ENGLOUTI.
IL BALAYE LES LIEUX DU REGARD ET REMARQUE LES CÂBLES QUI REMONTENT À LA SURFACE.
CAPTAIN
SÛREMENT DES **ROBOTS**. MAIS ILS ONT UNE FORME HUMAINE. EN TOUT CAS, CE NE SONT PAS DES POISSONS. L'UN D'EUX AVAIT UNE SORTE D'ARME À FEU. JE FERAIS MIEUX DE NE PAS TRAÎNER.
ILS SONT RELIÉS À CE FAISCEAU... ÇA ME DONNE UNE IDÉE.
CINQ RAPIDES COUPS DE COUTEAU, ET LES PLONGEURS SONT PRIVÉS D'AIR, DE TÉLÉPHONE ET D'ACÉTYLÈNE !

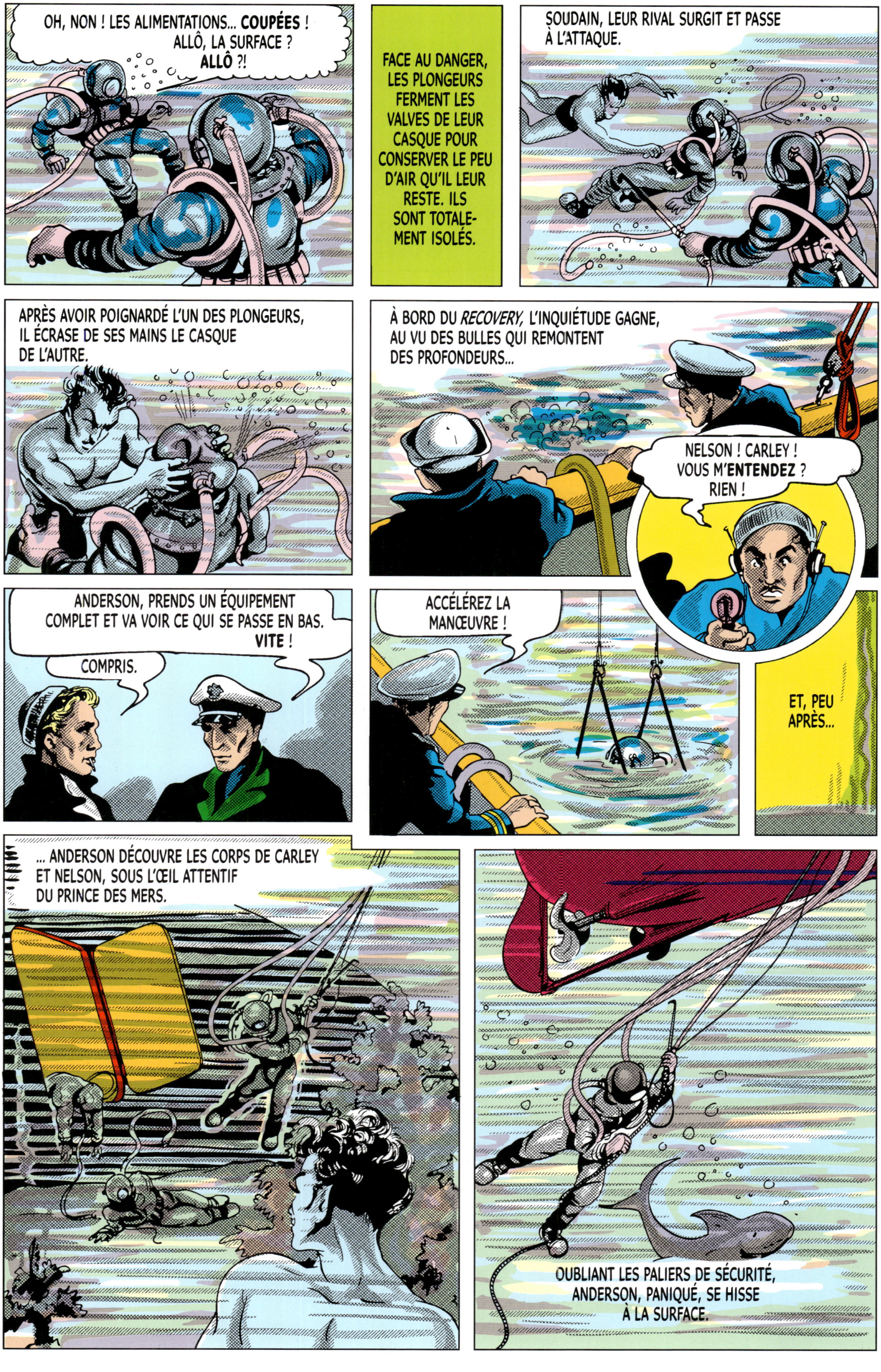
OH, NON ! LES ALIMENTATIONS... **COUPÉES** ! ALLÔ, LA SURFACE ? **ALLÔ** ?!
FACE AU DANGER, LES PLONGEURS FERMENT LES VALVES DE LEUR CASQUE POUR CONSERVER LE PEU D'AIR QU'IL LEUR RESTE. ILS SONT TOTALEMENT ISOLÉS.
SOUDAIN, LEUR RIVAL SURGIT ET PASSE À L'ATTAQUE.
APRÈS AVOIR POIGNARDÉ L'UN DES PLONGEURS, IL ÉCRASE DE SES MAINS LE CASQUE DE L'AUTRE.
À BORD DU *RECOVERY,* L'INQUIÉTUDE GAGNE, AU VU DES BULLES QUI REMONTENT DES PROFONDEURS...
NELSON ! CARLEY ! VOUS M'**ENTENDEZ** ? RIEN !
ANDERSON, PRENDS UN ÉQUIPEMENT COMPLET ET VA VOIR CE QUI SE PASSE EN BAS. **VITE** !
COMPRIS.
ACCÉLÉREZ LA MANŒUVRE !
ET, PEU APRÈS...
... ANDERSON DÉCOUVRE LES CORPS DE CARLEY ET NELSON, SOUS L'ŒIL ATTENTIF DU PRINCE DES MERS.
OUBLIANT LES PALIERS DE SÉCURITÉ, ANDERSON, PANIQUÉ, SE HISSE À LA SURFACE.

UNE FOIS À BORD, IL RACONTE LE DRAME D'UNE VOIX ENTRECOUPÉE. LE SECOND DONNE AUSSITÔT L'ORDRE DE LEVER L'ANCRE.
IL FAUT QU'ON PRÉVIENNE LES GARDES-CÔTES. EN AVANT !
ET, TANDIS QUE LES PUISSANTES HÉLICES SE METTENT EN MARCHE, LE PRINCE DES MERS...
... DÉPLOYANT UNE RAPIDITÉ ET UNE FORCE SURHUMAINES, S'EMPARE DU GOUVERNAIL.
PUIS, DE SES MAINS NUES, IL BLOQUE UNE DES HÉLICES.
DANS LA SALLE DES MACHINES, L'AGITATION RÈGNE...
HÉLICE DE TRIBORD INOPÉRANTE !
COMMENT ?!
LE GOUVERNAIL NE RÉPOND PAS, IMPOSSIBLE DE MANŒUVRER !
FACE À CETTE MYSTÉRIEUSE PANNE, LE CAPITAINE ORDONNE L'ARRÊT DES MACHINES. MAIS, CONTRE TOUTE ATTENTE, LE NAVIRE POURSUIT SA ROUTE, FONÇANT DROIT SUR UN RÉCIF.
L'ÉQUIPAGE EST TERRORISÉ.
AVEC UNE FORCE PRODIGIEUSE, LE PRINCE DES MERS ENVOIE LE *RECOVERY* SUR LES ROCHERS, OÙ IL SE BRISE NET EN DEUX.

RAVI DE SON EXPLOIT, LE PRINCE DES MERS REGAGNE L'ÉPAVE...
... EMPOIGNE LES CORPS DES PLONGEURS ET S'ENFONCE DANS LES PROFONDEURS, PROPULSÉ COMME UNE FUSÉE PAR LES AILETTES DE SES PIEDS. PUIS, DANS UNE GROTTE CACHÉE, IL ARRIVE FACE À UNE LOURDE PORTE...
DORMA ! OUVRE !
AU FOND DE LA PIÈCE MAJESTUEUSE...
... TRÔNE UNE CRÉATURE SOMPTUEUSEMENT VÊTUE QUI S'ADRESSE À LUI...
EH BIEN, PRINCE NAMOR, QUELS TROPHÉES NOUS RAPPORTES-TU ?
JE L'IGNORE, SACRO-SAINT... JE LES AI SURPRIS ET VAINCUS SUR L'ÉPAVE DES TERRIENS. ILS ÉTAIENT DESCENDUS D'UN NAVIRE QUE J'AI DÉTRUIT GRÂCE À MON IMMENSE FORCE. ILS SONT À TOI. J'ESPÈRE QUE TU ES SATISFAIT.
PAR LES GRANDS REQUINS ! RETIRE LEUR ENVELOPPE, QUE NOUS PUISSIONS VOIR DE QUOI ILS SONT FAITS.
AVEC D'INFINIES PRÉCAUTIONS, NAMOR DÉVISSE LES CASQUES...
MÈRE DE NEPTUNE ! DES **TERRIENS** !
FÉLICITATIONS, MON FILS. TU AS ENTAMÉ NOTRE GUERRE AVEC SUCCÈS.
MERCI, MÈRE.

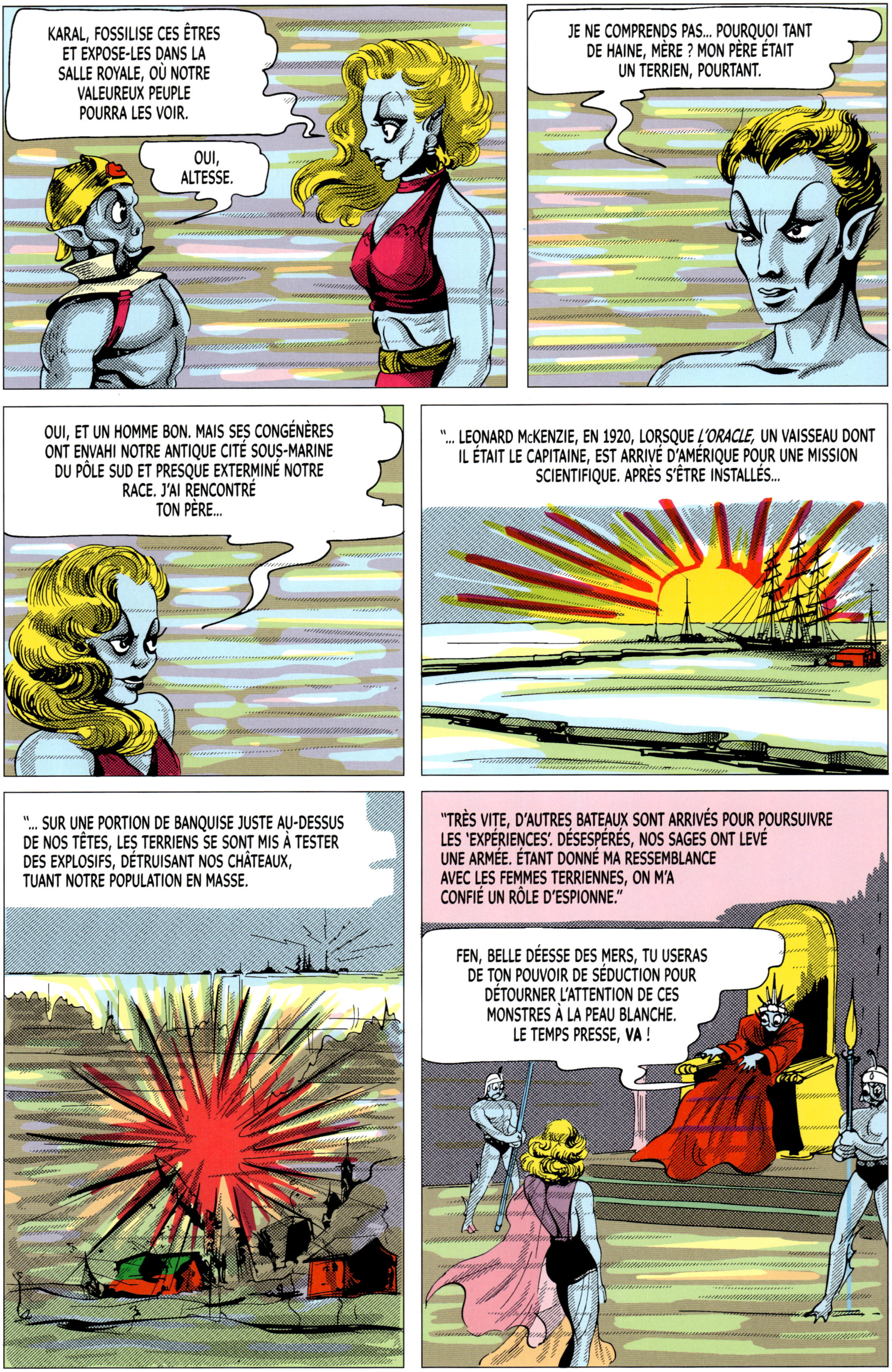
KARAL, FOSSILISE CES ÊTRES ET EXPOSE-LES DANS LA SALLE ROYALE, OÙ NOTRE VALEUREUX PEUPLE POURRA LES VOIR.
OUI, ALTESSE.
JE NE COMPRENDS PAS... POURQUOI TANT DE HAINE, MÈRE ? MON PÈRE ÉTAIT UN TERRIEN, POURTANT.
OUI, ET UN HOMME BON. MAIS SES CONGÉNÈRES ONT ENVAHI NOTRE ANTIQUE CITÉ SOUS-MARINE DU PÔLE SUD ET PRESQUE EXTERMINÉ NOTRE RACE. J'AI RENCONTRÉ TON PÈRE...
"... LEONARD McKENZIE, EN 1920, LORSQUE *L'ORACLE,* UN VAISSEAU DONT IL ÉTAIT LE CAPITAINE, EST ARRIVÉ D'AMÉRIQUE POUR UNE MISSION SCIENTIFIQUE. APRÈS S'ÊTRE INSTALLÉS...
"... SUR UNE PORTION DE BANQUISE JUSTE AU-DESSUS DE NOS TÊTES, LES TERRIENS SE SONT MIS À TESTER DES EXPLOSIFS, DÉTRUISANT NOS CHÂTEAUX, TUANT NOTRE POPULATION EN MASSE.
"TRÈS VITE, D'AUTRES BATEAUX SONT ARRIVÉS POUR POURSUIVRE LES 'EXPÉRIENCES'. DÉSESPÉRÉS, NOS SAGES ONT LEVÉ UNE ARMÉE. ÉTANT DONNÉ MA RESSEMBLANCE AVEC LES FEMMES TERRIENNES, ON M'A CONFIÉ UN RÔLE D'ESPIONNE."
FEN, BELLE DÉESSE DES MERS, TU USERAS DE TON POUVOIR DE SÉDUCTION POUR DÉTOURNER L'ATTENTION DE CES MONSTRES À LA PEAU BLANCHE. LE TEMPS PRESSE, **VA** !

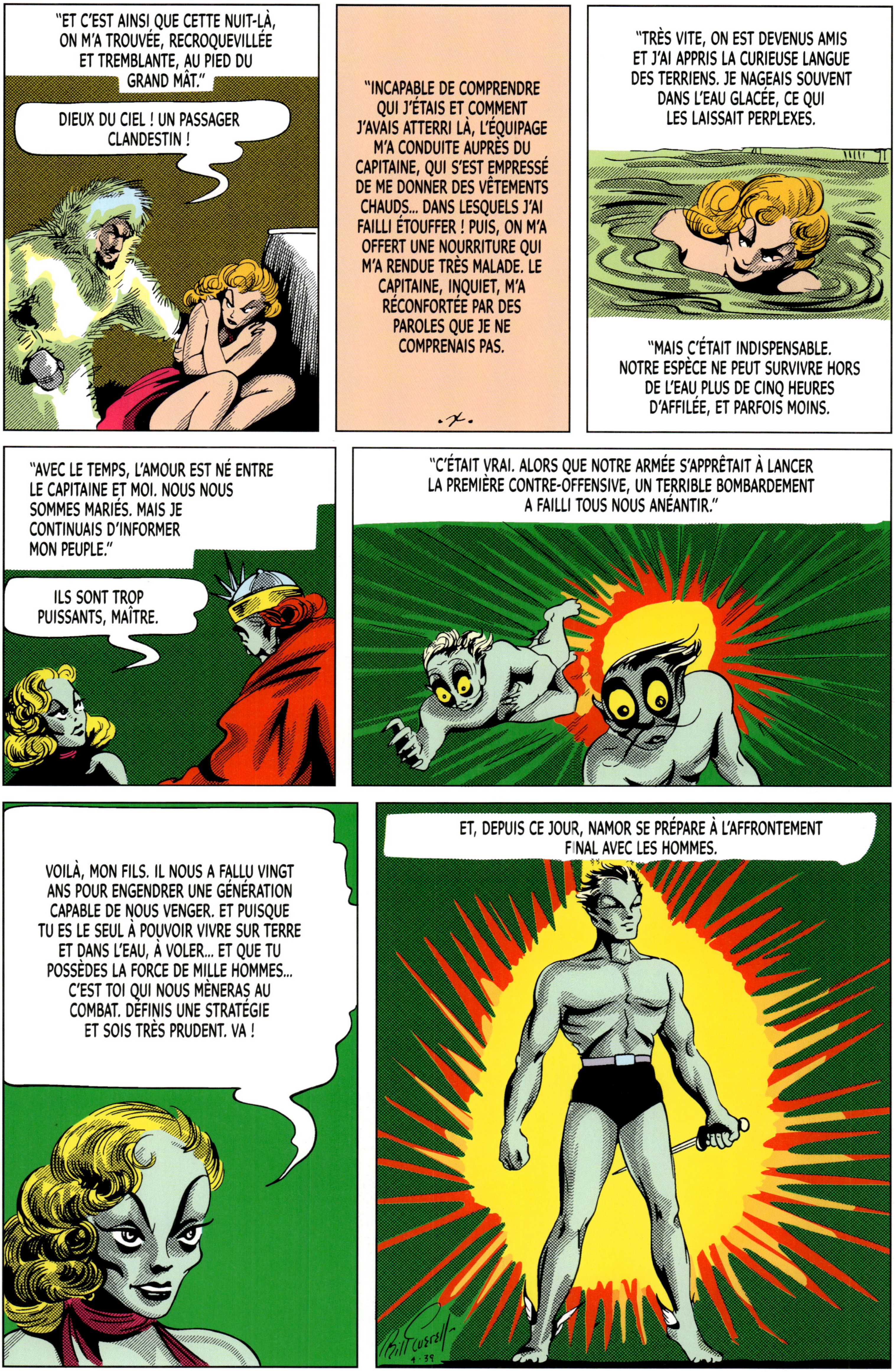
"ET C'EST AINSI QUE CETTE NUIT-LÀ, ON M'A TROUVÉE, RECROQUEVILLÉE ET TREMBLANTE, AU PIED DU GRAND MÂT."
DIEUX DU CIEL ! UN PASSAGER CLANDESTIN !
"INCAPABLE DE COMPRENDRE QUI J'ÉTAIS ET COMMENT J'AVAIS ATTERRI LÀ, L'ÉQUIPAGE M'A CONDUITE AUPRÈS DU CAPITAINE, QUI S'EST EMPRESSÉ DE ME DONNER DES VÊTEMENTS CHAUDS... DANS LESQUELS J'AI FAILLI ÉTOUFFER ! PUIS, ON M'A OFFERT UNE NOURRITURE QUI M'A RENDUE TRÈS MALADE. LE CAPITAINE, INQUIET, M'A RÉCONFORTÉE PAR DES PAROLES QUE JE NE COMPRENAIS PAS.
"TRÈS VITE, ON EST DEVENUS AMIS ET J'AI APPRIS LA CURIEUSE LANGUE DES TERRIENS. JE NAGEAIS SOUVENT DANS L'EAU GLACÉE, CE QUI LES LAISSAIT PERPLEXES.
"MAIS C'ÉTAIT INDISPENSABLE. NOTRE ESPÈCE NE PEUT SURVIVRE HORS DE L'EAU PLUS DE CINQ HEURES D'AFFILÉE, ET PARFOIS MOINS.
"AVEC LE TEMPS, L'AMOUR EST NÉ ENTRE LE CAPITAINE ET MOI. NOUS NOUS SOMMES MARIÉS. MAIS JE CONTINUAIS D'INFORMER MON PEUPLE."
ILS SONT TROP PUISSANTS, MAÎTRE.
"C'ÉTAIT VRAI. ALORS QUE NOTRE ARMÉE S'APPRÊTAIT À LANCER LA PREMIÈRE CONTRE-OFFENSIVE, UN TERRIBLE BOMBARDEMENT A FAILLI TOUS NOUS ANÉANTIR."
VOILÀ, MON FILS. IL NOUS A FALLU VINGT ANS POUR ENGENDRER UNE GÉNÉRATION CAPABLE DE NOUS VENGER. ET PUISQUE TU ES LE SEUL À POUVOIR VIVRE SUR TERRE ET DANS L'EAU, À VOLER... ET QUE TU POSSÈDES LA FORCE DE MILLE HOMMES... C'EST TOI QUI NOUS MÈNERAS AU COMBAT. DÉFINIS UNE STRATÉGIE ET SOIS TRÈS PRUDENT. VA !
ET, DEPUIS CE JOUR, NAMOR SE PRÉPARE À L'AFFRONTEMENT FINAL AVEC LES HOMMES.
Bill Everett
4-39

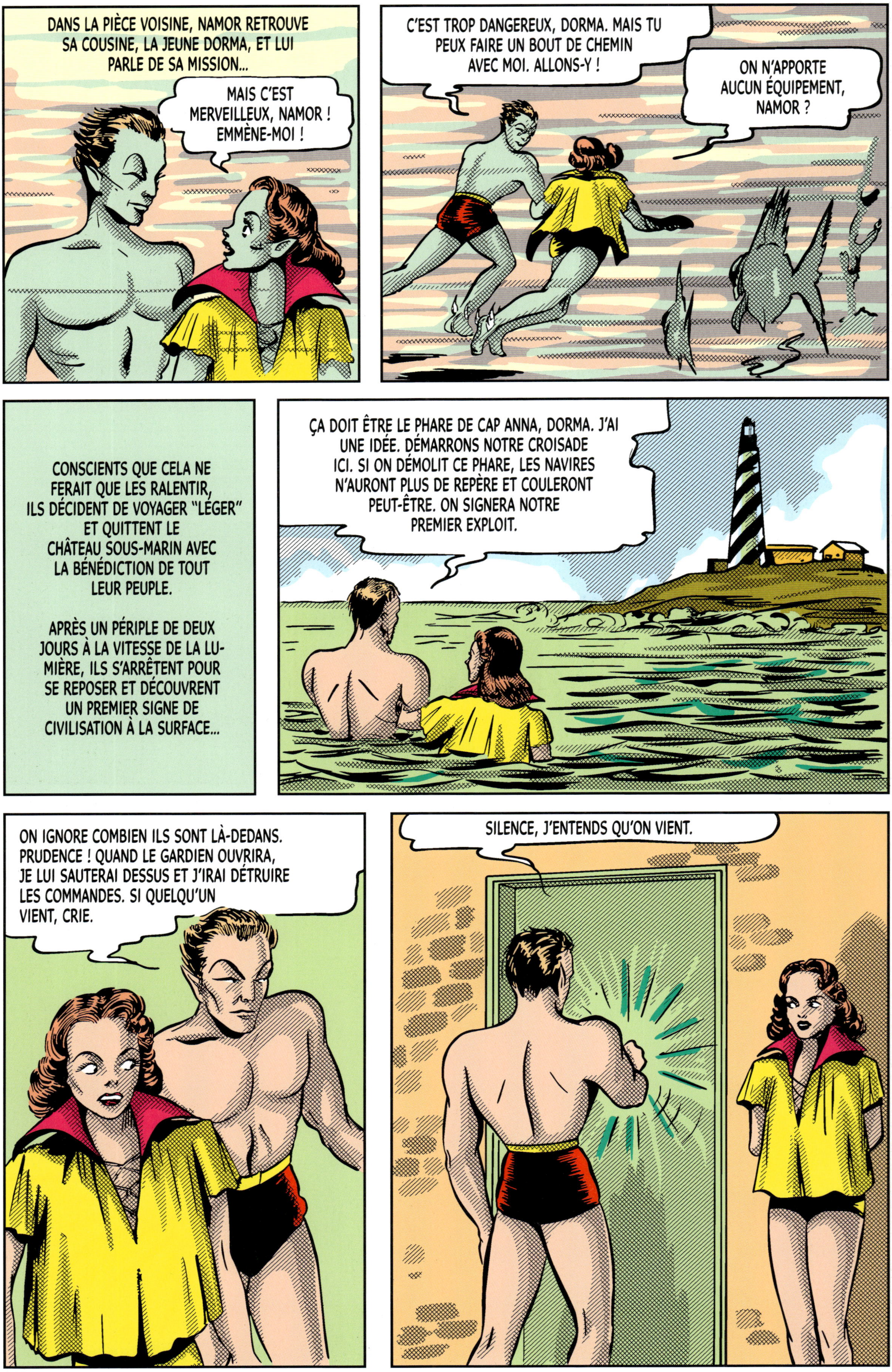
DANS LA PIÈCE VOISINE, NAMOR RETROUVE SA COUSINE, LA JEUNE DORMA, ET LUI PARLE DE SA MISSION...
MAIS C'EST MERVEILLEUX, NAMOR ! EMMÈNE-MOI !
C'EST TROP DANGEREUX, DORMA. MAIS TU PEUX FAIRE UN BOUT DE CHEMIN AVEC MOI. ALLONS-Y !
ON N'APPORTE AUCUN ÉQUIPEMENT, NAMOR ?
CONSCIENTS QUE CELA NE FERAIT QUE LES RALENTIR, ILS DÉCIDENT DE VOYAGER "LÉGER" ET QUITTENT LE CHÂTEAU SOUS-MARIN AVEC LA BÉNÉDICTION DE TOUT LEUR PEUPLE.
APRÈS UN PÉRIPLE DE DEUX JOURS À LA VITESSE DE LA LUMIÈRE, ILS S'ARRÊTENT POUR SE REPOSER ET DÉCOUVRENT UN PREMIER SIGNE DE CIVILISATION À LA SURFACE...
ÇA DOIT ÊTRE LE PHARE DE CAP ANNA, DORMA. J'AI UNE IDÉE. DÉMARRONS NOTRE CROISADE ICI. SI ON DÉMOLIT CE PHARE, LES NAVIRES N'AURONT PLUS DE REPÈRE ET COULERONT PEUT-ÊTRE. ON SIGNERA NOTRE PREMIER EXPLOIT.
ON IGNORE COMBIEN ILS SONT LÀ-DEDANS. PRUDENCE ! QUAND LE GARDIEN OUVRIRA, JE LUI SAUTERAI DESSUS ET J'IRAI DÉTRUIRE LES COMMANDES. SI QUELQU'UN VIENT, CRIE.
SILENCE, J'ENTENDS QU'ON VIENT.

BONJOUR, QU... AH !
SMACK !
NAMOR !
AU SECOURS !
OH, NON !
NAMOR, LÀ-HAUT !

TEL UN ÉCLAIR, NAMOR BONDIT À LA FENÊTRE.
TU NE VAS PAS T'EN SORTIR SI FACILEMENT, L'AMI !
LE GARDIEN HURLE DE DOULEUR SOUS LES COUPS CONTINUS DE NAMOR.
NAMOR, QU'EST-CE QUI SE PASSE ?
ATTENTION, DORMA ! JE DESCENDS !
VIENS ! ON DOIT MONTER BRISER LE FEU AU SOMMET ET REPARTIR AU PLUS VITE.
DÉPÊCHE, NAMOR ! LES RENFORTS ARRIVENT !

QUI SONT CES GENS ? D'OÙ ILS SORTENT ?
JE NE SAIS PAS, CHEF, MAIS ILS SACCAGENT LE PHARE !
VOILÀ NOTRE MOYEN DE FUIR, DORMA. DÈS QUE L'AVION APPROCHE, ON S'ÉLANCE. ACCROCHE-TOI.
LES PIEDS AILÉS DE NAMOR LES PRO-PULSENT COMME UNE FLÈCHE VERS L'APPAREIL.
PAS DE BRUIT. ON DOIT SE DÉBARRASSER DU PILOTE.
NAMOR SE HISSE SUR LE COCKPIT ET EMPOIGNE LE PILOTE...
... QUI NE FAIT PAS LE POIDS FACE À SA FORCE SURHUMAINE. IL L'ENVOIE ALORS VALDINGUER DANS LES AIRS.
DORMA, JE DOIS TE LAISSER. CRASHE L'AVION QUELQUE PART ET RENTRE À LA NAGE. JE TE FERAI SIGNE.
NAMOR REPLONGE DANS L'OCÉAN, VERS DE NOUVELLES AVENTURES FACE AUX HOMMES BLANCS.

Début 1961, **Martin Goodman** rentre piqué au vif d'une partie de golf. Il vient d'y croiser les employés de la société de distribution de ses titres qui est aussi celle de DC Comics. Ces derniers se sont targués des excellents résultats de la **Ligue de Justice d'Amérique**, l'équipe qui réunit les principaux super-héros du concurrent. Goodman demande alors à **Stan Lee** et **Jack Kirby** de créer à leur tour un groupe de super-héros. C'est ainsi que naissent les **Quatre Fantastiques**. Mais il y a un hic : la nouvelle série sera distribuée par le même partenaire que DC. Marvel ne peut donc pas se contenter de copier le concept de la Ligue de Justice d'Amérique. Après quelques croquis de personnages masqués, Lee et Kirby décident de faire quelque chose de différent. Les membres de l'équipe seront plus proches de phénomènes de cirque. Au point que, dans une première mouture, l'**Invisible** est supposée ne plus pouvoir apparaître du tout et se couvrir de bandelettes pour interagir avec les autres. Un choix extrême vite abandonné mais qui illustre bien le processus créatif de l'époque.

LES QUATRE FANTASTIQUES!
The Fantastic Four!
The Fantastic Four (1961) 1
novembre 1961

Scénario : Stan Lee
Dessin : Jack Kirby
Encrage : George Klein
Traduction : Sophie Watine-Vievard
Lettrage : RAM
Rédaction USA : Stan Lee, C.B. Cebulski

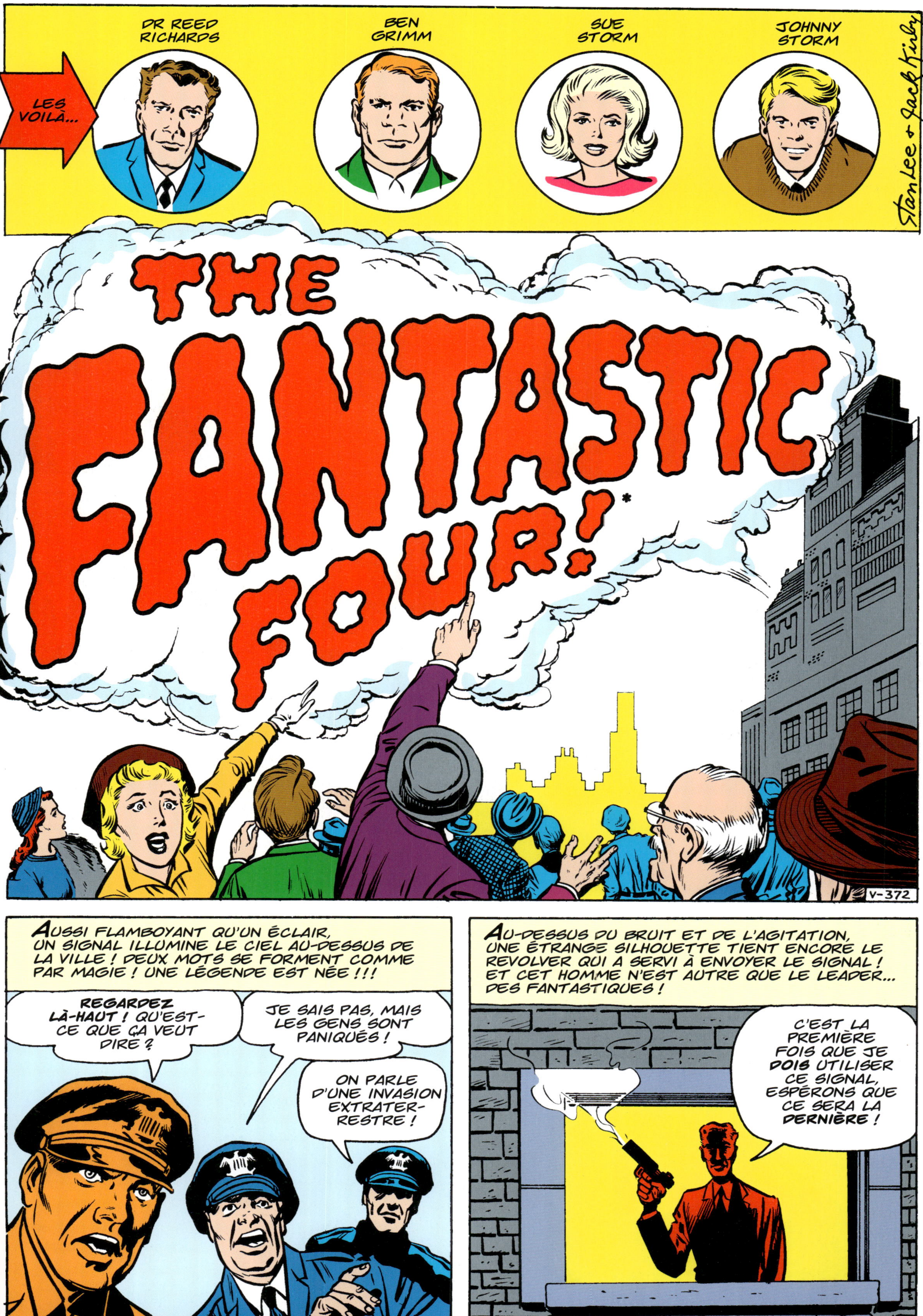

* LES QUATRE FANTASTIQUES !

DANS UN AUTRE QUARTIER, SUE STORM PREND LE THÉ CHEZ UNE AMIE, QUAND ELLE ENTEND LES MOTS TERRIBLES...
SUE... REGARDE ! CES MOTS DANS LE CIEL ! QU'EST-CE QUE ÇA VEUT DIRE ?
C'EST L'HEURE DE VÉRITÉ ! JE DOIS TENIR PAROLE !
JE N'AI PAS LE CHOIX !
SUE ! MAIS... OÙ DIABLE EST-ELLE PASSÉE ?!
LE MONDE VA ENFIN FAIRE LA CONNAISSANCE DE... L'INVISIBLE !
HÉ ! QU'EST-CE QUI SE PASSE ?
JE... J'AI SENTI QUELQUE CHOSE... MAIS JE NE VOIS RIEN !
LAISSEZ-MOI PASSER ! JE SUIS PRESSÉE !
UN F-FANTÔME !
PARFAIT... UN TAXI LIBRE !
QU'EST-CE QUE JE M'ENNUIE !
JE VAIS CIRCULER EN ATTENDANT UN CLIENT !
MERCI ! JE DESCENDS ICI !
OK...
HEIN ?! HÉ... QUI A DIT ÇA ?!

NE FAITES PAS CETTE TÊTE ET PRENEZ VOTRE ARGENT !
J'ENTENDS DES VOIX ! J'AI DES VISIONS... OU PLUTÔT, NON !
JE FICHE LE CAMP D'ICI, MOI !
ÇA MARCHE ! JE SUIS COMPLÈTEMENT INVISIBLE ! MAINTENANT, IL ME FAUT REMPLIR... MA MISSION !
MAIS LAISSONS L'INVISIBLE ET RENDONS-NOUS DANS UN MAGASIN DE VÊTEMENTS POUR HOMMES...
DÉSOLÉ, MONSIEUR, MAIS NOUS N'AVONS RIEN À VOTRE TAILLE EN MAGASIN !
TOUJOURS LA MÊME CHANSON ! LE MONDE EST TROP PETIT POUR MOI !
REGARDEZ LÀ-HAUT ! DANS LE CIEL !
CES MOTS... "LES FANTASTIQUES"... QU'EST-CE QUE ÇA VEUT DIRE ?
C'EST PAS TROP TÔT !
N'ENLEVEZ PAS VOTRE MANTEAU, JE VOUS AI DIT QU'ON NE FAISAIT PAS...
... VOTRE... VOTRE... TAILLE...
ÇA FAIT DU BIEN DE SE DÉBARRASSER DE CES VIEUX VÊTEMENTS !
OH, NON...
3

POURQUOI ILS FONT DES PORTES AUSSI **ÉTROITES** ?
OH, BON SANG... UN **MONSTRE** !
PETE ! QU'EST-CE QUE C'EST QUE ÇA ?!
JE SAIS PAS... MAIS IL FAUT RÉAGIR EN VITESSE !
PAS UN GESTE OU JE TIRE !
OK. JE T'AURAI PRÉVENU !
IL A MANQUÉ SON COUP, MAIS JE NE VAIS PAS LUI DONNER L'OCCASION DE RECOMMENCER !
V-VOUS AVEZ VU ? I-IL A ARRACHÉ UNE PLAQUE D'ÉGOUT À MAINS NUES !
C-C'EST **IMPOSSIBLE** !
JE SUIS ASSEZ LOIN ! JE DOIS ÊTRE ARRIVÉ ! MALHEUREUSEMENT, IL N'Y A PAS DE PLAQUE D'ÉGOUT AU-DESSUS DE MOI !
BAH ! TANT PIS ! J'AI PAS DE TEMPS À PERDRE !

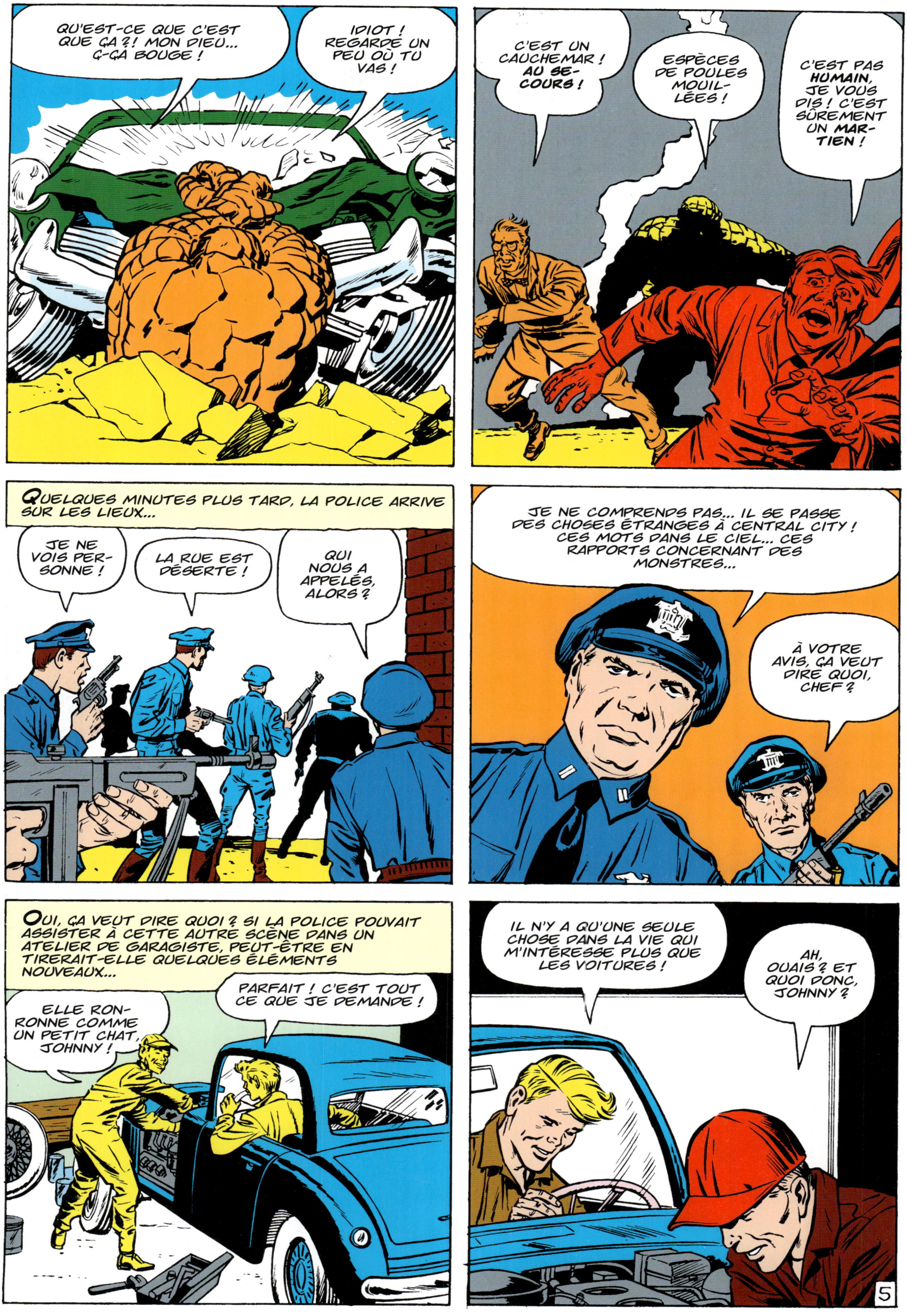
QU'EST-CE QUE C'EST QUE ÇA ?! MON DIEU... Ç-ÇA BOUGE !
IDIOT ! REGARDE UN PEU OÙ TU VAS !
C'EST UN CAUCHEMAR ! AU SECOURS !
ESPÈCES DE POULES MOUILLÉES !
C'EST PAS HUMAIN, JE VOUS DIS ! C'EST SÛREMENT UN MARTIEN !
QUELQUES MINUTES PLUS TARD, LA POLICE ARRIVE SUR LES LIEUX...
JE NE VOIS PERSONNE !
LA RUE EST DÉSERTE !
QUI NOUS A APPELÉS, ALORS ?
JE NE COMPRENDS PAS... IL SE PASSE DES CHOSES ÉTRANGES À CENTRAL CITY ! CES MOTS DANS LE CIEL... CES RAPPORTS CONCERNANT DES MONSTRES...
À VOTRE AVIS, ÇA VEUT DIRE QUOI, CHEF ?
OUI, ÇA VEUT DIRE QUOI ? SI LA POLICE POUVAIT ASSISTER À CETTE AUTRE SCÈNE DANS UN ATELIER DE GARAGISTE, PEUT-ÊTRE EN TIRERAIT-ELLE QUELQUES ÉLÉMENTS NOUVEAUX...
ELLE RONRONNE COMME UN PETIT CHAT, JOHNNY !
PARFAIT ! C'EST TOUT CE QUE JE DEMANDE !
IL N'Y A QU'UNE SEULE CHOSE DANS LA VIE QUI M'INTÉRESSE PLUS QUE LES VOITURES !
AH, OUAIS ? ET QUOI DONC, JOHNNY ?
5

HÉ, JOHNNY... REGARDE ÇA ! DANS LE CIEL ! LES MOTS... ILS S'ENROULENT... ILS SE TRANSFORMENT EN UN CHIFFRE ! LE CHIFFRE... 4 !
4
JOHNNY ! CETTE CHALEUR ! D'OÙ ÇA SORT ? HÉ... QU'EST-CE QUI T'ARRIVE ?!
T'INQUIÈTE, VIEUX !
TU... TU TE TRANSFORMES EN... !
TU TE RAPPELLES... CE QUE J'AIME ENCORE PLUS QUE LES VOITURES...
... C'EST ÇA !
!
IMPOSSIBLE ? INCROYABLE ? APPELEZ ÇA COMME VOUS VOULEZ, MAIS CE QUI ÉTAIT JOHNNY STORM IL Y A QUELQUES INSTANTS EST DEVENU UNE TORCHE HUMAINE QUI TRAVERSE LE CIEL TEL UN MÉTÉORE FLAMBOYANT !
REGARDEZ ! UNE COMÈTE !
NON !!! C'EST PAS UNE COMÈTE !!! C'EST... C'EST...
À MOINS D'UNE HALLUCINATION COLLECTIVE... C'EST HUMAIN !
6

Très vite, le maire de Central City prend des mesures...
Appelez le gouverneur ! Alertez la garde nationale !
Et vite !
B-bien !
Moins d'une heure plus tard, Washington est passé à l'action !
Red Dog à chef d'escadrille... Attaquez objet en feu non identifié au-dessus de Central City...
Un objet en feu volant ?! Ils perdent la boule à Centra... Hein ?! Qu'est-ce que c'est que ça ?!
Un objet en feu volant ! Descendons-le, les gars !
Non ! Non ! N'approchez pas !
Pourquoi ils ne m'écoutent pas ?
J'ai essayé de les avertir ! De ne pas brûler leurs avions ! Mais ils sont venus trop près !
Heureusement, ils ont pu s'éjecter !
Ce bruit... dans le lointain ! On dirait...
Un missile à tête chercheuse ! Il est attiré par ma flamme !
Il est trop rapide !!! Avec sa tête nucléaire, s'il explose... je suis fichu !
7

SOUDAIN, LA FLAMME DE LA TORCHE DIMINUE... MAIS, ALORS QUE LE MISSILE LE RATTRAPE, DEUX BRAS INCROYABLEMENT LONGS S'ÉLÈVENT AU-DESSUS DES TOITS ET...
JE L'AI !
SE DÉPLAÇANT À UNE VITESSE EXTRAORDINAIRE, UN DES BRAS EXPÉDIE LE MISSILE AU-DESSUS DE L'OCÉAN, OÙ IL EXPLOSE SANS FAIRE DE DÉGÂTS !
MAIS... SA FLAMME ÉTEINTE, JOHNNY STORM SE MET À TOMBER... IL VA VERS UNE MORT CERTAINE !
AGRIPPE-TOI, JOHNNY ! OUI ! C'EST BIEN !
QUI EST CET HOMME QUI VIENT DE SAUVER LA VIE DE LA TORCHE ?
LÀ... TU ES TIRÉ D'AFFAIRE, MON GARÇON !
QUI SONT CES QUATRE ÉTONNANTS INDIVIDUS ? COMMENT SONT-ILS DEVENUS CE QU'ILS SONT ? PAR QUEL HASARD SE RETROUVENT-ILS ENSEMBLE POUR FORMER CE GROUPE CONNU SOUS LE NOM DES QUATRE FANTASTIQUES ?
VOUS AVEZ TOUS RÉPONDU À L'APPEL, BIEN ! UNE MISSION NOUS ATTEND...
8

NOUS DÉCOUVRIRONS PLUS TARD CE QUI ATTEND LES FANTASTIQUES ! POUR L'HEURE, TÂCHONS D'EN APPRENDRE DAVANTAGE SUR LEURS ORIGINES... REVENONS À LA DISPUTE QUI OPPOSA BEN GRIMM AU DR REED RICHARDS...
SI TU VEUX ALLER DANS LES ÉTOILES, NE COMPTE PAS SUR MOI POUR PILOTER !
TU SAIS QU'ON N'A PAS ASSEZ ÉTUDIÉ LES EFFETS DES RAYONS COSMIQUES ! ILS POURRAIENT NOUS TUER !
BEN, IL FAUT TENTER NOTRE CHANCE... OU LES COMMUNISTES NOUS COIFFERONT AU POTEAU !
JE... JE N'AURAIS PAS CRU QUE TU ÉTAIS SI LÂCHE !
LÂCHE, MOI ?! PRÉPAREZ L'APPAREIL ! JE LE PILOTERAI, QUELLES QUE SOIENT LES CONSÉQUENCES !
C'EST AINSI QUE REED RICHARDS ET SES TROIS COMPAGNONS SE RETROUVÈRENT EN CHEMIN VERS UNE AIRE DE LANCEMENT !
SUE, BEN ET MOI SAVONS CE QUI NOUS ATTEND... MAIS TOI ET JOHNNY...
TAIS-TOI, REED ! JE SUIS TA FIANCÉE ! LÀ OÙ TU IRAS, J'IRAI !
ET MOI, JE LÂCHE PAS SŒURETTE ! POINT À LA LIGNE !
PAS LE TEMPS DE DEMANDER L'AUTORISATION ! LES CONDITIONS SONT RÉUNIES ! ALLONS-Y !
AVANT QUE LE GARDE AIT EU LE TEMPS DE RÉAGIR, L'APPAREIL QUE REED RICHARDS AVAIT MIS DES ANNÉES À CONSTRUIRE S'ENVOLA VERS L'ESPACE !
TRÈS FACILE À PILOTER ! TOUT SE PASSE COMME PRÉVU !
SAUF QU'ON IGNORE LES EFFETS DES RAYONS COSMIQUES...
9

TELLE UNE BALLE D'ARGENT, L'AÉRONEF S'ENFONÇA DANS L'ESPACE...
IL FALLAIT QUE NOUS SOYONS LES PREMIERS !
ON APPROCHE DE LA ZONE DE PERTURBATIONS COSMIQUES... ACCROCHEZ-VOUS !
RAK TAC TAC TAC TAC TAC
VOUS ENTENDEZ ? LES RAYONS COSMIQUES !!! JE VOUS AVAIS PRÉVENUS !!!
ILS PÉNÈTRENT DANS L'APPAREIL !!! LA COQUE N'EST PAS ASSEZ ÉPAISSE !
MAIS... JE NE SENS RIEN !
ÉVIDEMMENT ! C'EST DE LA LUMIÈRE ! ON NE LA SENT PAS, MAIS C'EST DANGEREUX QUAND MÊME !
MA TÊTE ! J'AI L'IMPRESSION QU'ELLE VA EXPLOSER !!!
BEN AVAIT RAISON ! ON AURAIT DÛ ATTENDRE... D'AVOIR CONSTRUIT UNE COQUE PLUS SOLIDE !
JOHNNY ! QU'EST-CE QUI T'ARRIVE ?!
J-JE NE SAIS PAS ! J'AI CHAUD !!! J'AI L'IMPRESSION QUE JE SUIS EN TRAIN DE BRÛLER VIF !
AGH !!! ÉCOUTEZ-MOI...
... PRENEZ LES COMMANDES... JE NE PEUX PLUS PILOTER ! MES BRAS... ILS SONT TROP LOURDS... PEUX PLUS BOUGER... JE DOIS RESTER ALLONGÉ !!!
BEN !!!
10

HEUREUSEMENT, LE PILOTE AUTOMATIQUE DE L'APPAREIL SE DÉCLENCHA À CE MOMENT PRÉCIS ET RAMENA LA FUSÉE SUR TERRE. L'ATTERRISSAGE FUT RUDE, MAIS IL N'Y EUT PAS DE BLESSÉS.
DIEU MERCI, NOUS SOMMES EN VIE !
MAIS REED... ON A ÉCHOUÉ ! TU AS TELLEMENT TRAVAILLÉ... POUR RIEN !
FALLAIT S'Y ATTENDRE !
EN OUTRE, NOUS IGNORONS ENCORE LES EFFETS QUE LES RAYONS COSMIQUES ONT PRODUITS SUR NOUS !
REED... JE ME SENS BIZARRE !
MON DIEU ! REGARDEZ SUE !
QU'Y A-T-IL ?
TU... TU DISPARAIS !!!
OH, NON ! NON !!!
C'EST IMPOSSIBLE !
LES RAYONS COSMIQUES ONT MODIFIÉ TA STRUCTURE ATOMIQUE... CE QUI TE REND INVISIBLE !
SŒURETTE ! JE NE TE VOIS PLUS !
ET... ÇA VA DURER LONGTEMPS ?
IMPOSSIBLE DE LE SAVOIR !!!
ET... ET SI ELLE NE RÉAPPARAISSAIT JAMAIS ?
REGARDEZ ! LA VOILÀ !
JE SUIS REDEVENUE MOI-MÊME... SPONTANÉMENT !
11

DIEU MERCI, TU VAS BIEN, MA CHÉRIE !
ET COMMENT TU PEUX LE SAVOIR, HEIN ? COMMENT TU SAIS QUE ÇA VA PAS RECOMMENCER ? COMMENT TU SAIS CE QUI VA NOUS ARRIVER ?
BEN, J'EN AI ASSEZ DE TES INSULTES... JE N'AI RIEN FAIT POUR QUE CETTE MISSION SOIT UN ÉCHEC !
ET MOI, J'EN AI MARRE DE TOI ! ET JE VAIS T'ENVOYER MON POING DANS TA SALE TRONCHE !
BEN ! ATTENDS ! REGARDE ! TU ES EN TRAIN DE TE TRANSFORMER !
PAS LA PEINE D'ESSAYER DE DÉTOURNER MON ATTENTION, MINUS !
VA-T'EN VITE, REED CHÉRI ! ON DIRAIT... UN MONSTRE ! IL EST FORT COMME UN BŒUF !
"REED CHÉRI" ! COMMENT TU PEUX AIMER UN TYPE AUSSI RIDICULE ?
JE VAIS TE MONTRER QUE TU T'ES TROMPÉE D'HOMME, SUE ! JE... HEIN ?!
ARRÊTE ÇA !
ÇA TE PENDAIT AU NEZ DEPUIS UN MOMENT, BEN !
OH, REED... NON ! PAS TOI AUSSI !
QU'EST-CE QUE JE FAIS, LÀ ? QU'EST-CE QUI M'ARRIVE ?
12

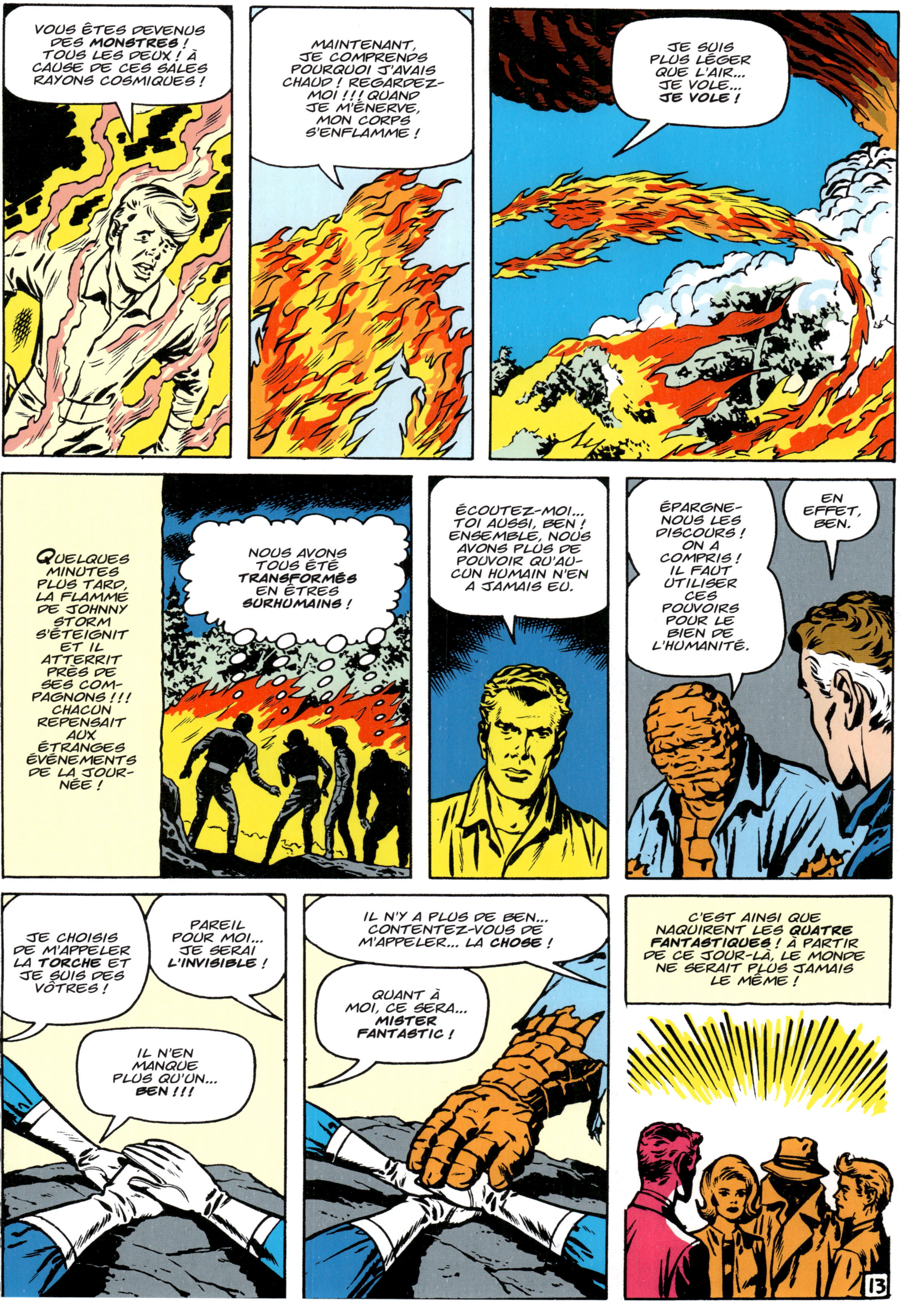

VOUS ÊTES DEVENUS DES **MONSTRES** ! TOUS LES DEUX ! À CAUSE DE CES SALES RAYONS COSMIQUES !
MAINTENANT, JE COMPRENDS POURQUOI J'AVAIS CHAUD ! REGARDEZ-MOI ! ! ! QUAND JE M'ÉNERVE, MON CORPS S'ENFLAMME !
JE SUIS PLUS LÉGER QUE L'AIR... JE VOLE... **JE VOLE** !
QUELQUES MINUTES PLUS TARD, LA FLAMME DE JOHNNY STORM S'ÉTEIGNIT ET IL ATTERRIT PRÈS DE SES COMPAGNONS ! ! ! CHACUN REPENSAIT AUX ÉTRANGES ÉVÉNEMENTS DE LA JOURNÉE !
NOUS AVONS TOUS ÉTÉ **TRANSFORMÉS** EN ÊTRES **SURHUMAINS** !
ÉCOUTEZ-MOI... TOI AUSSI, BEN ! ENSEMBLE, NOUS AVONS PLUS DE POUVOIR QU'AUCUN HUMAIN N'EN A JAMAIS EU.
ÉPARGNE-NOUS LES DISCOURS ! ON A COMPRIS ! IL FAUT UTILISER CES POUVOIRS POUR LE BIEN DE L'HUMANITÉ.
EN EFFET, BEN.
JE CHOISIS DE M'APPELER LA **TORCHE** ET JE SUIS DES VÔTRES !
PAREIL POUR MOI... JE SERAI **L'INVISIBLE** !
IL N'EN MANQUE PLUS QU'UN... **BEN** ! ! !
IL N'Y A PLUS DE BEN... CONTENTEZ-VOUS DE M'APPELER... **LA CHOSE** !
QUANT À MOI, CE SERA... **MISTER FANTASTIC** !
C'EST AINSI QUE NAQUIRENT LES **QUATRE FANTASTIQUES** ! À PARTIR DE CE JOUR-LÀ, LE MONDE NE SERAIT PLUS JAMAIS LE MÊME !

La **Chose** étant devenu l'un des membres les plus populaires des **Quatre Fantastiques**, **Lee** et **Kirby** décident de concevoir un nouveau héros monstrueux. Pour être exact, ils créent d'abord un prototype, le **Monstre de Minuit**. Dans *Journey into Mystery* 79 (avril 1962), ils racontent comment un savant se transforme en une créature hideuse et surhumaine, pourchassée par l'armée. Les deux auteurs perfectionnent ensuite leur idée avec **Hulk**, un être à mi-chemin entre la créature de **Frankenstein** et **Mister Hyde**. Ils veulent en faire un personnage réellement maléfique. Mais tout ne se passera pas comme prévu. Initialement, Hulk devait être gris, mais les imprimeurs de l'époque ont du mal à reproduire cette couleur. Ainsi, les créateurs du personnage doivent changer leurs plans et optent pour le vert. La malchance continue : Hulk est le premier échec retentissant de Marvel, qui doit arrêter la série au bout de quelques épisodes. Ce triste sort fera du Colosse de Jade un personnage malléable, souvent utilisé comme antagoniste au sein d'autres séries Marvel.

HULK
The Coming of the Hulk
The Incredible Hulk (1962) 1
mai 1962

Scénario : Stan Lee
Dessin : Jack Kirby
Encrage : Paul Reinman
Traduction : Geneviève Coulomb
Lettrage : Alessandra Gozzi
Rédaction USA : Stan Lee, C.B. Cebulski

* ACTE 1 - QUAND LE MONSTRE PARAÎT

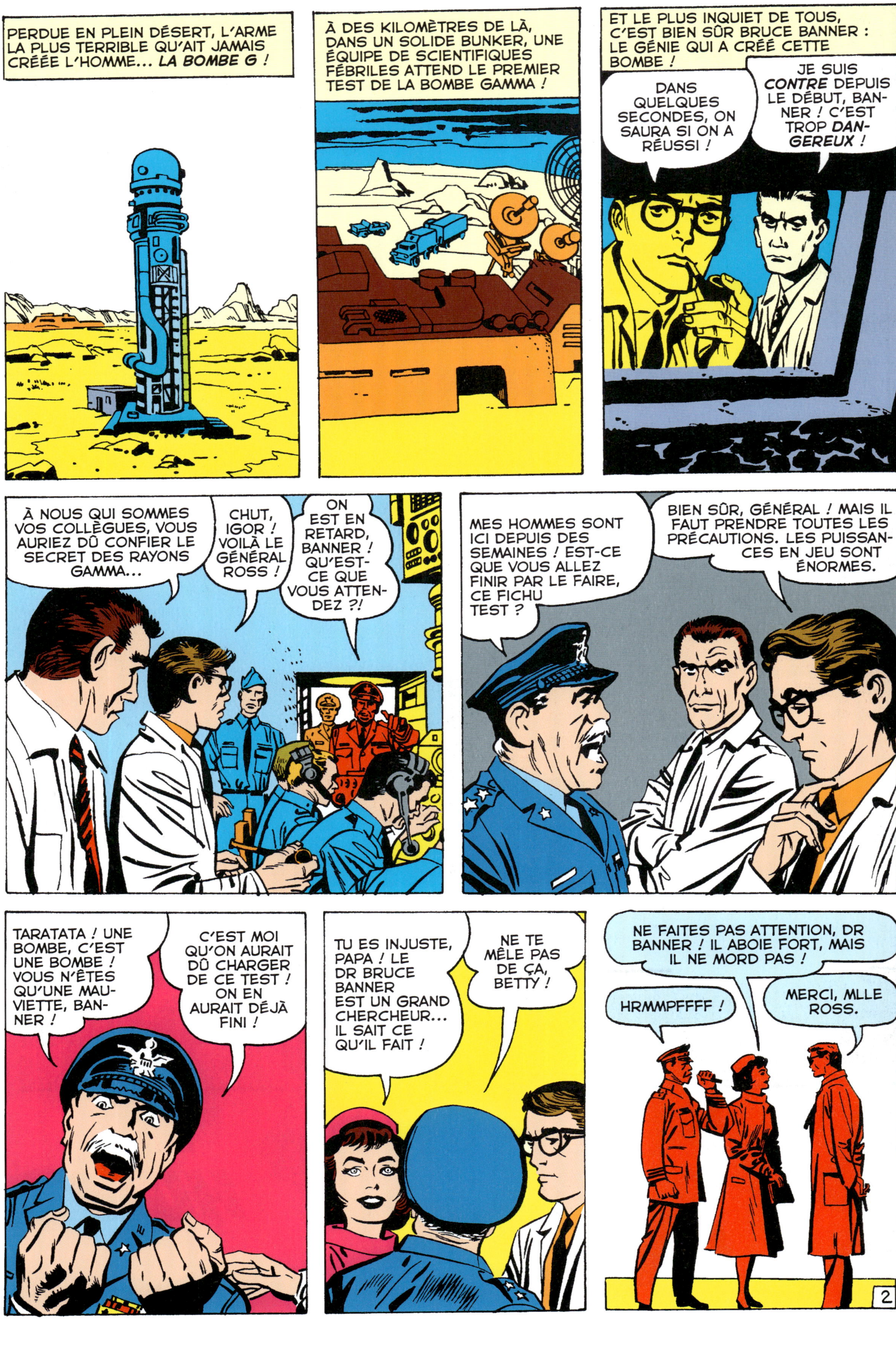
PERDUE EN PLEIN DÉSERT, L'ARME LA PLUS TERRIBLE QU'AIT JAMAIS CRÉÉE L'HOMME... LA BOMBE G !
À DES KILOMÈTRES DE LÀ, DANS UN SOLIDE BUNKER, UNE ÉQUIPE DE SCIENTIFIQUES FÉBRILES ATTEND LE PREMIER TEST DE LA BOMBE GAMMA !
ET LE PLUS INQUIET DE TOUS, C'EST BIEN SÛR BRUCE BANNER : LE GÉNIE QUI A CRÉÉ CETTE BOMBE !
DANS QUELQUES SECONDES, ON SAURA SI ON A RÉUSSI !
JE SUIS CONTRE DEPUIS LE DÉBUT, BANNER ! C'EST TROP DANGEREUX !
À NOUS QUI SOMMES VOS COLLÈGUES, VOUS AURIEZ DÛ CONFIER LE SECRET DES RAYONS GAMMA...
CHUT, IGOR ! VOILÀ LE GÉNÉRAL ROSS !
ON EST EN RETARD, BANNER ! QU'EST-CE QUE VOUS ATTENDEZ ?!
MES HOMMES SONT ICI DEPUIS DES SEMAINES ! EST-CE QUE VOUS ALLEZ FINIR PAR LE FAIRE, CE FICHU TEST ?
BIEN SÛR, GÉNÉRAL ! MAIS IL FAUT PRENDRE TOUTES LES PRÉCAUTIONS. LES PUISSANCES EN JEU SONT ÉNORMES.
TARATATA ! UNE BOMBE, C'EST UNE BOMBE ! VOUS N'ÊTES QU'UNE MAUVIETTE, BANNER !
C'EST MOI QU'ON AURAIT DÛ CHARGER DE CE TEST ! ON EN AURAIT DÉJÀ FINI !
TU ES INJUSTE, PAPA ! LE DR BRUCE BANNER EST UN GRAND CHERCHEUR... IL SAIT CE QU'IL FAIT !
NE TE MÊLE PAS DE ÇA, BETTY !
NE FAITES PAS ATTENTION, DR BANNER ! IL ABOIE FORT, MAIS IL NE MORD PAS !
HRMMPFFFF !
MERCI, MLLE ROSS.

MAINTENANT, EXCUSEZ-MOI. ON VA LANCER LE COMPTE À REBOURS.
BONNE CHANCE, DR BANNER !
EH BIEN ! ÇA N'EST PAS TROP TÔT !
BANNER ! DITES-MOI COMMENT ON PEUT CONTENIR LES RAYONS GAMMA ! VOUS NE DEVEZ PAS ÊTRE LE SEUL À SAVOIR !
DÉSOLÉ, IGOR. LES FORMULES SONT SOUS CLÉ DANS MA CHAMBRE ET ELLES Y RESTERONT !
PERSONNE N'A VÉRIFIÉ VOTRE TRAVAIL ! S'IL Y A UNE ***ERREUR***, ON RISQUE DE FAIRE SAUTER LE CONTINENT !!!
JE NE COMMETS JAMAIS D'ERREURS.
DR BANNER ! LE COMPTE À REBOURS A COMMENCÉ !
ON EN REPARLERA, IGOR ! JE DÉTESTE CEUX QUI EN VIENNENT AUX MAINS !
JE VAIS ENFIN SAVOIR CE QUI SE PASSE QUAND ON LIBÈRE DES RAYONS GAMMA.
HÉ ?! REGARDEZ-MOI ÇA ! IL Y A UN GOSSE DANS UNE VOITURE... DANS LA ***ZONE D'ESSAI*** !
IGOR ! RETARDEZ LE COMPTE À REBOURS LE TEMPS QUE J'AILLE CHERCHER CE GAMIN !
BIEN...
QUEL COUP DE CHANCE... IL ME SUFFIT DE NE PAS RETARDER LE COMPTE À REBOURS ET ADIEU BANNER !
3

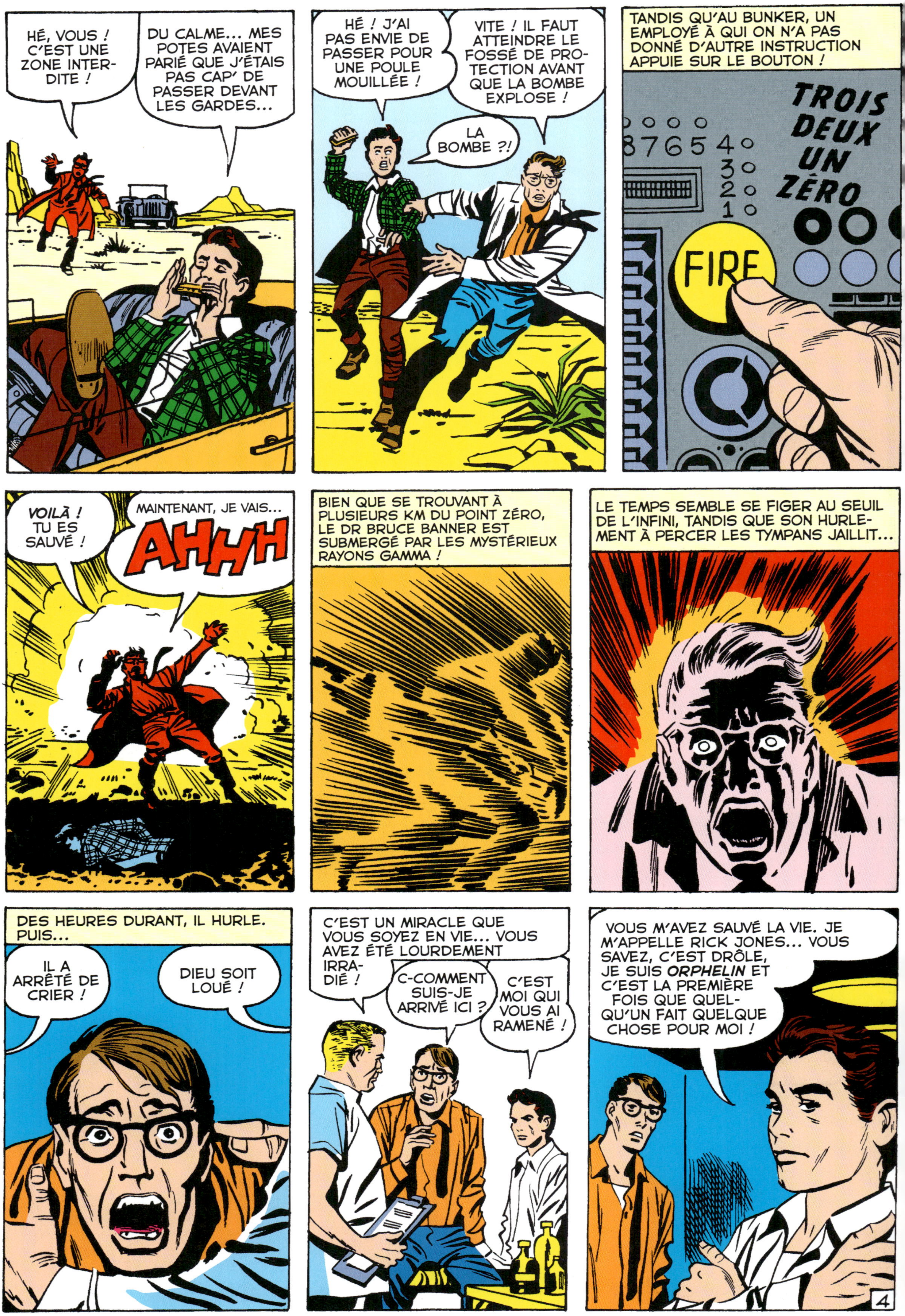
HÉ, VOUS ! C'EST UNE ZONE INTERDITE !
DU CALME... MES POTES AVAIENT PARIÉ QUE J'ÉTAIS PAS CAP' DE PASSER DEVANT LES GARDES...
HÉ ! J'AI PAS ENVIE DE PASSER POUR UNE POULE MOUILLÉE !
VITE ! IL FAUT ATTEINDRE LE FOSSÉ DE PROTECTION AVANT QUE LA BOMBE EXPLOSE !
LA BOMBE ?!
TANDIS QU'AU BUNKER, UN EMPLOYÉ À QUI ON N'A PAS DONNÉ D'AUTRE INSTRUCTION APPUIE SUR LE BOUTON !
TROIS DEUX UN ZÉRO
8 7 6 5 4 3 2 1
FIRE
VOILÀ ! TU ES SAUVÉ !
MAINTENANT, JE VAIS...
AHHH
BIEN QUE SE TROUVANT À PLUSIEURS KM DU POINT ZÉRO, LE DR BRUCE BANNER EST SUBMERGÉ PAR LES MYSTÉRIEUX RAYONS GAMMA !
LE TEMPS SEMBLE SE FIGER AU SEUIL DE L'INFINI, TANDIS QUE SON HURLEMENT À PERCER LES TYMPANS JAILLIT...
DES HEURES DURANT, IL HURLE. PUIS...
IL A ARRÊTÉ DE CRIER !
DIEU SOIT LOUÉ !
C'EST UN MIRACLE QUE VOUS SOYEZ EN VIE... VOUS AVEZ ÉTÉ LOURDEMENT IRRADIÉ !
C-COMMENT SUIS-JE ARRIVÉ ICI ?
C'EST MOI QUI VOUS AI RAMENÉ !
VOUS M'AVEZ SAUVÉ LA VIE. JE M'APPELLE RICK JONES... VOUS SAVEZ, C'EST DRÔLE, JE SUIS ORPHELIN ET C'EST LA PREMIÈRE FOIS QUE QUELQU'UN FAIT QUELQUE CHOSE POUR MOI !
4

LA NUIT TOMBE, DOC. ILS VONT NOUS GARDER ICI LONG-TEMPS ?
JE NE SAIS PAS ! ILS DOIVENT ATTENDRE QUE JE MEURE ! IL N'EST PAS POSSIBLE D'AB-SORBER AUTANT DE RADIATIONS SANS QU'IL SE PASSE RIEN !
JE... JE ME SENS BIZARRE ! J'AI MAL À LA TÊTE... C'EST SÛREMENT LA FIN...
C'EST VRAIMENT LA CATA ! MÊME CETTE RADIO MARCHE PAS... IL Y A DE LA FRITURE !
CLICK--
CLICK--
C'EST UN COMPTEUR GEIGER, PAS UNE RADIO !
ÇA MESURE LES RADIATIONS ! QU'EST-CE QUI SE PASSE ?!
CLICK-CLICK
CLICK
CLICK
CLICK
CLICK
CLICK
CLICK
IL S'AFFOLE... LES SIGNAUX SONT DE PLUS EN PLUS PUIS-SANTS ET RAPIDES !
CLICK
CLICK
CLICK
CLICK
QU'EST-CE QUI SE PASSE ?!?
ARGHH
CLICK
CLICK
CLICK
HÉ ! REGARDEZ ! VOUS VOUS ÊTES TRANSFOR-MÉ !
DÉGAGE DE LÀ, INSECTE !
5

OÙ SUIS-JE ? POURQUOI M'A-T-ON ENFERMÉ ?
JE VEUX SORTIR !
BON SANG ! IL CASSE CE MUR COMME SI C'ÉTAIT UN CHÂTEAU DE CARTES !
J'Y SUIS !
SERGENT !!! REGARDEZ !!! QU'EST-CE QUE C'EST QUE ÇA ?!
ENCORE DES PETITS HOMMES !
JE SAIS PAS, MAIS IL FAUT QU'ON L'ARRÊ-TE !
TANDIS QUE LES SOLDATS TENTENT DE S'EXTRAIRE DES DÉCOMBRES, LE PUISSANT MONSTRE QUI FUT BRUCE BANNER SE DÉTOURNE ET...
JE DOIS PARTIR !
JE DOIS FUIR... ME CA-CHER...
TEL UN ANIMAL BLESSÉ, LE COLOSSE S'ENFUIT À TOUTE ALLURE, DISPARAISSANT DANS LA NUIT...
HÉ ! ATTENDEZ-MOI !
ET UNE SILHOUETTE SOLITAIRE LE SUIT DANS SA RETRAITE !
VOUS M'AVEZ SAUVÉ LA VIE ! VOUS AVEZ BESOIN DE MOI...!

* ACTE 2 - HULK SE VENGE!

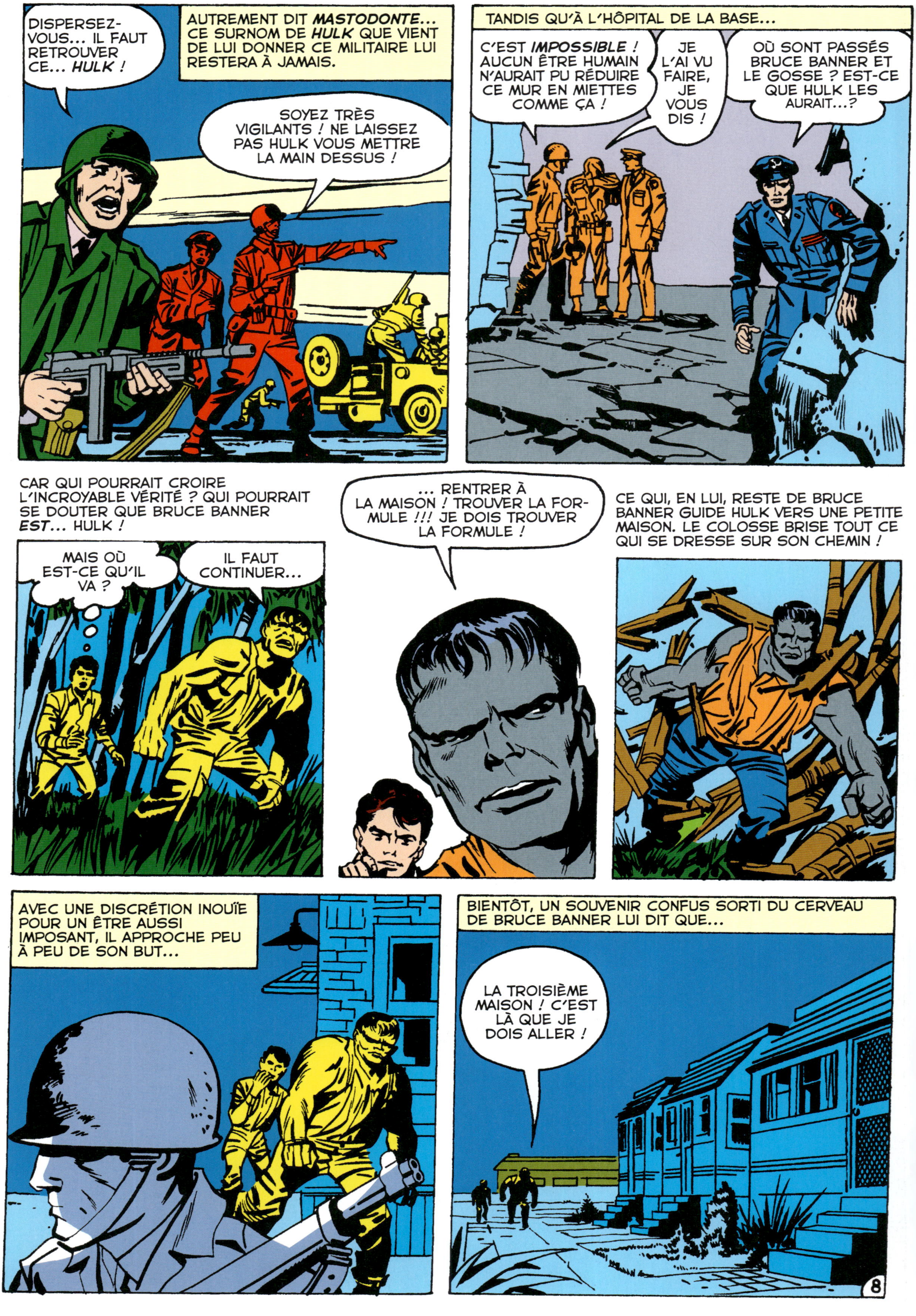
DISPERSEZ-VOUS... IL FAUT RETROUVER CE... HULK !
AUTREMENT DIT MASTODONTE... CE SURNOM DE HULK QUE VIENT DE LUI DONNER CE MILITAIRE LUI RESTERA À JAMAIS.
SOYEZ TRÈS VIGILANTS ! NE LAISSEZ PAS HULK VOUS METTRE LA MAIN DESSUS !
TANDIS QU'À L'HÔPITAL DE LA BASE...
C'EST IMPOSSIBLE ! AUCUN ÊTRE HUMAIN N'AURAIT PU RÉDUIRE CE MUR EN MIETTES COMME ÇA !
JE L'AI VU FAIRE, JE VOUS DIS !
OÙ SONT PASSÉS BRUCE BANNER ET LE GOSSE ? EST-CE QUE HULK LES AURAIT...?
CAR QUI POURRAIT CROIRE L'INCROYABLE VÉRITÉ ? QUI POURRAIT SE DOUTER QUE BRUCE BANNER EST... HULK !
MAIS OÙ EST-CE QU'IL VA ?
IL FAUT CONTINUER...
... RENTRER À LA MAISON ! TROUVER LA FORMULE !!! JE DOIS TROUVER LA FORMULE !
CE QUI, EN LUI, RESTE DE BRUCE BANNER GUIDE HULK VERS UNE PETITE MAISON. LE COLOSSE BRISE TOUT CE QUI SE DRESSE SUR SON CHEMIN !
AVEC UNE DISCRÉTION INOUÏE POUR UN ÊTRE AUSSI IMPOSANT, IL APPROCHE PEU À PEU DE SON BUT...
BIENTÔT, UN SOUVENIR CONFUS SORTI DU CERVEAU DE BRUCE BANNER LUI DIT QUE...
LA TROISIÈME MAISON ! C'EST LÀ QUE JE DOIS ALLER !
8

DANS LA MAISON, IGOR EST TELLEMENT ABSORBÉ PAR SES RECHERCHES QU'IL N'ENTEND PAS LES PAS ÉTOUFFÉS QUI S'APPROCHENT...
LA FORMULE DES RAYONS GAMMA DOIT BIEN ÊTRE QUELQUE PART !
PUIS...
QUE FAIS-TU ICI ?! PAS QUESTION QUE TU PARLES À LA POLICE !
HEIN ?! JE VIENS DE TE LOGER UNE BALLE DE .38 DANS L'ÉPAULE ET TU AVANCES ENCORE ?!
TU... TU N'AS MÊME PAS SENTI L'IMPACT !
NON !!! LAISSE-MOI !!! LAISSE-MOI !!!
TU NE ME TIRERAS PLUS DESSUS !
PFFF ! QUEL OBJET RIDICULE !
ET MAINTENANT...
NON ! C'EST IMPOSSIBLE ! TU... TU N'ES PAS HUMAIN !
HUMAIN ?! POURQUOI JE VOUDRAIS ÊTRE HUMAIN ?!
9

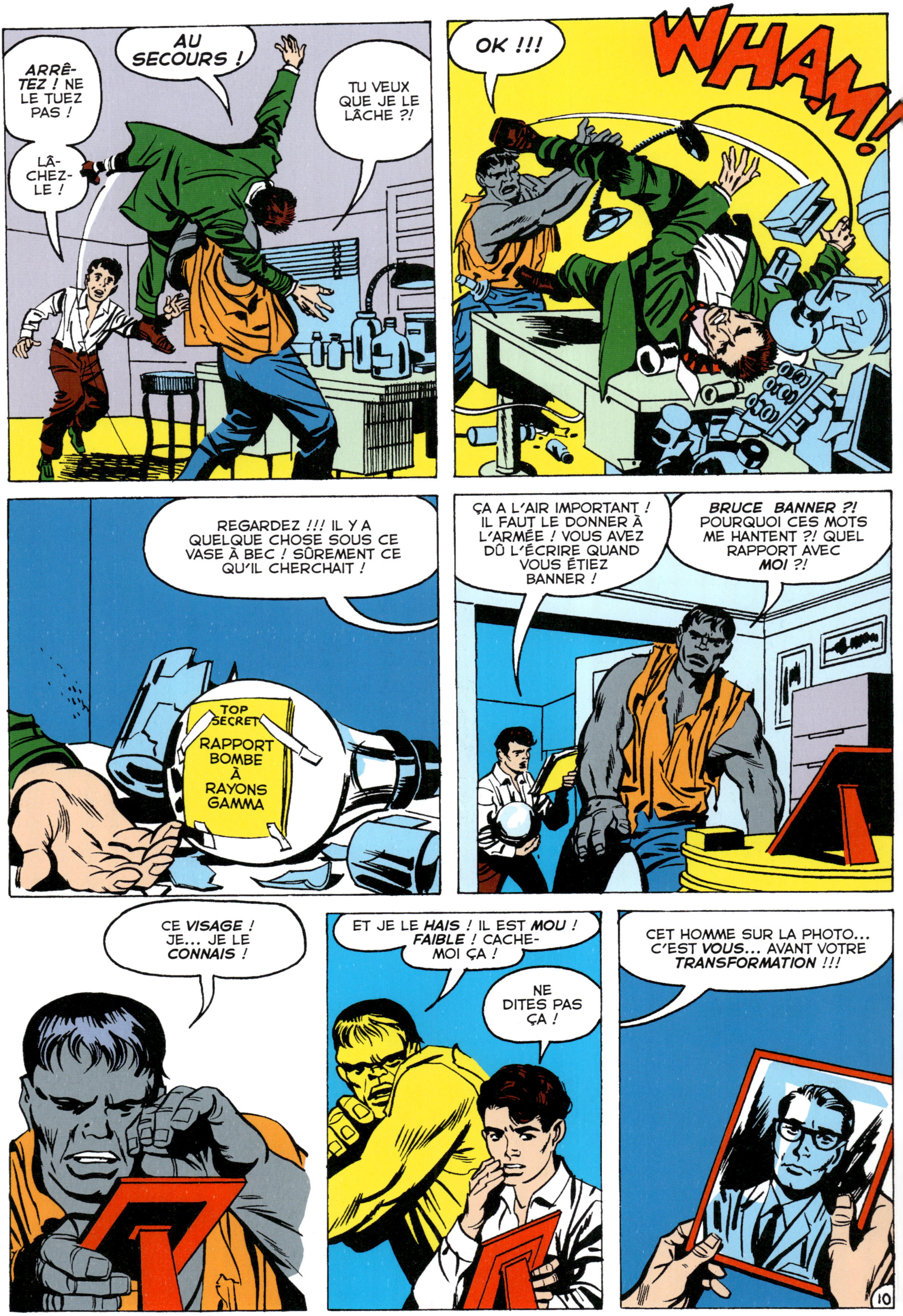

ARRÊ-TEZ ! NE LE TUEZ PAS !
LÂ-CHEZ-LE !
AU SECOURS !
TU VEUX QUE JE LE LÂCHE ?!
OK !!!
WHAM !
REGARDEZ !!! IL Y A QUELQUE CHOSE SOUS CE VASE À BEC ! SÛREMENT CE QU'IL CHERCHAIT !
TOP SECRET
RAPPORT BOMBE À RAYONS GAMMA
ÇA A L'AIR IMPORTANT ! IL FAUT LE DONNER À L'ARMÉE ! VOUS AVEZ DÛ L'ÉCRIRE QUAND VOUS ÉTIEZ BANNER !
BRUCE BANNER ?! POURQUOI CES MOTS ME HANTENT ?! QUEL RAPPORT AVEC MOI ?!
CE VISAGE ! JE... JE LE CONNAIS !
ET JE LE HAIS ! IL EST MOU ! FAIBLE ! CACHE-MOI ÇA !
NE DITES PAS ÇA !
CET HOMME SUR LA PHOTO... C'EST VOUS... AVANT VOTRE TRANSFORMATION !!!
10

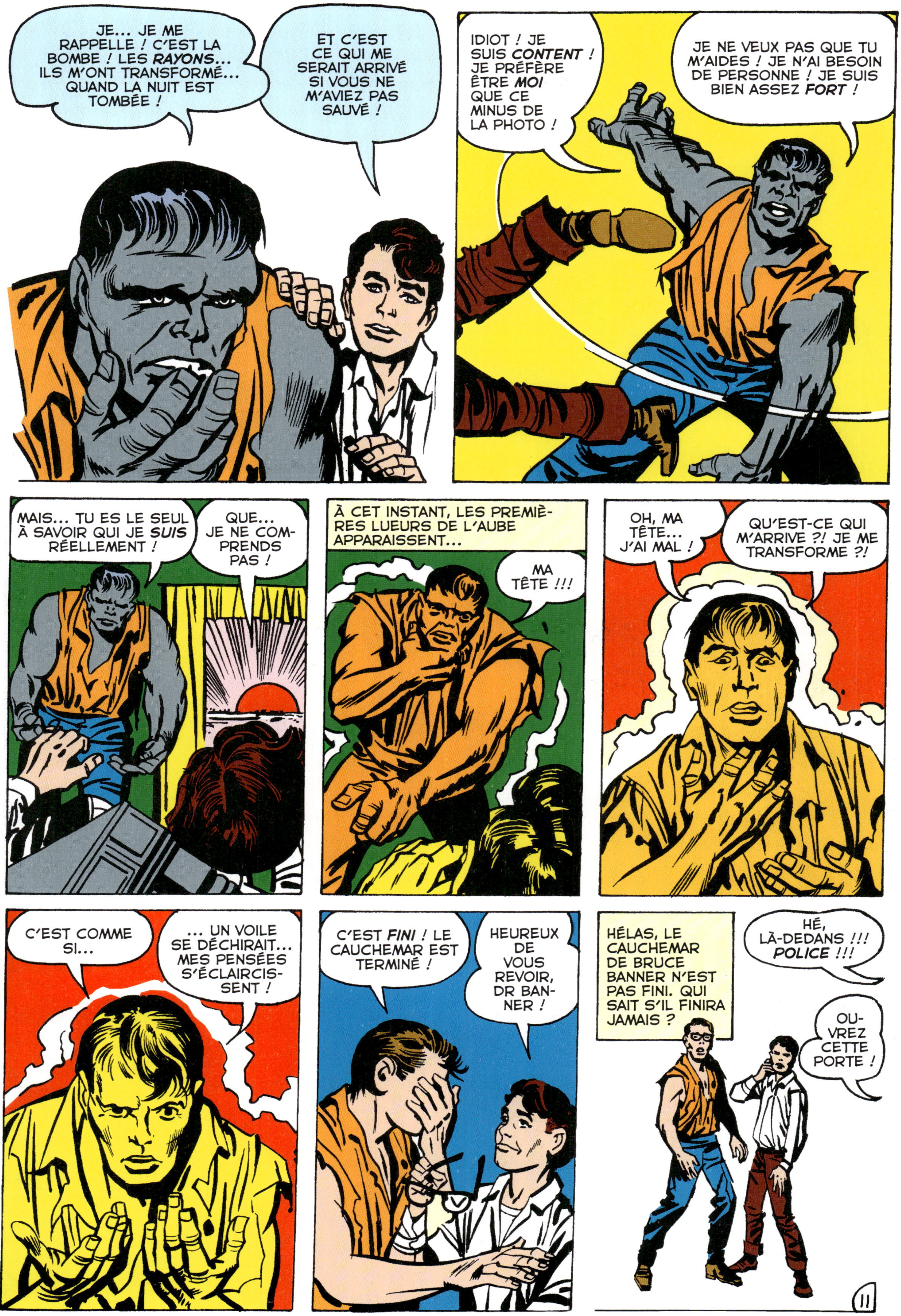
JE... JE ME RAPPELLE ! C'EST LA BOMBE ! LES RAYONS... ILS M'ONT TRANSFORMÉ... QUAND LA NUIT EST TOMBÉE !
ET C'EST CE QUI ME SERAIT ARRIVÉ SI VOUS NE M'AVIEZ PAS SAUVÉ !
IDIOT ! JE SUIS CONTENT ! JE PRÉFÈRE ÊTRE MOI QUE CE MINUS DE LA PHOTO !
JE NE VEUX PAS QUE TU M'AIDES ! JE N'AI BESOIN DE PERSONNE ! JE SUIS BIEN ASSEZ FORT !
MAIS... TU ES LE SEUL À SAVOIR QUI JE SUIS RÉELLEMENT !
QUE... JE NE COMPRENDS PAS !
À CET INSTANT, LES PREMIÈRES LUEURS DE L'AUBE APPARAISSENT...
MA TÊTE !!!
OH, MA TÊTE... J'AI MAL !
QU'EST-CE QUI M'ARRIVE ?! JE ME TRANSFORME ?!
C'EST COMME SI...
... UN VOILE SE DÉCHIRAIT... MES PENSÉES S'ÉCLAIRCISSENT !
C'EST FINI ! LE CAUCHEMAR EST TERMINÉ !
HEUREUX DE VOUS REVOIR, DR BANNER !
HÉLAS, LE CAUCHEMAR DE BRUCE BANNER N'EST PAS FINI. QUI SAIT S'IL FINIRA JAMAIS ?
HÉ, LÀ-DEDANS !!! POLICE !!!
OUVREZ CETTE PORTE !
11

* ACTE 3 - SUR LA PISTE DE THE HULK

QUE VOUS EST-IL ARRIVÉ, DR BANNER ? POURQUOI AVOIR QUITTÉ L'HÔPITAL ET D'OÙ VIENT CETTE BLESSURE À L'ÉPAULE ?
EST-CE QUE VOUS ÊTES MÊLÉ À TOUT ÇA ?
VOUS RIGOLEZ ? VOUS LE PRENEZ POUR QUI... HULK ?!
ON ÉTAIT DANS LA JEEP QUE HULK A DÉTRUITE ! ON L'A BIEN VU !
IL N'AVAIT RIEN DU DR BANNER !
IL ÉTAIT ÉNORME ! TRÈS FORT ! JE NE SERAIS PAS SURPRIS QUE CE SOIT UN GORILLE ÉCHAPPÉ D'UN ZOO !
NON ! ON AURAIT PLUTÔT DIT UN *OURS* ! AVEC DES VÊTEMENTS DÉCHIRÉS ! SANS DOUTE ÉCHAPPÉ D'UN CIRQUE !
À MON AVIS, VOUS VOUS FAITES DES IDÉES ! C'ÉTAIT SANS DOUTE UN LOUVETEAU EN BALADE !
HEUREUSEMENT QU'IGOR N'A PAS PU S'EMPARER DE LA FORMULE ! JE VAIS LA METTRE EN LIEU SÛR.
QUELQUES MINUTES PLUS TARD, LES SOLDATS REPARTENT À LA RECHERCHE DE HULK...
DOCTEUR BANNER, JE SUIS VENUE M'EXCUSER POUR CE QU'A DIT MON PÈRE ! JE NE PENSAIS PAS VOUS TROUVER...
... EN PLEIN MILIEU D'UNE BATTUE POUR RETROUVER UN MONSTRE ?
MOI NON PLUS ! *MOI NON PLUS* !
VOUS DEVRIEZ VOIR UN MÉDECIN !
NON, MADAME ! IL A JUSTE BESOIN D'UN PEU DE TRANQUILLITÉ !
13

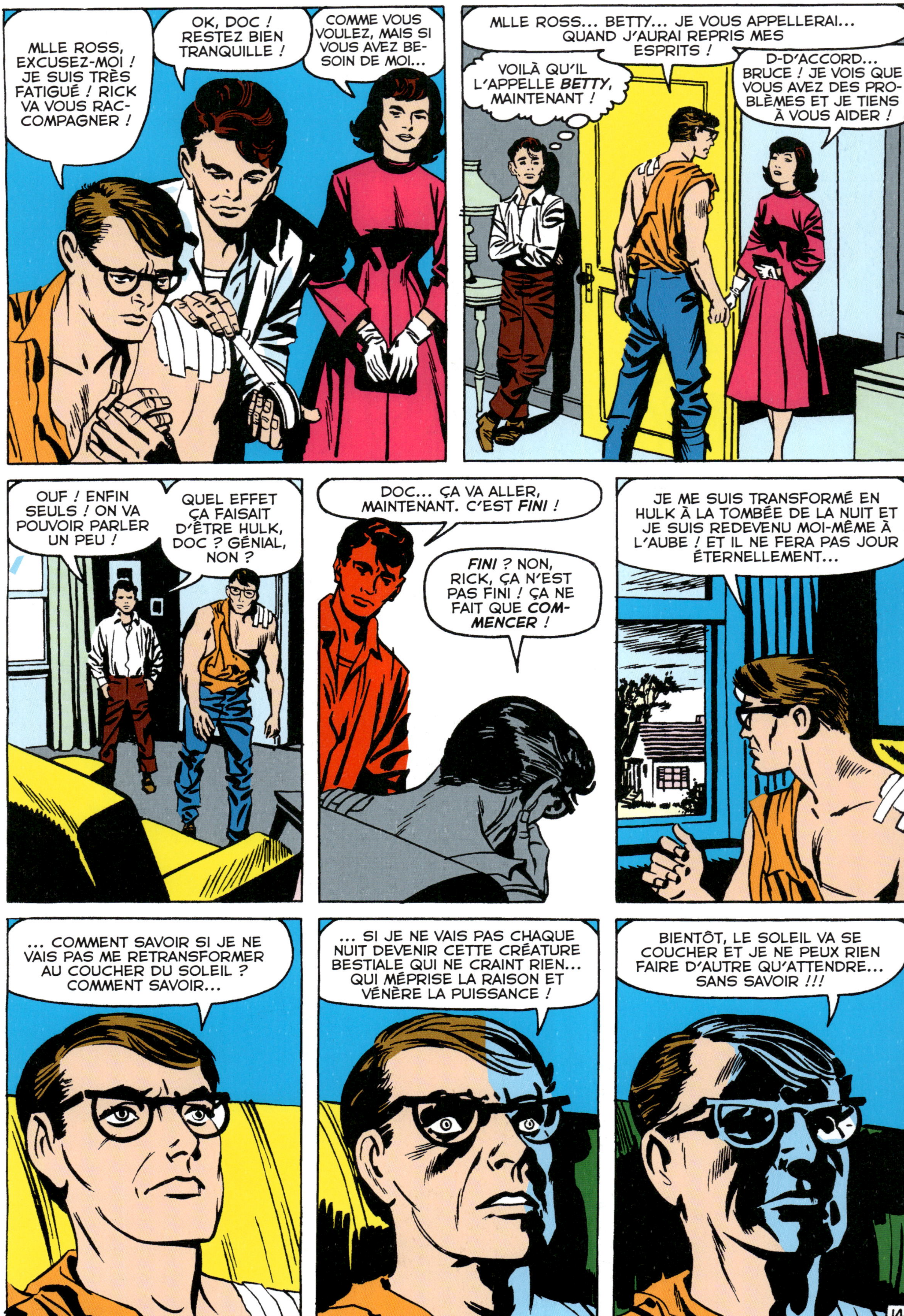

MLLE ROSS, EXCUSEZ-MOI ! JE SUIS TRÈS FATIGUÉ ! RICK VA VOUS RACCOMPAGNER !
OK, DOC ! RESTEZ BIEN TRANQUILLE !
COMME VOUS VOULEZ, MAIS SI VOUS AVEZ BESOIN DE MOI...
MLLE ROSS... BETTY... JE VOUS APPELLERAI... QUAND J'AURAI REPRIS MES ESPRITS !
VOILÀ QU'IL L'APPELLE BETTY, MAINTENANT !
D-D'ACCORD... BRUCE ! JE VOIS QUE VOUS AVEZ DES PROBLÈMES ET JE TIENS À VOUS AIDER !
OUF ! ENFIN SEULS ! ON VA POUVOIR PARLER UN PEU !
QUEL EFFET ÇA FAISAIT D'ÊTRE HULK, DOC ? GÉNIAL, NON ?
DOC... ÇA VA ALLER, MAINTENANT. C'EST FINI !
FINI ? NON, RICK, ÇA N'EST PAS FINI ! ÇA NE FAIT QUE COMMENCER !
JE ME SUIS TRANSFORMÉ EN HULK À LA TOMBÉE DE LA NUIT ET JE SUIS REDEVENU MOI-MÊME À L'AUBE ! ET IL NE FERA PAS JOUR ÉTERNELLEMENT...
... COMMENT SAVOIR SI JE NE VAIS PAS ME RETRANSFORMER AU COUCHER DU SOLEIL ? COMMENT SAVOIR...
... SI JE NE VAIS PAS CHAQUE NUIT DEVENIR CETTE CRÉATURE BESTIALE QUI NE CRAINT RIEN... QUI MÉPRISE LA RAISON ET VÉNÈRE LA PUISSANCE !
BIENTÔT, LE SOLEIL VA SE COUCHER ET JE NE PEUX RIEN FAIRE D'AUTRE QU'ATTENDRE... SANS SAVOIR !!!

* ACTE 4 - LA GARGOUILLE S'EN MÊLE

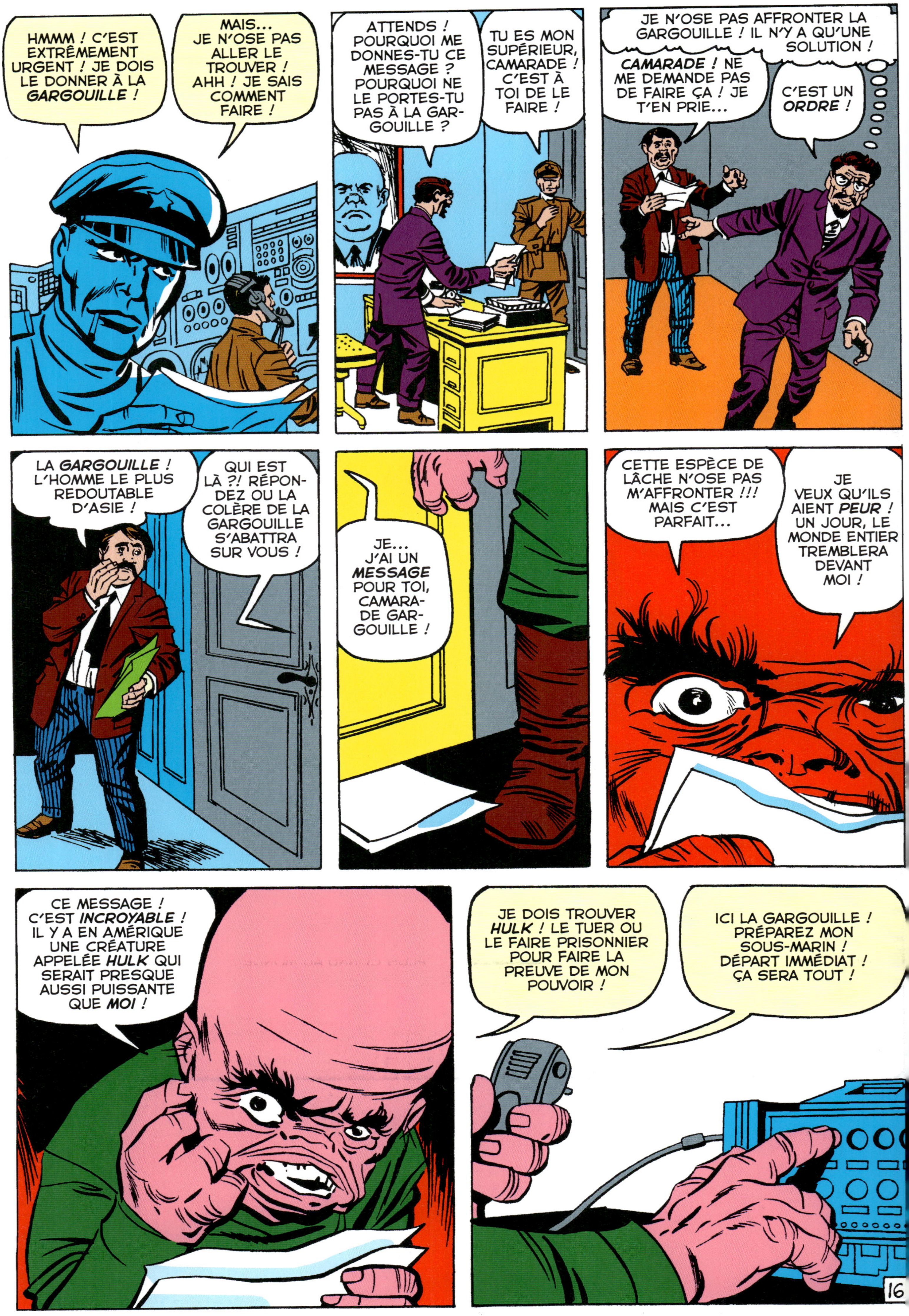
HMMM ! C'EST EXTRÊMEMENT URGENT ! JE DOIS LE DONNER À LA GARGOUILLE !
MAIS... JE N'OSE PAS ALLER LE TROUVER ! AHH ! JE SAIS COMMENT FAIRE !
ATTENDS ! POURQUOI ME DONNES-TU CE MESSAGE ? POURQUOI NE LE PORTES-TU PAS À LA GARGOUILLE ?
TU ES MON SUPÉRIEUR, CAMARADE ! C'EST À TOI DE LE FAIRE !
JE N'OSE PAS AFFRONTER LA GARGOUILLE ! IL N'Y A QU'UNE SOLUTION !
CAMARADE ! NE ME DEMANDE PAS DE FAIRE ÇA ! JE T'EN PRIE...
C'EST UN ORDRE !
LA GARGOUILLE ! L'HOMME LE PLUS REDOUTABLE D'ASIE !
QUI EST LÀ ?! RÉPONDEZ OU LA COLÈRE DE LA GARGOUILLE S'ABATTRA SUR VOUS !
JE... J'AI UN MESSAGE POUR TOI, CAMARADE GARGOUILLE !
CETTE ESPÈCE DE LÂCHE N'OSE PAS M'AFFRONTER !!! MAIS C'EST PARFAIT...
JE VEUX QU'ILS AIENT PEUR ! UN JOUR, LE MONDE ENTIER TREMBLERA DEVANT MOI !
CE MESSAGE ! C'EST INCROYABLE ! IL Y A EN AMÉRIQUE UNE CRÉATURE APPELÉE HULK QUI SERAIT PRESQUE AUSSI PUISSANTE QUE MOI !
JE DOIS TROUVER HULK ! LE TUER OU LE FAIRE PRISONNIER POUR FAIRE LA PREUVE DE MON POUVOIR !
ICI LA GARGOUILLE ! PRÉPAREZ MON SOUS-MARIN ! DÉPART IMMÉDIAT ! ÇA SERA TOUT !
16

QUELQUES HEURES PLUS TARD, LE PLUS RÉCENT DES SOUS-MARINS RUSSES TRAVERSE L'OCÉAN...
PUIS, ARRIVÉ DANS LA ZONE CONVENUE, IL LANCE UNE FUSÉE HABITÉE EXPÉRIMENTALE !
INCROYABLE ! NOTRE RADAR A REPÉRÉ UN MISSILE NON IDENTIFIÉ QUI VIENT DANS NOTRE DIRECTION !
LANCEZ NOS MISSILES D'ATTAQUE !
EN QUELQUES SECONDES, LA DÉFENSE AMÉRICAINE DÉPLOIE SON FANTASTIQUE ARSENAL, ET...
LE MISSILE EST DÉTRUIT, MAIS J'AI ATTERRI À DESTINATION !
L'HEURE EST VENUE POUR LA GARGOUILLE D'AFFRONTER HULK !
AINSI, LE DESTIN TISSE SA TOILE... L'ÉTAU SE RESSERRE PETIT À PETIT...
OÙ ALLEZ-VOUS, DOC ? IL FERA BIENTÔT NUIT ! ON FERAIT MIEUX DE RENTRER POUR ATTENDRE...
NON, RICK ! SI JE DOIS REDEVENIR CETTE CRÉATURE, JE VEUX QUE CE SOIT EN PLEINE NATURE !
C'EST DIFFICILE À CROIRE, DOC ! VOUS ÊTES L'EXPERT EN MISSILES LE PLUS CONNU AU MONDE ! VOUS ÊTES INTELLIGENT, CULTIVÉ ET TOUT ÇA ! ET POURTANT...
ET POURTANT, À CAUSE DES RAYONS GAMMA, JE ME TRANSFORME EN UNE BRUTE ÉPAISSE À LA TOMBÉE DE LA NUIT !
17

C'EST POUR ÇA QUE JE RESTE AVEC VOUS, DOC ! POUR VOUS EMPÊCHER DE COMMETTRE QUELQUE CHOSE DE GRAVE... VOIRE DE TUER QUELQU'UN ! DOC ! VOS MAINS !!!
VOUS ÊTES EN TRAIN DE VOUS RETRANSFORMER EN HULK !!!
C'EST CE QUE JE REDOUTAIS... ÇA VA RECOMMENCER CHAQUE SOIR !
DOC ! GARDEZ VOS MAINS SUR LE VOLANT !!! ATTENTION !!!
LE VOLANT ?! JE ME FICHE DU VOLANT !!!
JE ME FICHE DE TOUT !!!
THUD !
LENTEMENT, AVEC PRÉCAUTIONS, UNE TÊTE ÉMERGE ! MAIS CE N'EST PAS LE VISAGE INTELLIGENT DU DR BANNER QUI APPARAÎT... C'EST CELUI, BRUTAL ET MENAÇANT DE... HULK !
QU'EST-CE QUE JE FAIS ICI ?! JE DOIS PARTIR... MAIS OÙ ?
OH, MA TÊTE !!! ON L'A ÉCHAPPÉ BELLE !
JE CONNAIS CET ENDROIT ! PRÈS DE CHEZ LE GÉNÉRAL ROSS ! LÀ OÙ VIT... BETTY !!!
NON ! VOUS NE POUVEZ PAS VOIR BETTY DANS CET ÉTAT !
AH ! VOICI CELUI QUE JE CHERCHAIS... HULK !
18

NON LOIN DE LÀ, BETTY ROSS EST PERDUE DANS SES PENSÉES. ELLE S'INQUIÈTE...
JE N'ARRÊTE PAS DE PENSER À BRUCE !
JE SENS... QU'IL A BESOIN DE MOI !
QU'Y A-T-IL ? TU AS L'AIR BIEN SOUCIEUSE !
OH, PAPA... SI SEULEMENT LES CHOSES ÉTAIENT AUSSI SIMPLES QU'AVANT ! QUAND QUELQUES SOLDATS SUFFISAIENT À TOUT RÉGLER !
AUJOURD'HUI, AVEC TOUTES CES FORCES MYSTÉRIEUSES QUI NOUS ENTOURENT, J'AI L'IMPRESSION D'ÊTRE COMPLÈTEMENT PERDUE !
TU DEVRAIS ALLER PRENDRE L'AIR !
PAPA A RAISON ! L'AIR FRAIS DE LA NUIT VA M'ÉCLAIRCIR LES IDÉES ET CHASSER BRUCE DE MES PENSÉES !
PEUT-ÊTRE POURRAI-JE MÊME OUBLIER QUE CET AFFREUX HULK EXISTE !
MAIS HULK EXISTE !!! METTEZ-VOUS BIEN ÇA DANS LA TÊTE !
OH, NON !
ELLE S'EST ÉVANOUIE ! ELLE EST BIEN COMME TOUS LES AUTRES !
HULK... LÂCHE-LA !
IL FAUT QUE TU PARTES ! S'ILS TE TROUVENT, CETTE FOIS, ILS TE...
HULK N'A D'ORDRE À RECEVOIR DE PERSONNE !
ERREUR ! RETOURNE-TOI, ESPÈCE DE MONSTRE... TU VAS AFFRONTER LA GARGOUILLE !
19

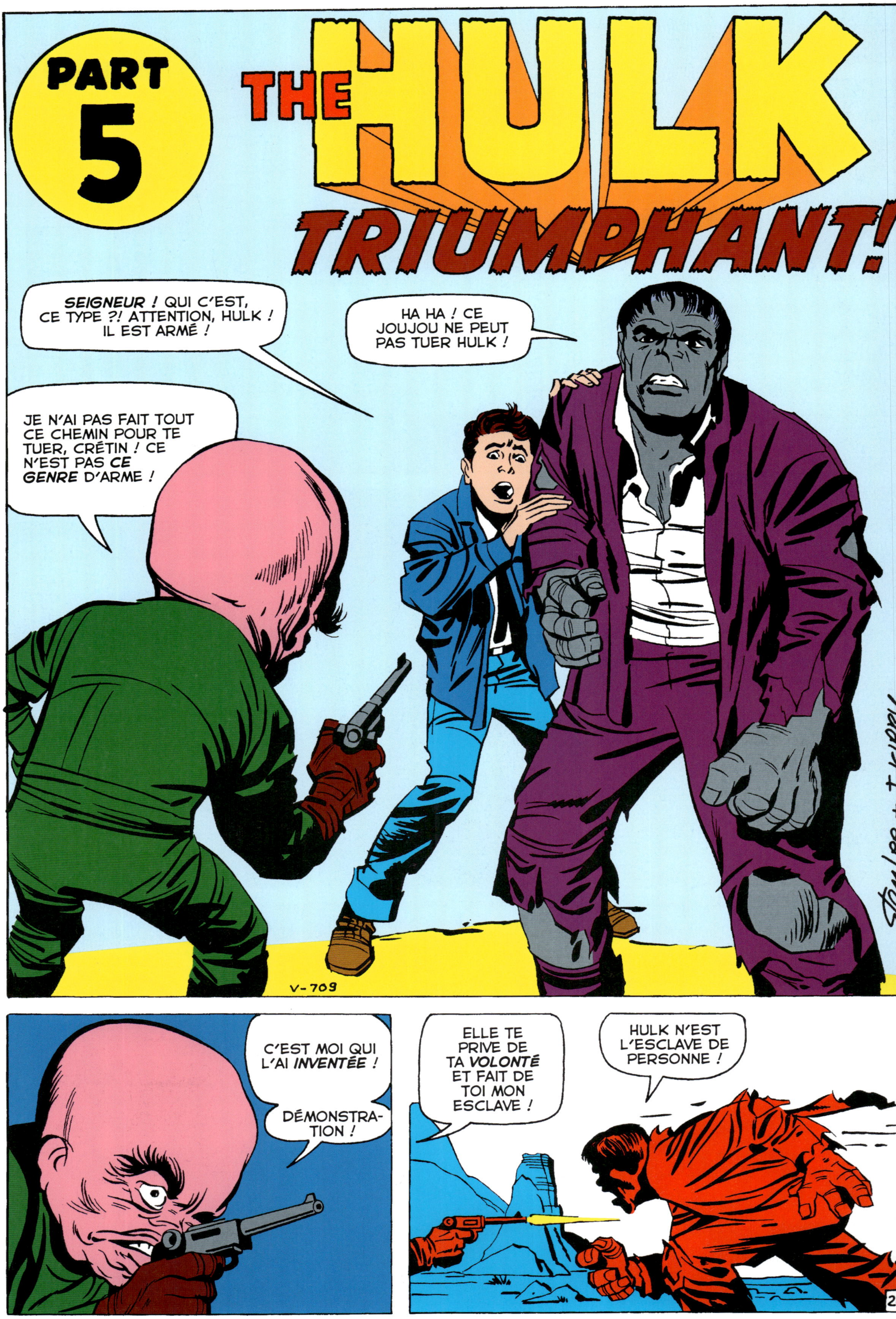

* ACTE 5 - THE HULK TRIOMPHANT !

HA HA ! LA GARGOUILLE A TOUJOURS RAISON !
TIENS ! DOMMAGE DE GÂCHER DES MUNITIONS POUR TOI, MAIS JE NE VEUX PRENDRE AUCUN RISQUE !
ET VOILÀ ! MAINTENANT... LEVEZ-VOUS ET SUIVEZ-MOI !
SE LEVER...
HEUREUSEMENT, DANS L'EUPHORIE DU MOMENT, LA GARGOUILLE NE REMARQUE PAS LA JEUNE FILLE ÉVANOUIE DANS L'OMBRE DERRIÈRE SES DEUX PRISONNIERS !
ET UN NOUVEAU TRIOMPHE POUR LA GARGOUILLE !
UN PEU PLUS TARD...
BETTY ! BETTY !
OH, PAPA... C'ÉTAIT AFFREUX !
C'EST *HULK* ! IL A SURGI DE LA *NUIT*... IL ÉTAIT *TERRIFIANT* !
LÀ, LÀ... TOUT VA BIEN, MAINTENANT !
OÙ EST-IL PARTI ? SE POURRAIT-IL QUE J'AIE IMAGINÉ TOUTE LA SCÈNE ?
JE LE RETROUVERAI, BETTY ! JE TE LE JURE ! ET JE LE METTRAI HORS D'ÉTAT DE NUIRE !
TU SAIS... AU FOND... IL Y AVAIT COMME UNE TRISTESSE EN LUI !!! COMME S'IL CHERCHAIT DE L'*AIDE* !
JE LE RETROUVERAI, MÊME SI JE DOIS Y CONSACRER LE RESTE DE MA VIE !
DANS UN CAMION CONDUIT PAR UN CHAUFFEUR LUI AUSSI PRIVÉ DE VOLONTÉ, LA GARGOUILLE ET SES PRISONNIERS FILENT VERS LA CÔTE... ILS DOIVENT ATTEINDRE LEUR DESTINATION AVANT L'AUBE !
PLUS VITE ! *PLUS VITE* !
CE HULK EST UN SPÉCIMEN FANTASTIQUE À ÉTUDIER POUR NOS SCIENTIFIQUES ! AVEC UNE ARMÉE D'HOMMES COMME LUI, NOUS POURRIONS RÉGNER SUR LE MONDE ENTIER !
21

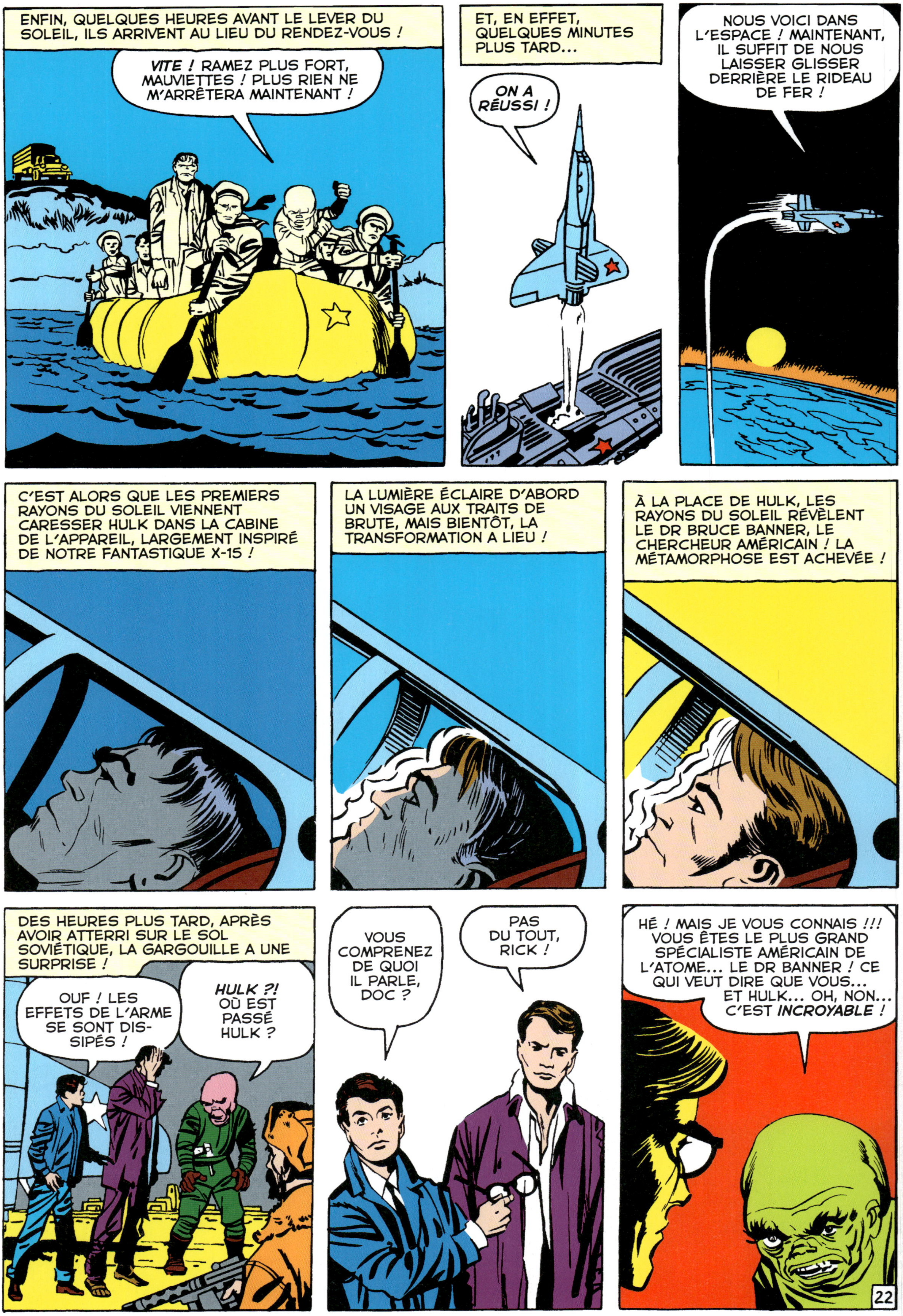
ENFIN, QUELQUES HEURES AVANT LE LEVER DU SOLEIL, ILS ARRIVENT AU LIEU DU RENDEZ-VOUS !
VITE ! RAMEZ PLUS FORT, MAUVIETTES ! PLUS RIEN NE M'ARRÊTERA MAINTENANT !
ET, EN EFFET, QUELQUES MINUTES PLUS TARD...
ON A RÉUSSI !
NOUS VOICI DANS L'ESPACE ! MAINTENANT, IL SUFFIT DE NOUS LAISSER GLISSER DERRIÈRE LE RIDEAU DE FER !
C'EST ALORS QUE LES PREMIERS RAYONS DU SOLEIL VIENNENT CARESSER HULK DANS LA CABINE DE L'APPAREIL, LARGEMENT INSPIRÉ DE NOTRE FANTASTIQUE X-15 !
LA LUMIÈRE ÉCLAIRE D'ABORD UN VISAGE AUX TRAITS DE BRUTE, MAIS BIENTÔT, LA TRANSFORMATION A LIEU !
À LA PLACE DE HULK, LES RAYONS DU SOLEIL RÉVÈLENT LE DR BRUCE BANNER, LE CHERCHEUR AMÉRICAIN ! LA MÉTAMORPHOSE EST ACHEVÉE !
DES HEURES PLUS TARD, APRÈS AVOIR ATTERRI SUR LE SOL SOVIÉTIQUE, LA GARGOUILLE A UNE SURPRISE !
OUF ! LES EFFETS DE L'ARME SE SONT DISSIPÉS !
HULK ?! OÙ EST PASSÉ HULK ?
VOUS COMPRENEZ DE QUOI IL PARLE, DOC ?
PAS DU TOUT, RICK !
HÉ ! MAIS JE VOUS CONNAIS !!! VOUS ÊTES LE PLUS GRAND SPÉCIALISTE AMÉRICAIN DE L'ATOME... LE DR BANNER ! CE QUI VEUT DIRE QUE VOUS... ET HULK... OH, NON... C'EST INCROYABLE !
22

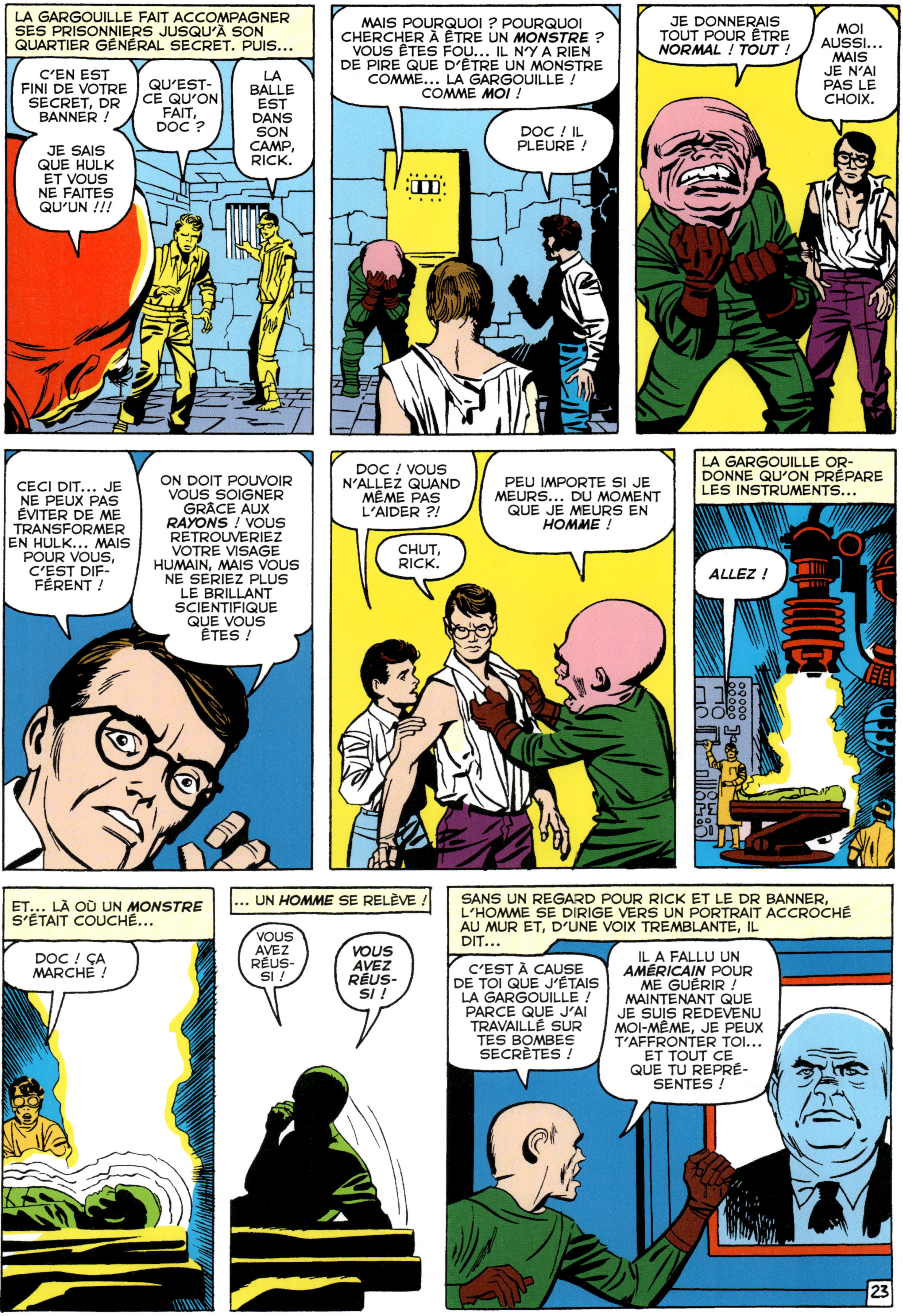
LA GARGOUILLE FAIT ACCOMPAGNER SES PRISONNIERS JUSQU'À SON QUARTIER GÉNÉRAL SECRET. PUIS...
C'EN EST FINI DE VOTRE SECRET, DR BANNER !
JE SAIS QUE HULK ET VOUS NE FAITES QU'UN !!!
QU'EST-CE QU'ON FAIT, DOC ?
LA BALLE EST DANS SON CAMP, RICK.
MAIS POURQUOI ? POURQUOI CHERCHER À ÊTRE UN MONSTRE ? VOUS ÊTES FOU... IL N'Y A RIEN DE PIRE QUE D'ÊTRE UN MONSTRE COMME... LA GARGOUILLE ! COMME MOI !
DOC ! IL PLEURE !
JE DONNERAIS TOUT POUR ÊTRE NORMAL ! TOUT !
MOI AUSSI... MAIS JE N'AI PAS LE CHOIX.
CECI DIT... JE NE PEUX PAS ÉVITER DE ME TRANSFORMER EN HULK... MAIS POUR VOUS, C'EST DIFFÉRENT !
ON DOIT POUVOIR VOUS SOIGNER GRÂCE AUX RAYONS ! VOUS RETROUVERIEZ VOTRE VISAGE HUMAIN, MAIS VOUS NE SERIEZ PLUS LE BRILLANT SCIENTIFIQUE QUE VOUS ÊTES !
DOC ! VOUS N'ALLEZ QUAND MÊME PAS L'AIDER ?!
CHUT, RICK.
PEU IMPORTE SI JE MEURS... DU MOMENT QUE JE MEURS EN HOMME !
LA GARGOUILLE ORDONNE QU'ON PRÉPARE LES INSTRUMENTS...
ALLEZ !
ET... LÀ OÙ UN MONSTRE S'ÉTAIT COUCHÉ...
DOC ! ÇA MARCHE !
... UN HOMME SE RELÈVE !
VOUS AVEZ RÉUSSI !
VOUS AVEZ RÉUSSI !
SANS UN REGARD POUR RICK ET LE DR BANNER, L'HOMME SE DIRIGE VERS UN PORTRAIT ACCROCHÉ AU MUR ET, D'UNE VOIX TREMBLANTE, IL DIT...
C'EST À CAUSE DE TOI QUE J'ÉTAIS LA GARGOUILLE ! PARCE QUE J'AI TRAVAILLÉ SUR TES BOMBES SECRÈTES !
IL A FALLU UN AMÉRICAIN POUR ME GUÉRIR ! MAINTENANT QUE JE SUIS REDEVENU MOI-MÊME, JE PEUX T'AFFRONTER TOI... ET TOUT CE QUE TU REPRÉSENTES !
23

AINSI, PEU APRÈS...
OUI, CAMARADE K. ON DÉTIENT LE PLUS GRAND ATOMISTE AMÉRICAIN !
ON VA BEAUCOUP APPRENDRE DE LUI !
QUOI...?! VOUS OSEZ INTERROMPRE MA CONVERSATION AVEC LE CAMARADE K ?!
CAMARADE ! C'EST UNE CATASTROPHE !!!
LES PRISONNIERS SE SONT ÉVADÉS !
MAIS OÙ EST LA GARGOUILLE ?
IL A DISPARU !
QU'EST-CE QUE C'EST QUE ÇA ?
FOUILLEZ SON BUREAU ! ON TROUVERA PEUT-ÊTRE UN INDICE...
LA FUSÉE DE LA GARGOUILLE !
ENTREZ, CAMARADES ! JE VOUS ATTENDAIS !
QUI ES-TU ?
CELUI QUE VOUS APPELIEZ JADIS... LA GARGOUILLE !
J'AI REPRIS MON APPARENCE HUMAINE ET C'EN EST FINI DE MON INTELLIGENCE SUPÉRIEURE, DE MES TRAVAUX ! MAIS JE VAIS POUVOIR MOURIR EN HOMME !
N'APPUIE PAS SUR CE BOUTON !
TANDIS QUE DANS LA FUSÉE...
LA GARGOUILLE A PROGRAMMÉ LE TRAJET DE LA FUSÉE ET NOTRE LARGAGE AU-DESSUS DES ÉTATS-UNIS !
SAUVÉS PAR LE PIRE ENNEMI DE L'AMÉRIQUE !!!
5
GRÂCE À VOUS, DOC ! VOUS L'AVEZ GUÉRI... ET IL S'EST RETOURNÉ CONTRE LES COMMUNISTES !
ÉCOUTE !!! CETTE EXPLOSION...
QU'EST-CE QUE C'EST ?
C'EST LA FIN DE LA GARGOUILLE !
ET PEUT-ÊTRE LA FIN DE LA TYRANNIE COMMUNISTE AUSSI !
FIN
OUI, BRUCE BANNER ET RICK SONT SAINS ET SAUFS... POUR LE MOMENT ! MAIS DANS QUELQUES HEURES, IL FERA DE NOUVEAU NUIT ET HULK APPARAÎTRA ENCORE.
TOUT DE SUITE...
UNE AUTRE MERVEILLEUSE HISTOIRE !

SPIDER-MAN!
Spider-Man!
Amazing Fantasy (1962) 15
août 1962

Scénario : Stan Lee
Dessin et encrage : Steve Ditko
Traduction : Geneviève Coulomb
Lettrage : Studio Vianney Jalin, Andrea Renzoni
Rédaction USA : Stan Lee, C.B. Cebulski

Après le succès des **Quatre Fantastiques**, on demande à **Stan Lee** d'inventer d'autres super-héros. Il travaille alors avec **Jack Kirby** sur un nouveau personnage dont les pouvoirs évoquent les capacités d'une araignée. La particularité de la série est que, sous le masque du justicier, se cache un adolescent timide et malingre. Lee, qui trouve que Kirby dessine des personnages trop musclés, choisit **Steve Ditko** pour créer la version finale de **Spider-Man**. **Martin Goodman** s'oppose à la création de ce héros car, pour lui, les gens détestent les araignées et l'idée lui semble vouée à l'échec... Mais Lee insiste : vu que l'éditeur est sur le point d'interrompre *Amazing Fantasy*, pourquoi ne pas tester Spider-Man dans le dernier numéro, sans risquer de perdre la face ? Bien que peu convaincu par le concept, Goodman accepte finalement. Quelques semaines après la parution d'*Amazing Fantasy* 15, il découvre, stupéfait, la masse de courriers des lecteurs qui réclament une série régulière consacrée au Tisseur. Le sort en est jeté !

SPIDER-MAN!
LES HÉROS COSTUMÉS, ÇA VOUS BRANCHE ? ENTRE NOUS, À LA RÉDACTION, ON LES APPELLE LES "GARS EN CALEÇONS LONGS" ! LE CONCEPT N'A RIEN DE NEUF, C'EST VRAI... MAIS FAITES-NOUS CONFIANCE, SPIDER-MAN EST RADICALEMENT... DIFFÉRENT !
LES COPAINS, IL MANQUE UN GARÇON POUR LA FÊTE ! SI ON INVITAIT PETER PARKER ?
LUI ? ÇA VA PAS, LA TÊTE ! UN INTELLO PAREIL ! IL CONFOND VALSE ET CHA-CHA-CHA !
S'IL MET LE NEZ DEHORS, C'EST POUR FAIRE TAPISSERIE, TU SAIS BIEN !
Stan Lee & S. DITKO
V-789
1

EN CLAIR... PETER PARKER N'A PAS SPÉCIALEMENT LA COTE AUPRÈS DE SES COPAINS DU LYCÉE ! MAIS SON ONCLE BEN, LUI, LE TROUVE MERVEILLEUX !
ASSEZ **LÉZARDÉ**, PETER, JE SAIS QUE TU ES RÉVEILLÉ ! ET TU AS COURS CE MATIN !
OH, FLÛTE, ONCLE BEN ! TU ES PIRE QUE CENT RÉVEILS REMONTÉS À BLOC !
QUANT À SA TANTE MAY... ELLE N'A D'YEUX QUE POUR SON CHER PETER !
VOILÀ DES CRÊPES, PETER... TON PETIT-DÉJEUNER PRÉFÉRÉ !
HÉ, **DOUCEMENT**, MA CHÈRE ! S'IL FORCIT ENCORE, JE NE FERAI **PLUS** LE POIDS !
LES PROFESSEURS DU LYCÉE DE MIDTOWN APPRÉCIENT AUSSI LE JEUNE GARÇON POLI ET TRAVAILLEUR.
VOUS ÊTES BIEN PARTI POUR OBTENIR UNE BOURSE D'ÉTUDES SUPÉRIEURES, PARKER ! CONTINUEZ !
COMPTEZ SUR MOI !
HÉLAS, LES ADOLESCENTS PEUVENT ÊTRE CRUELS ENVERS LEURS CAMARADES LES PLUS TIMIDES.
SALLY, JE... DIS-MOI, TU SERAIS LIBRE CE SOIR ?
PETER, POUR LA ÉNIÈME FOIS... TU N'ES PAS MON TYPE, LÀ !
SURTOUT QUAND ON TE VOIT À CÔTÉ DE FLASH THOMPSON !
BRAVO, BABY, TU AS BON GOÛT ! VA VOIR AILLEURS, L'INTELLO !
IL Y A UNE EXPO CE SOIR AU PALAIS DES SCIENCES ! J'AI DÉCIDÉ D'Y ALLER, QUI VEUT VENIR AVEC MOI ?
AH, LA SCIENCE !!
ON TE LA **LAISSE**, MOUTARD ! ET À **NOUS** LES NANAS !
OUI... CERTAINS ADOLESCENTS CONNAISSENT DES MOMENTS BIEN DIFFICILES !
AMUSE-TOI BIEN, L'INTELLO !
DONNE LE BONJOUR À TES BRISEURS D'ATOMES !
UN JOUR... -SNIF !- ILS VERRONT ! JE LEUR FERAI REGRETTER LEUR MÉCHANCETÉ... LEURS MOQUERIES !
EXPOSITION SCIENTIFIQUE
EXPÉRIENCES SUR LA RADIOACTIVITÉ
OUVERT AU PUBLIC
SALLE 30

UN INSTANT PLUS TARD, PETER PARKER A OUBLIÉ LES TAQUINERIES DE SES CAMARADES... POUR SE LAISSER EMPORTER AU MERVEILLEUX ROYAUME DE L'ATOME !
... CECI POUR VOUS MONTRER COMMENT NOUS CONTRÔLONS LA RADIOACTIVITÉ EN LABORATOIRE...
L'EXPÉRIENCE SUIT SON COURS... PERSONNE NE VOIT LA MINUSCULE ARAIGNÉE DESCENDRE DU PLAFOND AU BOUT D'UN FIL TÉNU...
UNE ARAIGNÉE À QUI LE DESTIN A DÉVOLU UN RÔLE À PART DANS LE DRAME DE LA VIE !
AYANT ABSORBÉ AU PASSAGE UN FLOT DE RADIOACTIVITÉ, L'ANIMAL SE MEURT... ET TERRORISÉ, CHOQUÉ, MORD L'OBJET QUI PASSE À SA PORTÉE À LA SECONDE MÊME OÙ LA VIE L'ABANDONNE !
OH !
UNE... ARAIGNÉE M'A MORDU ! AÏE AÏE AÏE, ÇA BRÛLE ! BON SANG, ÇA **IRRADIE** !!
JE ME SENS... DRÔLE ! VITE DE L'AIR, MON DIEU !
L'EXPÉRIENCE SEMBLE AVOIR TRAUMATISÉ LE JEUNE PARKER !
LE PAUVRE A L'ESTOMAC FRAGILE !
QU'EST-CE QUI SE **PASSE**, JE ME SENS... BIZARRE ! J'AI L'IMPRESSION QUE MON CORPS EST CHARGÉ D'UNE ÉNERGIE FANTASTIQUE !
HONK! HONK!
PETER N'ENTEND PAS LE RUGISSEMENT DE LA VOITURE QUI LE FRÔLE ! L'INSTINCT PREND LE RELAIS, LES CHAUFFARDS PASSENT, L'IMPENSABLE SE PRODUIT... PETER BONDIT POUR ÉVITER LE BOLIDE, ET...
ÇA LUI **APPRENDRA** À RÊVASSER EN TRAVERSANT LES RUES, À CE PETIT IMBÉCILE !
SÛR QU'IL A EU **CHAUD** !

MINCE !! JE... J'ESCALADE LA FAÇADE AUSSI NATURELLEMENT QUE JE MARCHE !
MAMAN, T'AS VU LE MONSIEUR ? IL GRIMPE SUR L'IMMEUBLE !
TSSS ! C'EST CE FILM D'HORREUR QU'ON VIENT DE VOIR !
INCROYABLE ! J'AI ATTEINT LE TOIT EN QUELQUES SECONDES !
OH M...! J'AI BROYÉ CE TUYAU DE MÉTAL COMME DU CARTON !
C'EST L'ARAIGNÉE, SÛR ! J'IGNORE PAR QUEL MIRACLE... SA MORSURE M'A COMMUNIQUÉ DES POUVOIRS D'ARACHNIDE !
JE ME BALADE SUR CE CÂBLE AUSSI FACILEMENT QUE L'ARAIGNÉE AU BOUT DE SON FIL !
C-CALMOS, RÉFLÉCHISSONS ! VOYONS, COMMENT EXPLOITER AU MIEUX CES FACULTÉS QUE LE DESTIN M'A ACCORDÉES ?
UN PEU PLUS TARD...
HUM ! VOILÀ L'OCCASION DE TESTER UN PEU MES POUVOIRS !
100$ À QUI TIENDRA PLUS DE TROIS MINUTES SUR LE RING FACE À CRUSHE HOG
AU COMBLE DE L'EXCITATION, PETER RENTRE CHEZ LUI...
CES VIEILLES FRINGUES, ÇA IRA... JE LARGUE MES LUNETTES, ET... SI J'ÉCHOUE ? ILS VONT ENCORE SE FICHER DE MOI ! JE VAIS ME DÉGUISER POUR NE PAS ÊTRE RECONNU !

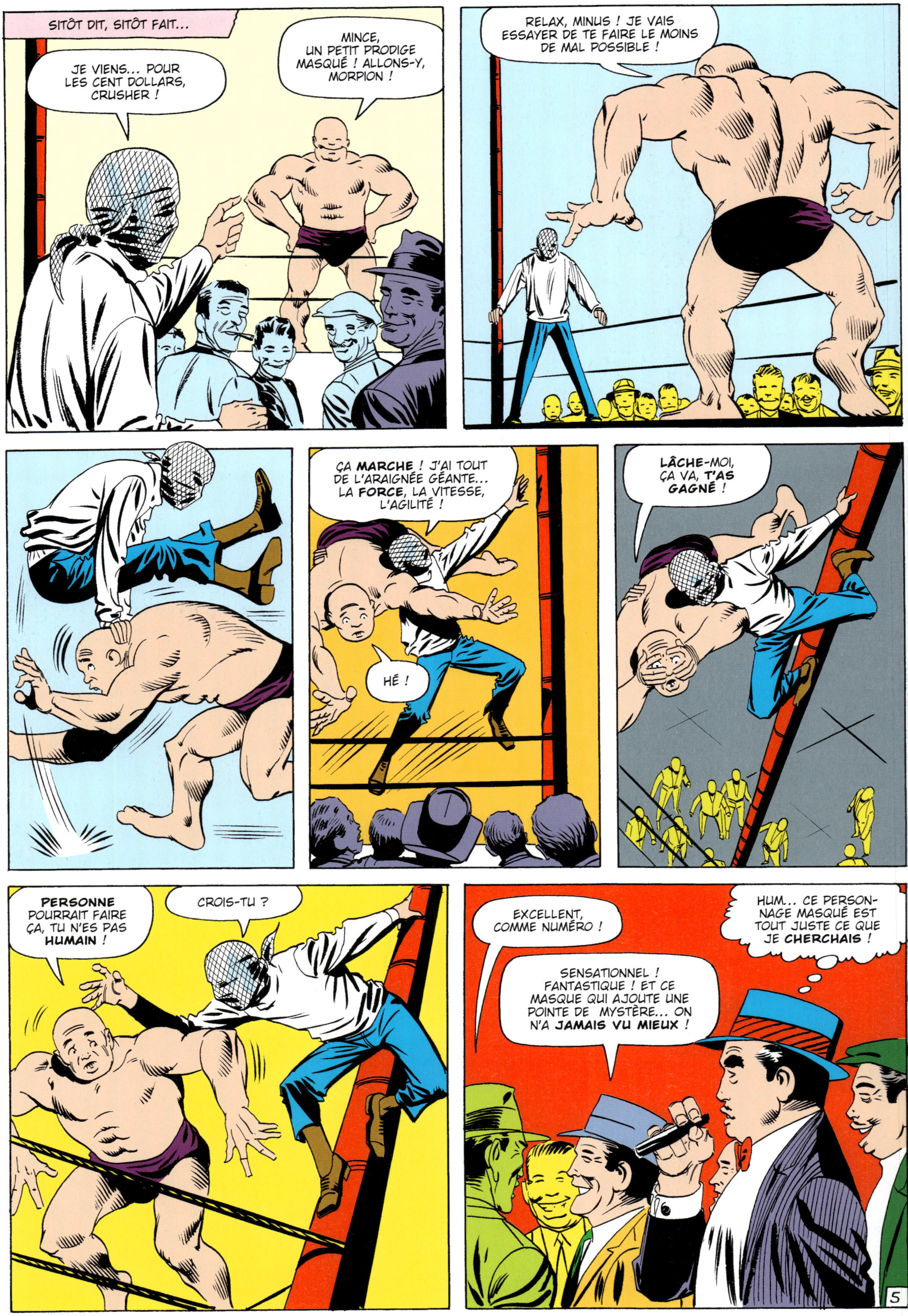

SITÔT DIT, SITÔT FAIT...
JE VIENS... POUR LES CENT DOLLARS, CRUSHER !
MINCE, UN PETIT PRODIGE MASQUÉ ! ALLONS-Y, MORPION !
RELAX, MINUS ! JE VAIS ESSAYER DE TE FAIRE LE MOINS DE MAL POSSIBLE !
ÇA MARCHE ! J'AI TOUT DE L'ARAIGNÉE GÉANTE... LA FORCE, LA VITESSE, L'AGILITÉ !
HÉ !
LÂCHE-MOI, ÇA VA, T'AS GAGNÉ !
PERSONNE POURRAIT FAIRE ÇA, TU N'ES PAS HUMAIN !
CROIS-TU ?
EXCELLENT, COMME NUMÉRO !
SENSATIONNEL ! FANTASTIQUE ! ET CE MASQUE QUI AJOUTE UNE POINTE DE MYSTÈRE... ON N'A JAMAIS VU MIEUX !
HUM... CE PERSONNAGE MASQUÉ EST TOUT JUSTE CE QUE JE CHERCHAIS !

ÉCOUTE, PETIT, JE SUIS ED SULLIVAN, LE PRODUCTEUR DE TÉLÉ ! AVEC UN PAREIL NUMÉRO, TA FORTUNE EST FAITE ! LE MASQUE, SURTOUT... TU AS UN GRAND SENS DU SPECTACLE ! VOILÀ MA CARTE, APPELLE-MOI !
MERCI...
RENTRÉ CHEZ LUI...
"SPECTACLE", ÇA ?? IL A ENCORE RIEN VU ! J'AI DÉJÀ DES POUVOIRS D'ARAIGNÉE, JE VAIS ME CRÉER UN COSTUME AD HOC ET... OH, SALUT, TANTE MAY !
JE TE TROUVE UNE PETITE MINE, PETER, JE T'APPORTE DES CRACKERS ET UN VERRE DE LAIT.
CRACKERS, LAIT... IL EST BIEN QUESTION DE ÇA, MINCE !
VOYONS... NORMALEMENT, UNE ARAIGNÉE TISSE UNE TOILE ! CE TRUC FERA L'AFFAIRE !
J'EN FIXE UN À CHAQUE AVANT-BRAS...
... ET JE LES FAIS FONCTIONNER D'UNE SIMPLE PRESSION DU DOIGT !
IL ME FAUT UN NOM... SPIDER-MAN L'HOMME-ARAIGNÉE ? LES TRUCS LES PLUS SIMPLES SONT LES MEILLEURS !
ILS SE FICHAIENT DE MOI, ILS M'APPELAIENT L'INTELLO...! SEUL UN GÉNIE SCIENTIFIQUE POUVAIT INVENTER CE GENRE D'APPAREIL !
CETTE TOILE EST PLUS CORIACE QU'UN CIMENT LIQUIDE ! JE PEUX ME PROPULSER COMME JE VEUX !
ET CE COSTUME EST TRÈS LÉGER, JE PEUX LE PORTER SOUS MES VÊTEMENTS !
À NOUS DEUX, LE MONDE ! TIENS-TOI BIEN, SPIDER-MAN A DÉBARQUÉ !
6

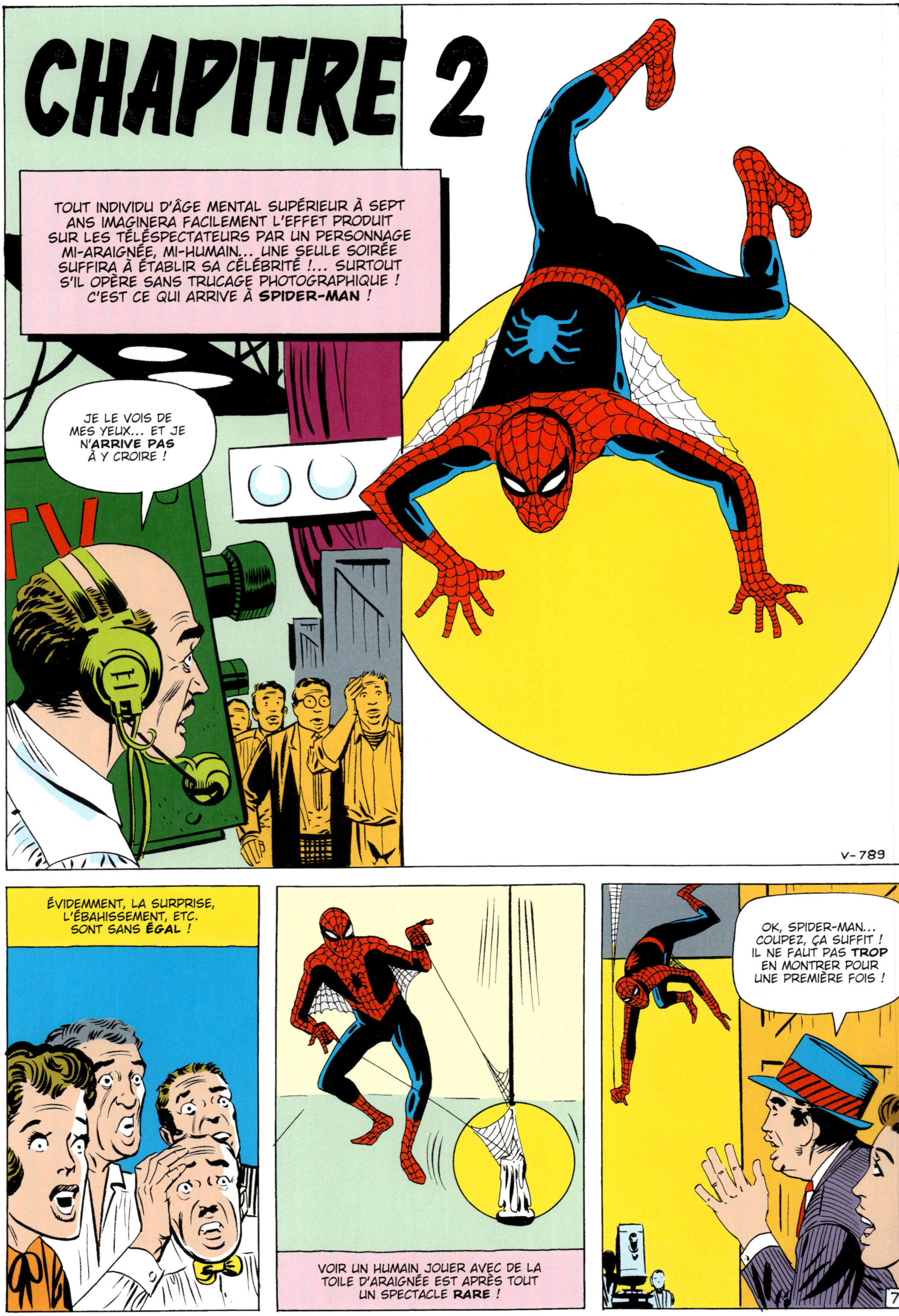
CHAPITRE 2
TOUT INDIVIDU D'ÂGE MENTAL SUPÉRIEUR À SEPT ANS IMAGINERA FACILEMENT L'EFFET PRODUIT SUR LES TÉLÉSPECTATEURS PAR UN PERSONNAGE MI-ARAIGNÉE, MI-HUMAIN... UNE SEULE SOIRÉE SUFFIRA À ÉTABLIR SA CÉLÉBRITÉ !... SURTOUT S'IL OPÈRE SANS TRUCAGE PHOTOGRAPHIQUE ! C'EST CE QUI ARRIVE À **SPIDER-MAN** !
JE LE VOIS DE MES YEUX... ET JE N'**ARRIVE PAS** À Y CROIRE !
TV
V-789
ÉVIDEMMENT, LA SURPRISE, L'ÉBAHISSEMENT, ETC. SONT SANS **ÉGAL** !
VOIR UN HUMAIN JOUER AVEC DE LA TOILE D'ARAIGNÉE EST APRÈS TOUT UN SPECTACLE **RARE** !
OK, SPIDER-MAN... COUPEZ, ÇA SUFFIT ! IL NE FAUT PAS **TROP** EN MONTRER POUR UNE PREMIÈRE FOIS !
7

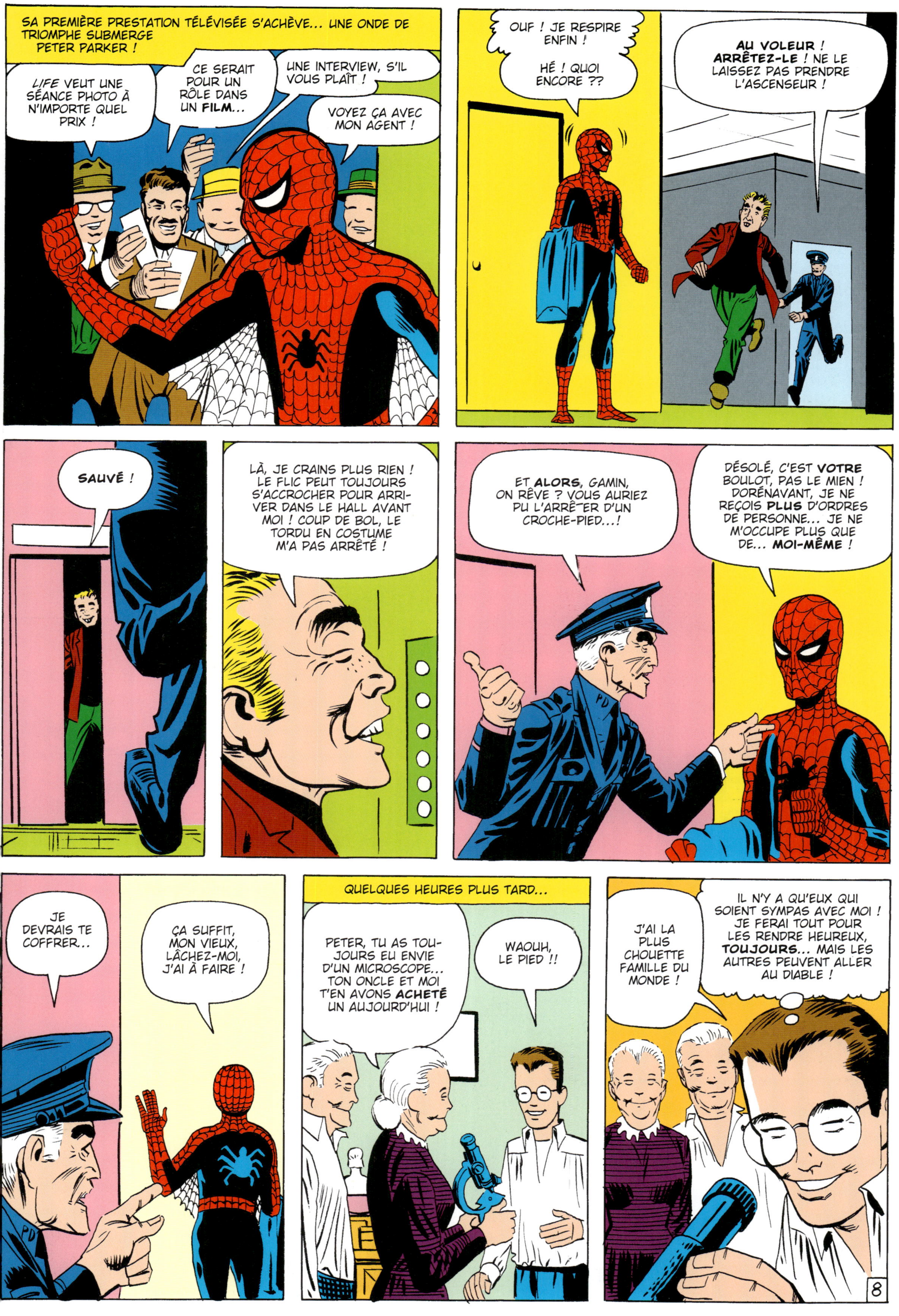
SA PREMIÈRE PRESTATION TÉLÉVISÉE S'ACHÈVE... UNE ONDE DE TRIOMPHE SUBMERGE PETER PARKER !
LIFE VEUT UNE SÉANCE PHOTO À N'IMPORTE QUEL PRIX !
CE SERAIT POUR UN RÔLE DANS UN FILM...
UNE INTERVIEW, S'IL VOUS PLAÎT !
VOYEZ ÇA AVEC MON AGENT !
OUF ! JE RESPIRE ENFIN !
HÉ ! QUOI ENCORE ??
AU VOLEUR ! ARRÊTEZ-LE ! NE LE LAISSEZ PAS PRENDRE L'ASCENSEUR !
SAUVÉ !
LÀ, JE CRAINS PLUS RIEN ! LE FLIC PEUT TOUJOURS S'ACCROCHER POUR ARRIVER DANS LE HALL AVANT MOI ! COUP DE BOL, LE TORDU EN COSTUME M'A PAS ARRÊTÉ !
ET ALORS, GAMIN, ON RÊVE ? VOUS AURIEZ PU L'ARRÊTER D'UN CROCHE-PIED...!
DÉSOLÉ, C'EST VOTRE BOULOT, PAS LE MIEN ! DORÉNAVANT, JE NE REÇOIS PLUS D'ORDRES DE PERSONNE... JE NE M'OCCUPE PLUS QUE DE... MOI-MÊME !
JE DEVRAIS TE COFFRER...
ÇA SUFFIT, MON VIEUX, LÂCHEZ-MOI, J'AI À FAIRE !
QUELQUES HEURES PLUS TARD...
PETER, TU AS TOUJOURS EU ENVIE D'UN MICROSCOPE... TON ONCLE ET MOI T'EN AVONS ACHETÉ UN AUJOURD'HUI !
WAOUH, LE PIED !!
J'AI LA PLUS CHOUETTE FAMILLE DU MONDE !
IL N'Y A QU'EUX QUI SOIENT SYMPAS AVEC MOI ! JE FERAI TOUT POUR LES RENDRE HEUREUX, TOUJOURS... MAIS LES AUTRES PEUVENT ALLER AU DIABLE !
8

EN QUELQUES JOURS, SPIDER-MAN EST DEVENU UNE CÉLÉBRITÉ NATIONALE !
SPIDER-MAN HÉROS D'UNE SÉRIE TÉLÉ !
Daily Chronicle
OSCAR DU SHOWBIZ POUR SPIDER-MAN !
The VIEWER
SPIDER-MAN FAIT SALLE COMBLE !
Daily Voice
QUI EST SPIDER-MAN ?
UN SOIR, COMME PETER PARKER RENTRE CHEZ LUI APRÈS UN SPECTACLE...
VOITURE DE POLICE, DEVANT CHEZ NOUS ?! QU'Y A-T-IL DONC ?
MAUVAISE NOUVELLE... TON ONCLE A ÉTÉ... ASSASSINÉ !
ONCLE BEN... EST MORT ?! NON, OH NON !
QUI A FAIT ÇA ? COMMENT...?
UN CAMBRIOLEUR... TON ONCLE L'A SURPRIS, IL A TIRÉ... COURAGE, PETIT ! ON VA LE COINCER ! IL S'EST PLANQUÉ DANS L'ENTREPÔT ACMÉ, SUR LES DOCKS !
DES VOISINS S'OCCUPENT DE TA TANTE... HÉ ! NE T'EN VA PAS !
CETTE ORDURE VA ME PAYER ÇA !
ENTREPÔT ACMÉ, JE VOIS OÙ C'EST ! IL EST VIDE DEPUIS DES ANNÉES... CE MEURTRIER POURRAIT TENIR LÀ CONTRE UNE ARMÉE...
MAIS PAS CONTRE... SPIDER-MAN !

ACMÉ EST À L'AUTRE BOUT DE LA VILLE, MAIS...
... J'Y SERAI EN **MOINS DE DEUX** !
PENDANT CE TEMPS...
IL EST RETRANCHÉ LÀ-DEDANS... SI ON DONNE L'ASSAUT, IL FERA UN MASSACRE !
LÀ ! PLUS QU'À ATTENDRE QUE LA **LUNE** SE CACHE ! ALORS, JE DEVRAIS POUVOIR SORTIR SANS QU'ILS ME VOIENT !
NON, ORDURE, TU NE T'EN TIRERAS PAS !
HEIN ? QUI DIABLE...???
SURPRIS DE ME VOIR ?
TU N'ES PAS **AU BOUT** DE TES **SURPRISES**, MON GARS !
NON, C'EST PAS VRAI, **J'HALLUCINE** ! VITE, ME PLANQUER...!
10

ESSAIE TOUJOURS, TU NE M'ÉCHAPPERAS PAS, JE TE PRÉVIENS !
UN COUP DE TOILE... ET ADIEU TON FLINGUE !
WHIZZZZT!
À MES POINGS DE FAIRE LE RESTE !
CE... CETTE TÊTE... DITES-MOI QUE JE RÊVE !
C'EST LE CAMBRIOLEUR QUE J'AI LAISSÉ FILER... J'AURAIS PU L'ARRÊTER, JE L'AI PAS FAIT, ET...
C'EST PAS L'IDÉAL... MAIS IL FAUT Y ALLER ! SINON, IL PROFITERA DE L'OBSCURITÉ POUR SE TIRER !
COMMISSAIRE... LÀ !
C'EST LUI !
DANS UNE TOILE ?!?
11
ET À QUELQUES PAS DE LÀ...
C'EST MA FAUTE... SI JE L'AVAIS COINCÉ L'AUTRE SOIR DANS LE STUDIO... ONCLE BEN... NE SERAIT PAS MORT À L'HEURE QU'IL EST...
UN MINCE ADOLESCENT S'ÉLOIGNE DANS LES TÉNÈBRES... AYANT ENFIN COMPRIS QUE DE GRANDS POUVOIRS IMPLIQUENT DE GRANDES RESPONSABILITÉS.
UNE LÉGENDE EST NÉE... UN NOM NOUVEAU SCINTILLE AU FIRMAMENT DES HÉROS QUI FONT DU MONDE LE PLUS EXCITANT DES ROYAUMES !
FIN

LES HOMMES DE PIERRE DE SATURNE!
The Stone Men From Saturn!
Journey into Mystery (1952) 83
août 1962

Scénario : Stan Lee et Larry Lieber
Dessin : Jack Kirby
Encrage : Joe Sinnott
Traduction : Élisabeth Delannoy
Lettrage : Alessandro Benedetti
Rédaction USA : Stan Lee, C.B. Cebulski

Bien que **Thor** soit une cocréation de **Stan Lee**, **Larry Lieber** et **Jack Kirby**, c'est indiscutablement à ce dernier que le dieu du Tonnerre doit tout ce qui fait sa spécificité. Intéressé par la mythologie nordique, le dessinateur avait déjà mis en images différents récits inspirés du mythe de Thor. De même, fasciné par la théorie des Anciens Astronautes et par les statues de l'Île de Pâques, Kirby avait aussi publié différentes histoires mettant en scène des extraterrestres ressemblant à ces statues. Dans *Tales to Astonish* 16, Lee, Lieber et Kirby avaient d'ailleurs baptisé l'une de ces créatures **Thorr**. Réunir à nouveau les deux marottes de Kirby (la mythologie nordique et l'Île de Pâques) était donc une évidence. On note que, dans ce premier épisode, **Don Blake** est un être humain qui ne fait qu'utiliser le marteau de Thor. C'est sous l'influence de Kirby qu'on découvrira, plus tard, que Blake n'est qu'une identité d'emprunt pour le véritable dieu du Tonnerre.

SCÉNARIO	DIALOGUES	DESSIN	ENCRAGE	TRADUCTION	LETTRAGE
STAN LEE	LARRY LIEBER	JACK KIRBY	JOE SINNOTT	ÉLISABETH DELANNOY	ALESSANDRO BENEDETTI

* LES HOMMES DE PIERRE DE SATURNE !

BIEN QU'ACTEURS DU MÊME DRAME, ILS NE SE VOIENT PAS... L'AVENIR DE L'HUMANITÉ AURAIT-IL ÉTÉ DIFFÉRENT S'ILS S'ÉTAIENT CROISÉS À CET INSTANT PRÉCIS ?
MAIS LES FORCES DU DESTIN SONT IMPRÉVISIBLES... INCONTRÔLABLES ! C'EST AINSI ! OBSERVEZ PLUTÔT...
AH ! LA TERRE, ENFIN !
L'ATMOSPHÈRE EST PARTICULIÈRE, ICI !
ELLE NOUS EST FAVORABLE ! SUR SATURNE, NOTRE FORCE EST IMMENSE. MAIS L'OXYGÈNE DE CETTE PLANÈTE LA DÉCUPLE !
J'ARRIVE AISÉMENT À ARRACHER CETTE CHOSE !
EN EFFET, GORR !
ET VOICI UNE AUTRE PREUVE DE NOTRE SUPÉRIORITÉ !
AVEC NOS CORPS DE PIERRE...
... NOUS N'AVONS ABSOLUMENT RIEN...
... À CRAINDRE !
UN ÊTRE POURTANT EST TÉMOIN DE LA SCÈNE... UN VIEUX PÊCHEUR !
PAR LA BARBE D'ODIN, QUE SONT CES CRÉATURES ?!
PAR AILLEURS, NOUS POUVONS AUSSI COMPTER SUR NOS ARMES !
IL SERA FACILE DE PRÉPARER LE TERRAIN POUR L'INVASION À VENIR !
2

IL FAUT QUE JE DONNE L'ALERTE !
MAIS UNE FOIS AU VILLAGE...
DES CRÉATURES DE PIERRE VENUES DE L'ESPACE ? BALIVERNES !
TU NOUS FAIS PERDRE NOTRE TEMPS, VIEUX FOU !
IL A POURTANT L'AIR SINCÈRE... JE ME DEMANDE SI...
LE LENDEMAIN, LE DR BLAKE DÉCIDE D'ALLER EXPLORER LE LIEU DÉCRIT PAR LE PÊCHEUR.
AUCUNE TRACE DE... LÀ ! DES EMPREINTES DE PAS ! ELLES SUIVENT CE CHEMIN...
LES VOILÀ... LES ALIENS ! CE SONT BIEN... DES HOMMES DE PIERRE !
MORT À QUICONQUE NOUS REPÈRERA !
NE TRAÎNONS PAS DAV... ZUT, J'AI MARCHÉ SUR UNE BRINDILLE !
UN TERRIEN ! IL NOUS A VUS !
RATTRAPONS-LE, VITE !
SNAP !
ILS SONT PLUS RAPIDES QUE MOI ! JE...
OH NON !
SANS MA CANNE, JE SUIS PERDU ! JE VAIS ESSAYER...
... DE ME CACHER DANS CES GROTTES ! AVEC UN PEU DE CHANCE...
OUI ! IL Y A UNE AUTRE ISSUE...

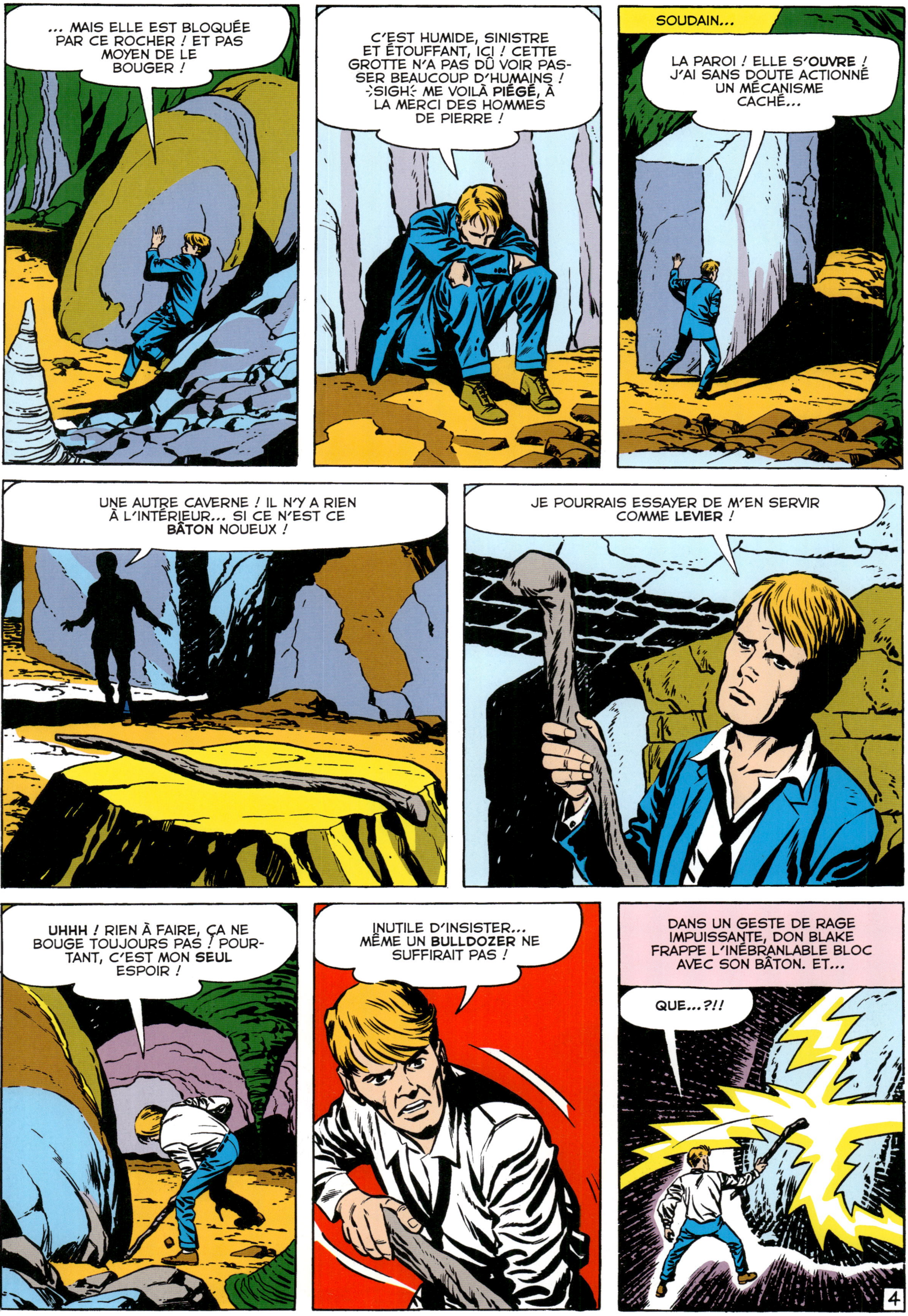
... MAIS ELLE EST BLOQUÉE PAR CE ROCHER ! ET PAS MOYEN DE LE BOUGER !
C'EST HUMIDE, SINISTRE ET ÉTOUFFANT, ICI ! CETTE GROTTE N'A PAS DÛ VOIR PASSER BEAUCOUP D'HUMAINS ! -SIGH- ME VOILÀ PIÉGÉ, À LA MERCI DES HOMMES DE PIERRE !
SOUDAIN...
LA PAROI ! ELLE S'OUVRE ! J'AI SANS DOUTE ACTIONNÉ UN MÉCANISME CACHÉ...
UNE AUTRE CAVERNE ! IL N'Y A RIEN À L'INTÉRIEUR... SI CE N'EST CE BÂTON NOUEUX !
JE POURRAIS ESSAYER DE M'EN SERVIR COMME LEVIER !
UHHH ! RIEN À FAIRE, ÇA NE BOUGE TOUJOURS PAS ! POURTANT, C'EST MON SEUL ESPOIR !
INUTILE D'INSISTER... MÊME UN BULLDOZER NE SUFFIRAIT PAS !
DANS UN GESTE DE RAGE IMPUISSANTE, DON BLAKE FRAPPE L'INÉBRANLABLE BLOC AVEC SON BÂTON. ET...
QUE...?!!
4

CETTE LUMIÈRE AVEUGLANTE... ON DIRAIT UN ÉCLAIR ! ET LE VIEUX BÂTON... IL CHANGE DE FORME !
MOI AUSSI JE ME...
... TRANSFORME ! SUIS-JE EN TRAIN DE DEVENIR FOU ?!!
NON ! JE SENS BEL ET BIEN UNE ÉNERGIE PRODIGIEUSE ET INCONNUE M'INONDER !
LE BÂTON... C'EST À PRÉSENT UN MARTEAU ! ET J'AI PRIS L'APPARENCE DE... OH ! LE MARTEAU PORTE UNE INSCRIPTION !
QUICONQUE BRANDIT CE MARTEAU, S'IL EN EST DIGNE, RECEVRA LE POUVOIR DE... THOR
THOR !! LE LÉGENDAIRE DIEU DU TONNERRE ! LE GUERRIER LE PLUS PUISSANT DE LA MYTHOLOGIE ! CE SERAIT DONC... MOI ?!!

* CHAP. 2 - LE POUVOIR DE THOR !

MES POURSUIVANTS NE PENSERONT PAS QUE JE ME SUIS ENFUI PAR ICI.
QUE FAIRE, MAINTENANT ? REGAGNER LE MONDE CIVILISÉ DANS CETTE TENUE ?? OU...? JE ME SENS DÉSORIENTÉ... IL FAUT QUE JE RÉFLÉCHISSE...
THOR... SI JE ME FIE À MES SOUVENIRS D'ÉCOLE, C'ÉTAIT LE PLUS VALEUREUX ET LE PLUS FORT DES DIEUX NORDIQUES !
LE MOT "JEUDI" EN NORVÉGIEN EST DÉRIVÉ DE SON NOM ! C'EST... QUE M'ARRIVE-T-IL ?? JE ME TRANSFORME À NOUVEAU !
JE SUIS REDEVENU NORMAL ! MAIS QU'EST-CE QUI PROVOQUE CE...? L'INSCRIPTION SUR LE MARTEAU !
"QUICONQUE BRANDIT CE MARTEAU..." C'EST DONC ÇA ! JE DOIS TENIR...
... EN PERMANENCE LE MARTEAU DE THOR POUR AVOIR SA FORCE !
ET SI JE LE LÂCHE, JE RETROUVE MON APPARENCE EN UNE MINUTE !
D'APRÈS LA LÉGENDE, LE MARTEAU AVAIT D'AUTRES CARACTÉRISTIQUES... IL ÉTAIT SI LOURD QUE SEUL THOR POUVAIT LE MANIER !
7

ON DIT AUSSI QU'IL EST ENCHANTÉ ! OÙ QUE THOR LE LANCE...
... IL REVIENT !
DE PLUS, IL EST INVINCIBLE !
RIEN NE LUI...
CRASH
... RÉSISTE !!
TRANSPORTÉ D'EXCITATION, IL CONTINUE À EXPLORER LES POSSIBILITÉS DE SON ARME MYSTIQUE...
DEUX COUPS SUR LE SOL AVEC LE MANCHE...
THUMP
THUMP
... ET VOILÀ PLUIE ET NEIGE...
... QUI ENFLENT EN UN VIOLENT OURAGAN ! TOUT CECI, À MA GUISE !
BOOM!
8

TROIS COUPS AVEC LE MANCHE, ET TOUT REDEVIENT CALME.
THUMP
THUMP
THUMP
UN SEUL COUP, ET LE MARTEAU...
... SE TRANSFORME EN CANNE, ET JE RETROUVE MON IDENTITÉ.
QUAND JE PENSE QUE CE POUVOIR INCROYABLE REPOSAIT AU FOND D'UNE GROTTE ! BON, ASSEZ PERDU DE TEMPS, IL FAUT PRÉVENIR LE MONDE DE LA PRÉSENCE DES ALIENS !
AU MÊME MOMENT, DANS UNE BASE DE L'OTAN...
FLOTTE NON IDENTIFIÉE EN VUE !
ALERTE À TOUTES LES UNITÉS !
LES HUMAINS ENVOIENT LEUR AVIATION !
RIPOSTONS AVEC NOTRE MONSTRE EN 3D !
PEU APRÈS, UNE IMMENSE ET TERRIFIANTE APPARITION SURGIT !
QU'EST-CE QUE C'EST QUE ÇA ??
IL SE DIRIGE DROIT SUR NOUS !
SAUTEZ !!
ON Y VA !!

NOTRE RUSE A FONCTIONNÉ !
LES HUMAINS SONT TRÈS PRIMITIFS !
NOUS LES VAINCRONS SANS EFFORT !
ILS ENVOIENT DES MISSILES, À PRÉSENT !
FACE À NOS CHAMPS DE FORCE ATOMIQUES ? GROTESQUE !
ILS NE RÉUSSIRONT PAS À EMPÊCHER NOTRE ATTAQUE !
LES ARMES DES HOMMES NE SERVIRONT À RIEN ! VOYONS CE QUE PEUT FAIRE...
THUMP
... LE DIEU DU TONNERRE !!
CURIEUX ! ON DIRAIT QUE TOUT À COUP, L'ORAGE MENACE !
IMPOSSIBLE, NOS INSTRUMENTS N'ONT RIEN DÉTECTÉ !
L'ENNEMI EST LOIN DE MOI ! MAIS EN DÉPLOYANT LE POUVOIR DE THOR POUR FAIRE TOURNOYER MON MARTEAU À LA VITESSE DE L'ÉCLAIR, JE DEVRAIS POUVOIR M'EN RAPPROCHER !
IL SUFFIT D'ARRÊTER LE MOUVEMENT UNE FRACTION DE SECONDE, DE M'ACCROCHER À LA POIGNÉE DU MARTEAU... ET IL M'ENTRAÎNE COMME UNE FUSÉE !
10

* CHAP. 3 - LE PUISSANT THOR CONTRE-ATTAQUE !

LE TERRIEN EST SANS DÉFENSE !
ERREUR !
IN-CROYABLE !
AUCUN CARCAN DE MÉTAL...
... NE RÉSISTERA AU POUVOIR DE THOR !!
VIVANT, NOUS NE POURRONS L'ARRÊTER !
NOUS ALLONS DONC LE DÉSIN-TÉGRER !
MAIS AVANT QUE L'ENVAHISSEUR AIT EU LE TEMPS DE PASSER À L'ACTE...
NOS ARMES !!
LE TERRIEN EST TRÈS PUISSANT !
ACTIVEZ LE MÉCANO-MONSTRE ! VITE !
CETTE FOIS, L'ENNEMI VA DEVOIR S'INCLINER !
VOILÀ TA CIBLE, DÉTRUIS-LA !
CE TAS DE FERRAILLE EST BIEN ÉQUIPÉ, MAIS IL N'A PAS...
12

... LE MARTEAU DE THOR !
CLANG!
IL A VAINCU LE MÉCANO-MONSTRE !
IL MAÎTRISE L'ART DU COMBAT !
ET S'IL Y EN AVAIT D'AUTRES COMME LUI ?
TOUS AUX VAISSEAUX ! FUYONS CETTE MAUDITE PLANÈTE !
ILS BATTENT EN RETRAITE, CONVAINCUS ENFIN QUE RIEN NI PERSONNE NE POURRA ASSUJETTIR LE DIEU DU TONNERRE !
L'ARMÉE... SI JE RESTE ICI, ILS M'INTERROGERONT JUSQU'À CE QUE JE LEUR LIVRE MON SECRET ! JE DEVIENDRAI...
... UN PHÉNOMÈNE DE FOIRE !
THUMP
LES ALIENS S'EN VONT !
PAR QUEL MIRACLE EST-CE QUE...?
AUCUNE IDÉE ! JE NE VOIS...
NATO
NATO
13
... QUE CE PROMENEUR AVEC SON BÂTON !
ET IL N'A PAS LA CARRURE D'UN SAUVEUR !
LA MENACE EST ÉCARTÉE ! JE VAIS RENTRER EN AMÉRIQUE, PORTEUR D'UN POUVOIR UNIQUE !
FIN
NOTE DE LA RÉDACTION :
ET C'EST AINSI, DANS LES PAGES DE LA SÉRIE JOURNEY INTO MYSTERY, QUE THOR, LE PLUS VALEUREUX DE TOUS LES SUPER-HÉROS, A COMMENCÉ SA CARRIÈRE, AVEC LA LONGÉVITÉ QUE L'ON SAIT !

L'HOMME DANS LA FOURMILIÈRE !
The Man in the Ant Hill!
Tales to Astonish (1959) 27
janvier 1962

Scénario : Stan Lee et Larry Lieber
Dessin : Jack Kirby
Encrage : Dick Ayers
Traduction : Laurence Belingard
Lettrage : Christophe Semal
Rédaction USA : Stan Lee, C.B. Cebulski

Avant que Marvel ne publie des récits de super-heros, **Stan Lee** et son équipe produisaient majoritairement des histoires de monstres ou de science-fiction à tendance horrifique. Même si celles-ci devaient se plier aux contraintes de la censure de la Comics Code Authority, elles parvenaient néanmoins à tenir en haleine les lecteurs. **Jack Kirby** ou **Steve Ditko** illustraient la plupart de ces récits à chute, et c'est dans l'un d'entre eux que naît le personnage de **Henry "Hank" Pym**. La trame rappelle le fameux *Homme qui rétrécit*, un film de **Jack Arnold** sorti en 1957, aux effets spéciaux novateurs. Pym devient par la suite l'un des premiers super-héros Marvel, membre fondateur des **Avengers**. Mais sa carrière sera particulièrement mouvementée, puisqu'il changera plusieurs fois d'identité (**Giant-Man**, **Goliath**, **le Frelon**...) jusqu'à sombrer dans la dépression. Quelques scènes de cette histoire témoignent d'ailleurs de ce tempérament volcanique, comme son altercation avec ses collègues scientifiques.

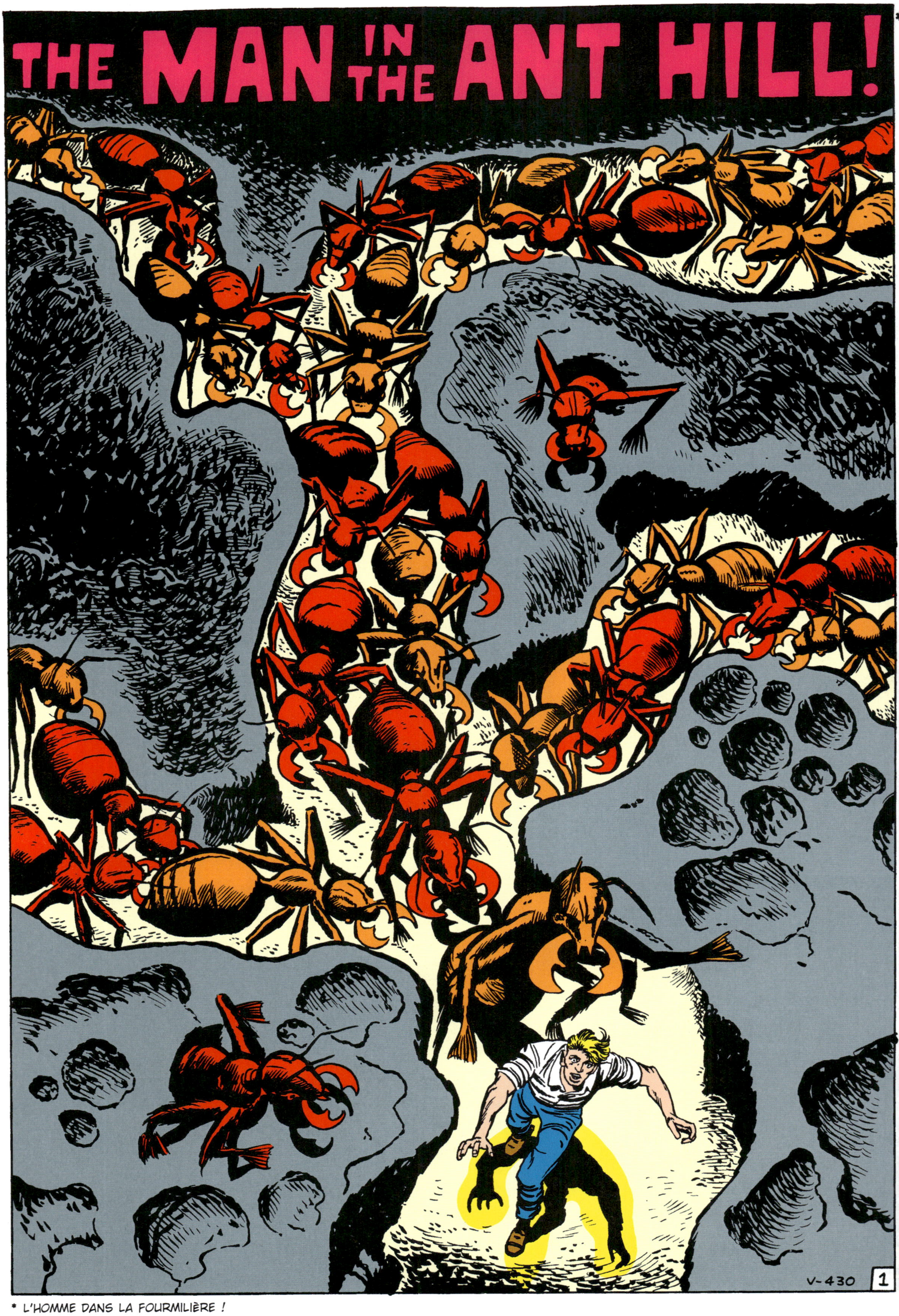

* L'HOMME DANS LA FOURMILIÈRE !

LES CAUCHEMARS DÉBUTENT DE BIEN DES MANIÈRES. CELUI D'HENRY PYM S'OUVRE SUR UN CRI DE TRIOMPHE.
ÇA MARCHE ! J'AI RÉUSSI !
J'AI MINIATURISÉ LE FAUTEUIL !
MAINTENANT, JE METS UN PEU DE SÉRUM DE CROISSANCE...
... ET LE FAUTEUIL REPREND SA TAILLE NORMALE.
CE PROJET EST MA PLUS GRANDE RÉUSSITE.
TANDIS QUE LE FAUTEUIL GRANDIT, HENRY PYM SE SOUVIENT D'UN CONGRÈS SCIENTIFIQUE, QUELQUES MOIS PLUS TÔT...
VOUS NOUS FAITES PERDRE NOTRE TEMPS AVEC VOS THÉORIES RIDICULES ! ÇA NE FONCTIONNERA JAMAIS !
IL FAUT RESTER RÉALISTE.
NON. JE TRAVAILLE SUR CE QUI STIMULE MON IMAGINATION, COMME MA DERNIÈRE INVENTION.
OH... ET C'EST ?
VOUS NE SAUREZ RIEN. VOUS VOUS MOQUERIEZ ENCORE. MAIS QUAND J'AURAI FINI, JE VOUS MONTRERAI. ET VOUS VERREZ QUE JE SUIS UN MEILLEUR CHERCHEUR QUE VOUS.
2

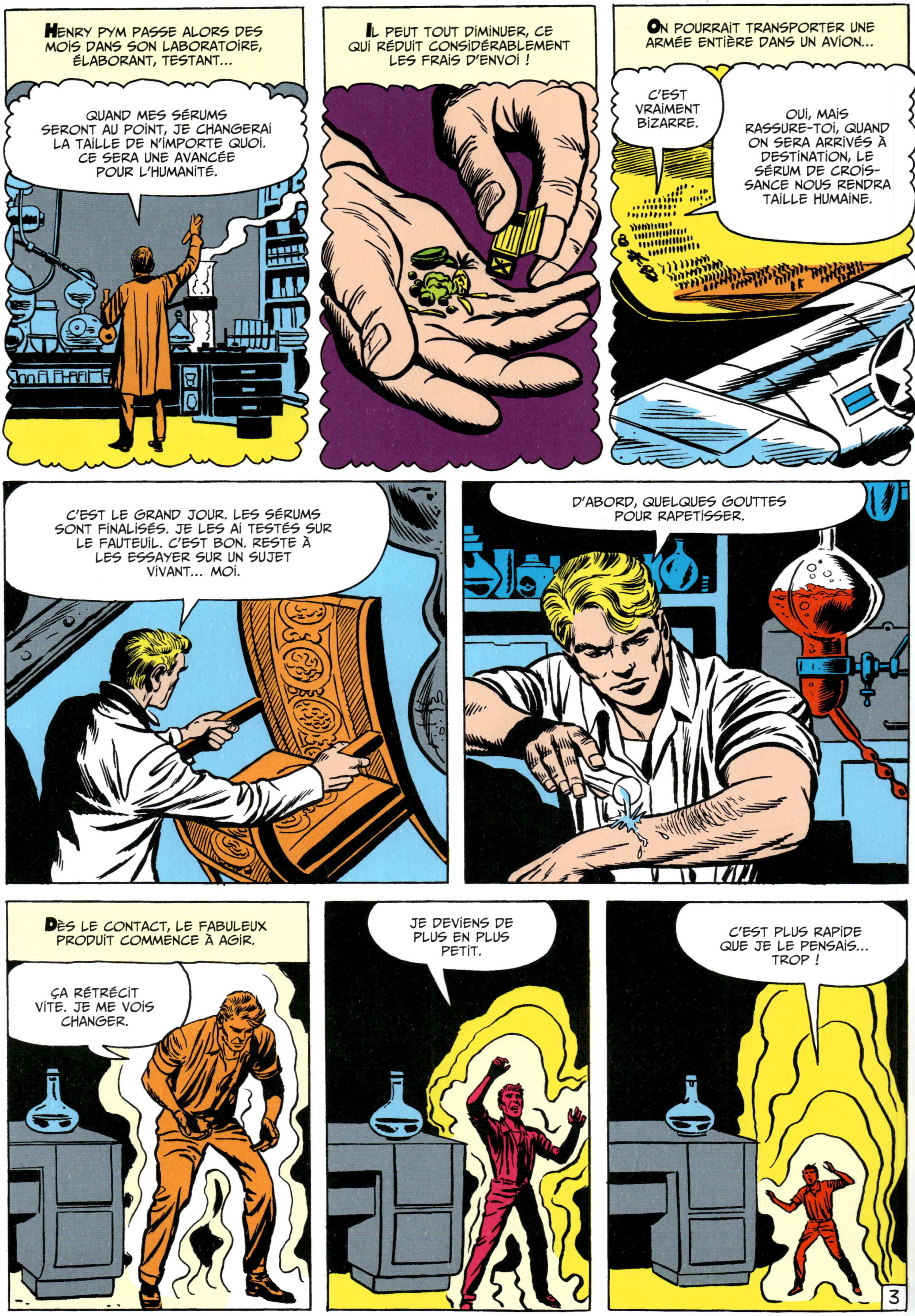
HENRY PYM PASSE ALORS DES MOIS DANS SON LABORATOIRE, ÉLABORANT, TESTANT...
QUAND MES SÉRUMS SERONT AU POINT, JE CHANGERAI LA TAILLE DE N'IMPORTE QUOI. CE SERA UNE AVANCÉE POUR L'HUMANITÉ.
IL PEUT TOUT DIMINUER, CE QUI RÉDUIT CONSIDÉRABLEMENT LES FRAIS D'ENVOI !
ON POURRAIT TRANSPORTER UNE ARMÉE ENTIÈRE DANS UN AVION...
C'EST VRAIMENT BIZARRE.
OUI, MAIS RASSURE-TOI, QUAND ON SERA ARRIVÉS À DESTINATION, LE SÉRUM DE CROISSANCE NOUS RENDRA TAILLE HUMAINE.
C'EST LE GRAND JOUR. LES SÉRUMS SONT FINALISÉS. JE LES AI TESTÉS SUR LE FAUTEUIL. C'EST BON. RESTE À LES ESSAYER SUR UN SUJET VIVANT... MOI.
D'ABORD, QUELQUES GOUTTES POUR RAPETISSER.
DÈS LE CONTACT, LE FABULEUX PRODUIT COMMENCE À AGIR.
ÇA RÉTRÉCIT VITE. JE ME VOIS CHANGER.
JE DEVIENS DE PLUS EN PLUS PETIT.
C'EST PLUS RAPIDE QUE JE LE PENSAIS... TROP !
3

PANIQUÉ, HENRY PYM COURT COMME UN FOU DANS LA PIÈCE ET, AVANT QU'IL NE S'EN RENDE COMPTE, SE RETROUVE DEHORS...
COMMENT VAIS-JE REDEVENIR NOR-MAL ?
L'ANTIDOTE EST SUR LE BORD DE LA FENÊTRE, TROP HAUT POUR MOI.
ET PERSONNE NE M'AIDERA. ON NE M'ENTEND PLUS AVEC MA PETITE VOIX.
HENRY PYM A TORT. CERTAINES OREILLES LE PERÇOIVENT... MALHEUREUSEMENT.
SOUDAIN, IL S'ARRÊTE DE RÉTRÉCIR. MAIS IL EST TROP AFFOLÉ POUR RÉALISER. C'EST ALORS QU'IL APERÇOIT UNE FOURMILIÈRE.
LES FOURMIS M'ONT VU. ELLES M'ATTAQUENT !
GROUILLANT AU SOL, LES INSECTES CERNENT RAPIDEMENT LE SCIENTIFIQUE SANS DÉFENSE.
ELLES APPROCHENT... IMPOSSIBLE DE LEUR ÉCHAP-PER... SAUF SI JE ME CACHE DANS LA FOURMILIÈRE.
LES FOURMIS CREUSENT DES GALERIES. JE VAIS M'Y DISSIMULER LE TEMPS DE TROUVER UNE SOLUTION À CE CAUCHEMAR.
DOMMAGE ! LE HASARD VEUT QUE LE FUGITIF APEURÉ TOMBE DANS UN TROU QU'IL VOIT... TROP TARD.
QUE...
AU SECOURS !
LÀ-DESSOUS, C'EST...
4

... DU MIEL !
LES FOURMIS LE STOCKENT.
ÇA COLLE, C'EST HORRIBLE. ET PLUS JE ME DÉBATS, PLUS JE SUIS ENGLUÉ.
C'EST ALORS QUE...
UNE FOURMI ! ELLE M'A VU ET S'APPROCHE !
BIZARRE ! ELLE ESSAIE DE ME SORTIR DU MIEL !
ELLE A RÉUSSI. ELLE M'A DÉGAGÉ. ET ELLE ME LAISSE PARTIR ?
SOUDAIN, LE RESTE DE LA COLONIE SURGIT ET L'ENCERCLE. L'HUMAIN, ÉPUISÉ, RECULE ET APERÇOIT...
UNE ALLUMETTE ! ELLES L'AURONT APPORTÉE POUR CONSTRUIRE LA FOURMILIÈRE.
POURVU QU'ELLE SOIT SÈ-CHE.
NERVEUSEMENT, L'HOMME DÉSESPÉRÉ RAMASSE UN CAILLOU ET LE LANCE SUR LA TÊTE DE L'ALLUMETTE.
JE NE DOIS PAS LA RATER.
5

IL VOIT LA PIERRE FRAPPER L'ALLUMETTE ET L'ENFLAMMER. IL EST SOULAGÉ.
LE FEU VA REPOUSSER LES FOURMIS LE TEMPS QUE JE LANCE CE LASSO MAISON.
ÇA MARCHE. MAIS... C'EST QUOI LÀ-HAUT ?
OH, NON !
UNE AUTRE FOURMI M'ATTEND.
L'INSECTE PRÉDATEUR ATTAQUE L'HOMME MINIATURE AVEC RAGE.
ELLE EST... TROP FORTE POUR MOI.
MAIS J'AI UN AVANTAGE. UN CERVEAU HUMAIN...
... QUI A APPRIS LE JUDO.
JE VOIS UNE ISSUE À CETTE MAUDITE FOURMILIÈRE. JE DOIS ARRIVER JUSQUE-LÀ.
DE LONGUES ET TERRIBLES MINUTES PLUS TARD...
ENFIN ! ET VOILÀ LE SÉRUM DE CROISSANCE SUR LE BORD DE LA FENÊTRE. LE SEUL MOYEN DE RETROUVER MA TAILLE. MAIS COMMENT L'ATTEINDRE ? JE NE GRIMPE PAS AUX MURS.
C'EST FICHU. ELLES ARRIVENT DÉJÀ.
ET JE NE PEUX PLUS FUIR.
6

ALORS QUE TOUT SEMBLE PERDU, HENRY RECONNAÎT UNE FORME FAMILIÈRE À L'ÉCART.
LA FOURMI QUI M'A SAUVÉ. ELLE LE REFERA PEUT-ÊTRE.
SI JE MONTRE LE BORD DE LA FENÊTRE, COMPREN-DRA-T-ELLE CE QUE JE VEUX DIRE ? JE L'ESPÈRE.
ET LA BESTIOLE SAISIT LE MESSAGE. TRÈS VITE, ELLE ENTAME L'ASCENSION DU MUR.
ELLE ME CONDUIT VERS LA FENÊTRE. JE SUIS SAUVÉ !
LE SÉRUM !
SPLASH!
JE GRANDIS !
ENCORE ET ENCORE !
ME REVOILÀ NORMAL.
JE VAIS TOUT DE SUITE DÉTRUIRE CES SÉRUMS DE CROISSANCE. ILS SONT TROP DANGEREUX POUR L'HOMME.
ET, AU CONGRÈS SCIENTIFIQUE, LE MOIS SUIVANT...
VOS EXPÉ-RIENCES ONT ÉCHOUÉ ?
OUI. VOUS AVIEZ RAISON. C'ÉTAIT UNE PERTE DE TEMPS. JE VAIS M'EN TENIR AUX PROJETS RÉA-LISTES.
AINSI S'ACHÈVE NOTRE HISTOIRE... PETITE PRÉCISION : HENRY PYM N'A PLUS JAMAIS MARCHÉ SUR UNE FOURMILIÈRE. IL SAVAIT QUE, SOUS SES PIEDS, IL Y AVAIT UN INSECTE CACHÉ ET ANONYME... UNE PETITE FOURMI À QUI IL DEVAIT LA VIE.
FIN

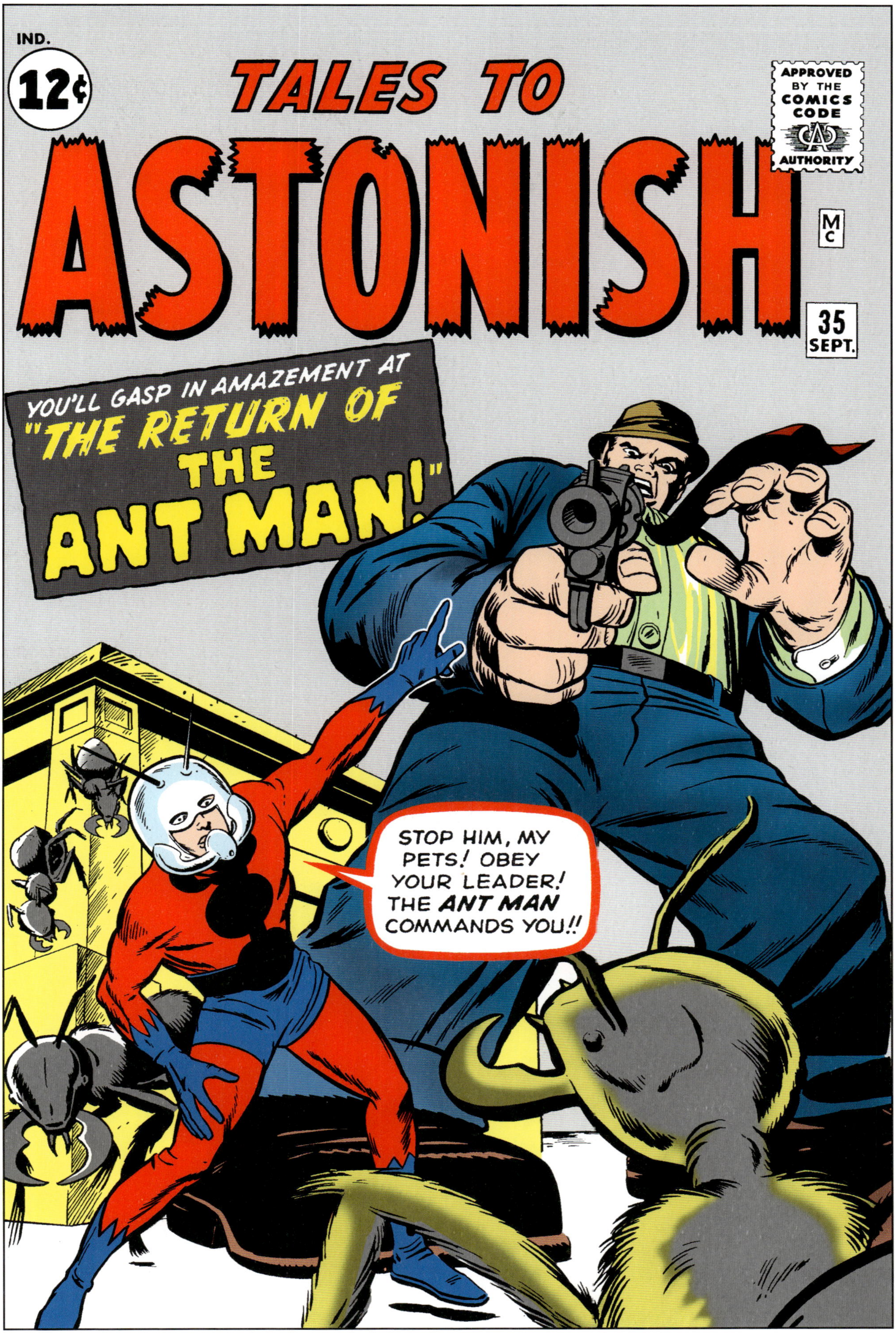

ANT-MAN EST DE RETOUR
Return of the Ant-Man
Tales to Astonish (1959) 35
septembre 1962

Scénario : Stan Lee et Larry Lieber
Dessin : Jack Kirby
Encrage : Dick Ayers
Traduction : Laurence Belingard
Lettrage : Christophe Semal
Rédaction USA : Stan Lee, C.B. Cebulski

Au moment de lancer **Spider-Man** dans un magazine anthologique en perte de vitesse, l'équipe de Marvel réalise qu'elle dispose d'autres histoires similaires, publiées dans des revues fantastiques. Dans *Tales to Astonish* 27 (janvier 1962), **Stan Lee**, son frère **Larry Lieber** et **Jack Kirby** viennent de raconter l'histoire de **Henry Pym**, un homme qui réussit à rapetisser et qui est brièvement piégé dans une fourmilière. Et les lecteurs ont apprécié ! Alors, pourquoi ne pas reprendre Pym, en le dotant d'un costume de super-héros et du pouvoir de contrôler les fourmis ? **Ant-Man** est né ! Mais, entre-temps, Lee et Kirby ont imaginé une histoire similaire dans *Tales of Suspense* 32 (août 1962), où le héros est piégé par une sorte de mutant. Pendant quelque temps, Marvel cogite réellement sur l'idée d'en tirer un **Bee-Man**, avant de l'abandonner et de se concentrer sur le seul Ant-Man.

* ANT-MAN EST DE RETOUR - ACTE 1

LE SÉRUM S'EST RÉVÉLÉ PLUS EFFICACE QU'IL L'IMAGINAIT. IL L'A RÉDUIT À LA TAILLE D'UN INSECTE ET LUI A FAIT VIVRE UNE TERRIFIANTE RENCONTRE... DANS UNE FOURMILIÈRE GROUILLANTE !
PYM A RÉUSSI À ÉCHAPPER AUX FOURMIS ET À RÉCUPÉRER LE SÉRUM DE CROISSANCE.
DIEU MERCI... VOILÀ QUE JE GRANDIS !
AYANT REPRIS TAILLE HUMAINE, LE CHERCHEUR A DÉTRUIT LES SÉRUMS, QU'IL JUGEAIT TROP DANGEREUX POUR L'HOMME. MAIS, UN PEU PLUS TARD...
COMMENT IGNORER UNE TELLE DÉCOUVERTE ? JE VAIS REPRODUIRE LES SÉRUMS.
ET, CETTE FOIS...
JE LES METS À L'ABRI. JE SERAI LE SEUL À CONNAÎTRE LEUR EXISTENCE.
UN JOUR, PEUT-ÊTRE, LE MONDE SERA PRÊT. MAIS, EN ATTENDANT, ILS RESTERONT DANS MON COFFRE.
IL S'EST PASSÉ UN AUTRE FAIT IMPORTANT. APRÈS SON EXPÉRIENCE DANS LA FOURMILIÈRE, PYM S'EST INTÉRESSÉ AUX FOURMIS.
FASCINANT ! CES INSECTES SOULÈVENT DES OBJETS 50 FOIS PLUS LOURDS QU'EUX.
EN SECRET ET SANS RELÂCHE, IL A ÉTUDIÉ LE MONDE DE CES INSECTES.
CHAQUE COLONIE COMPTE QUELQUES FEMELLES* MAIS DES MILLIERS D'OUVRIÈRES**.
*ON APPELLE "LES FEMELLES" DES REINES.
**LES OUVRIÈRES SONT PLUS PETITES ET N'ONT PAS D'AILES.
LES FOURMIS ONT DES ORGANES SENSORIELS, LA VUE, L'ODORAT, LE TOUCHER, ET UN SYSTÈME NERVEUX.
MAIS PERSONNE NE SAIT COMMENT ELLES COMMUNIQUENT ENTRE ELLES.

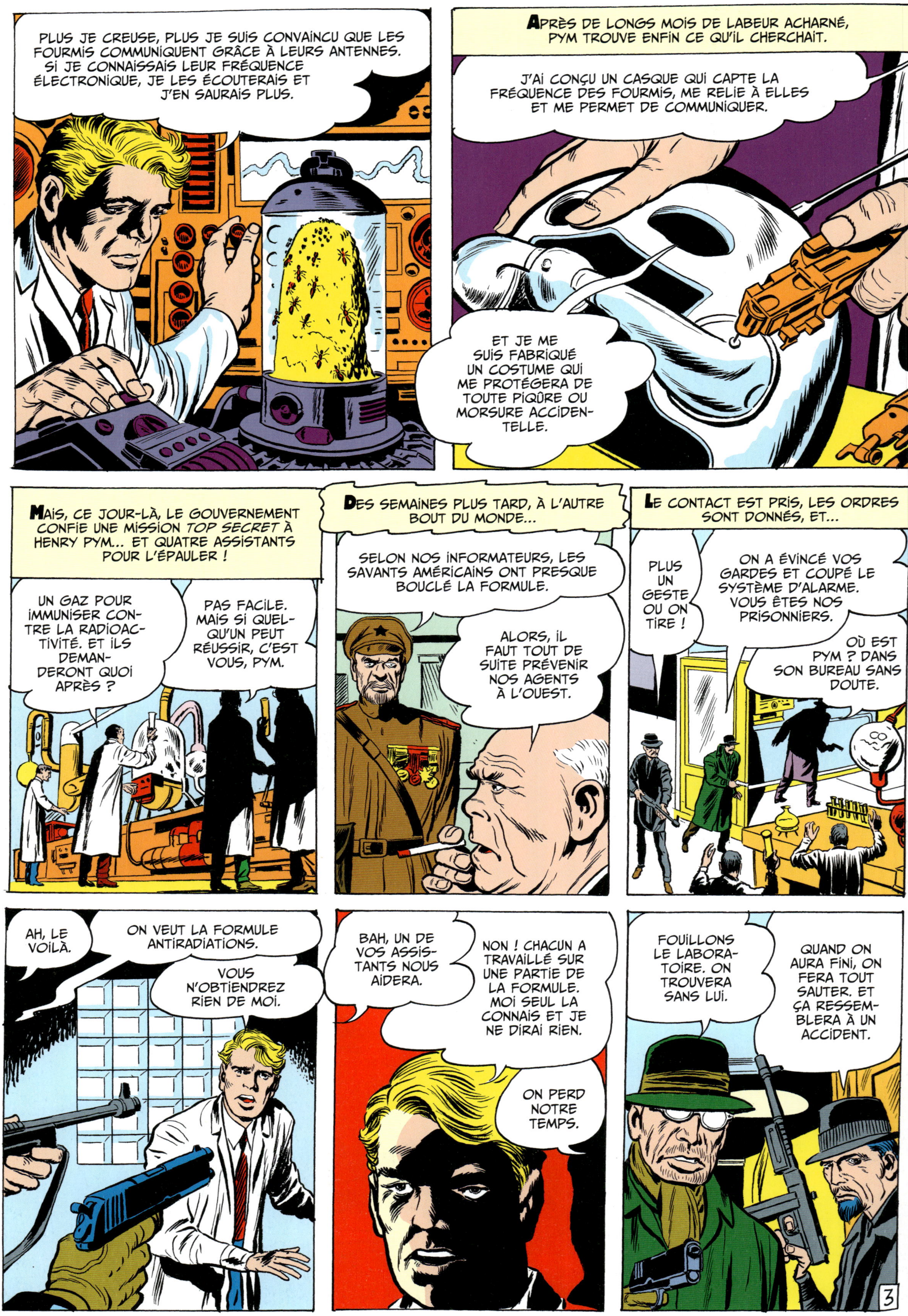
PLUS JE CREUSE, PLUS JE SUIS CONVAINCU QUE LES FOURMIS COMMUNIQUENT GRÂCE À LEURS ANTENNES. SI JE CONNAISSAIS LEUR FRÉQUENCE ÉLECTRONIQUE, JE LES ÉCOUTERAIS ET J'EN SAURAIS PLUS.
APRÈS DE LONGS MOIS DE LABEUR ACHARNÉ, PYM TROUVE ENFIN CE QU'IL CHERCHAIT.
J'AI CONÇU UN CASQUE QUI CAPTE LA FRÉQUENCE DES FOURMIS, ME RELIE À ELLES ET ME PERMET DE COMMUNIQUER.
ET JE ME SUIS FABRIQUÉ UN COSTUME QUI ME PROTÉGERA DE TOUTE PIQÛRE OU MORSURE ACCIDENTELLE.
MAIS, CE JOUR-LÀ, LE GOUVERNEMENT CONFIE UNE MISSION *TOP SECRET* À HENRY PYM... ET QUATRE ASSISTANTS POUR L'ÉPAULER !
UN GAZ POUR IMMUNISER CONTRE LA RADIOACTIVITÉ. ET ILS DEMANDERONT QUOI APRÈS ?
PAS FACILE. MAIS SI QUELQU'UN PEUT RÉUSSIR, C'EST VOUS, PYM.
DES SEMAINES PLUS TARD, À L'AUTRE BOUT DU MONDE...
SELON NOS INFORMATEURS, LES SAVANTS AMÉRICAINS ONT PRESQUE BOUCLÉ LA FORMULE.
ALORS, IL FAUT TOUT DE SUITE PRÉVENIR NOS AGENTS À L'OUEST.
LE CONTACT EST PRIS, LES ORDRES SONT DONNÉS, ET...
PLUS UN GESTE OU ON TIRE !
ON A ÉVINCÉ VOS GARDES ET COUPÉ LE SYSTÈME D'ALARME. VOUS ÊTES NOS PRISONNIERS.
OÙ EST PYM ? DANS SON BUREAU SANS DOUTE.
AH, LE VOILÀ.
ON VEUT LA FORMULE ANTIRADIATIONS.
VOUS N'OBTIENDREZ RIEN DE MOI.
BAH, UN DE VOS ASSISTANTS NOUS AIDERA.
NON ! CHACUN A TRAVAILLÉ SUR UNE PARTIE DE LA FORMULE. MOI SEUL LA CONNAIS ET JE NE DIRAI RIEN.
ON PERD NOTRE TEMPS.
FOUILLONS LE LABORATOIRE. ON TROUVERA SANS LUI.
QUAND ON AURA FINI, ON FERA TOUT SAUTER. ET ÇA RESSEMBLERA À UN ACCIDENT.
3

ILS ONT POSTÉ UN GARDE DEVANT LA PORTE ET UN DEHORS. IMPOSSIBLE DE SORTIR PAR LA FENÊTRE. JE SUIS COINCÉ DANS LE LABO.
HÉ ! JE SAIS COMMENT LES ARRÊTER. J'AI UN PLAN.
SNAP
IL FAUT QUE ÇA MARCHE. SI J'ÉCHOUE, LES ROUGES AURONT LE GAZ ANTIRADIATIONS ET UN ÉNORME ATOUT DANS LA GUERRE FROIDE.
MAIS UN SIMPLE ÉLASTIQUE ET UN PEU DE FIL, ENTRE AUTRES, VONT LES NEUTRALISER.
J'ENTOURE CE CENDRIER AVEC L'ÉLASTIQUE ET JE LE POSE PAR TERRE.
GRÂCE À UNE AUTRE FORMULE DE MON CRU...
... VOILÀ LE PLUS PUISSANT SÉRUM JAMAIS ÉLABORÉ...
... CAPABLE DE RÉTRÉCIR UN HOMME JUSQU'À LA TAILLE D'UN INSECTE...
ÇA MARCHE !
4

ENFIN ! ME VOILÀ AUSSI PETIT QU'UNE FOURMI. EN AVANT !
QUAND J'ÉTAIS ENFANT, J'ADORAIS ALLER DANS LES PARCS D'ATTRACTIONS.
MAIS LÀ, C'EST ENCORE MIEUX !
WHOOSHH
PARFAIT !
L'ESPACE EST INFIME, MAIS ASSEZ GRAND POUR ME LAISSER PASSER.
J'AVAIS CALCULÉ JUSTE. LE FIL ARRIVE JUSQU'AU SOL.
ET VOICI MA DESTINATION... LA FOURMILIÈRE.
5

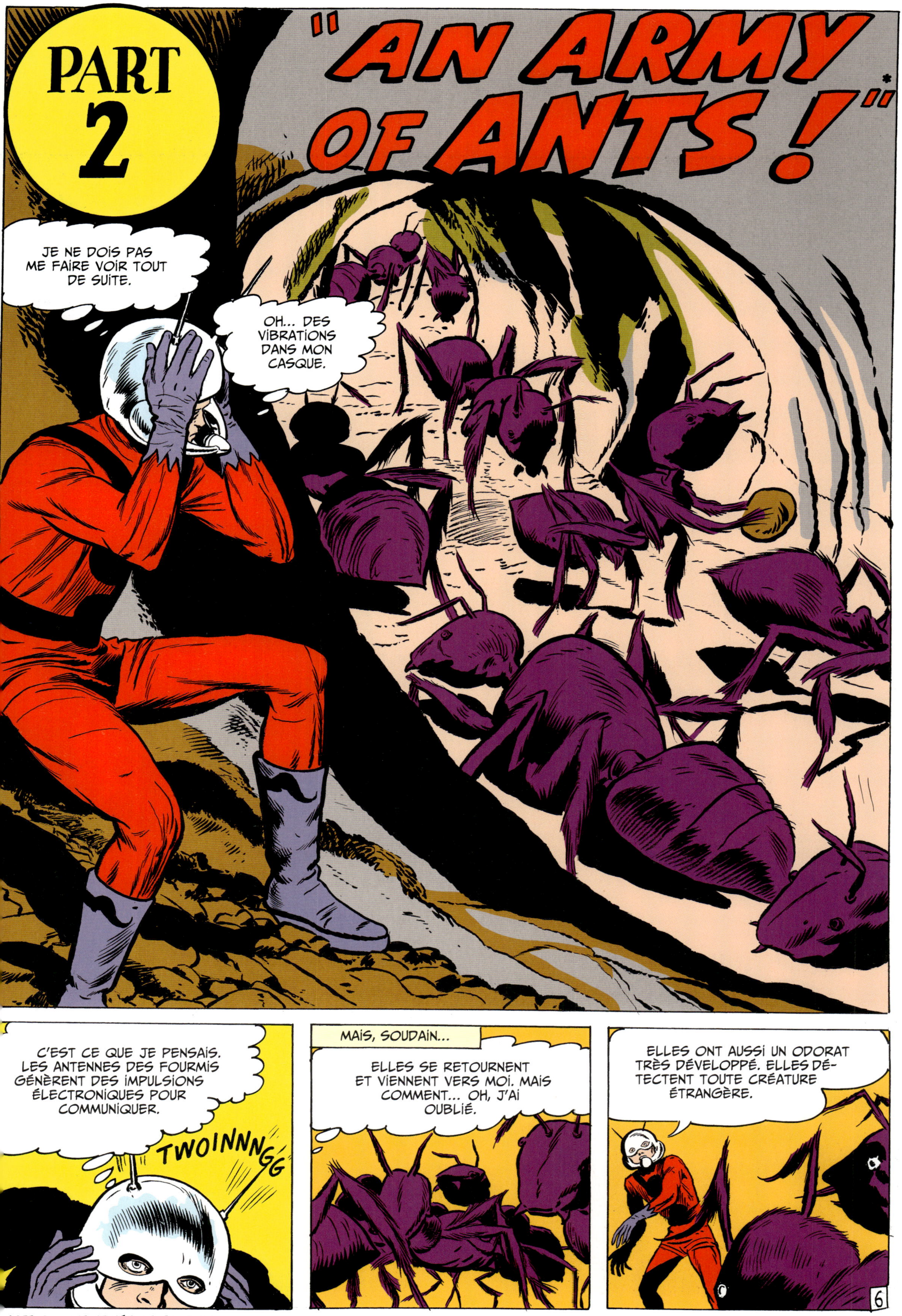

* ACTE 2 - UNE ARMÉE DE FOURMIS

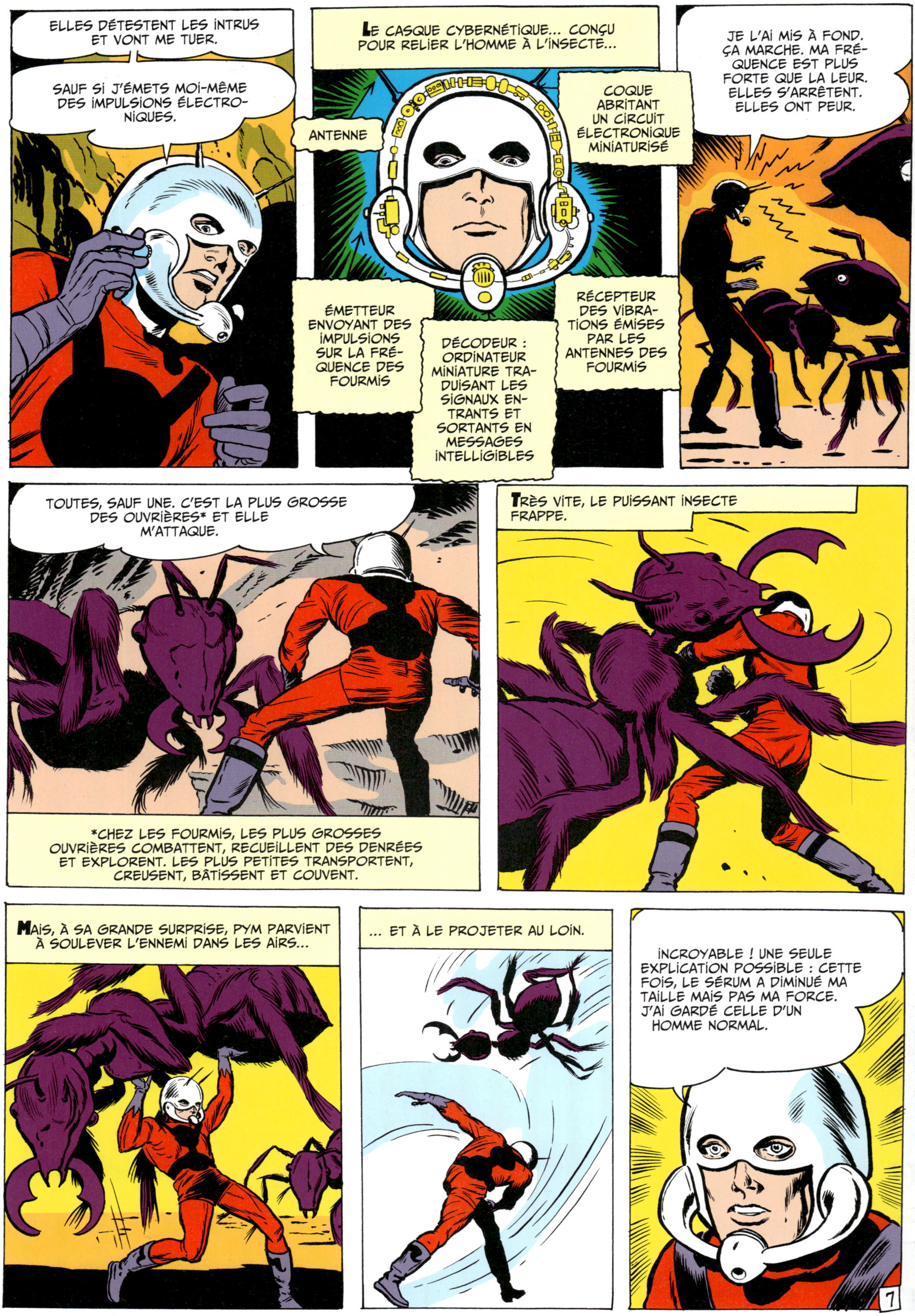
ELLES DÉTESTENT LES INTRUS ET VONT ME TUER.
SAUF SI J'ÉMETS MOI-MÊME DES IMPULSIONS ÉLECTRONIQUES.
LE CASQUE CYBERNÉTIQUE... CONÇU POUR RELIER L'HOMME À L'INSECTE...
ANTENNE
COQUE ABRITANT UN CIRCUIT ÉLECTRONIQUE MINIATURISÉ
ÉMETTEUR ENVOYANT DES IMPULSIONS SUR LA FRÉQUENCE DES FOURMIS
DÉCODEUR : ORDINATEUR MINIATURE TRADUISANT LES SIGNAUX ENTRANTS ET SORTANTS EN MESSAGES INTELLIGIBLES
RÉCEPTEUR DES VIBRATIONS ÉMISES PAR LES ANTENNES DES FOURMIS
JE L'AI MIS À FOND. ÇA MARCHE. MA FRÉQUENCE EST PLUS FORTE QUE LA LEUR. ELLES S'ARRÊTENT. ELLES ONT PEUR.
TOUTES, SAUF UNE. C'EST LA PLUS GROSSE DES OUVRIÈRES* ET ELLE M'ATTAQUE.
*CHEZ LES FOURMIS, LES PLUS GROSSES OUVRIÈRES COMBATTENT, RECUEILLENT DES DENRÉES ET EXPLORENT. LES PLUS PETITES TRANSPORTENT, CREUSENT, BÂTISSENT ET COUVENT.
TRÈS VITE, LE PUISSANT INSECTE FRAPPE.
MAIS, À SA GRANDE SURPRISE, PYM PARVIENT À SOULEVER L'ENNEMI DANS LES AIRS...
... ET À LE PROJETER AU LOIN.
INCROYABLE ! UNE SEULE EXPLICATION POSSIBLE : CETTE FOIS, LE SÉRUM A DIMINUÉ MA TAILLE MAIS PAS MA FORCE. J'AI GARDÉ CELLE D'UN HOMME NORMAL.

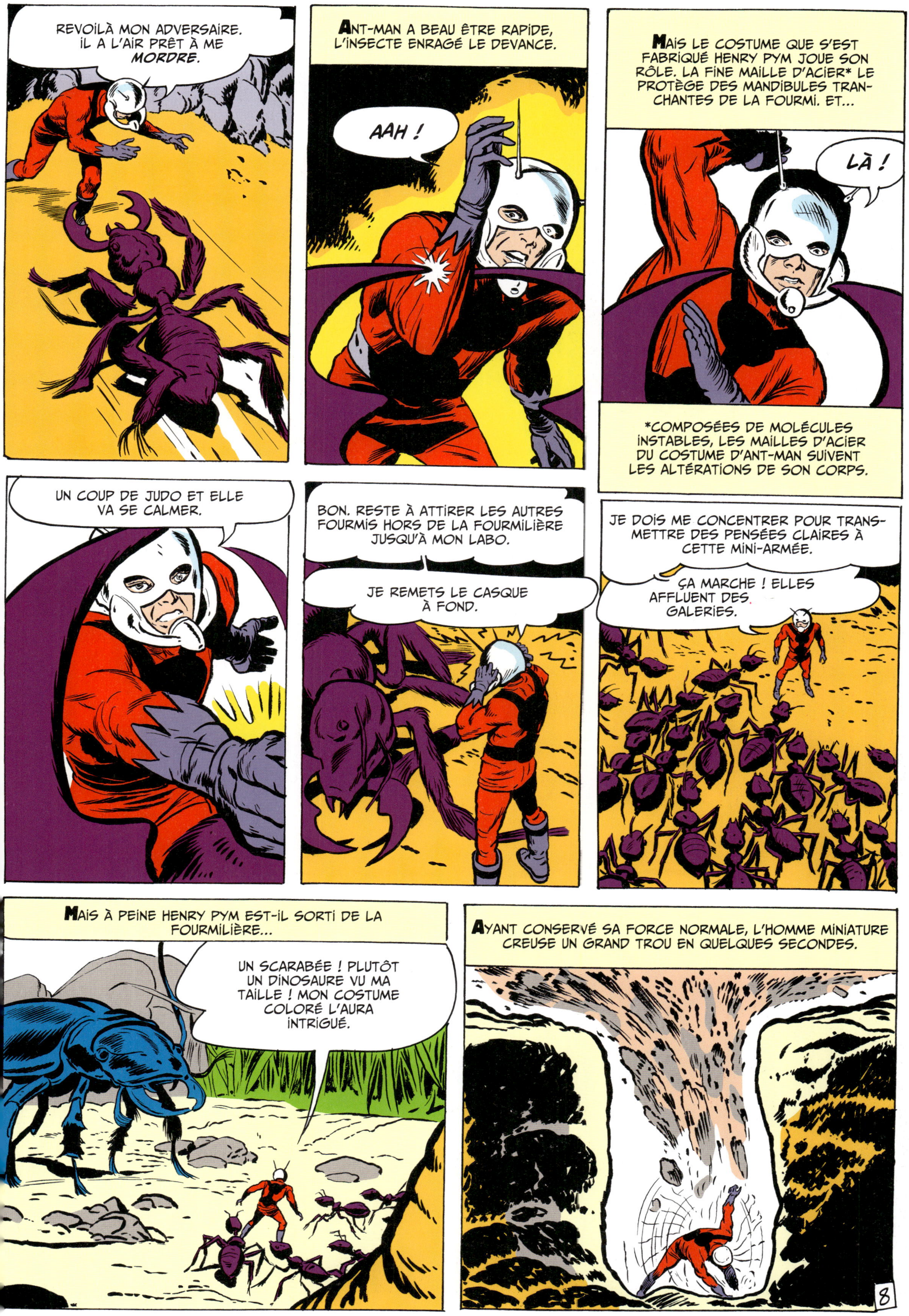

REVOILÀ MON ADVERSAIRE. IL A L'AIR PRÊT À ME *MORDRE*.
ANT-MAN A BEAU ÊTRE RAPIDE, L'INSECTE ENRAGÉ LE DEVANCE.
AAH !
MAIS LE COSTUME QUE S'EST FABRIQUÉ HENRY PYM JOUE SON RÔLE. LA FINE MAILLE D'ACIER* LE PROTÈGE DES MANDIBULES TRANCHANTES DE LA FOURMI. ET...
LÀ !
*COMPOSÉES DE MOLÉCULES INSTABLES, LES MAILLES D'ACIER DU COSTUME D'ANT-MAN SUIVENT LES ALTÉRATIONS DE SON CORPS.
UN COUP DE JUDO ET ELLE VA SE CALMER.
BON. RESTE À ATTIRER LES AUTRES FOURMIS HORS DE LA FOURMILIÈRE JUSQU'À MON LABO.
JE REMETS LE CASQUE À FOND.
JE DOIS ME CONCENTRER POUR TRANSMETTRE DES PENSÉES CLAIRES À CETTE MINI-ARMÉE.
ÇA MARCHE ! ELLES AFFLUENT DES GALERIES.
MAIS À PEINE HENRY PYM EST-IL SORTI DE LA FOURMILIÈRE...
UN SCARABÉE ! PLUTÔT UN DINOSAURE VU MA TAILLE ! MON COSTUME COLORÉ L'AURA INTRIGUÉ.
AYANT CONSERVÉ SA FORCE NORMALE, L'HOMME MINIATURE CREUSE UN GRAND TROU EN QUELQUES SECONDES.
8

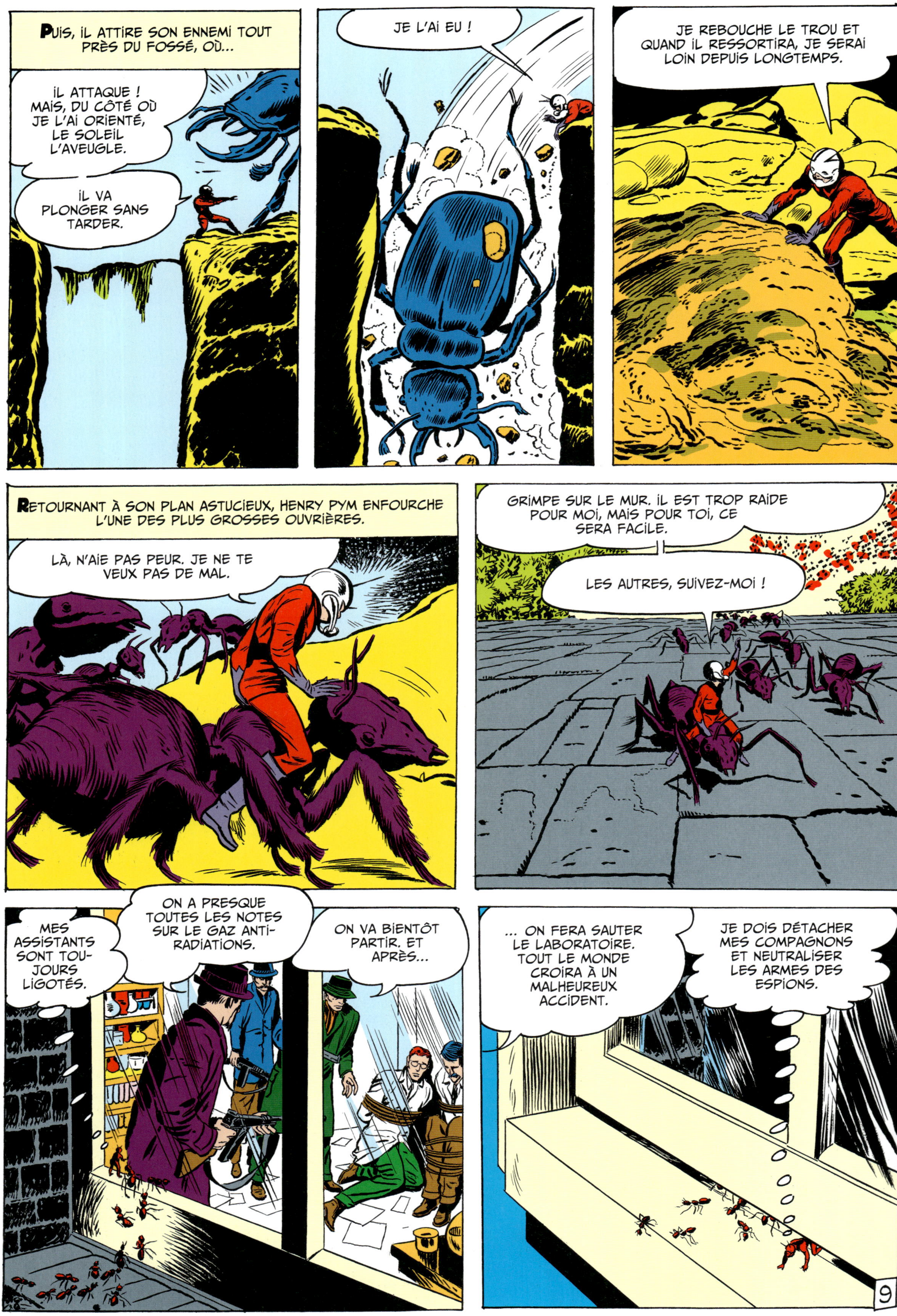
PUIS, IL ATTIRE SON ENNEMI TOUT PRÈS DU FOSSÉ, OÙ...
IL ATTAQUE ! MAIS, DU CÔTÉ OÙ JE L'AI ORIENTÉ, LE SOLEIL L'AVEUGLE.
IL VA PLONGER SANS TARDER.
JE L'AI EU !
JE REBOUCHE LE TROU ET QUAND IL RESSORTIRA, JE SERAI LOIN DEPUIS LONGTEMPS.
RETOURNANT À SON PLAN ASTUCIEUX, HENRY PYM ENFOURCHE L'UNE DES PLUS GROSSES OUVRIÈRES.
LÀ, N'AIE PAS PEUR. JE NE TE VEUX PAS DE MAL.
GRIMPE SUR LE MUR. IL EST TROP RAIDE POUR MOI, MAIS POUR TOI, CE SERA FACILE.
LES AUTRES, SUIVEZ-MOI !
MES ASSISTANTS SONT TOUJOURS LIGOTÉS.
ON A PRESQUE TOUTES LES NOTES SUR LE GAZ ANTI-RADIATIONS.
ON VA BIENTÔT PARTIR. ET APRÈS...
... ON FERA SAUTER LE LABORATOIRE. TOUT LE MONDE CROIRA À UN MALHEUREUX ACCIDENT.
JE DOIS DÉTACHER MES COMPAGNONS ET NEUTRALISER LES ARMES DES ESPIONS.

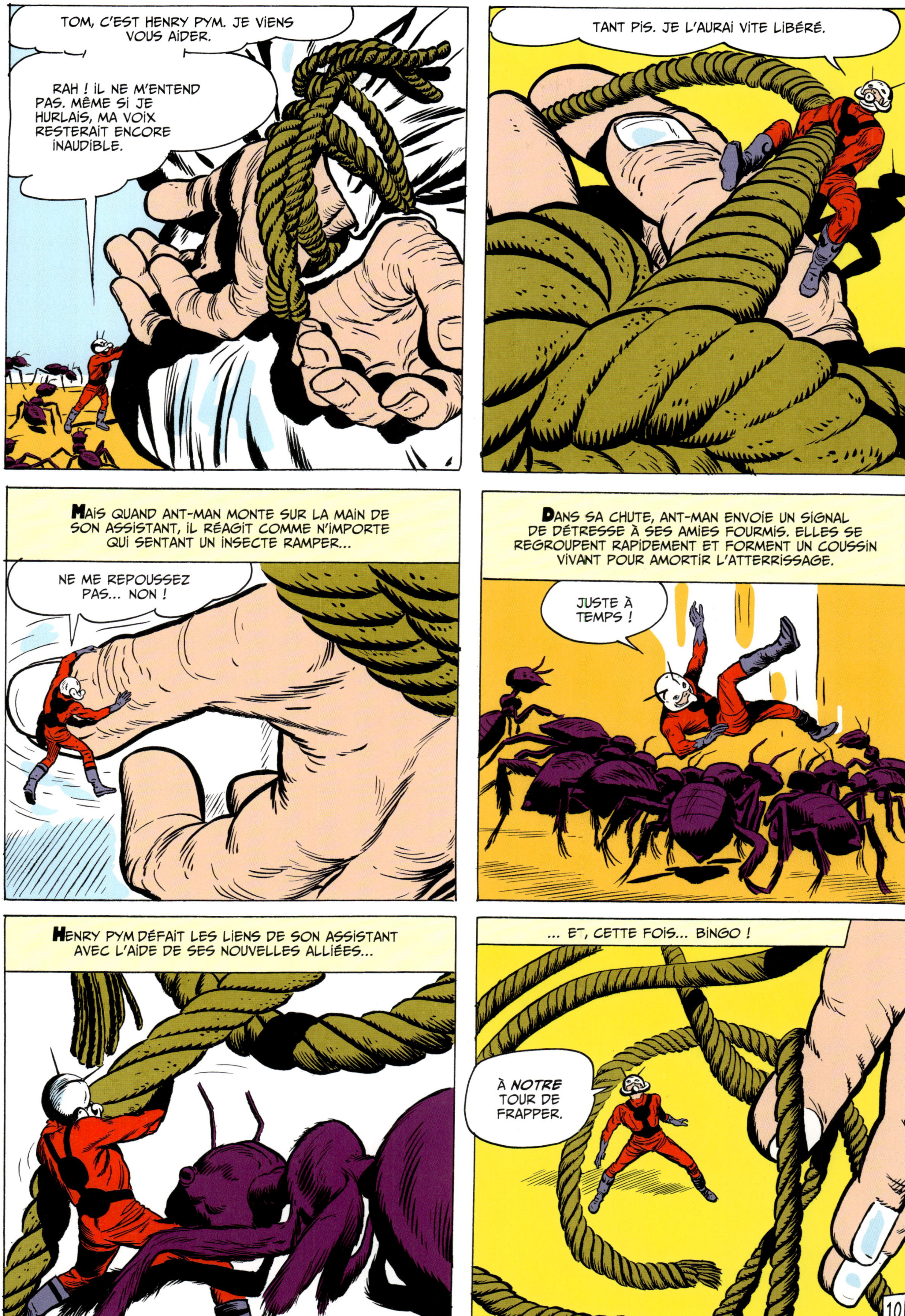

TOM, C'EST HENRY PYM. JE VIENS VOUS AIDER.
RAH ! IL NE M'ENTEND PAS. MÊME SI JE HURLAIS, MA VOIX RESTERAIT ENCORE INAUDIBLE.
TANT PIS. JE L'AURAI VITE LIBÉRÉ.
MAIS QUAND ANT-MAN MONTE SUR LA MAIN DE SON ASSISTANT, IL RÉAGIT COMME N'IMPORTE QUI SENTANT UN INSECTE RAMPER...
NE ME REPOUSSEZ PAS... NON !
DANS SA CHUTE, ANT-MAN ENVOIE UN SIGNAL DE DÉTRESSE À SES AMIES FOURMIS. ELLES SE REGROUPENT RAPIDEMENT ET FORMENT UN COUSSIN VIVANT POUR AMORTIR L'ATTERRISSAGE.
JUSTE À TEMPS !
HENRY PYM DÉFAIT LES LIENS DE SON ASSISTANT AVEC L'AIDE DE SES NOUVELLES ALLIÉES...
... ET, CETTE FOIS... BINGO !
À *NOTRE* TOUR DE FRAPPER.
10

* ACTE 3 - ANT-MAN SE VENGE !

HENRY PYM ORDONNE ALORS À DES FOURMIS À MIEL DE BOUCHER LE CANON DU PISTOLET AU SOL...
... AVEC DU MIEL !
MON ARME BLOQUE ! ELLE NE TIRE PLUS !
D'UN COUP, ON ENTEND UN AUTRE CRI...
DES CENTAINES DE FOURMIS ME MONTENT DESSUS !
D'OÙ ELLES SORTENT ? COMMENT...
AU SECOURS ! JE NE SUPPORTE PAS ÇA !
J'IGNORE COMMENT, MAIS MES LIENS SE SONT DÉFAITS.
LES MIENS AUSSI. ET PUISQUE CES BANDITS SONT DÉSARMÉS...
... COINÇONS-LES !
MES GARS DEVRAIENT POUVOIR GÉRER LA SUITE. JE RETOURNE À MON BUREAU AVANT QU'ILS NE ME CHERCHENT.
12

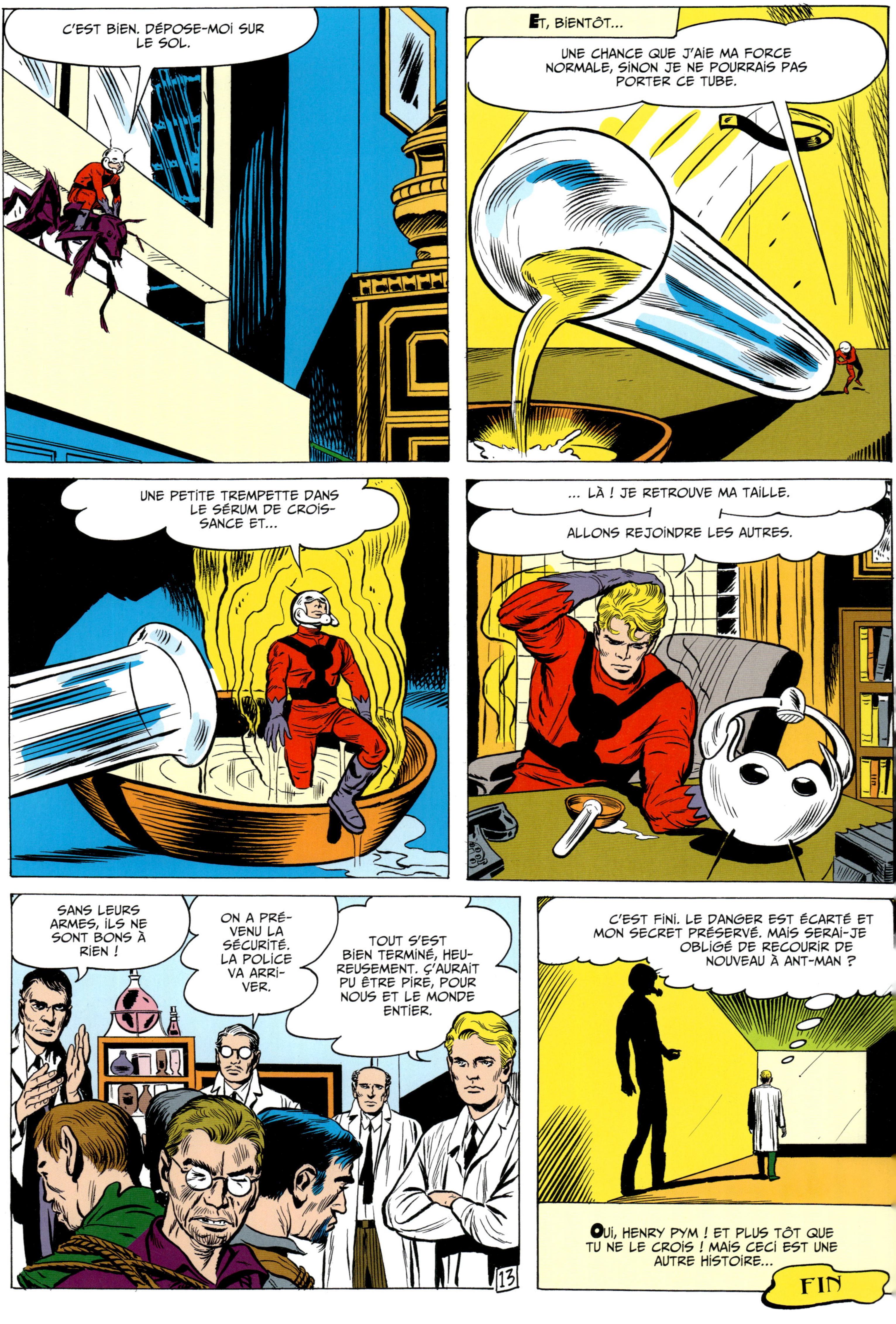
C'EST BIEN. DÉPOSE-MOI SUR LE SOL.
ET, BIENTÔT...
UNE CHANCE QUE J'AIE MA FORCE NORMALE, SINON JE NE POURRAIS PAS PORTER CE TUBE.
UNE PETITE TREMPETTE DANS LE SÉRUM DE CROIS-SANCE ET...
... LÀ ! JE RETROUVE MA TAILLE.
ALLONS REJOINDRE LES AUTRES.
SANS LEURS ARMES, ILS NE SONT BONS À RIEN !
ON A PRÉVENU LA SÉCURITÉ. LA POLICE VA ARRIVER.
TOUT S'EST BIEN TERMINÉ, HEUREUSEMENT. ÇA'URAIT PU ÊTRE PIRE, POUR NOUS ET LE MONDE ENTIER.
13
C'EST FINI. LE DANGER EST ÉCARTÉ ET MON SECRET PRÉSERVÉ. MAIS SERAI-JE OBLIGÉ DE RECOURIR DE NOUVEAU À ANT-MAN ?
OUI, HENRY PYM ! ET PLUS TÔT QUE TU NE LE CROIS ! MAIS CECI EST UNE AUTRE HISTOIRE...
FIN

LES ORIGINES DU DR STRANGE
The Origin of Dr. Strange
Strange Tales (1951) 115
décembre 1963

Scénario : Stan Lee
Dessin et encrage : Steve Ditko
Traduction : Nicole Duclos
Lettrage : Elleti
Rédaction USA : Stan Lee, C.B. Cebulski

On ne fait pas toujours mouche du premier coup. On le sait peu, mais les **Quatre Fantastiques** ne sont pas le premier essai super-héroïque du tandem **Stan Lee** et **Jack Kirby**. Quelques mois auparavant, dans *Amazing Adventures* 1, ils lancent en effet l'éphémère **Docteur Droom**, un Américain partant au Tibet pour rencontrer un maître mystique. Ce dernier donne ses pouvoirs à Droom et va même jusqu'à le transformer en personne asiatique. Sous l'impulsion du dessinateur **Steve Ditko**, le même concept est repris, mais sous un nom plus accrocheur. C'est la naissance du **Dr Strange**, auquel on ajoute un élément de la formule Marvel. Comme **Don Blake** et **Matt Murdock**, **Stephen Strange** a un handicap : ses mains tremblent, ce qui l'empêche d'exercer son métier de chirurgien. Ainsi réinventé, le Dr Strange va connaître une tout autre carrière que Droom (lequel sera bien plus tard réimplanté dans l'univers Marvel sous le nom de **Docteur Druid**).

"THE ORIGIN OF Dr. STRANGE"*

* LES ORIGINES DU DR STRANGE

SUIVEZ-NOUS EN INDE, TERRE MYSTIQUE, OÙ UNE SILHOUETTE HAGARDE ENTRE DANS UNE SALLE ÉTRANGEMENT SILENCIEUSE...
CELA FAIT DES MOIS QUE JE CHERCHE... ET J'AI ENFIN TROUVÉ !
TOI ! VIEIL HOMME ! ES-TU CELUI QUE L'ON APPELLE "L'ANCIEN" ?
JE SUIS L'ANCIEN, OUI !
DONC, TU ES DOTÉ DU POUVOIR MAGIQUE DE GUÉRISON ! J'AI BESOIN DE TOI ! AIDE-MOI !
UN PEU DE PATIENCE, OCCIDENTAL !
JE NE SOIGNE QUE CEUX QUI LE MÉRITENT ! JE NE DOIS PAS GASPILLER LE POUVOIR DE MA MAGIE ! PROUVE-MOI QUE TU EN ES DIGNE !
TU NE PEUX PAS ME REJETER ! JE VIENS DE TROP LOIN... J'AI ATTENDU TROP LONG-TEMPS...
OH !! QUE...?
ASSEZ ! JE NE TOLÈRE AUCUN ACTE DE VIOLENCE ! PERSONNE NE LÈVE LA MAIN SUR L'ANCIEN !
D'UN... D'UN SEUL GESTE, IL M'A IMMOBILISÉ AU-DESSUS DU SOL... C'EST INCROYABLE !
BIEN... JE VAIS PÉNÉ-TRER TON ES-PRIT... ET TA MÉMOIRE... POUR TOUT SAVOIR DE TOI !
JE TE VOIS DANS LE PASSÉ... EN AMÉRIQUE... TU ES MÉDECIN ! TU ÉTAIS UN CÉLÈBRE CHIRURGIEN DU NOM DE STEPHEN STRANGE !
"TU ÉTAIS FIER, HAUTAIN, TU MÉPRISAIS TES SEMBLABLES..."
L'OPÉRATION EST UN SUCCÈS ! LE PATIENT VEUT VOUS REMERCIER !
INUTILE ! ASSUREZ-VOUS JUSTE QU'IL PAIE SA FACTURE !
"L'ARGENT... C'ÉTAIT TOUT CE QUI T'INTÉRES-SAIT... TOUT CE QUI COMPTAIT POUR TOI..."
DÉSOLÉ, C'EST MON TARIF ! S'IL N'EST PAS DANS VOS MOYENS, TROUVEZ UN AUTRE MÉDECIN !
2.

"POUR TOI, LES PROBLÈMES DES AUTRES NE COMPTAIENT PAS !"
DR STRANGE, NOUS AVONS BESOIN DE VOUS POUR DES RECHERCHES MÉDICALES !
DÉSOLÉ ! JE NE FAIS PAS DE BÉNÉVOLAT !
MAIS AVEC VOS CONNAISSANCES, VOUS POURRIEZ NOUS AIDER À TROUVER UN REMÈDE CONTRE... HÉ, ATTENDEZ !!
QUAND VOUS SEREZ PRÊTS À PAYER MES TALENTS, JE VOUS ÉCOUTERAI ! BONNE JOURNÉE !
"ET VOILÀ QUE TOUT BASCULE ! JE VOIS UN ACCIDENT DE VOITURE, SUR UNE ROUTE DÉSERTE ! LA VICTIME EST EN VIE, MAIS BLESSÉE ! ET LA VICTIME... C'EST TOI !"
ON ARRIVE JUSTE À TEMPS ! APPELLE UNE AMBULANCE !
"TU AS EU LA VIE SAUVE, MAIS TU AS SUBI UN CHOC TERRIBLE..."
JE NE SAIS PAS COMMENT VOUS DIRE ÇA...
ALLEZ-Y ! JE PEUX ENCAISSER ! QUE MONTRENT LES RADIOS ?
VOS MAINS ONT L'AIR NORMALES, MAIS LES NERFS ONT ÉTÉ GRAVEMENT TOUCHÉS !
VOUS... VOULEZ... DIRE...?
VOUS NE POURREZ PLUS JAMAIS EXERCER LA CHIRURGIE !
NON ! NON !
JE NE VOUS CROIS PAS ! VOUS MENTEZ ! JE SUIS SÛR QUE VOUS MENTEZ !
"CERTAINS ONT TENTÉ DE T'AIDER, MAIS TU ÉTAIS TROP AMER... TROP APITOYÉ SUR TOI-MÊME !"
MÊME SI TU NE PEUX PAS OPÉRER, TU PEUX ÊTRE CONSULTANT... ET MON ASSISTANT !
STRANGE N'EST L'ASSISTANT DE PERSONNE !
"ET TU T'ES COUPÉ DU MONDE... TU AS BROYÉ DU NOIR, TU ES DEVENU AIGRI !"
JE DOIS ÊTRE LE MEILLEUR ! C'EST ÇA OU RIEN !
JAMAIS JE NE TRAVAILLERAI POUR UN AUTRE !
"TU AS PERDU LA NOTION DU TEMPS... TU ES DEVENU UN MARGINAL ! ET UN JOUR, SUR LES QUAIS, TU AS ENTENDU DEUX MARINS PARLER !"
OUAIS, J'AI ENTENDU PARLER DE L'ANCIEN ! SON POUVOIR MAGIQUE PEUT TOUT GUÉRIR !
SI TU VEUX MON AVIS, C'EST UN MYTHE !
3.

L'ANCIEN !! MOI AUSSI, J'AI SOUVENT ENTENDU MURMURER CE NOM ! SE POURRAIT-IL QU'IL Y AIT UNE PART DE VÉRITÉ DANS CETTE LÉGENDE ? L'HISTOIRE FAIT ÉTAT DE CERTAINS HOMMES DOTÉS DE POUVOIRS... ET S'IL ÉTAIT L'UN D'EUX ?
TU ES VENU À MOI POUR MON POUVOIR GUÉRISSEUR ! MAIS JE NE PEUX PAS T'AIDER... CAR TA MOTIVATION EST ÉGOÏSTE !
POURTANT, JE VOIS EN TOI COMME UNE ÉTINCELLE DE MORALE... DE BONTÉ... QUI NE DEMANDE QU'À ÊTRE ATTISÉE !
ACCEPTE D'ÊTRE MON ÉLÈVE... ET TU TROUVERAS PEUT-ÊTRE EN TOI LE REMÈDE QUE TU CHERCHES !
J'AURAIS DÛ M'EN DOUTER ! J'AI PERDU MON TEMPS ! TU N'ES QU'UN VIEIL IMPOSTEUR !
TON PETIT NUMÉRO NE M'IMPRESSIONNE PAS ! ADIEU ! HÉ... CETTE NEIGE ? ELLE N'ÉTAIT PAS LÀ À MON ARRIVÉE ! JAMAIS JE NE VAIS POUVOIR REDESCENDRE DANS LA VALLÉE !
TE VOILÀ COINCÉ ICI JUSQU'À CE QU'ELLE FONDE !
CETTE NEIGE EST TON ŒUVRE ?! QU'EST-CE QUE JE RACONTE ?! BIENTÔT, JE VAIS CROIRE QUE TU AS VRAIMENT DES POUVOIRS MAGIQUES !
ET BIEN SÛR, UN OCCIDENTAL NE PEUT PAS SE PERMETTRE DE CROIRE EN LA MAGIE ! CE SERAIT... MALSÉANT !
BON, VU QUE TU ES CONDAMNÉ À RESTER ICI, MORDO, MON ÉLÈVE, VA TE MONTRER TA CHAMBRE !
CE MORDO DONNE LA CHAIR DE POULE !
IL PASSE SES JOURNÉES À ÉTUDIER DES PARCHEMINS SANS INTÉRÊT ! QUELLE PERTE DE TEMPS !
MAIS QUELLE IDÉE J'AI EUE DE VENIR ICI !
JE VAIS DEMANDER AU VIEUX S'IL SAIT QUAND LA NEIGE FINIRA PAR FONDRE ! HMM... IL DORT, ON DIRAIT ! HÉ, C'EST QUOI CETTE BRUME QUI TOURBILLONNE AUTOUR DE LUI ?
LES VAPEURS DE VALTORR ! UN ENNEMI INVISIBLE M'ATTAQUE !
LA MAGIE NOIRE EST À L'ORIGINE DE CES VAPEURS, ET ELLE SEULE PEUT LES CHASSER !
4.

J'EN APPELLE AUX VISHANTI ! PAR LE SORTILÈGE DU TERRIBLE DORMAMMU, AU NOM D'AGAMOTTO L'OMNISCIENT... J'INVOQUE TOUS VOS POUVOIRS...
À CET INSTANT, DANS UN FLASH AVEUGLANT, LES VAPEURS S'ÉVANOUISSENT DANS LE NÉANT...
DISPARAISSEZ, FORCES DES TÉNÈBRES !
IL FAUT LE VOIR POUR LE CROIRE !
QUE S'EST-IL PASSÉ ? QUI LES A CHASSÉES ?
IL EST DIFFICILE D'EXPLIQUER ÇA À UN PROFANE... MAIS JE DOIS TOUJOURS ÊTRE SUR MES GARDES ! LES FORCES DU MAL ME HARCÈLENT SANS RELÂCHE !
J'AI BEAU NE PLUS ÊTRE CHIRURGIEN, JE SUIS TOUJOURS MÉDECIN ! VOUS ÊTES FAIBLE... IL VOUS FAUT DU REPOS !
IMPOSSIBLE ! DU MOINS, TANT QUE JE N'AI PAS TROUVÉ DE SUCCESSEUR POUR EMPÊCHER LES TÉNÈBRES D'ENVAHIR LA TERRE !
SI JE M'ATTARDE ENCORE ICI, IL VA FINIR PAR ME CONVERTIR !
IL FAUT QUE JE PARTE AVANT DE ME LAISSER ENTRAÎNER DANS CE DÉLIRE !!
LA NEIGE A PRESQUE FONDU ! J'Y VAIS, ET... MINUTE, QUE FABRIQUE MORDO ?
DORMAMMU, ACCEPTE MON OFFRANDE D'ENCENS !
QUE TON POUVOIR S'ABATTE SUR MON ENNEMI ! QUE TON CONTACT MORTEL LE FRAPPE ! EXAUCE-MOI, DORMAMMU !
CE PANTIN BAIGNÉ DE BRUME ME RAPPELLE QUELQU'UN...
DORMAMMU, NE M'ABANDONNE PAS !!
OH ! L'ÉTRANGER M'A VU ! IL SE DEMANDE CE QUE JE FAIS...
C'EST UNE RÉPLIQUE DE L'ANCIEN !
MORDO... SON PROPRE ÉLÈVE... VEUT LE TUER !

JE VAIS TOUT TE DIRE, CAR TU ES TROP FAIBLE POUR M'ARRÊTER ! J'AI ACQUIS BIEN PLUS DE SAVOIR QUE L'ANCIEN NE LE SOUPÇONNE, ET QUAND JE L'AURAI TUÉ, JE SERAI LE SEUL MAÎTRE DE LA MAGIE NOIRE !
N'Y COMPTE PAS ! JE VAIS LE PRÉVENIR... ET IL TE CHASSERA !
IDIOT ! TU ME CROIS SANS RESSOURCES ? TU PENSES POUVOIR CONTRER MON PLAN ?!! REGARDE !!
VOIS COMME IL M'EST FACILE DE TE JETER UN SORT POUR T'EMPÊCHER À JAMAIS DE RÉVÉLER MON SECRET !
UNE NUÉE SE FORME... SORTIE DE NULLE PART ! ELLE... ELLE SE DIRIGE VERS MOI !
ELLE ENSERRE MA BOUCHE D'UN BÂILLON DE FER ! JE... JE NE PEUX PLUS PARLER !
MINUTE !! LE BÂILLON N'EST PAS RÉEL !! ET POURTANT, JE SUIS INCAPABLE DE DIRE UN MOT ! DONC, LA MAGIE EXISTE BIEN... EN VOICI LA PREUVE !
MAIS FAUTE DE POUVOIR PARLER, JE PEUX TOUJOURS BOUGER ! JE VAIS... QUE...?!
HALTE !! PAR LE POUVOIR DES TÉNÈBRES, OBÉIS !
IMBÉCILE DE CHIEN OCCIDENTAL ! TU ES DÉMUNI FACE À LA MAGIE DES ANCIENS !
ET CE N'EST PAS FINI !
VOILÀ ! PERSONNE NE VOIT TON BÂILLON DE FER NI LA FORCE QUI ENSERRE TES POIGNETS ! MAIS TOI, TU LES SENS ! TU SAIS QU'ILS SONT LÀ !
6.

UNE FOIS MORDO PARTI...
CE N'EST QUE DE L'HYPNOSE, SANS DOUTE !
IL NE M'ARRÊTERA PAS !
JE VAIS ALLER VOIR L'ANCIEN ET... AARGH !! DES RAFALES D'ÉNERGIE PURE ! ELLES ME PIÈGENT !
CE N'ÉTAIT PAS DU BLUFF ! MORDO PRATIQUE BIEN LA MAGIE NOIRE ! IL FAUT QUE JE PRÉVIENNE L'ANCIEN... QUE JE LE SAUVE... MAIS COMMENT ?
MORDO EST EN TRAIN DE LUI PARLER... ET L'ANCIEN N'A AUCUN SOUPÇON !!
TU AS FAIT BEAUCOUP DE PROGRÈS DANS TES ÉTUDES ! TU MAÎTRISES DE NOMBREUX ARTS OCCULTES !
TANT MIEUX, CAR J'AI HÂTE DE MARCHER SUR VOS NOBLES TRACES !
NON !! JE DOIS L'AVERTIR !
ÉCOUTEZ-MOI ! JE... UHH... OWW !
QUI OSE ME DÉRANGER ?
C'EST TOI ! LE CRÉTIN VENU DU MONDE OCCIDENTAL ! SI TU AS QUELQUE CHOSE À DIRE, PARLE !
IL SAIT QUE SON SORTILÈGE M'EN EMPÊCHE !
RENVOYEZ-LE CHEZ LUI, MAÎTRE ! IL N'A PAS SA PLACE ICI !
QUEL CULOT ! IL SAIT QUE JE NE PEUX PAS LE DÉNONCER ! JE N'AI JAMAIS HAÏ AUTANT QUELQU'UN !
PLUS TARD, SEUL ET SANS RECOURS, LE DR STEPHEN STRANGE RUMINE...
AINSI, LA SORCELLERIE EXISTE BEL ET BIEN ! JE NE PEUX PAS RENONCER ! IL N'EST PAS QUESTION QUE MORDO TRIOMPHE DE L'ANCIEN, CAR S'IL Y PARVIENT, JE CRAINS LE PIRE POUR NOTRE MONDE !
7.

LE SORTILÈGE DE MORDO NE S'EXERCE QUE SI JE TENTE DE M'ADRESSER À L'ANCIEN ! PAR CONTRE, JE PEUX PARLER D'AUTRES SUJETS... DONC, IL RESTE UN ESPOIR !
SI MOI AUSSI, J'APPRENDS LES SECRETS DE LA MAGIE NOIRE, JE POURRAI AFFRONTER MORDO SUR SON PROPRE TERRAIN !
MAÎTRE, JE SOUHAITE ACCEPTER L'OFFRE QUE VOUS M'AVEZ FAITE IL Y A QUELQUES JOURS ! JE VEUX ÉTUDIER À VOS CÔTÉS... ACQUÉRIR VOTRE SAVOIR... ET ME MONTRER DIGNE DES ARTS MYSTIQUES !
AH ! LE VRAI DOCTEUR STRANGE SE RÉVÈLE ENFIN !
JE SAVAIS QU'IL Y AVAIT DE LA BONTÉ EN TOI... SI JE POUVAIS LA FAIRE REMONTER À LA SURFACE ! JE T'ACCEPTE, MON FILS ! TU SERAS MON DISCIPLE !
EN PREMIER LIEU, JE TE LIBÈRE DU SORT DE MORDO ! TE VOILÀ LIBRE DE PARLER ET D'AGIR COMME AVANT !
VOUS... ÉTIEZ AU COURANT ?!!
BIEN SÛR ! L'ÉLÈVE NE PEUT AVOIR DE SECRETS POUR LE MAÎTRE ! MAIS BIEN QU'IL SOIT MAUVAIS, JE PRÉFÈRE GARDER MORDO ICI OÙ JE PEUX LE CONTRÔLER, PLUTÔT QUE LE RENVOYER ! UN JOUR, QUAND JE SERAI MORT, C'EST À TOI QU'INCOMBERA LA TÂCHE DE COMBATTRE MORDO... JUSQU'AU BOUT !
TU AS ÉTÉ MIS À L'ÉPREUVE ET TU AS PASSÉ TON BAPTÊME DU FEU ! MAIS LE CHEMIN SERA DIFFICILE ET SEMÉ D'EMBÛCHES ! VEUX-TU QUAND MÊME CONTINUER ?
OUI, BIEN SÛR !
ET VOILÀ COMMENT TOUT A COMMENCÉ ! PENDANT DES JOURS, DES SEMAINES, DES MOIS, PUIS DES ANNÉES, LE DOCTEUR STRANGE SE PLONGEA DANS L'ÉTUDE DES ARTS OCCULTES ! PETIT À PETIT, IL CHANGEA... SA VIE PRIT UN SENS PLUS PROFOND... ET PEU À PEU, IL SE PRÉPARA POUR LIVRER DES BATAILLES ÉPIQUES QUE SEUL LE MAÎTRE DE LA MAGIE NOIRE POUVAIT GAGNER !
ET VOILÀ ! MAINTENANT QUE VOUS SAVEZ TOUT SUR LES ORIGINES ET LE PARCOURS DU DR STRANGE, VOUS AVEZ TOUS LES ÉLÉMENTS POUR APPRÉCIER PLEINEMENT LES AVENTURES LES PLUS MYSTIQUES DE TOUS LES TEMPS !
Fin
8

Lancé en mars 1963 par **Stan Lee**, **Larry Lieber** et **Don Heck**, **Iron Man** doit sans doute beaucoup au terrible **Docteur Fatalis**, ennemi des **Quatre Fantastiques** apparu quelques mois plus tôt. Si l'on se base sur l'épisode initial d'Iron Man, les deux personnages portent en effet le même type d'armure grise. En le lisant attentivement, on réalise que Stan Lee et Larry Lieber avaient des plans bien différents pour **Tony Stark**. À la fin de cette première histoire, le héros est prisonnier d'une armure qu'il ne peut quitter sous peine de mourir. L'idée était sans doute d'en faire un **Apollon** coincé dans une carapace de métal, une sorte de **Hulk** "robotique" qui aurait effrayé les foules ignorant qu'un humain se trouvait à l'intérieur. La donne change dans le deuxième épisode. Un nouveau scénariste, **Robert Bernstein**, réinvente presque tout : **Tony Stark** porte le plastron de son armure sous sa chemise et peut avoir un semblant de vie normale. Bernstein crée aussi **Pepper Potts** et **Happy Hogan**, parachevant ainsi l'univers classique d'Iron Man.

IRON MAN EST NÉ !
Iron Man is Born!
Tales of Suspense (1959) 39
mars 1963

Scénario : Stan Lee et Larry Lieber
Dessin et encrage : Don Heck
Traduction : Thomas Davier
Lettrage : BIT
Rédaction USA : Stan Lee, C.B. Cebulski

* IRON MAN EST NÉ !

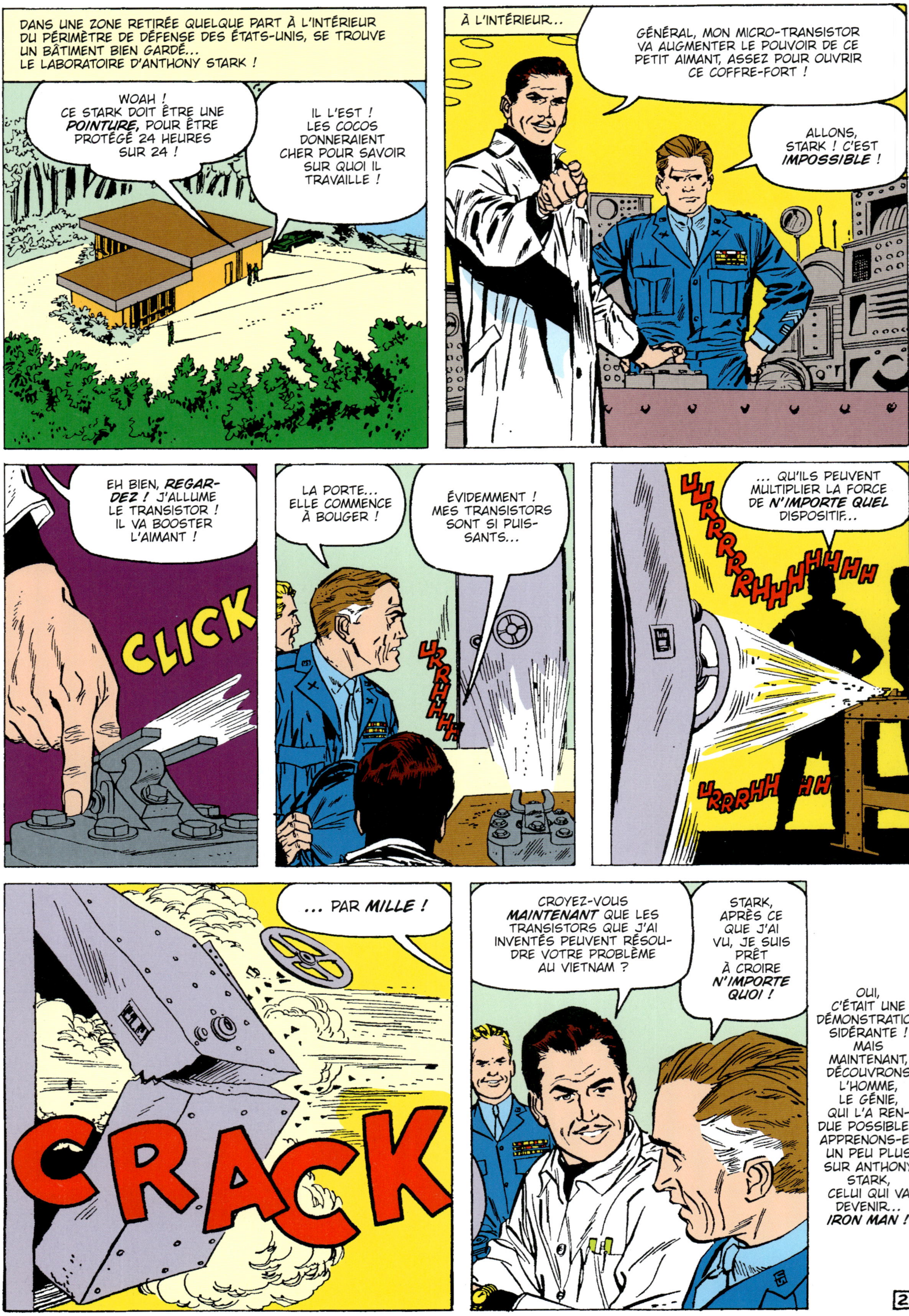
DANS UNE ZONE RETIRÉE QUELQUE PART À L'INTÉRIEUR DU PÉRIMÈTRE DE DÉFENSE DES ÉTATS-UNIS, SE TROUVE UN BÂTIMENT BIEN GARDÉ... LE LABORATOIRE D'ANTHONY STARK !
WOAH ! CE STARK DOIT ÊTRE UNE POINTURE, POUR ÊTRE PROTÉGÉ 24 HEURES SUR 24 !
IL L'EST ! LES COCOS DONNERAIENT CHER POUR SAVOIR SUR QUOI IL TRAVAILLE !
À L'INTÉRIEUR...
GÉNÉRAL, MON MICRO-TRANSISTOR VA AUGMENTER LE POUVOIR DE CE PETIT AIMANT, ASSEZ POUR OUVRIR CE COFFRE-FORT !
ALLONS, STARK ! C'EST IMPOSSIBLE !
EH BIEN, REGARDEZ ! J'ALLUME LE TRANSISTOR ! IL VA BOOSTER L'AIMANT !
CLICK
LA PORTE... ELLE COMMENCE À BOUGER !
ÉVIDEMMENT ! MES TRANSISTORS SONT SI PUISSANTS...
URRHHH!
... QU'ILS PEUVENT MULTIPLIER LA FORCE DE N'IMPORTE QUEL DISPOSITIF...
UURRRRRHHHHHHHHHH
URRRHHHHH
... PAR MILLE !
CRACK
CROYEZ-VOUS MAINTENANT QUE LES TRANSISTORS QUE J'AI INVENTÉS PEUVENT RÉSOUDRE VOTRE PROBLÈME AU VIETNAM ?
STARK, APRÈS CE QUE J'AI VU, JE SUIS PRÊT À CROIRE N'IMPORTE QUOI !
OUI, C'ÉTAIT UNE DÉMONSTRATIO SIDÉRANTE ! MAIS MAINTENANT, DÉCOUVRONS L'HOMME, LE GÉNIE, QUI L'A RENDUE POSSIBLE APPRENONS-EN UN PEU PLUS SUR ANTHONY STARK, CELUI QUI VA DEVENIR... IRON MAN !

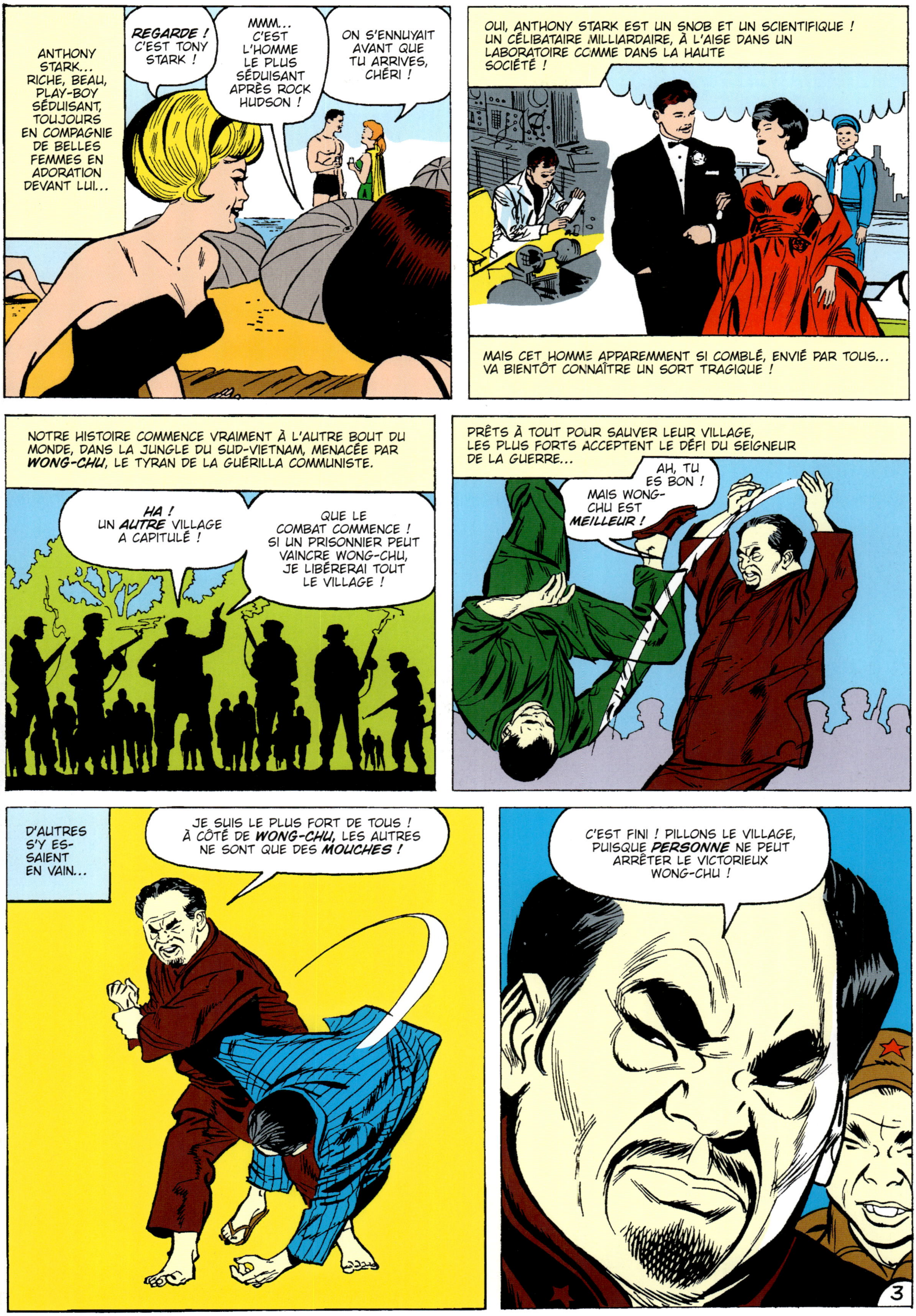
ANTHONY STARK... RICHE, BEAU, PLAY-BOY SÉDUISANT, TOUJOURS EN COMPAGNIE DE BELLES FEMMES EN ADORATION DEVANT LUI...
REGARDE ! C'EST TONY STARK !
MMM... C'EST L'HOMME LE PLUS SÉDUISANT APRÈS ROCK HUDSON !
ON S'ENNUYAIT AVANT QUE TU ARRIVES, CHÉRI !
OUI, ANTHONY STARK EST UN SNOB ET UN SCIENTIFIQUE ! UN CÉLIBATAIRE MILLIARDAIRE, À L'AISE DANS UN LABORATOIRE COMME DANS LA HAUTE SOCIÉTÉ !
MAIS CET HOMME APPAREMMENT SI COMBLÉ, ENVIÉ PAR TOUS... VA BIENTÔT CONNAÎTRE UN SORT TRAGIQUE !
NOTRE HISTOIRE COMMENCE VRAIMENT À L'AUTRE BOUT DU MONDE, DANS LA JUNGLE DU SUD-VIETNAM, MENACÉE PAR WONG-CHU, LE TYRAN DE LA GUÉRILLA COMMUNISTE.
HA ! UN AUTRE VILLAGE A CAPITULÉ !
QUE LE COMBAT COMMENCE ! SI UN PRISONNIER PEUT VAINCRE WONG-CHU, JE LIBÉRERAI TOUT LE VILLAGE !
PRÊTS À TOUT POUR SAUVER LEUR VILLAGE, LES PLUS FORTS ACCEPTENT LE DÉFI DU SEIGNEUR DE LA GUERRE...
AH, TU ES BON !
MAIS WONG-CHU EST MEILLEUR !
D'AUTRES S'Y ES-SAIENT EN VAIN...
JE SUIS LE PLUS FORT DE TOUS ! À CÔTÉ DE WONG-CHU, LES AUTRES NE SONT QUE DES MOUCHES !
C'EST FINI ! PILLONS LE VILLAGE, PUISQUE PERSONNE NE PEUT ARRÊTER LE VICTORIEUX WONG-CHU !

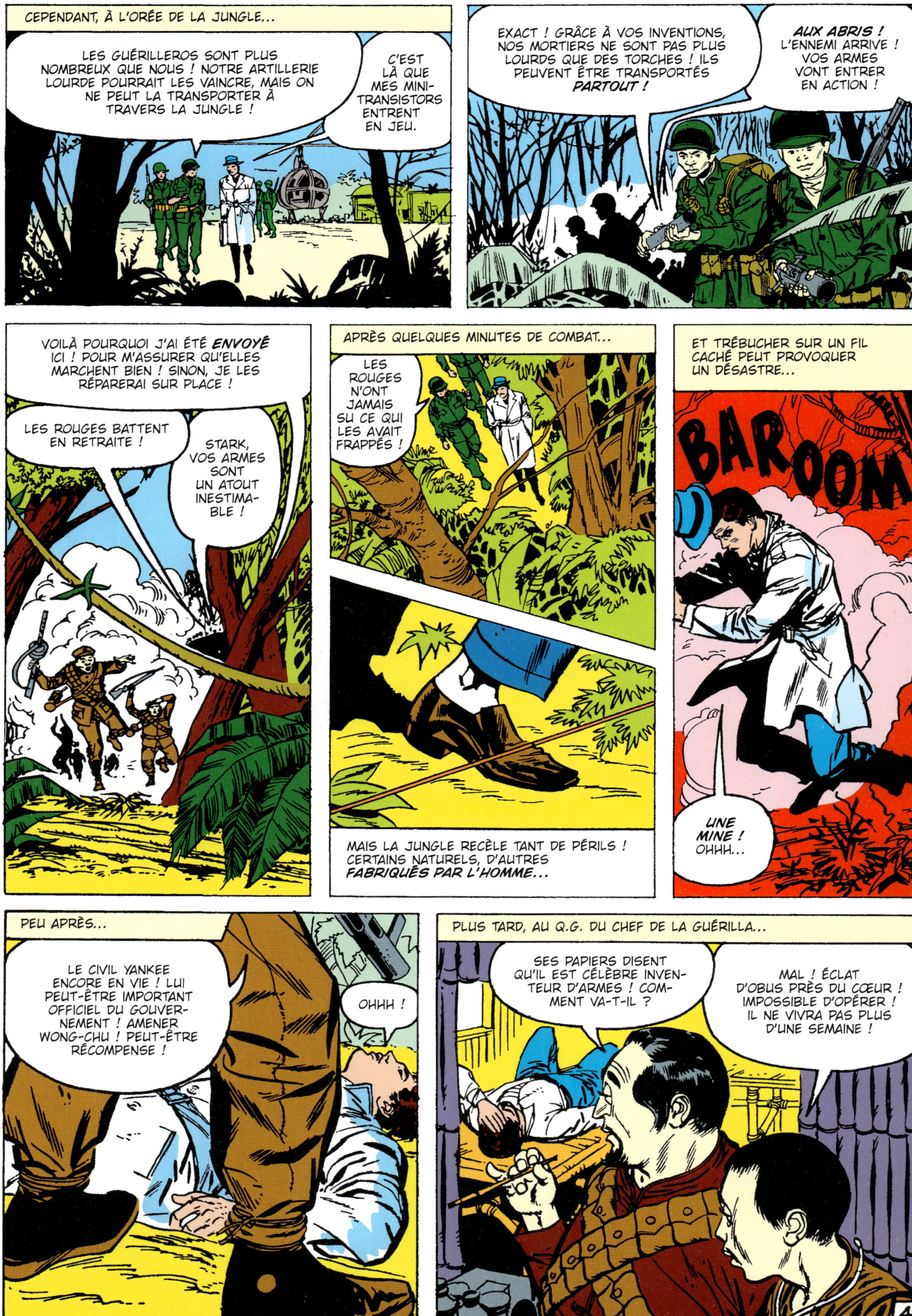
CEPENDANT, À L'ORÉE DE LA JUNGLE...
LES GUÉRILLEROS SONT PLUS NOMBREUX QUE NOUS ! NOTRE ARTILLERIE LOURDE POURRAIT LES VAINCRE, MAIS ON NE PEUT LA TRANSPORTER À TRAVERS LA JUNGLE !
C'EST LÀ QUE MES MINI-TRANSISTORS ENTRENT EN JEU.
EXACT ! GRÂCE À VOS INVENTIONS, NOS MORTIERS NE SONT PAS PLUS LOURDS QUE DES TORCHES ! ILS PEUVENT ÊTRE TRANSPORTÉS PARTOUT !
AUX ABRIS ! L'ENNEMI ARRIVE ! VOS ARMES VONT ENTRER EN ACTION !
VOILÀ POURQUOI J'AI ÉTÉ ENVOYÉ ICI ! POUR M'ASSURER QU'ELLES MARCHENT BIEN ! SINON, JE LES RÉPARERAI SUR PLACE !
LES ROUGES BATTENT EN RETRAITE !
STARK, VOS ARMES SONT UN ATOUT INESTIMABLE !
APRÈS QUELQUES MINUTES DE COMBAT...
LES ROUGES N'ONT JAMAIS SU CE QUI LES AVAIT FRAPPÉS !
MAIS LA JUNGLE RECÈLE TANT DE PÉRILS ! CERTAINS NATURELS, D'AUTRES FABRIQUÉS PAR L'HOMME...
ET TRÉBUCHER SUR UN FIL CACHÉ PEUT PROVOQUER UN DÉSASTRE...
BAROOM
UNE MINE ! OHHH...
PEU APRÈS...
LE CIVIL YANKEE ENCORE EN VIE ! LUI PEUT-ÊTRE IMPORTANT OFFICIEL DU GOUVERNEMENT ! AMENER WONG-CHU ! PEUT-ÊTRE RÉCOMPENSE !
OHHH !
PLUS TARD, AU Q.G. DU CHEF DE LA GUÉRILLA...
SES PAPIERS DISENT QU'IL EST CÉLÈBRE INVENTEUR D'ARMES ! COMMENT VA-T-IL ?
MAL ! ÉCLAT D'OBUS PRÈS DU CŒUR ! IMPOSSIBLE D'OPÉRER ! IL NE VIVRA PAS PLUS D'UNE SEMAINE !
4

L'ÉCLAT ATTEINDRA BIENTÔT SON CŒUR... ET ALORS, IL MOURRA ! RIEN NE PEUT LE SAUVER !
ALORS, NOUS UTILISERONS SON GÉNIE ! WONG-CHU LE CONVAINCRA PAR LA RUSE DE TRAVAILLER POUR NOUS ! EST-IL ASSEZ FORT ?
OUI, IL PEUT TRAVAILLER, LE TEMPS QUE L'ÉCLAT ATTEIGNE CŒUR !
NOUS SAVONS QUE VOUS ÊTES INVENTEUR D'ARMES AMÉRICAIN ! SI VOUS FABRIQUEZ UNE NOUVELLE ARME PUISSANTE POUR MOI, UN CHIRURGIEN VOUS SAUVERA LA VIE !
IL MENT... SI C'ÉTAIT POSSIBLE, ILS LE FERAIENT MAINTENANT, POUR ÊTRE SÛRS QUE JE VIVE ASSEZ LONGTEMPS POUR LA CONCEVOIR !
JE SAIS QUE MES JOURS SONT COMPTÉS, MAIS JE LES UTILISERAI POUR VAINCRE CE TERRORISTE IMBU DE LUI-MÊME !
D'ACCORD, WONG-CHU, JE LE FERAI !
JE SAVAIS QUE VOUS N'HÉSITERIEZ PAS À TRAHIR VOTRE PAYS POUR SAUVER VOTRE VIE !
VOICI ENDROIT OÙ TRAVAILLER ! PLEIN D'OUTILS ET DE FERRAILLE !
JE VOUS LE PROMETS ! JE FABRIQUERAI LA PLUS PUISSANTE ARME DE TOUS LES TEMPS !
MAIS JE LA FERAI POUR MOI...
CLICK!
... DANS UN SEUL BUT : ME GARDER EN VIE !
CHAQUE MINUTE, L'ÉCLAT SE RAPPROCHE DE MON CŒUR ! IL ME FAUT TRAVAILLER VITE ! JE NE PEUX PAS ME PERMETTRE UNE SEULE ERREUR !
LORS DU DEUXIÈME JOUR DE LA COURSE CONTRE LE TEMPS DE TONY STARK...
CE VIEILLARD, PROFESSEUR YINSEN ! AUTREFOIS GRAND SAVANT ! MAINTENANT, DOMESTIQUE DE WONG-CHU... VOUS AIDERA À CONSTRUIRE ARME !
NON ! JE N'AIDERAI JAMAIS LES TYRANS ROUGES ! JAMAIS !
5.

PROFESSEUR YINSEN, J'AI LU VOS LIVRES À L'UNIVERSITÉ ! VOUS ÉTIEZ LE PLUS GRAND DES PHYSICIENS ! TOUT LE MONDE VOUS CROYAIT MORT !
IL AURAIT MIEUX VALU ! LES ROUGES M'ONT ENVOYÉ AUX TRAVAUX FORCÉS ET LORSQUE J'AI RÉSISTÉ, WONG-CHU M'A FAIT PRISONNIER !
NE POUVANT PLUS TRAVAILLER EN SECRET, ANTHONY STARK RÉVÈLE SON PLAN AU PROFESSEUR, LE SEUL EN QUI IL PEUT AVOIR CONFIANCE !
UN HOMME DE FER ! FANTASTIQUE ! UN CORPS ÉLECTRONIQUE PUISSANT CAPABLE DE CONTINUER À FAIRE BATTRE VOTRE CŒUR LORSQUE L'ÉCLAT L'AURA ATTEINT !
ON PEUT RÉUSSIR ! PENSEZ AUX PRODIGES QU'IL POURRAIT RÉALISER !
ET LES ROUGES NOUS ONT DONNÉ TOUT LE MATÉRIEL NÉCESSAIRE !
ET C'EST AINSI QUE LA COURSE CONTRE LE TEMPS CONTINUE...
J'AI BEAUCOUP TRAVAILLÉ SUR LES TRANSISTORS ! JE PEUX EN FABRIQUER DE TOUTE TAILLE ET POUR N'IMPORTE QUELLE FONCTION !
ILS NOUS SERVIRONT À ACTIONNER ÉLECTRONIQUEMENT LES MULTIPLES PIGNONS ET LEVIERS DE CONTRÔLE DE LA MACHINE !
TOUTE L'ACTIVITÉ DOIT ÊTRE PARFAITEMENT COORDONNÉE ! L'ARMATURE EN ACIER DOIT DUPLIQUER CHAQUE ACTION DU CORPS HUMAIN !
ELLE LE FERA ! CE SERA LE COURONNEMENT DE MA VIE !
LES HEURES ET LES JOURS PASSENT ALORS QUE L'ÉCLAT SE RAPPROCHE DU CŒUR D'ANTHONY STARK...
JE SENS LA PRESSION ! MES JOURS SONT COMPTÉS ! IL FAUT TRAVAILLER PLUS VITE !
COURAGE ! LE SYSTÈME D'AUTOLUBRIFICATION EST ACHEVÉ ! IL N'Y EN A PLUS POUR LONGTEMPS !
ET ENFIN, LORSQUE L'ÉTAT DE L'AMÉRICAIN DEVIENT DE PLUS EN PLUS CRITIQUE...
LE CŒUR DE VOTRE ARMURE D'ACIER EST PRÊT ! VITE... FIXEZ-LE AUTOUR DE VOTRE POITRINE !
6

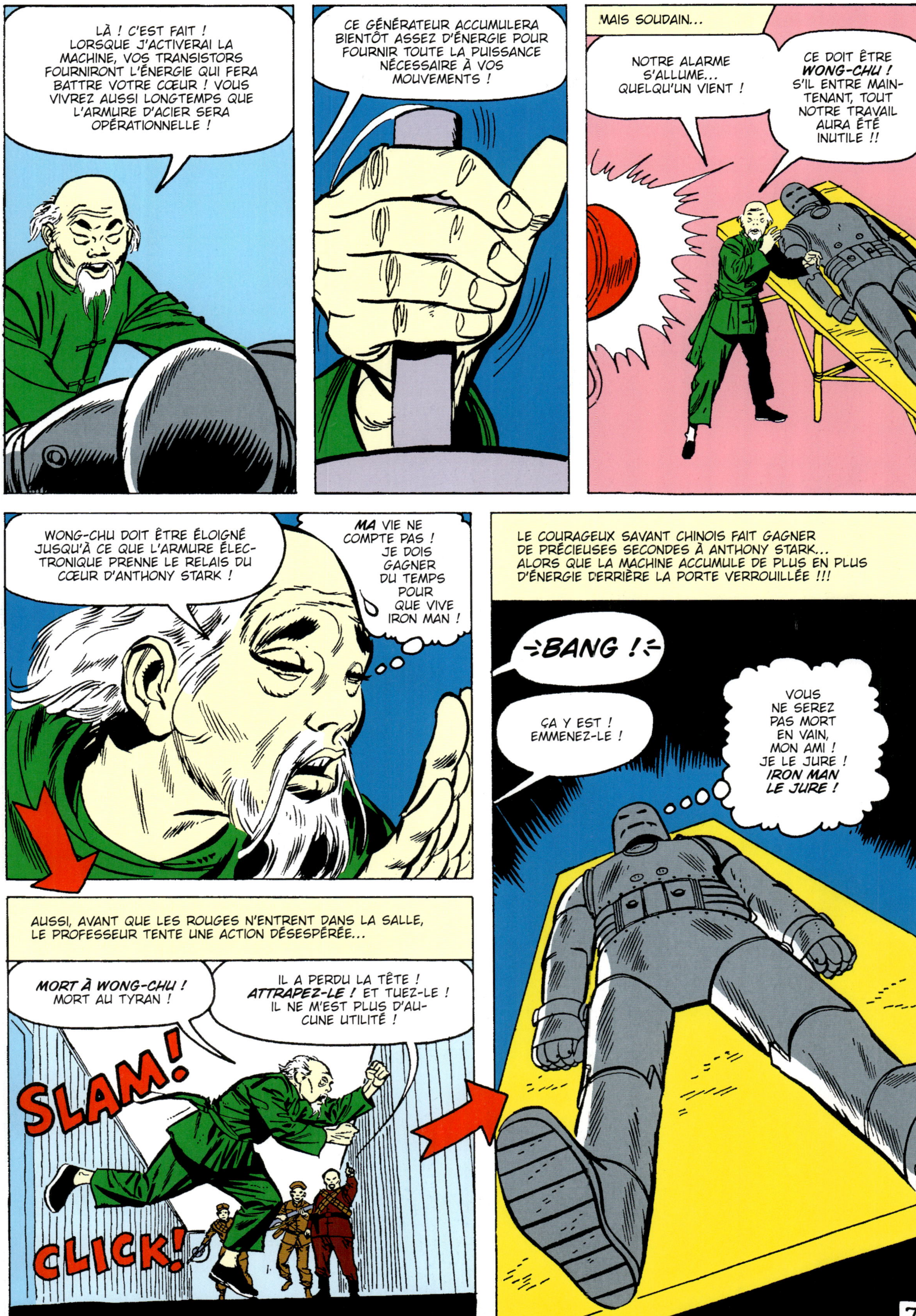
LÀ ! C'EST FAIT ! LORSQUE J'ACTIVERAI LA MACHINE, VOS TRANSISTORS FOURNIRONT L'ÉNERGIE QUI FERA BATTRE VOTRE CŒUR ! VOUS VIVREZ AUSSI LONGTEMPS QUE L'ARMURE D'ACIER SERA OPÉRATIONNELLE !
CE GÉNÉRATEUR ACCUMULERA BIENTÔT ASSEZ D'ÉNERGIE POUR FOURNIR TOUTE LA PUISSANCE NÉCESSAIRE À VOS MOUVEMENTS !
MAIS SOUDAIN...
NOTRE ALARME S'ALLUME... QUELQU'UN VIENT !
CE DOIT ÊTRE ***WONG-CHU !*** S'IL ENTRE MAINTENANT, TOUT NOTRE TRAVAIL AURA ÉTÉ INUTILE !!
WONG-CHU DOIT ÊTRE ÉLOIGNÉ JUSQU'À CE QUE L'ARMURE ÉLECTRONIQUE PRENNE LE RELAIS DU CŒUR D'ANTHONY STARK !
MA VIE NE COMPTE PAS ! JE DOIS GAGNER DU TEMPS POUR QUE VIVE IRON MAN !
AUSSI, AVANT QUE LES ROUGES N'ENTRENT DANS LA SALLE, LE PROFESSEUR TENTE UNE ACTION DÉSESPÉRÉE...
MORT À WONG-CHU ! MORT AU TYRAN !
IL A PERDU LA TÊTE ! ***ATTRAPEZ-LE !*** ET TUEZ-LE ! IL NE M'EST PLUS D'AUCUNE UTILITÉ !
SLAM!
CLICK!
LE COURAGEUX SAVANT CHINOIS FAIT GAGNER DE PRÉCIEUSES SECONDES À ANTHONY STARK... ALORS QUE LA MACHINE ACCUMULE DE PLUS EN PLUS D'ÉNERGIE DERRIÈRE LA PORTE VERROUILLÉE !!!
BANG !
ÇA Y EST ! EMMENEZ-LE !
VOUS NE SEREZ PAS MORT EN VAIN, MON AMI ! JE LE JURE ! ***IRON MAN LE JURE !***

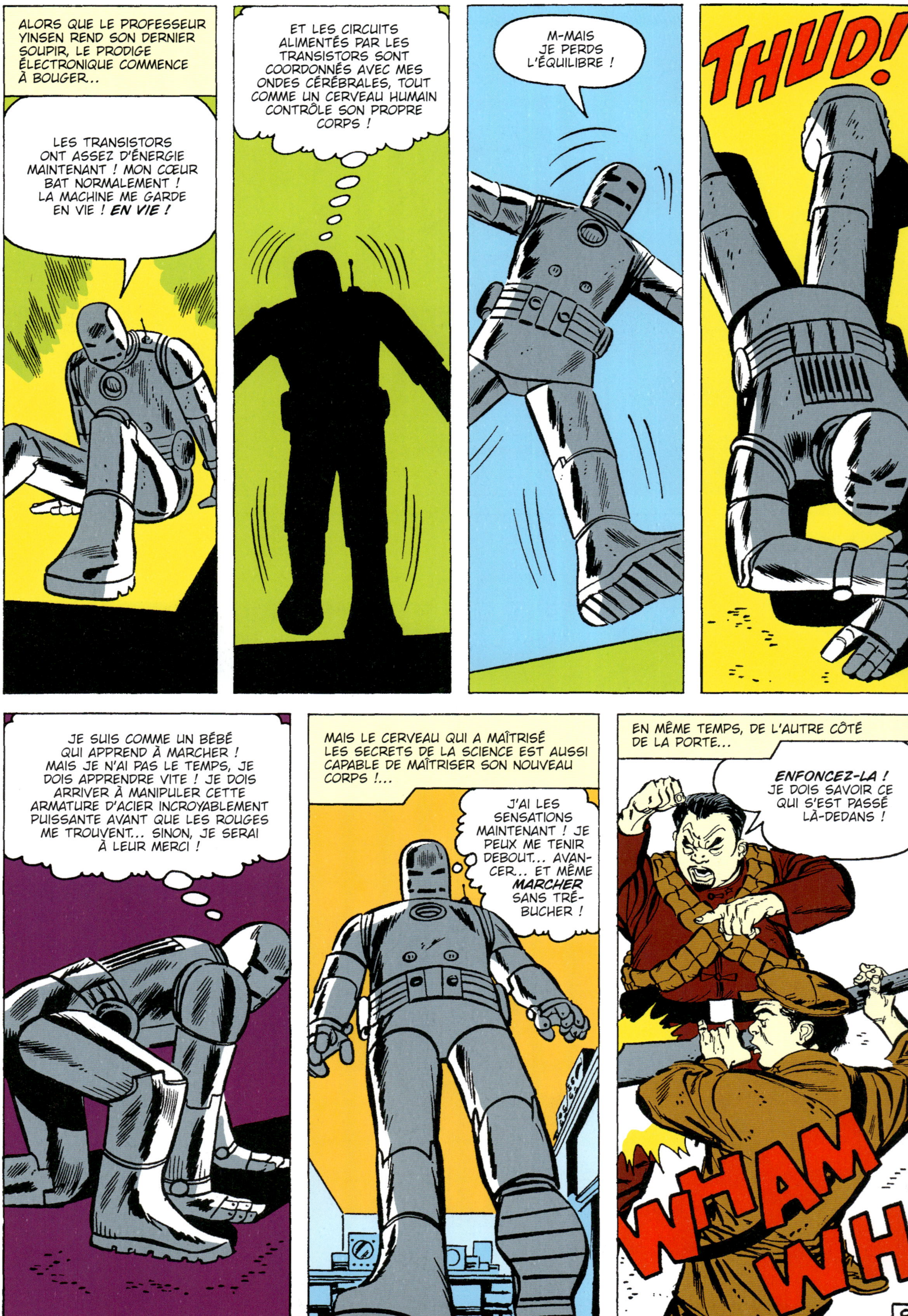
ALORS QUE LE PROFESSEUR YINSEN REND SON DERNIER SOUPIR, LE PRODIGE ÉLECTRONIQUE COMMENCE À BOUGER...
LES TRANSISTORS ONT ASSEZ D'ÉNERGIE MAINTENANT ! MON CŒUR BAT NORMALEMENT ! LA MACHINE ME GARDE EN VIE ! EN VIE !
ET LES CIRCUITS ALIMENTÉS PAR LES TRANSISTORS SONT COORDONNÉS AVEC MES ONDES CÉRÉBRALES, TOUT COMME UN CERVEAU HUMAIN CONTRÔLE SON PROPRE CORPS !
M-MAIS JE PERDS L'ÉQUILIBRE !
THUD!
JE SUIS COMME UN BÉBÉ QUI APPREND À MARCHER ! MAIS JE N'AI PAS LE TEMPS, JE DOIS APPRENDRE VITE ! JE DOIS ARRIVER À MANIPULER CETTE ARMATURE D'ACIER INCROYABLEMENT PUISSANTE AVANT QUE LES ROUGES ME TROUVENT... SINON, JE SERAI À LEUR MERCI !
MAIS LE CERVEAU QUI A MAÎTRISÉ LES SECRETS DE LA SCIENCE EST AUSSI CAPABLE DE MAÎTRISER SON NOUVEAU CORPS !...
J'AI LES SENSATIONS MAINTENANT ! JE PEUX ME TENIR DEBOUT... AVANCER... ET MÊME MARCHER SANS TRÉBUCHER !
EN MÊME TEMPS, DE L'AUTRE CÔTÉ DE LA PORTE...
ENFONCEZ-LA ! JE DOIS SAVOIR CE QUI S'EST PASSÉ LÀ-DEDANS !
WHAM
WH
8

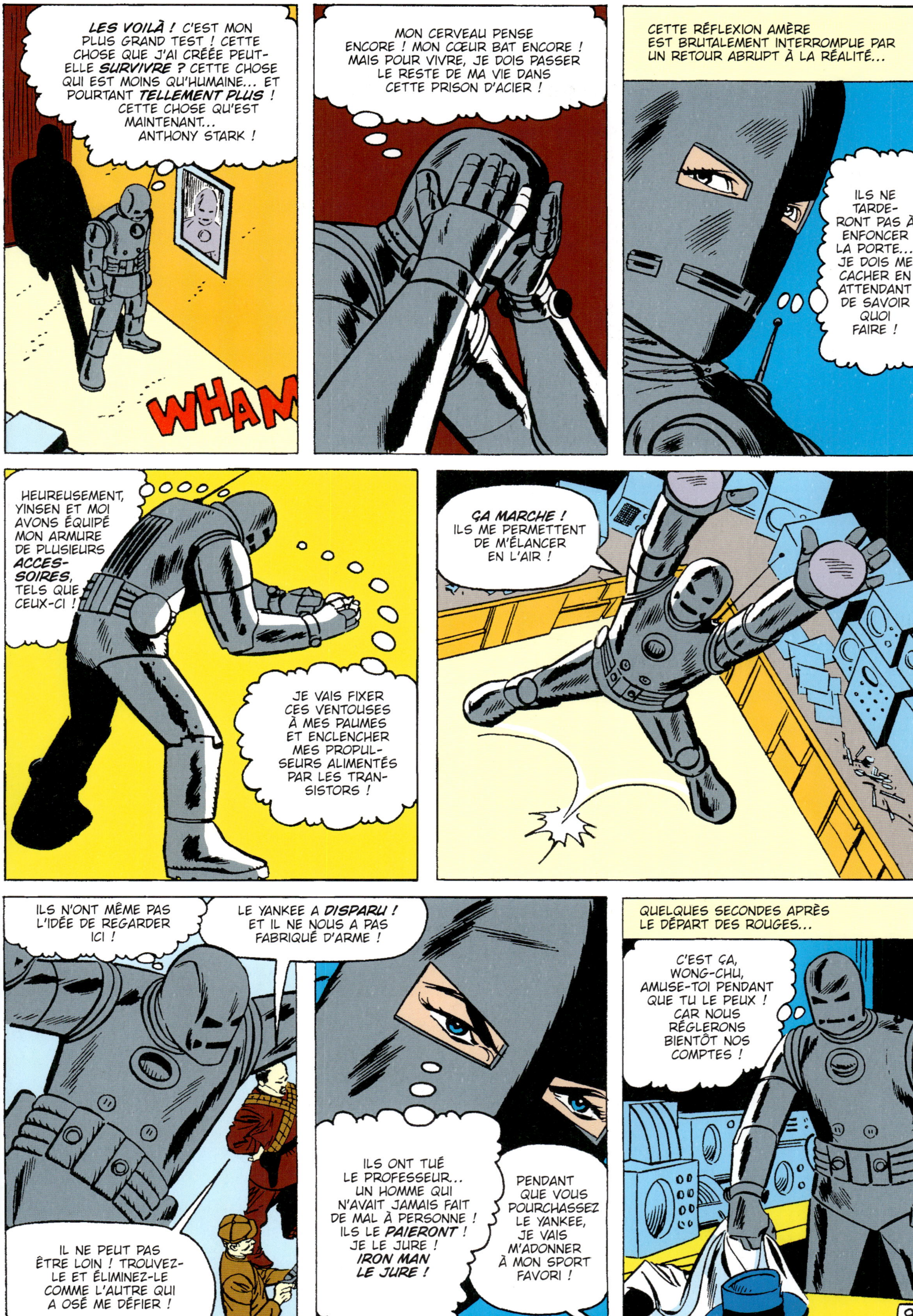

LES VOILÀ ! C'EST MON PLUS GRAND TEST ! CETTE CHOSE QUE J'AI CRÉÉE PEUT-ELLE SURVIVRE ? CETTE CHOSE QUI EST MOINS QU'HUMAINE... ET POURTANT TELLEMENT PLUS ! CETTE CHOSE QU'EST MAINTENANT... ANTHONY STARK !
WHAM
MON CERVEAU PENSE ENCORE ! MON CŒUR BAT ENCORE ! MAIS POUR VIVRE, JE DOIS PASSER LE RESTE DE MA VIE DANS CETTE PRISON D'ACIER !
CETTE RÉFLEXION AMÈRE EST BRUTALEMENT INTERROMPUE PAR UN RETOUR ABRUPT À LA RÉALITÉ...
ILS NE TARDERONT PAS À ENFONCER LA PORTE... JE DOIS ME CACHER EN ATTENDANT DE SAVOIR QUOI FAIRE !
HEUREUSEMENT, YINSEN ET MOI AVONS ÉQUIPÉ MON ARMURE DE PLUSIEURS ACCESSOIRES, TELS QUE CEUX-CI !
JE VAIS FIXER CES VENTOUSES À MES PAUMES ET ENCLENCHER MES PROPULSEURS ALIMENTÉS PAR LES TRANSISTORS !
ÇA MARCHE ! ILS ME PERMETTENT DE M'ÉLANCER EN L'AIR !
ILS N'ONT MÊME PAS L'IDÉE DE REGARDER ICI !
LE YANKEE A DISPARU ! ET IL NE NOUS A PAS FABRIQUÉ D'ARME !
IL NE PEUT PAS ÊTRE LOIN ! TROUVEZ-LE ET ÉLIMINEZ-LE COMME L'AUTRE QUI A OSÉ ME DÉFIER !
ILS ONT TUÉ LE PROFESSEUR... UN HOMME QUI N'AVAIT JAMAIS FAIT DE MAL À PERSONNE ! ILS LE PAIERONT ! JE LE JURE ! IRON MAN LE JURE !
PENDANT QUE VOUS POURCHASSEZ LE YANKEE, JE VAIS M'ADONNER À MON SPORT FAVORI !
QUELQUES SECONDES APRÈS LE DÉPART DES ROUGES...
C'EST ÇA, WONG-CHU, AMUSE-TOI PENDANT QUE TU LE PEUX ! CAR NOUS RÉGLERONS BIENTÔT NOS COMPTES !

DANS LA COUR...
HA ! J'AI ENCORE GAGNÉ !
PERSONNE NE PEUT VAINCRE LE SEIGNEUR DE LA GUERRE !
MOI, JE DIS QUE C'EST UN LÂCHE ! JE **DÉFIE** WONG-CHU !
QUI OSE AINSI PARLER À WONG-CHU ? MONTRE-TOI ! LAISSE-MOI VOIR LE VISAGE DE CELUI QUE JE VAIS DÉTRUIRE !
À TA GUISE, TYRAN ! JE VAIS D'ABORD ENLEVER MES VÊTEMENTS...
POURQUOI FAIS-TU CETTE TÊTE, WONG-CHU ?
TU N'AS JAMAIS VU UN **HOMME DE FER** AVANT ?
TU... TU N'ES PAS HUMAIN ! TU ES UNE **MACHINE !**
ET **TOI**, TU ES UN HOMME SANS CŒUR QUI VA **PAYER** POUR SES CRIMES !
ALORS, DEVANT LES YEUX ÉBAHIS DE SES HOMMES, WONG-CHU EST SOULEVÉ EN L'AIR COMME UN FÉTU DE PAILLE PAR DEUX BRAS ACTIONNÉS ÉLECTRONIQUEMENT !
TU N'ES PLUS FACE À UN HOMME BLESSÉ, MOURANT...
... NI À UN VIEUX PROFESSEUR INOFFENSIF...
C'EST **IRON MAN** QUI S'OPPOSE À TOI ET À TOUT CE QUE TU REPRÉSENTES !
10

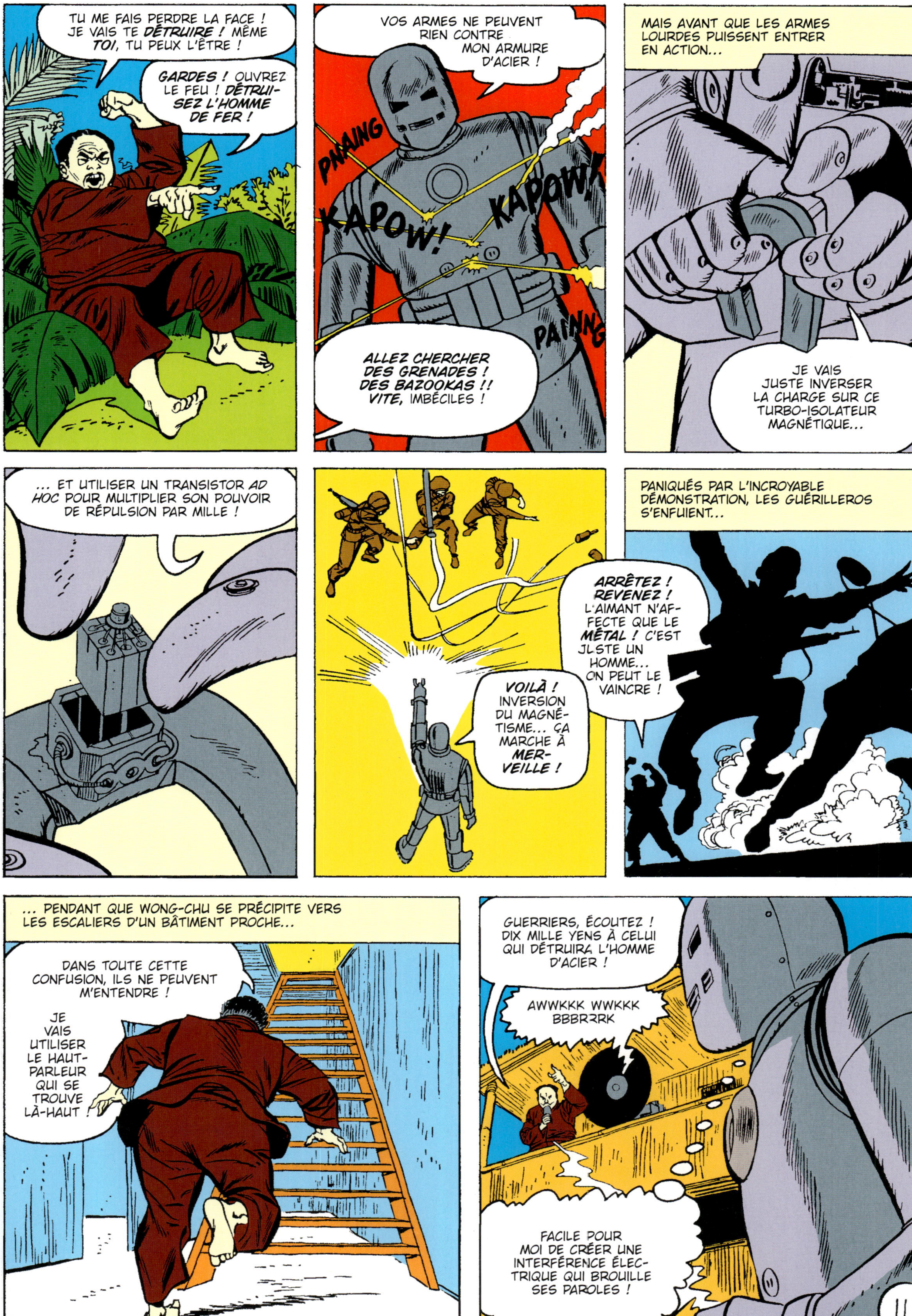

TU ME FAIS PERDRE LA FACE ! JE VAIS TE ***DÉTRUIRE !*** MÊME ***TOI***, TU PEUX L'ÊTRE !
GARDES ! OUVREZ LE FEU ! ***DÉTRUISEZ L'HOMME DE FER !***
VOS ARMES NE PEUVENT RIEN CONTRE MON ARMURE D'ACIER !
PAAANG
KAPOW!
KAPOW!
PAANNG
ALLEZ CHERCHER DES GRENADES ! DES BAZOOKAS !! VITE, IMBÉCILES !
MAIS AVANT QUE LES ARMES LOURDES PUISSENT ENTRER EN ACTION...
JE VAIS JUSTE INVERSER LA CHARGE SUR CE TURBO-ISOLATEUR MAGNÉTIQUE...
... ET UTILISER UN TRANSISTOR *AD HOC* POUR MULTIPLIER SON POUVOIR DE RÉPULSION PAR MILLE !
VOILÀ ! INVERSION DU MAGNÉTISME... ÇA MARCHE À ***MERVEILLE !***
ARRÊTEZ ! REVENEZ ! L'AIMANT N'AFFECTE QUE LE ***MÉTAL !*** C'EST JUSTE UN HOMME... ON PEUT LE VAINCRE !
PANIQUÉS PAR L'INCROYABLE DÉMONSTRATION, LES GUÉRILLEROS S'ENFUIENT...
... PENDANT QUE WONG-CHU SE PRÉCIPITE VERS LES ESCALIERS D'UN BÂTIMENT PROCHE...
DANS TOUTE CETTE CONFUSION, ILS NE PEUVENT M'ENTENDRE !
JE VAIS UTILISER LE HAUT-PARLEUR QUI SE TROUVE LÀ-HAUT !
GUERRIERS, ÉCOUTEZ ! DIX MILLE YENS À CELUI QUI DÉTRUIRA L'HOMME D'ACIER !
AWWKKK WWKKK BBBRRRK
FACILE POUR MOI DE CRÉER UNE INTERFÉRENCE ÉLECTRIQUE QUI BROUILLE SES PAROLES !
11

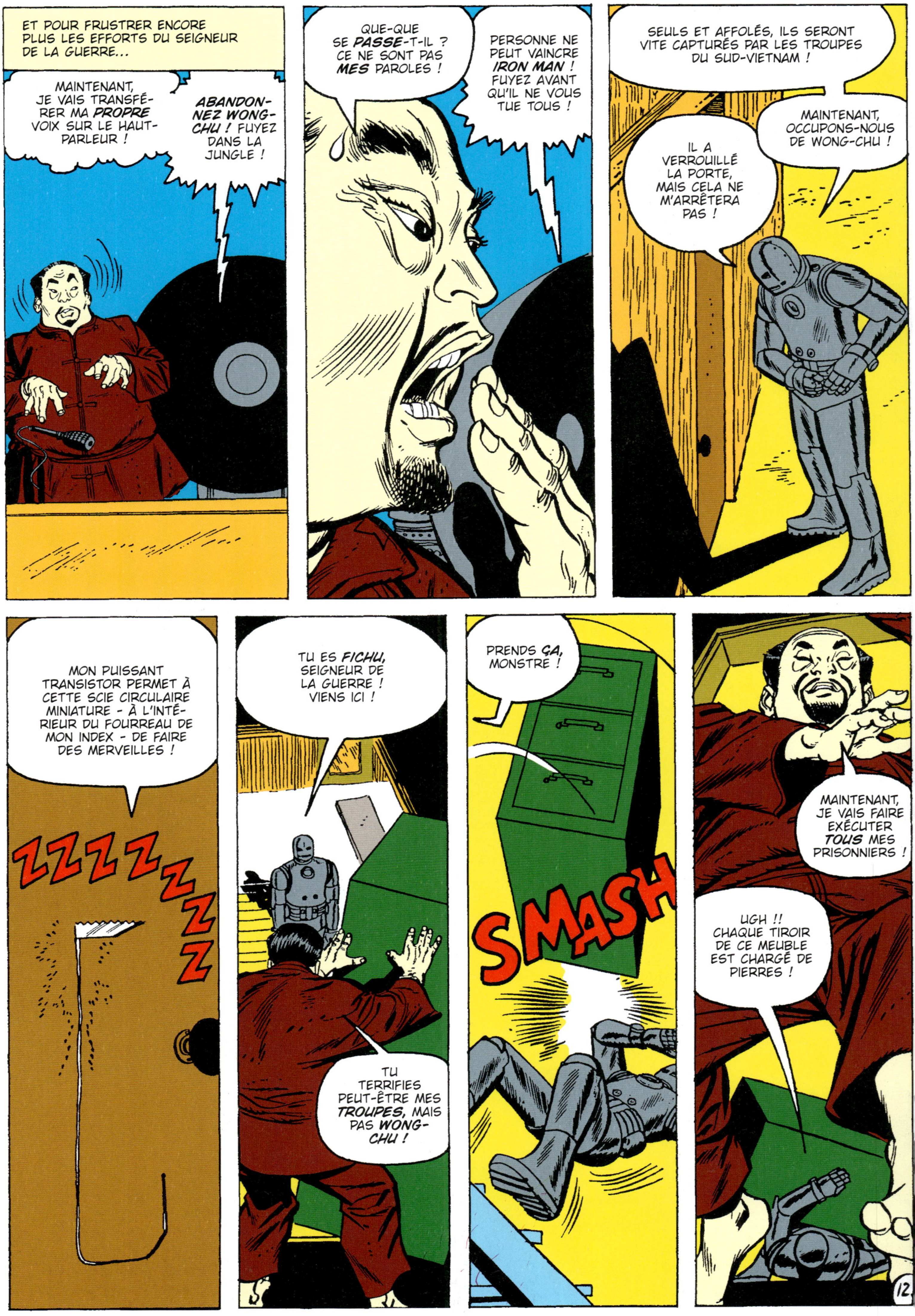
ET POUR FRUSTRER ENCORE PLUS LES EFFORTS DU SEIGNEUR DE LA GUERRE...
MAINTENANT, JE VAIS TRANSFÉRER MA PROPRE VOIX SUR LE HAUT-PARLEUR !
ABANDONNEZ WONG-CHU ! FUYEZ DANS LA JUNGLE !
QUE-QUE SE PASSE-T-IL ? CE NE SONT PAS MES PAROLES !
PERSONNE NE PEUT VAINCRE IRON MAN ! FUYEZ AVANT QU'IL NE VOUS TUE TOUS !
SEULS ET AFFOLÉS, ILS SERONT VITE CAPTURÉS PAR LES TROUPES DU SUD-VIETNAM !
MAINTENANT, OCCUPONS-NOUS DE WONG-CHU !
IL A VERROUILLÉ LA PORTE, MAIS CELA NE M'ARRÊTERA PAS !
MON PUISSANT TRANSISTOR PERMET À CETTE SCIE CIRCULAIRE MINIATURE - À L'INTÉRIEUR DU FOURREAU DE MON INDEX - DE FAIRE DES MERVEILLES !
ZZZZZZZZ
TU ES FICHU, SEIGNEUR DE LA GUERRE ! VIENS ICI !
TU TERRIFIES PEUT-ÊTRE MES TROUPES, MAIS PAS WONG-CHU !
PRENDS ÇA, MONSTRE !
SMASH
MAINTENANT, JE VAIS FAIRE EXÉCUTER TOUS MES PRISONNIERS !
UGH !! CHAQUE TIROIR DE CE MEUBLE EST CHARGÉ DE PIERRES !
12

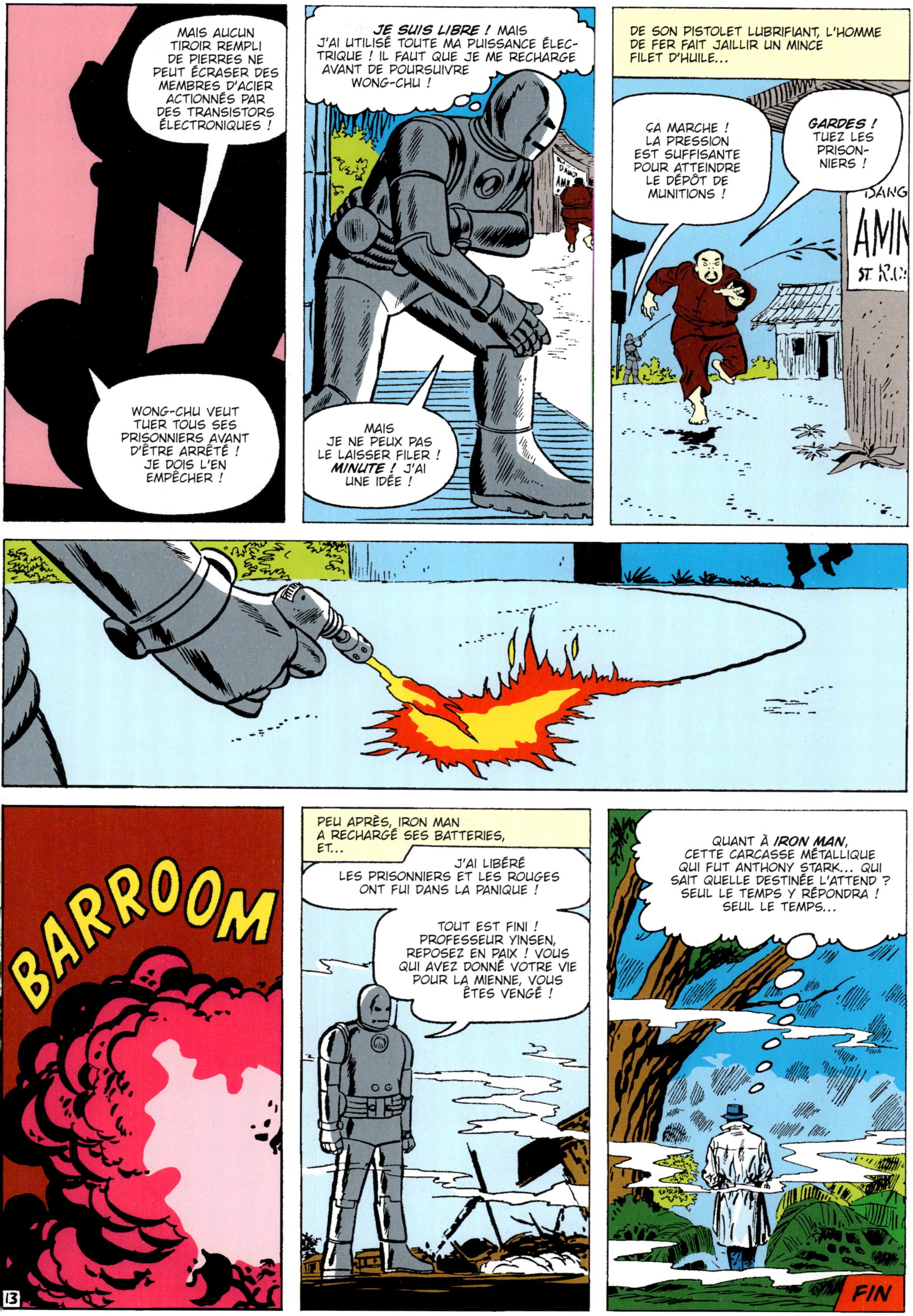

MAIS AUCUN TIROIR REMPLI DE PIERRES NE PEUT ÉCRASER DES MEMBRES D'ACIER ACTIONNÉS PAR DES TRANSISTORS ÉLECTRONIQUES !
WONG-CHU VEUT TUER TOUS SES PRISONNIERS AVANT D'ÊTRE ARRÊTÉ ! JE DOIS L'EN EMPÊCHER !
JE SUIS LIBRE ! MAIS J'AI UTILISÉ TOUTE MA PUISSANCE ÉLECTRIQUE ! IL FAUT QUE JE ME RECHARGE AVANT DE POURSUIVRE WONG-CHU !
MAIS JE NE PEUX PAS LE LAISSER FILER ! MINUTE ! J'AI UNE IDÉE !
DE SON PISTOLET LUBRIFIANT, L'HOMME DE FER FAIT JAILLIR UN MINCE FILET D'HUILE...
ÇA MARCHE ! LA PRESSION EST SUFFISANTE POUR ATTEINDRE LE DÉPÔT DE MUNITIONS !
GARDES ! TUEZ LES PRISONNIERS !
BARROOM
PEU APRÈS, IRON MAN A RECHARGÉ SES BATTERIES, ET...
J'AI LIBÉRÉ LES PRISONNIERS ET LES ROUGES ONT FUI DANS LA PANIQUE !
TOUT EST FINI ! PROFESSEUR YINSEN, REPOSEZ EN PAIX ! VOUS QUI AVEZ DONNÉ VOTRE VIE POUR LA MIENNE, VOUS ÊTES VENGÉ !
QUANT À IRON MAN, CETTE CARCASSE MÉTALLIQUE QUI FUT ANTHONY STARK... QUI SAIT QUELLE DESTINÉE L'ATTEND ? SEUL LE TEMPS Y RÉPONDRA ! SEUL LE TEMPS...
FIN
13

En 1961, **Martin Goodman** demande à **Stan Lee** et **Jack Kirby** d'inventer un équivalent de la **Ligue de Justice d'Amérique**. Malheureusement, à l'époque, Marvel n'a plus de super-héros en activité. Les artistes ne peuvent donc pas créer un groupe réunissant des personnages tirés de différentes séries. En 1963, en revanche, la situation est totalement différente puisque de nouvelles parutions ont vu le jour. Les deux auteurs peuvent alors imaginer une équipe fédératrice, les **Avengers**, réunissant **Iron Man**, **Thor**, **Ant-Man**, la **Guêpe** et (brièvement) **Hulk**. Pourquoi eux plutôt que **Spider-Man** ou le **Dr Strange** ? Parce que ces derniers sont dessinés par **Steve Ditko**, avec qui Lee a une relation compliquée. Pour les Avengers, on préfère puiser parmi des personnages souvent imaginés par Kirby afin d'éviter les conflits. Cela explique en partie pourquoi Spider-Man et le Dr Strange resteront plus durablement des héros solitaires.

ALORS VINRENT LES AVENGERS!
The Coming of the Avengers!
The Avengers (1963) 1
septembre 1963

Scénario : Stan Lee
Dessin : Jack Kirby
Encrage : Dick Ayers
Traduction : Geneviève Coulomb
Lettrage : BIT
Rédaction USA : Stan Lee, C.B. Cebulski

* ALORS VINRENT LES AVENGERS !

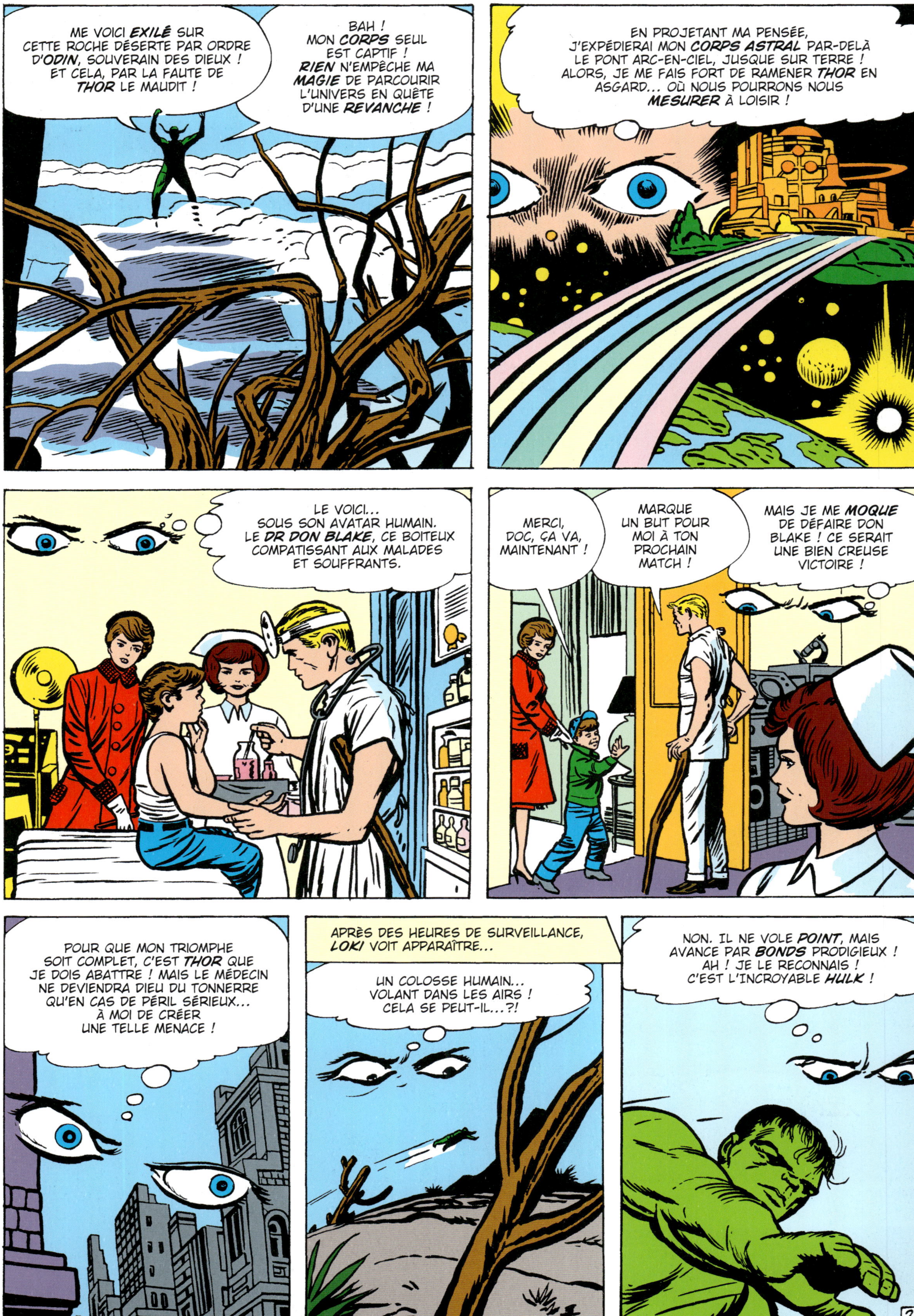

ME VOICI EXILÉ SUR CETTE ROCHE DÉSERTE PAR ORDRE D'ODIN, SOUVERAIN DES DIEUX ! ET CELA, PAR LA FAUTE DE THOR LE MAUDIT !
BAH ! MON CORPS SEUL EST CAPTIF ! RIEN N'EMPÊCHE MA MAGIE DE PARCOURIR L'UNIVERS EN QUÊTE D'UNE REVANCHE !
EN PROJETANT MA PENSÉE, J'EXPÉDIERAI MON CORPS ASTRAL PAR-DELÀ LE PONT ARC-EN-CIEL, JUSQUE SUR TERRE ! ALORS, JE ME FAIS FORT DE RAMENER THOR EN ASGARD... OÙ NOUS POURRONS NOUS MESURER À LOISIR !
LE VOICI... SOUS SON AVATAR HUMAIN. LE DR DON BLAKE, CE BOITEUX COMPATISSANT AUX MALADES ET SOUFFRANTS.
MERCI, DOC, ÇA VA, MAINTENANT !
MARQUE UN BUT POUR MOI À TON PROCHAIN MATCH !
MAIS JE ME MOQUE DE DÉFAIRE DON BLAKE ! CE SERAIT UNE BIEN CREUSE VICTOIRE !
POUR QUE MON TRIOMPHE SOIT COMPLET, C'EST THOR QUE JE DOIS ABATTRE ! MAIS LE MÉDECIN NE DEVIENDRA DIEU DU TONNERRE QU'EN CAS DE PÉRIL SÉRIEUX... À MOI DE CRÉER UNE TELLE MENACE !
APRÈS DES HEURES DE SURVEILLANCE, LOKI VOIT APPARAÎTRE...
UN COLOSSE HUMAIN... VOLANT DANS LES AIRS ! CELA SE PEUT-IL...?!
NON. IL NE VOLE POINT, MAIS AVANCE PAR BONDS PRODIGIEUX ! AH ! JE LE RECONNAIS ! C'EST L'INCROYABLE HULK !
2.

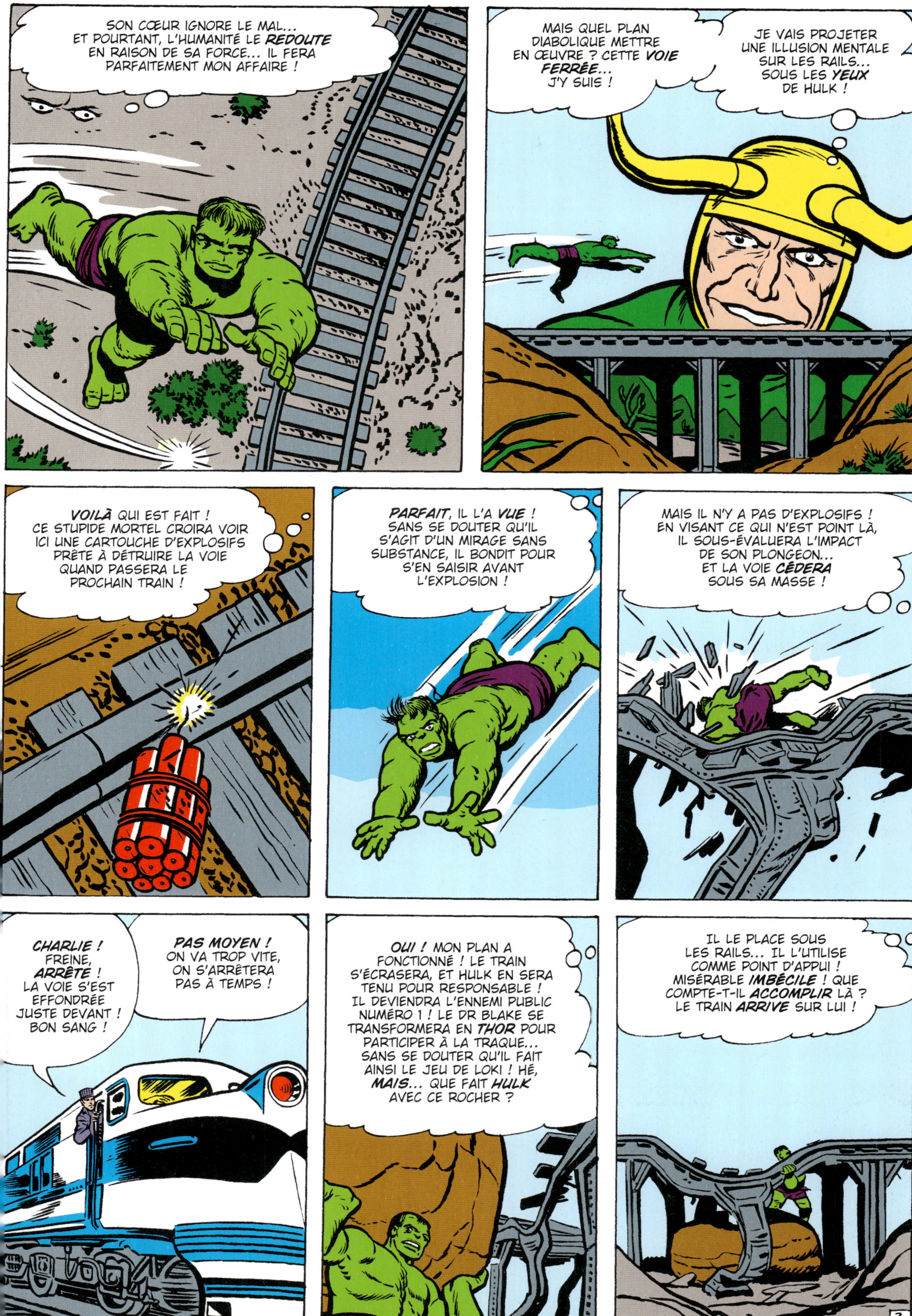
SON CŒUR IGNORE LE MAL... ET POURTANT, L'HUMANITÉ LE **REDOUTE** EN RAISON DE SA FORCE... IL FERA PARFAITEMENT MON AFFAIRE !
MAIS QUEL PLAN DIABOLIQUE METTRE EN ŒUVRE ? CETTE **VOIE FERRÉE**... J'Y SUIS !
JE VAIS PROJETER UNE ILLUSION MENTALE SUR LES RAILS... SOUS LES **YEUX** DE HULK !
VOILÀ QUI EST FAIT ! CE STUPIDE MORTEL CROIRA VOIR ICI UNE CARTOUCHE D'EXPLOSIFS PRÊTE À DÉTRUIRE LA VOIE QUAND PASSERA LE PROCHAIN TRAIN !
PARFAIT, IL L'A **VUE** ! SANS SE DOUTER QU'IL S'AGIT D'UN MIRAGE SANS SUBSTANCE, IL BONDIT POUR S'EN SAISIR AVANT L'EXPLOSION !
MAIS IL N'Y A PAS D'EXPLOSIFS ! EN VISANT CE QUI N'EST POINT LÀ, IL SOUS-ÉVALUERA L'IMPACT DE SON PLONGEON... ET LA VOIE **CÉDERA** SOUS SA MASSE !
CHARLIE ! FREINE, **ARRÊTE** ! LA VOIE S'EST EFFONDRÉE JUSTE DEVANT ! BON SANG !
PAS MOYEN ! ON VA TROP VITE, ON S'ARRÊTERA PAS À TEMPS !
OUI ! MON PLAN A FONCTIONNÉ ! LE TRAIN S'ÉCRASERA, ET HULK EN SERA TENU POUR RESPONSABLE ! IL DEVIENDRA L'ENNEMI PUBLIC NUMÉRO 1 ! LE DR BLAKE SE TRANSFORMERA EN **THOR** POUR PARTICIPER À LA TRAQUE... SANS SE DOUTER QU'IL FAIT AINSI LE JEU DE LOKI ! HÉ, **MAIS**... QUE FAIT **HULK** AVEC CE ROCHER ?
IL LE PLACE SOUS LES RAILS... IL L'UTILISE COMME POINT D'APPUI ! MISÉRABLE **IMBÉCILE** ! QUE COMPTE-T-IL **ACCOMPLIR** LÀ ? LE TRAIN **ARRIVE** SUR LUI !
3.

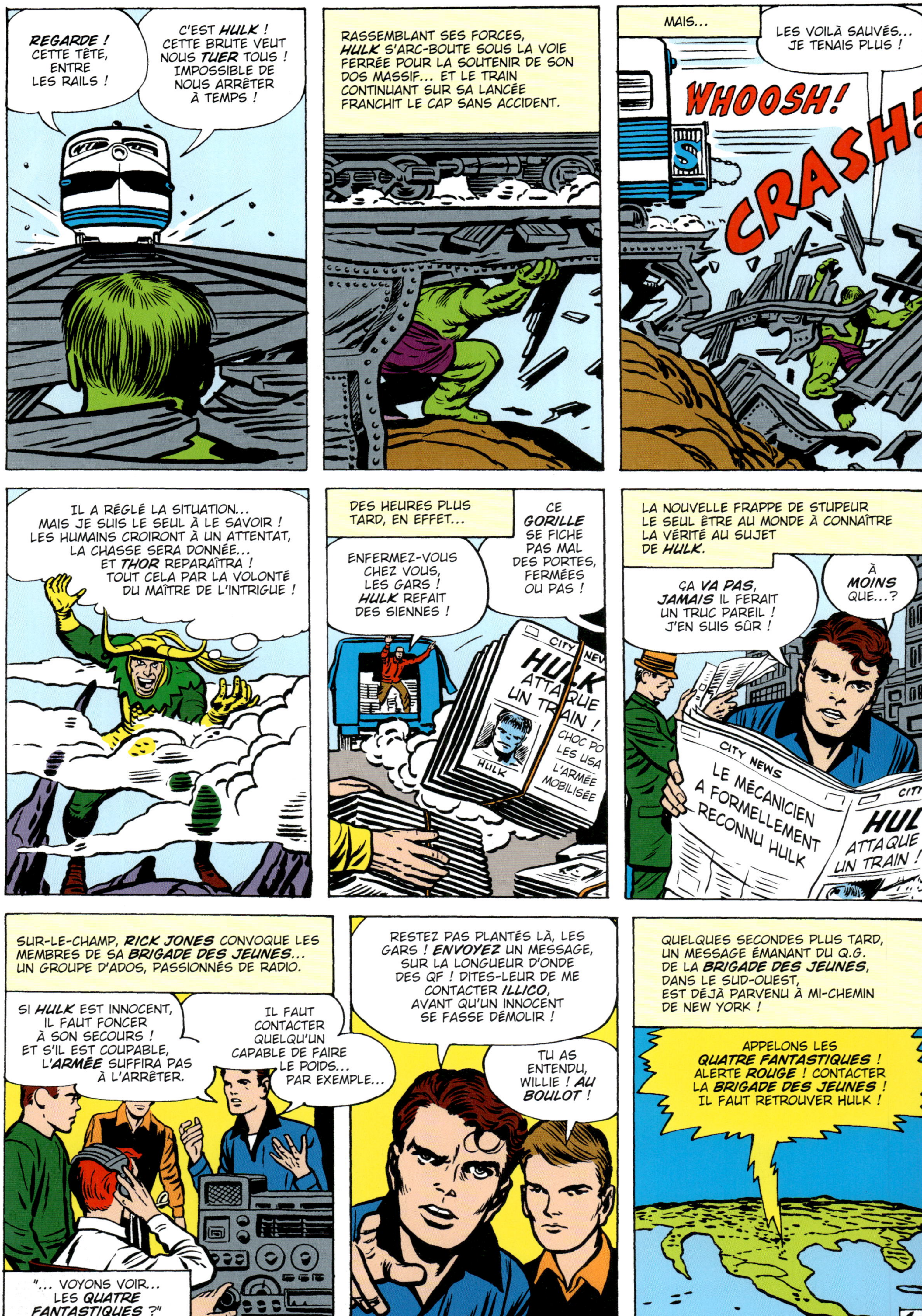
REGARDE ! CETTE TÊTE, ENTRE LES RAILS !
C'EST HULK ! CETTE BRUTE VEUT NOUS TUER TOUS ! IMPOSSIBLE DE NOUS ARRÊTER À TEMPS !
RASSEMBLANT SES FORCES, HULK S'ARC-BOUTE SOUS LA VOIE FERRÉE POUR LA SOUTENIR DE SON DOS MASSIF... ET LE TRAIN CONTINUANT SUR SA LANCÉE FRANCHIT LE CAP SANS ACCIDENT.
MAIS...
LES VOILÀ SAUVÉS... JE TENAIS PLUS !
WHOOSH!
CRASH!
IL A RÉGLÉ LA SITUATION... MAIS JE SUIS LE SEUL À LE SAVOIR ! LES HUMAINS CROIRONT À UN ATTENTAT, LA CHASSE SERA DONNÉE... ET THOR REPARAÎTRA ! TOUT CELA PAR LA VOLONTÉ DU MAÎTRE DE L'INTRIGUE !
DES HEURES PLUS TARD, EN EFFET...
ENFERMEZ-VOUS CHEZ VOUS, LES GARS ! HULK REFAIT DES SIENNES !
CE GORILLE SE FICHE PAS MAL DES PORTES, FERMÉES OU PAS !
CITY NEWS
HULK ATTAQUE UN TRAIN !
CHOC PO LES USA
L'ARMÉE MOBILISÉE
HULK
LA NOUVELLE FRAPPE DE STUPEUR LE SEUL ÊTRE AU MONDE À CONNAÎTRE LA VÉRITÉ AU SUJET DE HULK.
ÇA VA PAS, JAMAIS IL FERAIT UN TRUC PAREIL ! J'EN SUIS SÛR !
À MOINS QUE...?
CITY NEWS
LE MÉCANICIEN A FORMELLEMENT RECONNU HULK
CITY
HUL ATTAQUE UN TRAIN !
SUR-LE-CHAMP, RICK JONES CONVOQUE LES MEMBRES DE SA BRIGADE DES JEUNES... UN GROUPE D'ADOS, PASSIONNÉS DE RADIO.
SI HULK EST INNOCENT, IL FAUT FONCER À SON SECOURS ! ET S'IL EST COUPABLE, L'ARMÉE SUFFIRA PAS À L'ARRÊTER.
IL FAUT CONTACTER QUELQU'UN CAPABLE DE FAIRE LE POIDS... PAR EXEMPLE...
"... VOYONS VOIR... LES QUATRE FANTASTIQUES ?"
RESTEZ PAS PLANTÉS LÀ, LES GARS ! ENVOYEZ UN MESSAGE, SUR LA LONGUEUR D'ONDE DES QF ! DITES-LEUR DE ME CONTACTER ILLICO, AVANT QU'UN INNOCENT SE FASSE DÉMOLIR !
TU AS ENTENDU, WILLIE ! AU BOULOT !
QUELQUES SECONDES PLUS TARD, UN MESSAGE ÉMANANT DU Q.G. DE LA BRIGADE DES JEUNES, DANS LE SUD-OUEST, EST DÉJÀ PARVENU À MI-CHEMIN DE NEW YORK !
APPELONS LES QUATRE FANTASTIQUES ! ALERTE ROUGE ! CONTACTER LA BRIGADE DES JEUNES ! IL FAUT RETROUVER HULK !
4.

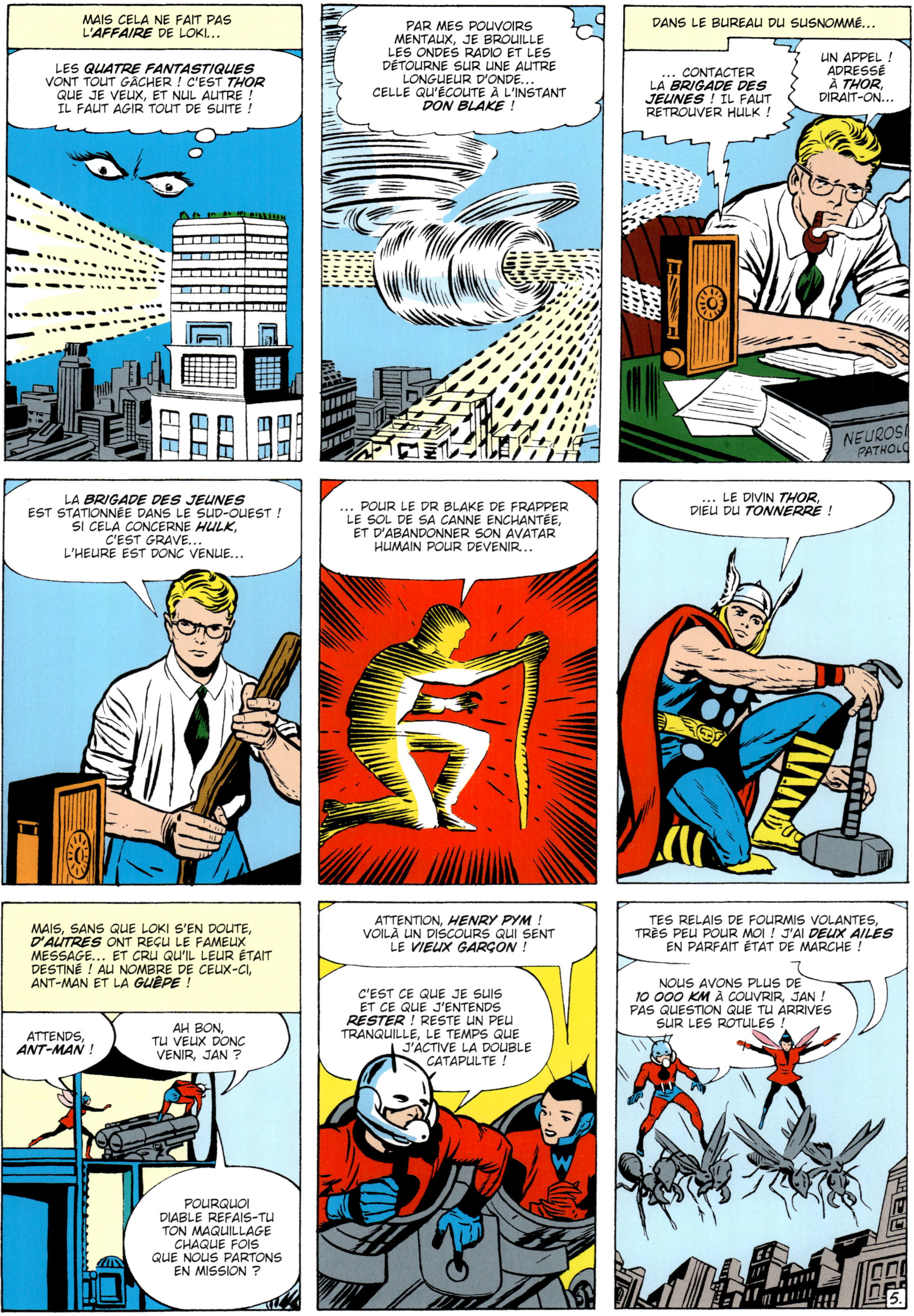
MAIS CELA NE FAIT PAS L'AFFAIRE DE LOKI...
LES QUATRE FANTASTIQUES VONT TOUT GÂCHER ! C'EST THOR QUE JE VEUX, ET NUL AUTRE ! IL FAUT AGIR TOUT DE SUITE !
PAR MES POUVOIRS MENTAUX, JE BROUILLE LES ONDES RADIO ET LES DÉTOURNE SUR UNE AUTRE LONGUEUR D'ONDE... CELLE QU'ÉCOUTE À L'INSTANT DON BLAKE !
DANS LE BUREAU DU SUSNOMMÉ...
... CONTACTER LA BRIGADE DES JEUNES ! IL FAUT RETROUVER HULK !
UN APPEL ! ADRESSÉ À THOR, DIRAIT-ON...
NEUROS
PATHOLO
LA BRIGADE DES JEUNES EST STATIONNÉE DANS LE SUD-OUEST ! SI CELA CONCERNE HULK, C'EST GRAVE... L'HEURE EST DONC VENUE...
... POUR LE DR BLAKE DE FRAPPER LE SOL DE SA CANNE ENCHANTÉE, ET D'ABANDONNER SON AVATAR HUMAIN POUR DEVENIR...
... LE DIVIN THOR, DIEU DU TONNERRE !
MAIS, SANS QUE LOKI S'EN DOUTE, D'AUTRES ONT REÇU LE FAMEUX MESSAGE... ET CRU QU'IL LEUR ÉTAIT DESTINÉ ! AU NOMBRE DE CEUX-CI, ANT-MAN ET LA GUÊPE !
ATTENDS, ANT-MAN !
AH BON, TU VEUX DONC VENIR, JAN ?
POURQUOI DIABLE REFAIS-TU TON MAQUILLAGE CHAQUE FOIS QUE NOUS PARTONS EN MISSION ?
ATTENTION, HENRY PYM ! VOILÀ UN DISCOURS QUI SENT LE VIEUX GARÇON !
C'EST CE QUE JE SUIS ET CE QUE J'ENTENDS RESTER ! RESTE UN PEU TRANQUILLE, LE TEMPS QUE J'ACTIVE LA DOUBLE CATAPULTE !
TES RELAIS DE FOURMIS VOLANTES, TRÈS PEU POUR MOI ! J'AI DEUX AILES EN PARFAIT ÉTAT DE MARCHE !
NOUS AVONS PLUS DE 10 000 KM À COUVRIR, JAN ! PAS QUESTION QUE TU ARRIVES SUR LES ROTULES !
5.

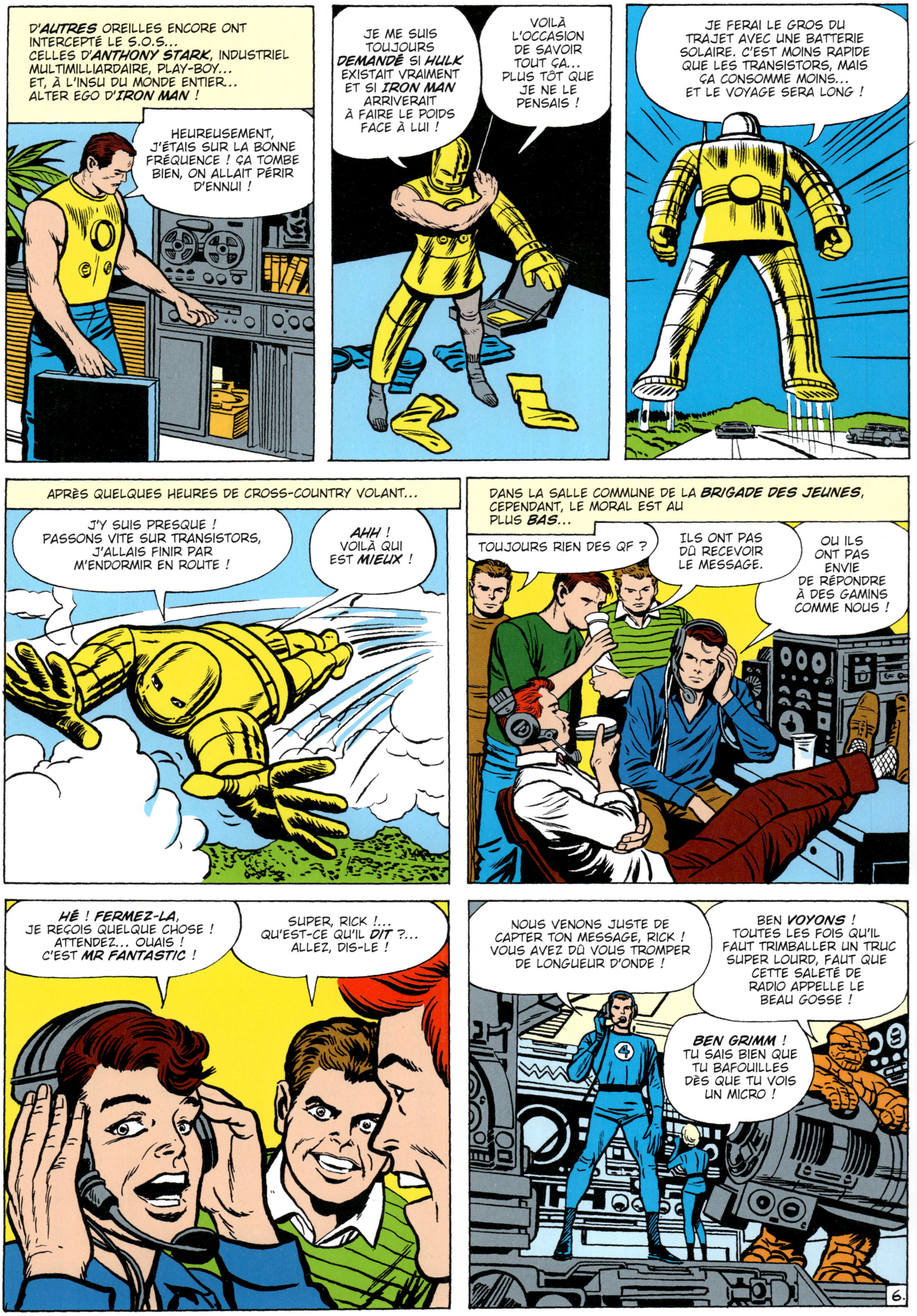
D'AUTRES OREILLES ENCORE ONT INTERCEPTÉ LE S.O.S... CELLES D'ANTHONY STARK, INDUSTRIEL MULTIMILLIARDAIRE, PLAY-BOY... ET, À L'INSU DU MONDE ENTIER... ALTER EGO D'IRON MAN !
HEUREUSEMENT, J'ÉTAIS SUR LA BONNE FRÉQUENCE ! ÇA TOMBE BIEN, ON ALLAIT PÉRIR D'ENNUI !
JE ME SUIS TOUJOURS DEMANDÉ SI HULK EXISTAIT VRAIMENT ET SI IRON MAN ARRIVERAIT À FAIRE LE POIDS FACE À LUI !
VOILÀ L'OCCASION DE SAVOIR TOUT ÇA... PLUS TÔT QUE JE NE LE PENSAIS !
JE FERAI LE GROS DU TRAJET AVEC UNE BATTERIE SOLAIRE. C'EST MOINS RAPIDE QUE LES TRANSISTORS, MAIS ÇA CONSOMME MOINS... ET LE VOYAGE SERA LONG !
APRÈS QUELQUES HEURES DE CROSS-COUNTRY VOLANT...
J'Y SUIS PRESQUE ! PASSONS VITE SUR TRANSISTORS, J'ALLAIS FINIR PAR M'ENDORMIR EN ROUTE !
AHH ! VOILÀ QUI EST MIEUX !
DANS LA SALLE COMMUNE DE LA BRIGADE DES JEUNES, CEPENDANT, LE MORAL EST AU PLUS BAS...
TOUJOURS RIEN DES QF ?
ILS ONT PAS DÛ RECEVOIR LE MESSAGE.
OU ILS ONT PAS ENVIE DE RÉPONDRE À DES GAMINS COMME NOUS !
HÉ ! FERMEZ-LA, JE REÇOIS QUELQUE CHOSE ! ATTENDEZ... OUAIS ! C'EST MR FANTASTIC !
SUPER, RICK !... QU'EST-CE QU'IL DIT ?... ALLEZ, DIS-LE !
NOUS VENONS JUSTE DE CAPTER TON MESSAGE, RICK ! VOUS AVEZ DÛ VOUS TROMPER DE LONGUEUR D'ONDE !
BEN VOYONS ! TOUTES LES FOIS QU'IL FAUT TRIMBALLER UN TRUC SUPER LOURD, FAUT QUE CETTE SALETÉ DE RADIO APPELLE LE BEAU GOSSE !
BEN GRIMM ! TU SAIS BIEN QUE TU BAFOUILLES DÈS QUE TU VOIS UN MICRO !
6.

NOUS NE SOMMES PAS DISPONIBLES, RICK, MAIS...
... D'APRÈS MES CALCULS, TON MESSAGE DEVRAIT ÊTRE INTERCEPTÉ PAR D'AUTRES QUI POURRONT VOUS AIDER ! SI VOUS N'AVEZ PERSONNE D'ICI UN MOMENT, RAPPELEZ !
TU RIGOLES, REED ?! QUI POURRAIT FAIRE AUSSI BIEN QUE NOUS ?
LE CONTACT À PEINE COUPÉ, COMME POUR RÉPONDRE À LA QUESTION DE LA TORCHE...
LÀ C'EST LA TUILE, RICK ! ON COMPTAIT SUR LES QF...
"QUELQU'UN D'AUTRE POUR NOUS AIDER"... ET QUI ÇA, HEIN ?!
À QUI ILS VONT REFILER LA BESOGNE ?
LES GARS, VOYEZ !
D'OÙ VIENT TA SURPRISE ? N'AS-TU PAS APPELÉ ?
WOW ! THOR !
ET LÀ... MINCE, JE RÊVE, OU... C'EST IRON MAN !
TOUS LES SUPER-HÉROS D'AMÉRIQUE DÉBARQUENT !
HENRY, REGARDE THOR ! QU'IL EST BEAU ! COMMENT FAIRE POUR QU'IL ME REMARQUE ?
ALLEZ, ARRÊTE ! VIENS AVEC MOI DERRIÈRE LA LENTILLE, JE LA RÈGLE POUR QU'ELLE PROJETTE NOS IMAGES SUR LE MUR !
VOUS AVEZ BESOIN D'AIDE, IL PARAÎT, LES GARS ? EH BIEN, VOUS ALLEZ EN AVOIR, ON DIRAIT !
D'ABORD THOR, PUIS IRON MAN, ET MAINTENANT ANT-MAN ET LA GUÊPE ! C'EST TROP COOL !
7.

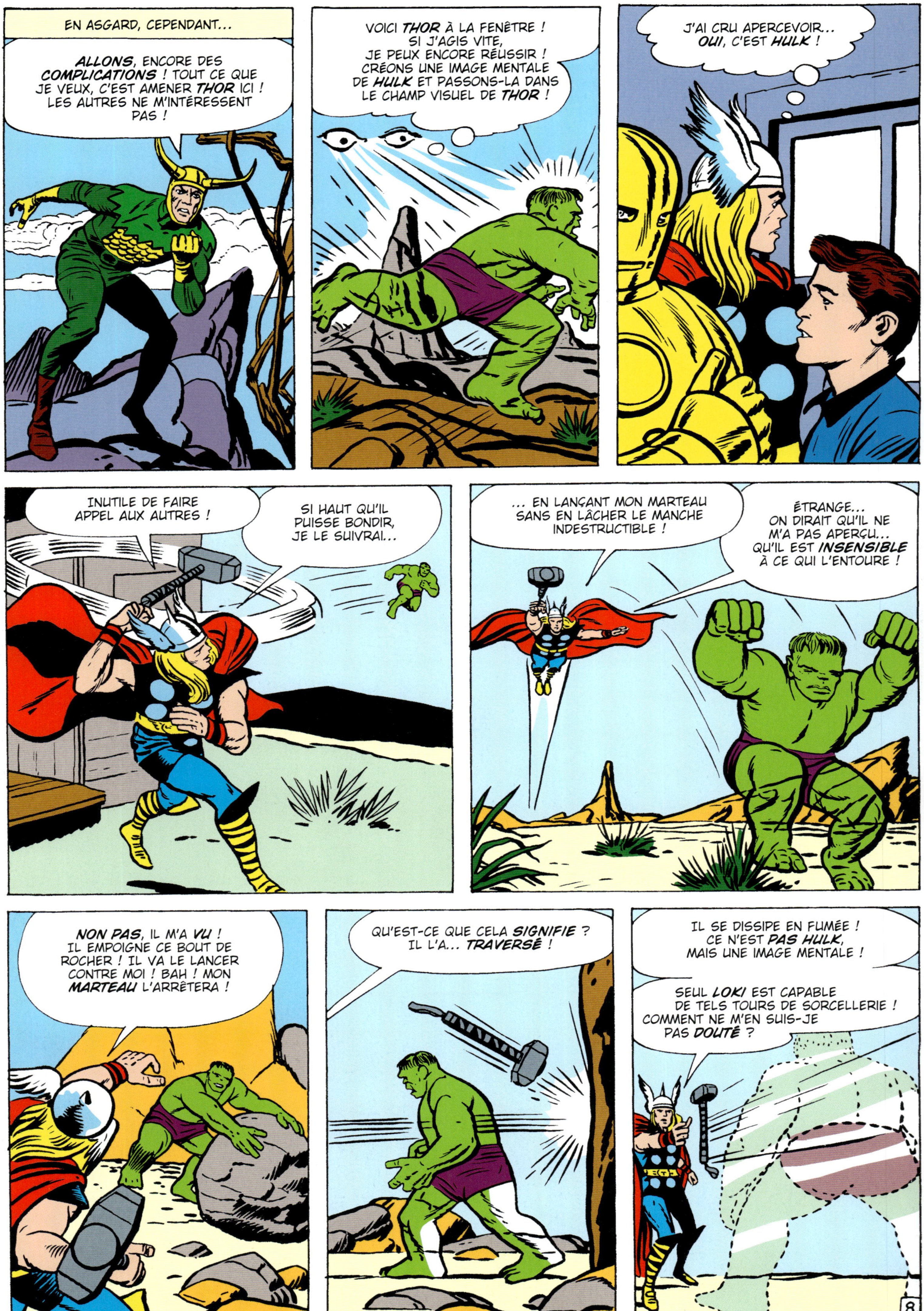
EN ASGARD, CEPENDANT...
ALLONS, ENCORE DES COMPLICATIONS ! TOUT CE QUE JE VEUX, C'EST AMENER THOR ICI ! LES AUTRES NE M'INTÉRESSENT PAS !
VOICI THOR À LA FENÊTRE ! SI J'AGIS VITE, JE PEUX ENCORE RÉUSSIR ! CRÉONS UNE IMAGE MENTALE DE HULK ET PASSONS-LA DANS LE CHAMP VISUEL DE THOR !
J'AI CRU APERCEVOIR... OUI, C'EST HULK !
INUTILE DE FAIRE APPEL AUX AUTRES !
SI HAUT QU'IL PUISSE BONDIR, JE LE SUIVRAI...
... EN LANÇANT MON MARTEAU SANS EN LÂCHER LE MANCHE INDESTRUCTIBLE !
ÉTRANGE... ON DIRAIT QU'IL NE M'A PAS APERÇU... QU'IL EST INSENSIBLE À CE QUI L'ENTOURE !
NON PAS, IL M'A VU ! IL EMPOIGNE CE BOUT DE ROCHER ! IL VA LE LANCER CONTRE MOI ! BAH ! MON MARTEAU L'ARRÊTERA !
QU'EST-CE QUE CELA SIGNIFIE ? IL L'A... TRAVERSÉ !
IL SE DISSIPE EN FUMÉE ! CE N'EST PAS HULK, MAIS UNE IMAGE MENTALE !
SEUL LOKI EST CAPABLE DE TELS TOURS DE SORCELLERIE ! COMMENT NE M'EN SUIS-JE PAS DOUTÉ ?
8

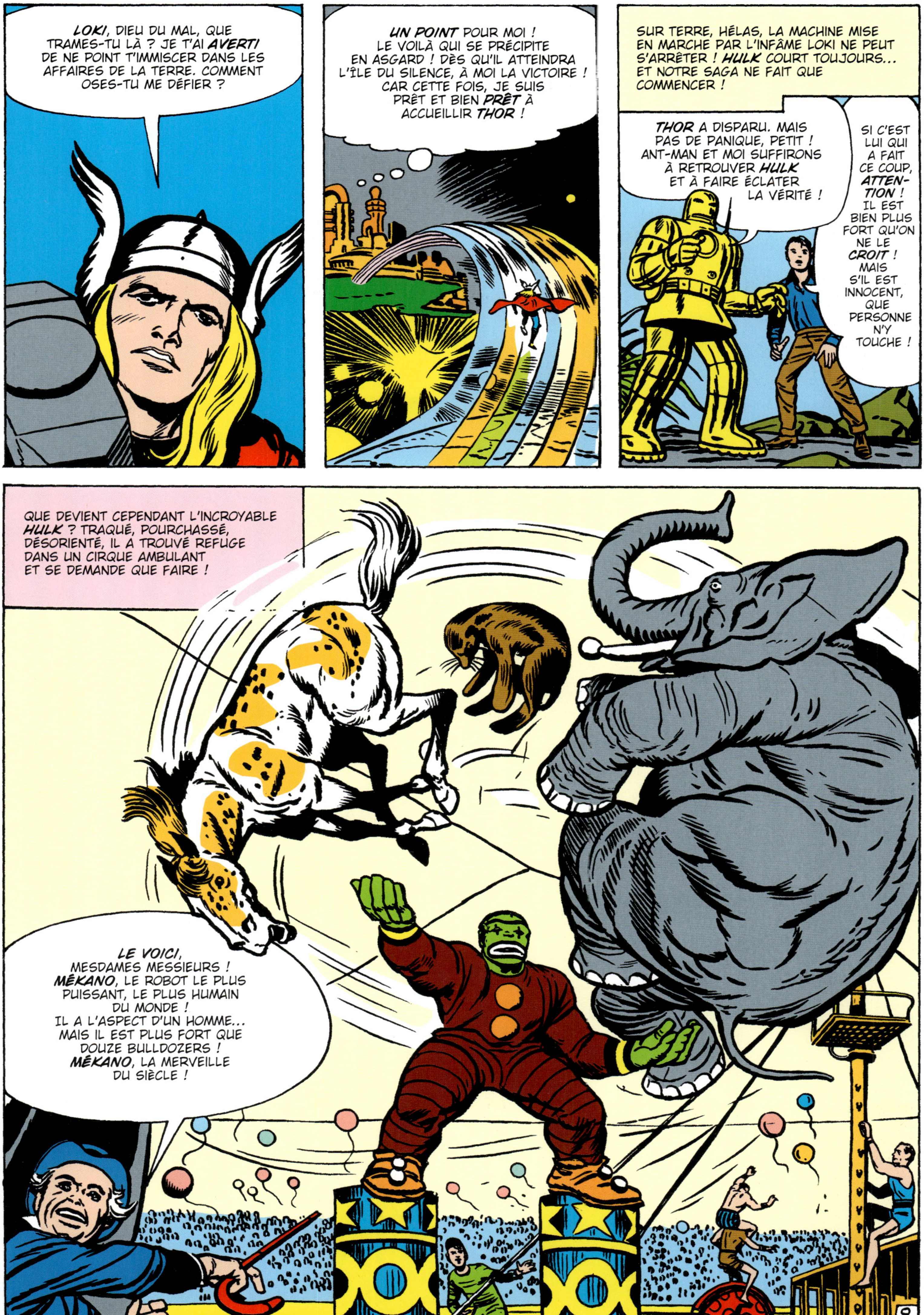
LOKI, DIEU DU MAL, QUE TRAMES-TU LÀ ? JE T'AI AVERTI DE NE POINT T'IMMISCER DANS LES AFFAIRES DE LA TERRE. COMMENT OSES-TU ME DÉFIER ?
UN POINT POUR MOI ! LE VOILÀ QUI SE PRÉCIPITE EN ASGARD ! DÈS QU'IL ATTEINDRA L'ÎLE DU SILENCE, À MOI LA VICTOIRE ! CAR CETTE FOIS, JE SUIS PRÊT ET BIEN PRÊT À ACCUEILLIR THOR !
SUR TERRE, HÉLAS, LA MACHINE MISE EN MARCHE PAR L'INFÂME LOKI NE PEUT S'ARRÊTER ! HULK COURT TOUJOURS... ET NOTRE SAGA NE FAIT QUE COMMENCER !
THOR A DISPARU. MAIS PAS DE PANIQUE, PETIT ! ANT-MAN ET MOI SUFFIRONS À RETROUVER HULK ET À FAIRE ÉCLATER LA VÉRITÉ !
SI C'EST LUI QUI A FAIT CE COUP, ATTENTION ! IL EST BIEN PLUS FORT QU'ON NE LE CROIT ! MAIS S'IL EST INNOCENT, QUE PERSONNE N'Y TOUCHE !
QUE DEVIENT CEPENDANT L'INCROYABLE HULK ? TRAQUÉ, POURCHASSÉ, DÉSORIENTÉ, IL A TROUVÉ REFUGE DANS UN CIRQUE AMBULANT ET SE DEMANDE QUE FAIRE !
LE VOICI, MESDAMES MESSIEURS ! MÉKANO, LE ROBOT LE PLUS PUISSANT, LE PLUS HUMAIN DU MONDE ! IL A L'ASPECT D'UN HOMME... MAIS IL EST PLUS FORT QUE DOUZE BULLDOZERS ! MÉKANO, LA MERVEILLE DU SIÈCLE !
9.

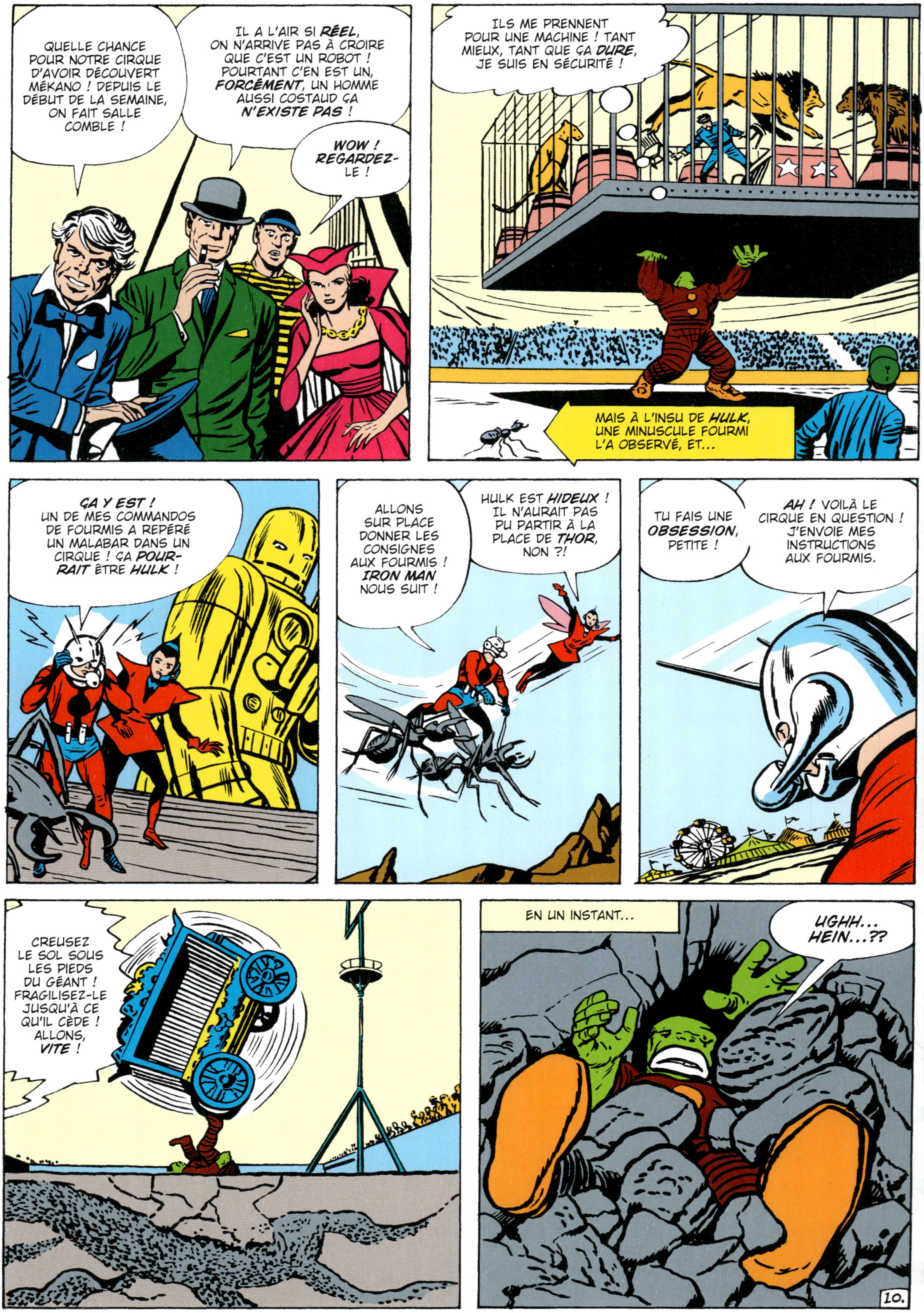

QUELLE CHANCE POUR NOTRE CIRQUE D'AVOIR DÉCOUVERT MÉKANO ! DEPUIS LE DÉBUT DE LA SEMAINE, ON FAIT SALLE COMBLE !
IL A L'AIR SI RÉEL, ON N'ARRIVE PAS À CROIRE QUE C'EST UN ROBOT ! POURTANT C'EN EST UN, FORCÉMENT, UN HOMME AUSSI COSTAUD ÇA N'EXISTE PAS !
WOW ! REGARDEZ-LE !
ILS ME PRENNENT POUR UNE MACHINE ! TANT MIEUX, TANT QUE ÇA DURE, JE SUIS EN SÉCURITÉ !
MAIS À L'INSU DE HULK, UNE MINUSCULE FOURMI L'A OBSERVÉ, ET...
ÇA Y EST ! UN DE MES COMMANDOS DE FOURMIS A REPÉRÉ UN MALABAR DANS UN CIRQUE ! ÇA POURRAIT ÊTRE HULK !
ALLONS SUR PLACE DONNER LES CONSIGNES AUX FOURMIS ! IRON MAN NOUS SUIT !
HULK EST HIDEUX ! IL N'AURAIT PAS PU PARTIR À LA PLACE DE THOR, NON ?!
TU FAIS UNE OBSESSION, PETITE !
AH ! VOILÀ LE CIRQUE EN QUESTION ! J'ENVOIE MES INSTRUCTIONS AUX FOURMIS.
CREUSEZ LE SOL SOUS LES PIEDS DU GÉANT ! FRAGILISEZ-LE JUSQU'À CE QU'IL CÈDE ! ALLONS, VITE !
EN UN INSTANT...
UGHH... HEIN...??
10.

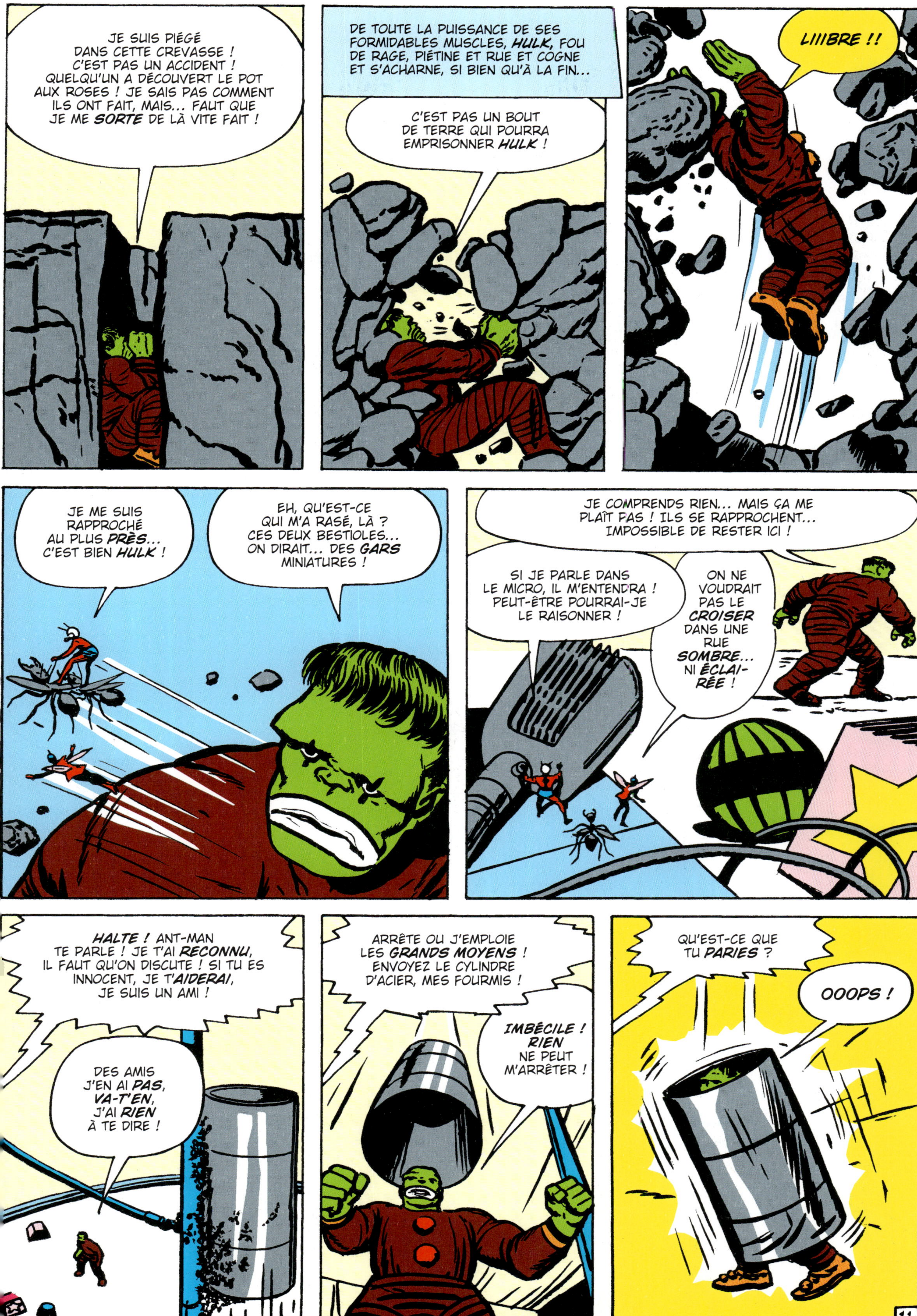
JE SUIS PIÉGÉ DANS CETTE CREVASSE ! C'EST PAS UN ACCIDENT ! QUELQU'UN A DÉCOUVERT LE POT AUX ROSES ! JE SAIS PAS COMMENT ILS ONT FAIT, MAIS... FAUT QUE JE ME SORTE DE LÀ VITE FAIT !
DE TOUTE LA PUISSANCE DE SES FORMIDABLES MUSCLES, HULK, FOU DE RAGE, PIÉTINE ET RUE ET COGNE ET S'ACHARNE, SI BIEN QU'À LA FIN...
C'EST PAS UN BOUT DE TERRE QUI POURRA EMPRISONNER HULK !
LIIIBRE !!
JE ME SUIS RAPPROCHÉ AU PLUS PRÈS... C'EST BIEN HULK !
EH, QU'EST-CE QUI M'A RASÉ, LÀ ? CES DEUX BESTIOLES... ON DIRAIT... DES GARS MINIATURES !
JE COMPRENDS RIEN... MAIS ÇA ME PLAÎT PAS ! ILS SE RAPPROCHENT... IMPOSSIBLE DE RESTER ICI !
SI JE PARLE DANS LE MICRO, IL M'ENTENDRA ! PEUT-ÊTRE POURRAI-JE LE RAISONNER !
ON NE VOUDRAIT PAS LE CROISER DANS UNE RUE SOMBRE... NI ÉCLAIRÉE !
HALTE ! ANT-MAN TE PARLE ! JE T'AI RECONNU, IL FAUT QU'ON DISCUTE ! SI TU ES INNOCENT, JE T'AIDERAI, JE SUIS UN AMI !
DES AMIS J'EN AI PAS, VA-T'EN, J'AI RIEN À TE DIRE !
ARRÊTE OU J'EMPLOIE LES GRANDS MOYENS ! ENVOYEZ LE CYLINDRE D'ACIER, MES FOURMIS !
IMBÉCILE ! RIEN NE PEUT M'ARRÊTER !
QU'EST-CE QUE TU PARIES ?
OOOPS !

LE PUBLIC, CEPENDANT, CROYANT QUE LA SCÈNE FAIT PARTIE DU SPECTACLE, HURLE D'ENTHOUSIASME.
C'EST VRAIMENT À VOIR !
TEIGNEUX COMME MON BEAU-FRÈRE, LEUR SUPER-ROBOT !
BON SANG, CE QU'ILS VONT PAS INVENTER !
TU REFUSES DE M'ÉCOUTER ?
ARRÊTEZ DE ME HARCELER !
OK, FINIE LA MASCARADE ! JE SUIS QUI JE SUIS ET J'ASSUME ! J'ENLÈVE CE MAQUILLAGE IDIOT, ET JE DÉMOLIS TOUT À MAINS NUES ! APRÈS TOUT, JE CRAINS PERSONNE ! PERSONNE PEUT FAIRE DE MAL À HULK !
LES SPECTATEURS AYANT ENFIN COMPRIS PANIQUENT...
BON, ON EST ENFIN ARRIVÉS À LE DÉBUSQUER ! MAINTENANT IL S'AGIT DE FAIRE VITE ! POUSSEZ-LE VERS LE FILET, JE ME CHARGE DU RESTE !
NE ME LÂCHE SURTOUT PAS, HENRY ! JE NE VEUX PAS PASSER MA VIE AVEC LUI !
ENCORE LA FEMME-INSECTE ! ARRÊTE DE ME TOURNER AUTOUR ! TU ME VEUX DU MAL, JE LE SAIS !
COMMENT UN MASTODONTE PAREIL PEUT ÊTRE AUSSI RAPIDE ? ET MON DIEU QU'IL EST MOCHE !
TU CROIS QUE TA TAILLE TE PERMETTRA DE M'ÉCHAPPER ? RIEN N'ÉCHAPPE À HULK !
OHHH...
CE BEUGLEMENT ! UN VRAI CYCLONE ! →GASP !← J'ÉTOUFFE, J'Y VOIS PLUS RIEN !... HENRY... AU SECOURS !
PERSONNE NE TE SAUVERA !
12.

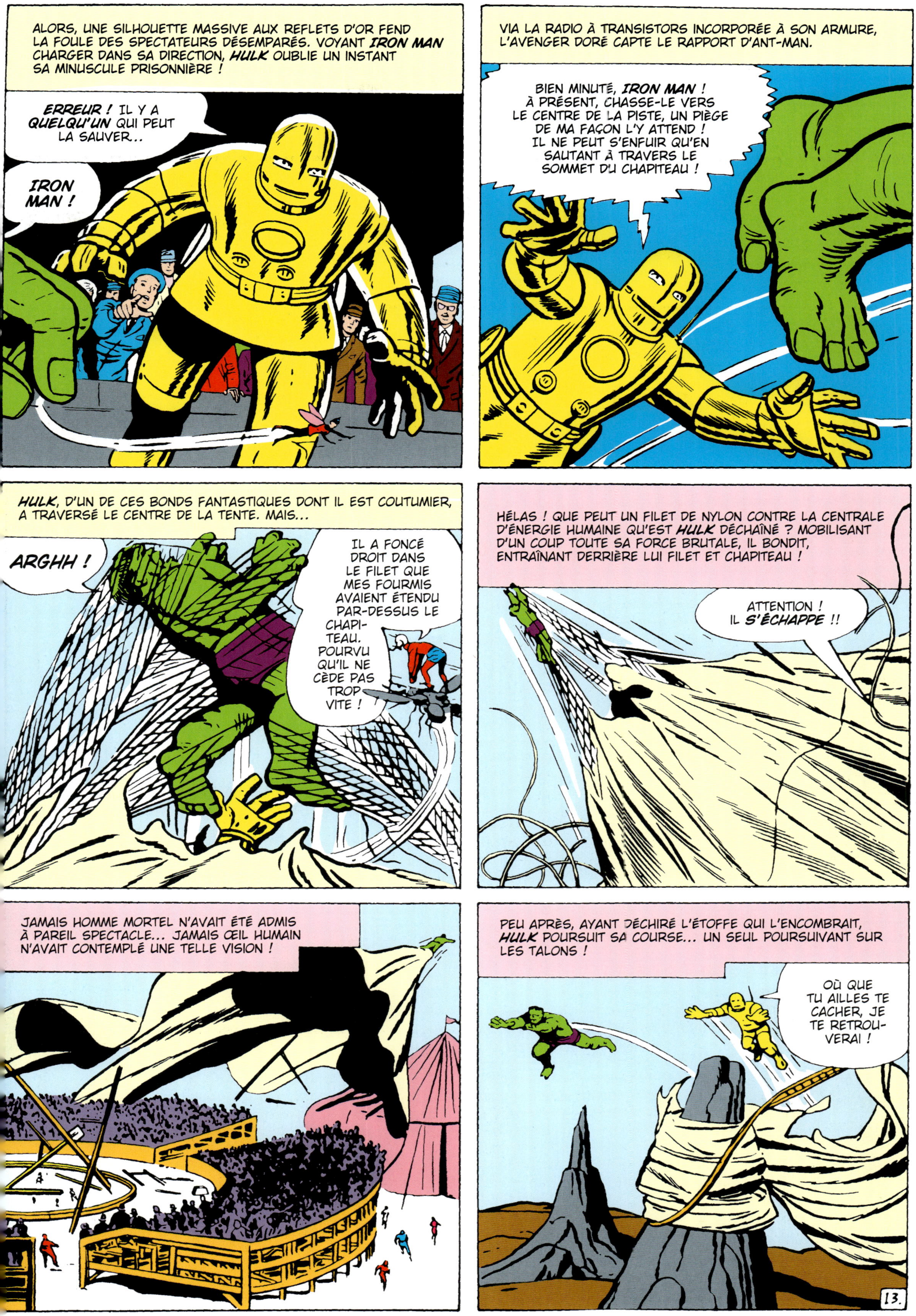

ALORS, UNE SILHOUETTE MASSIVE AUX REFLETS D'OR FEND LA FOULE DES SPECTATEURS DÉSEMPARÉS. VOYANT IRON MAN CHARGER DANS SA DIRECTION, HULK OUBLIE UN INSTANT SA MINUSCULE PRISONNIÈRE !
ERREUR ! IL Y A QUELQU'UN QUI PEUT LA SAUVER...
IRON MAN !
VIA LA RADIO À TRANSISTORS INCORPORÉE À SON ARMURE, L'AVENGER DORÉ CAPTE LE RAPPORT D'ANT-MAN.
BIEN MINUTÉ, IRON MAN ! À PRÉSENT, CHASSE-LE VERS LE CENTRE DE LA PISTE, UN PIÈGE DE MA FAÇON L'Y ATTEND ! IL NE PEUT S'ENFUIR QU'EN SAUTANT À TRAVERS LE SOMMET DU CHAPITEAU !
HULK, D'UN DE CES BONDS FANTASTIQUES DONT IL EST COUTUMIER, A TRAVERSÉ LE CENTRE DE LA TENTE. MAIS...
ARGHH !
IL A FONCÉ DROIT DANS LE FILET QUE MES FOURMIS AVAIENT ÉTENDU PAR-DESSUS LE CHAPITEAU. POURVU QU'IL NE CÈDE PAS TROP VITE !
HÉLAS ! QUE PEUT UN FILET DE NYLON CONTRE LA CENTRALE D'ÉNERGIE HUMAINE QU'EST HULK DÉCHAÎNÉ ? MOBILISANT D'UN COUP TOUTE SA FORCE BRUTALE, IL BONDIT, ENTRAÎNANT DERRIÈRE LUI FILET ET CHAPITEAU !
ATTENTION ! IL S'ÉCHAPPE !!
JAMAIS HOMME MORTEL N'AVAIT ÉTÉ ADMIS À PAREIL SPECTACLE... JAMAIS ŒIL HUMAIN N'AVAIT CONTEMPLÉ UNE TELLE VISION !
PEU APRÈS, AYANT DÉCHIRÉ L'ÉTOFFE QUI L'ENCOMBRAIT, HULK POURSUIT SA COURSE... UN SEUL POURSUIVANT SUR LES TALONS !
OÙ QUE TU AILLES TE CACHER, JE TE RETROUVERAI !

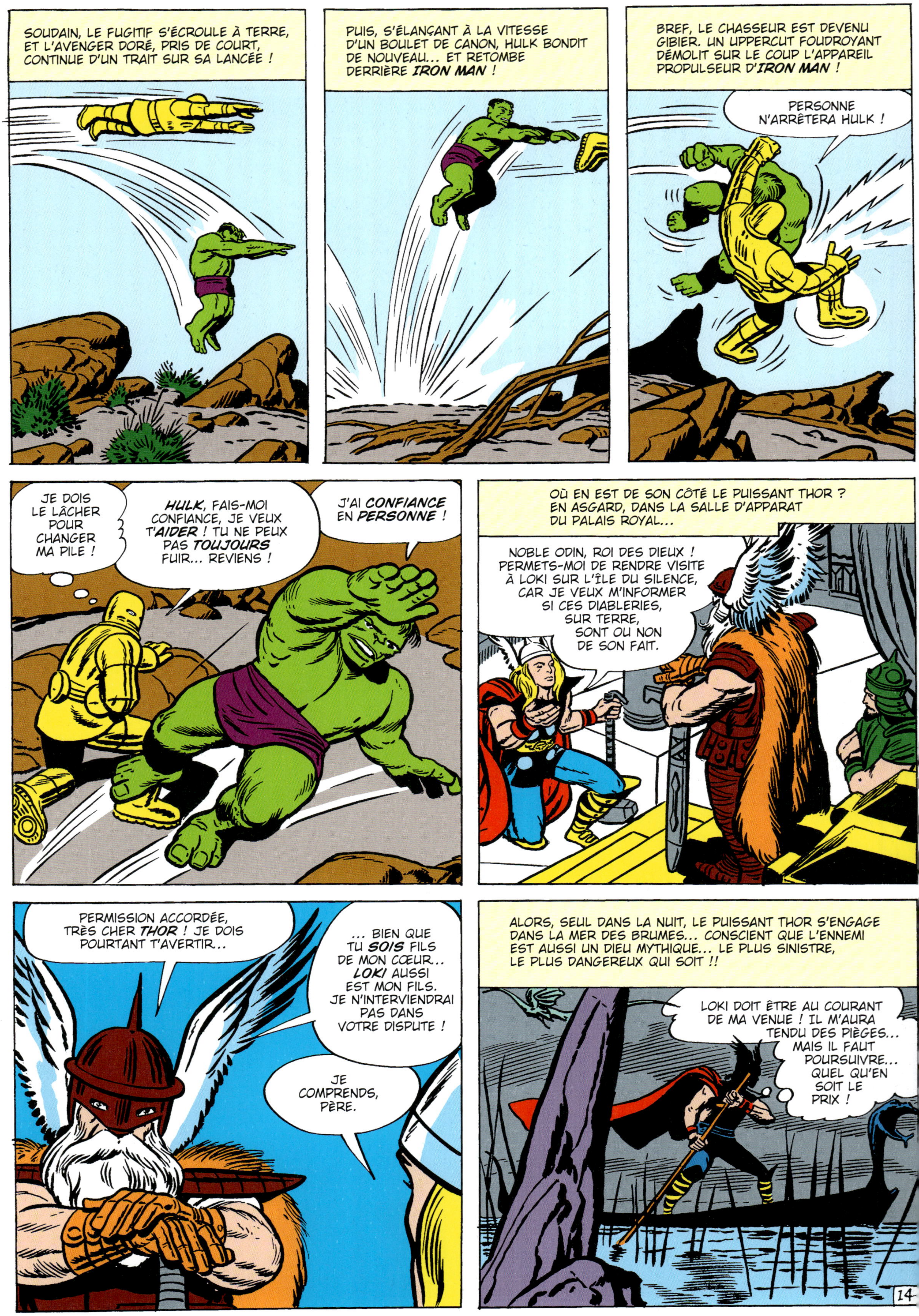
SOUDAIN, LE FUGITIF S'ÉCROULE À TERRE, ET L'AVENGER DORÉ, PRIS DE COURT, CONTINUE D'UN TRAIT SUR SA LANCÉE !
PUIS, S'ÉLANÇANT À LA VITESSE D'UN BOULET DE CANON, HULK BONDIT DE NOUVEAU... ET RETOMBE DERRIÈRE IRON MAN !
BREF, LE CHASSEUR EST DEVENU GIBIER. UN UPPERCUT FOUDROYANT DÉMOLIT SUR LE COUP L'APPAREIL PROPULSEUR D'IRON MAN !
PERSONNE N'ARRÊTERA HULK !
JE DOIS LE LÂCHER POUR CHANGER MA PILE !
HULK, FAIS-MOI CONFIANCE, JE VEUX T'AIDER ! TU NE PEUX PAS TOUJOURS FUIR... REVIENS !
J'AI CONFIANCE EN PERSONNE !
OÙ EN EST DE SON CÔTÉ LE PUISSANT THOR ? EN ASGARD, DANS LA SALLE D'APPARAT DU PALAIS ROYAL...
NOBLE ODIN, ROI DES DIEUX ! PERMETS-MOI DE RENDRE VISITE À LOKI SUR L'ÎLE DU SILENCE, CAR JE VEUX M'INFORMER SI CES DIABLERIES, SUR TERRE, SONT OU NON DE SON FAIT.
PERMISSION ACCORDÉE, TRÈS CHER THOR ! JE DOIS POURTANT T'AVERTIR...
... BIEN QUE TU SOIS FILS DE MON CŒUR... LOKI AUSSI EST MON FILS. JE N'INTERVIENDRAI PAS DANS VOTRE DISPUTE !
JE COMPRENDS, PÈRE.
ALORS, SEUL DANS LA NUIT, LE PUISSANT THOR S'ENGAGE DANS LA MER DES BRUMES... CONSCIENT QUE L'ENNEMI EST AUSSI UN DIEU MYTHIQUE... LE PLUS SINISTRE, LE PLUS DANGEREUX QUI SOIT !!
LOKI DOIT ÊTRE AU COURANT DE MA VENUE ! IL M'AURA TENDU DES PIÈGES... MAIS IL FAUT POURSUIVRE... QUEL QU'EN SOIT LE PRIX !
14

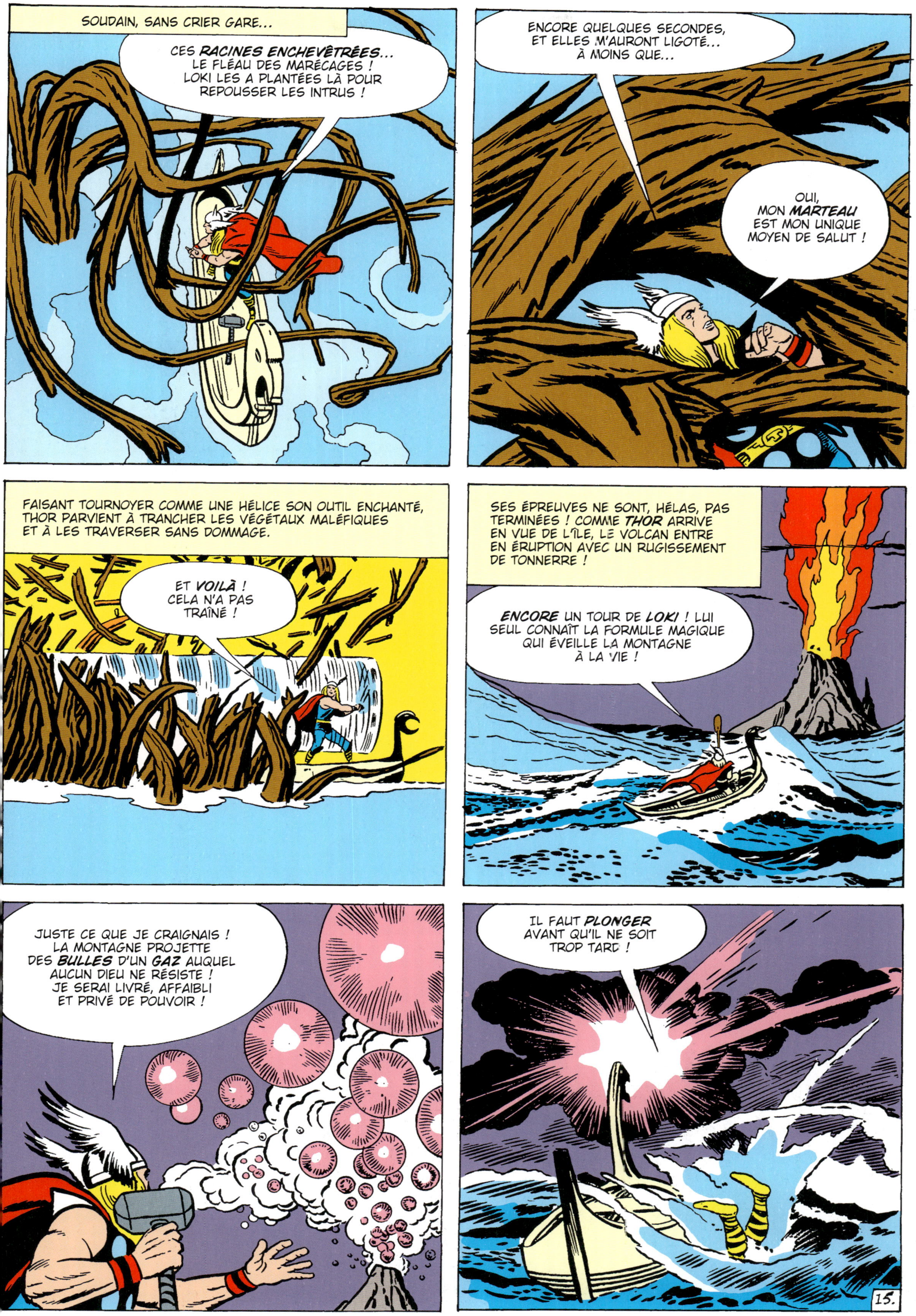

SOUDAIN, SANS CRIER GARE...
CES RACINES ENCHEVÊTRÉES... LE FLÉAU DES MARÉCAGES ! LOKI LES A PLANTÉES LÀ POUR REPOUSSER LES INTRUS !
ENCORE QUELQUES SECONDES, ET ELLES M'AURONT LIGOTÉ... À MOINS QUE...
OUI, MON MARTEAU EST MON UNIQUE MOYEN DE SALUT !
FAISANT TOURNOYER COMME UNE HÉLICE SON OUTIL ENCHANTÉ, THOR PARVIENT À TRANCHER LES VÉGÉTAUX MALÉFIQUES ET À LES TRAVERSER SANS DOMMAGE.
ET VOILÀ ! CELA N'A PAS TRAÎNÉ !
SES ÉPREUVES NE SONT, HÉLAS, PAS TERMINÉES ! COMME THOR ARRIVE EN VUE DE L'ÎLE, LE VOLCAN ENTRE EN ÉRUPTION AVEC UN RUGISSEMENT DE TONNERRE !
ENCORE UN TOUR DE LOKI ! LUI SEUL CONNAÎT LA FORMULE MAGIQUE QUI ÉVEILLE LA MONTAGNE À LA VIE !
JUSTE CE QUE JE CRAIGNAIS ! LA MONTAGNE PROJETTE DES BULLES D'UN GAZ AUQUEL AUCUN DIEU NE RÉSISTE ! JE SERAI LIVRÉ, AFFAIBLI ET PRIVÉ DE POUVOIR !
IL FAUT PLONGER AVANT QU'IL NE SOIT TROP TARD !
15.

L'ÎLE EST DROIT DEVANT ! J'AI HEUREUSEMENT DES POUMONS SOLIDES ET NE CRAINS PAS QUELQUES MINUTES D'APNÉE !
SUR LA RIVE, LOKI OBSERVE EN RICANANT LA MER SOUDAIN CALMÉE...
SA BARQUE EST VIDE ! IL N'EST NULLE PART EN VUE ! L'AURAIS-JE ABATTU SI VITE ?
COMME EN RÉPONSE À LA RÉFLEXION DE LOKI, UNE TROMBE D'EAU JAILLIT DE L'OCÉAN... ET...
NON, FRÈRE ! LE COMBAT N'A PAS COMMENCÉ !
MON MARTEAU NE SE BORNE PAS À CHÂTIER MES ENNEMIS, LOKI... IL SOULÈVE AUSSI LES TROMBES MARINES !
PLUS VITE QUE LA PENSÉE, LOKI GÈLE LES MOLÉCULES DE L'AIR POUR S'EN FAIRE UN BOUCLIER QUI DÉVIE LA TRAJECTOIRE DU MARTEAU.
JE SUIS TROP RAPIDE POUR TOI !
TU M'ATTENDAIS, JE VOIS, LOKI. ET CELA SIGNIFIE QU'AYANT PERPÉTRÉ QUELQUE INFAMIE, TU SAVAIS QUE JE VIENDRAIS...
... FAIRE ICI JUSTICE !
RIEN DÉSORMAIS NE PEUT TE SAUVER, PRINCE DU MAL !
HALTE, FRÈRE MAUDIT ! TE SOUVIENS-TU PAR HASARD DU NOM DE CETTE ÎLE ? ET D'OÙ ELLE LE TIENT ?
DES SILENCIEUX QUI VIVENT ICI... DES ENNEMIS NATURELS DES DIEUX... LES TROLLS !
16.

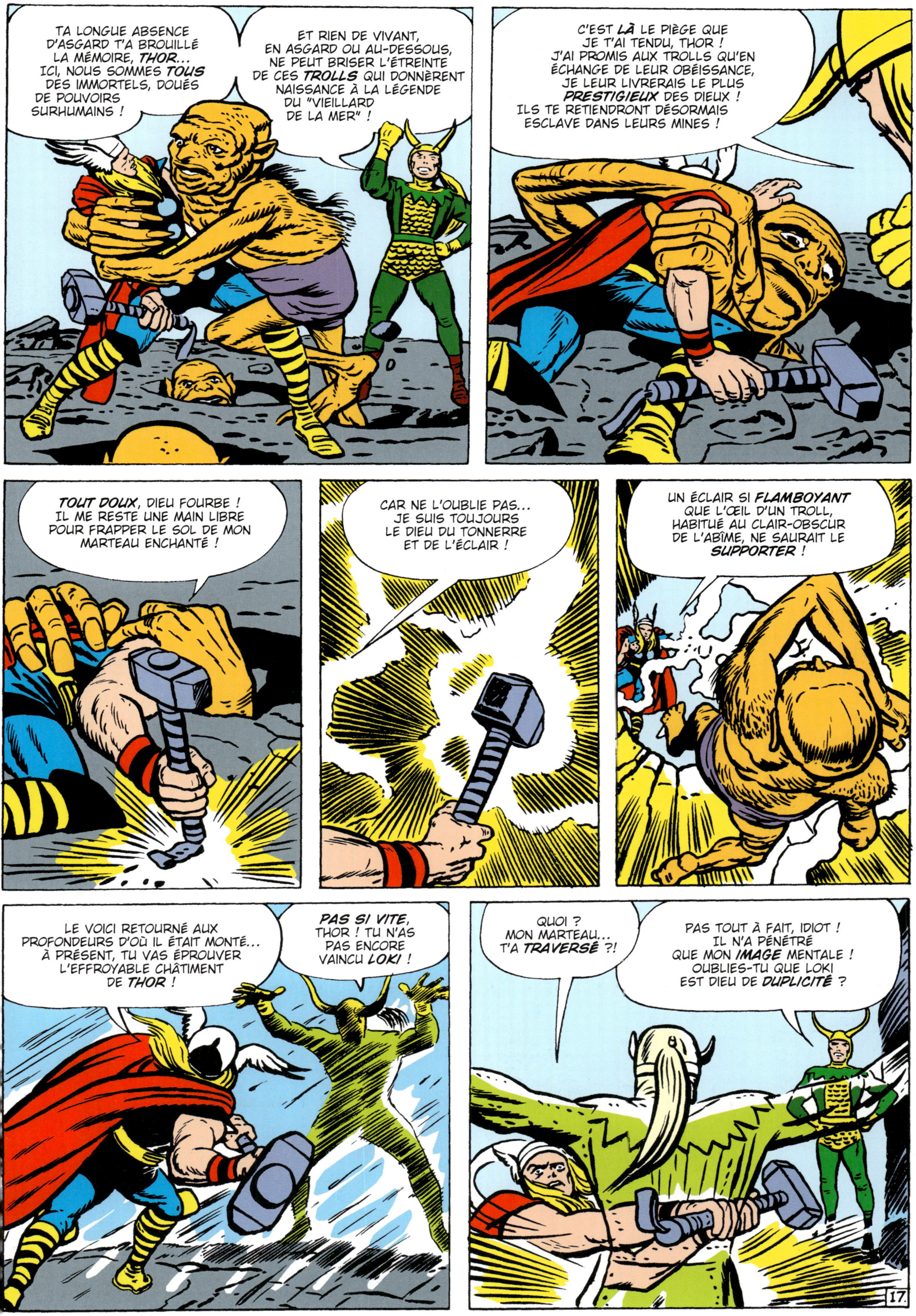
TA LONGUE ABSENCE D'ASGARD T'A BROUILLÉ LA MÉMOIRE, THOR... ICI, NOUS SOMMES TOUS DES IMMORTELS, DOUÉS DE POUVOIRS SURHUMAINS !
ET RIEN DE VIVANT, EN ASGARD OU AU-DESSOUS, NE PEUT BRISER L'ÉTREINTE DE CES TROLLS QUI DONNÈRENT NAISSANCE À LA LÉGENDE DU "VIEILLARD DE LA MER" !
C'EST LÀ LE PIÈGE QUE JE T'AI TENDU, THOR ! J'AI PROMIS AUX TROLLS QU'EN ÉCHANGE DE LEUR OBÉISSANCE, JE LEUR LIVRERAIS LE PLUS PRESTIGIEUX DES DIEUX ! ILS TE RETIENDRONT DÉSORMAIS ESCLAVE DANS LEURS MINES !
TOUT DOUX, DIEU FOURBE ! IL ME RESTE UNE MAIN LIBRE POUR FRAPPER LE SOL DE MON MARTEAU ENCHANTÉ !
CAR NE L'OUBLIE PAS... JE SUIS TOUJOURS LE DIEU DU TONNERRE ET DE L'ÉCLAIR !
UN ÉCLAIR SI FLAMBOYANT QUE L'ŒIL D'UN TROLL, HABITUÉ AU CLAIR-OBSCUR DE L'ABÎME, NE SAURAIT LE SUPPORTER !
LE VOICI RETOURNÉ AUX PROFONDEURS D'OÙ IL ÉTAIT MONTÉ... À PRÉSENT, TU VAS ÉPROUVER L'EFFROYABLE CHÂTIMENT DE THOR !
PAS SI VITE, THOR ! TU N'AS PAS ENCORE VAINCU LOKI !
QUOI ? MON MARTEAU... T'A TRAVERSÉ ?!
PAS TOUT À FAIT, IDIOT ! IL N'A PÉNÉTRÉ QUE MON IMAGE MENTALE ! OUBLIES-TU QUE LOKI EST DIEU DE DUPLICITÉ ?

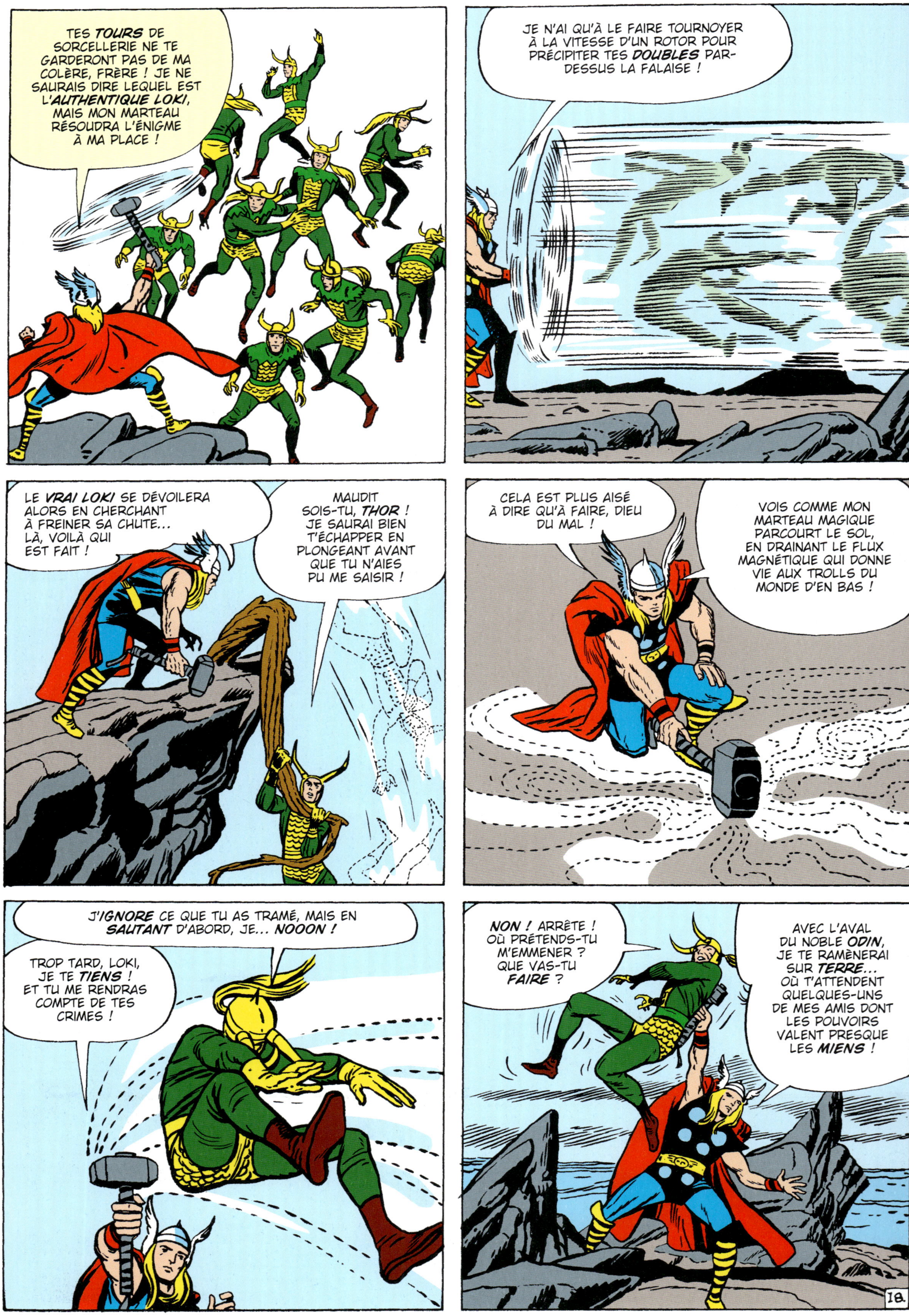
TES TOURS DE SORCELLERIE NE TE GARDERONT PAS DE MA COLÈRE, FRÈRE ! JE NE SAURAIS DIRE LEQUEL EST L'AUTHENTIQUE LOKI, MAIS MON MARTEAU RÉSOUDRA L'ÉNIGME À MA PLACE !
JE N'AI QU'À LE FAIRE TOURNOYER À LA VITESSE D'UN ROTOR POUR PRÉCIPITER TES DOUBLES PAR-DESSUS LA FALAISE !
LE VRAI LOKI SE DÉVOILERA ALORS EN CHERCHANT À FREINER SA CHUTE... LÀ, VOILÀ QUI EST FAIT !
MAUDIT SOIS-TU, THOR ! JE SAURAI BIEN T'ÉCHAPPER EN PLONGEANT AVANT QUE TU N'AIES PU ME SAISIR !
CELA EST PLUS AISÉ À DIRE QU'À FAIRE, DIEU DU MAL !
VOIS COMME MON MARTEAU MAGIQUE PARCOURT LE SOL, EN DRAINANT LE FLUX MAGNÉTIQUE QUI DONNE VIE AUX TROLLS DU MONDE D'EN BAS !
J'IGNORE CE QUE TU AS TRAMÉ, MAIS EN SAUTANT D'ABORD, JE... NOOON !
TROP TARD, LOKI, JE TE TIENS ! ET TU ME RENDRAS COMPTE DE TES CRIMES !
NON ! ARRÊTE ! OÙ PRÉTENDS-TU M'EMMENER ? QUE VAS-TU FAIRE ?
AVEC L'AVAL DU NOBLE ODIN, JE TE RAMÈNERAI SUR TERRE... OÙ T'ATTENDENT QUELQUES-UNS DE MES AMIS DONT LES POUVOIRS VALENT PRESQUE LES MIENS !
18

SUR TERRE, CEPENDANT, L'INCROYABLE HULK EXÉCUTE UNE SÉRIE DE SAUTS PRODIGIEUX POUR TENTER DE SEMER IRON MAN !
CAPITAINE, VOUS VOYEZ AUSSI ?
C'EST HULK ! REGARDEZ-LE DONC BONDIR !
UN INSTANT PLUS TARD, UN MESSAGE D'URGENCE PARVIENT À BORD DU JET...
VOL 738, ATTENTION ! IRON MAN VOUS PARLE ! AVEZ-VOUS VU HULK ? JE RÉPÈTE, AVEZ-VOUS VU HULK ?
ÇA ALORS !
ON... VIENT JUSTE DE LE VOIR PASSER ! IL ÉTAIT LANCÉ EN DIRECTION DE DÉTROIT !
MERCI, CAPITAINE !
J'AI BEAU LE VOIR... JE PEUX PAS Y CROIRE !
ENFIN, AYANT ATTERRI À L'INTÉRIEUR D'UNE USINE AUTOMOBILE...
PFFF ! PAS MOYEN DE SEMER IRON MAN !
ATTENTION, ÉVACUEZ TOUS ! IL FAUT ARRÊTER HULK ! TOUS AUX ABRIS, VITE !
C'EST IRON MAN ! QUAND IL PARLE, MIEUX VAUT OBÉIR !
TU PERDS TON TEMPS, IRON MAN ! CES BRICOLES PEUVENT RIEN CONTRE HULK !
MAIS Y EN A MARRE DE GALOPER ! JE PASSE À L'ATTAQUE !
AU SECOURS ! ARRÊTEZ-LE ! IL EST EN TRAIN DE TOUT DÉMOLIR !

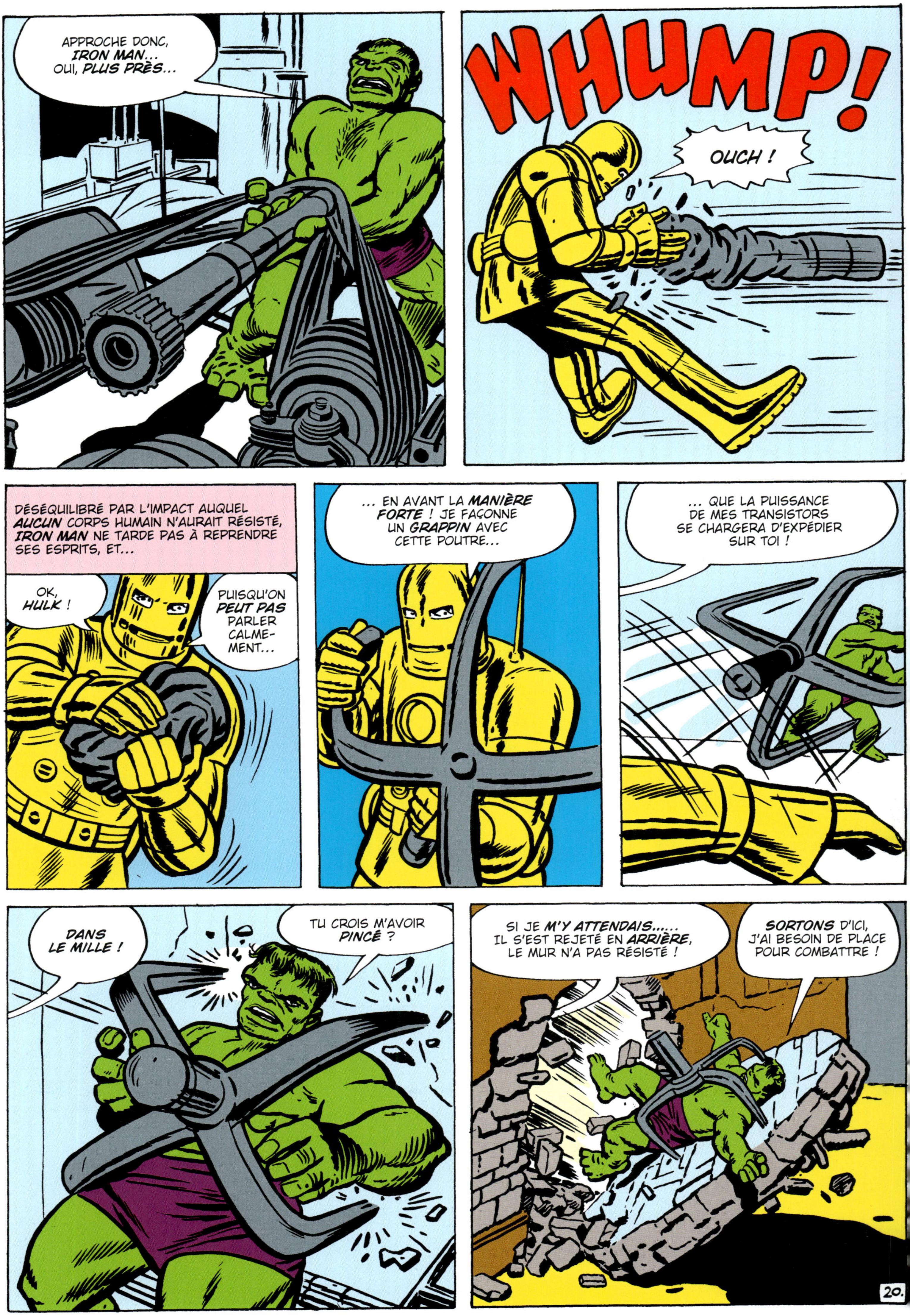
APPROCHE DONC, IRON MAN... OUI, PLUS PRÈS...
WHUMP!
OUCH !
DÉSÉQUILIBRÉ PAR L'IMPACT AUQUEL AUCUN CORPS HUMAIN N'AURAIT RÉSISTÉ, IRON MAN NE TARDE PAS À REPRENDRE SES ESPRITS, ET...
OK, HULK !
PUISQU'ON PEUT PAS PARLER CALMEMENT...
... EN AVANT LA MANIÈRE FORTE ! JE FAÇONNE UN GRAPPIN AVEC CETTE POUTRE...
... QUE LA PUISSANCE DE MES TRANSISTORS SE CHARGERA D'EXPÉDIER SUR TOI !
DANS LE MILLE !
TU CROIS M'AVOIR PINCÉ ?
SI JE M'Y ATTENDAIS..... IL S'EST REJETÉ EN ARRIÈRE, LE MUR N'A PAS RÉSISTÉ !
SORTONS D'ICI, J'AI BESOIN DE PLACE POUR COMBATTRE !
20.

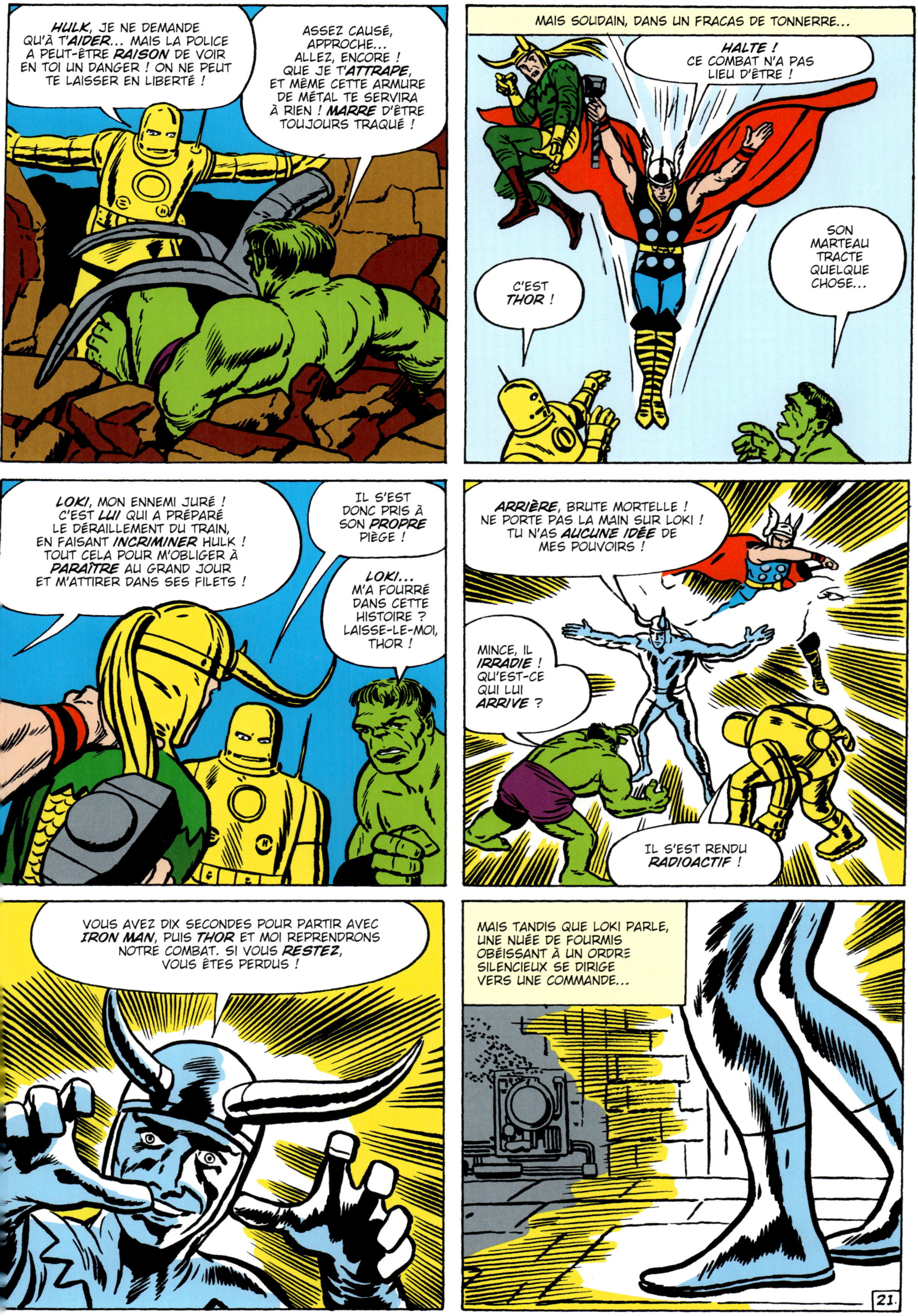

HULK, JE NE DEMANDE QU'À T'AIDER... MAIS LA POLICE A PEUT-ÊTRE RAISON DE VOIR EN TOI UN DANGER ! ON NE PEUT TE LAISSER EN LIBERTÉ !
ASSEZ CAUSÉ, APPROCHE... ALLEZ, ENCORE ! QUE JE T'ATTRAPE, ET MÊME CETTE ARMURE DE MÉTAL TE SERVIRA À RIEN ! MARRE D'ÊTRE TOUJOURS TRAQUÉ !
MAIS SOUDAIN, DANS UN FRACAS DE TONNERRE...
HALTE ! CE COMBAT N'A PAS LIEU D'ÊTRE !
C'EST THOR !
SON MARTEAU TRACTE QUELQUE CHOSE...
LOKI, MON ENNEMI JURÉ ! C'EST LUI QUI A PRÉPARÉ LE DÉRAILLEMENT DU TRAIN, EN FAISANT INCRIMINER HULK ! TOUT CELA POUR M'OBLIGER À PARAÎTRE AU GRAND JOUR ET M'ATTIRER DANS SES FILETS !
IL S'EST DONC PRIS À SON PROPRE PIÈGE !
LOKI... M'A FOURRÉ DANS CETTE HISTOIRE ? LAISSE-LE-MOI, THOR !
ARRIÈRE, BRUTE MORTELLE ! NE PORTE PAS LA MAIN SUR LOKI ! TU N'AS AUCUNE IDÉE DE MES POUVOIRS !
MINCE, IL IRRADIE ! QU'EST-CE QUI LUI ARRIVE ?
IL S'EST RENDU RADIOACTIF !
VOUS AVEZ DIX SECONDES POUR PARTIR AVEC IRON MAN, PUIS THOR ET MOI REPRENDRONS NOTRE COMBAT. SI VOUS RESTEZ, VOUS ÊTES PERDUS !
MAIS TANDIS QUE LOKI PARLE, UNE NUÉE DE FOURMIS OBÉISSANT À UN ORDRE SILENCIEUX SE DIRIGE VERS UNE COMMANDE...

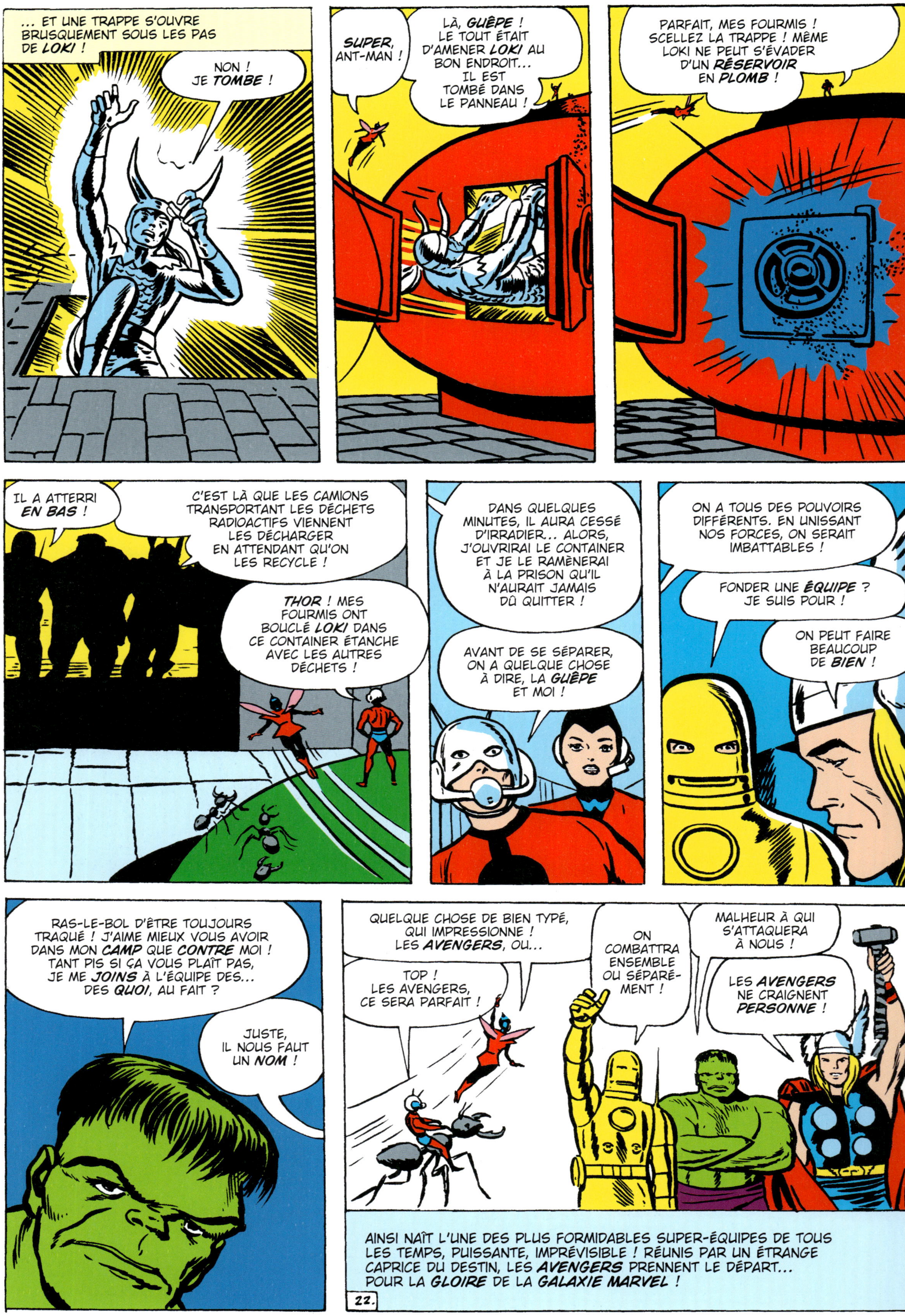
... ET UNE TRAPPE S'OUVRE BRUSQUEMENT SOUS LES PAS DE LOKI !
NON ! JE TOMBE !
SUPER, ANT-MAN !
LÀ, GUÊPE ! LE TOUT ÉTAIT D'AMENER LOKI AU BON ENDROIT... IL EST TOMBÉ DANS LE PANNEAU !
PARFAIT, MES FOURMIS ! SCELLEZ LA TRAPPE ! MÊME LOKI NE PEUT S'ÉVADER D'UN RÉSERVOIR EN PLOMB !
IL A ATTERRI EN BAS !
C'EST LÀ QUE LES CAMIONS TRANSPORTANT LES DÉCHETS RADIOACTIFS VIENNENT LES DÉCHARGER EN ATTENDANT QU'ON LES RECYCLE !
THOR ! MES FOURMIS ONT BOUCLÉ LOKI DANS CE CONTAINER ÉTANCHE AVEC LES AUTRES DÉCHETS !
DANS QUELQUES MINUTES, IL AURA CESSÉ D'IRRADIER... ALORS, J'OUVRIRAI LE CONTAINER ET JE LE RAMÈNERAI À LA PRISON QU'IL N'AURAIT JAMAIS DÛ QUITTER !
AVANT DE SE SÉPARER, ON A QUELQUE CHOSE À DIRE, LA GUÊPE ET MOI !
ON A TOUS DES POUVOIRS DIFFÉRENTS. EN UNISSANT NOS FORCES, ON SERAIT IMBATTABLES !
FONDER UNE ÉQUIPE ? JE SUIS POUR !
ON PEUT FAIRE BEAUCOUP DE BIEN !
RAS-LE-BOL D'ÊTRE TOUJOURS TRAQUÉ ! J'AIME MIEUX VOUS AVOIR DANS MON CAMP QUE CONTRE MOI ! TANT PIS SI ÇA VOUS PLAÎT PAS, JE ME JOINS À L'ÉQUIPE DES... DES QUOI, AU FAIT ?
JUSTE, IL NOUS FAUT UN NOM !
QUELQUE CHOSE DE BIEN TYPÉ, QUI IMPRESSIONNE ! LES AVENGERS, OU...
TOP ! LES AVENGERS, CE SERA PARFAIT !
ON COMBATTRA ENSEMBLE OU SÉPARÉMENT !
MALHEUR À QUI S'ATTAQUERA À NOUS !
LES AVENGERS NE CRAIGNENT PERSONNE !
AINSI NAÎT L'UNE DES PLUS FORMIDABLES SUPER-ÉQUIPES DE TOUS LES TEMPS, PUISSANTE, IMPRÉVISIBLE ! RÉUNIS PAR UN ÉTRANGE CAPRICE DU DESTIN, LES AVENGERS PRENNENT LE DÉPART... POUR LA GLOIRE DE LA GALAXIE MARVEL !
22.

X-MEN
X-Men
Uncanny X-Men (1963) 1
septembre 1963

Scénario : Stan Lee
Dessin : Jack Kirby
Encrage : Paul Reinman
Traduction : Françoise Effosse-Roche
Lettrage : Paul Catellani
Rédaction USA : Stan Lee, C.B. Cebulski

En 1963, **Stan Lee** et **Jack Kirby** n'ont pas que les **Avengers** sur la rampe de lancement. Ils travaillent également à la création d'une nouvelle série qui, à bien des égards, extrapole la dynamique des **Quatre Fantastiques**. Cette fois, l'équipe rassemble des personnages unis par l'origine de leurs pouvoirs. En fait, ces héros sont issus d'une espèce créée par les radiations. Cette idée d'une "espèce-sœur" des humains est l'un des thèmes de prédilection de Jack Kirby. Stan Lee, quant à lui, a déjà trouvé un titre pour cette série : *The Mutants*. Toutefois, le propriétaire de Marvel **Martin Goodman** s'y oppose, considérant que la plupart des jeunes lecteurs ignorent ce qu'est un mutant. Puisque les héros sont réunis autour du professeur **Xavier**, Stan Lee propose alors de les baptiser **X-Men**. Lee et Kirby mettront néanmoins quelques mois avant de se mettre d'accord sur les personnages qui composeront l'équipe. Pour l'anecdote, le deuxième épisode de la série laisse entendre que Xavier et **Magnéto** se connaissent depuis longtemps. Ce "détail" sera immédiatement oublié et ne sera réutilisé que des décennies plus tard, par le scénariste **Chris Claremont**.

DANS LE BUREAU PRINCIPAL D'UNE ÉCOLE TRÈS PRIVÉE SITUÉE DANS LE COMTÉ DE WESTCHESTER, NEW YORK, UN HOMME ÉTRANGE EST ASSIS. IMMOBILE, SEUL, SILENCIEUX, IL EST PLONGÉ DANS D'INDESCRIPTIBLES PENSÉES.
QUAND SA MÉDITATION PREND FIN, IL NE BOUGE TOUJOURS PAS, MAIS UNE BRUSQUE INJONCTION MENTALE TRAVERSE LES GRANDES SALLES DU BÂTIMENT !
ATTENTION, X-MEN ! ICI LE PROFESSEUR XAVIER ! JE RÉPÈTE : ICI LE PROFESSEUR XAVIER !
LA SÉANCE VA COMMENCER ! VENEZ IMMÉDIATEMENT ! TOUT RETARD SERA PUNI !
JAMAIS, DE MÉMOIRE D'HOMME, IL N'Y A EU DE "COURS" COMME CELUI-CI ! JAMAIS DE "PROFESSEUR" COMME LE PROFESSEUR XAVIER ! JAMAIS NON PLUS D'"ÉLÈVES" COMME LES...
"X-MEN"
CYCLOPE, PRÉSENT, MONSIEUR !
ANGEL, AU RAPPORT, MONSIEUR !
ICEBERG, JUSTE À L'HEURE, MONSIEUR !
LE FAUVE EST LÀ, MONSIEUR !
Écrit par : STAN LEE
Dessiné par : JACK KIRBY
Encré par : PAUL REINMAN
Traduit par : F. EFFOSSE-ROCHE
Lettré par : VIANNEY JALIN
X-401
ET MAINTENANT, APPRÊTEZ-VOUS À VIVRE L'AVENTURE LA PLUS PALPITANTE DE VOTRE VIE, EN ENTRANT DANS LE MONDE INCERTAIN ET FASCINANT DES... X-MEN !

ALLEZ, **ANGEL.** ON INCLINE SON DOSSIER POUR QU'IL SOIT PLUS À L'AISE !
BIEN SÛR, **CYCLOPE.** IL FAUT QU'IL SOIT BIEN PENDANT QU'ON PARADE !
HÉ ! **FAUVE,** VIENS VOIR CE QUE J'AI APPRIS À FAIRE AVEC MON POUVOIR !
LAISSE MON BRAS TRANQUILLE ! TU VEUX ME FAIRE MOURIR DE **FROID ??!**
BRRR ! J'AIME BIEN LES GLAÇONS, MAIS DANS DU **COCA !**
HA ! VOUS ÊTES QUE DES **MAUVIETTES !** VOUS SUPPORTEZ MÊME PAS UN P'TIT RAFRAÎCHISSEMENT !
DES MAUVIETTES, **NOUS ??** ATTENDS QUE MON BRAS DÉCONGÈLE, ET TU VAS RAVALER TES MOTS !
AH OUI ? OÙ EST TON ARMÉE ?
HEP ! PAS DE ÇA PENDANT LES COURS, VOUS DEUX.
MERCI, **ANGEL.** ON ENTAME LE COURS ! C'EST TOI QUI COMMENCES, **FAUVE !** PRÉPARE SA MACHINE D'ENTRAÎNEMENT, **CYCLOPE.**
C'EST DÉJÀ FAIT, PROFESSEUR !
PERMETTEZ-MOI DE VOUS FÉLICITER TOUS. VOUS RECEVEZ PARFAITEMENT MES PENSÉES. J'AURAI BIENTÔT PLUS BESOIN D'OUVRIR LA BOUCHE !
ALLEZ, **FAUVE...** ATTRAPE LA BARRE AU-DESSUS DE TOI AVEC TES ORTEILS ! T'AS UNE SECONDE ET DEMIE !
RIEN DE PLUS FACILE !

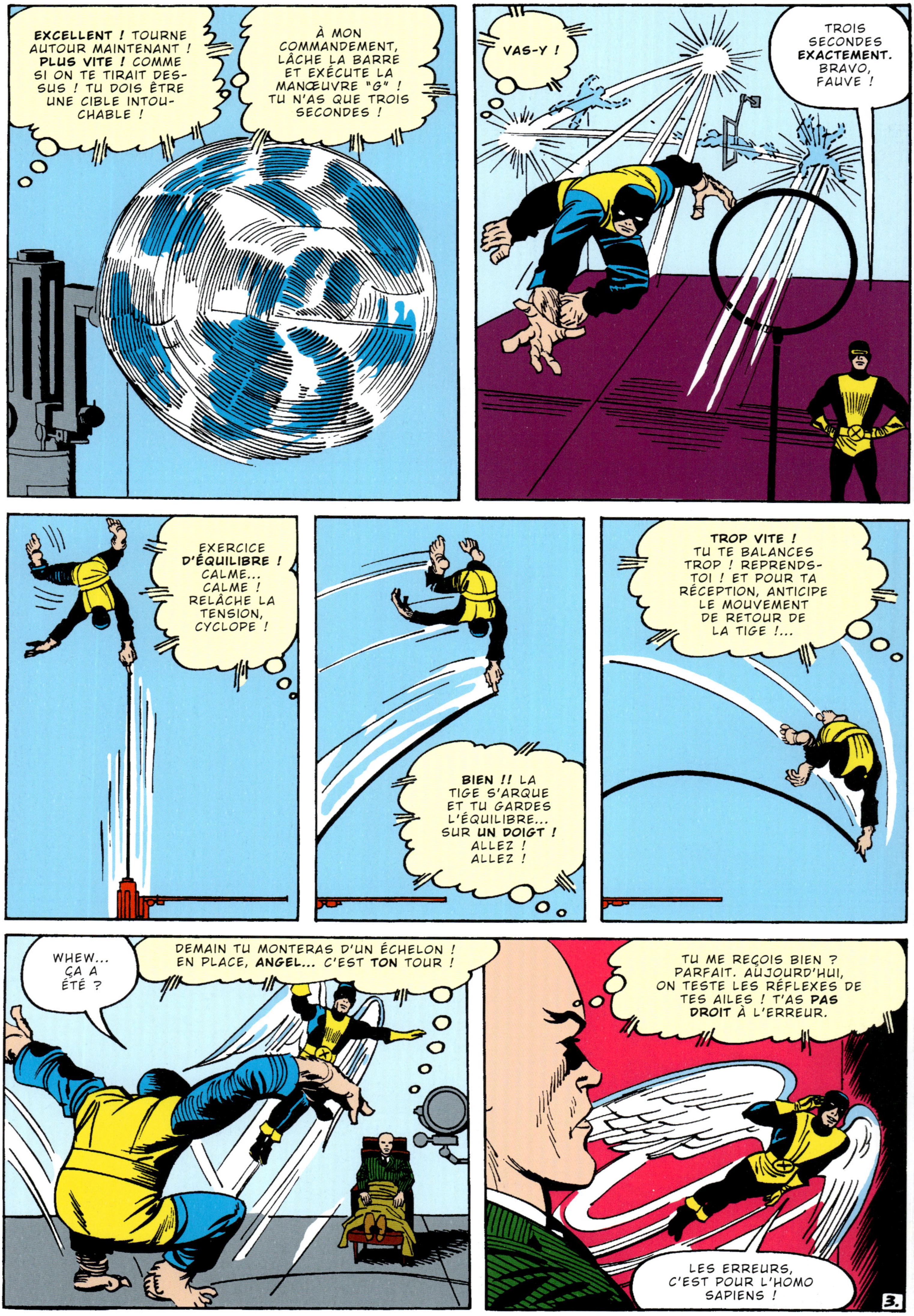
EXCELLENT ! TOURNE AUTOUR MAINTENANT ! PLUS VITE ! COMME SI ON TE TIRAIT DESSUS ! TU DOIS ÊTRE UNE CIBLE INTOUCHABLE !
À MON COMMANDEMENT, LÂCHE LA BARRE ET EXÉCUTE LA MANŒUVRE "G" ! TU N'AS QUE TROIS SECONDES !
VAS-Y !
TROIS SECONDES EXACTEMENT. BRAVO, FAUVE !
EXERCICE D'ÉQUILIBRE ! CALME... CALME ! RELÂCHE LA TENSION, CYCLOPE !
BIEN !! LA TIGE S'ARQUE ET TU GARDES L'ÉQUILIBRE... SUR UN DOIGT ! ALLEZ ! ALLEZ !
TROP VITE ! TU TE BALANCES TROP ! REPRENDS-TOI ! ET POUR TA RÉCEPTION, ANTICIPE LE MOUVEMENT DE RETOUR DE LA TIGE !...
WHEW... ÇA A ÉTÉ ?
DEMAIN TU MONTERAS D'UN ÉCHELON ! EN PLACE, ANGEL... C'EST TON TOUR !
TU ME REÇOIS BIEN ? PARFAIT. AUJOURD'HUI, ON TESTE LES RÉFLEXES DE TES AILES ! T'AS PAS DROIT À L'ERREUR.
LES ERREURS, C'EST POUR L'HOMO SAPIENS !
3.

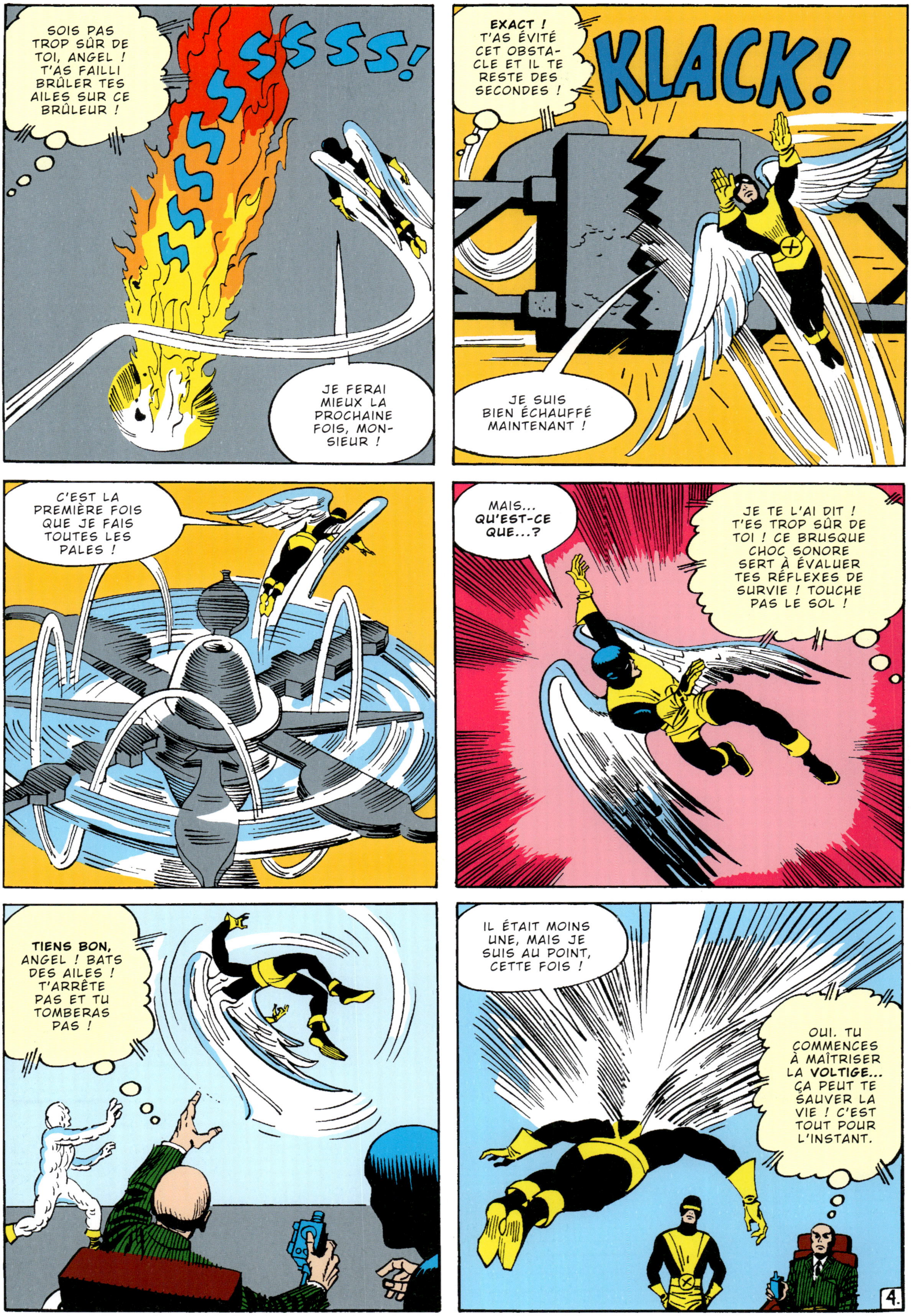
SOIS PAS TROP SÛR DE TOI, ANGEL ! T'AS FAILLI BRÛLER TES AILES SUR CE BRÛLEUR !
SSSSSSSSS!
JE FERAI MIEUX LA PROCHAINE FOIS, MONSIEUR !
EXACT ! T'AS ÉVITÉ CET OBSTACLE ET IL TE RESTE DES SECONDES !
KLACK!
JE SUIS BIEN ÉCHAUFFÉ MAINTENANT !
C'EST LA PREMIÈRE FOIS QUE JE FAIS TOUTES LES PALES !
MAIS... QU'EST-CE QUE...?
JE TE L'AI DIT ! T'ES TROP SÛR DE TOI ! CE BRUSQUE CHOC SONORE SERT À ÉVALUER TES RÉFLEXES DE SURVIE ! TOUCHE PAS LE SOL !
TIENS BON, ANGEL ! BATS DES AILES ! T'ARRÊTE PAS ET TU TOMBERAS PAS !
IL ÉTAIT MOINS UNE, MAIS JE SUIS AU POINT, CETTE FOIS !
OUI. TU COMMENCES À MAÎTRISER LA VOLTIGE... ÇA PEUT TE SAUVER LA VIE ! C'EST TOUT POUR L'INSTANT.
4.

PROFESSEUR, QUAND VOUS OCCUPEREZ-VOUS DE MOI ? JE SUIS P'T'ÊTRE LE PLUS JEUNE, MAIS J'AURAI **JAMAIS** MON DIPLÔME À CE RYTHME-LÀ !
UN PEU DE PATIENCE, **ICEBERG !** T'AS ENCORE CINQ MINUTES POUR FAIRE CE QUE TU VEUX !
PUISQU'IL ME TRAITE COMME UN GAMIN, IL VA VOIR... UNE CAROTTE, QUELQUES BOUTONS...
AU MOINS, CE SERA RIGOLO !
ICEBERG OUBLIE QUE JE PEUX LIRE SES PENSÉES ! **FAUVE,** À TOI ! TU N'AS QUE DIX SECONDES !
TA TA TA TAAAA ! JE SUIS LE **BONHOMME DE NEIGE !**
JE VAIS M'INSTALLER SUR LA **PELOUSE** D'UN VOISIN, PUISQU'ON S'OCCUPE PAS D'MOI !
IL EST AILLEURS... LANCE LA BALLE, FAUVE !
FAIS ATTENTION, ICEBERG ! C'EST PAS UNE **BULLE DE SAVON !**
AH ! ENFIN UN TEST POUR **MOI !** JE VAIS FAIRE UN ÉCRAN DE GLACE AVEC MON SOUFFLE, ET LÀ...
ATTRAPE, PARTENAIRE !
BRAVO, ICEBERG ! TES RÉFLEXES SONT **SURPRENANTS** POUR UN GARÇON DE 16 ANS !
5.

BONNE PASSE, VIEUX FRÈRE ! ON EST BONS POUR DÉFIER LES HARLEM GLOBE-TROTTERS !
SILENCE, FAUVE ! LE COURS EST PAS FINI. À CYCLOPE, MAINTENANT !
DITES DONC, VOUS DEUX... À L'AVENIR, SOYEZ PRUDENTS ! CETTE BALLE A FRÔLÉ LE PROFESSEUR ! ÇA AURAIT PU ÊTRE GRAVE !
SORS DES TRIBUNES, CYCLOPE ! ON SAIT CE QU'ON FAIT ! ET LE PROF SAIT QU'ON CHERCHE PAS PLUS QUE TOI À LE BLESSER !
CYCLOPE ! C'EST À TOI !! FAIS COMME SI LE FAUVE ET ICEBERG ÉTAIENT TES ENNEMIS ! METS-LES K.-O. SANS LEUR FAIRE MAL !
À VOS ORDRES !
LENTEMENT, CYCLOPE ACTIONNE LA MANETTE LATÉRALE DE SON CASQUE, ET SA VISIÈRE SE LÈVE. BIENTÔT...
TOI D'ABORD, FAUVE ! T'ES LE PLUS VIEUX !
YEOW!
FERME TA VISIÈRE, TU VEUX ??! T'AS FAILLI M'FAIRE TRAVERSER LE MUR !
DÉSOLÉ ! JE VOULAIS JUSTE MONTRER AU PROF CE QUE JE SAIS FAIRE !
À TOI, ICEBERG ! TU PERDS TON TEMPS, JUNIOR... CE CUBE DE GLACE N'ARRÊTERA PAS MA RAFALE D'ÉNERGIE !
ÇA LA RALENTIRA EN TOUT CAS !
6.

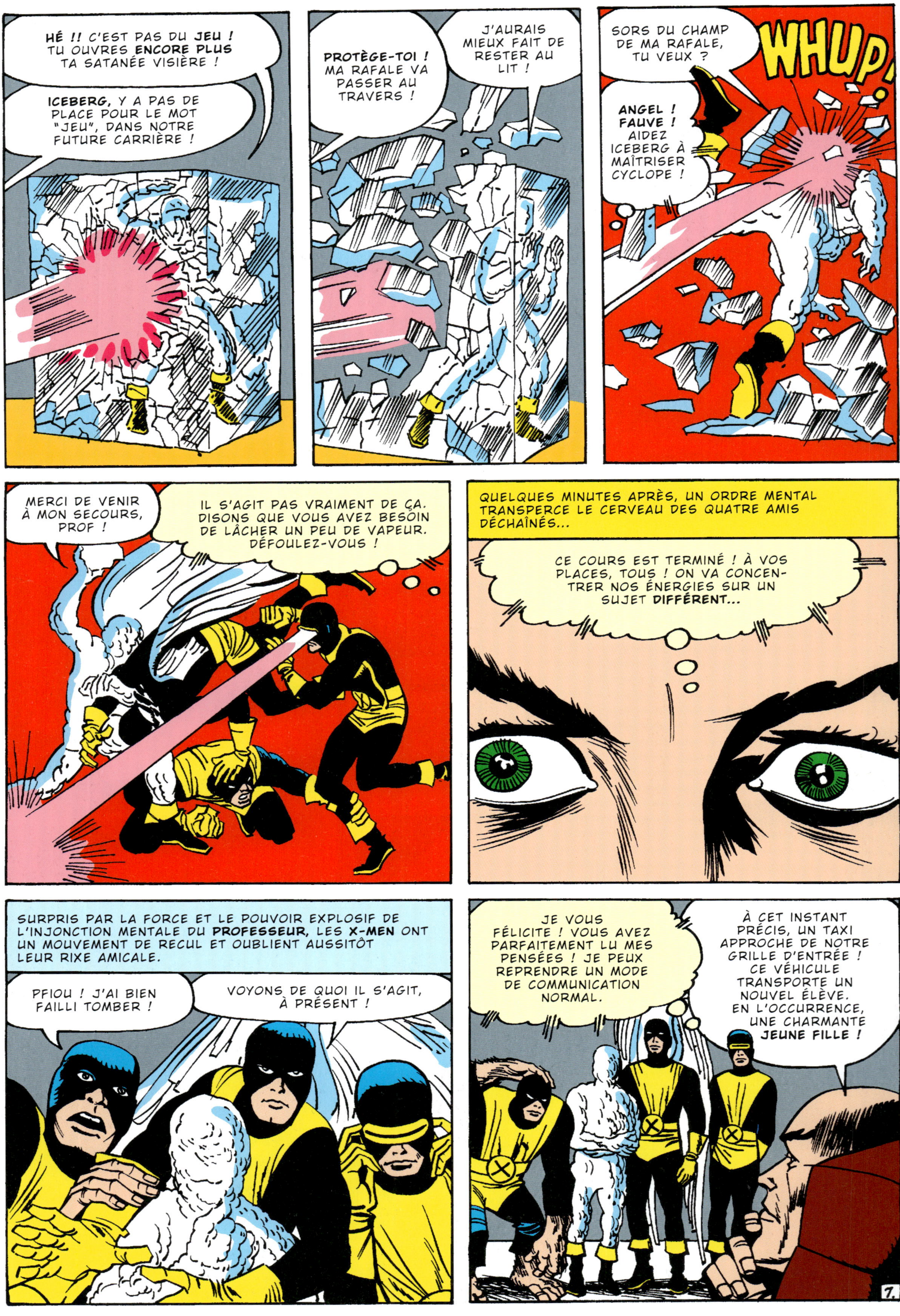
HÉ !! C'EST PAS DU JEU ! TU OUVRES ENCORE PLUS TA SATANÉE VISIÈRE !
ICEBERG, Y A PAS DE PLACE POUR LE MOT "JEU", DANS NOTRE FUTURE CARRIÈRE !
PROTÈGE-TOI ! MA RAFALE VA PASSER AU TRAVERS !
J'AURAIS MIEUX FAIT DE RESTER AU LIT !
SORS DU CHAMP DE MA RAFALE, TU VEUX ?
WHUP!
ANGEL ! FAUVE ! AIDEZ ICEBERG À MAÎTRISER CYCLOPE !
MERCI DE VENIR À MON SECOURS, PROF !
IL S'AGIT PAS VRAIMENT DE ÇA. DISONS QUE VOUS AVEZ BESOIN DE LÂCHER UN PEU DE VAPEUR. DÉFOULEZ-VOUS !
QUELQUES MINUTES APRÈS, UN ORDRE MENTAL TRANSPERCE LE CERVEAU DES QUATRE AMIS DÉCHAÎNÉS...
CE COURS EST TERMINÉ ! À VOS PLACES, TOUS ! ON VA CONCENTRER NOS ÉNERGIES SUR UN SUJET DIFFÉRENT...
SURPRIS PAR LA FORCE ET LE POUVOIR EXPLOSIF DE L'INJONCTION MENTALE DU PROFESSEUR, LES X-MEN ONT UN MOUVEMENT DE RECUL ET OUBLIENT AUSSITÔT LEUR RIXE AMICALE.
PFIOU ! J'AI BIEN FAILLI TOMBER !
VOYONS DE QUOI IL S'AGIT, À PRÉSENT !
JE VOUS FÉLICITE ! VOUS AVEZ PARFAITEMENT LU MES PENSÉES ! JE PEUX REPRENDRE UN MODE DE COMMUNICATION NORMAL.
À CET INSTANT PRÉCIS, UN TAXI APPROCHE DE NOTRE GRILLE D'ENTRÉE ! CE VÉHICULE TRANSPORTE UN NOUVEL ÉLÈVE. EN L'OCCURRENCE, UNE CHARMANTE JEUNE FILLE !
7.

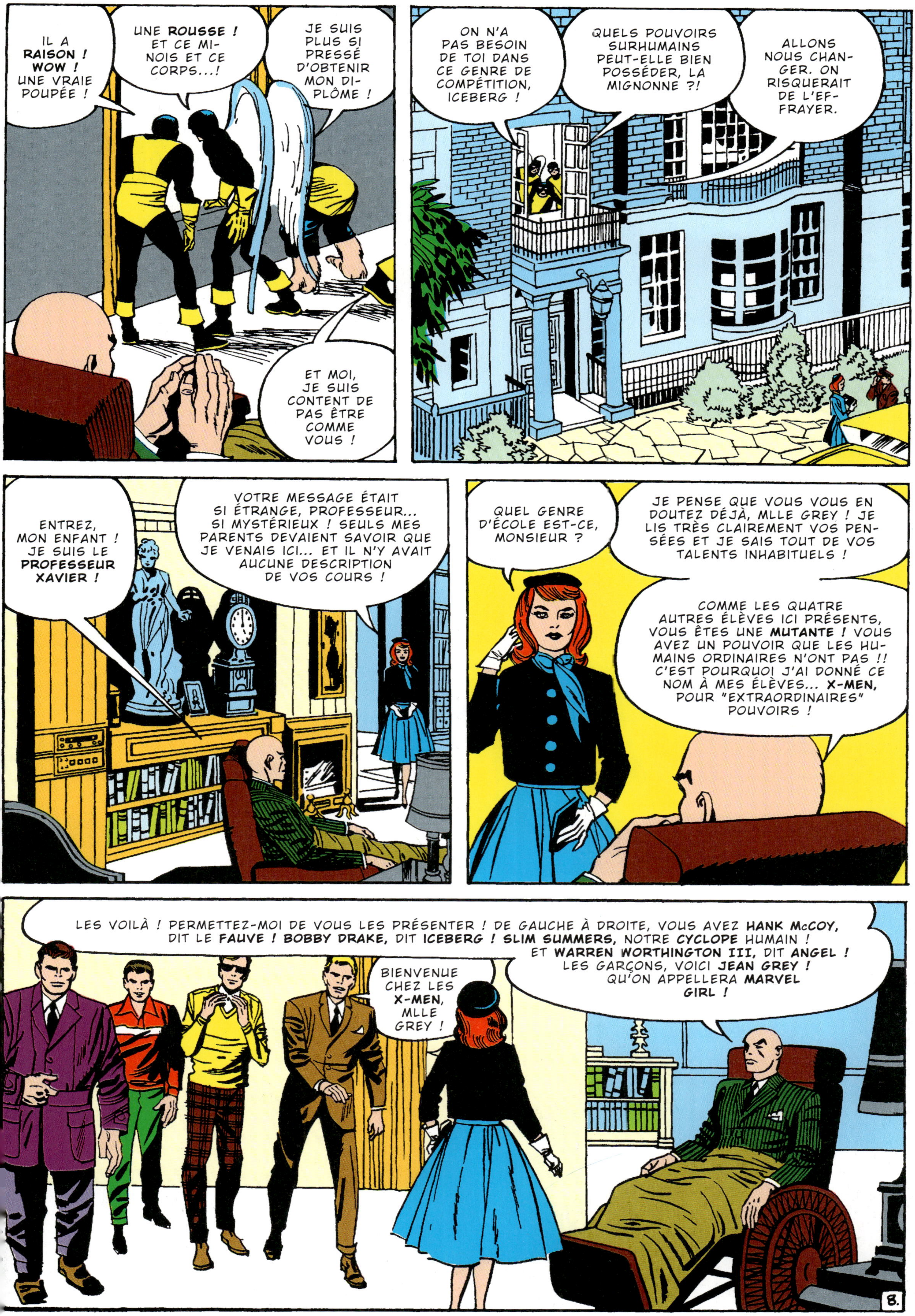
IL A RAISON ! WOW ! UNE VRAIE POUPÉE !
UNE ROUSSE ! ET CE MINOIS ET CE CORPS...!
JE SUIS PLUS SI PRESSÉ D'OBTENIR MON DIPLÔME !
ET MOI, JE SUIS CONTENT DE PAS ÊTRE COMME VOUS !
ON N'A PAS BESOIN DE TOI DANS CE GENRE DE COMPÉTITION, ICEBERG !
QUELS POUVOIRS SURHUMAINS PEUT-ELLE BIEN POSSÉDER, LA MIGNONNE ?!
ALLONS NOUS CHANGER. ON RISQUERAIT DE L'EFFRAYER.
ENTREZ, MON ENFANT ! JE SUIS LE PROFESSEUR XAVIER !
VOTRE MESSAGE ÉTAIT SI ÉTRANGE, PROFESSEUR... SI MYSTÉRIEUX ! SEULS MES PARENTS DEVAIENT SAVOIR QUE JE VENAIS ICI... ET IL N'Y AVAIT AUCUNE DESCRIPTION DE VOS COURS !
QUEL GENRE D'ÉCOLE EST-CE, MONSIEUR ?
JE PENSE QUE VOUS VOUS EN DOUTEZ DÉJÀ, MLLE GREY ! JE LIS TRÈS CLAIREMENT VOS PENSÉES ET JE SAIS TOUT DE VOS TALENTS INHABITUELS !
COMME LES QUATRE AUTRES ÉLÈVES ICI PRÉSENTS, VOUS ÊTES UNE MUTANTE ! VOUS AVEZ UN POUVOIR QUE LES HUMAINS ORDINAIRES N'ONT PAS !! C'EST POURQUOI J'AI DONNÉ CE NOM À MES ÉLÈVES... X-MEN, POUR "EXTRAORDINAIRES" POUVOIRS !
LES VOILÀ ! PERMETTEZ-MOI DE VOUS LES PRÉSENTER ! DE GAUCHE À DROITE, VOUS AVEZ HANK McCOY, DIT LE FAUVE ! BOBBY DRAKE, DIT ICEBERG ! SLIM SUMMERS, NOTRE CYCLOPE HUMAIN ! ET WARREN WORTHINGTON III, DIT ANGEL ! LES GARÇONS, VOICI JEAN GREY ! QU'ON APPELLERA MARVEL GIRL !
BIENVENUE CHEZ LES X-MEN, MLLE GREY !
8.

POURQUOI "MARVEL GIRL" ? C'EST QUOI, VOTRE POUVOIR ?
EN TOUT CAS, ELLE SAIT FAIRE CHAVIRER LE CŒUR D'UN HOMME !
ARRÊTE TON BARATIN, WARREN. T'ES GROTESQUE !
VOUS ALLEZ BIENTÔT ME CONNAÎTRE, LES GARS.
APPORTE UNE CHAISE À LA DAME, SLIM !
TOUS LES MEUBLES, SI ELLE VEUT, HANK !
CE SERA PAS NÉCESSAIRE, SLIM !
LA CHAISE ! ELLE ME GLISSE DES MAINS !
YIIII !!! QUE SE PASSE-T-IL ?
JE VOUS ÉPARGNE LE DÉRANGEMENT ! C'EST TOUT !
ZZIPP
BIEN, PROFESSEUR. JE PENSE QU'ON PEUT POURSUIVRE NOTRE ENTRETIEN...
QU'EST-CE QUI EST ARRIVÉ À CETTE CHAISE, MONSIEUR ?
TU DEVRAIS LEUR EN MONTRER PLUS, JEAN !
D'ACCORD ! J'AI TOUJOURS DÛ CACHER MON POUVOIR...
... ALORS C'EST UN PLAISIR DE POUVOIR LE PRATIQUER LIBREMENT EN PUBLIC ! REGARDEZ CE LIVRE !
JE PEUX DÉPLACER TOUS LES OBJETS PAR LA PENSÉE !
MAINTENANT, JE LE REMETS EN PLACE... COMME ÇA !
9.

MERCI, JEAN ! IL EST TEMPS QUE JE TE PARLE DE MON ÉCOLE...
MES PARENTS ONT TRAVAILLÉ SUR LE PREMIER PROJET DE LA BOMBE A... COMME VOUS TOUS ICI, JE SUIS UN MUTANT... JE PEUX LIRE LES PENSÉES ET PROJETER LES MIENNES DANS LE CERVEAU D'AUTRUI !
QUAND J'ÉTAIS JEUNE, JE FAISAIS PEUR AUX GENS NORMAUX ! J'AI VITE RÉALISÉ QUE LA RACE HUMAINE N'ÉTAIT PAS PRÊTE À **ACCEPTER** LES GENS COMME NOUS ! ALORS J'AI DÉCIDÉ DE BÂTIR UN REFUGE... UNE ÉCOLE POUR **X-MEN !**
LES HUMAINS NORMAUX NE SOUPÇONNENT PAS QU'ICI, ON APPREND À UTILISER NOS POUVOIRS À LEUR PROFIT... ON AIDE CEUX QUI SE MÉFIERAIENT DE NOUS S'ILS CONNAISSAIENT NOTRE EXISTENCE !
UN ACCIDENT D'ENFANCE M'A VISSÉ À CETTE CHAISE, MAIS J'AI TOUT UN DISPOSITIF SOUS MES ORDRES... ET JE SUIS, PAR L'ESPRIT, EN CONTACT PERMANENT AVEC MES **X-MEN !**
JE VOUS LAISSE ENTRE VOUS, À PRÉSENT !
QUE JE SOIS LE PREMIER À T'ACCUEILLIR, MA BELLE !
HANK ! ÔTE TES SALES PATTES !
OH !
NOM D'UN CHIEN !
AH AH ! QU'ELLE LE **LAISSE** LÀ-HAUT, CE GROS SINGE !
LAISSE, WARREN ! JE SAIS ME DÉFENDRE TOUTE SEULE !
PITIÉ ! JE VOULAIS JUSTE ÊTRE **AMICAL !**
ARRÊTE ! J'AI LA **NAUSÉE !** FAIS-MOI DESCENDRE, ALLEZ !
C'EST BON.
VOILÀ ! T'ES DESCENDU !
WHUMP!
OOUFF !!
10.

J'ESPÈRE QUE JE N'AI PAS ÉTÉ TROP DURE ?!
MAIS NON, JEAN ! ON PREND PAS DE GANTS, ICI ! ON **DOIT** S'ENTRAÎNER À LA DURE POUR SE PRÉPARER À INTERVENIR **DEHORS** !
PUISQUE VOUS EN PARLEZ... C'EST QUOI AU JUSTE, NOTRE MISSION, MONSIEUR ?
IL Y A DE PLUS EN PLUS DE MUTANTS SUR LA TERRE, JEAN...
ILS VEULENT PAS **TOUS** AIDER L'HUMANITÉ ! CERTAINS LA HAÏSSENT ET VEULENT LA **DÉTRUIRE** ! D'AUTRES PENSENT QUE LES MUTANTS DEVRAIENT L'ASSERVIR ! NOTRE DEVOIR EST DE PROTÉGER L'HUMANITÉ DE CES **VILAINS MUTANTS** !
JUSTEMENT, L'UN D'EUX S'APPRÊTE À **FRAPPER**... DANS UN LABORATOIRE SECRET PRÈS DE CAP CITADEL !
LE MOMENT EST VENU !
TOUS CES MOIS DE PRÉPARATION VONT ENFIN PAYER !
LA RACE HUMAINE NE MÉRITE PLUS DE DIRIGER LA TERRE ! L'HEURE DES **MUTANTS** A SONNÉ !
JE VAIS D'ABORD LEUR MONTRER MON **POUVOIR**... L'HOMO SAPIENS S'INCLINERA DEVANT L'HOMO **SUPERIOR** !
UNE FUSÉE TRÈS PUISSANTE EST SUR LE POINT DE DÉCOLLER ! LE GOUVERNEMENT A DÉPLOYÉ LA SÉCURITÉ MAXIMUM ET PENSE QUE **RIEN** N'ENTRAVERA SON VOL !
MAIS ICI, À DES KILOMÈTRES DE L'AIRE DE LANCEMENT, **MAGNÉTO** VA LES TOURNER EN RIDICULE !
11.

AHHH ! JE SENS LES ONDES IMPARABLES DE PURE ÉNERGIE MAGNÉTIQUE GLISSER HORS DE MOI ! JE VAIS DIRIGER CETTE ÉNERGIE DE PLUS EN PLUS HAUT...
... JUSQU'À CE QU'ELLE FRAPPE LE MISSILE, LE FASSE CHANGER DE TRAJECTOIRE... VACILLER... PERDRE DE L'ALTITUDE...
... ET QU'IL SOIT DÉTRUIT IRRÉVOCABLEMENT !
TOUT ÉTAIT OK, GÉNÉRAL ! J'VOIS QU'UNE EXPLICATION... UN SABOTAGE !
MAIS COMMENT ? MÊME UN MICROBE FRANCHIRAIT PAS NOS SYSTÈMES DE SÉCURITÉ !
NASA
LE LENDEMAIN, LA NOUVELLE DEVIENT PUBLIQUE...
INCROYABLE ! ON DIRAIT L'ŒUVRE D'UN FANTÔME DESTRUCTEUR !
UN AUTRE MISSILE S'EST ÉCRASÉ !
DAILY GLOBE FINAL
UN 6E MISSILE TOMBE EN MER !
LE SABOTEUR FANTÔME A ENCORE FRAPPÉ !
MAIS LE PIRE EST ENCORE À VENIR ! PRÈS DE LA GRILLE SURVEILLÉE QUI ENTOURE LE SITE DE LANCEMENT...
ARRÊTEZ DE REMUER CETTE MITRAILLEUSE !
ELLE... ELLE BOUGE TOUTE SEULE, MONSIEUR !
ET TEL UN OBJET VIVANT, LA MACHINE SE MET À BONDIR, TOURNER, ET TIRER SAUVAGEMENT DANS TOUS LES SENS...
À L'ABRI ! ON PEUT PLUS LA CONTRÔLER !

MAIS LA MITRAILLEUSE N'EST PAS LE SEUL OBJET À... DEVENIR FOU !
COUREZ ! LE TANK SE DÉPLACE TOUT SEUL !
ON-ON DIRAIT QU'IL A UNE PENSÉE ! QU'IL VEUT NOUS MENACER !
SWISH !
CLANK !
CLANK !
EN QUELQUES SECONDES, TOUTE L'INSTALLATION EST CONCERNÉE. DES MESURES D'URGENCE SONT PRISES, ET...
SONNEZ L'ALARME ! ALERTE ROUGE ! PRÉVENEZ LE PENTAGONE !
GÉNÉRAL ! REGARDEZ ! DANS LE CIEL !
APPARAISSANT COMME PAR MAGIE AU-DESSUS DES TROUPES STUPÉFAITES, D'IMMENSES LETTRES SE DESSINENT... LE MUTANT MAGNÉTISE LES PARTICULES DE POUSSIÈRE POUR ÉCRIRE UN MESSAGE !
RENDEZ-VOUS OU JE PRENDS LA BASE DE FORCE !
Magnéto
MAGNÉTO ? QUI EST MAGNÉTO ?
EST-CE QUE C'EST UNE SINISTRE FARCE, GÉNÉRAL ?
VOUS AVEZ VU LA MITRAILLEUSE... LE TANK... C'EST PAS UNE PLAISANTERIE, COLONEL !
NASA
ILS ONT PEUR ! BIEN ! L'ÉLÉMENT DE SURPRISE EST EN MA FAVEUR !
MAIS ILS ONT PAS L'AIR DE SE RENDRE ! PEUT-ÊTRE LEUR FAUT-IL UNE AUTRE DÉMONSTRATION DE MON POUVOIR !
CE STIMULATEUR VA ACCROÎTRE LA PUISSANCE DE MES IMPULSIONS MAGNÉTIQUES ET, LÀ, L'HOMO SAPIENS N'AURA PLUS AUCUN DOUTE !
13.

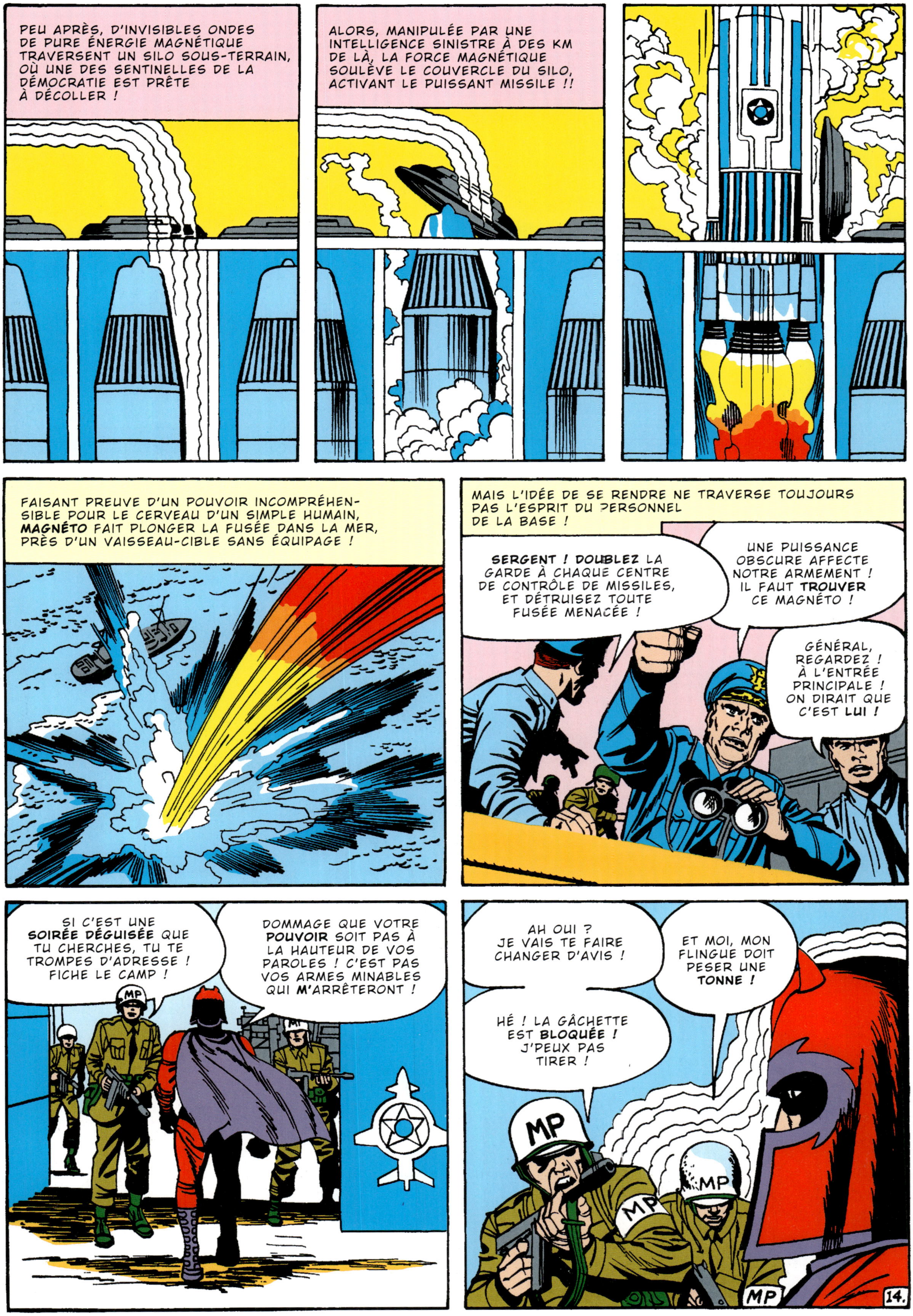

PEU APRÈS, D'INVISIBLES ONDES DE PURE ÉNERGIE MAGNÉTIQUE TRAVERSENT UN SILO SOUS-TERRAIN, OÙ UNE DES SENTINELLES DE LA DÉMOCRATIE EST PRÊTE À DÉCOLLER !
ALORS, MANIPULÉE PAR UNE INTELLIGENCE SINISTRE À DES KM DE LÀ, LA FORCE MAGNÉTIQUE SOULÈVE LE COUVERCLE DU SILO, ACTIVANT LE PUISSANT MISSILE !!
FAISANT PREUVE D'UN POUVOIR INCOMPRÉHENSIBLE POUR LE CERVEAU D'UN SIMPLE HUMAIN, MAGNÉTO FAIT PLONGER LA FUSÉE DANS LA MER, PRÈS D'UN VAISSEAU-CIBLE SANS ÉQUIPAGE !
MAIS L'IDÉE DE SE RENDRE NE TRAVERSE TOUJOURS PAS L'ESPRIT DU PERSONNEL DE LA BASE !
SERGENT ! DOUBLEZ LA GARDE À CHAQUE CENTRE DE CONTRÔLE DE MISSILES, ET DÉTRUISEZ TOUTE FUSÉE MENACÉE !
UNE PUISSANCE OBSCURE AFFECTE NOTRE ARMEMENT ! IL FAUT TROUVER CE MAGNÉTO !
GÉNÉRAL, REGARDEZ ! À L'ENTRÉE PRINCIPALE ! ON DIRAIT QUE C'EST LUI !
SI C'EST UNE SOIRÉE DÉGUISÉE QUE TU CHERCHES, TU TE TROMPES D'ADRESSE ! FICHE LE CAMP !
DOMMAGE QUE VOTRE POUVOIR SOIT PAS À LA HAUTEUR DE VOS PAROLES ! C'EST PAS VOS ARMES MINABLES QUI M'ARRÊTERONT !
AH OUI ? JE VAIS TE FAIRE CHANGER D'AVIS !
HÉ ! LA GÂCHETTE EST BLOQUÉE ! J'PEUX PAS TIRER !
ET MOI, MON FLINGUE DOIT PESER UNE TONNE !
14.

ET MAINTENANT J'INVERSE LES **POLARITÉS** DE MES ONDES MAGNÉTIQUES POUR **ÉLOIGNER** DE MOI **N'IMPORTE QUEL** PROJECTILE !
APPELEZ LES RENFORTS !
C'EST DÉJÀ FAIT !
MP
MP
MP
MAIS LES RENFORTS SONT TOUT AUSSI IMPUISSANTS À ARRÊTER LA PROGRESSION DE MAGNÉTO !
Y A UNE BARRIÈRE INVISIBLE QUI LE PROTÈGE ET NOUS REPOUSSE !
ET VOILÀ ! EN RESSERRANT MES ONDES AUTOUR D'EUX, JE LES CONFINE À CET ENDROIT, LE TEMPS POUR MOI DE VOIR LEUR GÉNÉRAL EN CHEF !
ET ENFIN...
REPOS, MESSIEURS !
QUANT À VOUS, VOUS AVEZ 60 SECONDES POUR ME DIRE CE QUE VOUS AVEZ À DIRE !
FAUX, GÉNÉRAL ! J'AI TOUT MON TEMPS ! ET AU NOM DE L'**HOMO SUPERIOR,** JE RÉCLAME LA TOTALITÉ DE CES INSTALLATIONS !!
SORTONS DE LÀ ! FAUT QU'ON L'ARRÊTE !
MAIS **QU'EST-CE QUE...?** ON EST ENFERMÉS DANS UN **FILET** VIVANT ET INVISIBLE !
CE "FILET VIVANT", COMME VOUS DITES, EST LE SYMBOLE DE MON POUVOIR ! C'EST UN PUISSANT CHAMP DE FORCE **MAGNÉTIQUE !**
MON PREMIER OBJECTIF EST ATTEINT ! CAP CITADEL **M'APPARTIENT !**
15.

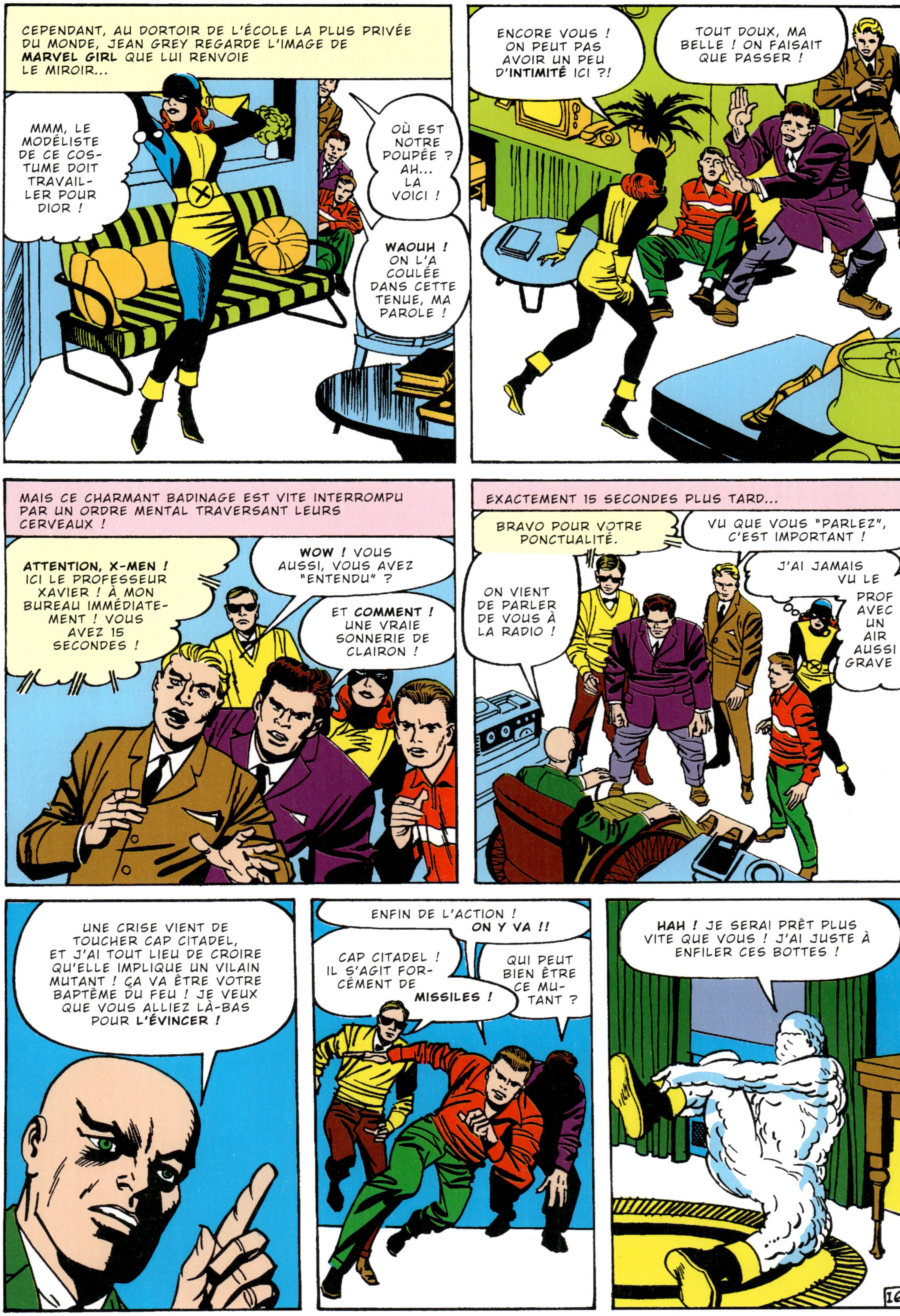

CEPENDANT, AU DORTOIR DE L'ÉCOLE LA PLUS PRIVÉE DU MONDE, JEAN GREY REGARDE L'IMAGE DE **MARVEL GIRL** QUE LUI RENVOIE LE MIROIR...
MMM, LE MODÉLISTE DE CE COSTUME DOIT TRAVAILLER POUR DIOR !
OÙ EST NOTRE POUPÉE ? AH... LA VOICI !
WAOUH ! ON L'A COULÉE DANS CETTE TENUE, MA PAROLE !
ENCORE VOUS ! ON PEUT PAS AVOIR UN PEU D'**INTIMITÉ** ICI ?!
TOUT DOUX, MA BELLE ! ON FAISAIT QUE PASSER !
MAIS CE CHARMANT BADINAGE EST VITE INTERROMPU PAR UN ORDRE MENTAL TRAVERSANT LEURS CERVEAUX !
ATTENTION, X-MEN ! ICI LE PROFESSEUR XAVIER ! À MON BUREAU IMMÉDIATEMENT ! VOUS AVEZ 15 SECONDES !
WOW ! VOUS AUSSI, VOUS AVEZ "ENTENDU" ?
ET **COMMENT !** UNE VRAIE SONNERIE DE CLAIRON !
EXACTEMENT 15 SECONDES PLUS TARD...
BRAVO POUR VOTRE PONCTUALITÉ.
VU QUE VOUS "PARLEZ", C'EST IMPORTANT !
ON VIENT DE PARLER DE VOUS À LA RADIO !
J'AI JAMAIS VU LE PROF AVEC UN AIR AUSSI GRAVE !
UNE CRISE VIENT DE TOUCHER CAP CITADEL, ET J'AI TOUT LIEU DE CROIRE QU'ELLE IMPLIQUE UN VILAIN MUTANT ! ÇA VA ÊTRE VOTRE BAPTÊME DU FEU ! JE VEUX QUE VOUS ALLIEZ LÀ-BAS POUR **L'ÉVINCER !**
ENFIN DE L'ACTION ! **ON Y VA !!**
CAP CITADEL ! IL S'AGIT FORCÉMENT DE **MISSILES !**
QUI PEUT BIEN ÊTRE CE MUTANT ?
HAH ! JE SERAI PRÊT PLUS VITE QUE VOUS ! J'AI JUSTE À ENFILER CES BOTTES !
16

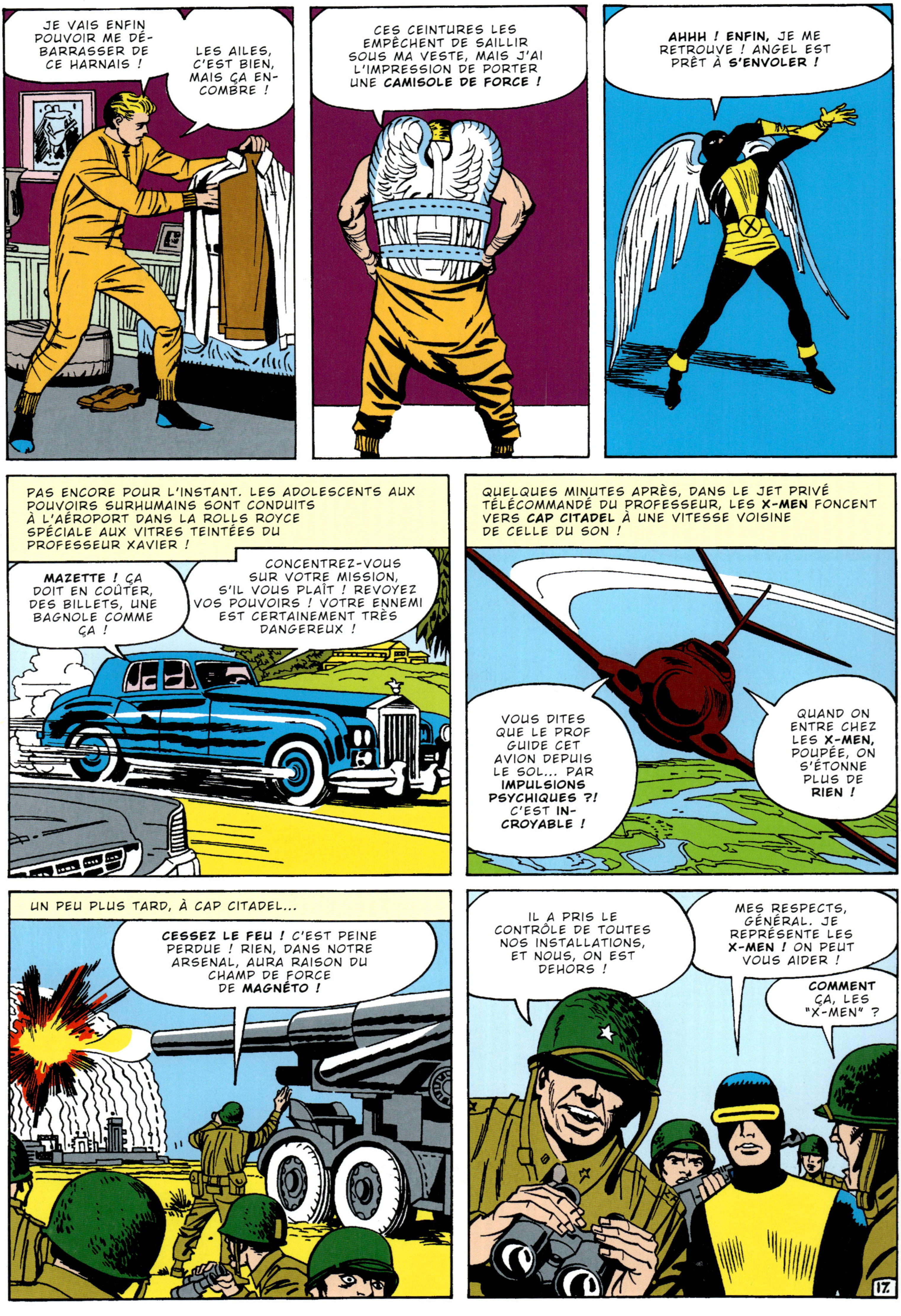

JE VAIS ENFIN POUVOIR ME DÉBARRASSER DE CE HARNAIS !
LES AILES, C'EST BIEN, MAIS ÇA ENCOMBRE !
CES CEINTURES LES EMPÊCHENT DE SAILLIR SOUS MA VESTE, MAIS J'AI L'IMPRESSION DE PORTER UNE **CAMISOLE DE FORCE !**
AHHH ! ENFIN, JE ME RETROUVE ! ANGEL EST PRÊT À **S'ENVOLER !**
PAS ENCORE POUR L'INSTANT. LES ADOLESCENTS AUX POUVOIRS SURHUMAINS SONT CONDUITS À L'AÉROPORT DANS LA ROLLS ROYCE SPÉCIALE AUX VITRES TEINTÉES DU PROFESSEUR XAVIER !
MAZETTE ! ÇA DOIT EN COÛTER, DES BILLETS, UNE BAGNOLE COMME ÇA !
CONCENTREZ-VOUS SUR VOTRE MISSION, S'IL VOUS PLAÎT ! REVOYEZ VOS POUVOIRS ! VOTRE ENNEMI EST CERTAINEMENT TRÈS DANGEREUX !
QUELQUES MINUTES APRÈS, DANS LE JET PRIVÉ TÉLÉCOMMANDÉ DU PROFESSEUR, LES **X-MEN** FONCENT VERS **CAP CITADEL** À UNE VITESSE VOISINE DE CELLE DU SON !
VOUS DITES QUE LE PROF GUIDE CET AVION DEPUIS LE SOL... PAR **IMPULSIONS PSYCHIQUES ?!** C'EST **INCROYABLE !**
QUAND ON ENTRE CHEZ LES **X-MEN,** POUPÉE, ON S'ÉTONNE PLUS DE **RIEN !**
UN PEU PLUS TARD, À CAP CITADEL...
CESSEZ LE FEU ! C'EST PEINE PERDUE ! RIEN, DANS NOTRE ARSENAL, AURA RAISON DU CHAMP DE FORCE DE **MAGNÉTO !**
IL A PRIS LE CONTRÔLE DE TOUTES NOS INSTALLATIONS, ET NOUS, ON EST DEHORS !
MES RESPECTS, GÉNÉRAL. JE REPRÉSENTE LES **X-MEN !** ON PEUT VOUS AIDER !
COMMENT ÇA, LES "X-MEN" ?

QUI VOUS ÊTES ? ON A DÉJÀ ASSEZ D'ENNUIS COMME ÇA AVEC UN GUS COSTUMÉ !
ÉCOUTEZ, JE VOUS DEMANDE JUSTE DE NE PAS TIRER PENDANT 15 MINUTES ET DE NOUS LAISSER FAIRE !
C'EST VRAI QU'ON A RIEN À PERDRE APRÈS TOUT !
VOUS LE REGRETTEREZ PAS ! À L'ATTAQUE, X-MEN !!
HÉ ! ON CRÈVE DE FROID TOUT À COUP !
NAVRÉ, LES GARS ! DANS UNE SECONDE VOUS POURREZ VOUS RÉCHAUFFER ! JE RÉSERVE MON FROID MAXIMAL À CELUI QUI SE CACHE DERRIÈRE CE CHAMP DE FORCE !
ON VA ENFIN POUVOIR METTRE À PROFIT NOTRE ENTRAÎNEMENT !
ULP ! UN BONHOMME DE NEIGE VIVANT ! UN TYPE AVEC DES AILES ! MAIS C'EST QUOI ??
TU VAS BIENTÔT COMPRENDRE, SOLDAT !
DÉSOLÉE, LES GARS, J'SUIS PRESSÉE ! C'EST MON SEUL MOYEN DE PASSER !
LE PREMIER DES X-MEN NE TARDE PAS À ATTEINDRE LE CHAMP DE FORCE...
LÉSINE PAS SUR TA RAFALE, CYCLOPE ! CE CHAMP DE FORCE EST PLUS COSTAUD QU'IL N'Y PARAÎT !
C'EST FOU ! MALGRÉ LA DISTANCE, LE PROF EST TOUJOURS EN CONTACT MENTAL AVEC NOUS !
OUI, MONSIEUR ! J'AMPLIFIE MA RAFALE ! TOUT DE SUITE !
ÇA Y EST ! ÇA PASSE ! EN FAIT, CE QU'IL FALLAIT, C'ÉTAIT CONTRER CE BOUCLIER DE FAÇON NATURELLE !

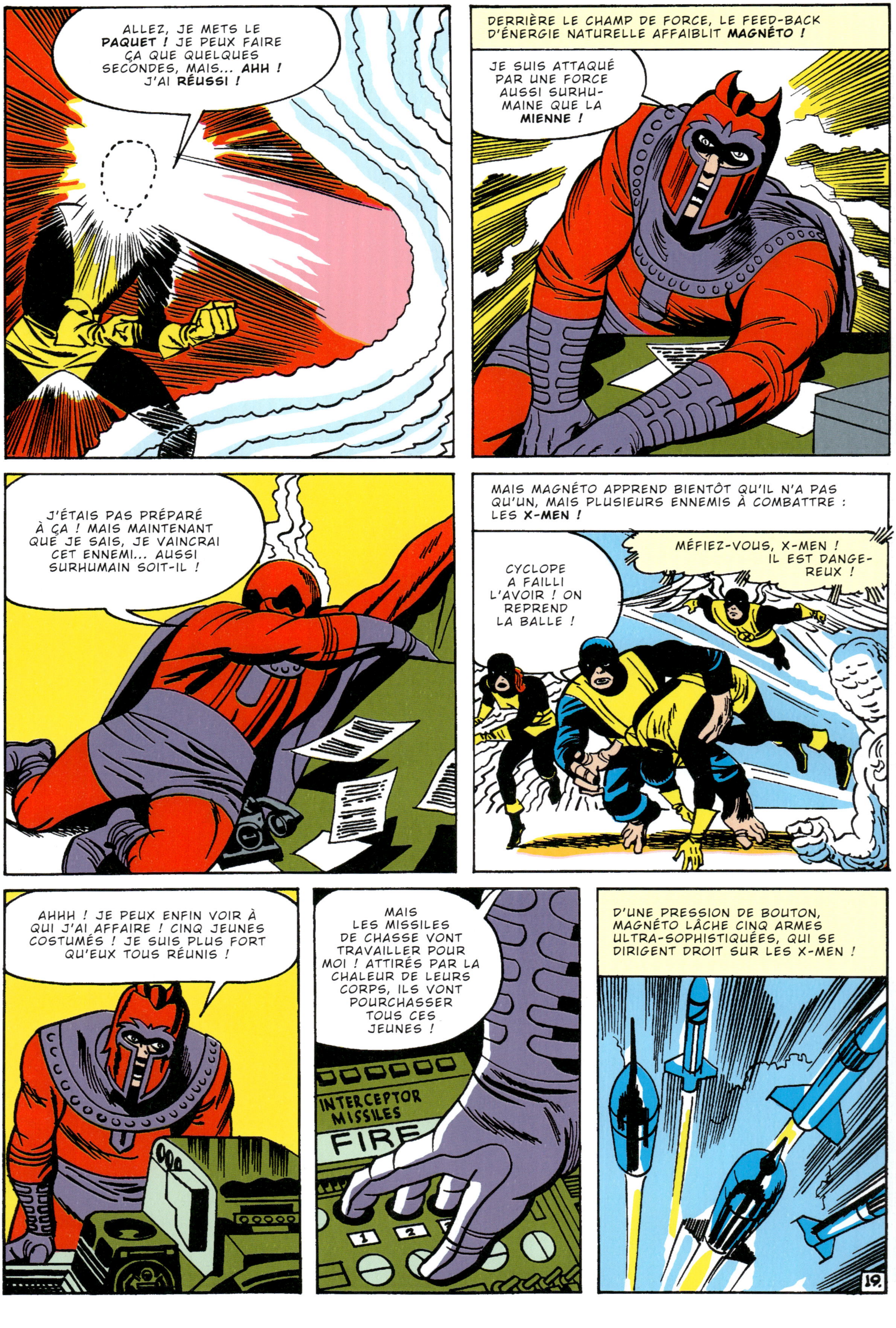
ALLEZ, JE METS LE **PAQUET !** JE PEUX FAIRE ÇA QUE QUELQUES SECONDES, MAIS... **AHH !** J'AI **RÉUSSI !**
DERRIÈRE LE CHAMP DE FORCE, LE FEED-BACK D'ÉNERGIE NATURELLE AFFAIBLIT **MAGNÉTO !**
JE SUIS ATTAQUÉ PAR UNE FORCE AUSSI SURHU-MAINE QUE LA **MIENNE !**
J'ÉTAIS PAS PRÉPARÉ À ÇA ! MAIS MAINTENANT QUE JE SAIS, JE VAINCRAI CET ENNEMI... AUSSI SURHUMAIN SOIT-IL !
MAIS MAGNÉTO APPREND BIENTÔT QU'IL N'A PAS QU'UN, MAIS PLUSIEURS ENNEMIS À COMBATTRE : LES **X-MEN !**
CYCLOPE A FAILLI L'AVOIR ! ON REPREND LA BALLE !
MÉFIEZ-VOUS, X-MEN ! IL EST DANGE-REUX !
AHHH ! JE PEUX ENFIN VOIR À QUI J'AI AFFAIRE ! CINQ JEUNES COSTUMÉS ! JE SUIS PLUS FORT QU'EUX TOUS RÉUNIS !
MAIS LES MISSILES DE CHASSE VONT TRAVAILLER POUR MOI ! ATTIRÉS PAR LA CHALEUR DE LEURS CORPS, ILS VONT POURCHASSER TOUS CES JEUNES !
INTERCEPTOR MISSILES
FIRE
1
2
D'UNE PRESSION DE BOUTON, MAGNÉTO LÂCHE CINQ ARMES ULTRA-SOPHISTIQUÉES, QUI SE DIRIGENT DROIT SUR LES X-MEN !
19

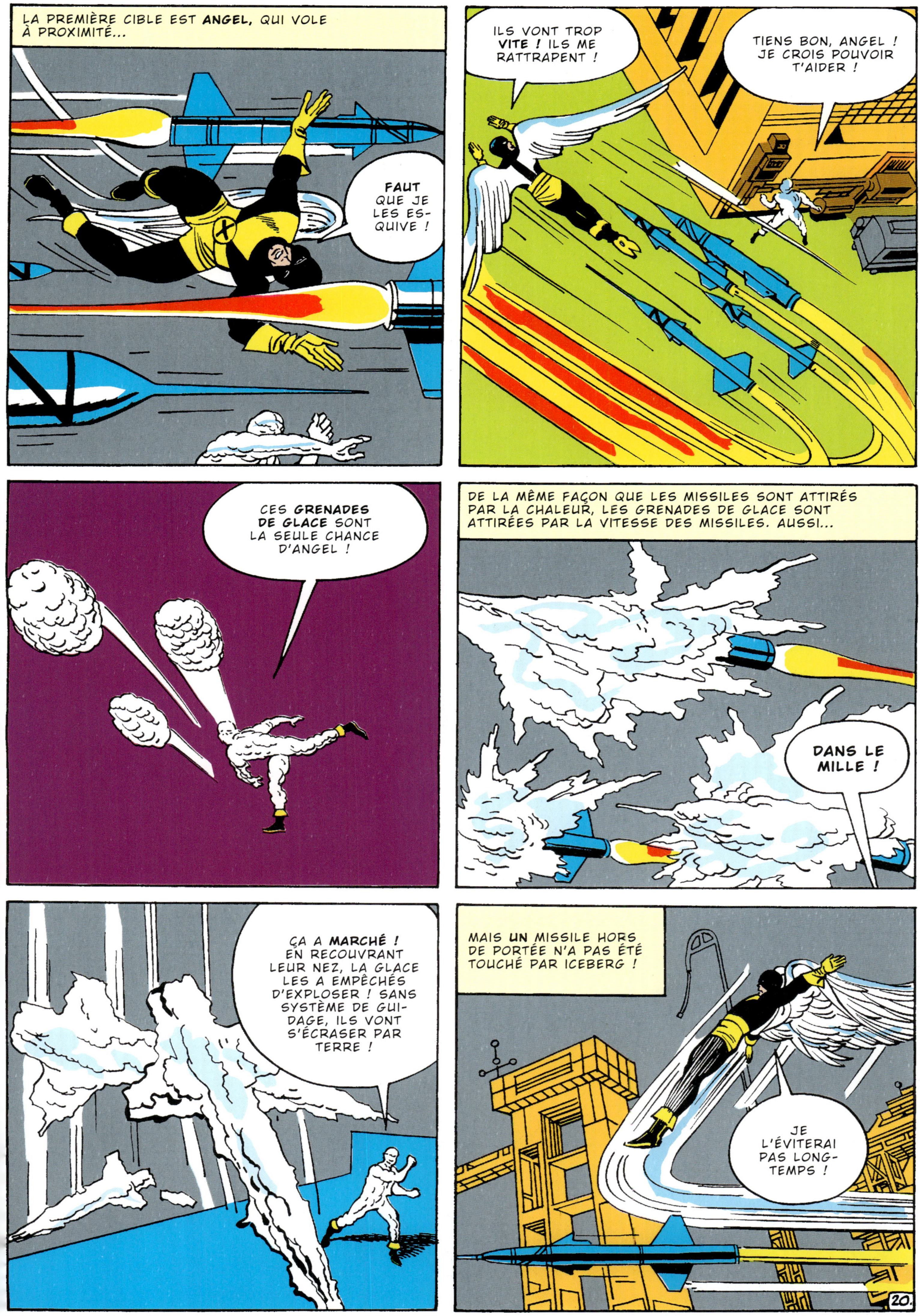

LA PREMIÈRE CIBLE EST ANGEL, QUI VOLE À PROXIMITÉ...
FAUT QUE JE LES ES-QUIVE !
ILS VONT TROP VITE ! ILS ME RATTRAPENT !
TIENS BON, ANGEL ! JE CROIS POUVOIR T'AIDER !
CES GRENADES DE GLACE SONT LA SEULE CHANCE D'ANGEL !
DE LA MÊME FAÇON QUE LES MISSILES SONT ATTIRÉS PAR LA CHALEUR, LES GRENADES DE GLACE SONT ATTIRÉES PAR LA VITESSE DES MISSILES. AUSSI...
DANS LE MILLE !
ÇA A MARCHÉ ! EN RECOUVRANT LEUR NEZ, LA GLACE LES A EMPÊCHÉS D'EXPLOSER ! SANS SYSTÈME DE GUI-DAGE, ILS VONT S'ÉCRASER PAR TERRE !
MAIS UN MISSILE HORS DE PORTÉE N'A PAS ÉTÉ TOUCHÉ PAR ICEBERG !
JE L'ÉVITERAI PAS LONG-TEMPS !

ANGEL ! VOLE PLUS BAS ! VIENS VERS MOI ! VITE !
OK, FAUVE ! MAIS QUE...??
TU VAS VOIR, VIEUX FRÈRE !
HAH ! JE L'AI EU !
BEAU TRAVAIL, FAUVE ! LÂCHE-LE, MAINTENANT !
ET GRÂCE À SON POUVOIR TÉLÉKINÉSIQUE, MARVEL GIRL PRÉCIPITE MENTALEMENT LE MISSILE DANS LA MER, OÙ IL EXPLOSE SANS FAIRE DE DOMMAGES !
MALGRÉ LEUR JEUNESSE ET LEUR INEXPÉRIENCE, ILS SONT FORTS ! JE NE FERAI PLUS L'ERREUR DE LES SOUS-ESTIMER ! MAIS JE PEUX ENCORE LES MAÎTRISER !
LE VOILÀ ! JE L'AI TROUVÉ ! À L'ASSAUT, X-MEN !
FAUX ! C'EST MOI, MAGNÉTO, QUI VOUS AI TROUVÉS !
REGARDE COMME IL M'EST FACILE DE T'ARRÊTER EN DIRIGEANT MAGNÉTIQUEMENT SUR TOI TOUT OBJET SANS BOULONS !
21.

TE RÉJOUIS PAS TROP VITE, MAGNÉTO ! REGARDE CE QUE MA RAFALE EN FAIT, DE TES OBJETS MAGNÉTISÉS !
MERCI, CYCLOPE ! MAGNÉTO A PAS DÛ PARTIR LOIN. TROUVONS-LE !
LES VOILÀ RÉUNIS ! PARFAIT ! JE VAIS LES FINIR D'UN COUP !
LES MUTANTS SONT PAS TOUS DESTINÉS À DIRIGER LA TERRE ! VOUS ALLEZ MOURIR !
LES ENNUIS ARRIVENT, X-MEN !
ROCKET FUEL
Y A PLUS QU'UNE CHOSE À FAIRE ! ON RESTE COLLÉS ENSEMBLE... ET JE NOUS COUVRE AVEC UN ÉCRAN DE GLACE !
IL A MIS LE FEU AU CARBURANT. ÇA VA EXPLOSER !
WHAM!
EH VOILÀ ! RIEN NE PEUT PLUS ENTRAVER LE PLAN DE L'INVINCIBLE MAGNÉTO !

LA CHALEUR EST SI VIVE QUE MÊME MOI, JE NE PEUX PAS M'EN APPROCHER !
UNE RAFALE... ÇA VIENT DU SOL... QU'EST-CE QUE ÇA SIGNIFIE ?
QUE TU ES FAIT, MAGNÉTO !
CYCLOPE A CREUSÉ UN TUNNEL SOUTERRAIN POUR NOUS PROTÉGER DE L'IMPACT, ET MAINTENANT...
VOUS M'AVEZ PAS ENCORE VAINCU ! JE PEUX M'ENFUIR EN VOLANT PAR RÉPULSION MAGNÉTIQUE !
IL A CRÉÉ UN AUTRE CHAMP DE FORCE ! J'PEUX PAS LE TRAVERSER !
T'INQUIÈTE, ANGEL ! ON VA S'EN OCCUPER !
ET ILS LE BRISENT ! MAIS ENTRE-TEMPS...
IL EST PARTI !
OUI. AVEC DE TELS POUVOIRS IL A PU ALLER N'IMPORTE OÙ ! MAIS ON EN EST DÉBARRASSÉS POUR L'INSTANT !
VOTRE BASE EST DE NOUVEAU OPÉRATIONNELLE, GÉNÉRAL !
SIDÉRANT ! VOS 15 MINUTES SONT MÊME PAS ÉCOULÉES !
VOUS DITES VOUS APPELER LES X-MEN ! JE NE VOUS DEMANDERAI PAS VOS VÉRITABLES IDENTITÉS, MAIS JE VOUS PROMETS D'HONORER CE NOM !
MERCI, MONSIEUR ! SI LA SÉCURITÉ AMÉRICAINE VENAIT ENCORE À ÊTRE MENACÉE, NOUS REVIENDRONS !
C'EST BIEN, LES ENFANTS ! VOUS VENEZ DE JUSTIFIER VOS LONGUES HEURES D'ENTRAÎNEMENT, NOS SACRIFICES, NOS RÊVES ! VOUS POUVEZ RENTRER, X-MEN !
23.
VOUS VENEZ DE TERMINER L'HISTOIRE LA PLUS INHABITUELLE DANS LES ANNALES DES MAGAZINES MODERNES ! MAIS LE MEILLEUR RESTE À VENIR !

LES ORIGINES DE DAREDEVIL
The Origin of Daredevil
Daredevil (1964) 1
avril 1964

Scénario : Stan Lee
Dessin : Bill Everett
Encrage : Bill Everett, Steve Ditko, Sol Brodsky
Traduction : Nicole Duclos
Lettrage : Alessandro Benedetti
Rédaction USA : Stan Lee, C.B. Cebulski

Pour la création de **Daredevil**, **Stan Lee** se tourne vers le dessinateur **Bill Everett**, un vétéran qui a imaginé, en 1939, le tout premier héros Marvel de l'âge d'or, **Namor**, le Prince des Mers. Ensemble, Lee et Everett créent le justicier urbain. Se souvenant d'un héros des années quarante nommé Daredevil (approximativement "le casse-cou"), Lee décide de reprendre ce nom à son compte. Le Daredevil de Marvel commence sa carrière dans un costume jaune et rouge… qui ne produit pas l'effet désiré et rappelle un peu trop les couleurs de l'armure d'**Iron Man**. Voilà pourquoi l'apparence du justicier sera par la suite modifiée. Lorsqu'il succède à Bill Everett dans *Daredevil* 7, **Wally Wood** réinvente le costume du héros : il le revêt d'une combinaison rouge, qui donne au héros un air de (bon) diable, en ne gardant que les petites cornes de la cagoule ainsi que les initiales DD sur la poitrine.

* LES ORIGINES DE DAREDEVIL

VOICI L'ENTRÉE DE LA SALLE FOGWELL, DANS LE LOWER EAST SIDE À NEW YORK. C'EST LÀ QUE COMMENCE NOTRE HISTOIRE... UNE HISTOIRE INCROYABLE...
FOGWELL'S GYM
ONE FLIGHT UP
FIGHT TONITE ROMERO VS CARSON
MAD. SQ. GARDEN
RAFAEL
VOTE NO
BENNY LEONARD
FIGHTS EVERY FRIDA
THURS FBL
WRESTLING ARCARO VS
DANS UNE TURNE AU-DESSUS DE LA SALLE, QUATRE HOMMES JOUENT AU POKER, INCONSCIENTS DE CE QUI LES ATTEND.
ALLEZ, PORKY ! ACCOUCHE ! LE FIXER VA PAS TARDER !
ET TU CROIS QUE JE VAIS M'AFFOLER POUR LUI ?
T'ES COMME NOUS, TU TIENS TROP À TA SANTÉ. ET QUAND LE FIXER CLAQUE DES DOIGTS, TU COURS !
C'EST VRAI. DE TOUTE FAÇON, JE SUIS MORT. ON REPRENDRA... EH ! C'EST QUOI, CE BRUIT ?
CREAK!
RASSUREZ-MOI, LES GARS, J'HALLUCINE ?!
ICI, ON FAIT DES COMBATS, MON POTE, PAS DES BALS COSTUMÉS.
J'EN AI VU DES ZOZOS, MAIS LÀ, C'EST LE TOP !
EH, IL EST COSTAUD ! IL POURRAIT INTÉRESSER LE FIXER.
JE SUIS JUSTEMENT LÀ POUR QUE LE FIXER NE SE SERVE PLUS JAMAIS DE PERSONNE.
OH OH, IL EST VENU NOUS CHERCHER DES NOISES. LE FIXER VA PAS AIMER.
2

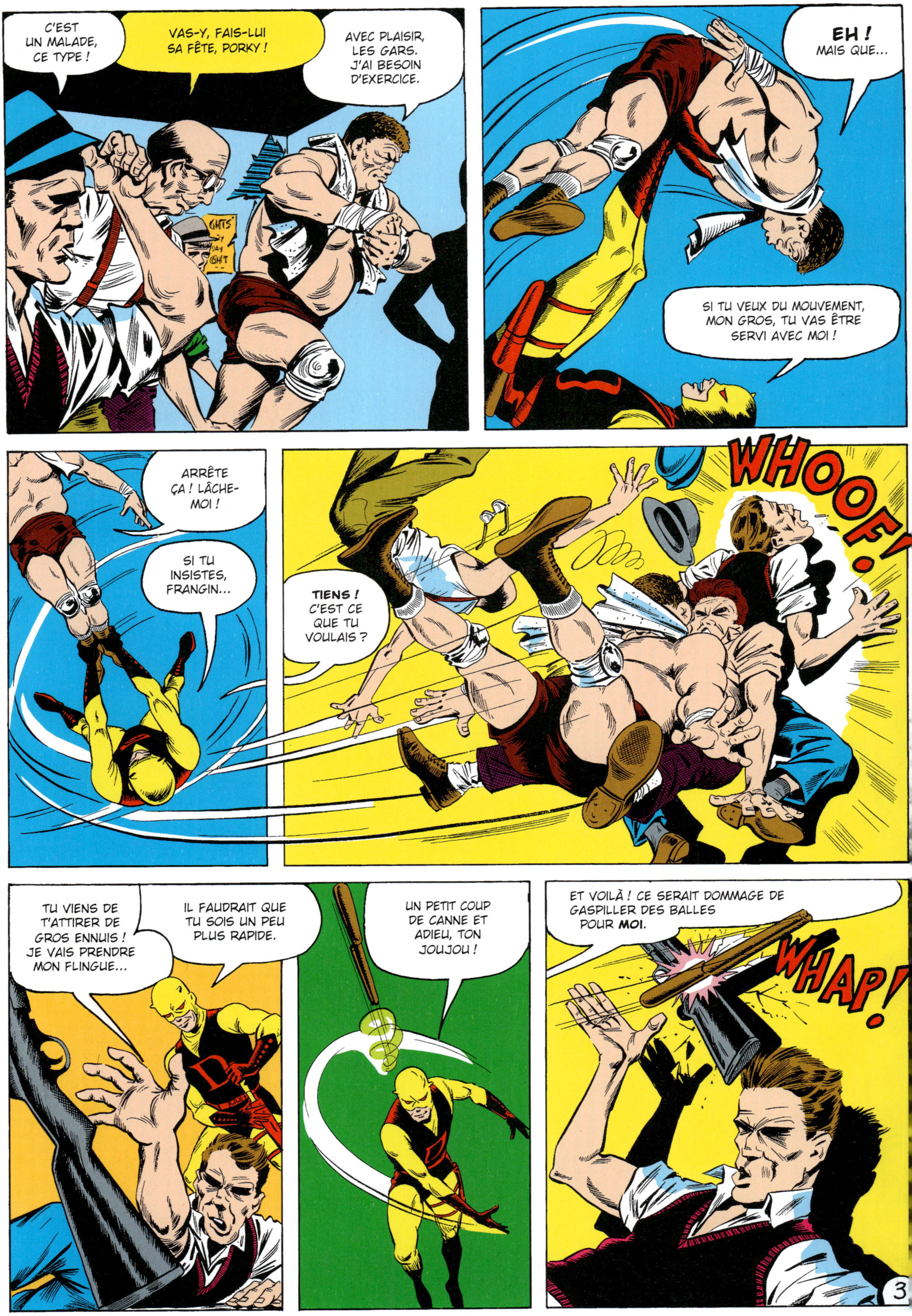
C'EST UN MALADE, CE TYPE !
VAS-Y, FAIS-LUI SA FÊTE, PORKY !
AVEC PLAISIR, LES GARS. J'AI BESOIN D'EXERCICE.
EH ! MAIS QUE...
SI TU VEUX DU MOUVEMENT, MON GROS, TU VAS ÊTRE SERVI AVEC MOI !
ARRÊTE ÇA ! LÂCHE-MOI !
SI TU INSISTES, FRANGIN...
TIENS ! C'EST CE QUE TU VOULAIS ?
WHOOF !
TU VIENS DE T'ATTIRER DE GROS ENNUIS ! JE VAIS PRENDRE MON FLINGUE...
IL FAUDRAIT QUE TU SOIS UN PEU PLUS RAPIDE.
UN PETIT COUP DE CANNE ET ADIEU, TON JOUJOU !
ET VOILÀ ! CE SERAIT DOMMAGE DE GASPILLER DES BALLES POUR MOI.
WHAP !

JE VAIS TE FAIRE PASSER L'ENVIE DE PLAI-SANTER !
CE SERAIT UNE GROSSE **PERTE** POUR LE MONDE, PORKY ! TU IMAGINES ?
LAISSE TOMBER, PORKY, JE VAIS M'OCCUPER DE CE RIGOLO !
AH, OUI ?
ENCERCLEZ-LE ! À UN CONTRE QUATRE, IL EST CUIT !
VITE, PENDANT QU'IL REPREND SON SOUFFLE.
C'EST PARTI !
WHAM !
VOUS AVEZ VRAIMENT UNE DRÔLE DE FAÇON D'ACCUEILLIR LES VISITEURS !
J'EN ARRIVERAIS...
... À CROIRE QUE JE NE SUIS PAS LE BIENVENU.
OOOOF !
4.

OK, ON A NOTRE COMPTE. QUI ES-TU ET QU'EST-CE QUE TU VEUX ?
C'EST PAS POSSIBLE ! IL SE DÉDOUBLE ! PERSONNE PEUT SE BATTRE COMME ÇA !
PUISQU'ON A FINI DE S'AMUSER, JE VAIS RESTER ATTENDRE LE FIXER. ET JE M'APPELLE... **DAREDEVIL**.
"DAREDEVIL" !
UN NOUVEAU VENU DANS LE MONDE DES SUPER-HÉROS, AMENÉ À CONNAÎTRE UN FABULEUX DESTIN. CAR DAREDEVIL POSSÈDE UN POUVOIR RARE QUE NUL N'A JAMAIS EU AVANT LUI. POUR MIEUX COMPRENDRE, REVENONS QUELQUES ANNÉES EN ARRIÈRE, AUX ORIGINES DU FUTUR
DAREDEVIL!
LE CÉLÈBRE BOXEUR SURNOMMÉ "KID MURDOCK" DISCUTE AVEC SON FILS MATTHEW, ÂGÉ DE HUIT ANS...
MAIS JE NE VEUX PAS ÉTUDIER, PAPA. JE VEUX ALLER JOUER AVEC LES AUTRES. JE TRAVAILLERAI APRÈS.
NON, MATT, TU Y VAS **MAINTENANT**. TU NE DOIS PERDRE AUCUNE OCCASION D'APPRENDRE.
AVANT QU'ELLE MEURE, J'AI PROMIS À TA MÈRE QUE TU NE SERAIS PAS UN RATÉ COMME MOI. TOI, TU VAS DEVENIR QUELQU'UN, MATT.
MAIS JE **VEUX** ÊTRE COMME TOI, JE SUIS **FIER** DE TOI, TU ES LE MEILLEUR...
NON, PETIT, JE SUIS FINI. JE NE SUIS PLUS QU'UN PUNCHING-BALL POUR LES PLUS JEUNES.
MAIS TOI, TU VAS RÉUSSIR. TU VAS ÉTUDIER... DEVENIR AVOCAT OU MÉDECIN... TU SERAS QUELQU'UN... CELUI QUE JE NE SERAI JAMAIS.
ALLEZ, RETOURNE DANS TA CHAMBRE ET TRAVAILLE.
OUI, PAPA.

LES ANNÉES PASSENT, MATT MURDOCK FAIT DE SON MIEUX POUR RÉPONDRE AUX ATTENTES DE SON PÈRE. ÉTUDIANT BRILLANT, IL DÉLAISSE COMPLÈTEMENT LES ACTIVITÉS SPORTIVES, MÊME S'IL NE PEUT S'EMPÊCHER DE VIBRER POUR LE CHAMPIONNAT DE BASE-BALL.
SI SEULEMENT PAPA ME LAISSAIT JOUER DANS L'ÉQUIPE... JE SERAIS AUSSI BON QU'EUX, JE LE SAIS.
MAIS JE NE PEUX PAS LUI DÉSOBÉIR, LE DÉFIER APRÈS TOUT CE QU'IL A FAIT POUR MOI... TOUS SES SACRIFICES... JE DOIS ÊTRE LE FILS QU'IL DÉSIRE.
LE JEUNE MATT MURDOCK CONSACRE DONC TOUT SON TEMPS À SES ÉTUDES, NE JOUANT JAMAIS AVEC SES CAMARADES.
ILS S'AMUSENT COMME DES FOUS. J'AIMERAIS TANT LES REJOINDRE.
LES ADOS SONT INSENSIBLES ET CRUELS. ILS NE TARDENT PAS À DONNER UN SOBRIQUET À MATT... UN NOM QU'IL N'OUBLIERA JAMAIS...
MAIS C'EST CE BON VIEUX **DAREDEVIL** !
SALUT, DAREDEVIL ! FAIS GAFFE, TU POURRAIS TE FAIRE MAL EN TOURNANT LES PAGES DE TOUS CES BOUQUINS !
LES VACHES ! ILS ME TRAITENT DE GONZESSE !
PEU APRÈS, DANS SA CHAMBRE...
UN JOUR, JE LEUR MONTRERAI ! ILS VERRONT !
JE SUIS AUSSI COSTAUD ET FONCEUR QU'EUX ! JE LE LEUR **PROUVERAI** !
MATT A LA RAGE, IL FRAPPE LE PUNCHING-BALL DE SON PÈRE DE TOUTES SES FORCES...
UN JOUR, PERSONNE NE RIRA PLUS DE MOI. QUAND JE... EH ! J'AI DÉCROCHÉ LE SAC !
6.

APRÈS AVOIR RÉPARÉ LES DÉGÂTS...
QUEL IDIOT ! JE POURRAIS M'ENTRAÎNER POUR ME MAINTENIR EN FORME.
RIEN DE PLUS NATUREL POUR LE FILS DU CÉLÈBRE MURDOCK QUE DE FAIRE DE L'EXERCICE. AINSI, LORSQUE SON PÈRE PART BOXER, MATT MET LE PAQUET...
HALTÈRES
CORDE À SAUTER
ÉLASTIQUES
VÉLO
PUNCHING-BALL
RAMEUR
LE JEUNE HOMME S'ENTRAÎNE DUR, MAIS NE PERD PAS DE VUE SON OBJECTIF PREMIER...
ALORS, CES COURS ? ÇA A ÉTÉ PENDANT MON ABSENCE, MATT ?
J'AI EU DES "A". ALORS, JE CROIS QU'ON PEUT DIRE ÇA.
JE SAIS QUE C'EST DUR POUR TOI, MATT. TU TRAVAILLES TOUJOURS PENDANT QUE LES AUTRES S'AMUSENT. MAIS UN JOUR, TU ME **REMERCIERAS**. TU FERAS QUELQUE CHOSE DE TA VIE. C'EST CE QUE TA MÈRE **VOULAIT**.
MAIS LE BOXEUR NE DIT PAS TOUTE LA VÉRITÉ À SON FILS...
PLUS DE COMBAT DEPUIS DES SEMAINES. JE SUIS TROP VIEUX. PLUS PERSONNE NE VEUT DE MOI. MAIS JE DOIS TENIR.
AU MOINS JUSQU'À CE QUE MATT ENTRE À L'UNIVERSITÉ. JE LUI DOIS BIEN ÇA, APRÈS TOUTES CES ANNÉES D'EFFORTS.
NEWS
MURDOCK PREND ALORS UNE DÉCISION QUI LUI SERA FATALE...
TU ES FOUTU, MURDOCK, ET TU LE SAIS. LE SEUL QUI PRENDRA UN LOSER COMME TOI, C'EST LE **FIXER**.
JE M'ÉTAIS JURÉ DE NE JAMAIS FRICOTER AVEC UN TYPE PAREIL. MAIS JE N'AI PLUS LE CHOIX. J'AI BESOIN DE BOXER.
XING
EXCERCISE ROOM
PRIVATE

ET...
TIENS, TIENS ! MAIS ON DIRAIT LE GRAND MURDOCK ! IL Y A DIX ANS, TU M'AS JETÉ QUAND JE T'AI PROPOSÉ UN MARCHÉ. MAIS JE SAVAIS QU'UN JOUR TU Y VIENDRAIS.
JE VAIS TE TROUVER DES COMBATS. ET TU N'AURAS MÊME PAS À T'ÉTENDRE. PARCE QUE JE SUIS GENTIL. ALLEZ, SIGNE.
LE VIEUX BOXEUR SAISIT LE STYLO D'UNE MAIN TREMBLANTE, COMME UN NOYÉ SE RACCROCHERAIT À UNE PAILLE. PUIS...
Murdock
C'EST LE PLUS BEAU JOUR DE MA VIE ! MAINTENANT, MATT POURRA CONTINUER SES ÉTUDES SANS PROBLÈME !
MURDOCK RENTRE CHEZ LUI TOUT HEUREUX, MAIS À SON ARRIVÉE...
MATT ! J'AI UNE GRANDE NOUVELLE ! IL EST SORTI ?
MATT MURDOCK REVIENT DE LA BIBLIOTHÈQUE QUAND LE DESTIN LUI RÉSERVE UN ÉVÉNEMENT QUI VA À JAMAIS BOULEVERSER SON EXISTENCE...
PERSONNE N'AIDE CET AVEUGLE À TRAVERSER ? C'EST FOU !
EH, MONSIEUR ! ATTENDEZ !
COZY CLEANERS
IL NE M'ENTEND PAS. IL EST PEUT-ÊTRE AUSSI SOURD. OH, NON ! LE CAMION ! IL VA LE RENVERSER !
8.

HANK, MAIS FREINE ! IL Y A UN VIEUX QUI TRAVERSE !
JE PEUX PAS ! ÇA MARCHE PAS !
SCREECH !
AJAX ATOMIC LABS
RADIO-ACTIVE MATERIALS
DANGER
SANS HÉSITER, SON CORPS SOUPLE ET MUSCLÉ RÉAGISSANT À LA VITESSE D'UN ÉCLAIR, MATT MURDOCK SE PRÉCIPITE À L'ENDROIT DU DRAME IMMINENT...
IL N'A AUCUNE CHANCE... À MOINS QUE J'ARRIVE À LE POUSSER DE LÀ !
L'ADOLESCENT ÉCARTE VIVEMENT LE VIEIL HOMME DE LA TRAJECTOIRE DU CAMION... MAIS LUI RESTE SUR PLACE...
OHHH...
IL LUI A SAUVÉ LA VIE !
C'EST UN VRAI HÉROS !
UN CONTAINER EST TOMBÉ DU CAMION ET L'A TOUCHÉ AU VISAGE. C'EST... **RADIOACTIF** ??
NE RESTEZ PAS PLANTÉS LÀ ! APPELEZ UNE AMBULANCE !
ATOMIC LABS INC.
TIVE MATERIALS
ANGER
PLUS TARD, À L'HÔPITAL...
VOTRE FILS EST TRÈS COURAGEUX, M. MURDOCK. IL FAUDRA L'ÊTRE, VOUS AUSSI.
POURQUOI TOI ? POURQUOI ÇA NE M'EST PAS ARRIVÉ À MOI ?!
ARRÊTE, PAPA. MÊME SI JE PERDS LA VUE, AU MOINS, JE SUIS **EN VIE**.
PEU APRÈS, MATT RENTRE À LA MAISON...
D'APRÈS LES MÉDECINS, UNE OPÉRATION PEUT TE RENDRE LA VUE DANS QUELQUES ANNÉES, APRÈS LA CICATRISATION.
GÉNIAL, PAPA ! D'ICI LÀ, NE T'INQUIÈTE PAS, JE BOSSERAI AVEC DES LIVRES EN BRAILLE. J'AURAI MON DIPLÔME, TU VERRAS.

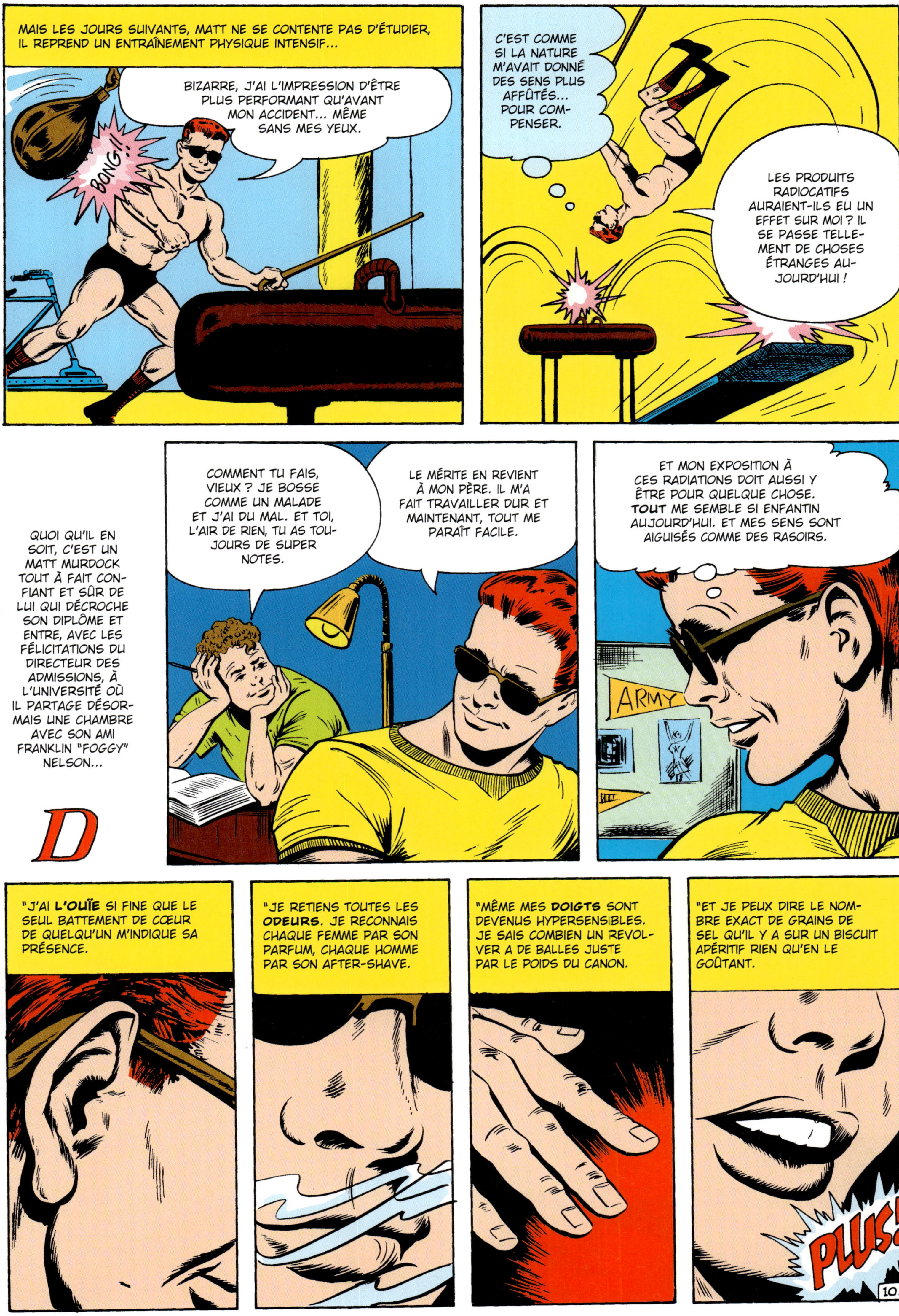
MAIS LES JOURS SUIVANTS, MATT NE SE CONTENTE PAS D'ÉTUDIER, IL REPREND UN ENTRAÎNEMENT PHYSIQUE INTENSIF…
BIZARRE, J'AI L'IMPRESSION D'ÊTRE PLUS PERFORMANT QU'AVANT MON ACCIDENT… MÊME SANS MES YEUX.
BONG !!
C'EST COMME SI LA NATURE M'AVAIT DONNÉ DES SENS PLUS AFFÛTÉS… POUR COMPENSER.
LES PRODUITS RADIOCATIFS AURAIENT-ILS EU UN EFFET SUR MOI ? IL SE PASSE TELLEMENT DE CHOSES ÉTRANGES AUJOURD'HUI !
QUOI QU'IL EN SOIT, C'EST UN MATT MURDOCK TOUT À FAIT CONFIANT ET SÛR DE LUI QUI DÉCROCHE SON DIPLÔME ET ENTRE, AVEC LES FÉLICITATIONS DU DIRECTEUR DES ADMISSIONS, À L'UNIVERSITÉ OÙ IL PARTAGE DÉSORMAIS UNE CHAMBRE AVEC SON AMI FRANKLIN "FOGGY" NELSON…
COMMENT TU FAIS, VIEUX ? JE BOSSE COMME UN MALADE ET J'AI DU MAL. ET TOI, L'AIR DE RIEN, TU AS TOUJOURS DE SUPER NOTES.
LE MÉRITE EN REVIENT À MON PÈRE. IL M'A FAIT TRAVAILLER DUR ET MAINTENANT, TOUT ME PARAÎT FACILE.
ET MON EXPOSITION À CES RADIATIONS DOIT AUSSI Y ÊTRE POUR QUELQUE CHOSE. **TOUT** ME SEMBLE SI ENFANTIN AUJOURD'HUI. ET MES SENS SONT AIGUISÉS COMME DES RASOIRS.
ARMY
"J'AI **L'OUÏE** SI FINE QUE LE SEUL BATTEMENT DE CŒUR DE QUELQU'UN M'INDIQUE SA PRÉSENCE.
"JE RETIENS TOUTES LES **ODEURS**. JE RECONNAIS CHAQUE FEMME PAR SON PARFUM, CHAQUE HOMME PAR SON AFTER-SHAVE.
"MÊME MES **DOIGTS** SONT DEVENUS HYPERSENSIBLES. JE SAIS COMBIEN UN REVOLVER A DE BALLES JUSTE PAR LE POIDS DU CANON.
"ET JE PEUX DIRE LE NOMBRE EXACT DE GRAINS DE SEL QU'IL Y A SUR UN BISCUIT APÉRITIF RIEN QU'EN LE GOÛTANT.
PLUS!

"MAIS MON ATOUT **MAJEUR**, C'EST LE **RADAR** INTERNE DONT J'AI HÉRITÉ. IL ME PERMET DE ME DÉPLACER SANS ME COGNER."
JE SENS COMME UNE VIBRATION CHAQUE FOIS QUE J'APPROCHE UN OBSTACLE ET JE ME DÉTOURNE.
PING !
PING !
PING !
PING !
BESOIN D'AIDE POUR TRAVERSER, FISTON ?
NON, MERCI, ÇA IRA.
IL NE SE DOUTE PAS QU'AVEC TOUS MES AUTRES SENS HYPER-AFFÛTÉS, JE SUIS SÛREMENT PLUS EN SÉCURITÉ QUE LUI !
PING !
PENDANT CE TEMPS, LA CARRIÈRE DU BOXEUR MURDOCK REDÉCOLLE...
KID MURDOCK
VS.
JEU. 10 OCTOBRE 22HOO
MURDOCK MET SIMS K.-O. À LA 9E
MURDOCK 12E K.-O.
VOILÀ TON FRIC, MURDOCK. CONTINUE ET TU SERAS PEUT-ÊTRE CHAMPION !
J'ARRIVE PAS À Y CROIRE, FIXER ! ÇA TIENT DU **MIRACLE** !
ET APRÈS LE DÉPART DE MURDOCK...
QUAND IL SAURA QUE TU AS PAYÉ TOUS SES ADVERSAIRES POUR S'ÉTENDRE, IL VA ÊTRE VERT !
C'ÉTAIT JUSTE POUR LE REMONTER... ET ATTIRER LES FOULES. MAIS IL VA DÉCHANTER À LA PROCHAINE RENCONTRE, FAIS-MOI CONFIANCE.
QUELQUES JOURS AVANT LE DERNIER COMBAT DE MURDOCK...
DES PAS ! D'APRÈS LA LOURDEUR ET L'ENJAMBÉE, C'EST FOGGY NELSON.
EH, MATT, ATTENDS ! ÉCOUTE ÇA, ILS PARLENT DE TON PÈRE DANS LE JOURNAL !
IL SE BAT CONTRE DYNAMITE DAVIS DEMAIN SOIR À NEW YORK. TU VEUX Y ALLER ?
J'AI DÉJÀ PRIS LES BILLETS, FOGGY... POUR NOUS DEUX.
J'AI LU LE JOURNAL EN PASSANT MES DOIGTS DESSUS ET EN SENTANT L'ÉPAISSEUR DE L'ENCRE.
DAILY CHRONICLE
"KID" MURDOCK FACE À DAVIS, SON CONCURRENT DIRECT !

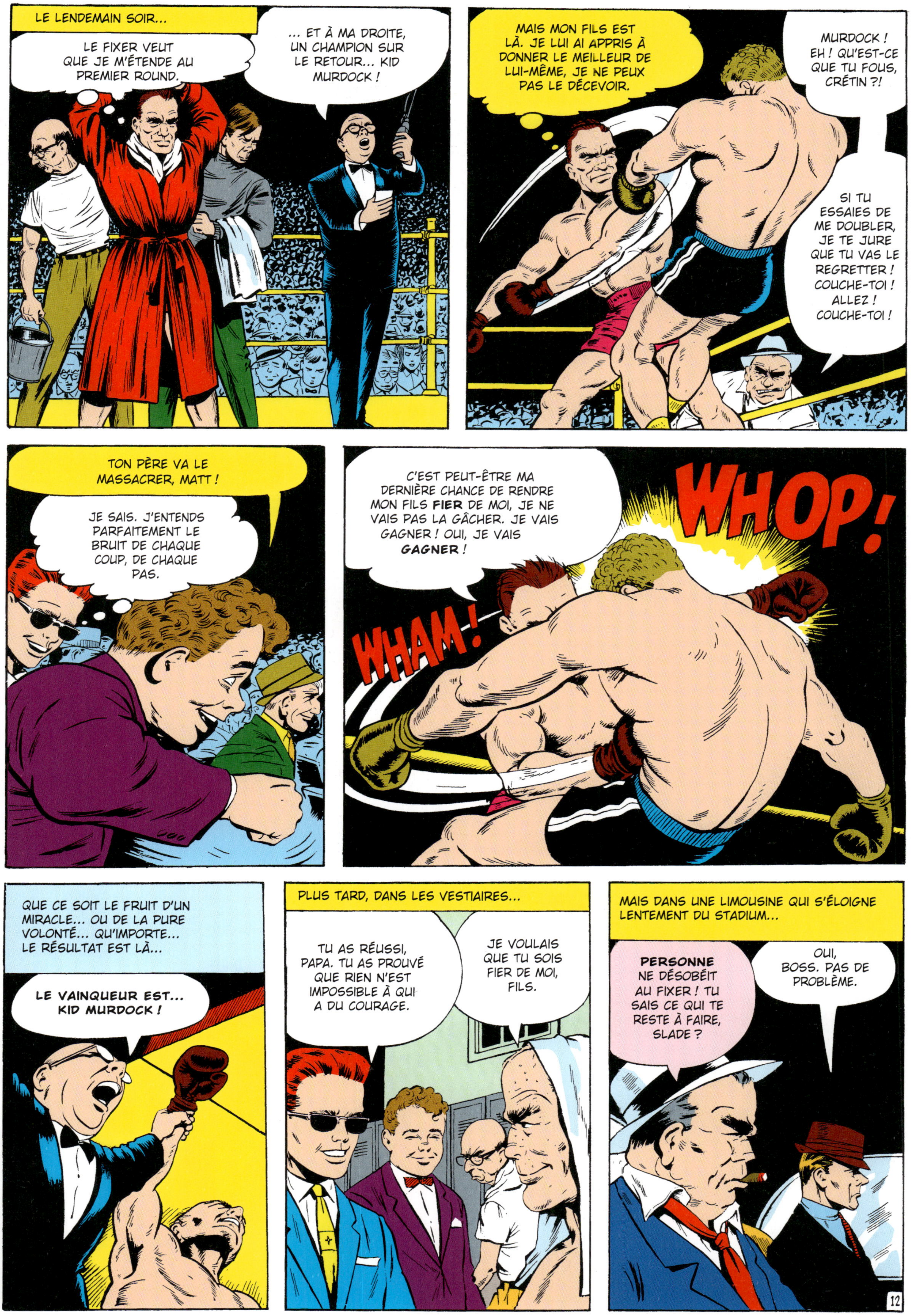

LE LENDEMAIN SOIR...
LE FIXER VEUT QUE JE M'ÉTENDE AU PREMIER ROUND.
... ET À MA DROITE, UN CHAMPION SUR LE RETOUR... KID MURDOCK !
MAIS MON FILS EST LÀ. JE LUI AI APPRIS À DONNER LE MEILLEUR DE LUI-MÊME, JE NE PEUX PAS LE DÉCEVOIR.
MURDOCK ! EH ! QU'EST-CE QUE TU FOUS, CRÉTIN ?!
SI TU ESSAIES DE ME DOUBLER, JE TE JURE QUE TU VAS LE REGRETTER ! COUCHE-TOI ! ALLEZ ! COUCHE-TOI !
TON PÈRE VA LE MASSACRER, MATT !
JE SAIS. J'ENTENDS PARFAITEMENT LE BRUIT DE CHAQUE COUP, DE CHAQUE PAS.
C'EST PEUT-ÊTRE MA DERNIÈRE CHANCE DE RENDRE MON FILS **FIER** DE MOI, JE NE VAIS PAS LA GÂCHER. JE VAIS GAGNER ! OUI, JE VAIS **GAGNER** !
WHOP !
WHAM !
QUE CE SOIT LE FRUIT D'UN MIRACLE... OU DE LA PURE VOLONTÉ... QU'IMPORTE... LE RÉSULTAT EST LÀ...
LE VAINQUEUR EST... KID MURDOCK !
PLUS TARD, DANS LES VESTIAIRES...
TU AS RÉUSSI, PAPA. TU AS PROUVÉ QUE RIEN N'EST IMPOSSIBLE À QUI A DU COURAGE.
JE VOULAIS QUE TU SOIS FIER DE MOI, FILS.
MAIS DANS UNE LIMOUSINE QUI S'ÉLOIGNE LENTEMENT DU STADIUM...
PERSONNE NE DÉSOBÉIT AU FIXER ! TU SAIS CE QUI TE RESTE À FAIRE, SLADE ?
OUI, BOSS. PAS DE PROBLÈME.

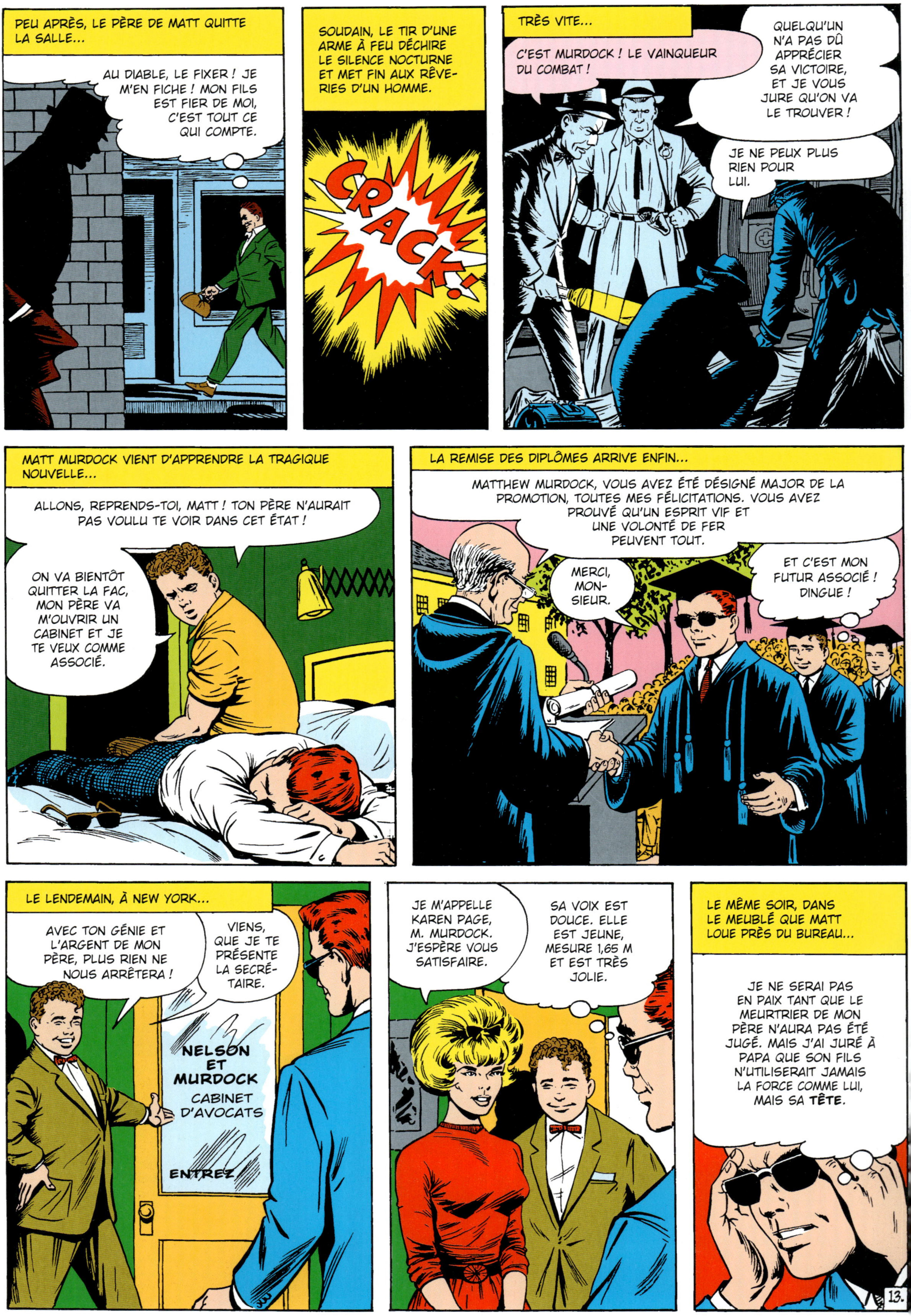

PEU APRÈS, LE PÈRE DE MATT QUITTE LA SALLE...
AU DIABLE, LE FIXER ! JE M'EN FICHE ! MON FILS EST FIER DE MOI, C'EST TOUT CE QUI COMPTE.
SOUDAIN, LE TIR D'UNE ARME À FEU DÉCHIRE LE SILENCE NOCTURNE ET MET FIN AUX RÊVERIES D'UN HOMME.
CRACK !
TRÈS VITE...
C'EST MURDOCK ! LE VAINQUEUR DU COMBAT !
QUELQU'UN N'A PAS DÛ APPRÉCIER SA VICTOIRE, ET JE VOUS JURE QU'ON VA LE TROUVER !
JE NE PEUX PLUS RIEN POUR LUI.
MATT MURDOCK VIENT D'APPRENDRE LA TRAGIQUE NOUVELLE...
ALLONS, REPRENDS-TOI, MATT ! TON PÈRE N'AURAIT PAS VOULU TE VOIR DANS CET ÉTAT !
ON VA BIENTÔT QUITTER LA FAC, MON PÈRE VA M'OUVRIR UN CABINET ET JE TE VEUX COMME ASSOCIÉ.
LA REMISE DES DIPLÔMES ARRIVE ENFIN...
MATTHEW MURDOCK, VOUS AVEZ ÉTÉ DÉSIGNÉ MAJOR DE LA PROMOTION. TOUTES MES FÉLICITATIONS. VOUS AVEZ PROUVÉ QU'UN ESPRIT VIF ET UNE VOLONTÉ DE FER PEUVENT TOUT.
MERCI, MONSIEUR.
ET C'EST MON FUTUR ASSOCIÉ ! DINGUE !
LE LENDEMAIN, À NEW YORK...
AVEC TON GÉNIE ET L'ARGENT DE MON PÈRE, PLUS RIEN NE NOUS ARRÊTERA !
VIENS, QUE JE TE PRÉSENTE LA SECRÉTAIRE.
NELSON ET MURDOCK
CABINET D'AVOCATS
ENTREZ
JE M'APPELLE KAREN PAGE, M. MURDOCK. J'ESPÈRE VOUS SATISFAIRE.
SA VOIX EST DOUCE. ELLE EST JEUNE, MESURE 1,65 M ET EST TRÈS JOLIE.
LE MÊME SOIR, DANS LE MEUBLÉ QUE MATT LOUE PRÈS DU BUREAU...
JE NE SERAI PAS EN PAIX TANT QUE LE MEURTRIER DE MON PÈRE N'AURA PAS ÉTÉ JUGÉ. MAIS J'AI JURÉ À PAPA QUE SON FILS N'UTILISERAIT JAMAIS LA FORCE COMME LUI, MAIS SA TÊTE.
13.

JE VEUX TENIR MA PROMESSE. MAIS JE POURRAIS FAIRE TELLEMENT GRÂCE À MES POUVOIRS. COMMENT NE PAS GÂCHER MES DONS SANS ME RENIER ?
MAIS OUI, BIEN SÛR !
SNAP!
CE N'EST PAS MATT MURDOCK QUI VA UTILISER LA FORCE, MAIS QUELQU'UN **D'AUTRE**... QUELQU'UN DE COMPLÈTEMENT **DIFFÉRENT**... UN PEU DE FIL... DES VIEUX T-SHIRTS... ET LE TOUR EST JOUÉ !
JE NE SUIS PAS COUTURIER, MAIS JE DEVRAIS ME DÉBROUILLER.
AVEC MON SENS DU TOUCHER, J'ARRIVE MÊME À RECONNAÎTRE LA COULEUR DES FILS.
QUELQUES HEURES PLUS TARD...
ET VOILÀ ! ADIEU, MATT MURDOCK ! AVEC LE COSTUME, IL ME FAUT UN NOUVEAU NOM. AH, SI MES COPAINS D'AVANT POUVAIENT ME VOIR ! CEUX QUI SE MOQUAIENT DE MOI, QUI M'APPELAIENT... OUI, C'EST ÇA !
"DAREDEVIL"... À L'ÉPOQUE, C'ÉTAIT UNE INSULTE, MAIS AUJOURD'HUI, C'EST POUR MOI LE NOM **IDÉAL** !
JE PEUX PORTER LE COSTUME SOUS MES VÊTEMENTS, SI NÉCESSAIRE. IL NE ME RESTE QU'À AJUSTER LE MASQUE. AVEC ÇA, TOUT LE MONDE SAURA VITE QUI JE SUIS !
MÊME SI JE N'EN AI PAS BESOIN, JE GARDERAI MA CANNE. ÇA ME DONNE UNE AUTRE IDÉE. ELLE POURRAIT SERVIR D'ARME À DAREDEVIL.
TOUTE LA NUIT, LE JEUNE HOMME FAÇONNE ET MANIPULE SA CANNE AVEC PLUS DE PRÉCISION ET D'HABILETÉ QUE N'IMPORTE QUEL ARTISAN.
POIGNÉE FLEXIBLE
CHARNIÈRE
JE VAIS LA COUPER EN DEUX ET LUI FAIRE UN ÉTUI... CE SERA L'ARME PARFAITE.
14

C'EST GÉNIAL !
ELLE A MILLE USAGES !
BONG!
ET MAINTENANT, AU BOULOT ! JE DOIS LIVRER LE MEURTRIER DE MON PÈRE À LA JUSTICE. DEMAIN, C'EST SAMEDI, JE ME LANCE.
ET JE SAIS PAR OÙ COMMENCER.
ET...
LE **FIXER** ! AVEC UN NOM PAREIL, IL NE DOIT PAS ÊTRE NET !
IL MARCHE AVEC ASSURANCE POUR UN AVEUGLE !
GUIDÉ PAR SON SENS RADAR, MATT MURDOCK REJOINT AISÉMENT SA DESTINATION.
PREMIER TEST POUR DAREDEVIL. JE DOIS ME CHANGER DISCRÉTOS. VOYONS VOIR...
RETOUR DANS LE TEMPS PRÉSENT AVEC DAREDEVIL...
VOUS ME CONDUISEZ AU FIXER OU...
OU **RIEN** ! C'EST BON, ON A COMPRIS ! IL VA ARRIVER.
ON ME DEMANDE ? QUE VEUX-TU ?
SI ON LUI FAISAIT SA FÊTE, BOSS ?
IL CRAINT, CE MEC, FIXER. ON SE LE FAIT ?
MES "ASSOCIÉS" N'ONT PAS L'AIR DE T'APPRÉCIER. ACCOUCHE. ET VITE.
D'APRÈS SA VOIX, IL DOIT ÊTRE COSTAUD. J'ENTENDS UNE RESPIRATION À SES CÔTÉS. SANS DOUTE DEUX GORILLES.
AH NON, FIXER, C'EST **TOI** QUI VAS ME CAUSER !

DIS-MOI, TU AVAIS QUEL ARRANGEMENT AVEC KID MURDOCK ?
QU'EST-CE QUE ÇA PEUT BIEN TE FAIRE ? D'ABORD, ICI, ON ÉVITE DE PARLER DE LUI.
IL VA COMPRENDRE, BOSS. JE M'EN CHARGE.
LE BRUISSEMENT D'UNE ÉTOFFE... DES DOIGTS SUR UN OBJET MÉTALLIQUE... UNE ARME QU'ON SORT DE SON ÉTUI !
LE SON DE SA RESPIRATION... LE CLIQUETIS DU CRAN DE SÉCURITÉ... ÇA ME SUFFIT POUR CIBLER L'OBJECTIF.
ET LE BRUIT QUASI INAUDIBLE DE MA CANNE DANS LES AIRS RETENTIT POUR MOI COMME UNE ALARME.
J'AVAIS RAISON. GRÂCE À MES SENS ULTRA DÉVELOPPÉS, JE FAIS AUSSI BIEN QU'UN VOYANT, SINON **MIEUX** !
JE VAIS LE CHOPER PAR-DERRIÈRE... EH ! IL SE RETOURNE !
TU M'AS VU ?! MAIS COMMENT...?
ÇA, C'EST MON SECRET.
IL A BEAU ÊTRE DISCRET, SES PAS RÉSON-NENT COMME DES COUPS DE TAM-BOUR.
J'ENTENDS COURIR. QUELQU'UN ESSAIE DE S'ÉCHAPPER.
MINUTE, SPEEDY ! TU N'AS PAS MA PERMISSION !
COMMENT IL FAIT ? IL VOIT TOUT !

BON, SI ON SE CALMAIT ET ON DISCUTAIT ? À MOINS QUE VOUS NE VOULIEZ UNE AUTRE SESSION ?
TOI, TU VAS...
ARRÊTE ! C'EST MOI QUI COMMANDE ICI.
SLAM !
QUI QUE TU SOIS, TU NE T'EN SORTIRAS PAS COMME ÇA. IL Y A DES LOIS POUR PROTÉGER LES GENS INNOCENTS. SAM, APPELLE LES FLICS.
UNE MAIN QUI DÉCROCHE UN COMBINÉ ? C'EST TROP FACILE !
YEOWP !
CLANK !
FIXER, JE TE SOUPÇONNE D'AVOIR FAIT ASSASSINER MURDOCK. SI TU AVOUAIS, ÇA NOUS FERAIT GAGNER DU TEMPS, NON ?
MALADE ! J'AI RIEN À VOIR AVEC ÇA ! J'AI UN ALIBI !
J'IGNORAIS QUE JE POUVAIS PERCEVOIR LE POULS DE QUELQU'UN. IL S'ACCÉLÈRE. IL MENT. MON OUÏE EST UN PARFAIT DÉTECTEUR DE MENSONGES.
TU AS PEUT-ÊTRE UN ALIBI ET TU N'AS PEUT-ÊTRE PAS APPUYÉ SUR LA GÂCHETTE, MAIS C'EST TOI QUI AS DONNÉ L'ORDRE !
NON, ARRÊTEZ-LE ! NE LE LAISSEZ PAS M'APPROCHER !

IL EN SAIT TROP ! ON NE DOIT PAS PRENDRE DE RISQUES !
DAREDEVIL EST TELLEMENT CONCENTRÉ SUR LE POULS DU FIXER, POUR LE CONFONDRE, QU'IL RÉAGIT UNE FRACTION DE SECONDE TROP TARD...
C'EST MOI QUI L'AI TUÉ ET TU N'Y CHANGERAS RIEN !
DERRIÈRE MOI... OHHH !
UN HOMME NORMAL N'EN AURAIT PAS RÉCHAPPÉ. MAIS L'INTRÉPIDE DAREDEVIL A ENTENDU LE BATTEMENT D'UN DRAPEAU DANS LE VENT ET SES RÉFLEXES HYPER-RAPIDES FONT AUSSITÔT LE RESTE...
UN MÂT ! TU PARLES D'UNE CHANCE !
DANS LA SECONDE, IL PRESSE LE BOUTON QUI RECOURBE LE MANCHE DE SA CANNE ET STOPPE SA CHUTE VERTIGINEUSE.
JE L'AI !
DE LÀ, JE ME PROPULSE ET HOP !
ALORS, OÙ ON EN ÉTAIT, LES GARS ?
LE RE-VOILÀ ?!
WHUMP!
AU MÊME MOMENT À L'AUTRE BOUT DE LA VILLE...
MATT NE RÉPOND PAS. IL DOIT ENCORE DORMIR. TIENS, C'EST OUVERT ?!
EH, FEIGNASSE, TU VEUX QUE JE TE FILE UN... MATT ?? PAS LÀ !
IL AURAIT PU M'APPELER. JE N'AIME PAS LE SAVOIR SEUL EN VILLE AVEC TOUTE CETTE CIRCULATION.
BUS STOP
18.

VOYONS AU BUREAU. IL EST PEUT-ÊTRE VENU REPÉRER UN PEU LES LIEUX AVANT DE COMMENCER LUNDI.
MAIS FOGGY TROUVE LE BUREAU VIDE, À L'EXCEPTION D'UN TRÈS BEL ACCESSOIRE...
KAREN ? C'EST VOTRE JOUR DE CONGÉ.
JE SAIS, M. NELSON, MAIS JE NE CONNAIS PERSONNE À NEW YORK. POUR M'OCCUPER, JE SUIS VENUE FAIRE DU MÉNAGE. M. MURDOCK EST AVEC VOUS ?
NON. J'ESPÉRAIS QU'IL SERAIT LÀ. JE N'AIME PAS LE LAISSER SORTIR SEUL.
JE COMPRENDS. UN SI GENTIL ET SI JOLI GARÇON, SI HANDICAPÉ !
WOW ! J'AIMERAIS BIEN QU'ELLE PARLE DE MOI COMME ÇA !
IL N'EN RESTE PAS MOINS LE TYPE LE PLUS CAPABLE ET LE PLUS COURAGEUX QUE JE CONNAISSE. COMME SI ÊTRE AVEUGLE NE LE GÊNAIT MÊME PAS.
IL DONNE ENVIE DE LE PRENDRE DANS SES BRAS ET DE LE... OH, PARDON, M. NELSON, JE NE DEVRAIS PAS. C'EST JUSTE QU'IL A L'AIR D'AVOIR BESOIN QU'ON S'OCCUPE DE LUI.
QUE PENSERAIT KAREN PAGE SI ELLE POUVAIT VOIR LE JEUNE HOMME "INFIRME" EN CE MOMENT MÊME ?
SORTEZ ! JE VEUX PARLER À SLADE ET AU FIXER.
PAS LA PEINE DE LE DIRE DEUX FOIS !
REVENEZ, SALES LÂCHES ! TOUT DE SUITE !
À NOUS TROIS ! ALORS, SLADE A TIRÉ ET TOI, TU AS DONNÉ L'ORDRE.
QU'EST-CE QUI LE **PROUVE** ?
OUAIS ! T'AS AUCUNE PREUVE !
19.

J'Y VAIS AU BLUFF. DANS LEUR ÉTAT, ILS CROIRONT N'IMPORTE QUOI.
ET ÇA ? J'AI UN MAGNÉTO CACHÉ DANS MA CANNE. LA POLICE AURA TOUTES LES INFOS NÉCESSAIRES.
AÏE !
AVANT QUE DAREDEVIL NE PUISSE RÉAGIR, LE FIXER TENTE UNE ULTIME MANŒUVRE...
TIRE-TOI, SLADE ! VITE, AVANT QU'IL SE RELÈVE !
OHHH...
JE ME SUIS TORDU LE BRAS ! JE NE ME SUIS PAS MÉFIÉ. J'AURAIS DÛ DEVINER QU'ILS TENTERAIENT UN DERNIER COUP.
ILS N'ONT PAS PU SE SAUVER BIEN LOIN.
MAIS DANS LA RUE, SLADE ET LE FIXER SE MÊLENT VITE À LA FOULE DU SAMEDI APRÈS-MIDI...
IL NE NOUS RETROUVERA JAMAIS.
AVANCE ! ON NE SAIT PAS DE QUOI IL EST CAPABLE.
CEPENDANT...
JE SENS LE CIGARE DU FIXER. JE LE SUIS À LA TRACE COMME UN LIMIER. MAIS DEHORS, JE PASSERAI PLUS INAPERÇU **SANS** COSTUME.
FIG
ALORS, COMMENCE LA PLUS ÉTRANGE DES POURSUITES. UN AVEUGLE SILLONNE LA FOULE, TRANQUILLE, SUR LES PAS DE DEUX TUEURS...
SON CIGARE EST FORT. TANT MIEUX, C'EST UN JEU D'ENFANT POUR MOI. MAIS IL NE LE SAIT PAS.
20.

EN QUELQUES MINUTES, LA SILHOUETTE SOUPLE ET GRACIEUSE DE MATT MURDOCK SE FAUFILE DISCRÈTEMENT, TEL UN FANTÔME ET...
POURVU QU'ILS RESTENT ENSEMBLE, JE LES VEUX TOUS LES DEUX. L'ODEUR EST PLUS FORTE. ILS SONT TOUT PRÈS.
RALENTIS, SLADE. C'EST BON, ON L'A SEMÉ.
OUI, TU AS RAISON. IL N'Y A PLUS QUE CET AVEUGLE QUI NOUS COLLE.
VIENS, ON VA PRENDRE LE MÉTRO. ON DESCENDRA À PENN STATION. DANS UNE HEURE, ON SERA LOIN.
ON PEUT RÊVER !
EH, T'AS VU L'AVEUGLE DÉVALER LES ESCALIERS ?
M'EN FOUS. CHACUN SES PROBLÈMES.
SUBWAY
MAIS CEUX DES CRIMINELS NE FONT QUE **COMMENCER**, À VOIR CE QUI LES ATTEND...
LEURS PAS SE RAPPROCHENT. JE DOIS FAIRE VITE.
OÙ VOUS ALLEZ, LES GARS ?
C'EST **LUI** !
C'EST PAS POSSIBLE !
SÉPARONS-NOUS ! IL SERA COINCÉ !
C'EST CE QUE JE CRAIGNAIS.
LE BRUIT DES PAS DE SLADE N'EST PAS ENTRECOUPÉ. PERSONNE ENTRE NOUS. JE PEUX LANCER MA CANNE.
IL PREND SLADE EN CHASSE. TANT MIEUX POUR MOI !

UGH ! IL M'A EU AVEC SA SALETÉ DE CANNE !
VOILÀ QUI LE RALENTIRA LE TEMPS QUE JE RATTRAPE LE FIXER. MAIS IL EST DÉJÀ LOIN.
CETTE POUBELLE DEVRAIT M'AIDER.
TRASH
ET PEU APRÈS...
LE BOUCAN QUE FAIT LE BIDON M'EMPÊCHE D'ENTENDRE SES PAS, MAIS JE SENS ENCORE SON CIGARE.
IL VA M'AVOIR ! IL VA M'AVOIR !
LE CORPS MASSIF DU FIXER S'ÉCROULE SOUDAIN. SON CŒUR S'EMBALLE, PUIS CESSE BRUSQUEMENT DE BATTRE...
JE PEUX PLUS RESPIRER ! OHHH...
IL N'A PLUS DE POULS. ON DIRAIT QU'UNE ATTAQUE VA NOUS ÉPARGNER LE PROCÈS.
QUE SE PASSE-T-IL ?
DES AGENTS DE SÉCURITÉ ! JUSTE CE QU'IL ME FALLAIT ! COMME CE TRAIN !
SUIVEZ-MOI, LES GARS, J'AI UN BOULOT POUR VOUS !
22.

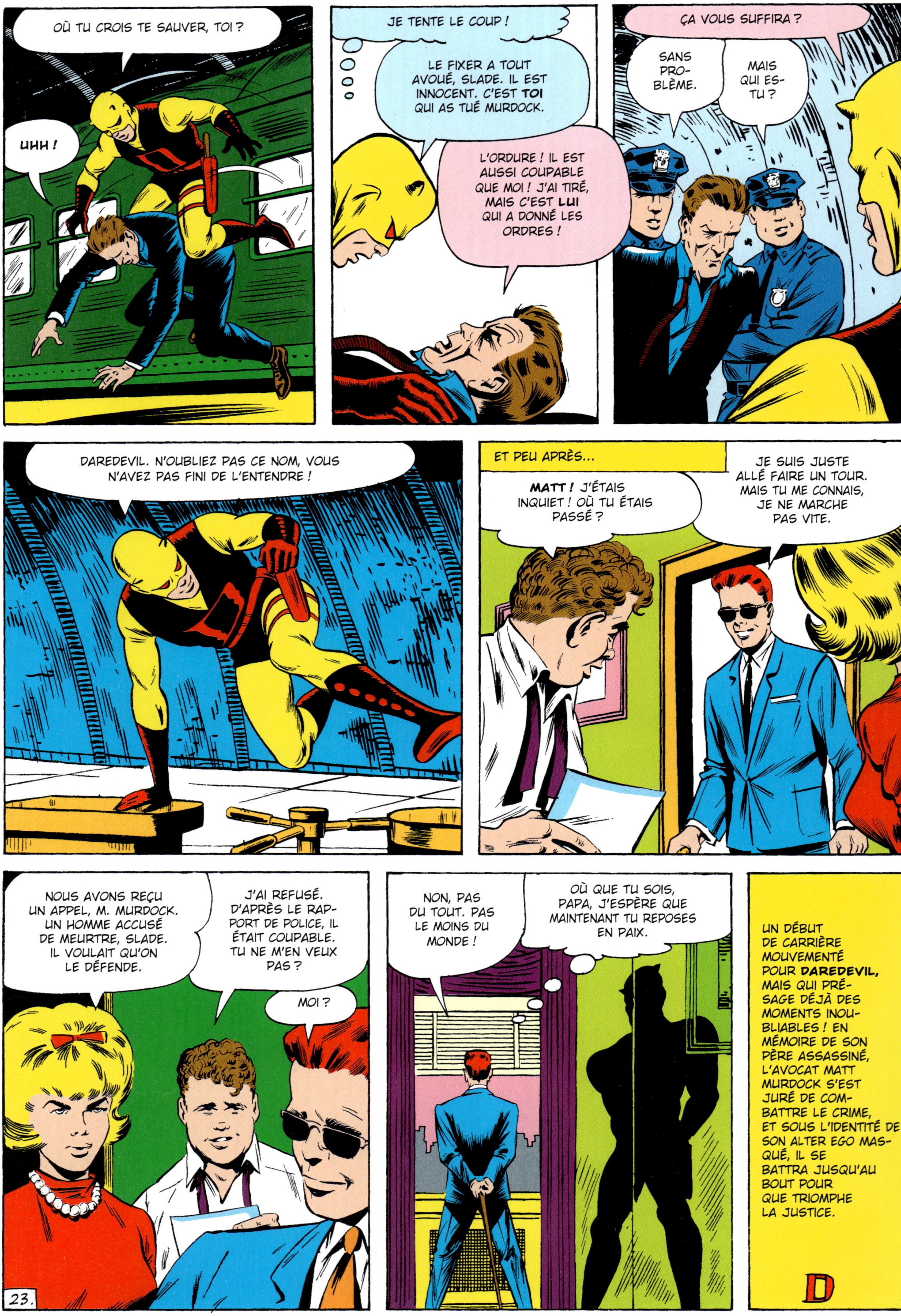
OÙ TU CROIS TE SAUVER, TOI ?
UHH !
JE TENTE LE COUP !
LE FIXER A TOUT AVOUÉ, SLADE. IL EST INNOCENT. C'EST TOI QUI AS TUÉ MURDOCK.
L'ORDURE ! IL EST AUSSI COUPABLE QUE MOI ! J'AI TIRÉ, MAIS C'EST LUI QUI A DONNÉ LES ORDRES !
ÇA VOUS SUFFIRA ?
SANS PRO-BLÈME.
MAIS QUI ES-TU ?
DAREDEVIL. N'OUBLIEZ PAS CE NOM, VOUS N'AVEZ PAS FINI DE L'ENTENDRE !
ET PEU APRÈS...
MATT ! J'ÉTAIS INQUIET ! OÙ TU ÉTAIS PASSÉ ?
JE SUIS JUSTE ALLÉ FAIRE UN TOUR. MAIS TU ME CONNAIS, JE NE MARCHE PAS VITE.
NOUS AVONS REÇU UN APPEL, M. MURDOCK. UN HOMME ACCUSÉ DE MEURTRE, SLADE. IL VOULAIT QU'ON LE DÉFENDE.
J'AI REFUSÉ. D'APRÈS LE RAPPORT DE POLICE, IL ÉTAIT COUPABLE. TU NE M'EN VEUX PAS ?
MOI ?
NON, PAS DU TOUT. PAS LE MOINS DU MONDE !
OÙ QUE TU SOIS, PAPA, J'ESPÈRE QUE MAINTENANT TU REPOSES EN PAIX.
UN DÉBUT DE CARRIÈRE MOUVEMENTÉ POUR DAREDEVIL, MAIS QUI PRÉSAGE DÉJÀ DES MOMENTS INOUBLIABLES ! EN MÉMOIRE DE SON PÈRE ASSASSINÉ, L'AVOCAT MATT MURDOCK S'EST JURÉ DE COMBATTRE LE CRIME, ET SOUS L'IDENTITÉ DE SON ALTER EGO MASQUÉ, IL SE BATTRA JUSQU'AU BOUT POUR QUE TRIOMPHE LA JUSTICE.
D
23.

LA DYNAMO POURPRE FRAPPE DE NOUVEAU !
The Crimson Dynamo Strikes Again!
Tales of Suspense (1959) 52
avril 1964

Scénario : Stan Lee et Don Rico (en tant que N. Korok)
Dessin et encrage : Don Heck
Traduction : Thomas Davier
Lettrage : BIT
Rédaction USA : Stan Lee, C.B. Cebulski

En 1964, les relations entre les États-Unis et l'URSS entrent dans une période de "détente", mais la guerre froide n'en est pour autant pas terminée. C'est dans ce contexte d'espionnage intensif qu'est créée **Natasha Romanoff**, dite **Black Widow**. Dans les années 1940, une première Black Widow avait vu le jour au sein des publications Timely : une certaine **Claire Voyante** qui offrait les âmes de criminels à **Satan**. Natasha, elle, ne possède pas de pouvoirs surnaturels et apparaît plus proche, dans cette première histoire, de **Mata Hari** que de l'acrobatique femme d'action que l'on connaît aujourd'hui. Dans les épisodes suivants d'"Iron Man" parus dans *Tales of Suspense*, elle fait équipe avec **Hawkeye** et opte pour un costume bleu nuit auquel elle ajoute également un bracelet lance-grappin et des bottes adhésives. Sa tenue est modifiée en 1970 par **John Romita Sr**. Ce dernier s'inspire alors de **Miss Fury**, personnage de comic strip inventé par l'une des premières autrices de BD, **Tarpe Mills**.

* LA DYNAMO POURPRE FRAPPE DE NOUVEAU !

TARD CE SOIR-LÀ, DANS LE PRINCIPAL COMPLEXE DE RECHERCHE D'ANTHONY STARK, LE PLAY-BOY ET INDUSTRIEL MILLIARDAIRE, UNE ÉTRANGE SILHOUETTE APPARAÎT...
ELLE SE DIRIGE SILENCIEUSEMENT VERS LE PROJET TOP SECRET DES ENTREPRISES EXPÉRIMENTALES...
JE ME SUIS INVESTI TOTALEMENT POUR PERCER LE SECRET DE LA LUMIÈRE LASER... JE N'ÉCHOUERAI PAS !
NOTE DE L'ÉDITEUR : LA "LUMIÈRE LASER" EST UNE ÉMISSION PARALLÈLE DE RAYONS PHOTONIQUES DE FORCE ÉGALE, À L'INVERSE DE LA LUMIÈRE ORDINAIRE ! SI ON POUVAIT LA MAÎTRISER EN TOUTE SÉCURITÉ, CE SERAIT UNE ARME PARFAITE... CAR ELLE POURRAIT TOUT TRAVERSER !
DANS SON BUREAU PRIVÉ, TONY STARK EST EN TRAIN DE VÉRIFIER SON COSTUME D'IRON MAN...
EXCELLENT ! TOUTES LES PIÈCES DE MON ARMURE FONCTIONNENT PARFAITEMENT ! HMM... DOMMAGE QUE CEUX QUI DOUTENT DE LA LOYAUTÉ DE LA DYNAMO POURPRE NE LE VOIENT PAS MAINTENANT... EN TRAIN DE TRAVAILLER SI TARD !
LA MACHINE VIBRE ET, SOUDAIN, LA SILHOUETTE POURPRE EST ENVELOPPÉE D'UNE LUEUR SINISTRE ET MORTELLE...
AVEC MON COSTUME POUR ME PROTÉGER, JE DÉCOUVRIRAI SI MON PISTOLET À RAYON LASER EST SANS DANGER !
OH NON ! VANKO RISQUE SA VIE... COMME COBAYE !
STARK SE LANCE AUSSITÔT VERS LE DANGEREUX RAYON DE LUMIÈRE LASER...
PERSONNE NE SE DEMANDERA COMMENT LE PRUDENT TONY STARK S'EST SOUDAIN TRANSFORMÉ EN HOMME D'ACTION !
CES RAYONS ONT FAILLI VOUS DÉSINTÉGRER, PROFESSEUR VANKO ! VOUS JOUEZ AVEC LE FEU !
J'AI ÉCHOUÉ ! JE N'AI TOUJOURS PAS TROUVÉ LE MOYEN D'UTILISER LA LUMIÈRE LASER SANS DANGER !
QUAND JE ME SUIS PORTÉ VOLONTAIRE POUR TRAVAILLER SUR UNE ARME LASER, JE CROYAIS POUVOIR AIDER VOTRE PAYS... REMERCIER L'AMÉRIQUE POUR M'AVOIR BIEN TRAITÉ !
VOUS L'AVEZ FAIT... ET VOUS CONTINUEREZ À LE FAIRE... MAIS PAS AU POINT DE DONNER VOTRE VIE !
MÊME MON ARMURE SPÉCIALEMENT CONÇUE N'OFFRE DE PROTECTION CONTRE LES RAYONS LASER... IL ME FAUDRA RECOMMENCER... DIFFÉREMMENT...
C'EST TOUTE L'HISTOIRE DE LA RECHERCHE, VANKO... RECOMMENCER ENCORE ET ENCORE ! MAIS JE SUGGÈRE QUE VOUS RAJOUTIEZ UNE COUCHE DE PLOMB POUR LA PROTECTION...
2.

QUITTANT LE PROFESSEUR VANKO, TONY STARK REPENSE AU TEMPS OÙ CELUI-CI, SOUS L'IDENTITÉ DE LA DYNAMO POURPRE, ÉTAIT AU SERVICE DES COMMUNISTES... AVANT D'ÊTRE VAINCU PAR IRON MAN ET D'AVOIR REJOINT LE CAMP AMÉRICAIN !
TU M'AS DÉFAIT, IRON MAN, MAIS JE MOURRAI EN HOMME !
INUTILE DE MOURIR ! LES AMÉRICAINS NE SONT PAS DES ASSASSINS ! ET J'AI UNE OFFRE POUR TOI...
MAIS À DES MILLIERS DE KILOMÈTRES D'ICI, DANS UNE SALLE DE PROJECTION PRIVÉE, UN PERSONNAGE TRAPU ÉCUME DE RAGE !
CES FILMS SECRETS SONT LA PREUVE DE LA TRAHISON DE VANKO, EXCELLENCE !
LE TRAÎTRE ! IL A REJOINT LES AMÉRICAINS ! IL FAUT L'ÉLIMINER !
VOILÀ UN TRAVAIL POUR BLACK WIDOW ! ET POUR L'HOMME QU'ON APPELLE... BORIS !
ET PEU APRÈS...
VOUS M'AVEZ DEMANDÉE, CAMARADE CHEF ?
VOUS AUSSI, BORIS ! VENEZ ICI ! FAITES LE TOUR DU BUREAU, JE VAIS VOUS MONTRER QUELQUE CHOSE...
LE TOUR ??
BORIS NE CONTOURNE PAS LES OBSTACLES...
... IL LES ÉCARTE... COMME ÇA !
VOICI VOS CIBLES ! LE FABRICANT D'ARMES AMÉRICAIN STARK ET LE TRAÎTRE VANKO ! MAIS IL FAUDRA AUSSI VOUS DÉBARRASSER DU GARDE DU CORPS DE STARK... IRON MAN !
HMM... CE STARK EST AUSSI BEAU QUE FORTUNÉ ! CE SERA UNE MISSION INTÉRESSANTE !
3.

QUELQUES JOURS PLUS TARD, AU LARGE DES CÔTES DE LONG ISLAND, UN SOUS-MARIN ATOMIQUE ACHÈVE LA PREMIÈRE PARTIE DE SA MISSION...
J'AI REÇU L'ORDRE DE VOUS ATTENDRE UNE SEMAINE, CAMARADES !
C'EST UNE SEMAINE QUE J'ATTENDS AVEC IMPATIENCE, CAMARADE COMMANDANT ! NOUS VOUS TIENDRONS INFORMÉ DE NOS PROGRÈS !
ET PEU APRÈS, À L'USINE DE MUNITIONS DE STARK À FLUSHING, NEW YORK...
VOUS AVEZ DE LA VEINE, PEPPER ! CE VIEUX HAPPY VOUS INVITE À SORTIR ! DITES SEULEMENT QUAND !
SUPER, HAPPY ! DISONS... JAMAIS ! MAINTENANT, EXCUSEZ-MOI, MAIS DES VISITEURS ÉTRANGERS VEULENT VOIR LE PATRON !
QUI DOIS-JE ANNONCER ?
JE M'EN CHARGERAI MOI-MÊME !
JE SUIS MADAME NATASHA ET VOICI MON FRÈRE, BORIS ! IL EST PROFESSEUR DE SCIENCES EN UKRAINE ET IL AIMERAIT PARLER À SES ÉLÈVES DE VOTRE TECHNOLOGIE AMÉRICAINE !
JE VAIS VOUS FAIRE VISITER !
QUELLE BEAUTÉ !
PEU APRÈS...
VOUS ÊTES TROP JOLIE POUR PASSER TOUTE LA JOURNÉE À L'USINE ! SI NOUS LAISSIONS VOTRE FRÈRE ET ALLIONS DÎNER ENSEMBLE ?
C'EST TROP GENTIL ! LUI ET MOI N'AVONS PAS LES MÊMES CENTRES D'INTÉRÊT !
PLUS TARD, AU SWANK SUPPER CLUB...
C'EST ÉTRANGE DE VOIR UN SCIENTIFIQUE COMME VOUS SI SOPHISTIQUÉ ET CHARMANT !
S'IL Y A UN CLAIR DE LUNE, JE POURRAI VOUS LE PROUVER !
PAR ICI, M. STARK !
DE SON CÔTÉ, BORIS ATTEND L'OCCASION DE PASSER À L'ACTION...
HÉ ! AUCUN VISITEUR N'EST AUTORISÉ AU-DELÀ DE CE POINT ! VOUS N'AVEZ PAS LU ?
D'ACCORD ! JE N'AVAIS PAS VU LE PANNEAU !
CE GARDE ! D'OÙ A-T-IL SURGI ?
4

IL PART FAIRE SA RONDE, DONC C'EST À MOI DE JOUER ! JE SAIS QUE VANKO DOIT TRAVAILLER ICI... DANS CETTE ZONE INTERDITE !
D'UN SPRAY, UN MINUSCULE FLUIDE EST ÉJECTÉ... ET RONGE LA PORTE MÉTALLIQUE...
VOILÀ ! L'OUVERTURE EST ASSEZ GRANDE...
... POUR UTILISER MA FORCE !
CRUNCH
AU BON SOUVENIR DU PASSÉ, PROFESSEUR VANKO !
BORIS ! TOI ICI ? TU PERDS TON TEMPS ! J'EN AI FINI AVEC LE KREMLIN !
RRIP!
JE T'APPORTE UN MESSAGE DE NOTRE GLORIEUX CHEF ! TU DOIS M'AIDER À SABOTER L'USINE DE STARK ET SON NOUVEAU PROJET SECRET ! TA VIE SERA AINSI ÉPARGNÉE !
JAMAIS ! LES AMÉRICAINS SONT BONS AVEC MOI ! JE NE LES TRAHIRAI JAMAIS ! JE... JE VAIS APPELER LES GARDES !
ILS N'ARRIVERONT PAS À TEMPS ! TU TE SOUVIENS DE CE PETIT JOUET ? TU L'AS INVENTÉ POUR NOUS !
LE SPRAY PARALYSANT ! JE L'AVAIS OUBLIÉ ! JE L'AI CONÇU IL Y A DES ANNÉES...
AH ! LES FIBRES ARTIFICIELLES MAGNÉTIQUES FORMENT... UNE INVENTION TRÈS UTILE !
OHHH... LE SPRAY ! JE NE PEUX PAS RÉSISTER... JE SUIS COINCÉ...!

ET ALORS QUE LE PUISSANT PISTOLET FAIT SON EFFET...
TE VOILÀ ENVELOPPÉ DANS CE FILET INCASSABLE ! C'ÉTAIT UNE BRILLANTE INVENTION, VANKO ! DOMMAGE QUE TU EN SOIS LA VICTIME !
UNE DERNIÈRE CHOSE... JE METS EN ROUTE CET ENREGISTREMENT DE TA VOIX LORS DE TA DERNIÈRE CONFÉRENCE À MOSCOU !
PUIS, HORS DU LABORATOIRE...
HÉ ! OÙ ALLEZ-VOUS AVEC CE PAQUET ?
C'EST UNE LIVRAISON DU PROFESSEUR VANKO...
VÉRIFIEZ AVEC LUI, SI VOUS VOULEZ... BIEN QU'IL N'APPRÉCIE PEUT-ÊTRE PAS D'ÊTRE DÉRANGÉ EN PLEINE CONFÉRENCE...
HUNH ? OH OUI, JE L'ENTENDS... BON, ALLEZ-Y !
DÈS QUE NOUS TROUVERONS LE MOYEN DE...
À MINUIT, CETTE NUIT-LÀ...
ON A REÇU VOTRE SIGNAL ! QU'AVEZ-VOUS LÀ ?
UNE PREMIÈRE LIVRAISON ! PRENEZ BIEN SOIN DE LUI ! JE REVIENDRAI BIENTÔT AVEC AUTRE CHOSE !
NOTRE CHEF NOUS A DIT DE LIQUIDER VANKO... SANS SAVOIR QU'ON POURRAIT L'AVOIR VIVANT ! JE DEVIENDRAI UN GRAND HÉROS... ET ENCORE PLUS QUAND J'AURAI DÉFAIT STARK ET IRON MAN ! BLACK WIDOW ET BORIS PEUVENT VAINCRE N'IMPORTE QUI !
RETOURNANT SECRÈTEMENT À L'USINE, BORIS PÉNÈTRE DANS LE LABORATOIRE DE VANKO ET ENFILE L'ARMURE DE LA DYNAMO POURPRE...
CETTE ARMURE ÉLECTRIFIÉE SERA UN PARFAIT DÉGUISEMENT ! PERSONNE NE SOUPÇONNERA QUE JE NE SUIS PAS VANKO ! ET MAINTENANT, AU TOUR D'IRON MAN... DONT LA DÉFAITE SERA MON PLUS GRAND TRIOMPHE !
6.

SANS UNE HÉSITATION, UTILISANT LE POUVOIR DE LA DYNAMO POURPRE, BORIS ENTAME UNE CAMPAGNE DE SABOTAGE DE L'USINE DE STARK...
VOILÀ QUI RALENTIRA L'EFFORT DE DÉFENSE AMÉRICAIN ET SURTOUT QUI FERA SORTIR IRON MAN DE SA CACHETTE, AINSI JE POURRAI LE DÉTRUIRE AFIN QU'IL N'ENTRAVE PLUS JAMAIS NOS PLANS DE CONQUÊTE !
CRACK !
PEU APRÈS...
DOMMAGE QUE VOTRE VISITE SE TERMINE DANS QUELQUES JOURS.
JE LE REGRETTE AUSSI ! VOUS ME MANQUEREZ !
UN MESSAGE URGENT, M. STARK !
ET...
C'ÉTAIT HAPPY ! UNE MYSTÉRIEUSE EXPLOSION A EU LIEU À L'USINE... ET IL N'Y A AUCUNE TRACE DE VANKO...
STARK A L'AIR INQUIET ! BORIS DOIT AVOIR FRAPPÉ UN GRAND COUP !
NE VOUS APPROCHEZ PAS, ÇA POURRAIT ÊTRE DANGEREUX ! JE VAIS VOUS LAISSER ICI !
QUEL MERVEILLEUX SPECTACLE ! L'USINE DE STARK EST EN FLAMMES !
QUELLE FROIDEUR ! ELLE SEMBLE INDIFFÉRENTE À CETTE AGITATION !
HEUREUX QUE VOUS SOYEZ DE RETOUR, PATRON ! LE FEU A PRIS DANS LE LABO DE VANKO ! MAIS LUI A DISPARU !
NE BAISSEZ PAS LES BRAS ! JE VOUS REJOINS DANS UN INSTANT !
IL FAUT QUE JE ME CHANGE EN IRON MAN !
ET PEU APRÈS...
MAINTENANT, CHERCHONS CE QU'IL Y A DERRIÈRE TOUT ÇA ! AVEC MON ARMURE, JE PEUX PLONGER DANS CET ENFER SANS ÊTRE BRÛLÉ VIF !
7.

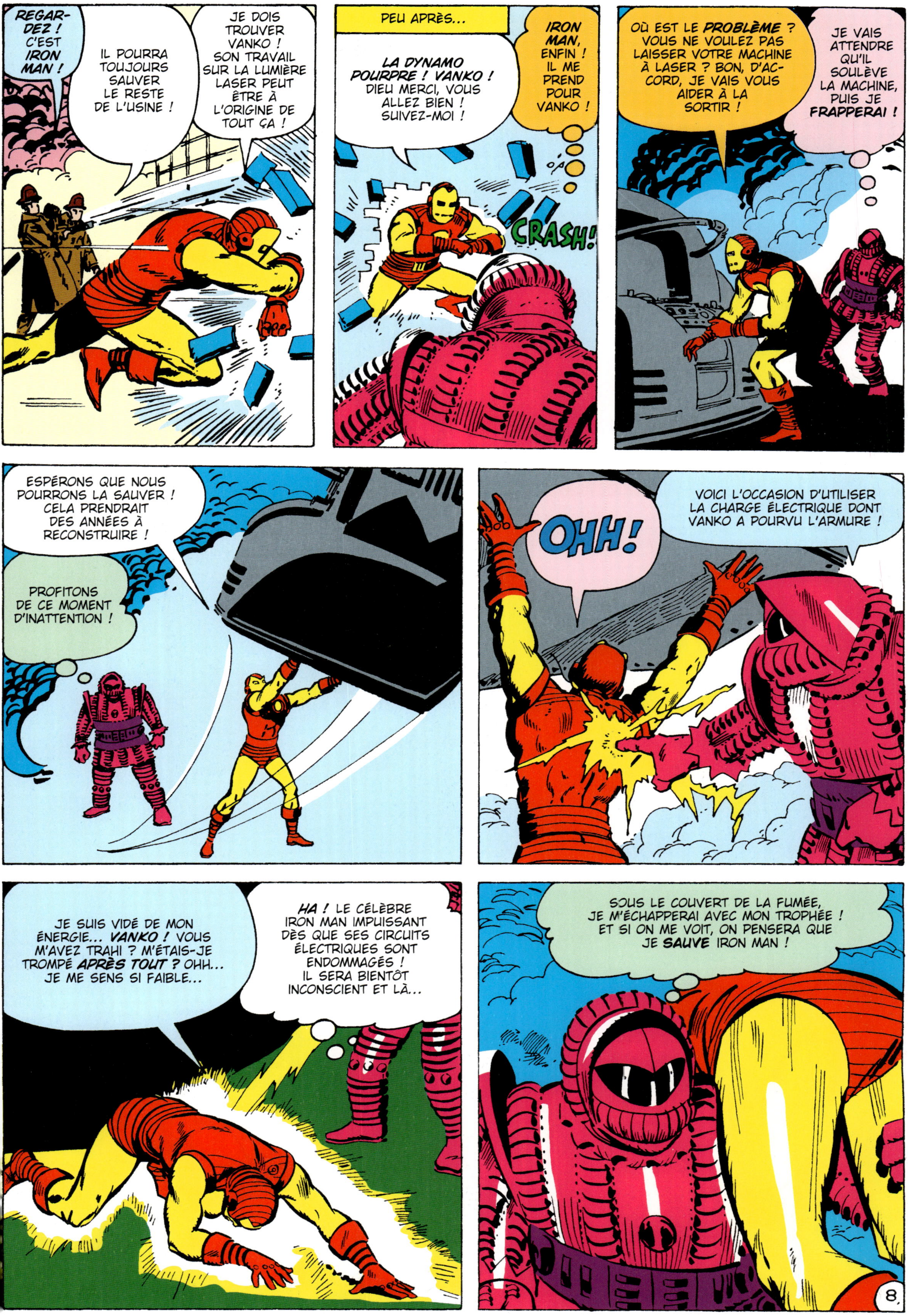
REGARDEZ ! C'EST IRON MAN !
IL POURRA TOUJOURS SAUVER LE RESTE DE L'USINE !
JE DOIS TROUVER VANKO ! SON TRAVAIL SUR LA LUMIÈRE LASER PEUT ÊTRE À L'ORIGINE DE TOUT ÇA !
PEU APRÈS...
LA DYNAMO POURPRE ! VANKO ! DIEU MERCI, VOUS ALLEZ BIEN ! SUIVEZ-MOI !
IRON MAN, ENFIN ! IL ME PREND POUR VANKO !
CRASH!
OÙ EST LE PROBLÈME ? VOUS NE VOULEZ PAS LAISSER VOTRE MACHINE À LASER ? BON, D'ACCORD, JE VAIS VOUS AIDER À LA SORTIR !
JE VAIS ATTENDRE QU'IL SOULÈVE LA MACHINE, PUIS JE FRAPPERAI !
ESPÉRONS QUE NOUS POURRONS LA SAUVER ! CELA PRENDRAIT DES ANNÉES À RECONSTRUIRE !
PROFITONS DE CE MOMENT D'INATTENTION !
OHH!
VOICI L'OCCASION D'UTILISER LA CHARGE ÉLECTRIQUE DONT VANKO A POURVU L'ARMURE !
JE SUIS VIDÉ DE MON ÉNERGIE... VANKO ! VOUS M'AVEZ TRAHI ? M'ÉTAIS-JE TROMPÉ APRÈS TOUT ? OHH... JE ME SENS SI FAIBLE...
HA ! LE CÉLÈBRE IRON MAN IMPUISSANT DÈS QUE SES CIRCUITS ÉLECTRIQUES SONT ENDOMMAGÉS ! IL SERA BIENTÔT INCONSCIENT ET LÀ...
SOUS LE COUVERT DE LA FUMÉE, JE M'ÉCHAPPERAI AVEC MON TROPHÉE ! ET SI ON ME VOIT, ON PENSERA QUE JE SAUVE IRON MAN !
8

PLUS TARD, DANS LE SOUS-MARIN...
TU AS VAINCU IRON MAN, CAMARADE ? INCROYABLE ! TU ES SÛR QU'IL EST TOTALEMENT INOFFENSIF ?
COMPLÈTEMENT, CAMARADE COMMANDANT ! IL A REÇU ASSEZ DE COURANT ÉLECTRIQUE POUR DÉTRUIRE VINGT HOMMES !
ET IL EST ENFERMÉ DERRIÈRE DES PORTES D'ACIER ! IL N'Y A PLUS AUCUNE RAISON DE S'INQUIÉTER !
SI TU LE DIS ! MAIS JE NE SERAI TRANQUILLE QUE LORSQU'IL AURA QUITTÉ MON BATEAU ET SERA EMPRISONNÉ AU PAYS !
CLANK !
PEU APRÈS...
JE SERAI ACCUEILLI COMME UN HÉROS QUAND JE REVIENDRAI ! MAIS D'ABORD, BLACK WIDOW ET MOI DEVONS NOUS OCCUPER D'ANTHONY STARK... CE QUI SERA FACILE, MAINTENANT QUE SON GARDE DU CORPS EST K.-O.
CEPENDANT, IRON MAN, LUTTANT DÉSESPÉRÉMENT CONTRE LA MORT, REPREND LENTEMENT CONSCIENCE...
MON ÉNERGIE A ÉTÉ COURT-CIRCUITÉE... IL FAUT QUE JE ME RECHARGE... MAIS COMMENT ? OÙ SUIS-JE ?
JE PEUX PAS ATTENDRE PLUS LONGTEMPS... JE DOIS TROUVER UNE SOURCE ÉLECTRIQUE POUR RÉACTIVER MES CIRCUITS ! CETTE LAMPE... LÀ-HAUT...
FAISANT APPEL À SES DERNIÈRES FORCES, IRON MAN BRISE L'AMPOULE ET...
HEUREUSEMENT QUE J'AI CE FIL DE RECHANGE... AH... JE SENS L'ÉNERGIE REVENIR...
MAINTENANT, AVEC TOUTE MA PUISSANCE, JE PEUX DÉCHIRER CETTE PORTE ET... VANKO !! QUE VOUS ONT-ILS FAIT ? ALORS, C'EST QUELQU'UN D'AUTRE QUI M'A MIS K.-O... J'AURAIS DÛ DEVINER !
9.

IRON MAN DÉCHIRE EN QUELQUES SECONDES LE FILET DE MAILLE SYNTHÉTIQUE ET LIBÈRE VANKO ! PUIS, IL SE FRAIE UN CHEMIN À COUPS DE POING VIOLENTS AU TRAVERS DE LA COQUE D'ACIER DU SOUS-MARIN...
SMASH !
ENFIN...
TU NOUS AS LIBÉRÉS, IRON MAN ! MAIS TES PROPULSEURS SERONT-ILS ASSEZ PUISSANTS POUR PORTER AUSSI MON POIDS ?
ILS POURRAIENT SOULEVER UN ÉLÉPHANT ! NOUS SOMMES HORS D'ATTEINTE, MAINTENANT !
ILS SE SONT ÉCHAPPÉS ! NOUS LE PAIERONS DE NOTRE VIE !
C'EST MOI QUI T'AI MÊLÉ À MON PASSÉ ! MES ENNEMIS N'ABANDONNENT PAS SI FACILEMENT !
C'EST CE QUI LES REND DANGEREUX, VANKO, MAIS NOUS LEUR MONTRERONS QUE NOUS POUVONS L'ÊTRE AUTANT !
CROYANT T'AVOIR VAINCU, BORIS REVIENDRA À L'USINE POUR DÉTRUIRE NOTRE ARME LASER !
BORIS ! ALORS, C'EST LUI !
IRON MAN... REGARDE ! MON COSTUME DE DYNAMO POURPRE ! CE DOIT ÊTRE LUI !
SOIS PRUDENT, C'EST LUI AUSSI UN SCIENTIFIQUE... UN HOMME DE GRAND TALENT ET DE LA PLUS GRANDE FORCE !
NON, VANKO ! LA PRUDENCE N'EST PAS DE MISE ! JE SUIS REVENU !
IRON MAN ! COMMENT ??
ON JOUERA AUX DEVINETTES PLUS TARD, MAUDIT ESPION ! POUR L'INSTANT, MONTRE-MOI CE DONT TU ES CAPABLE QUAND J'AI MES DEUX MAINS DE LIBRES !
CRASH
10.

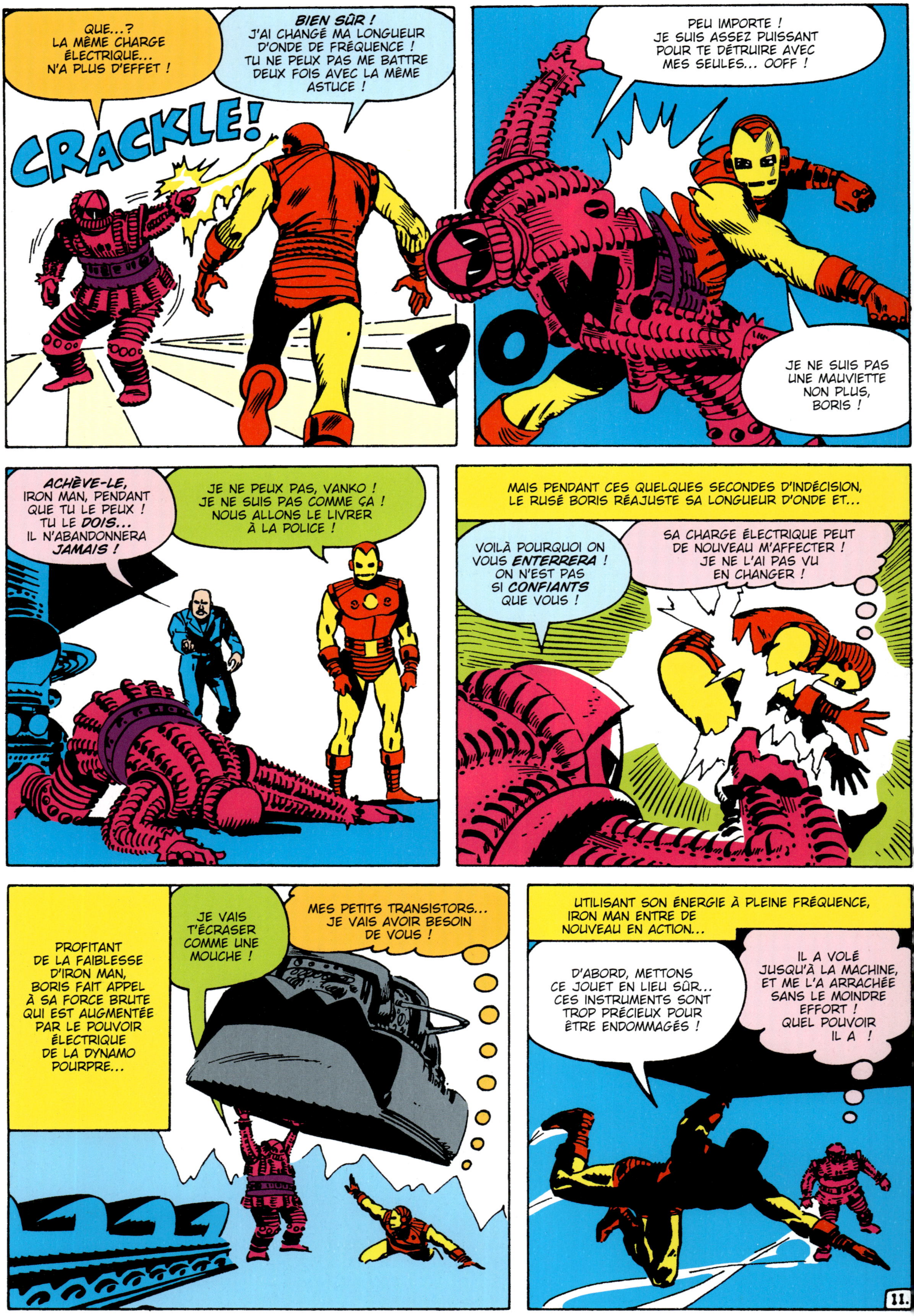
QUE...? LA MÊME CHARGE ÉLECTRIQUE... N'A PLUS D'EFFET !
BIEN SÛR ! J'AI CHANGÉ MA LONGUEUR D'ONDE DE FRÉQUENCE ! TU NE PEUX PAS ME BATTRE DEUX FOIS AVEC LA MÊME ASTUCE !
CRACKLE!
PEU IMPORTE ! JE SUIS ASSEZ PUISSANT POUR TE DÉTRUIRE AVEC MES SEULES... OOFF !
POW!
JE NE SUIS PAS UNE MAUVIETTE NON PLUS, BORIS !
ACHÈVE-LE, IRON MAN, PENDANT QUE TU LE PEUX ! TU LE DOIS... IL N'ABANDONNERA JAMAIS !
JE NE PEUX PAS, VANKO ! JE NE SUIS PAS COMME ÇA ! NOUS ALLONS LE LIVRER À LA POLICE !
MAIS PENDANT CES QUELQUES SECONDES D'INDÉCISION, LE RUSÉ BORIS RÉAJUSTE SA LONGUEUR D'ONDE ET...
VOILÀ POURQUOI ON VOUS ENTERRERA ! ON N'EST PAS SI CONFIANTS QUE VOUS !
SA CHARGE ÉLECTRIQUE PEUT DE NOUVEAU M'AFFECTER ! JE NE L'AI PAS VU EN CHANGER !
PROFITANT DE LA FAIBLESSE D'IRON MAN, BORIS FAIT APPEL À SA FORCE BRUTE QUI EST AUGMENTÉE PAR LE POUVOIR ÉLECTRIQUE DE LA DYNAMO POURPRE...
JE VAIS T'ÉCRASER COMME UNE MOUCHE !
MES PETITS TRANSISTORS... JE VAIS AVOIR BESOIN DE VOUS !
UTILISANT SON ÉNERGIE À PLEINE FRÉQUENCE, IRON MAN ENTRE DE NOUVEAU EN ACTION...
D'ABORD, METTONS CE JOUET EN LIEU SÛR... CES INSTRUMENTS SONT TROP PRÉCIEUX POUR ÊTRE ENDOMMAGÉS !
IL A VOLÉ JUSQU'À LA MACHINE, ET ME L'A ARRACHÉE SANS LE MOINDRE EFFORT ! QUEL POUVOIR IL A !

LA MACHINE ÉTANT EN SÉCURITÉ, IRON MAN REVIENT VITE DANS LA BATAILLE !
MAINTENANT, TERMINONS-EN POUR DE BON !
MAIS BLACK WIDOW RÉAPPARAÎT SOUDAINEMENT !
BORIS EST MAL EN POINT ! MÊME SI JE N'AIME PAS CE BALOURD, JE DOIS L'AIDER... JE VAIS RUSER...
MADAME NATASHA ! J'AI DÛ INVOLONTAIREMENT LA COINCER SOUS LA MACHINE !
IRON MAN ! AU SECOURS !!
IMBÉCILE ! ÇA A MARCHÉ !
JE VAIS... OHH ! UN JET D'EAU DANS MON DOS !! BORIS... IL ME COURT-CIRCUITE !
J'AURAIS DÛ DEVINER ! VOUS DEUX, VOUS TRAVAILLEZ ENSEMBLE !
IL ME FAUDRA JUSTE UNE SECONDE POUR PRODUIRE ASSEZ D'ÉNERGIE POUR T'ÉLECTROCUTER !
MAIS VANKO, CONSCIENT DU DANGER, DISTRAIT L'ASSASSIN...
JE NE PEUX PAS FAIRE GRAND-CHOSE, SI CE N'EST... LUI FAIRE GAGNER UN PEU DE TEMPS...
IDIOT ! TU ES COMME UNE SOURIS ATTAQUANT UN TIGRE ! TU NE PEUX RIEN FAIRE !
ALORS, TU FUIS ! TU ES TROP SENSIBLE POUR ME VOIR EN FINIR AVEC IRON MAN !
IL ME RESTE UNE CHANCE... LE PROJET QUI AURAIT PU ÊTRE MON PLUS GRAND TRIOMPHE... IL PEUT ENCORE SAUVER IRON MAN !
TU AS TROP ATTENDU, BORIS ! CE PISTOLET LASER VA T'ARRÊTER...
TU BLUFFES, VANKO ! JE SAIS QUE CETTE ARME N'EST PAS ENCORE ACHEVÉE ! ELLE NOUS DÉTRUIRAIT TOUS LES DEUX ! TU N'OSERAS PAS...
J'AI JUSTE BESOIN... D'UNE SECONDE...
12.

ÉCARTE-TOI, VANKO ! JE M'OCCUPERAI DE TOI APRÈS AVOIR DÉTRUIT IRON MAN !
NON, BORIS ! TU ES ALLÉ TROP LOIN ! TU PENSES QUE PERSONNE NE MOURRAIT POUR UN IDÉAL ? TU TE TROMPES !
JE FERAI TOUT POUR CE PAYS... QUI A ÉTÉ SI BON POUR MOI !
PAROLES ! PAROLES ! POUSSE-TOI !
NON, VANKO... NON !
PAS QUE DES PAROLES, BORIS... MAIS DES ACTES ! ET CE PROJET NE PEUT-IL AVOIR DE MEILLEURE FINALITÉ QUE DE DÉTRUIRE UN ENNEMI DE LA LIBERTÉ ?
NON ! TU ES FOU ! TOI AUSSI, TU VAS MOURIR... ARRÊTE !!
JE DOIS M'ÉCHAPPER DANS LA CONFUSION ! NOUS AVONS ÉCHOUÉ !
BOOM!
PLUS TARD...
PAUVRE VANKO ! IL S'EST SACRIFIÉ POUR PROUVER SA LOYAUTÉ ENVERS NOTRE PAYS ! ON NE L'OUBLIERA JAMAIS !
ET APRÈS AVOIR REPRIS SON IDENTITÉ D'ANTHONY STARK...
HÉ, PATRON ! ON VIENT DE RECEVOIR DES RAPPORTS SUR CETTE SOI-DISANT SŒUR DE BORIS ! C'EST UNE VRAIE MATA HARI, APPELÉE BLACK WIDOW ! POURQUOI NE PAS LA RECHERCHER ?
À QUOI BON, HAPPY ? SA MISSION A ÉCHOUÉ ! OÙ PEUT-ELLE ALLER ? DANS UN SENS, JE LA PLAINS ! TOUTE CETTE BEAUTÉ EXTÉRIEURE... MAIS RIEN À L'INTÉRIEUR !!
13.
QU'EN EST-IL DE CETTE BELLE ET DANGEREUSE BLACK WIDOW ? ELLE ERRE DANS LE BROUILLARD, DANS UNE VILLE SURPEUPLÉE... SEULE... ABANDONNÉE... TOUJOURS EN TRAIN DE SE CACHER ! SA SEULE COMPAGNE : LA PEUR !
JE DOIS CONTINUER DE MARCHER... JE CONNAIS TROP BIEN LA RANÇON DE L'ÉCHEC !!
BAR
25¢
ROOMS
MAIS LE TEMPS EST LONG, SANS FIN... ET LE DESTIN EST IMPRÉVISIBLE ! DANS LE PROCHAIN ÉPISODE, BLACK WIDOW REVIENT, PLUS DANGEREUSE QUE JAMAIS !
FIN

LES ORIGINES DE CAPTAIN AMERICA!
The Origin of Captain America!
Tales of Suspense (1959) 63
mars 1965

Scénario : Stan Lee
Dessin : Jack Kirby
Encrage : Frank Giacoia
Traduction : Geneviève Coulomb
Lettrage : BIT
Rédaction USA : Stan Lee, C.B. Cebulski

Fin 1940, **Joe Simon** et **Jack Kirby** créent **Captain America** alors que les États-Unis ne sont pas encore entrés en guerre. En 1964, **Stan Lee** et le même Jack Kirby font réapparaître le héros patriote dans les pages de *The Avengers* 4 et racontent qu'il a été placé en animation suspendue pendant des décennies. Cependant, à l'époque, les rééditions ne sont pas la norme chez Marvel et le marché d'occasion est confidentiel. C'est pourquoi les jeunes lecteurs ne connaissent pas les origines du personnage. La manière la plus directe de combler cette lacune est de produire un nouvel épisode racontant les débuts du héros. Dans la version originale, Captain America est un agent du FBI mis à disposition de l'armée pour traquer les espions. Par la suite, Lee et Kirby font de lui un simple soldat réformé (ce qui n'était pas le cas précédemment). C'est donc dans *The Avengers* 4 que l'on découvre la genèse moderne de Captain America, celle qui deviendra la référence pour des générations de lecteurs.

* LES ORIGINES DE CAPTAIN AMERICA !

"TOUT CE QUI PEUT VENIR SUR SES JAMBES AU BUREAU DE RECRUTEMENT EST BON POUR ENDOSSER L'UNIFORME !" TELLE ÉTAIT LA BLAGUE QUI COURAIT AUX HEURES SOMBRES DE LA 2NDE GUERRE MONDIALE !
J'AI... J'AI LE RHUME DES FOINS, DOC !
AH ?... L'ARMÉE VOUS FOURNIRA DES MOUCHOIRS. BON POUR LE SERVICE !
MAIS, TANDIS QUE L'AMÉRIQUE PEAUFINAIT SA PUISSANCE ARMÉE, LES AGENTS ENNEMIS S'AFFAIRAIENT, FAISANT LEUR POSSIBLE POUR MINER L'ARSENAL DES LIBERTÉS !
HA ! VOILÀ UNE USINE QUI NE FOURNIRA PLUS D'ARMES À CES CHIENS D'ALLIÉS !
MAIS RIEN NE POUVAIT ARRÊTER LA MARCHE DE LA DÉMOCRATIE ! LES USA RIPOSTAIENT À COUPS D'ARMES, D'HOMMES, DE PROJETS TOP SECRET... ET D'EXPÉRIENCES SANS PRÉCÉDENT.
OÙ EN EST NOTRE "OPÉRATION RENAISSANCE", GÉNÉRAL ?
TOUT EST PRÊT. DÈS QUE LE PRODUIT SERA AU POINT, ON POURRA SE LANCER !
LE PRODUIT EST PARFAIT, MESSIEURS ! COMMENÇONS SANS ATTENDRE !
DR ANDERSON ! AINSI... LE GRAND MOMENT EST ARRIVÉ !
IL N'Y A RIEN À AJOUTER... SINON, BONNE CHANCE À VOUS !
PEU APRÈS, LA VOITURE SE GARE DANS UNE RUELLE, DEVANT UNE BIMBELOTERIE DE PIÈTRE APPARENCE...
ON NOUS ATTEND À L'INTÉRIEUR !
CONDUITS PAR UN AGENT SECRET DE HAUT RANG, LES DEUX GÉNÉRAUX EN CIVIL ENTRENT DANS L'ÉCHOPPE...
VOUS NOUS ATTENDEZ, JE CROIS.
J'ATTENDS PERSONNE !
2

IDENTIFIEZ-VOUS ET EN VITESSE... OU **MOUREZ** !
VIVE LA PRUDENCE, AGENT R. ! LE MOT DE PASSE EST : LA **RENAISSANCE EST POUR CETTE NUIT** !
AH, C'EST BON ! VEUILLEZ ME **SUIVRE**.
ON A PEINE À CROIRE QUE CETTE BOUTIQUE MITEUSE EST DE NOS JOURS UN DES **HAUTS LIEUX** DU MONDE LIBRE !
SILENCE ! CES BAVARDAGES SONT INUTILES ! CONCENTRONS-NOUS SUR L'**EXPÉRIENCE** !
EN HAUT DE L'ESCALIER, LE PETIT GROUPE FRANCHIT UNE PORTE CAMOUFLÉE... ET PÉNÈTRE DANS LE LABO LE MIEUX ÉQUIPÉ DU MONDE OCCIDENTAL !
PRENEZ PLACE, MESSIEURS ! NOUS AVONS 30 SECONDES !
OUF, JE PEUX ÔTER CE MASQUE ! LES DÉS SONT JETÉS, C'EST ICI LE POINT DE NON-RETOUR !
NE SOYEZ PAS CHOQUÉS, MESSIEURS, CE QUE VOUS ALLEZ VOIR VOUS FERA OUBLIER CES PRÉCAUTIONS ROCAMBOLESQUES !
AMENEZ LE SUJET !
IL NOUS A FALLU DES **MOIS** POUR TROUVER UN SPÉCIMEN DONT LE CORPS RÉAGISSE BIEN À CETTE SUBSTANCE QUI LE RENFORCERA !
AH ! IL ARRIVE !...
VISIBLEMENT NERVEUX, MAIS D'UN PAS FERME ET ASSURÉ, UN GARÇON D'ASPECT MALADIF FAIT SON ENTRÉE... ET LENTEMENT, SILENCIEUSEMENT, MARCHE VERS L'**INCONNU**.
AVANCEZ, ROGERS !
3

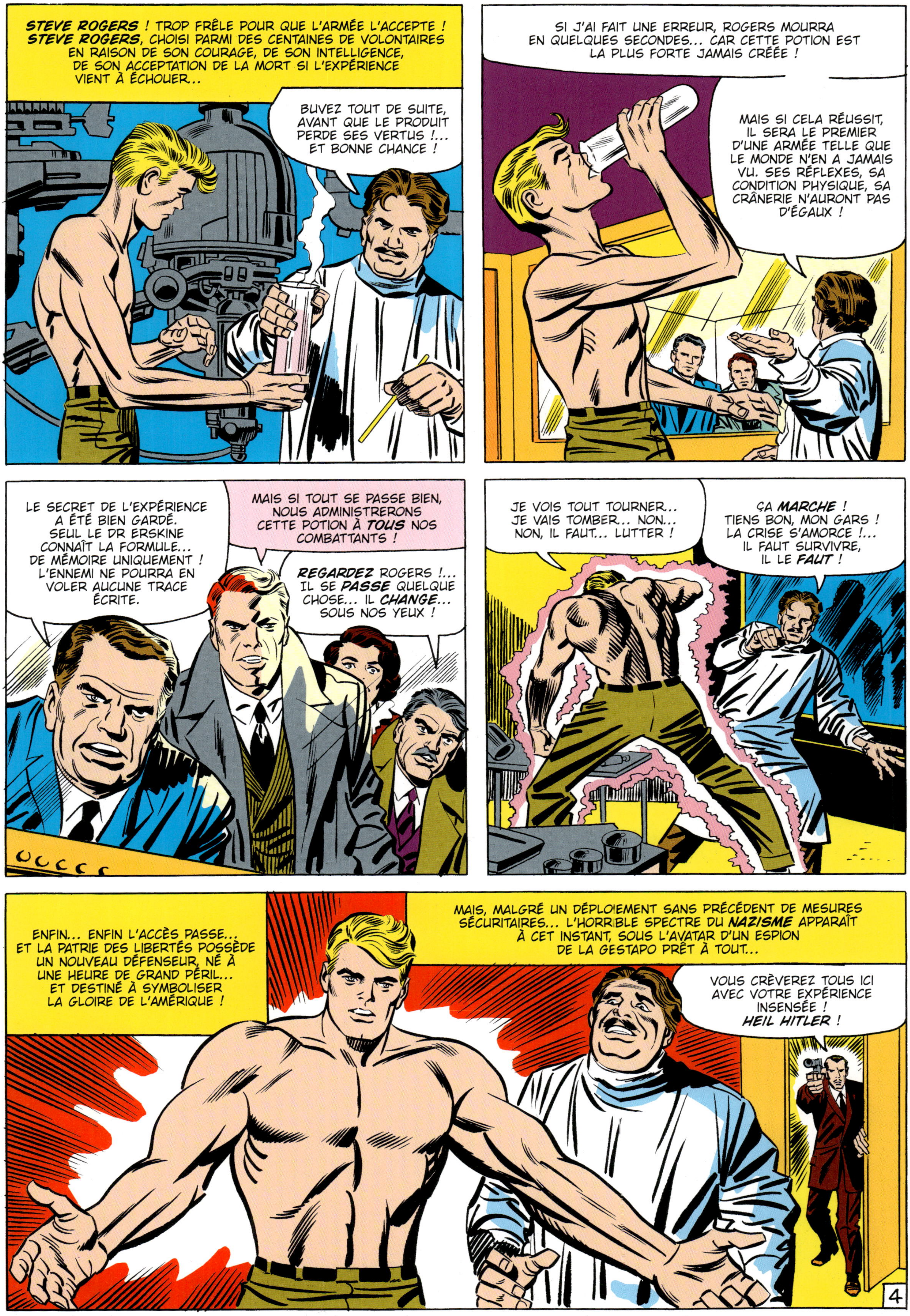
STEVE ROGERS ! TROP FRÊLE POUR QUE L'ARMÉE L'ACCEPTE ! STEVE ROGERS, CHOISI PARMI DES CENTAINES DE VOLONTAIRES EN RAISON DE SON COURAGE, DE SON INTELLIGENCE, DE SON ACCEPTATION DE LA MORT SI L'EXPÉRIENCE VIENT À ÉCHOUER...
BUVEZ TOUT DE SUITE, AVANT QUE LE PRODUIT PERDE SES VERTUS !... ET BONNE CHANCE !
SI J'AI FAIT UNE ERREUR, ROGERS MOURRA EN QUELQUES SECONDES... CAR CETTE POTION EST LA PLUS FORTE JAMAIS CRÉÉE !
MAIS SI CELA RÉUSSIT, IL SERA LE PREMIER D'UNE ARMÉE TELLE QUE LE MONDE N'EN A JAMAIS VU. SES RÉFLEXES, SA CONDITION PHYSIQUE, SA CRÂNERIE N'AURONT PAS D'ÉGAUX !
LE SECRET DE L'EXPÉRIENCE A ÉTÉ BIEN GARDÉ. SEUL LE DR ERSKINE CONNAÎT LA FORMULE... DE MÉMOIRE UNIQUEMENT ! L'ENNEMI NE POURRA EN VOLER AUCUNE TRACE ÉCRITE.
MAIS SI TOUT SE PASSE BIEN, NOUS ADMINISTRERONS CETTE POTION À TOUS NOS COMBATTANTS !
REGARDEZ ROGERS !... IL SE PASSE QUELQUE CHOSE... IL CHANGE... SOUS NOS YEUX !
JE VOIS TOUT TOURNER... JE VAIS TOMBER... NON... NON, IL FAUT... LUTTER !
ÇA MARCHE ! TIENS BON, MON GARS ! LA CRISE S'AMORCE !... IL FAUT SURVIVRE, IL LE FAUT !
ENFIN... ENFIN L'ACCÈS PASSE... ET LA PATRIE DES LIBERTÉS POSSÈDE UN NOUVEAU DÉFENSEUR, NÉ À UNE HEURE DE GRAND PÉRIL... ET DESTINÉ À SYMBOLISER LA GLOIRE DE L'AMÉRIQUE !
MAIS, MALGRÉ UN DÉPLOIEMENT SANS PRÉCÉDENT DE MESURES SÉCURITAIRES... L'HORRIBLE SPECTRE DU NAZISME APPARAÎT À CET INSTANT, SOUS L'AVATAR D'UN ESPION DE LA GESTAPO PRÊT À TOUT...
VOUS CRÈVEREZ TOUS ICI AVEC VOTRE EXPÉRIENCE INSENSÉE ! HEIL HITLER !
4

À BAS LA DÉMOCRATIE ET LES LIBERTÉS ! LE 3E REICH VIVRA POUR L'ÉTERNITÉ !
DR ERSKINE !!
SAUVE-TOI... PETIT... VA... COURS VITE !
AUX ABRIS ! JE VAIS ARRÊTER CE SALE NAZI !
MAIS CELUI QUI FUT STEVE ROGERS A DÉMARRÉ À LA VITESSE DE LA PENSÉE...
NON ! JE M'EN CHARGE, J'AI ÉTÉ CRÉÉ POUR ÇA !
IL A RAISON !... CE SERA SON BAPTÊME DU FEU !
LE DR ERSKINE EST MORT, ET SA FORMULE AVEC LUI... JE SUIS ET RESTERAI LE SEUL DE MA CATÉGORIE, MAIS JE COMBATTRAI COMME CENT HOMMES !
IL EST INVINCIBLE ! SAUVE QUI PEUT !
ARRÊTE, CRÉTIN ! TU FONCES DROIT SUR L'OMNIVERTISSEUR ÉLECTRIQUE ! GARE...!
ARRIÈRE ! JAMAIS TU NE M'AURAS, JE SUIS LE PLUS FORT, PUISQUE JE SUIS NAZI !
AINSI NAÎT LE CHAMPION DU MONDE LIBRE, TANDIS QUE MEURT UN ENNEMI DE LA DÉMOCRATIE... IMAGE DE CE QUI VA SUIVRE !

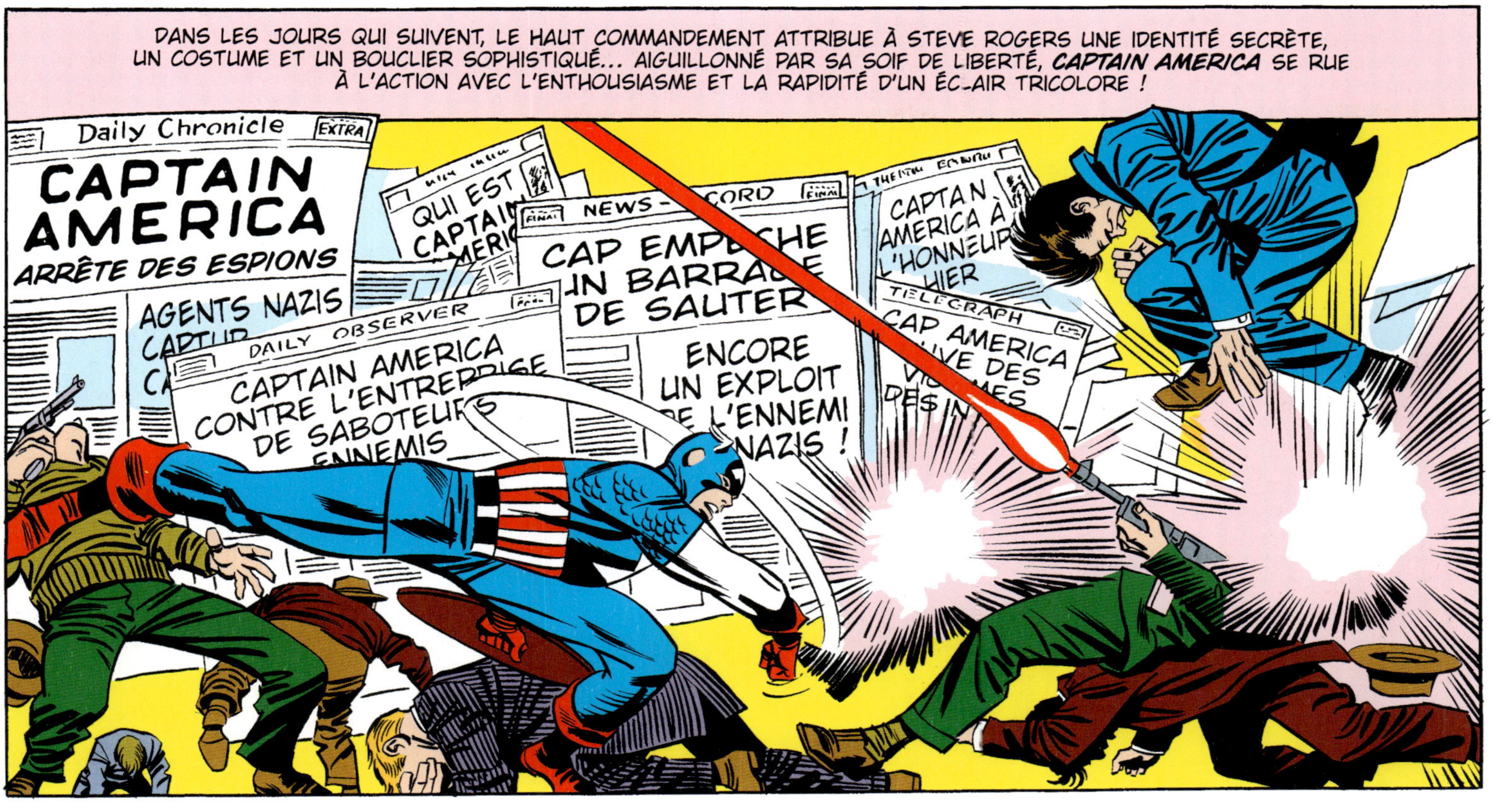
DANS LES JOURS QUI SUIVENT, LE HAUT COMMANDEMENT ATTRIBUE À STEVE ROGERS UNE IDENTITÉ SECRÈTE, UN COSTUME ET UN BOUCLIER SOPHISTIQUÉ... AIGUILLONNÉ PAR SA SOIF DE LIBERTÉ, CAPTAIN AMERICA SE RUE À L'ACTION AVEC L'ENTHOUSIASME ET LA RAPIDITÉ D'UN ÉC-AIR TRICOLORE !
Daily Chronicle EXTRA
CAPTAIN AMERICA
ARRÊTE DES ESPIONS
AGENTS NAZIS
DAILY OBSERVER
CAPTAIN AMERICA CONTRE L'ENTREPRISE DE SABOTEURS ENNEMIS
CAP EMPÊCHE UN BARRAGE DE SAUTER
ENCORE UN EXPLOIT DE L'ENNEMI NAZIS !
TELEGRAPH
CAP AMERICA

SEMANT LA TERREUR CHEZ L'ENNEMI, L'ÊTRE DÉSORMAIS PARTOUT CONNU SOUS LE NOM DE CAPTAIN AMERICA MÈNE UN COMBAT ACHARNÉ CONTRE LES TENANTS DE LA TYRANNIE.
CRASH!

SANS AUCUNE AIDE, ARMÉ DE SON SEUL COURAGE, DE SA MAÎTRISE DES ARTS GUERRIERS ET DE SON BOUCLIER DE LUMIÈRE, LA SENTINELLE DE LA LIBERTÉ EST PARTOUT À LA FOIS, PROTÉGEANT NOS USINES D'ARMEMENT CONTRE QUI VOUDRAIT LES DÉTRUIRE !
THWOOM!
6

ET, TANDIS QUE LA NATION SUPPUTE L'IDENTITÉ RÉELLE DE CAPTAIN AMERICA, NOTRE CHAMPION EST ENRÔLÉ DANS L'ARMÉE COMME 2E CLASSE...
N'EXISTE-T-IL PAS D'AUTRES POSITIONS, HÉ, CRÂNE DE PIOCHE ?!
ET LAQUELLE VOUS VOULEZ, SERGENT ?
ROGERS
TAIS-TOI ET RECTIFIE LA POSITION, ROGERS !
PRÉSENTEZ... ARME !
AÏE ! PAS SUR MON PIED, SALE CRÉTIN !
MINCE ! LE SERGENT GUEULE ENCORE SUR CE PAUVRE ROGERS !
THUNK !
ESPÈCE D'EMPOTÉ ! METS-TOI AU PARFUM... OU JE T'ENVOIE AU TROU POUR TOUJOURS !
J'AI FAIT UNE BÊTISE, SERGENT ?
ROGERS
BAH, À QUOI BON ?! CE GARS, LES BOCHES DOIVENT LE PAYER POUR QU'IL RESTE AVEC NOUS !
JE N'AI RIEN CONTRE LE SERGENT, JE SUIS GÊNÉ DE LUI FAIRE ÇA... MAIS CELA ÉCARTE LES SOUPÇONS !
ÉVITE-LE POUR L'INSTANT, STEVE !
MOI IL ME DIT RIEN, JE SUIS LA MASCOTTE* DU CAMP... MAIS JE VOUDRAIS PAS ÊTRE À TA PLACE !
LAISSE TOMBER, BUCKY ! VIENS, JE TE PAYE UN COCA !
OUAIS, MERCI, STEVE ! DIS DONC, CE CAPTAIN AMERICA, QUEL TYPE, HEIN !
CAP DÉMANTÈLE UN NID D'ESPIONS !
2ND INF BN
*LE PÈRE DE BUCKY BARNES, UN G.I., ÉTANT MORT EN ACTION, FORT LEHIGH A PRIS L'ORPHELIN POUR MASCOTTE.
T'AS PAS BESOIN DE LUI, BUCKY, PUISQUE JE SUIS LÀ !
ÇA SERAIT DU TONNERRE S'IL ÉTAIT PARMI NOUS, TU CROIS PAS ?
PFFF ! TU RACONTES N'IMPORTE QUOI, STEVE !
POST-COURIER
CAP DÉMANTÈLE UN NID
POST-COURIER
7

MAIS UNE NUIT... TOURNANT FATIDIQUE DANS SA VIE... L'ADOLESCENT ÉVENTE UN DES SECRETS LES MIEUX GARDÉS DE LA NATION...
PARDON D'ENTRER COMME ÇA, STEVE, MAIS J'AI BESOIN D... STEVE !
CE COSTUME, CE MASQUE ! J'AI TOUT COMPRIS, OU...? NON... JE RÊVE ?!
CAPTAIN AMERICA... C'EST TOI !!
C'EST MA FAUTE, J'AURAIS DÛ SURVEILLER L'ENTRÉE...! QU'EST-CE QUE JE VAIS FAIRE DE TOI ?
ÉCOUTE, CAP... LA SEULE SOLUTION, C'EST DE ME LAISSER TE SUIVRE EN MISSION ! MAINTENANT QUE JE PARTAGE TON SECRET, JE SERAI DONC TON PARTENAIRE !
JE N'AI GUÈRE LE CHOIX, HEIN !
SI ON APPARTENAIT AU 3e REICH, JE TE TUERAIS POUR GARDER LE SECRET, MAIS CHEZ NOUS, ÇA NE SE FAIT PAS. OK... DÉSORMAIS, CAPTAIN AMERICA ET BUCKY MARCHENT ENSEMBLE !
MAIS TU DEVRAS T'ENTRAÎNER D'ARRACHE-PIED ! JE VAIS TE FAIRE TRAVAILLER COMME SI TA VIE EN DÉPENDAIT... CAR CE SERA LE CAS !
UN DES PLUS FAMEUX DUOS DE L'HISTOIRE EST NÉ... ET DES MOIS PLUS TARD, APRÈS LA PÉRIODE D'ENTRAÎNEMENT LA PLUS INTENSIVE QU'UN GARÇON AIT JAMAIS TRAVERSÉE, BUCKY REÇOIT UN UNIFORME... ET LE BAPTÊME DU FEU !
ATTENDS MON SIGNAL, PETIT, ET SOUVIENS-TOI DE CE QUE TU AS APPRIS !
PAS DE SOUCI, CAP ! JE TE DÉCEVRAI PAS !
J'AVAIS BIEN DEVINÉ... C'EST BIEN UN SOUS-MARIN NAZI QUE J'AI VU AU LARGE ! ILS DÉBARQUENT... AVEC DES EXPLOSIFS POUR SABOTER NOS INSTALLATIONS !
ILS SONT UNE ARMADA ! QU'EST-CE QU'ON FAIT ?
ENFIN LA BONNE QUESTION !

SUR CES MOTS, LE PILIER DE LA DÉMOCRATIE TOMBE COMME UNE PIERRE PARMI LES SABOTEURS STUPÉFAITS !
DÉSOLÉ, LES GARS... LE TOURISME AUX USA, C'EST FINI !
ET NON, JE NE PLAISANTE PAS...!
WHAM!
MA MITRAILLETTE LES ARRÊTERA... TANT PIS SI NOS HOMMES ÉCOPENT AUSSI, ÇA EN VAUT LA PEINE !
C'EST LÀ QU'ON VA VOIR SI L'ENTRAÎNEMENT FAIT L'HOMME !
ATTENTION ! CAP EST MON SEUL PARTENAIRE...
J'Y TIENS TROP POUR TE LAISSER LE DÉMOLIR !
ATTENTION, BUCKY ! D'AUTRES VONT TE PRENDRE À REVERS !
MERCI DE L'AVERTISSEMENT, CAP... MAIS J'AVAIS REMARQUÉ !
HÉ ! JOLI, LE PAS DE DANSE, VIEUX !... MAIS ÇA VAUT PAS LE BOOGIE-WOOGIE !
UHHH !
PORC INSOLENT ! TES TRAITS D'ESPRIT NE TE SAUVERONT PAS ! JE TE... UGNNN !
CLANG!
TU NE FERAS RIEN DU TOUT ! TON COMPTE EST BON !
WOW ! C'EST OK, IL EST OUT, CAP !

ON VA VOUS LIGOTER... DANS VOTRE INTÉRÊT. VOUS POURRIEZ VOUS FOULER LE PIED SUR CES RIVES INCONNUES !
ET LEUR SOUS-MARIN, CAP ? IL LES ATTEND TOUJOURS AU LARGE !
BIEN VU, BUCKY !... IL NE FAUT PAS QUE LE RAFIOT S'IMPATIENTE... FAISONS-LES CHANGER DE CAP, LA MARÉE HÂTERA LE MOUVEMENT !
TU AS BIEN FAIT D'EMBARQUER LES EXPLOSIFS AVEC EUX, CAP ! ON ALLAIT QUAND MÊME PAS GARDER CE QUI NOUS APPARTIENT PAS !
MINCE ! TU L'AS ORIENTÉ EN BEAUTÉ, ROGERS, ILS VONT PERCUTER !
VOILÀ QUI EST BIEN OBSERVÉ, BARNES ! MAINTENANT, JE PROPOSE DE REGAGNER LA RIVE !
BAR-OOOM!
ÉCOUTE ÇA, PARTENAIRE !
UNE VRAIE SYMPHONIE !
AVANT DE RENTRER À LA BASE, PETIT... JE TE LE DIS, JE SUIS FIER DE TOI ! CAPTAIN ET BUCKY SONT DÉSORMAIS INSÉPARABLES... TANT QUE LE MONDE LIBRE AURA BESOIN D'EUX !
ET SI JE NE M'ABUSE, C'EST PARTI POUR LONGTEMPS !
VOUS LE SAVEZ... LA SUITE APPARTIENT À L'HISTOIRE ! LES NOMS DE CAP ET DE SON JEUNE ASSOCIÉ FIGURERONT PARMI LES PLUS RÉVÉRÉS DU MONDE DE L'AVENTURE ! JAMAIS LEUR GLOIRE N'A VACILLÉ NI NE S'ÉTEINDRA !
STAR-CHRONICLE
CAPTAIN
ENCORE N TRIOMPHE POUR CAP ET BUCKY !
POST-ING
FIN

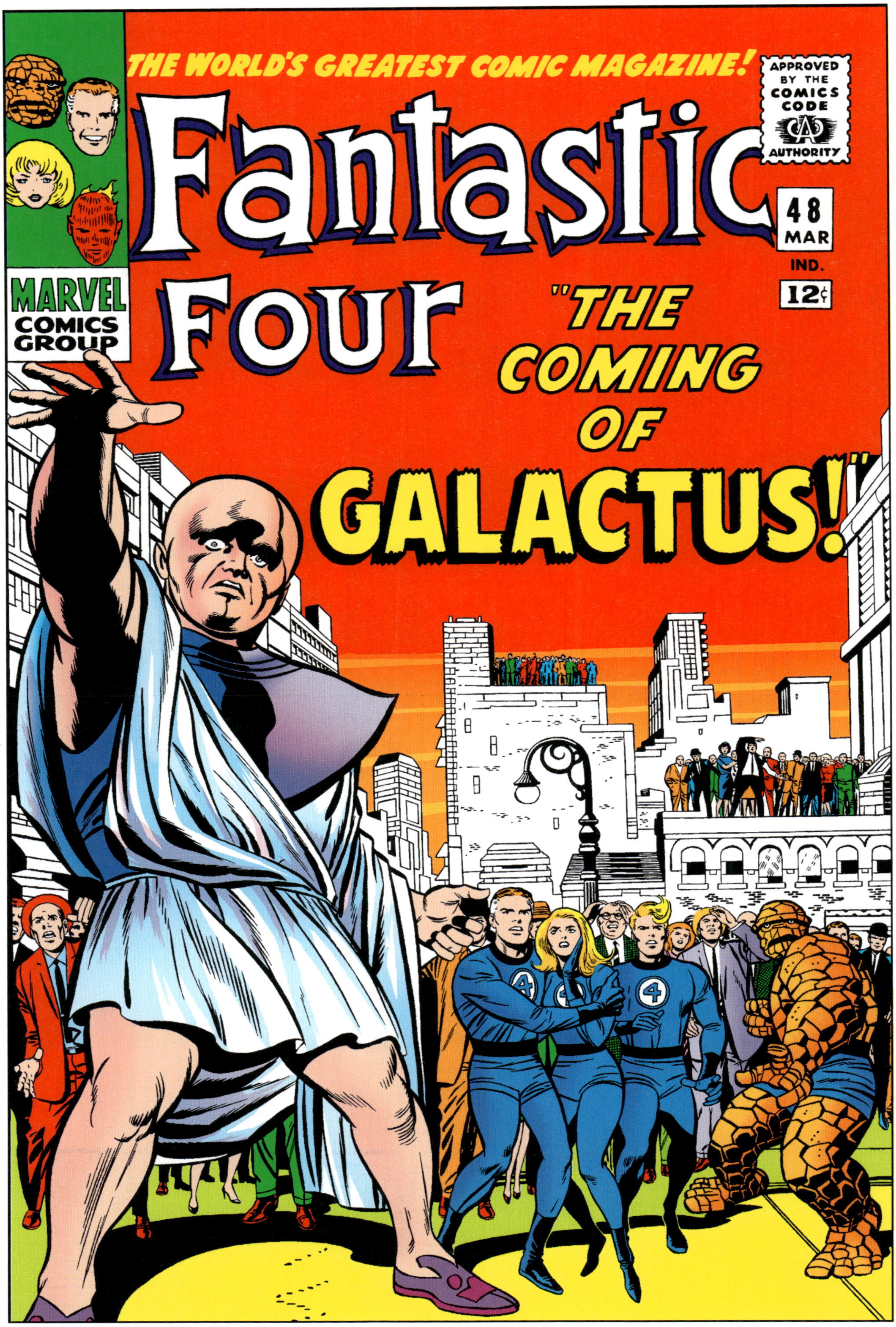

Dans ce numéro 48 de *Fantastic Four*, qui devait n'être que la première apparition de **Galactus**, le Dévoreur de Mondes, les lecteurs, mais également **Stan Lee**, apprennent l'existence du **Silver Surfer**. Ce dernier est issu directement de l'imagination de **Jack Kirby**, qui justifie son invention en expliquant qu'un être aussi puissant que Galactus ne se chargerait jamais seul de trouver les planètes à consommer. Dès lors, le Silver Surfer devient le héraut de cet être incroyable : tel un archange de l'Apocalypse, il annonce aux habitants la fin de leur monde. Jack Kirby envisage au départ de faire du Surfer une pure création de Galactus, issue *ex nihilo* de son pouvoir cosmique. Une arme vivante, en quelque sorte. Mais Stan Lee, fasciné par le personnage, lui invente, avec le dessinateur **John Buscema**, une tout autre origine dans les pages de son propre titre. Il le baptise **Norrin Radd**, et révèle que c'est un scientifique qui a mis sa vie au service de Galactus en échange de la survie de sa planète, Zenn-La.

VOICI VENIR GALACTUS!
The Coming of Galactus!
Fantastic Four (1961) 48
mars 1966

Scénario : Stan Lee
Dessin : Jack Kirby
Encrage : Joe Sinnott
Traduction : Geneviève Coulomb
Lettrage : BIT
Rédaction USA : Stan Lee, C.B. Cebulski

*VOICI VENIR GALACTUS !

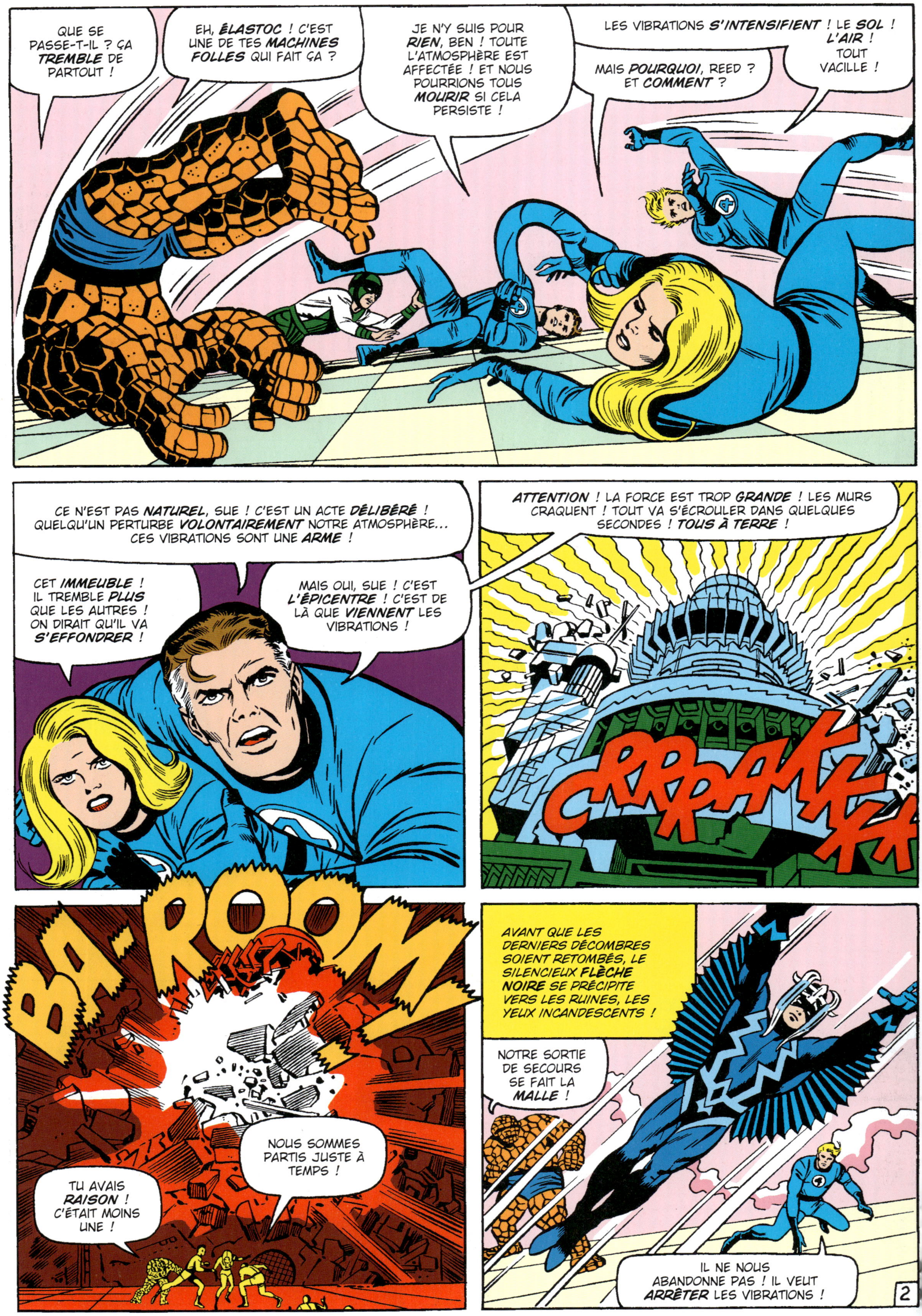
QUE SE PASSE-T-IL ? ÇA TREMBLE DE PARTOUT !
EH, ÉLASTOC ! C'EST UNE DE TES MACHINES FOLLES QUI FAIT ÇA ?
JE N'Y SUIS POUR RIEN, BEN ! TOUTE L'ATMOSPHÈRE EST AFFECTÉE ! ET NOUS POURRIONS TOUS MOURIR SI CELA PERSISTE !
MAIS POURQUOI, REED ? ET COMMENT ?
LES VIBRATIONS S'INTENSIFIENT ! LE SOL ! L'AIR ! TOUT VACILLE !
CE N'EST PAS NATUREL, SUE ! C'EST UN ACTE DÉLIBÉRÉ ! QUELQU'UN PERTURBE VOLONTAIREMENT NOTRE ATMOSPHÈRE... CES VIBRATIONS SONT UNE ARME !
CET IMMEUBLE ! IL TREMBLE PLUS QUE LES AUTRES ! ON DIRAIT QU'IL VA S'EFFONDRER !
MAIS OUI, SUE ! C'EST L'ÉPICENTRE ! C'EST DE LÀ QUE VIENNENT LES VIBRATIONS !
ATTENTION ! LA FORCE EST TROP GRANDE ! LES MURS CRAQUENT ! TOUT VA S'ÉCROULER DANS QUELQUES SECONDES ! TOUS À TERRE !
CRRRAAKKKA
BA-ROOM
NOUS SOMMES PARTIS JUSTE À TEMPS !
TU AVAIS RAISON ! C'ÉTAIT MOINS UNE !
AVANT QUE LES DERNIERS DÉCOMBRES SOIENT RETOMBÉS, LE SILENCIEUX FLÈCHE NOIRE SE PRÉCIPITE VERS LES RUINES, LES YEUX INCANDESCENTS !
NOTRE SORTIE DE SECOURS SE FAIT LA MALLE !
IL NE NOUS ABANDONNE PAS ! IL VEUT ARRÊTER LES VIBRATIONS !
2

SA SILHOUETTE MUSCLÉE MUE PAR UN POUVOIR PRESQUE SANS LIMITES, LE MAJESTUEUX INHUMAIN APERÇOIT MAXIMUS PRÈS DU TERRIFIANT CANON ATMO, ET COMPREND IMMÉDIATEMENT LE PLAN MACHIAVÉLIQUE DE SON FRÈRE.
FLÈCHE NOIRE ! MÊME TOI, TU NE PEUX PLUS M'ARRÊTER !
NON, MAXIMUS, NE LE PROVOQUE PAS ! SON POUVOIR RESTE SUPÉRIEUR AU NÔTRE !
PITIÉ, FLÈCHE NOIRE ! JE N'Y SUIS POUR RIEN ! MAXIMUS A AGI SEUL ! JE NE SUIS QU'UN CHERCHEUR... VOTRE HUMBLE SERVITEUR, SEIGNEUR !
VIL PLEURNICHEUR ! QUAND LA COURONNE SERA DE NOUVEAU MIENNE, JE ME SOUVIENDRAI DE TON GESTE ! ET TU LE PAIERAS DE TA VIE !
TROP TARD, FLÈCHE NOIRE ! TOUTE VIE HUMAINE SUR TERRE A DISPARU ! IL NE RESTE QUE NOUS, LES INHUMAINS ! TOUTE LA PLANÈTE EST À NOUS, MON FRÈRE SILENCIEUX !
ET QUAND NOTRE PEUPLE APPRENDRA QUE C'EST À MOI QU'ILS DOIVENT CETTE SUPRÉMATIE, ILS T'ARRACHERONT TA COURONNE ET LA RENDRONT À MAXIMUS. OUI, MOI, QUI SUIS NÉ POUR RÉGNER !
L'ESPACE DE QUELQUES BATTEMENTS DE CŒUR, FLÈCHE NOIRE FIXE LE DÉMENT FACE À LUI, COMME S'IL LE VOYAIT POUR LA PREMIÈRE FOIS. PUIS, DANS UN GESTE DE DÉDAIN TOTAL, IL FRAPPE !
THAK !

MÉPRISANT, FLÈCHE NOIRE SE DÉTOURNE ET S'APPROCHE D'UN VIDÉO-SCANNER À ULTRASONS. LES VIBRATIONS S'ESTOMPENT, ET MAXIMUS EST CERNÉ PAR...
GORGONE ! MÉDUSA ! CRYSTAL ! ET... IMPOSSIBLE ! LES HUMAINS NE PEUVENT ENCORE ÊTRE EN VIE ! ILS SONT PLUS FAIBLES QUE NOUS ! LES VIBRATIONS AURAIENT DÛ TOUS LES DÉTRUIRE !
NON, MAXIMUS ! SEULES TES AMBI-TIONS SONT EN RUINE !
VOIS, MAXIMUS ! ILS SONT VIVANTS. COMPRENDS-TU ENFIN CE QUE CELA SIGNIFIE ?
RICHARDS AVAIT RAISON ! NOUS NE SOMMES PAS LES ENNEMIS DE LA RACE HUMAINE. NOUS NE SOMMES PAS INHUMAINS. NOUS SOMMES COMME EUX !
LES VIBRATIONS LES ONT ÉPARGNÉS ! TON PLAN A ÉCHOUÉ ! VOILÀ LA PREUVE, SUR NOTRE VIDÉO-SCANNER. ILS SONT EN VIE !
DEPUIS DES ANNÉES, NOUS NOUS TERRONS ICI, DANS LE GRAND REFUGE, ATTENDANT DE DÉTRUIRE CETTE RACE DIFFÉRENTE. MAIS NOUS SOMMES ÉGALEMENT HUMAINS ! SEULS NOS POUVOIRS SONT DIFFÉRENTS !
IMPOSSIBLE ! ILS DOIVENT PÉRIR ! LA TERRE EST À NOUS ! ELLE EST À MOI !
TU ES FOU, MAXIMUS ! UN JOUR, NOUS REJOINDRONS LES HUMAINS. ET FLÈCHE NOIRE NOUS GUIDERA !
IL EST LE SEUL AU MONDE AUQUEL MON CŒUR APPARTIENT...
MAIS IL DOIT ACCOMPLIR SON DESTIN. JE L'ATTENDRAI.
4

ACCABLÉ PAR L'EFFONDREMENT DE SON PLAN, L'ANCIEN MONARQUE SE PRÉCIPITE EN HURLANT !
NON ! VOUS NE REJOINDREZ JAMAIS LES HUMAINS ! VOUS SEREZ VAINCUS, À JAMAIS PRISONNIERS DU GRAND REFUGE !!
EN INVERSANT LA CHARGE DE MON CANON ATMO, JE PEUX CRÉER UNE ZONE D'ÉNERGIE NÉGATIVE AUTOUR DE NOTRE TERRITOIRE !
UNE ZONE OÙ RIEN NE POURRA PÉNÉTRER ! JE TRIOMPHE, CAR JE SUIS MAXIMUS LE MAGNIFIQUE !
CLICK!
PERSONNE N'A EU LE TEMPS DE L'ARRÊTER !
REED ! POURQUOI LE SOL COMMENCE-T-IL À LUIRE ? QU'ALLONS-NOUS DEVENIR ?
RIEN NE PEUT PÉNÉTRER DANS UNE ZONE NÉGATIVE ! MAIS IL LUI FAUT ENCORE QUELQUES SECONDES POUR SE SOLIDIFIER !
BEN, JOHNNY ! SUIVEZ-NOUS ! C'EST MAINTENANT OU JAMAIS !
J'AI GAGNÉ ! RIEN NE PEUT PLUS ME PRIVER DE MON PEUPLE !
NOUS SERONS ENSEMBLE À JAMAIS ! ET LA COURONNE SERA MIENNE !
ENFIN, FLÈCHE NOIRE EST VAINCU !
LA ZONE NÉGATIVE SE SOLIDIFIE TROP VITE, SUE ! NOTRE SEULE CHANCE EST TON CHAMP DE FORCE. ENVELOPPE-NOUS VITE !
UNE BARRIÈRE NE PEUT PAS EN ABSORBER UNE AUTRE ! ÇA NOUS AIDERA !
OÙ EST LE GAMIN ? JE NE VOIS PAS JOHNNY !
5

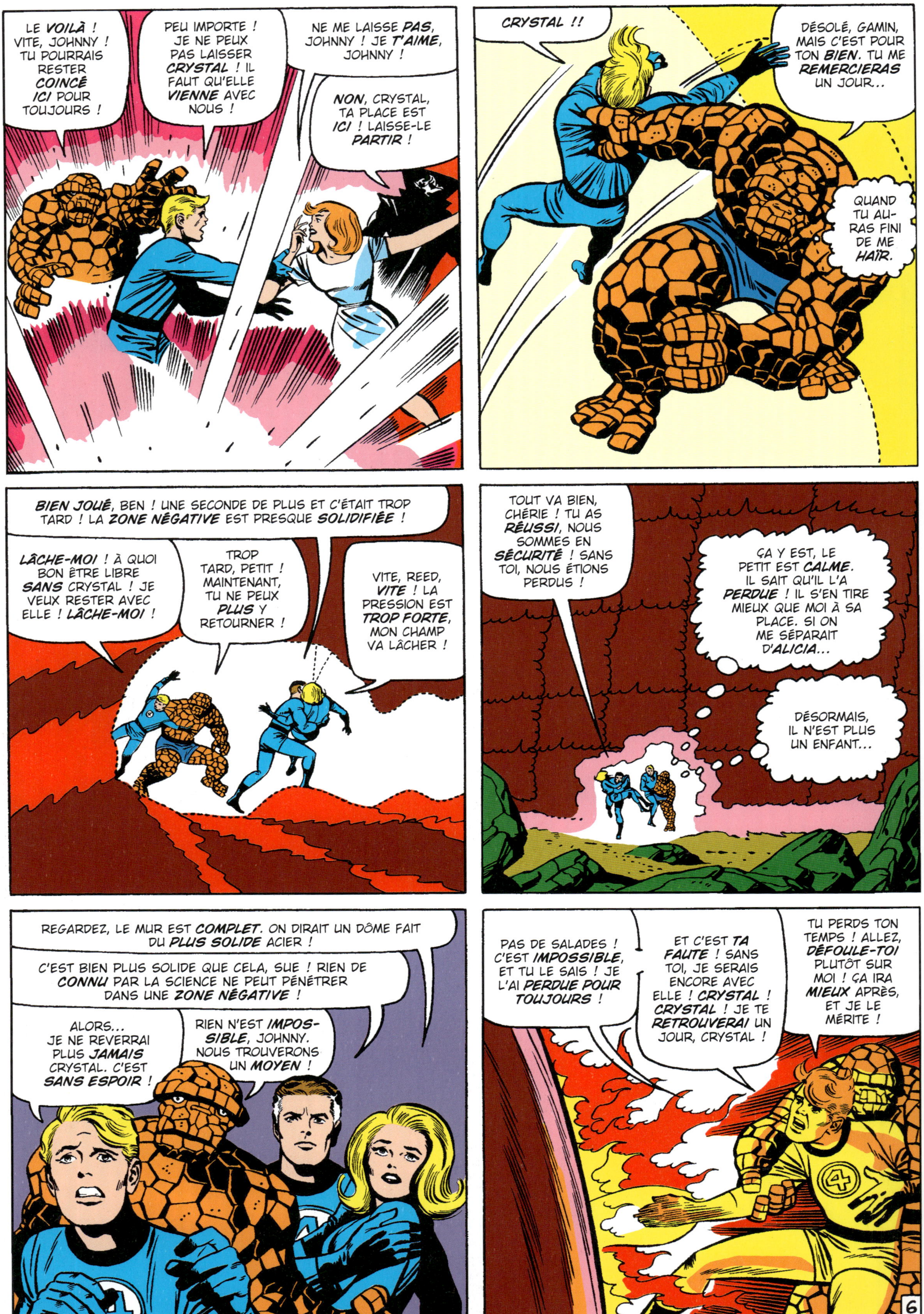
LE VOILÀ ! VITE, JOHNNY ! TU POURRAIS RESTER COINCÉ ICI POUR TOUJOURS !
PEU IMPORTE ! JE NE PEUX PAS LAISSER CRYSTAL ! IL FAUT QU'ELLE VIENNE AVEC NOUS !
NE ME LAISSE PAS, JOHNNY ! JE T'AIME, JOHNNY !
NON, CRYSTAL, TA PLACE EST ICI ! LAISSE-LE PARTIR !
CRYSTAL !!
DÉSOLÉ, GAMIN, MAIS C'EST POUR TON BIEN. TU ME REMERCIERAS UN JOUR...
QUAND TU AURAS FINI DE ME HAÏR.
BIEN JOUÉ, BEN ! UNE SECONDE DE PLUS ET C'ÉTAIT TROP TARD ! LA ZONE NÉGATIVE EST PRESQUE SOLIDIFIÉE !
LÂCHE-MOI ! À QUOI BON ÊTRE LIBRE SANS CRYSTAL ! JE VEUX RESTER AVEC ELLE ! LÂCHE-MOI !
TROP TARD, PETIT ! MAINTENANT, TU NE PEUX PLUS Y RETOURNER !
VITE, REED, VITE ! LA PRESSION EST TROP FORTE, MON CHAMP VA LÂCHER !
TOUT VA BIEN, CHÉRIE ! TU AS RÉUSSI, NOUS SOMMES EN SÉCURITÉ ! SANS TOI, NOUS ÉTIONS PERDUS !
ÇA Y EST, LE PETIT EST CALME. IL SAIT QU'IL L'A PERDUE ! IL S'EN TIRE MIEUX QUE MOI À SA PLACE. SI ON ME SÉPARAIT D'ALICIA...
DÉSORMAIS, IL N'EST PLUS UN ENFANT...
REGARDEZ, LE MUR EST COMPLET. ON DIRAIT UN DÔME FAIT DU PLUS SOLIDE ACIER !
C'EST BIEN PLUS SOLIDE QUE CELA, SUE ! RIEN DE CONNU PAR LA SCIENCE NE PEUT PÉNÉTRER DANS UNE ZONE NÉGATIVE !
ALORS... JE NE REVERRAI PLUS JAMAIS CRYSTAL. C'EST SANS ESPOIR !
RIEN N'EST IMPOSSIBLE, JOHNNY. NOUS TROUVERONS UN MOYEN !
PAS DE SALADES ! C'EST IMPOSSIBLE, ET TU LE SAIS ! JE L'AI PERDUE POUR TOUJOURS !
ET C'EST TA FAUTE ! SANS TOI, JE SERAIS ENCORE AVEC ELLE ! CRYSTAL ! CRYSTAL ! JE TE RETROUVERAI UN JOUR, CRYSTAL !
TU PERDS TON TEMPS ! ALLEZ, DÉFOULE-TOI PLUTÔT SUR MOI ! ÇA IRA MIEUX APRÈS, ET JE LE MÉRITE !
6

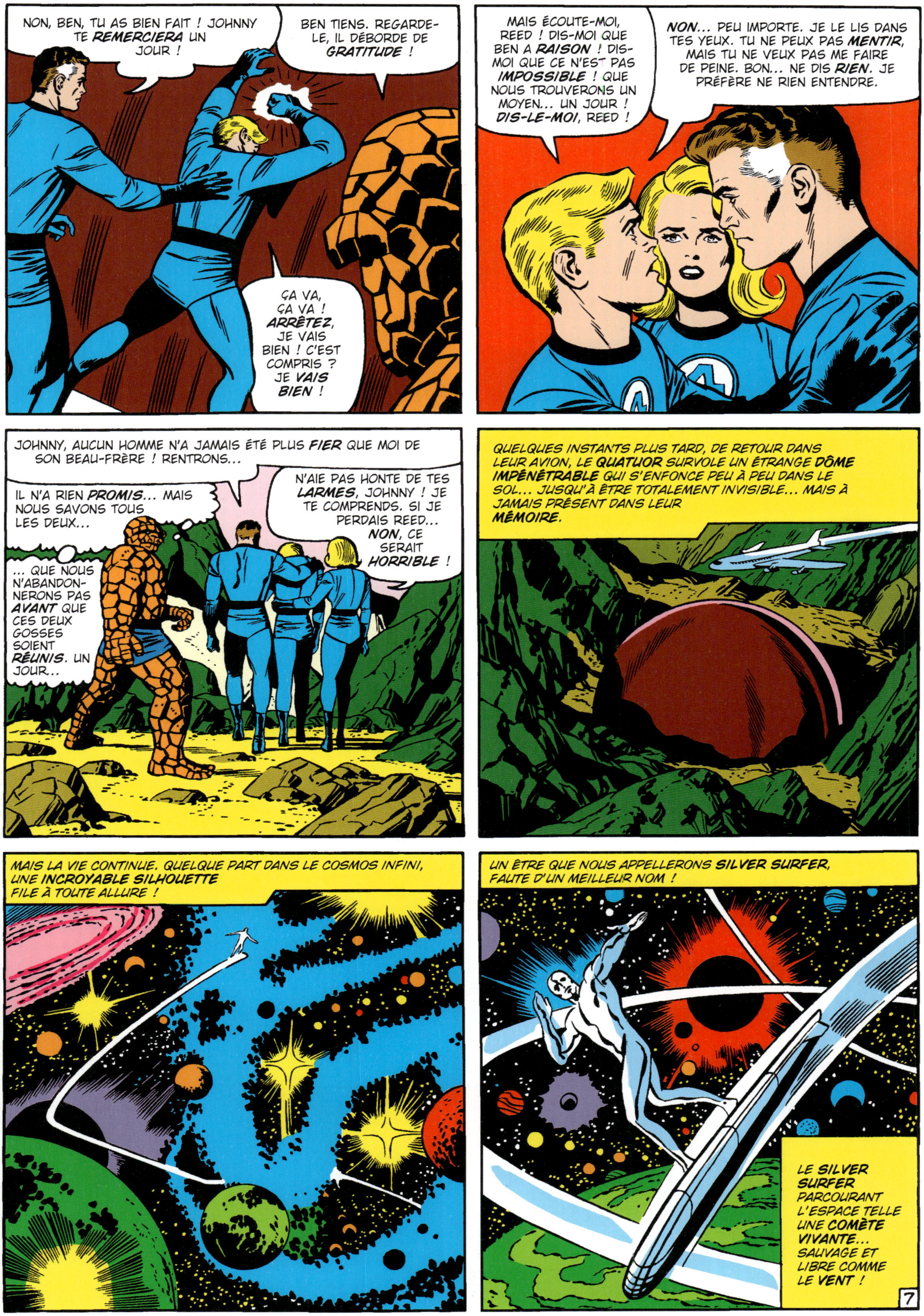
NON, BEN, TU AS BIEN FAIT ! JOHNNY TE **REMERCIERA** UN JOUR !
BEN TIENS. REGARDE-LE, IL DÉBORDE DE **GRATITUDE** !
ÇA VA, ÇA VA ! **ARRÊTEZ**, JE VAIS BIEN ! C'EST COMPRIS ? JE **VAIS BIEN** !
MAIS ÉCOUTE-MOI, REED ! DIS-MOI QUE BEN A **RAISON** ! DIS-MOI QUE CE N'EST PAS **IMPOSSIBLE** ! QUE NOUS TROUVERONS UN MOYEN... UN JOUR ! **DIS-LE-MOI**, REED !
NON... PEU IMPORTE. JE LE LIS DANS TES YEUX. TU NE PEUX PAS **MENTIR**, MAIS TU NE VEUX PAS ME FAIRE DE PEINE. BON... NE DIS **RIEN**. JE PRÉFÈRE NE RIEN ENTENDRE.
JOHNNY, AUCUN HOMME N'A JAMAIS ÉTÉ PLUS **FIER** QUE MOI DE SON BEAU-FRÈRE ! RENTRONS...
IL N'A RIEN **PROMIS**... MAIS NOUS SAVONS TOUS LES DEUX...
... QUE NOUS N'ABANDONNERONS PAS **AVANT** QUE CES DEUX GOSSES SOIENT **RÉUNIS**. UN JOUR...
N'AIE PAS HONTE DE TES **LARMES**, JOHNNY ! JE TE COMPRENDS. SI JE PERDAIS REED... **NON**, CE SERAIT **HORRIBLE** !
QUELQUES INSTANTS PLUS TARD, DE RETOUR DANS LEUR AVION, LE **QUATUOR** SURVOLE UN ÉTRANGE **DÔME IMPÉNÉTRABLE** QUI S'ENFONCE PEU À PEU DANS LE SOL... JUSQU'À ÊTRE TOTALEMENT INVISIBLE... MAIS À JAMAIS PRÉSENT DANS LEUR **MÉMOIRE**.
MAIS LA VIE CONTINUE. QUELQUE PART DANS LE COSMOS INFINI, UNE **INCROYABLE SILHOUETTE** FILE À TOUTE ALLURE !
UN ÊTRE QUE NOUS APPELLERONS **SILVER SURFER**, FAUTE D'UN MEILLEUR NOM !
LE **SILVER SURFER** PARCOURANT L'ESPACE TELLE UNE **COMÈTE VIVANTE**... SAUVAGE ET LIBRE COMME LE **VENT** !

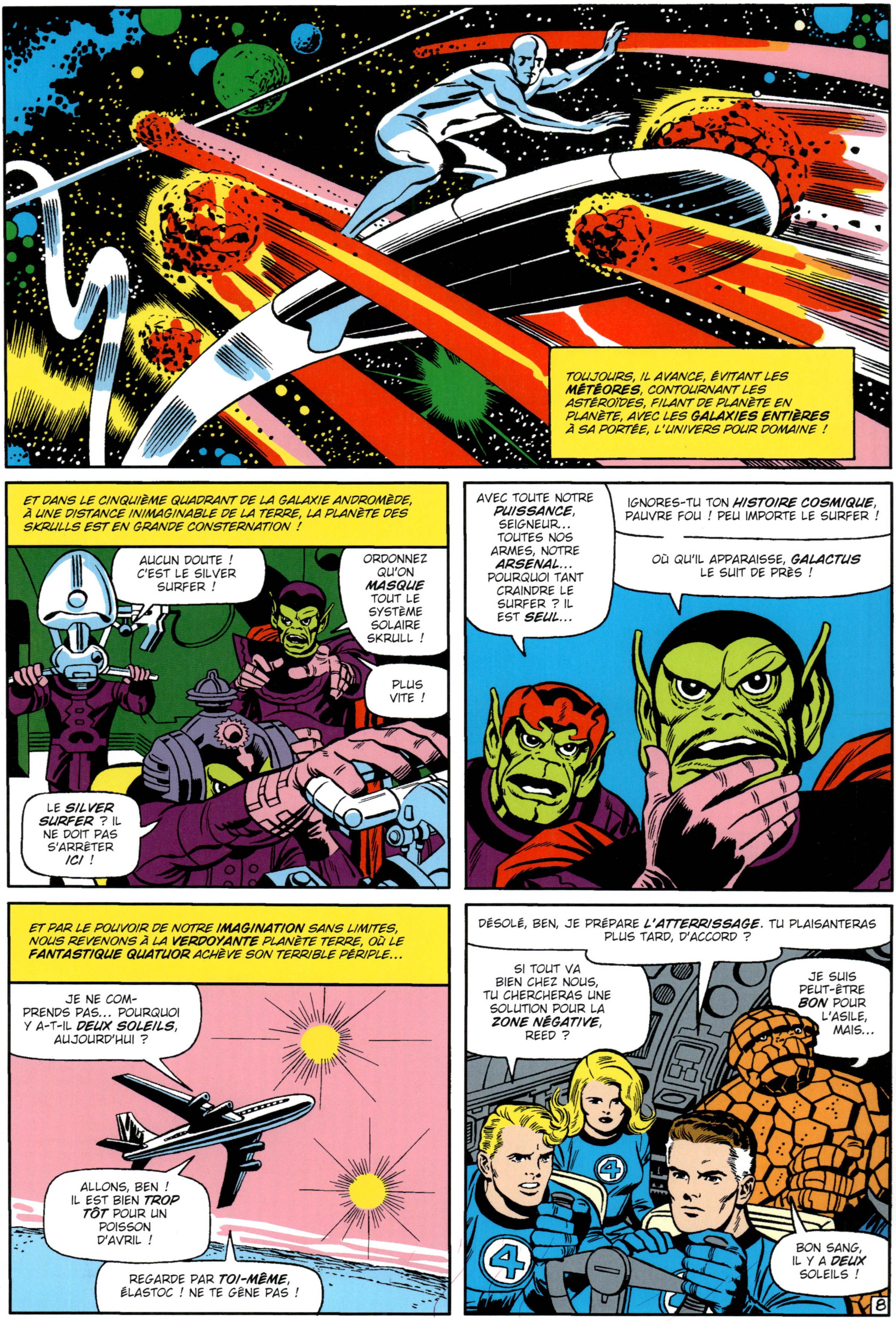
TOUJOURS, IL AVANCE, ÉVITANT LES MÉTÉORES, CONTOURNANT LES ASTÉROÏDES, FILANT DE PLANÈTE EN PLANÈTE, AVEC LES GALAXIES ENTIÈRES À SA PORTÉE, L'UNIVERS POUR DOMAINE !
ET DANS LE CINQUIÈME QUADRANT DE LA GALAXIE ANDROMÈDE, À UNE DISTANCE INIMAGINABLE DE LA TERRE, LA PLANÈTE DES SKRULLS EST EN GRANDE CONSTERNATION !
AUCUN DOUTE ! C'EST LE SILVER SURFER !
ORDONNEZ QU'ON MASQUE TOUT LE SYSTÈME SOLAIRE SKRULL !
PLUS VITE !
LE SILVER SURFER ? IL NE DOIT PAS S'ARRÊTER ICI !
AVEC TOUTE NOTRE PUISSANCE, SEIGNEUR... TOUTES NOS ARMES, NOTRE ARSENAL... POURQUOI TANT CRAINDRE LE SURFER ? IL EST SEUL...
IGNORES-TU TON HISTOIRE COSMIQUE, PAUVRE FOU ! PEU IMPORTE LE SURFER !
OÙ QU'IL APPARAISSE, GALACTUS LE SUIT DE PRÈS !
ET PAR LE POUVOIR DE NOTRE IMAGINATION SANS LIMITES, NOUS REVENONS À LA VERDOYANTE PLANÈTE TERRE, OÙ LE FANTASTIQUE QUATUOR ACHÈVE SON TERRIBLE PÉRIPLE...
JE NE COMPRENDS PAS... POURQUOI Y A-T-IL DEUX SOLEILS, AUJOURD'HUI ?
ALLONS, BEN ! IL EST BIEN TROP TÔT POUR UN POISSON D'AVRIL !
REGARDE PAR TOI-MÊME, ÉLASTOC ! NE TE GÊNE PAS !
DÉSOLÉ, BEN, JE PRÉPARE L'ATTERRISSAGE. TU PLAISANTERAS PLUS TARD, D'ACCORD ?
SI TOUT VA BIEN CHEZ NOUS, TU CHERCHERAS UNE SOLUTION POUR LA ZONE NÉGATIVE, REED ?
JE SUIS PEUT-ÊTRE BON POUR L'ASILE, MAIS...
BON SANG, IL Y A DEUX SOLEILS !

BEN, GRANDS DIEUX, DE QUOI PARLES-T... MAIS...!
TU AS RAISON ! IL Y A DEUX SOLEILS !
COMME SI ÇA NE SUFFISAIT PAS, IL Y EN A UN QUI GROSSIT !
NON, CE N'EST PAS UN SOLEIL ! C'EST AUTRE CHOSE... ET ÇA GRANDIT PAR À-COUPS, À PRÉSENT...
ÇA GROSSIT ! ÇA ENVAHIT TOUT LE CIEL !
REED ? QU'EST-CE QUE C'EST ? ON DIRAIT QUE TOUT LE CIEL EST EN FEU !
JE NE SAIS PAS ! ATTACHEZ VOS CEINTURES, VITE ! ATTERRISSAGE D'URGENCE !
BEN, PRENDS LES COMMANDES ! IL ME FAUT UN COPILOTE ! LA RADIO EST MORTE ! JE NE VOIS PLUS RIEN !
APRÈS UNE DESCENTE AHURISSANTE, LES FANTASTIQUES DÉBARQUENT ET VOIENT...
OÙ SONT LES GENS ? IL N'Y A PERSONNE...
MAIS... C'EST POURTANT L'UN DES PLUS GROS AÉROPORTS DE L'EST !
CES FLAMMES DANS LE CIEL ONT FAIT FUIR LES GENS !
DES FLAMMES ! LA SEULE CHOSE QUI NE ME FAIT PAS PEUR !
ÉCOUTEZ CES CRIS AU LOIN ! SEULE UNE FOULE TERRIFIÉE POURRAIT HURLER AINSI ! LA VILLE A PEUR !
OH, MON AMOUR ! NOUS SORTONS D'UNE AVENTURE DÉCHIRANTE POUR FAIRE FACE À ENCORE PLUS DE DANGER ET DE PEUR !
DU CALME, SUE ! NOUS ALLONS BIEN TROUVER UNE EXPLICATION !
FLAMME EN AVANT !
RESTEZ LÀ ! JE VAIS VOIR DE PLUS PRÈS !
JOHNNY, STOP ! LES GENS ONT DÉJÀ TROP PEUR DES FLAMMES !
INUTILE ! IL VA TROP VITE, IL NE M'ENTEND PAS !

ARRIVANT VITE AU CŒUR DE LA VILLE, LA TORCHE DÉCOUVRE UN SPECTACLE CAUCHEMARDESQUE... TOUTE UNE MÉTROPOLE EN PROIE À LA PANIQUE !
LE MONDE EST DEVENU FOU ! MAIS JE NE COMPRENDS PAS...
LE CIEL EST EMBRASÉ. MAIS AUCUNE CHALEUR... RIEN NE BRÛLE... RIEN N'EST ENDOMMAGÉ !
PUBLIC SHELTER
NO STANDING
NO PARKING
REGARDEZ, LÀ-HAUT ! LA TORCHE ! ÇA NE PEUT ÊTRE QUE LUI LE RESPONSABLE !
LA TORCHE ! BIEN SÛR ! C'EST LUI ! QUI D'AUTRE POURRAIT ENFLAMMER LE CIEL ?
EH, DU CALME ! AVEZ-VOUS PERDU LA RAISON ? JE VEUX VOUS AIDER !
QUELS IDIOTS ! ILS ME JETTENT DES BRIQUES ? ATTENDEZ UN PEU !
IRRITÉ PAR CETTE ATTAQUE, LE JEUNE IMPÉTUEUX DESCEND... QUAND UNE PUISSANTE LANCE À INCENDIE S'ACTIVE... ET ALORS...
WHOOOSH
CETTE FOIS, IL EST CUIT ! IL VA BIEN FALLOIR QU'IL S'EXPLIQUE !
CONTINUE DE L'ARROSER ! TREMPE-LE, IL SERA COINCÉ !
10

VOUS ÊTES CONTENTS DE VOUS, J'IMAGINE ? SANS CE LAMPADAIRE, J'AURAIS PU ME ROMPRE LE COU !
IL VA T'ARRIVER BIEN PIRE SI TU N'ÉTEINS PAS CES FLAMMES DANS LE CIEL !
TU NE PEUX PLUS T'ENFUIR !
PFFF... ILS ME CROIENT VRAIMENT COUPABLE ?
PENDANT CE TEMPS, AYANT RÉCUPÉRÉ LEUR JET-CYCLE LAISSÉ À L'AÉROPORT AVANT DE PARTIR POUR LE GRAND REFUGE, REED, SUE ET BEN CHERCHENT JOHNNY...
JE N'AI JAMAIS RIEN VU DE TEL ! LES GENS COURENT DANS LES RUES ! LE CHAOS EST PARTOUT !
IL FAUT TROUVER JOHNNY ! QUE LUI EST-IL ARRIVÉ ?
LÀ, ÉLASTOC ! JE LE VOIS ! LA FOULE L'A ATTRAPÉ ! LÀ, EN BAS !
JE RESTE EN L'AIR, JE M'ÉTIRE, ET... BEN !
MAIS ENFIN ! POURQUOI TOMBES-TU ? TU ES TOUCHÉ ?
RASSURE-TOI, TOUT VA BIEN ! MAIS SI MON POTE A DES ENNUIS, C'EST LA CHOSE AUX YEUX BLEUS QUI VA ALLER L'AIDER !
GERONIMO !
ATTRAPEZ-LE, LES GARS... IL SE DÉBAT COMME UN DIABLE !
MÊME SANS MA FLAMME, PERSONNE ME MALMÈNE !
ET MAINTENANT, COMME LE DIRAIT MA CHÈRE TANTE PÉTUNIA...
ÇA VA CASTAGNER !
11

AU CRI DE GUERRE EFFROYABLE DE LA CHOSE, LA FOULE PERD TOUTE ARDEUR GUERRIÈRE, ET LES ASSAILLANTS PRENNENT LA FUITE...
C'EST LA CHOSE ! ON FILE ! ALLEZ, VITE !
BEN ! BON SANG, JE SUIS HEUREUX DE TE VOIR !
LA CHOSE VIENT VERS NOUS ! ATTENTION, FUYEZ !
MAIS IL Y A TOUJOURS, DANS LA MASSE, UN FANFARON...
ALORS C'EST TOI, LA CHOSE... BAH, TU N'AS PAS L'AIR BIEN MÉCHANT...
TU M'ÉPATES, BEAUTÉ !
DÉGUERPIS AVANT QUE JE TE TRAÎNE JUSQU'À YANCY STREET !
IL EST TEMPS QUE QUELQU'UN TE DONNE UNE LEÇON... ET JE VEUX BIEN ME DÉVOUER !
THAP!
ENCORE DEBOUT, HEIN ? BAH, UN BON COUP DANS LES TRIPES, ÇA VA TE COUPER LE SOUFFLE !
AÏÏÏE, MES PHALANGES !
T'INQUIÈTE, ELLES NE VONT PAS TE FAIRE MAL LONGTEMPS !
PLINKK!
12

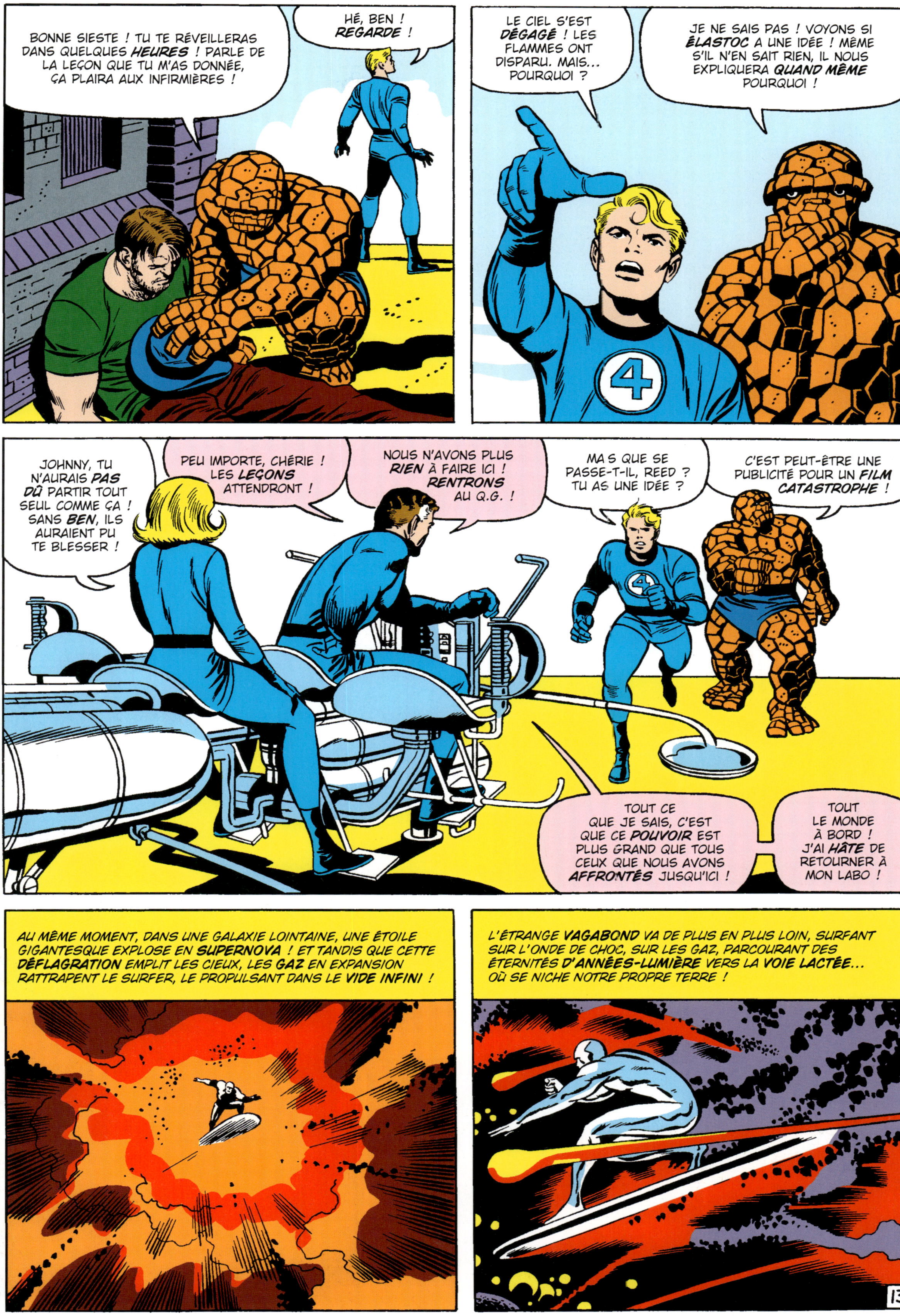
BONNE SIESTE ! TU TE RÉVEILLERAS DANS QUELQUES HEURES ! PARLE DE LA LEÇON QUE TU M'AS DONNÉE, ÇA PLAIRA AUX INFIRMIÈRES !
HÉ, BEN ! REGARDE !
LE CIEL S'EST DÉGAGÉ ! LES FLAMMES ONT DISPARU. MAIS... POURQUOI ?
JE NE SAIS PAS ! VOYONS SI ÉLASTOC A UNE IDÉE ! MÊME S'IL N'EN SAIT RIEN, IL NOUS EXPLIQUERA QUAND MÊME POURQUOI !
JOHNNY, TU N'AURAIS PAS DÛ PARTIR TOUT SEUL COMME ÇA ! SANS BEN, ILS AURAIENT PU TE BLESSER !
PEU IMPORTE, CHÉRIE ! LES LEÇONS ATTENDRONT !
NOUS N'AVONS PLUS RIEN À FAIRE ICI ! RENTRONS AU Q.G. !
MAIS QUE SE PASSE-T-IL, REED ? TU AS UNE IDÉE ?
C'EST PEUT-ÊTRE UNE PUBLICITÉ POUR UN FILM CATASTROPHE !
TOUT CE QUE JE SAIS, C'EST QUE CE POUVOIR EST PLUS GRAND QUE TOUS CEUX QUE NOUS AVONS AFFRONTÉS JUSQU'ICI !
TOUT LE MONDE À BORD ! J'AI HÂTE DE RETOURNER À MON LABO !
AU MÊME MOMENT, DANS UNE GALAXIE LOINTAINE, UNE ÉTOILE GIGANTESQUE EXPLOSE EN SUPERNOVA ! ET TANDIS QUE CETTE DÉFLAGRATION EMPLIT LES CIEUX, LES GAZ EN EXPANSION RATTRAPENT LE SURFER, LE PROPULSANT DANS LE VIDE INFINI !
L'ÉTRANGE VAGABOND VA DE PLUS EN PLUS LOIN, SURFANT SUR L'ONDE DE CHOC, SUR LES GAZ, PARCOURANT DES ÉTERNITÉS D'ANNÉES-LUMIÈRE VERS LA VOIE LACTÉE... OÙ SE NICHE NOTRE PROPRE TERRE !
13

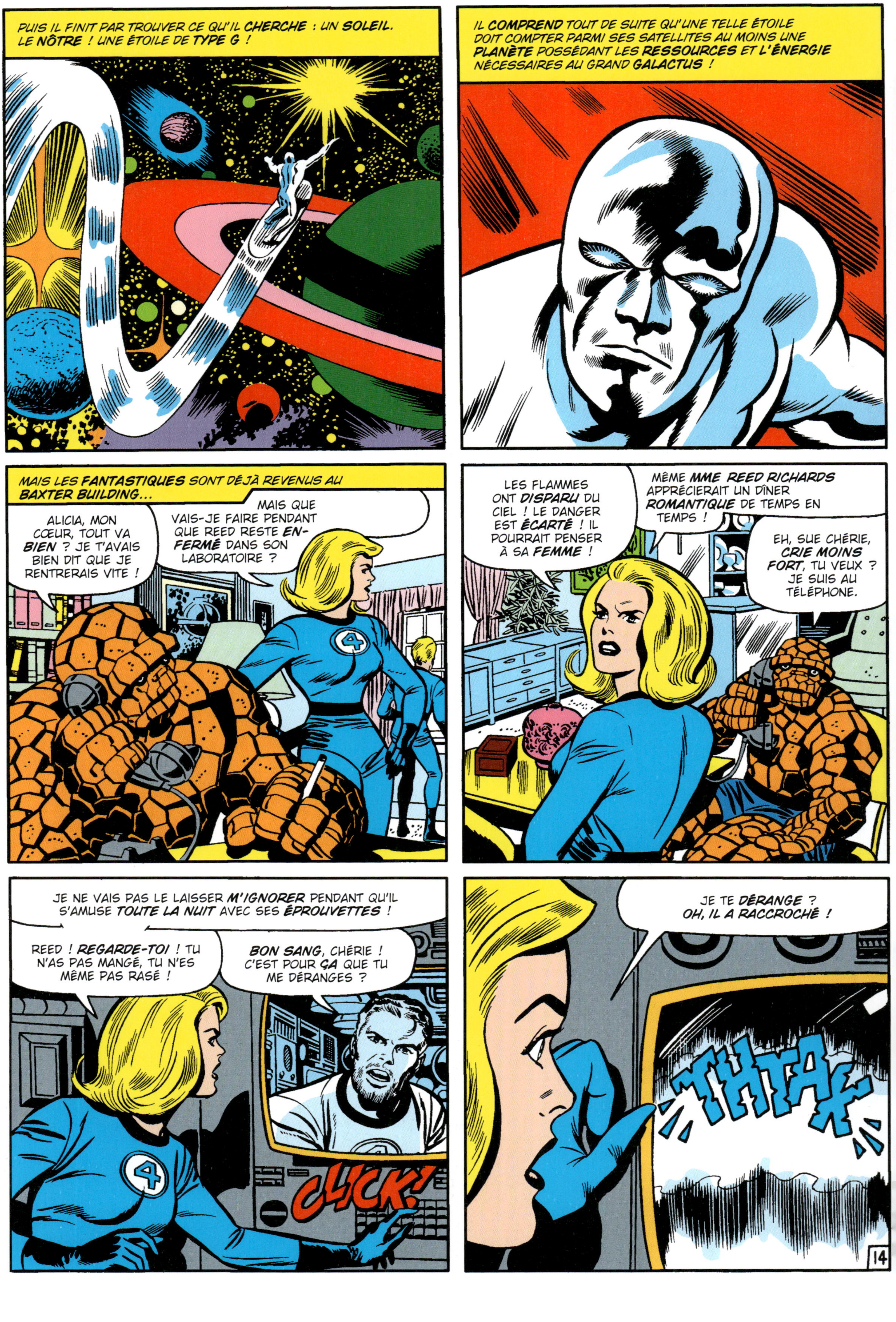
PUIS IL FINIT PAR TROUVER CE QU'IL CHERCHE : UN SOLEIL. LE NÔTRE ! UNE ÉTOILE DE TYPE G !
IL COMPREND TOUT DE SUITE QU'UNE TELLE ÉTOILE DOIT COMPTER PARMI SES SATELLITES AU MOINS UNE PLANÈTE POSSÉDANT LES RESSOURCES ET L'ÉNERGIE NÉCESSAIRES AU GRAND GALACTUS !
MAIS LES FANTASTIQUES SONT DÉJÀ REVENUS AU BAXTER BUILDING...
ALICIA, MON CŒUR, TOUT VA BIEN ? JE T'AVAIS BIEN DIT QUE JE RENTRERAIS VITE !
MAIS QUE VAIS-JE FAIRE PENDANT QUE REED RESTE ENFERMÉ DANS SON LABORATOIRE ?
LES FLAMMES ONT DISPARU DU CIEL ! LE DANGER EST ÉCARTÉ ! IL POURRAIT PENSER À SA FEMME !
MÊME MME REED RICHARDS APPRÉCIERAIT UN DÎNER ROMANTIQUE DE TEMPS EN TEMPS !
EH, SUE CHÉRIE, CRIE MOINS FORT, TU VEUX ? JE SUIS AU TÉLÉPHONE.
JE NE VAIS PAS LE LAISSER M'IGNORER PENDANT QU'IL S'AMUSE TOUTE LA NUIT AVEC SES ÉPROUVETTES !
REED ! REGARDE-TOI ! TU N'AS PAS MANGÉ, TU N'ES MÊME PAS RASÉ !
BON SANG, CHÉRIE ! C'EST POUR ÇA QUE TU ME DÉRANGES ?
CLICK !
JE TE DÉRANGE ? OH, IL A RACCROCHÉ !
THTAK
14

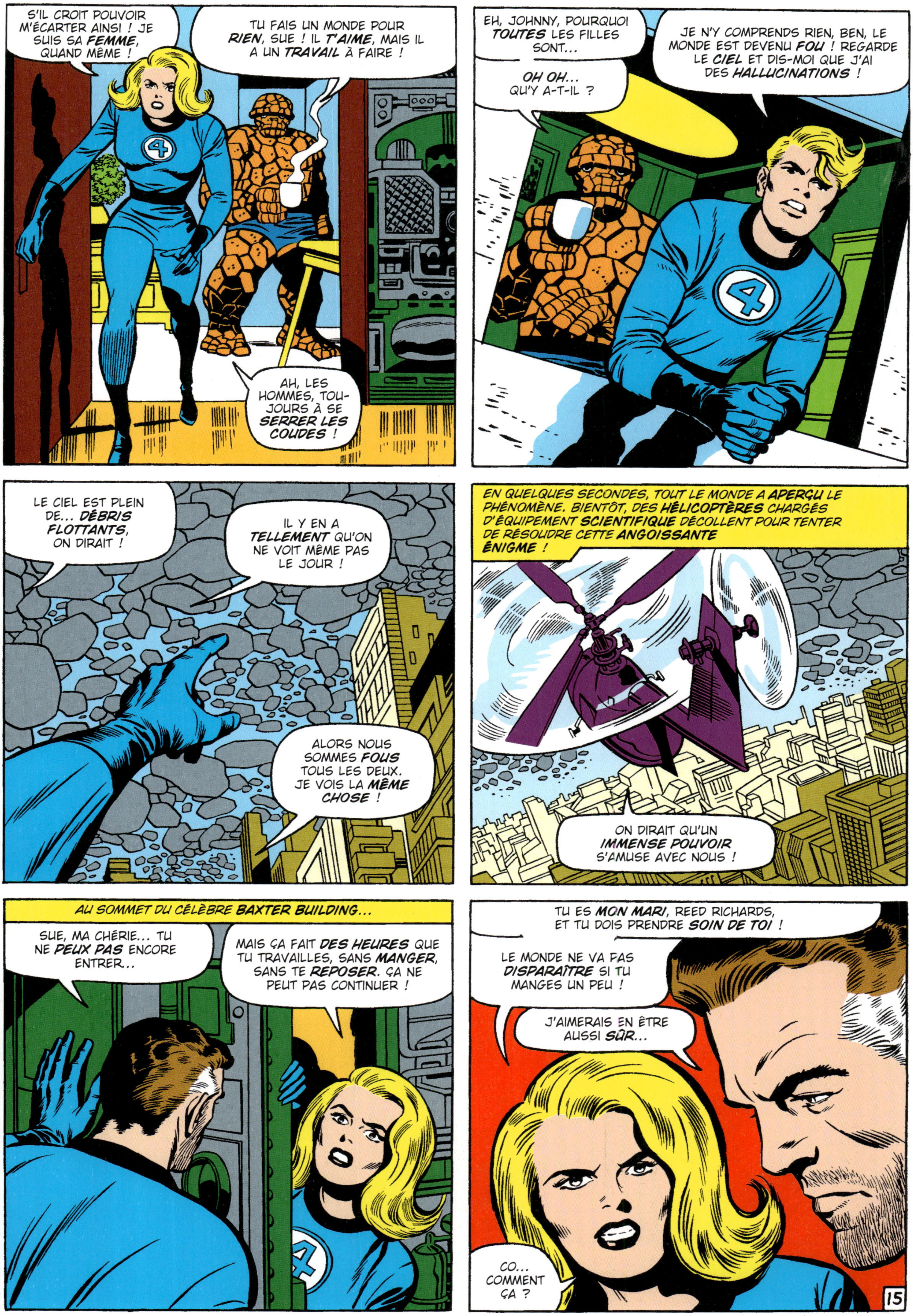
S'IL CROIT POUVOIR M'ÉCARTER AINSI ! JE SUIS SA **FEMME**, QUAND MÊME !
TU FAIS UN MONDE POUR **RIEN**, SUE ! IL **T'AIME**, MAIS IL A UN **TRAVAIL** À FAIRE !
AH, LES HOMMES, TOUJOURS À SE **SERRER LES COUDES** !
EH, JOHNNY, POURQUOI **TOUTES** LES FILLES SONT...
OH OH... QU'Y A-T-IL ?
JE N'Y COMPRENDS RIEN, BEN, LE MONDE EST DEVENU **FOU** ! REGARDE LE **CIEL** ET DIS-MOI QUE J'AI DES **HALLUCINATIONS** !
LE CIEL EST PLEIN DE... **DÉBRIS FLOTTANTS**, ON DIRAIT !
IL Y EN A **TELLEMENT** QU'ON NE VOIT MÊME PAS LE JOUR !
ALORS NOUS SOMMES **FOUS** TOUS LES DEUX. JE VOIS LA **MÊME CHOSE** !
EN QUELQUES SECONDES, TOUT LE MONDE A **APERÇU** LE PHÉNOMÈNE. BIENTÔT, DES **HÉLICOPTÈRES** CHARGÉS D'ÉQUIPEMENT **SCIENTIFIQUE** DÉCOLLENT POUR TENTER DE RÉSOUDRE CETTE **ANGOISSANTE ÉNIGME** !
ON DIRAIT QU'UN **IMMENSE POUVOIR** S'AMUSE AVEC NOUS !
AU SOMMET DU CÉLÈBRE **BAXTER BUILDING**...
SUE, MA CHÉRIE... TU NE **PEUX PAS** ENCORE ENTRER...
MAIS ÇA FAIT **DES HEURES** QUE TU TRAVAILLES, SANS **MANGER**, SANS TE **REPOSER**. ÇA NE PEUT PAS CONTINUER !
TU ES **MON MARI**, REED RICHARDS, ET TU DOIS PRENDRE **SOIN DE TOI** !
LE MONDE NE VA PAS **DISPARAÎTRE** SI TU MANGES UN PEU !
J'AIMERAIS EN ÊTRE AUSSI **SÛR**...
CO... COMMENT ÇA ?
15

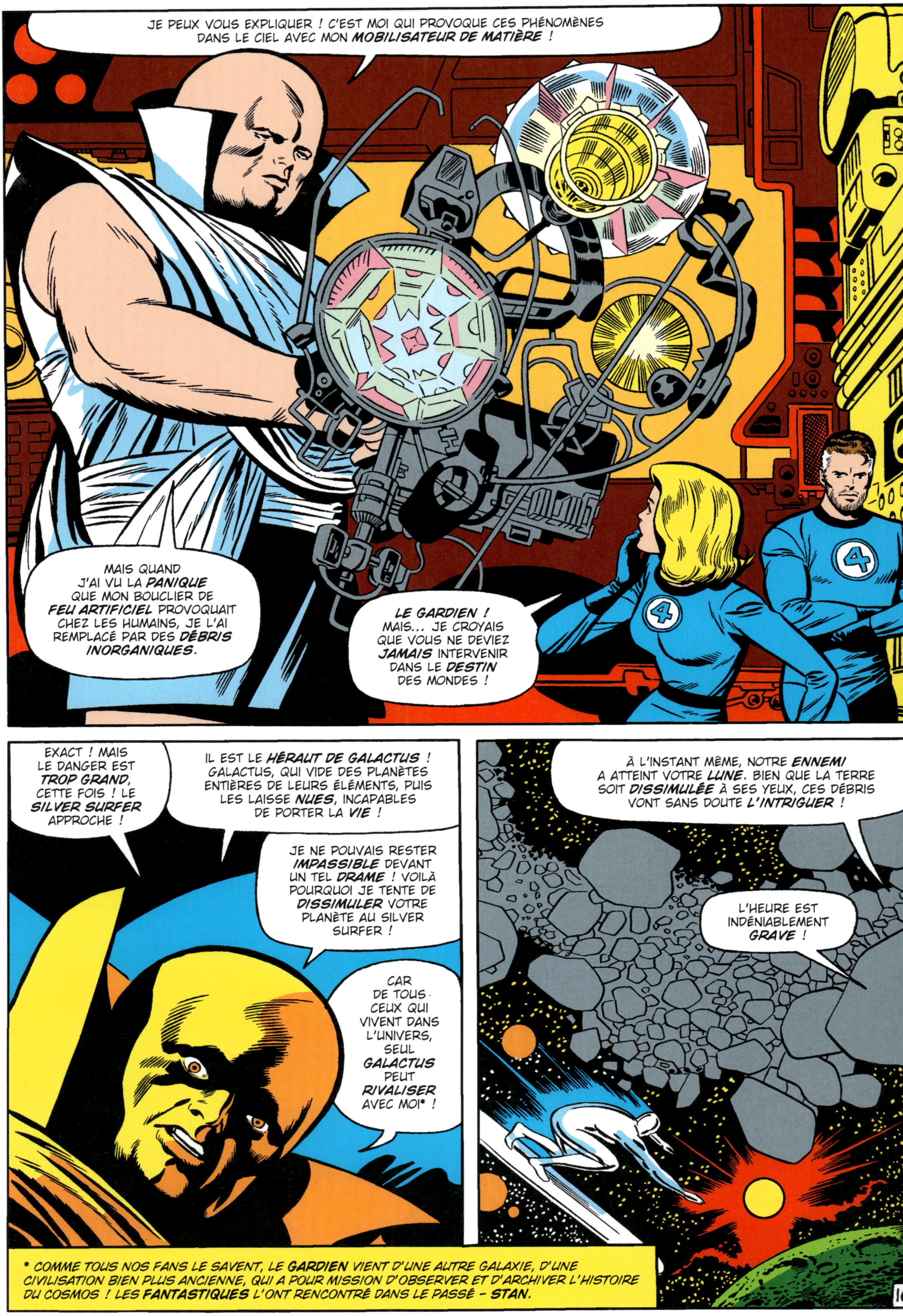

* COMME TOUS NOS FANS LE SAVENT, LE GARDIEN VIENT D'UNE AUTRE GALAXIE, D'UNE CIVILISATION BIEN PLUS ANCIENNE, QUI A POUR MISSION D'OBSERVER ET D'ARCHIVER L'HISTOIRE DU COSMOS ! LES FANTASTIQUES L'ONT RENCONTRÉ DANS LE PASSÉ – STAN.

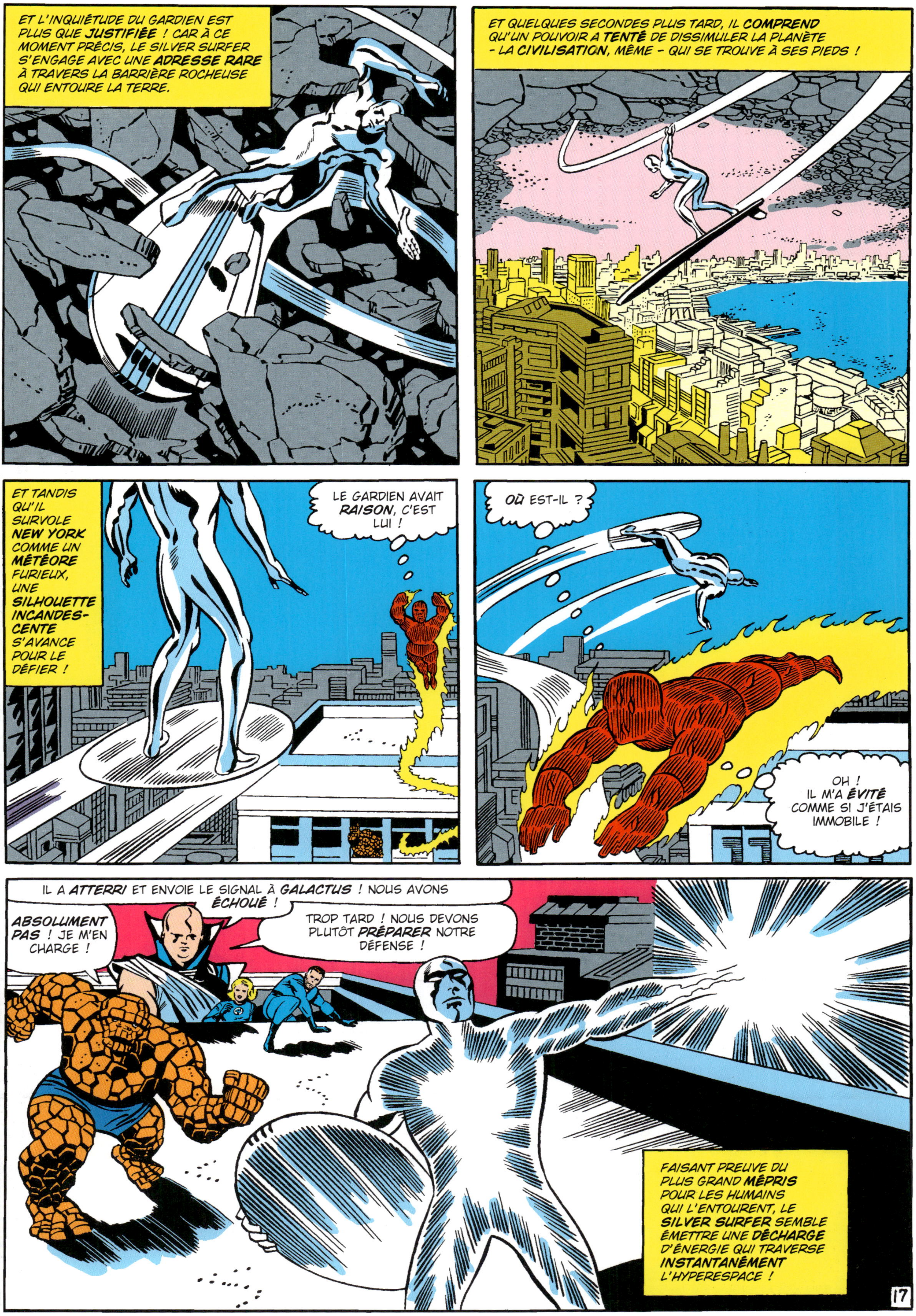

ET L'INQUIÉTUDE DU GARDIEN EST PLUS QUE JUSTIFIÉE ! CAR À CE MOMENT PRÉCIS, LE SILVER SURFER S'ENGAGE AVEC UNE ADRESSE RARE À TRAVERS LA BARRIÈRE ROCHEUSE QUI ENTOURE LA TERRE.
ET QUELQUES SECONDES PLUS TARD, IL COMPREND QU'UN POUVOIR A TENTÉ DE DISSIMULER LA PLANÈTE - LA CIVILISATION, MÊME - QUI SE TROUVE À SES PIEDS !
ET TANDIS QU'IL SURVOLE NEW YORK COMME UN MÉTÉORE FURIEUX, UNE SILHOUETTE INCANDES-CENTE S'AVANCE POUR LE DÉFIER !
LE GARDIEN AVAIT RAISON, C'EST LUI !
OÙ EST-IL ?
OH ! IL M'A ÉVITÉ COMME SI J'ÉTAIS IMMOBILE !
IL A ATTERRI ET ENVOIE LE SIGNAL À GALACTUS ! NOUS AVONS ÉCHOUÉ !
ABSOLUMENT PAS ! JE M'EN CHARGE !
TROP TARD ! NOUS DEVONS PLUTÔT PRÉPARER NOTRE DÉFENSE !
FAISANT PREUVE DU PLUS GRAND MÉPRIS POUR LES HUMAINS QUI L'ENTOURENT, LE SILVER SURFER SEMBLE ÉMETTRE UNE DÉCHARGE D'ÉNERGIE QUI TRAVERSE INSTANTANÉMENT L'HYPERESPACE !
17

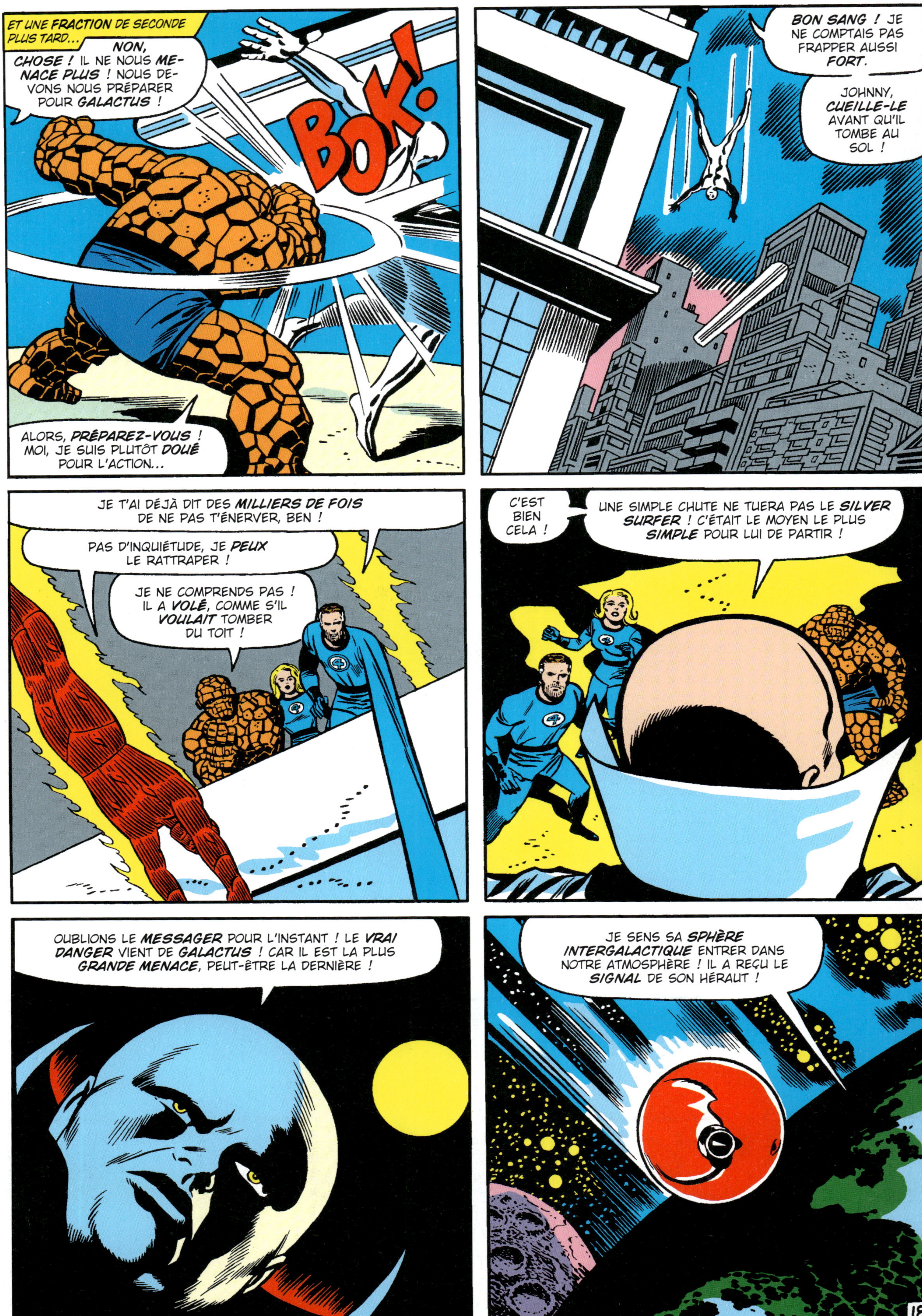
ET UNE FRACTION DE SECONDE PLUS TARD...
NON, CHOSE ! IL NE NOUS MENACE PLUS ! NOUS DEVONS NOUS PRÉPARER POUR GALACTUS !
BOK!
ALORS, PRÉPAREZ-VOUS ! MOI, JE SUIS PLUTÔT DOUÉ POUR L'ACTION...
BON SANG ! JE NE COMPTAIS PAS FRAPPER AUSSI FORT.
JOHNNY, CUEILLE-LE AVANT QU'IL TOMBE AU SOL !
JE T'AI DÉJÀ DIT DES MILLIERS DE FOIS DE NE PAS T'ÉNERVER, BEN !
PAS D'INQUIÉTUDE, JE PEUX LE RATTRAPER !
JE NE COMPRENDS PAS ! IL A VOLÉ, COMME S'IL VOULAIT TOMBER DU TOIT !
C'EST BIEN CELA !
UNE SIMPLE CHUTE NE TUERA PAS LE SILVER SURFER ! C'ÉTAIT LE MOYEN LE PLUS SIMPLE POUR LUI DE PARTIR !
OUBLIONS LE MESSAGER POUR L'INSTANT ! LE VRAI DANGER VIENT DE GALACTUS ! CAR IL EST LA PLUS GRANDE MENACE, PEUT-ÊTRE LA DERNIÈRE !
JE SENS SA SPHÈRE INTERGALACTIQUE ENTRER DANS NOTRE ATMOSPHÈRE ! IL A REÇU LE SIGNAL DE SON HÉRAUT !
18

VOYEZ ! LA GRANDE SPHÈRE S'OUVRE ! SES APPAREILS ANALYSENT L'ATMOSPHÈRE ! IL A TROUVÉ CE QU'IL VOULAIT ! LA TERRE EST PERDUE !

SES GADGETS RETOURNENT AU VAISSEAU ! IL REVIENT PAR ICI !
IL S'APPROCHE DE L'ENDROIT OÙ LE SURFER A LANCÉ SON SIGNAL !
À PARTIR DE MAINTENANT, LA FUITE N'EST PLUS POSSIBLE.
RRRRRRRRRR
SON VAISSEAU EST PLUS GRAND QUE JE PENSAIS. IL DOIT ÊTRE GIGANTESQUE !
IL EST CE QU'IL DÉSIRE ! IL EST GALACTUS !
MON PÉRIPLE S'ACHÈVE ! CETTE PLANÈTE ME NOURRIRA JUSQU'À CE QU'ELLE SOIT VIDE DE TOUTE VIE ÉLÉMENTAIRE !
AINSI A PARLÉ GALACTUS !
LA SUITE... TOUT DE SUITE !
20

LA PANTHÈRE NOIRE !
The Black Panther!
The Fantastic Four (1961) 52
juillet 1966

Scénario : Stan Lee
Dessin : Jack Kirby
Encrage : Joe Sinnott
Traduction : Geneviève Coulomb
Lettrage : BIT
Rédaction USA : Stan Lee, C.B. Cebulski

Marvel s'est toujours fait l'écho des changements de la société américaine. Or, dans les années soixante, le pays traverse une période clé de son histoire avec la fin de la ségrégation, qui privait les Afro-Américains de droits équivalents à ceux de leurs compatriotes blancs. En l'espace de quelques mois, les personnages noirs se multiplient alors dans les séries Marvel. Le premier d'entre eux apparaît dans *The Fantastic Four* 52. **Stan Lee** et **Jack Kirby** s'inspirent des *Mines du roi Salomon* pour imaginer un pays africain à la pointe de la technologie, le Wakanda, où gît un minerai miraculeux, le vibranium. L'endroit est défendu par un héros nommé le **Coal Tiger** (le "Tigre de Charbon", un terme qui, à l'époque, désigne les pays africains postcoloniaux). Mais le nom est un peu plat et le costume du personnage ressemble à un pyjama à rayures jaunes… Jack Kirby se remet donc au travail et remplace le Coal Tiger par un personnage nettement plus imposant : la **Panthère Noire** !

* LA PANTHÈRE NOIRE !

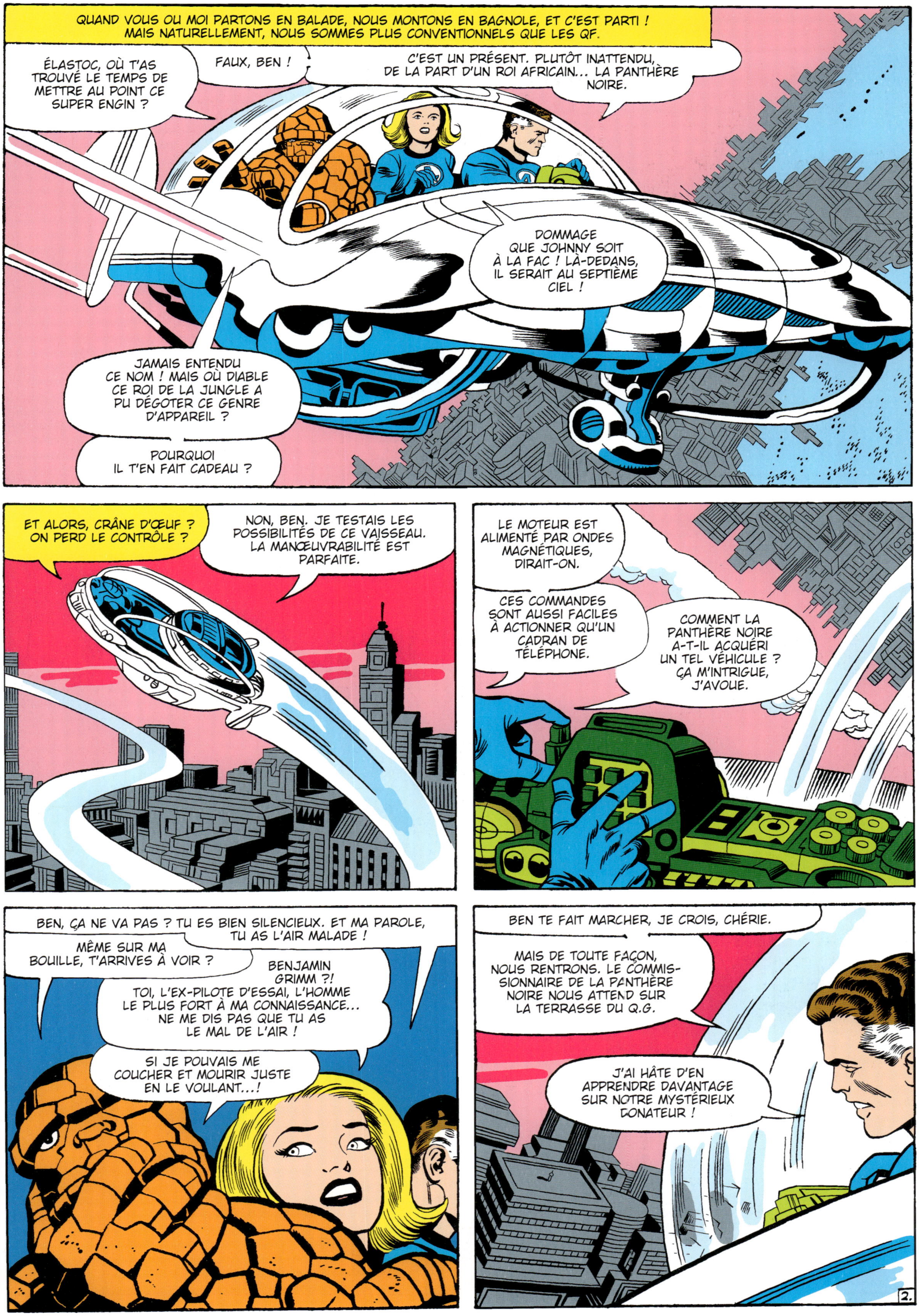
QUAND VOUS OU MOI PARTONS EN BALADE, NOUS MONTONS EN BAGNOLE, ET C'EST PARTI ! MAIS NATURELLEMENT, NOUS SOMMES PLUS CONVENTIONNELS QUE LES QF.
ÉLASTOC, OÙ T'AS TROUVÉ LE TEMPS DE METTRE AU POINT CE SUPER ENGIN ?
FAUX, BEN !
C'EST UN PRÉSENT. PLUTÔT INATTENDU, DE LA PART D'UN ROI AFRICAIN... LA PANTHÈRE NOIRE.
DOMMAGE QUE JOHNNY SOIT À LA FAC ! LÀ-DEDANS, IL SERAIT AU SEPTIÈME CIEL !
JAMAIS ENTENDU CE NOM ! MAIS OÙ DIABLE CE ROI DE LA JUNGLE A PU DÉGOTER CE GENRE D'APPAREIL ?
POURQUOI IL T'EN FAIT CADEAU ?
ET ALORS, CRÂNE D'ŒUF ? ON PERD LE CONTRÔLE ?
NON, BEN. JE TESTAIS LES POSSIBILITÉS DE CE VAISSEAU. LA MANŒUVRABILITÉ EST PARFAITE.
LE MOTEUR EST ALIMENTÉ PAR ONDES MAGNÉTIQUES, DIRAIT-ON.
CES COMMANDES SONT AUSSI FACILES À ACTIONNER QU'UN CADRAN DE TÉLÉPHONE.
COMMENT LA PANTHÈRE NOIRE A-T-IL ACQUÉRI UN TEL VÉHICULE ? ÇA M'INTRIGUE, J'AVOUE.
BEN, ÇA NE VA PAS ? TU ES BIEN SILENCIEUX. ET MA PAROLE, TU AS L'AIR MALADE !
MÊME SUR MA BOUILLE, T'ARRIVES À VOIR ?
BENJAMIN GRIMM ?! TOI, L'EX-PILOTE D'ESSAI, L'HOMME LE PLUS FORT À MA CONNAISSANCE... NE ME DIS PAS QUE TU AS LE MAL DE L'AIR !
SI JE POUVAIS ME COUCHER ET MOURIR JUSTE EN LE VOULANT...!
BEN TE FAIT MARCHER, JE CROIS, CHÉRIE.
MAIS DE TOUTE FAÇON, NOUS RENTRONS. LE COMMIS-SIONNAIRE DE LA PANTHÈRE NOIRE NOUS ATTEND SUR LA TERRASSE DU Q.G.
J'AI HÂTE D'EN APPRENDRE DAVANTAGE SUR NOTRE MYSTÉRIEUX DONATEUR !
2.

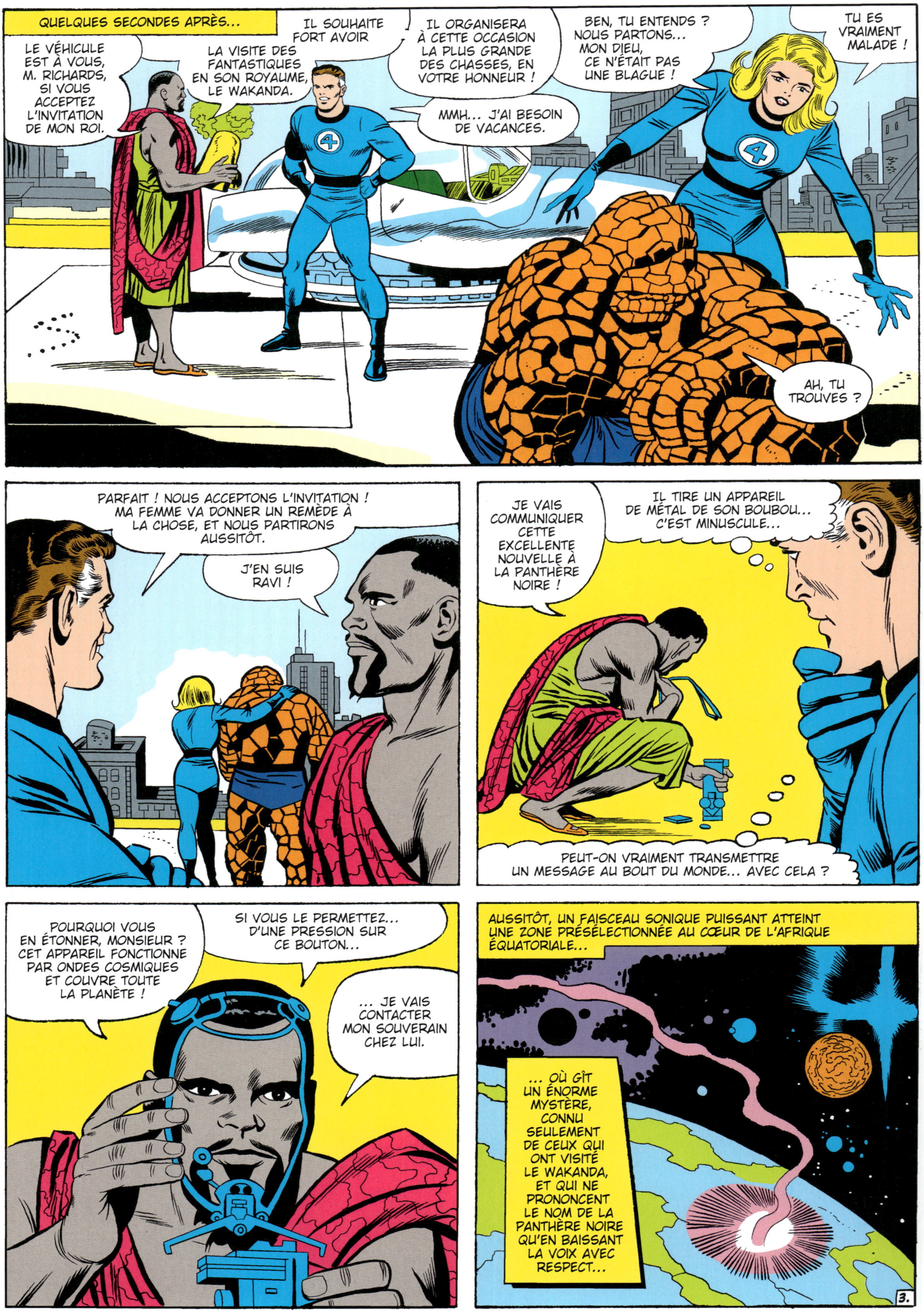
QUELQUES SECONDES APRÈS...
LE VÉHICULE EST À VOUS, M. RICHARDS, SI VOUS ACCEPTEZ L'INVITATION DE MON ROI.
LA VISITE DES FANTASTIQUES EN SON ROYAUME, LE WAKANDA.
IL SOUHAITE FORT AVOIR
IL ORGANISERA À CETTE OCCASION LA PLUS GRANDE DES CHASSES, EN VOTRE HONNEUR !
MMH... J'AI BESOIN DE VACANCES.
BEN, TU ENTENDS ? NOUS PARTONS... MON DIEU, CE N'ÉTAIT PAS UNE BLAGUE !
TU ES VRAIMENT MALADE !
AH, TU TROUVES ?
PARFAIT ! NOUS ACCEPTONS L'INVITATION ! MA FEMME VA DONNER UN REMÈDE À LA CHOSE, ET NOUS PARTIRONS AUSSITÔT.
J'EN SUIS RAVI !
JE VAIS COMMUNIQUER CETTE EXCELLENTE NOUVELLE À LA PANTHÈRE NOIRE !
IL TIRE UN APPAREIL DE MÉTAL DE SON BOUBOU... C'EST MINUSCULE...
PEUT-ON VRAIMENT TRANSMETTRE UN MESSAGE AU BOUT DU MONDE... AVEC CELA ?
POURQUOI VOUS EN ÉTONNER, MONSIEUR ? CET APPAREIL FONCTIONNE PAR ONDES COSMIQUES ET COUVRE TOUTE LA PLANÈTE !
SI VOUS LE PERMETTEZ... D'UNE PRESSION SUR CE BOUTON...
... JE VAIS CONTACTER MON SOUVERAIN CHEZ LUI.
AUSSITÔT, UN FAISCEAU SONIQUE PUISSANT ATTEINT UNE ZONE PRÉSÉLECTIONNÉE AU CŒUR DE L'AFRIQUE ÉQUATORIALE...
... OÙ GÎT UN ÉNORME MYSTÈRE, CONNU SEULEMENT DE CEUX QUI ONT VISITÉ LE WAKANDA, ET QUI NE PRONONCENT LE NOM DE LA PANTHÈRE NOIRE QU'EN BAISSANT LA VOIX AVEC RESPECT...
3.

MAIS, POUR L'INSTANT, TANDIS QUE LES QF VAQUENT À LEURS PRÉPARATIFS, FAISONS CE QUE PEU D'OCCIDENTAUX ONT ACCOMPLI... OBSERVONS, SUR SON TRÔNE, LA SILHOUETTE DU SOUVERAIN DU WAKANDA.
LE MESSAGE EST ARRIVÉ, Ô ROI ! LES QUATRE FANTASTIQUES ACCEPTENT TON INVITATION ! ILS PARTENT POUR LE WAKANDA !
PARFAIT ! J'EN ÉTAIS CERTAIN.
ALLEZ TOUT PRÉPARER, ET QUE CE SOIT LA PLUS GRANDE DES CHASSES !
HISSEZ LE TOTEM. CÉLÉBREZ LE RITUEL.
LA PANTHÈRE NOIRE REPREND LE GUÊT... L'HEURE A SONNÉ !
SUR UN GESTE MAJESTUEUX DU SOUVERAIN WAKANDAIS, UNE ÉTRANGE SCULPTURE ÉMERGE LENTEMENT DU LIEU SOUTERRAIN OÙ ON LA TENAIT CACHÉE.
TON FRÈRE TE SALUE EN CE JOUR, Ô TOTEM ! QUE LA CHASSE COMMENCE !
4.

MANŒUVRANT HABILEMENT LES COMMANDES PLACÉES À LA BASE DE LA GIGANTESQUE EFFIGIE FÉLINE, LE MONARQUE ATHLÉTIQUE FAIT APPARAÎTRE UN CLAVIER ÉLECTRONIQUE, QUI LUI PERMET DE CONTRÔLER LES MILLE PRODIGES DE SON INCROYABLE EMPIRE FORESTIER.
FORT BIEN, TOUT EST OPÉRATIONNEL !
JE PUIS RETIRER MON COSTUME DE CHASSE DU COMPARTIMENT OÙ JE LE TIENS CACHÉ !
QUE VIENNENT LES FANTASTIQUES...
LA PANTHÈRE NOIRE EST PRÊT À LES ACCUEILLIR... COMME ILS NE L'ONT JAMAIS ÉTÉ !
TANDIS QUE DANS SA CHAMBRE DU DORTOIR NORTHFIELD, SUR LE CAMPUS DU METRO COLLEGE...
CE PARTIEL... JE L'AI RÉUSSI OU PAS ?
SI JE ME PLANTE, REED, SUE ET BEN AURONT HONTE DE MOI !
WYATT NE S'EN FAIT PAS, LUI ! À SE DEMANDER COMMENT IL RESTE RÉVEILLÉ PENDANT LES EXAMENS !
VIVEMENT DEMAIN ! LES VACANCES SERONT PAS SUPERFLUES !
C'EST BIEN PLUS DUR QUE JE LE CROYAIS, DE ME CONCENTRER SUR MES COURS... JE PENSE À CRYSTAL DU MATIN AU SOIR !
TANT PIS, IL FAUT QUE J'Y ARRIVE ! SEUL REED PEUT TROUVER LE MOYEN DE FRANCHIR LA BARRIÈRE QUI LA RETIENT PRISONNIÈRE*...
MOI, JE NE PEUX QU'ESPÉRER... ET PRIER !
IL FAUT QUE JE ME REPRENNE...! MAIS CE QUE LES SOIRÉES SONT LONGUES !
*VOIR FANTASTIC FOUR (1961) 46
HÉ ! NOM DE...!! LE DIABLE ME...?!!
COUCOU !
SALUT ! QU'EST-CE QU'ON DIT AU COPAIN QUI PASSE TE VOIR ?
LE COPAIN VA M'ENTENDRE ! ÇA VA PAS, NON !
AUSSI SYMPA QUE D'HABITUDE, LE JUNIOR, JE VOIS !
LÂCHE, SINON JE T'ENVOIE MON FEU D'ARTIFICE LÀ OÙ JE PENSE !

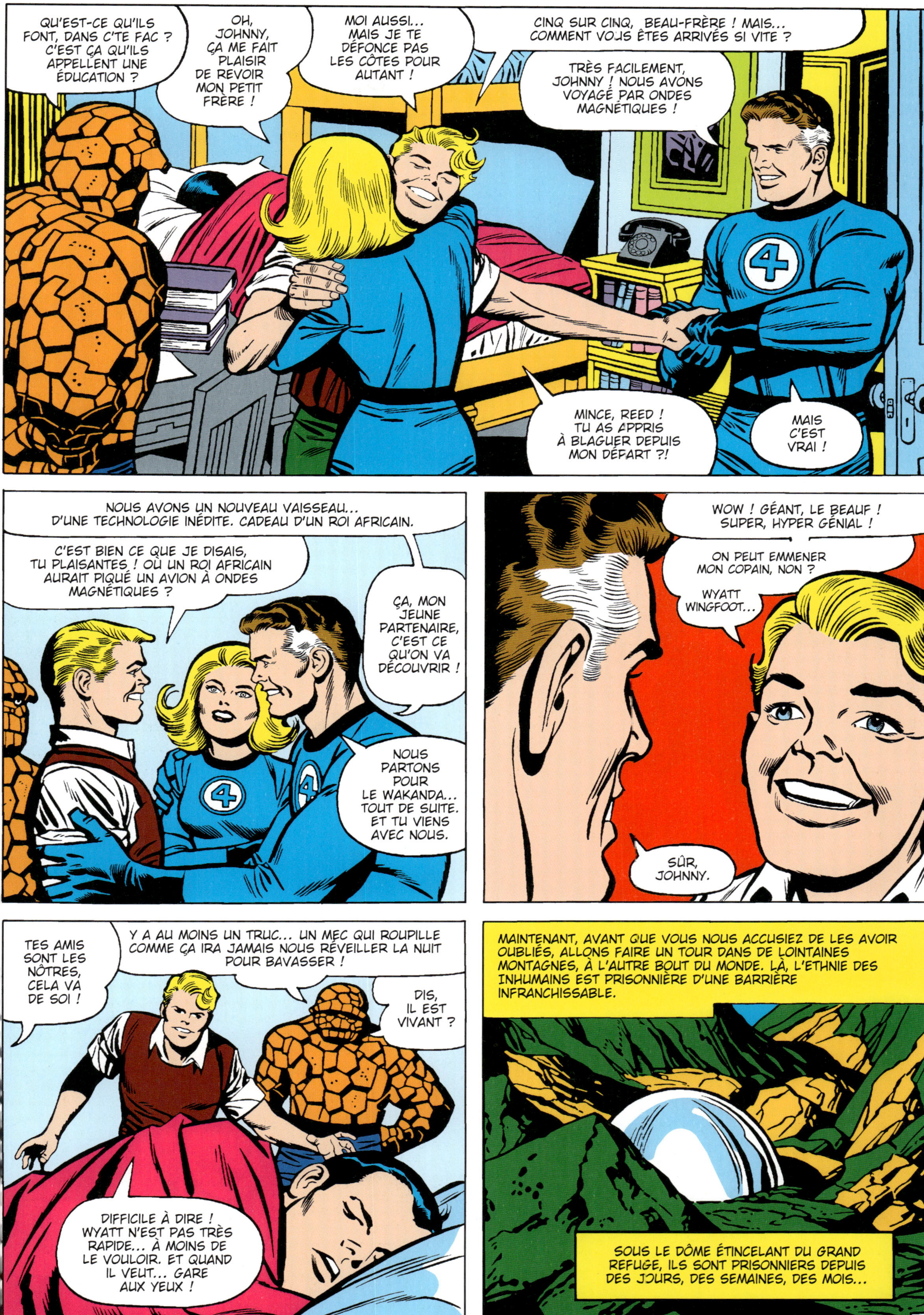
QU'EST-CE QU'ILS FONT, DANS C'TE FAC ? C'EST ÇA QU'ILS APPELLENT UNE ÉDUCATION ?
OH, JOHNNY, ÇA ME FAIT PLAISIR DE REVOIR MON PETIT FRÈRE !
MOI AUSSI... MAIS JE TE DÉFONCE PAS LES CÔTES POUR AUTANT !
CINQ SUR CINQ, BEAU-FRÈRE ! MAIS... COMMENT VOUS ÊTES ARRIVÉS SI VITE ?
TRÈS FACILEMENT, JOHNNY ! NOUS AVONS VOYAGÉ PAR ONDES MAGNÉTIQUES !
MINCE, REED ! TU AS APPRIS À BLAGUER DEPUIS MON DÉPART ?!
MAIS C'EST VRAI !
NOUS AVONS UN NOUVEAU VAISSEAU... D'UNE TECHNOLOGIE INÉDITE. CADEAU D'UN ROI AFRICAIN.
C'EST BIEN CE QUE JE DISAIS, TU PLAISANTES ! OÙ UN ROI AFRICAIN AURAIT PIQUÉ UN AVION À ONDES MAGNÉTIQUES ?
ÇA, MON JEUNE PARTENAIRE, C'EST CE QU'ON VA DÉCOUVRIR !
NOUS PARTONS POUR LE WAKANDA... TOUT DE SUITE. ET TU VIENS AVEC NOUS.
WOW ! GÉANT, LE BEAUF ! SUPER, HYPER GÉNIAL !
ON PEUT EMMENER MON COPAIN, NON ?
WYATT WINGFOOT...
SÛR, JOHNNY.
TES AMIS SONT LES NÔTRES, CELA VA DE SOI !
Y A AU MOINS UN TRUC... UN MEC QUI ROUPILLE COMME ÇA IRA JAMAIS NOUS RÉVEILLER LA NUIT POUR BAVASSER !
DIS, IL EST VIVANT ?
DIFFICILE À DIRE ! WYATT N'EST PAS TRÈS RAPIDE... À MOINS DE LE VOULOIR. ET QUAND IL VEUT... GARE AUX YEUX !
MAINTENANT, AVANT QUE VOUS NOUS ACCUSIEZ DE LES AVOIR OUBLIÉS, ALLONS FAIRE UN TOUR DANS DE LOINTAINES MONTAGNES, À L'AUTRE BOUT DU MONDE. LÀ, L'ETHNIE DES INHUMAINS EST PRISONNIÈRE D'UNE BARRIÈRE INFRANCHISSABLE.
SOUS LE DÔME ÉTINCELANT DU GRAND REFUGE, ILS SONT PRISONNIERS DEPUIS DES JOURS, DES SEMAINES, DES MOIS...
6.

MAIS MALGRÉ TOUTE L'HORREUR DE LA SITUATION, ILS NE DÉSESPÈRENT PAS.
TU PERDS TON TEMPS, KARNAK. TON POUVOIR NE SAURAIT BRISER UNE ZONE NÉGATIVE.
IL SUFFIRAIT DE TROUVER LE POINT FAIBLE, GORGONE. AVEC UN PEU D'ENTRAÎNEMENT...
TU AS PULVÉRISÉ TOUS CES BLOCS DE DIAMANT EN SIX MOIS...!
ET JE PERSÉVÉRERAI. NOUS NE BAISSERONS PAS LES BRAS.
TOUTE CHOSE PRÉSENTE UN POINT FAIBLE, MÊME SI ELLE PARAÎT AUSSI INALTÉRABLE QUE LE DIAMANT !
MAIS UNE ZONE NÉGATIVE EST INSENSIBLE À LA MATIÈRE POSITIVE !
J'Y PARVIENDRAI ! RIEN NE RÉSISTE AU POUVOIR DE KARNAK !
RIEN !!
CLAKK!
JE PUIS FRACASSER TOUS LES MATÉRIAUX CONNUS ! ALORS, POURQUOI NE NOUS LIBÉRERAIS-JE PAS DE CETTE ZONE MAUDITE ?... POURQUOI ?
OH, KARNAK, SI TU POUVAIS ! JE VOUDRAIS TANT REGAGNER LE MONDE DES HOMMES...
.. REVOIR JOHNNY STORM, UNE FOIS ENCORE ! SENTIR SES BRAS M'ÉTREINDRE... JUSTE UNE FOIS !
ARRIÈRE ! JE RECOMMENCE !
JE TE LE RÉPÈTE, CRYSTAL... IL FAUT L'OUBLIER ! SON SOUVENIR TE TORTURE INUTILEMENT.
ARRRHHHH !
ASSEZ, KARNAK ! TU VAS TE FRACTURER LA MAIN. IL DOIT Y AVOIR UN MEILLEUR MOYEN.
DEPUIS UNE CELLULE DE HAUTE SÉCURITÉ AU FAÎTE DU DÔME, LE RIRE GRINÇANT DE MAXIMUS LE FOU, FRÈRE DE FLÈCHE NOIRE, DESCEND EN CASCADE NARGUER CEUX QUI SE FONT APPELER LES INHUMAINS...
JAMAIS VOUS NE SORTIREZ D'ICI ! JAMAIS !
LE ROI, C'EST MOI... NON FLÈCHE NOIRE !
MES SUJETS RESTERONT AVEC MOI... À JAMAIS !

IRONIE DU DESTIN ! SEUL MAXIMUS CONNAÎT LA MANIÈRE D'ÉCHAPPER À LA ZONE NÉGATIVE... LA CLÉ DU PROBLÈME EST DONC ÉGARÉE DANS LE CERVEAU D'UN FOU.
AHH, FLÈCHE NOIRE !... TOI, LE PLUS PUISSANT D'ENTRE NOUS... LA SITUATION TE DÉPASSE AUSSI !
NE PERDONS JAMAIS ESPOIR ! MON ÉPOUX NE FAILLIRA PAS ! UN JOUR, D'UNE FAÇON OU D'UNE AUTRE... FLÈCHE NOIRE TROUVERA COMMENT NOUS LIBÉRER !
MAIS POUR MOI, IL SERA PEUT-ÊTRE TROP TARD... JOHNNY STORM M'AURA OUBLIÉE...
JAMAIS JE NE RENONCERAI ! JAMAIS !
TU DEVRAIS TE RÉJOUIR D'AVOIR PERDU LA PAROLE... DANS UNE TELLE SITUATION, LES MOTS SONT INUTILES !
QUITTONS LES INHUMAINS LE TEMPS D'UN ÉPISODE. ON VOULAIT JUSTE VOUS METTRE EN APPÉTIT, RETOURNONS À PRÉSENT AU WAKANDA OÙ LE SAFARI COMMENCE...
LE VAISSEAU APPROCHE... TOUT VA BIEN !
LE ROI L'A PROMIS... CE SERA LA PLUS GRANDE DES CHASSES !
CETTE JUNGLE PERDUE, SI PRIMITIVE ?!... SOMMES-NOUS VRAIMENT AU WAKANDA ?
NOUS SOMMES PRESQUE ARRIVÉS, M. RICHARDS.
ET NE L'OUBLIEZ PAS... ICI, LES CHOSES NE CORRESPONDENT PAS TOUJOURS AUX APPARENCES.
ON A PEINE À CROIRE QU'UN VÉHICULE TEL QUE CELUI-CI PUISSE VENIR D'UN PAYS SANS TRACES DE TECHNOLOGIE NI DÉVELOPPEMENT INDUSTRIEL...
D'ICI LA FIN DE VOTRE VISITE, MME RICHARDS, VOUS DÉCOUVRIREZ DES FACETTES INATTENDUES DE NOTRE PAYS.
CETTE RÉGION DÉGAGE UNE AURA SINISTRE... MAIS JE NE VEUX SURTOUT PAS INQUIÉTER SUE...
IL EST TROP TARD POUR RECULER.. SOYONS VIGILANTS, C'EST TOUT !
BON VIEUX WYATT ! LE TOURISME, C'EST PAS TROP SON TRUC !
S'IL Y AVAIT UNE COUPE DU MONDE DES DORMEURS... IL LA REMPORTERAIT HAUT LA MAIN.
JE PARIE QU'IL AURAIT DORMI PENDANT LA BATAILLE DES ARDENNES !
8.

SOUDAIN, UNE CLAIRIÈRE APPARAÎT !... AVEC UNE PRÉCISION INFAILLIBLE, LE PILOTE INDIGÈNE POSE SON AÉRONEF SILENCIEUX DANS UN MONDE DE LÉGENDE.
UNE TERRE ÉTRANGE ET NEUVE, CACHÉE AUX OBSERVATEURS PAR DES ARBRES IMMENSES.
C'EST BIEN UNE JUNGLE... MAIS ELLE NE DOIT RIEN À LA NATURE ! TOUT ICI EST ARTIFICIEL !
C'EST EXACT ! TOUTE CETTE TOPOGRAPHIE ET CETTE FLORE SONT DES MÉCANISMES CONTRÔLÉS PAR L'ÉLECTRONIQUE. MÊME LES BRANCHES, AU-DESSUS DE NOUS, SONT FAITES DE CIRCUITS.
LES FLEURS QUI ABONDENT ICI SONT EN FAIT DES BOUTONS ET DES CADRANS. QUANT À CES AMAS DE ROCHERS, SI VOUS APPROCHEZ, VOUS ENTENDREZ LES PULSATIONS DES DYNAMOS.

PUIS, L'ÉTRANGE BÂTIMENT S'ARRÊTE SANS UNE SEULE VIBRATION, ET...
NOTRE GUIDE... A DISPARU DERRIÈRE UN RÉSEAU DE TUBES ET DE CIRCUITS !
RESTONS GROUPÉS ! LE CRÉATEUR DE CE CAUCHEMAR ÉLECTRONIQUE NE LE TIENT PAS SECRET SANS RAISON !
ET ALORS ? C'EST PAS CES ESPÈCES DE BOULONS CHROMÉS QUI VONT ME FAIRE PEUR !

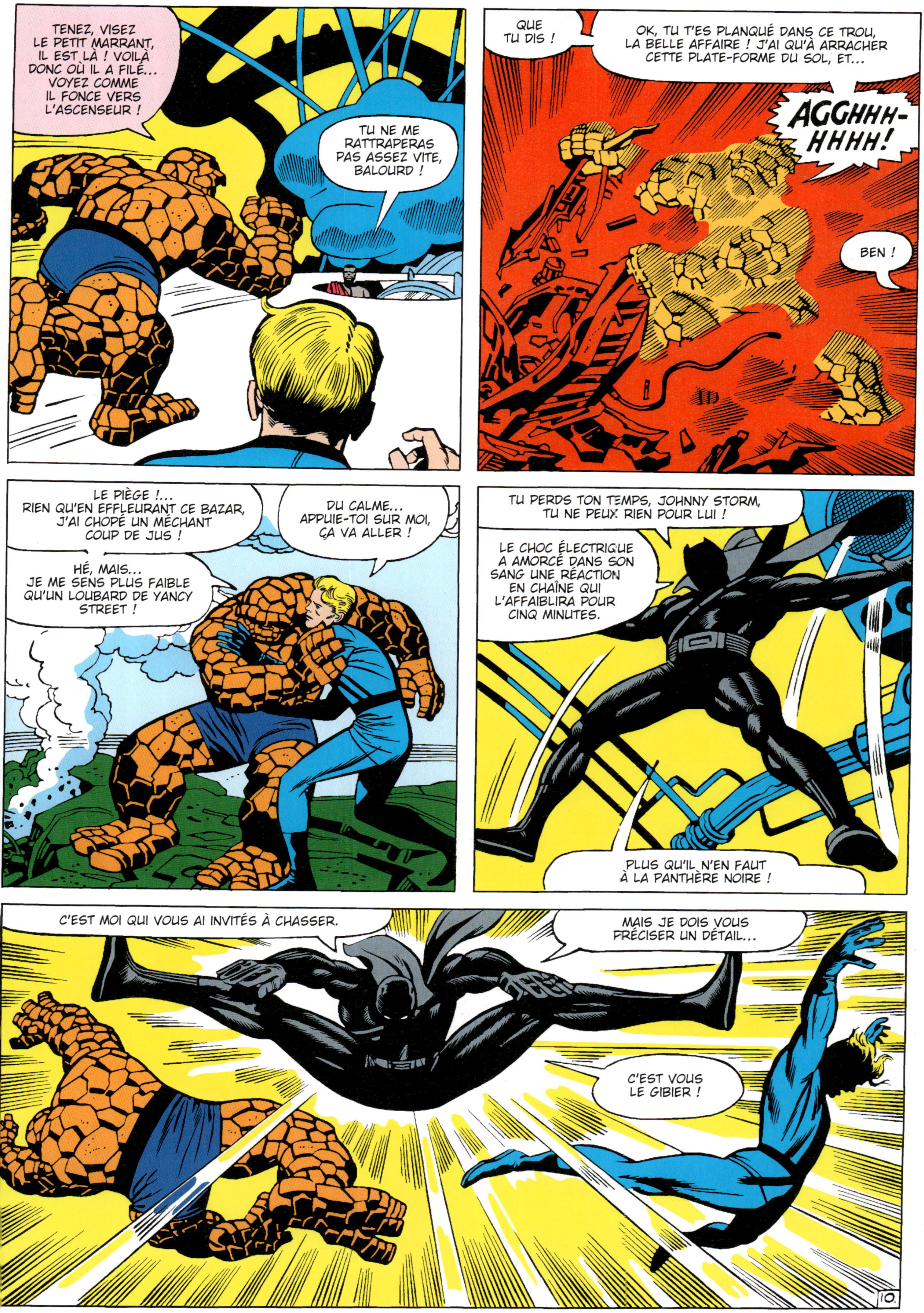
TENEZ, VISEZ LE PETIT MARRANT, IL EST LÀ ! VOILÀ DONC OÙ IL A FILÉ... VOYEZ COMME IL FONCE VERS L'ASCENSEUR !
TU NE ME RATTRAPERAS PAS ASSEZ VITE, BALOURD !
QUE TU DIS !
OK, TU T'ES PLANQUÉ DANS CE TROU, LA BELLE AFFAIRE ! J'AI QU'À ARRACHER CETTE PLATE-FORME DU SOL, ET...
AGGHHH-HHHH!
BEN !
LE PIÈGE !... RIEN QU'EN EFFLEURANT CE BAZAR, J'AI CHOPÉ UN MÉCHANT COUP DE JUS !
HÉ, MAIS... JE ME SENS PLUS FAIBLE QU'UN LOUBARD DE YANCY STREET !
DU CALME... APPUIE-TOI SUR MOI, ÇA VA ALLER !
TU PERDS TON TEMPS, JOHNNY STORM, TU NE PEUX RIEN POUR LUI !
LE CHOC ÉLECTRIQUE A AMORCÉ DANS SON SANG UNE RÉACTION EN CHAÎNE QUI L'AFFAIBLIRA POUR CINQ MINUTES.
PLUS QU'IL N'EN FAUT À LA PANTHÈRE NOIRE !
C'EST MOI QUI VOUS AI INVITÉS À CHASSER.
MAIS JE DOIS VOUS PRÉCISER UN DÉTAIL...
C'EST VOUS LE GIBIER !
10.

VOUS TROUVEZ ÇA MARRANT, MON VIEUX ? JE VOUS FAIS REMARQUER QU'ON NE RIT PAS.
IL ESQUIVE MON COUP AVEC L'AISANCE D'UNE PANTHÈRE !
STOP, WINGFOOT ! CE N'EST PAS TON AFFAIRE !
JE NE LE PARIERAIS PAS, M. RICHARDS !
ASSEZ, WYATT ! TU AS ENTENDU SES ORDRES...!
DE TOUTE FAÇON, C'EST DU RESSORT DE LA TORCHE ! !
FLAMME, EN AVANT !
TON BRASIER AMBULANT N'IMPRESSIONNE PAS LA PANTHÈRE NOIRE ! VOYONS SI TON POUVOIR VAUT MON AGILITÉ DE FÉLIN !
HÉ, IL BLAGUE PAS ! IL FONCE COMME UN CHAT À DEUX PATTES !
HA ! TU RÉAGIS COMME PRÉVU... EN PLONGEANT TÊTE LA PREMIÈRE DANS LA TRAPPE IGNIFUGÉE QUI T'ATTENDAIT !
MINCE, JOHNNY ! DANS QUEL TRAQUENARD ES-TU ALLÉ TE FOURRER ?
UNE PORTE D'AMIANTE S'EST REFERMÉE SUR MOI ! JE SUIS PRISONNIER !
IL ME BOMBARDE DU VIDE ! MA FLAMME S'ÉTEINT... JE M'AFFAIBLIS ! CONTRE ÇA, JE PEUX RIEN...
DEUX MEMBRES DES IMBAT-TABLES FANTASTIQUES... DÉ-FAITS EN DEUX MINUTES PAR LA PANTHÈRE NOIRE !
DESCENDEZ LE PIÈGE SOUS TERRE, TANDIS QUE J'ACHÈVE DE PRÉPARER CETTE CHASSE HORS NORMES !
11.

AH ! MES VICTIMES ONT COMPRIS ! ELLES MARQUENT UNE PAUSE POUR ÉLABORER LEUR PLAN AU LIEU DE FONCER À L'AVEUGLETTE !
PARFAIT ! UNE VICTOIRE TROP FACILE S'OUBLIE TROP RAPIDEMENT.
SÉPARÉS DE LEUR FABULEUX ADVERSAIRE PAR UN IMMENSE COMPLEXE PEUPLÉ DE MERVEILLES ÉLECTRONIQUES, NOUS RETROUVONS...
L'EFFET DOIT DURER CINQ MINUTES, IL A DIT. MAIS LÀ, APRÈS DEUX MINUTES, JE ME SENS EN FORME !
ET JOHNNY ?... QUE LUI EST-IL ARRIVÉ ?
LA PANTHÈRE NOIRE A SANS DOUTE MAL ÉVALUÉ TA FORCE, BEN !
ATTENDS MON SIGNAL POUR LANCER L'ATTAQUE, MON VIEIL AMI.
CE VROMBISSEMENT, SOUS NOS PIEDS... CE SONT DES GÉNÉRATEURS HYPER PUISSANTS.
BEN, NON ! QUE FAIS-TU LÀ ?!!
ARRÊTEZ, M. GRIMM. NE TOUCHEZ PAS À CE MÉTAL. LÂCHEZ-LE.
RELAX, ÉLASTOC ! JE TESTE MES FORCES, C'EST TOUT !
TU PLAISANTES...?!
JE NE REÇOIS D'ORDRE QUE DE GARS AUSSI BARAQUÉS QUE MOI !
ET ILS SONT ENCORE À NAÎTRE !
JE NE ME PERMETS PAS DE VOUS DONNER DES ORDRES...
... MAIS IL EST ÉVIDENT QUE CETTE JUNGLE A ÉTÉ RÉALISÉE PAR UN INTELLECT SUPÉRIEUR... TOUT CE QU'ON TOUCHE PEUT ÊTRE PIÉGÉ !
RÉFLÉCHIS, BEN ! WINGFOOT A RAISON !
IL FAUT EN SAVOIR PLUS SUR CE QUE NOUS AFFRONTONS.
POUR CELA, LAISSEZ-MOI FAIRE, DOCTEUR.
LE SANG DE MES ANCÊTRES... LES MEILLEURS DES ÉCLAIREURS... COURT DANS MES VEINES !
JE COMPRENDS QUE JOHNNY L'AIME BIEN ! IL A DES TRIPES, CE GOSSE !
VA, NOUS T'ATTENDRONS ICI MÊME !
12.

SUE CHÉRIE, NE T'INQUIÈTE PAS POUR JOHNNY. LA PANTHÈRE NE FAIT POUR L'INSTANT QUE NOUS HARCELER.
SI NOUS SAVIONS POURQUOI !
QUELLE CHANCE AVONS-NOUS ? NOUS SOMMES SUR SON TERRAIN... NOUS JOUONS SELON SES RÈGLES... IL A TOUT PRÉPARÉ AVANT NOTRE ARRIVÉE...
TU VEUX QUE JE TE PASSE MON MOUCHOIR ?
HÉ ! ÉCOUTEZ CE RAFFUT !
DES TAMBOURS, CHOUETTE ! ÇA DOIT ANNONCER L'HEURE DE LA CASTAGNE !
GARE ! ÇA DOIT ÊTRE UN SIGNAL D'ATTAQUE !
MERCI DE NOUS AVERTIR... ON CROYAIT QUE C'ÉTAIT LAWRENCE WELK.
À VOS POSTES ! FUSILS À POLARITÉ, PRÊTS... ÔTEZ LES SÉCURITÉS... EN JOUE...
CLICK!
CLICK!
CLICK!
FEU !
C'EST UN GAG OU QUOI ? CES FAISCEAUX LUMINEUX SONT CENSÉS NOUS FAIRE BOBO ?
FAISCEAUX LUMINEUX ? QUE NON, BEN ! SENS-TU CES VIBRATIONS ? C'EST UN RAYON ANTIPO-LARITÉ !
QUE SIGNIFIE... QU'EST-CE QUE C'EST ?
IL FORCE LES SOLIDES À SE REPOUSSER ! NOUS NE POUVONS RESTER GROUPÉS !
LA PANTHÈRE NOUS SÉPARE POUR NOUS ATTAQUER ! DEVIENS INVISIBLE DÈS QUE TU ATTERRIRAS, SUE !
ON POURRA BIENTÔT PLUS SORTIR DE CHEZ SOI SANS TOMBER SUR UN SAVANT FOU !
THWUP!
13.

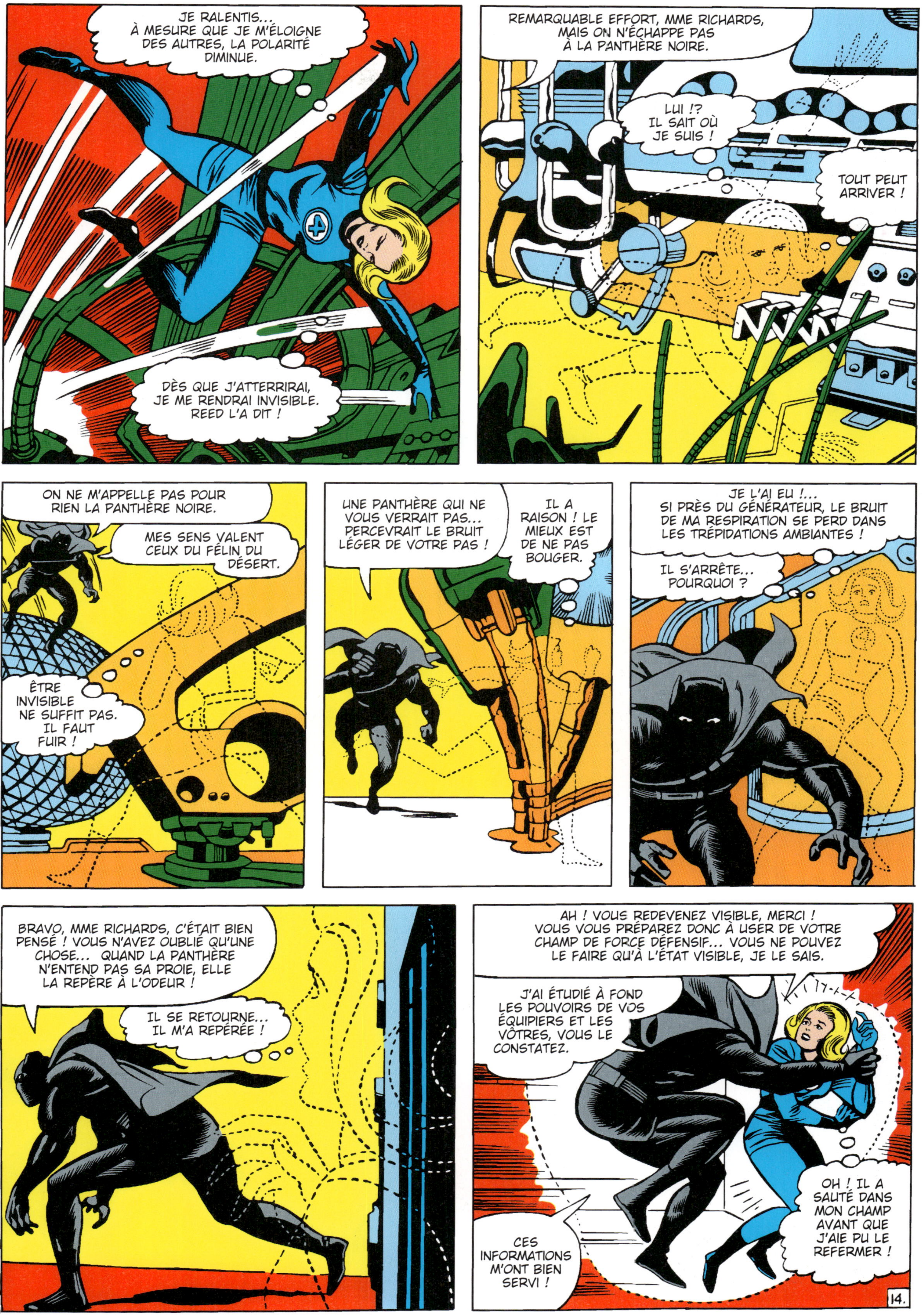
JE RALENTIS... À MESURE QUE JE M'ÉLOIGNE DES AUTRES, LA POLARITÉ DIMINUE.
DÈS QUE J'ATTERRIRAI, JE ME RENDRAI INVISIBLE. REED L'A DIT !
REMARQUABLE EFFORT, MME RICHARDS, MAIS ON N'ÉCHAPPE PAS À LA PANTHÈRE NOIRE.
LUI !? IL SAIT OÙ JE SUIS !
TOUT PEUT ARRIVER !
ON NE M'APPELLE PAS POUR RIEN LA PANTHÈRE NOIRE.
MES SENS VALENT CEUX DU FÉLIN DU DÉSERT.
ÊTRE INVISIBLE NE SUFFIT PAS. IL FAUT FUIR !
UNE PANTHÈRE QUI NE VOUS VERRAIT PAS... PERCEVRAIT LE BRUIT LÉGER DE VOTRE PAS !
IL A RAISON ! LE MIEUX EST DE NE PAS BOUGER.
JE L'AI EU !... SI PRÈS DU GÉNÉRATEUR, LE BRUIT DE MA RESPIRATION SE PERD DANS LES TRÉPIDATIONS AMBIANTES !
IL S'ARRÊTE... POURQUOI ?
BRAVO, MME RICHARDS, C'ÉTAIT BIEN PENSÉ ! VOUS N'AVEZ OUBLIÉ QU'UNE CHOSE... QUAND LA PANTHÈRE N'ENTEND PAS SA PROIE, ELLE LA REPÈRE À L'ODEUR !
IL SE RETOURNE... IL M'A REPÉRÉE !
AH ! VOUS REDEVENEZ VISIBLE, MERCI ! VOUS VOUS PRÉPAREZ DONC À USER DE VOTRE CHAMP DE FORCE DÉFENSIF... VOUS NE POUVEZ LE FAIRE QU'À L'ÉTAT VISIBLE, JE LE SAIS.
J'AI ÉTUDIÉ À FOND LES POUVOIRS DE VOS ÉQUIPIERS ET LES VÔTRES, VOUS LE CONSTATEZ.
CES INFORMATIONS M'ONT BIEN SERVI !
OH ! IL A SAUTÉ DANS MON CHAMP AVANT QUE J'AIE PU LE REFERMER !
14.

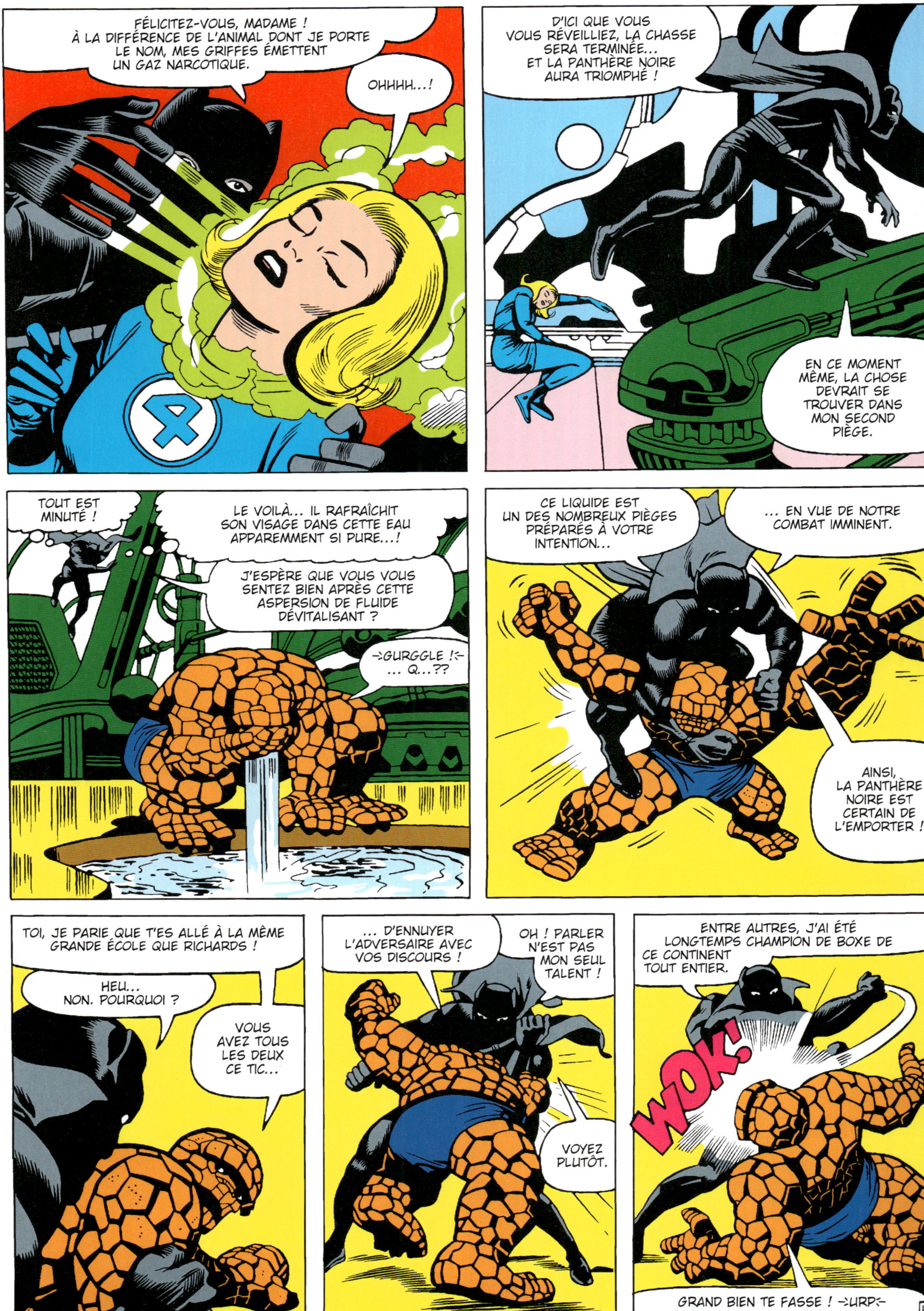
FÉLICITEZ-VOUS, MADAME ! À LA DIFFÉRENCE DE L'ANIMAL DONT JE PORTE LE NOM, MES GRIFFES ÉMETTENT UN GAZ NARCOTIQUE.
OHHHH...!
D'ICI QUE VOUS VOUS RÉVEILLIEZ, LA CHASSE SERA TERMINÉE... ET LA PANTHÈRE NOIRE AURA TRIOMPHÉ !
EN CE MOMENT MÊME, LA CHOSE DEVRAIT SE TROUVER DANS MON SECOND PIÈGE.
TOUT EST MINUTÉ !
LE VOILÀ... IL RAFRAÎCHIT SON VISAGE DANS CETTE EAU APPAREMMENT SI PURE...!
J'ESPÈRE QUE VOUS VOUS SENTEZ BIEN APRÈS CETTE ASPERSION DE FLUIDE DÉVITALISANT ?
-GURGGLE !- ... Q...??
CE LIQUIDE EST UN DES NOMBREUX PIÈGES PRÉPARÉS À VOTRE INTENTION...
... EN VUE DE NOTRE COMBAT IMMINENT.
AINSI, LA PANTHÈRE NOIRE EST CERTAIN DE L'EMPORTER !
TOI, JE PARIE QUE T'ES ALLÉ À LA MÊME GRANDE ÉCOLE QUE RICHARDS !
HEU... NON. POURQUOI ?
VOUS AVEZ TOUS LES DEUX CE TIC...
... D'ENNUYER L'ADVERSAIRE AVEC VOS DISCOURS !
OH ! PARLER N'EST PAS MON SEUL TALENT !
VOYEZ PLUTÔT.
ENTRE AUTRES, J'AI ÉTÉ LONGTEMPS CHAMPION DE BOXE DE CE CONTINENT TOUT ENTIER.
WOK!
GRAND BIEN TE FASSE ! -URP-
15

ATTENDS QUE JE ME REMETTE SUR PIED, DUCON... UNE SECONDE !
ENCHANTÉ DE VOUS OBLIGER...
D'AUTANT PLUS QUE LORSQUE VOUS SEREZ DEBOUT, J'AURAI LE PLAISIR DE VOUS TERRASSER ENCORE.
FAUT ME RESSAISIR ! C'EST PAS CETTE EAU BIDON QUI M'EMPÊCHERA DE LE CASTAGNER !
ALORS, AVEC UNE AGILITÉ FULGURANTE QUE SEMBLE DÉMENTIR SA FORTE TAILLE, LA CHOSE RIPOSTE !
POW!
V'LÀ DE QUOI TE COUPER LE SIFFLET !
AU DIABLE ! SI J'AVAIS PAS BU CETTE FLOTTE, JE L'AURAIS DÉMOLI EN DEUX COUPS ! MAIS JE L'AURAI !
VOTRE COURAGE VAUT VOTRE RÉPUTATION !
VOS TALENTS NE PEUVENT SE COMPARER AUX MIENS !
AH ? OK, ON VA VOIR ÇA !
IL ME RENTRE DEDANS COMME UN RHINO ENRAGÉ... J'ESQUIVE, ENSUITE JE...
ATTENTION ! SI VOUS TOUCHEZ À CETTE UNITÉ DE RÉFRIGÉRATION, ELLE VOUS CONGÈLERA TOUT VIF !
BAM!
T-TU M'EN DIRAS TANT...
TROP TARD !
VOUS AVEZ DE LA CHANCE, CHOSE.
VOTRE FORCE PHÉNOMÉNALE COMMENÇAIT À REVENIR AU MOMENT MÊME DE L'IMPACT.
VOUS SURVIVREZ DONC AU FROID, MAIS IL VOUS FAUDRA LE TEMPS DE VOUS REMETTRE.
À VOTRE LEADER, À PRÉSENT ! CELUI QUE L'ON CONSIDÈRE COMME LE PLUS DANGEREUX !
BAH ! MÊME LE FABULEUX MR. FANTASTIC NE SERA PAS DE TAILLE !
16.

ET WYATT WINGFOOT, PENDANT CE TEMPS ? (MERCI DE DEMANDER !)
AH ! ENFIN LE BOUT DE LA JUNGLE ! MAIS... QU'EST-CE...?
UN OBSERVATOIRE CACHÉ ! LES WAKANDAIS SURVEILLENT D'ICI LES FANTASTIQUES !
NOTRE ROI N'A PLUS QU'UN ADVERSAIRE À ABATTRE POUR REMPORTER LA VICTOIRE !
LA PANTHÈRE NOIRE VAINCRA !
DANS UN SILENCE ABSOLU, DIGNE DE SES FIERS ANCÊTRES... LE JEUNE AMÉRINDIEN FRAPPE !
SI J'ARRIVE À DÉTRUIRE LES COMMUNICATIONS, CELA AIDERA LES QF !
BAM!
PAR CHANCE, ILS SE CROYAIENT EN SÉCURITÉ ! LE TOUT EST QU'ILS RESTENT K.-O. ASSEZ DE TEMPS...
LÀ ! ILS AURONT DU MAL À ESPIONNER AVEC CE SCANNER ÉLECTRONIQUE !
À PRÉSENT, REJOIGNONS LES AUTRES TANT QUE JE LE PEUX !
KRAK!
IL FAUT QUE JE LES RETROUVE... QUE JE LES CONDUISE HORS DE CETTE JUNGLE ARTIFICIELLE !
TANT QU'ILS RESTENT EXPOSÉS AUX PIÈGES SOPHISTIQUÉS DE LA PANTHÈRE NOIRE, UN MALHEUR PEUT ARRIVER !
MAIS QUAND LE COURAGEUX ADOLESCENT ARRIVE À DESTINATION...
TROP TARD ! ILS SONT PARTIS !
HÉ, LÀ ! QU'EST-CE...? LE SOL... EST BRÛLANT !
Y AURAIT-IL UNE SORTE DE DYNAMO LÀ-DESSOUS, OU BIEN...?!!
L'INTENSITÉ DES ONDES DE CHALEUR VARIE... JE NE VOIS QU'UNE EXPLICATION...
C'EST LA TORCHE ! ENFERMÉ, JUSTE AU-DESSOUS... IL ESSAIE D'ATTIRER MON ATTENTION !
JE DOIS LE SAUVER... À TOUT PRIX !

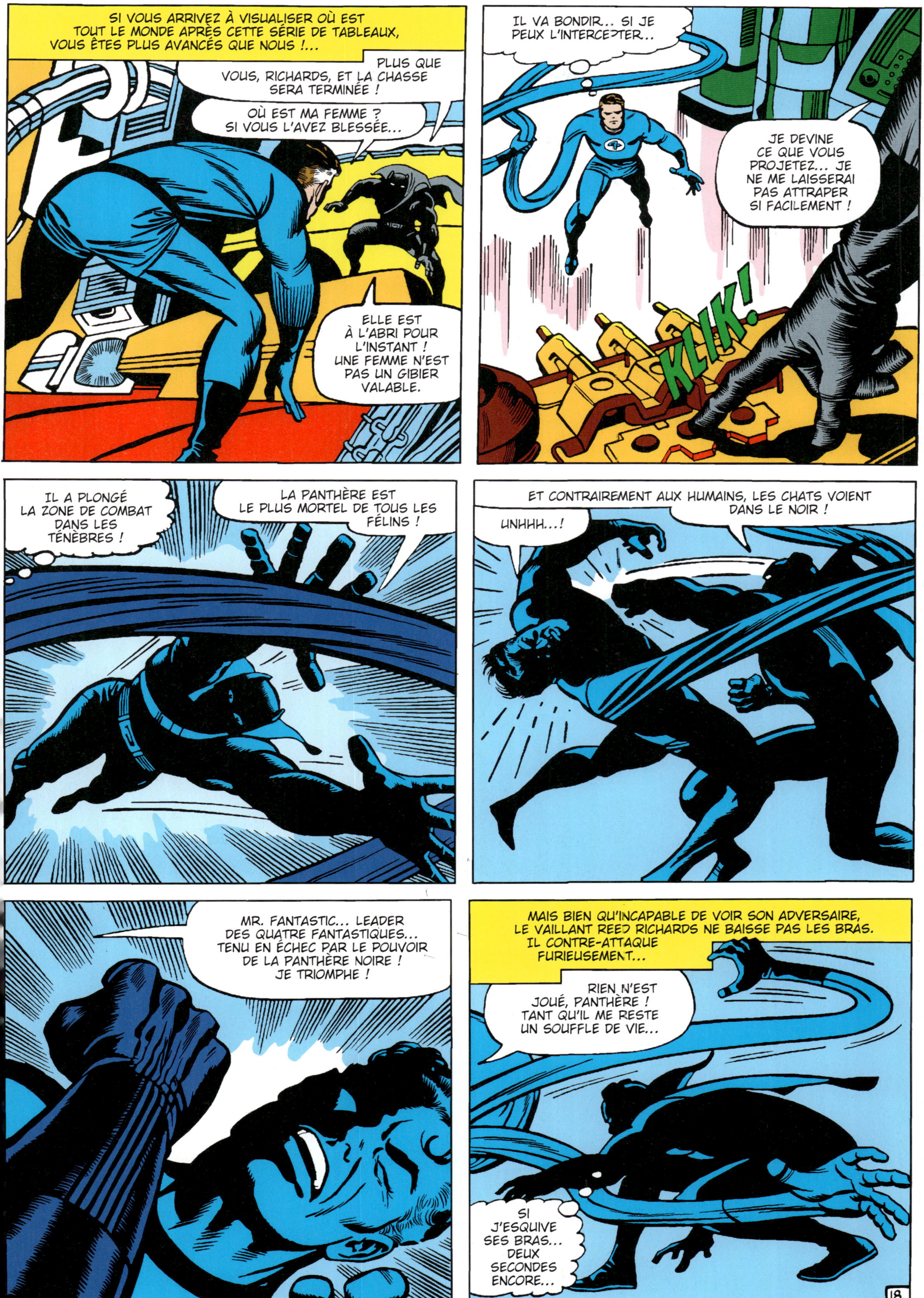
SI VOUS ARRIVEZ À VISUALISER OÙ EST TOUT LE MONDE APRÈS CETTE SÉRIE DE TABLEAUX, VOUS ÊTES PLUS AVANCÉS QUE NOUS !...
PLUS QUE VOUS, RICHARDS, ET LA CHASSE SERA TERMINÉE !
OÙ EST MA FEMME ? SI VOUS L'AVEZ BLESSÉE...
ELLE EST À L'ABRI POUR L'INSTANT ! UNE FEMME N'EST PAS UN GIBIER VALABLE.
IL VA BONDIR... SI JE PEUX L'INTERCEPTER...
JE DEVINE CE QUE VOUS PROJETEZ... JE NE ME LAISSERAI PAS ATTRAPER SI FACILEMENT !
KLIK!
IL A PLONGÉ LA ZONE DE COMBAT DANS LES TÉNÈBRES !
LA PANTHÈRE EST LE PLUS MORTEL DE TOUS LES FÉLINS !
ET CONTRAIREMENT AUX HUMAINS, LES CHATS VOIENT DANS LE NOIR !
UNHHH...!
MR. FANTASTIC... LEADER DES QUATRE FANTASTIQUES... TENU EN ÉCHEC PAR LE POUVOIR DE LA PANTHÈRE NOIRE ! JE TRIOMPHE !
MAIS BIEN QU'INCAPABLE DE VOIR SON ADVERSAIRE, LE VAILLANT REED RICHARDS NE BAISSE PAS LES BRAS. IL CONTRE-ATTAQUE FURIEUSEMENT...
RIEN N'EST JOUÉ, PANTHÈRE ! TANT QU'IL ME RESTE UN SOUFFLE DE VIE...
SI J'ESQUIVE SES BRAS... DEUX SECONDES ENCORE...
18.

PAR ICI, RICHARDS ! SI VOUS ME VOULEZ, CHERCHEZ... JE VOUS ATTENDS !
IL ME NARGUE DÉLIBÉRÉMENT... QUEL MAUVAIS TOUR A-T-IL EN TÊTE ? TANT PIS, JE L'ATTRAPERAI... IL LE FAUT ABSOLUMENT !
J'IGNORE VOS RAISONS D'AGIR AINSI... MAIS APPRENEZ, COMME TANT D'AUTRES AVANT VOUS, QU'EN ATTAQUANT LES FANTASTIQUES...
... VOUS SEREZ FORTEMENT DÉÇUS !
CLICK!
IL A RALLUMÉ LA LUMIÈRE ! ENFIN, J'Y VOIS !
JE SAVAIS QU'À FORCE DE TÂTONNER, VOS MAINS RENCONTRERAIENT MES MENOTTES DE TITANE SPÉCIALES !
TLAK!
TLAK!
LA REPRÉSENTATION EST FINIE ! FINIE LA CHASSE !
LA PANTHÈRE NOIRE A GAGNÉ !
SÛR ! COMPTES-Y, BEAU MASQUE !
QUI A DIT ÇA ?!
DIS UN NOM AU HASARD...!
LA TORCHE... S'EST LIBÉRÉ !... COMMENT ?!
Y A DONC DES CHOSES QUE TU NE SAIS PAS ?!
BOUGE PLUS, BEAUF, JE TE GRILLE LES MENOTTES !
MAINTENANT, MA FORCE EST REVENUE... LAISSEZ-MOI LUI DIRE DEUX MOTS !
JE L'OCCUPE AVEC MON CHAMP DE FORCE, CHÉRI !
VOUS VOUS ÊTES LIBÉRÉS DE MES PIÈGES ? IMPOSSIBLE !
ON NE VOUS A PAS AVERTI, PANTHÈRE ? LES QF N'ONT PAS L'HABITUDE DE PERDRE !
19.

C'EST BON, SUE, RELÂCHE TON CHAMP DE FORCE ! L'EFFET DE SURPRISE EST USÉ... ET SANS LUI, IL N'EST RIEN POUR NOUS !
ALLEZ, VA, ENVOIE-M'EN UN ! SINON, JE SERAI FRUSTRÉ !
RENDEZ-VOUS... VOUS N'AVEZ PLUS LE CHOIX !
COMMENT AVEZ-VOUS FAIT ? DITES !
WYATT M'A LIBÉRÉ D'ABORD, ET LES AUTRES ENSUITE !
VOUS AVIEZ PRIS TOUTES LES PRÉCAUTIONS CONTRE NOTRE SUPER-ÉQUIPE...
... SAUF UN FACTEUR. PARFOIS, CE SONT LES GENS SANS POUVOIRS QUI FONT TOUT BASCULER !
RAPPELEZ VOS SOLDATS, PANTHÈRE ! JE NE LEUR VEUX AUCUN MAL !
UN INSTANT PLUS TARD, LE MYSTÉRIEUX ROI DE LA JUNGLE AYANT ACCEPTÉ CE REVERS DE FORTUNE...
IL VA FAIRE QUOI, LÀ ?
IL A JURÉ DE NE PLUS JAMAIS REPARTIR À L'ATTAQUE !
TOUT VA BIEN, DONC.
UN HOMME TEL QUE LA PANTHÈRE NOIRE NE DONNE PAS SA PAROLE À LA LÉGÈRE... NI NE SE PARJURE !
À PRÉSENT, RETIREZ VOTRE MASQUE... ET EXPLIQUEZ-NOUS CETTE FANTASMAGORIE !
C'EST D'ACCORD !
MON MASQUE NE ME CACHE PAS... IL SYMBOLISE MA PUISSANCE DE FAUVE !
À PRÉSENT QUE LA PARTIE EST TERMINÉE... JE VAIS TOUT VOUS EXPLIQUER... VOUS L'AVEZ BIEN MÉRITÉ !
JE SUIS, VOYEZ-VOUS, SOUVERAIN HÉRÉDITAIRE DU WAKANDA... ET L'HOMME LE PLUS RICHE DU MONDE !
MAIS IL N'EN A PAS TOUJOURS ÉTÉ AINSI... MA VIE EST UNE TRAGÉDIE SANGLANTE !
À SUIVRE : LES ORIGINES DES INCOMPARABLES INHUMAINS !
20.

On l'a vu pour les **X-Men**, **Jack Kirby** est captivé par le thème des "espèces-sœurs" de l'humanité. Les **Inhumains** apparaissent d'abord comme des personnages secondaires dans les pages de *Fantastic Four*. En relisant les épisodes initiaux, on s'aperçoit que **Stan Lee** et Jack Kirby ont du mal à accorder leurs violons. Dans une page, l'amphibie **Triton** tombe à terre. Lee le croit mort et oriente les dialogues dans ce sens. Mais Kirby, qui en a décidé autrement, dessine par la suite le personnage bien vivant. Par ailleurs, le dessinateur aimerait convaincre son patron de lui laisser carte blanche pour créer une série consacrée aux Inhumains. Hélas, **Martin Goodman** refuse. On coupe alors la poire en deux : puisque la série *Thor* a déjà consacré certaines de ses pages à des récits sur le passé d'Asgard, on valide l'idée de raconter les origines des Inhumains dans ce magazine qui n'a pourtant aucun lien avec eux. Ces héros n'auront droit à un titre régulier que bien des années plus tard.

LES ORIGINES DES INCOMPARABLES INHUMAINS!
The Origin of... the Incomparable Inhumans!
Mighty Thor (1966) 146
novembre 1967

Scénario : Stan Lee
Dessin : Jack Kirby
Encrage : Joe Sinnott
Traduction : Makma/Nick Meylander
Lettrage : Astarte Design - Roma
Rédaction USA : Stan Lee,
C.B. Cebulski

* LES ORIGINES DES INCOMPARABLES INHUMAINS !

IL Y A LONGTEMPS, QUAND LES DERNIERS DINOSAURES COMMENÇAIENT À DISPARAÎTRE DE LA SURFACE DU GLOBE, ***L'HOMME*** SE LANÇA DANS LA LONGUE ASCENSION QUI LUI PERMETTRAIT DE ***DOMINER*** TOUS CEUX QUI PARTAGENT SON MONDE...
AU FIL DES DÉCENNIES, ***L'HOMO SAPIENS*** APPRIT À MAÎTRISER LE FEU, MAIS RESTAIT TOUJOURS ***SANS DÉFENSE*** DEVANT LA MYSTÉRIEUSE FURIE DES ***ÉLÉMENTS*** EUX-MÊMES !
POURTANT, IL Y EUT ***UNE*** RACE, ***OUBLIÉE*** DEPUIS LONGTEMPS PAR LES CHRONIQUEURS DE L'HISTOIRE HUMAINE...
... UNE RACE QUI SEMBLAIT ***DÉFIER*** LA LENTE PROGRESSION TORTUEUSE DE ***L'ÉVOLUTION...***
... ET RÉUSSIT À FONDER UNE ***CIVILISATION AVANCÉE*** ALORS QUE SES FRÈRES SAUVAGES SE BLOTTISSAIENT ENCORE DANS DES CAVERNES !
2

ILS POSSÉDAIENT DES ARMES CAPABLES D'ARRÊTER UN **TIGRE À DENTS DE SABRE** EN PLEIN SAUT ET ABATTRE UN MONSTRUEUX **MASTODONTE** SUR PLACE...
... ET ÉTAIENT CONSIDÉRÉS COMME DES **DÉMONS** SURNATURELS PAR LES ÊTRES PRIMITIFS BESTIAUX QUI OBSERVAIENT LEURS FAITS ET GESTES AVEC DES YEUX IGNORANTS ET MALÉFIQUES.
AU FIL DU TEMPS, ALORS QUE LES PRIMITIFS DEVENAIENT TOUJOURS PLUS **NOMBREUX,** CEUX QUI AVAIENT ÉVOLUÉ PLUS VITE QU'EUX ÉTAIENT RÉGULIÈREMENT FORCÉS DE CHERCHER UN **NOUVEAU** REFUGE, LOIN DES SAUVAGES QUI CHERCHAIENT À **TUER** CE QU'ILS NE POUVAIENT PAS COMPRENDRE...!
ET, À CHAQUE FOIS QU'ILS FUYAIENT, ILS EMBARQUAIENT DES **SPÉCIMENS** VIVANTS DANS LEUR **ARCHE** À PROPULSION MAGNÉTIQUE POUR CONTINUER LEURS RECHERCHES...
3

FINALEMENT, ALORS QUE L'HOMO SAPIENS CONTINUAIT D'ENVAHIR LA SURFACE DE LA TERRE, CEUX QUI LES AVAIENT DÉPASSÉS DE PLUSIEURS MILLÉNAIRES SUR L'ÉCHELLE DE L'ÉVOLUTION SE CRÉÈRENT UN SANCTUAIRE SECRET... LA RADIEUSE CITÉ D'ATTILAN !

ATTILAN... OÙ À CHAQUE INSTANT, CHAQUE IOTA D'ÉNERGIE PHYSIQUE ÉTAIT CONSACRÉ À UN OBJECTIF UNIQUE... L'AVANCEMENT DE LA CONNAISSANCE HUMAINE !

JUSQU'À CE QU'ENFIN, ILS FASSENT UNE DÉCOUVERTE SI FORMIDABLE QU'ELLE SERAIT UN TOURNANT POUR TOUTES LES FORMES DE VIE DE LA PLANÈTE...!
NOUS N'OSONS PAS UTILISER LES BRUMES TÉRATOGÈNES SUR DES ÊTRES VIVANTS !
LE RÉSULTAT POURRAIT ÊTRE TROP FANTASTIQUE À IMAGINER !
QU'EN DIT RANDAC, NOTRE SOUVERAIN SUPRÊME ?
JE DIS QU'IL FAUT ESSAYER ! SINON NOUS NE SERONS JAMAIS SÛRS !
4

C'EST VRAI, LES BRUMES TÉRATOGÈNES RISQUENT DE DÉCLENCHER UNE ÉPIDÉMIE MORTELLE GLOBALE...
MAIS SES MYSTÉRIEUX POUVOIRS POURRAIENT AUSSI EFFACER LES FAIBLESSES NATURELLES BASIQUES DE L'HOMME, NOUS PERMETTANT DE DEVENIR PLUS QU'HUMAINS, DE PROGRESSER AU-DELÀ DE L'HOMO SAPIENS...
EN CET INSTANT FATIDIQUE, CE MOMENT DÉCISIF, NOUS NE DEVONS PAS HÉSITER... NOUS DEVONS SUIVRE NOTRE DESTIN !
JE VAIS M'EXPOSER AUX BRUMES TÉRA-TOGÈNES !
NON, SIRE ! VOUS ÊTES NOTRE MONARQUE ! S'IL VOUS ARRIVAIT LE MOINDRE MAL...
ALORS CE SERA LA VOLONTÉ DE CELUI QUI RÈGNE SUR L'UNIVERS !
RANDAC NE DEMANDE À PERSONNE DE FAIRE CE QU'IL NE FERAIT PAS !
MAINTENANT... ÉCARTEZ-VOUS !
JE DOIS ENTRER DANS LA SALLE DES BRUMES !
QUOI QU'IL ARRIVE...
... L'HISTOIRE N'OUBLIERA JAMAIS LE NOM DE RANDAC... LE PREMIER À BRAVER LES BRUMES TÉRA-TOGÈNES !
5
ET C'EST LÀ, DANS LE LOINTAIN PASSÉ DÉSOLÉ DISPARU DEPUIS LONGTEMPS, QU'EST NÉ LE PREMIER ANCÊTRE DES INHUMAINS !
DANS LE PRO-CHAIN ÉPISODE, RETROUVEZ
LES INHUMAINS !

Si la **Panthère Noire** a l'honneur d'être le premier super-héros Marvel noir, le **Faucon** est le premier Afro-Américain à rejoindre les rangs des justiciers masqués. Il apparaît dans les pages de la série *Captain America* et devient rapidement un allié de poids, parvenant même deux ans plus tard à partager le titre avec ce symbole vivant. À l'époque, le cinéma et la télévision ont déjà associé, dans de nombreuses productions, des partenaires d'origines ethniques différentes. On peut ainsi songer à *La Chaîne* de **Stanley Kramer** qui, dès 1958, a montré **Tony Curtis** et **Sidney Poitier** en fugitifs dans le sud profond des États-Unis. De même, **Robert Culp** et **Bill Cosby** occupent les premiers rôles de la série TV *Les Espions* avant de jouer ensemble dans *Requiem pour des gangsters* en 1972. Pour **Sam Wilson**, **Gene Colan** s'inspire du physique d'une star montante du football américain : **O. J. Simpson**. Le Faucon troque ensuite les motifs orange et verts des débuts pour un uniforme rouge et blanc auquel il ajoute en 1974 des ailes fabriquées par la Panthère Noire.

VOICI… LE FAUCON !
The Coming of… the Falcon!
Captain America (1968) 117
septembre 1969

Scénario : Stan Lee
Dessin : Gene Colan
Encrage : Joe Sinnott
Lettrage : Christophe Semal
Traduction : Makma/Edmond Tourriol
Rédaction USA : Stan Lee, C.B. Cebulski

* VOICI... LE FAUCON !

UNE ÎLE TROPICALE... ISOLÉE ET DÉSOLÉE !
SANS DOUTE UNE DES BASES SECRÈTES DU CRÂNE !
MÊME ICI... JE SENS SES YEUX SUR MOI...
IL M'OBSERVE ET SE RÉJOUIT DE MA DÉTRESSE !
QU'IL SE DÉLECTE... TANT QU'IL LE PEUT !
TÔT OU TARD, IL COMMETTRA UNE ERREUR...
ET LÀ... JE SERAI PRÊT À CONTRE-ATTAQUER !

IL GARDE LA FOI. COMMENT BRISER SON ESPRIT ?
PEU IMPORTE. SA VOLONTÉ NE POURRA RIEN POUR LUI !
RIEN NE LE SAUVERA... DE CE QUI L'ATTEND !
J'ENTENDS DES VOIX QUI SE RAPPROCHENT.
CE MAUDIT CRÂNE A CRU SE DÉBARRASSER DE NOUS SUR CETTE ÎLE DÉSERTE.
MAIS BIENTÔT, NOUS QUITTERONS CET ENDROIT... POUR NOUS VENGER !
NULLE PART, IL NE NOUS ÉCHAPPERA !
NULLE PART, IL NE POURRA ÉCHAPPER À LA PUISSANCE... DES EXILÉS !
3.

C'EST NOUS QUI AVONS DÉCOUVERT LE CUBE COSMIQUE !
C'EST NOUS QUI DEVONS PARTAGER SON POUVOIR DÉVASTATEUR !
LE CRÂNE NE NOUS ÉCHAPPERA PAS !
NOUS LE PARTAGERONS, CADAVUS ! NOUS L'AVONS JURÉ !
NOTRE TRIOMPHE PASSE PAR LA MORT DE CRÂNE ROUGE !
VOILÀ POURQUOI IL M'A ENVOYÉ ICI !
S'ILS ME TROUVENT, JE SUIS FAIT !
L'ARBRE... IL PLIE SOUS MOI !
C'EST ENCORE SA FAUTE ! IL L'A DÉCLENCHÉ...
REGARDEZ ! QUI TOMBE JUSTE DEVANT NOUS ?!
ILS M'ONT VU !
4.

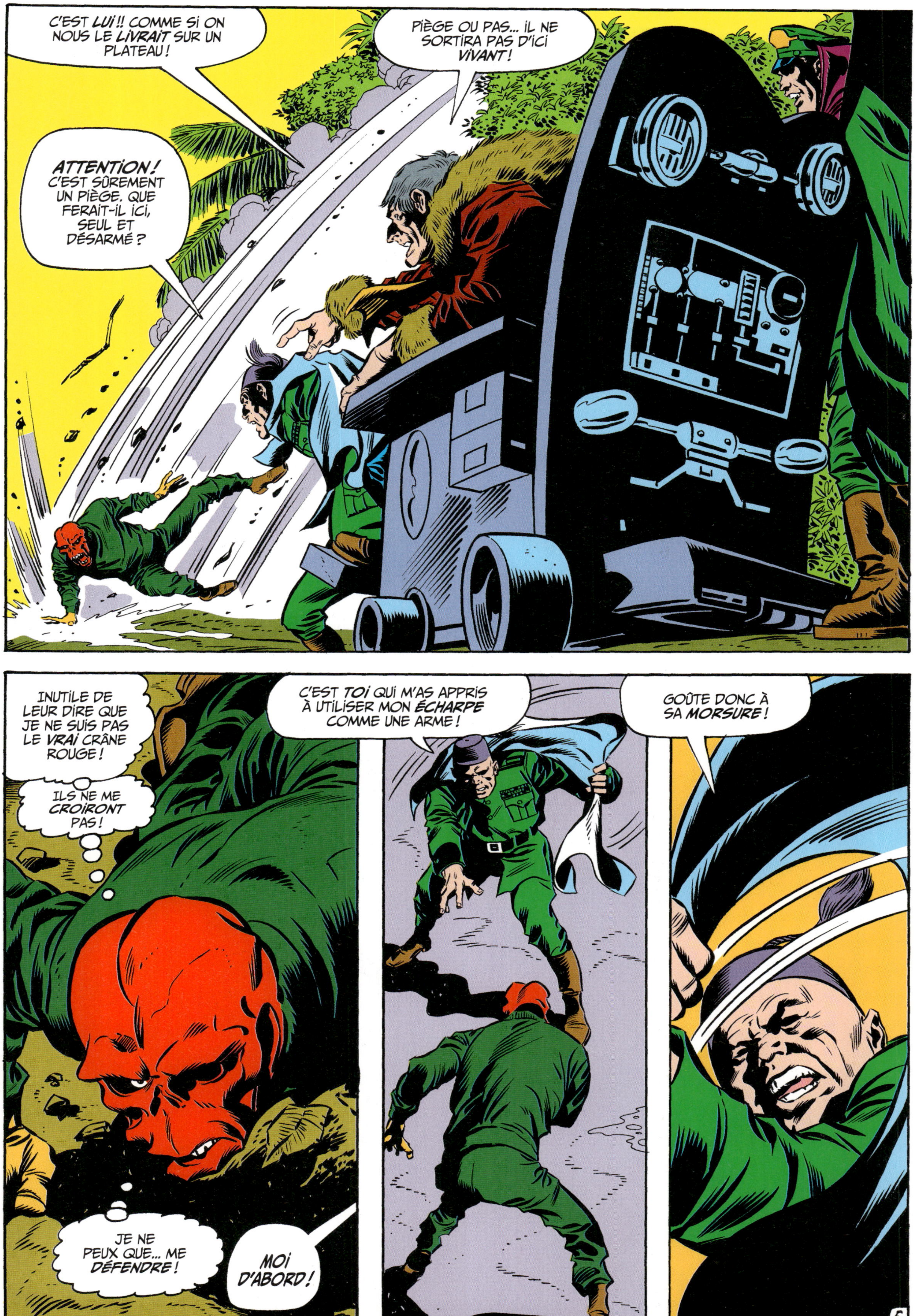
C'EST LUI !! COMME SI ON NOUS LE LIVRAIT SUR UN PLATEAU !
PIÈGE OU PAS... IL NE SORTIRA PAS D'ICI VIVANT !
ATTENTION ! C'EST SÛREMENT UN PIÈGE. QUE FERAIT-IL ICI, SEUL ET DÉSARMÉ ?
INUTILE DE LEUR DIRE QUE JE NE SUIS PAS LE VRAI CRÂNE ROUGE !
ILS NE ME CROIRONT PAS !
JE NE PEUX QUE... ME DÉFENDRE !
MOI D'ABORD !
C'EST TOI QUI M'AS APPRIS À UTILISER MON ÉCHARPE COMME UNE ARME !
GOÛTE DONC À SA MORSURE !
5.

IL IGNORE QU'ON A DÉJÀ COMBATTU !
JE ME SOUVIENS DU POINT FAIBLE DE BALDINI !
QUAND SON ÉCHARPE ENTRE EN CONTACT...
... IL DOIT RELÂCHER SA POIGNE POUR PLUS DE MOBILITÉ !
ET À CET INSTANT...
... JE FRAPPE !
JE VAIS L'ACHEVER... D'UNE BALLE !
NON, CHING !
MON TRÔNE MORTEL SERA PLUS EFFICACE !
SHOOOSSST !
JE M'Y ATTEN-DAIS !
COMBIEN DE TEMPS POURRAI-JE ESQUIVER CES TIRS ?
6

MA SEULE CHANCE, C'EST...
... DE L'EMPÊCHER D'Y VOIR CLAIR !
L'AVEUGLER AVEC DU SABLE NE SUFFIRA PAS...
PAS TANT QUE CHING TIENT SON PISTOLET !
SI J'ATTEINS SON FAUTEUIL...
VOILÀ !
KRAK !
CADAVUS ! ATTENTION, IL VA...
ARHHH !
TU ES PLUS VIF QUE JAMAIS, CRÂNE...
MAIS PAS ASSEZ POUR ÉCHAPPER À TOUS LES EXILÉS !
SNAP !
TU ES À NOUS...
GRUNING... DERRIÈRE MOI !
ALORS QUE, DEVANT...
HAUPTMANN À LA MAIN DE FER VA ÉCRASER CRÂNE ROUGE !
7.

HA HA HA ! JE SUIS VRAIMENT GÉNIAL !
NON SEULEMENT IL VA MOURIR... MAIS SOUS L'APPARENCE DE SON PIRE ENNEMI !
INUTILE DE REGARDER SES DERNIERS INSTANTS.
IL Y AURAIT DE QUOI DÉPRIMER !
ET LE MONDE M'APPARTIENT !
MAIS, TANDIS QUE LE VRAI CRÂNE SAVOURE SON TRIOMPHE...
HAUPTMANN... ATTENTION !
UN FAUCON ! SI SES SERRES M'AVAIENT GRIFFÉ...
IL S'EST DÉTOURNÉ !
SI JE SUIS ASSEZ RAPIDE...
8.

IL FAUDRA PLUS QU'UNE MAIN DE FER POUR TE PROTÉGER DE ÇA !
TOK !
TU AS EU DE LA CHANCE, CRÂNE.
MAIS ÇA NE DURERA PAS TOUJOURS !
SURTOUT CONTRE LA POIGNE D'ACIER DE KRUSHKI !
SCREEE !
NON ! NON ! ENCORE CE MAUDIT VOLATILE !
WHUFF !
TU L'AURAS VOULU, KRUSHKI !
ÇA FAIT DEUX FOIS QUE LE FAUCON ME SAUVE LA MISE !
COMME S'IL SAVAIT CE QU'IL FAISAIT... COMME S'IL SUIVAIT DES ORDRES !
IL FAUT QUE JE ME METTE À COUVERT !

IL S'EN VA... COMME S'IL AVAIT ACCOMPLI UNE MISSION !
ILS VONT PARTIR À MA RECHERCHE D'UNE MINUTE À L'AUTRE...
MAIS... JE ME RENDS COMPTE...
CE CRÂNE GROTESQUE EST UN MASQUE !
LES EXILÉS N'ONT SANS DOUTE JAMAIS VU LE VISAGE QU'IL CACHE !
DONC, SI JE L'ENLÈVE...
J'AURAIS DÛ Y PENSER PLUS TÔT !
JE N'AURAIS PAS EU À CRAINDRE LA POLICE... OU QUICONQUE !
PERSONNE NE RECONNAÎTRA CRÂNE ROUGE SANS SON MASQUE !
MAIS... ET SI LES EXILÉS AVAIENT VU CE VISAGE ?
LE RISQUE EST TROP GRAND.
CETTE ARGILE DEVRAIT ME PERMETTRE...
... D'IMPROVISER UN DÉGUISEMENT DE FORTUNE !
10.

AU MÊME MOMENT, À NEW YORK...
ADMIREZ VOTRE HÉROS, CRÉTINS. CAPTAIN AMERICA !
VOUS IGNOREZ QUE MES EXILÉS ONT MIS FIN À SA CARRIÈRE !
MAIS JE NE SUIS PAS UNE CURIOSITÉ COSTUMÉE QUI SE DONNE EN SPECTACLE !
TAXI !
CAPTAIN AMERICA ?!!
JE PENSAIS QUE TU VOLAIS DANS LES AIRS !
NE PENSE PAS. CONDUIS !
CE PUBLIC EN LIESSE... COMME JE LE MÉPRISE !
S'ILS SAVAIENT... JE LEUR SOURIS...
... MAIS BIENTÔT, ILS SERONT MES ESCLAVES !
TANT QUE LE CUBE COSMIQUE EST À MOI...
... RIEN N'EST IMPOSSIBLE POUR CRÂNE ROUGE !
RAD CITY
KIRK DOUGLAS - BROTHERHOOD
ET IL SERA MIEN... À JAMAIS !
11.

JE N'AI PAS D'ARGENT SUR MOI... DONNEZ-MOI DONC VOS COORDONNÉES ET...
C'EST UN PLAISIR D'OFFRIR LA COURSE À UN GARS COMME TOI, CAP. OUBLIE ÇA !
C'EST PRÉCISÉMENT MON INTENTION IDOLÂTRE STUPIDE !
TAXI
REGARDEZ ! C'EST CAPTAIN AMERICA !
IL VIENT DORMIR À L'HÔTEL ! C'EST BATH !
IL FAUT BIEN QU'IL DORME QUELQUE PART !
ÉTRANGE... JE N'AURAIS PAS CRU CAPTAIN AMERICA SI "M'AS-TU-VU" !
COMME S'IL SE DÉLECTAIT DES RÉACTIONS DU PUBLIC !
CAPTAIN AMERICA ! VOUS ALLEZ DORMIR ICI ?
N'EST-CE PAS LE MEILLEUR HÔTEL DE LA VILLE ?
TÂTEZ SES MUSCLES, LES FILLES... POUR LA PHOTO !
OHHH !
PROFITEZ-EN, MES CHÉRIES !
BIENTÔT, VOUS SEREZ À GENOUX !
CLICK !
CLICK !
CLICK !
PRENEZ VOS PHOTOS !
VOUS NE FAITES QUE CAPTURER L'IMAGE FANTÔME... D'UN HOMME MORT !
12.

JE POURRAIS LES ANÉANTIR... RIEN QU'EN Y PENSANT !
MAIS CE SERAIT TROP SIMPLE... PAS ASSEZ SATIS-FAISANT !
JE SAIS QUE LE POUVOIR EST MIEN... JE PEUX ATTENDRE...
... LE MEILLEUR MOMENT !
EN ATTENDANT, QU'ILS M'ADULENT... TOUTE L'HUMANITÉ FERA DE MÊME !
GÉNIAL, CAP !
GONFLE UN PEU CES BICEPS !
LUI QUI A TOUJOURS FUI LES PHOTOS !
TOUT LE MONDE PEUT CHANGER. LA PUBLICITÉ A DÛ LUI MONTER À LA TÊTE !
13.

PARLEZ-NOUS DE VOTRE JEUNE PARTENAIRE !
UN PARTENAIRE ? CAPTAIN AMERICA N'EN A QUE FAIRE !
DONC, CETTE AFFAIRE AVEC CE JEUNE HOMME EN TENUE DE BUCKY BARNES... C'ÉTAIT UN COUP DE PUB ?
VOILÀ. EXACTEMENT !
MIEUX VAUT EN FINIR.
LES QUESTIONS SE FONT TROP PERSONNELLES...
CE SERA TOUT. BONNE NUIT !
ENFIN SEUL ! ILS M'ONT DONNÉ UNE IDÉE !
AVANT DE CONQUÉRIR LE MONDE, JE VAIS RUINER LA RÉPUTATION DE CAPTAIN AMERICA !
J'AURAI NON SEULEMENT PRIS SA VIE... MAIS ÔTÉ TOUT SENS À SA MORT !
GRÂCE AU POUVOIR DE MON CUBE COSMIQUE !
MAIS LE CUBE LUI APPARTIENT-IL ? AU MÊME MOMENT, DANS LE Q.G. DE L'A.I.M.*...
LE MONDE CROIT QUE M.O.D.O.K. EST MORT ! MAIS IL VIT... ET NOUS DIRIGE !
*LES ATELIERS D'INVESTIGATION MÉTASCIENTIFIQUE... CRÉATEURS DU CUBE COSMIQUE !
MON CERVEAU SANS ÉGAL A CONÇU LE CUBE COSMIQUE...
JE TROUVERAI UN MOYEN DE LE DÉSACTIVER !
QUICONQUE LE POSSÈDE NE DOIT PAS L'UTILISER CONTRE L'A.I.M. !
MAINTENANT... AU TRAVAIL ! COMME JAMAIS !
14.

PENDANT CE TEMPS, D'AUTRES SURPRISES NOUS ATTENDENT SUR L'ÎLE DES EXILÉS...
BEAU TRAVAIL, REDWING ! NOUS AVONS ENCORE PRIVÉ LES EXILÉS DE LEUR VICTIME !
MÊME SI CE RIGOLO EN COMBINAISON AURAIT PU LES VAINCRE LUI-MÊME !
À PRÉSENT, RENTRONS AU VILLAGE !
SI LES EXILÉS NOUS ATTRAPENT, ILS NOUS LE FERONT PAYER !
CEPENDANT, NON LOIN DE LÀ...
SAVOIR ME DÉGUISER AVEC DE L'ARGILE M'A SAUVÉ PLUSIEURS FOIS, DURANT LA GUERRE...
JE N'AURAIS PAS CRU REMETTRE ÇA... DANS UN CORPS QUI N'EST PAS LE MIEN !
15

J'ESPÈRE QUE ÇA NE RESSEMBLE PAS TROP À MON VRAI VISAGE !
AU MOINS, LES CHEVEUX SONT PLUS SOMBRES !
OH OH ! VOILÀ QUELQU'UN... MAIS PAS UN EXILÉ !
UN HOMME AVEC UN FAUCON... L'OISEAU QUI M'A SAUVÉ !
HÉ ! IL FAUT QU'ON PARLE !
QUI ES-TU, L'AMI ? COMMENT ES-TU VENU SUR CETTE ÎLE ?
ÇA VA, REDWING. CE N'EST PAS L'UN D'EUX !
TU NE ME CROIRAIS PAS...
MAIS JE VOUS REMERCIE, TOI ET TON AMI AILÉ !
AINSI, C'ÉTAIT TOI QUI AFFRONTAIS LES EXILÉS ?
LEURS ENNEMIS SONT MES AMIS !
PAREIL POUR MOI, L'AMI.
SURTOUT QUE TU AS L'ACCENT DE HARLEM, ET NON D'HAÏTI !
TU L'AS DIT, MEC ! JE SUIS UN FRÈRE DE LA GRANDE VILLE !
SUIS-MOI... AVANT QUE LES EXILÉS NOUS TROUVENT !
16

PEU APRÈS...
C'ÉTAIT UN VILLAGE HEUREUX... JUSQU'À LA VENUE DES EXILÉS !
LES AUTOCHTONES VIVAIENT EN PAIX... ILS N'AVAIENT PAS D'ARMES...
ILS ONT VITE ÉTÉ RÉDUITS EN ESCLAVAGE PAR CES NOUVEAUX MAÎTRES SURARMÉS !
J'ESSAIE DE LES ORGANISER... AFIN QU'ILS LUTTENT POUR LEUR LIBERTÉ PERDUE !
C'EST PAS GAGNÉ !
C'EST SÛR !
CE SONT DES TUEURS PROFES-SIONNELS !
ET TOI ? QUI ES-TU ? QUE VIENS-TU FAIRE LÀ-DEDANS ?
JE ME LE DEMANDE ! C'EST MARRANT, COMMENT ÇA A COMMENCÉ...
LES OISEAUX M'ONT TOUJOURS PASSIONNÉ !
J'AVAIS LE PLUS GROS PIGEONNIER DE TOUT HARLEM !
MEC, J'TE JURE... J'AURAIS PU LES FAIRE PARLER !
APRÈS, JE ME SUIS MIS AUX FAUCONS !

"ÇA A COMMENCÉ À RIO. J'ÉTAIS EN VACANCES.
"LA PREMIÈRE FOIS QUE J'EN AI VU UN, ÇA M'A SCOTCHÉ.
"PUIS, J'AI TROUVÉ REDWING... ET JE L'AI ACHETÉ.
"IL SE PASSE UN TRUC ENTRE NOUS. PERSONNE NE POURRAIT COMPRENDRE !
"IL EST PLUS QU'UN OISEAU. QU'UN FAUCON. COMME S'IL FAISAIT PARTIE DE MOI !"
BON, BREF... J'AI RÉPONDU À UNE ANNONCE DANS LE JOURNAL...
POSTÉE PAR LES EXILÉS... JE L'IGNORAIS, À L'ÉPOQUE.
ILS S'ENNUYAIENT. ILS VOULAIENT CHASSER AU FAUCON !
AVEC REDWING, ON A PRIS LE BATEAU... ET NOUS VOILÀ !
18

QUAND J'AI VU OÙ JE M'ÉTAIS FOURRÉ... J'AI COUPÉ COURT !
LES EXILÉS N'EMBAUCHENT PAS.
ILS FONT DES PRISONNIERS !
TU PARLAIS... D'ORGANISER LES AUTRES... POUR LUTTER !
COMMENT COMPTES-TU FAIRE, SANS ARMES ?
ON LES FABRIQUERA. AVEC DU BOIS ET DU SILEX. À L'ANCIENNE !
TOUT PLUTÔT QU'ABANDONNER !
TU TE DÉBROUILLES PAS MAL, TOI AUSSI...
ÇA TE DIRAIT D'EN ÊTRE ?
OH OUI, CROIS-MOI !
MAIS LE COURAGE NE SUFFIRA PAS. ILS ONT DES ARMES. IL TE FAUDRA UN TRUC !
GENRE, QUOI ?
J'AI UNE IDÉE...
TU AS BESOIN D'UN SYMBOLE POUR CES AUTOCHTONES.
QUELQUE CHOSE QUI VA ÉNERVER LES EXILÉS. ILS SE DEMANDERONT QUI ILS AFFRONTENT !
UN MASQUE. UN COSTUME. AVEC UN NOM QUI COGNE. COMME "LE FAUCON".
MOI, UN CLOWN COSTUMÉ ?
TU CHARRIES !
ÇA A FAIT SES PREUVES, L'AMI.
JE VAIS TE MONTRER.
19

PATIEMMENT, L'HOMME QUI A ÉTÉ CAPTAIN AMERICA PERSUADE SON COMPAGNON. AU MÊME MOMENT...
ON PASSERA L'ÎLE AU PEIGNE FIN !
ON FINIRA PAR LE TROUVER !
PATIENCE ! IL NE PEUT NOUS ÉCHAPPER !
NUL N'OSERA L'AIDER, SUR CETTE ÎLE !
MAIS CADAVUS SE TROMPE ! QUELQU'UN VA OSER SE BATTRE. SON NOM...
LE FAUCON !
20.

LA FUREUR D'IRON FIST!
The Fury of Iron Fist!
Marvel Premiere (1972) 15
mai 1974

Scénario : Roy Thomas
Dessin : Gil Kane
Encrage : Dick Giordano
Traduction : Laurence Belingard
Lettrage : Laurence Hingray et Christophe Semal
Rédaction USA : Roy Thomas, C.B. Cebulski

Après que **Stan Lee**, **Jack Kirby** et **Steve Ditko** ont cessé de créer régulièrement de nouveaux concepts pour Marvel, leurs successeurs continuent ce suivre l'air du temps. Le lancement d'**Iron Fist** ("Poing de Fer") par **Roy Thomas** et **Gil Kane** en 1974 en est la preuve. Le héros naît en effet de la popularité des arts martiaux à cette époque. Thomas en aurait eu l'idée en voyant un film de **Bruce Lee** qui utilisait le terme "poing de fer". Le scénariste explique s'être également inspiré d'**Amazing Man**, un personnage créé par **Bill Everett**, qui reçoit ses pouvoirs auprès d'une confrérie tibétaine. Mais l'origine d'Iron Fist doit aussi beaucoup au feuilleton *Kung Fu*, dans lequel **David Carradine** joue le rôle d'un jeune homme élevé dans un temple chinois où il devient expert en arts martiaux. **Chris Claremont** et **John Byrne**, le tandem créatif des **X-Men**, signent certaines aventures d'Iron Fist. C'est ainsi que **Dents de Sabre** apparaît d'abord en tant qu'adversaire du héros, avant d'être "transplanté" dans les aventures des mutants.

* LA FUREUR D'IRON FIST !

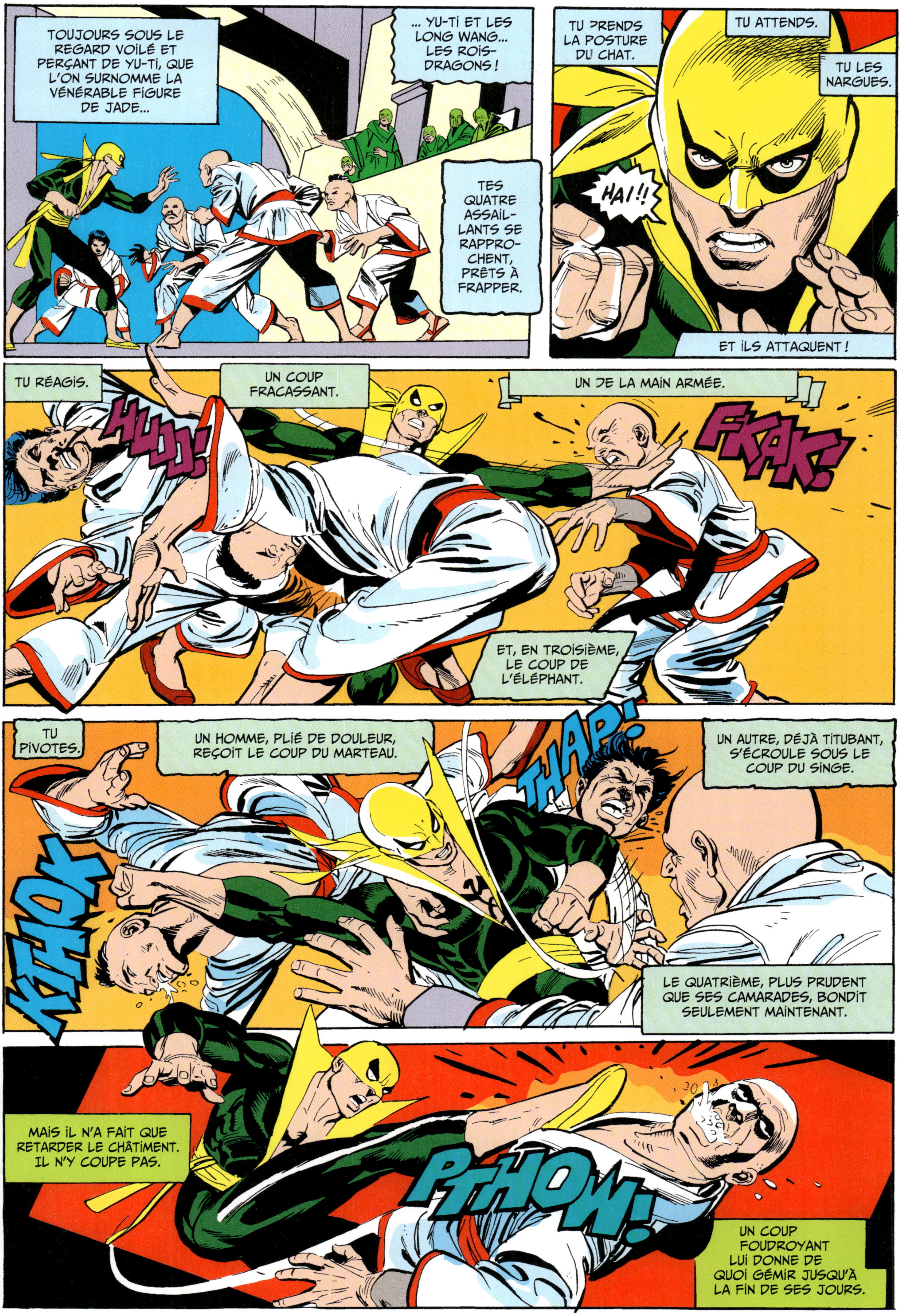
TOUJOURS SOUS LE REGARD VOILÉ ET PERÇANT DE YU-TI, QUE L'ON SURNOMME LA VÉNÉRABLE FIGURE DE JADE...
... YU-TI ET LES LONG WANG... LES ROIS-DRAGONS !
TES QUATRE ASSAIL-LANTS SE RAPPRO-CHENT, PRÊTS À FRAPPER.
TU PRENDS LA POSTURE DU CHAT.
TU ATTENDS.
TU LES NARGUES.
HAI !!
ET ILS ATTAQUENT !
TU RÉAGIS.
HUDJ!
UN COUP FRACASSANT.
UN DE LA MAIN ARMÉE.
FKAK!
ET, EN TROISIÈME, LE COUP DE L'ÉLÉPHANT.
TU PIVOTES.
UN HOMME, PLIÉ DE DOULEUR, REÇOIT LE COUP DU MARTEAU.
THAP!
UN AUTRE, DÉJÀ TITUBANT, S'ÉCROULE SOUS LE COUP DU SINGE.
KTHOK
LE QUATRIÈME, PLUS PRUDENT QUE SES CAMARADES, BONDIT SEULEMENT MAINTENANT.
MAIS IL N'A FAIT QUE RETARDER LE CHÂTIMENT. IL N'Y COUPE PAS.
PTHOW!
UN COUP FOUDROYANT LUI DONNE DE QUOI GÉMIR JUSQU'À LA FIN DE SES JOURS.

MAIS TU TE DÉCONCENTRES, IRON FIST, EN CONTEMPLANT NE SERAIT-CE QU'UN INSTANT LE CARNAGE ACCOMPLI PAR TES MEMBRES D'ACIER.
SEUL UN COURANT D'AIR T'AVERTIT D'UN NOUVEL ASSAUT.
UN PROMPT RÉFLEXE ET UN DEUXIÈME COUP DE LA MAIN ARMÉE T'ÉVITENT LE SORT RÉSERVÉ À D'AUTRES.
WAP!
TU LÈVES LES YEUX, ESPÉRANT PEUT-ÊTRE CROISER UN REGARD ADMIRATIF.
MAIS TU NE VOIS QU'UN REGARD VIDE.
TU TE RETOURNES VERS TES ASSAILLANTS.
KEKK
ET TU DIRIGES LA FUREUR QUI TE CONSUME...
... CONTRE EUX, AU LIEU DE YU-TI.
QUE DEUX.
ILS NE SONT PLUS QUE DEUX. ENFIN.
DEUX QUE LA RAGE A RENDUS FÉBRILES. LEUR ATTAQUE EST PLUS DÉSESPÉRÉE QUE RÉFLÉCHIE, COMME LA VOIE DE LA VÉRITÉ L'EXIGE.
CE SONT SANS DOUTE DES GENS BIEN, HONNÊTES.
HORS DE CET AMPHITHÉÂTRE, PEUT-ÊTRE AURIEZ-VOUS PU ÊTRE *AMIS*.
THROOM!
LE COUP DU BÉLIER ET LE COUP DE PIED DU DRAGON METTENT FIN À LEURS RÊVES DE GLOIRE MARTIALE.
MAIS TU NE DOIS PAS Y PENSER.
ILS S'EFFONDRENT, COMME UN SEUL HOMME, SUR LE SOL.

ET ILS NE SONT PAS PRÈS DE SE RELEVER.
IL N'AURA FALLU QU'UNE MINUTE, DU TEMPS HUMAIN... UNE SEULE MINUTE DURANT LAQUELLE TU ÉTAIS UNE MACHINE DE GUERRE INHUMAINE.
MAIS LES PERLES DE SUEUR QUI COULENT SUR LE DRAGON TATOUÉ SUR TON TORSE TE RAPPELLENT QUE TU N'ES QU'UN HOMME.
CELA SUFFIT SANS DOUTE.
TU TE REDRESSES, ESSOUFFLÉ, ET TU T'ADRESSES ENFIN À LA VÉNÉRABLE FIGURE DE JADE...
Ô YU-TI... Ô PÈRE CÉLESTE, SEIGNEUR DU MONT K'UN-LUN... J'AI RELEVÉ LE DÉFI DU NOMBRE ET J'AI VAINCU.
JE SUIS PRÊT À RELEVER LE DÉFI DU DUEL.
DU CALME, MON FILS. RÉFLÉ-CHIS.
NUL NE DOIT ALLER VERS LA MORT, PEUT-ÊTRE... SANS UN MOMENT DE CONTEMPLATION.
RÉFLÉCHIR ? À QUOI ? À QUI ?
À TOI, MON FILS... ET AUX CHOSES QUI T'ONT CONDUIT JUSQU'À CE JOUR FATIDIQUE.
RÉFLÉ-CHIS !
ALORS, TU T'ISOLES DU MONDE EXTÉRIEUR ET TU SONGES.
ET TU VOIS, PAR L'ESPRIT, PLUS CLAIREMENT QU'AVEC LA LUNETTE D'UN MARIN :
TU TE VOIS TOI...
... TEL QUE TU ÉTAIS...
... IL Y A TOUT JUSTE DIX ANS...
... QUAND QUATRE POINTS NOIRS ARPENTAIENT LE DÉSERT PUR ET ENNEIGÉ D'ASIE.
TU AVAIS NEUF ANS... ET TU IGNORAIS CE QUE TU FAISAIS LÀ. TU L'APPREN-DRAIS SANS TARDER.
SI NOS OUVRIERS NOUS VOYAIENT, WENDELL, ILS NOUS PRENDRAIENT POUR DES FOUS.
TOI QUI ÉCUMES L'HIMALAYA, À LA RECHERCHE DE TA PROPRE VERSION DE SHANGRI-LA...
... TA FEMME ET TON FILS POUR AVOIR ACCEPTÉ DE TE SUIVRE...
... ET SURTOUT MOI POUR AVOIR QUITTÉ NEW YORK, OÙ LE PIRE QUI POUVAIT M'ARRIVER, C'EST UNE LIMOUSINE BLOQUÉE PAR LA NEIGE.
LES AUTRES N'EN SAVAIENT GUÈRE PLUS.
PROBABLEMENT, HAROLD.

ET TU VOULAIS ME DISSUADER D'AMENER HEATHER ET DANNY. ALORS, POURQUOI...
JE SUIS VENU AUSSI FINALEMENT ?
RIEN D'ÉTONNANT. ON EST ASSOCIÉS... RAND & MEACHUM...
... ET AMIS, EN PLUS.
À QUOI SERVENT LES AMIS, SINON À PARTAGER NOS RÊVES ?
J'AI INSISTÉ POUR VENIR, WENDELL, JE SAIS, MAIS IL FAIT SI FROID ! ET CE VENT !
IL NOUS JOUE LA MUSIQUE DU MONT K'UN-LUN, CHÉRIE. AH, SI VOUS POUVIEZ L'ENTENDRE...
MOI, JE L'AI ENTENDUE, PAPA.
AH OUI, FILS ?
HEATHER CHÉRIE, ENCORE UN PEU DE PATIENCE, S'IL TE PLAÎT.
QUAND ON SERA ARRIVÉS, TU COMPRENDRAS, ENFIN.
OÙ TU IRAS, J'IRAI, CHÉRI.
NE TARDONS PAS.
MÊME PETIT, TU SAVAIS QUE TON PÈRE AVAIT TOUJOURS ÉTÉ UNE ÉNIGME.
SORTI DE NULLE PART, DIX ANS PLUS TÔT... DEVENU AUSSITÔT ENTREPRENEUR, GRÂCE À DE MYSTÉRIEUX FONDS...
... OBTENANT LA MAIN DE TA MÈRE... TA MÈRE, LA BELLE DE LA SOCIÉTÉ NEW-YORKAISE.
MAIS LÀ, C'ÉTAIT DIFFÉRENT... CETTE QUÊTE DU MONT K'UN-LUN, SÉJOUR LÉGENDAIRE DES IMMORTELS, DANS LA MYTHOLOGIE CHINOISE.
DANS LES RÉCITS ANCIENS, LA MONTAGNE EST AU CENTRE DE LA TERRE. MAIS POUR TON PÈRE, ELLE ÉTAIT EN ASIE.
ELLE RESSEMBLAIT À UN FLAMBOYANT SHANGRI-LA, UNE *ILLUSION* POUR LE RESTE DU MONDE.
PEUT-ÊTRE PENSAIS-TU À TOUTES CES CHOSES QUAND TU AS TRÉBUCHÉ AU-DESSUS D'UNE CREVASSE ET ATTIRÉ TA MÈRE AVEC TOI.
HEATHER ! DANNY !
EEEEEE !
VOTRE POIDS A FAIT BASCULER AUSSI TON PÈRE.

L'INSTANT D'APRÈS, LA CORDE QUI VOUS RETENAIT TOUS LES TROIS A LÂCHÉ... LAISSANT TON PÈRE PENDRE DANGEREUSEMENT DU PONT NATUREL...
... ET VOUS PRÉCIPITANT, TA MÈRE ET TOI, SUR LE FLANC ENNEIGÉ DE LA MONTAGNE.
UNE ARÊTE A STOPPÉ VOTRE CHUTE PAS TRÈS LOIN. MAIS LE CHOC A ASSOMMÉ TA MÈRE QUI AVAIT RÉUSSI À TE PROTÉGER.
HAROLD ! REMONTE-MOI !
TU LA FIXAIS, PERDU ET CHOQUÉ, QUAND TU AS ENTENDU DES CRIS AU-DESSUS.
IL FAUT LANCER UNE AUTRE CORDE À HEATHER ET DANNY.
POURQUOI TU ME REGARDES COMME ÇA ? BOUGE-TOI, BON SANG !
OH, JE VAIS BOUGER, L'AMI.
MAIS TU NE VAS PAS AIMER.
TON PÈRE ÉTAIT TRÈS FORT... PHYSIQUEMENT ET MORALEMENT.
LA PRESSION DE LA BOTTE DE HAROLD MEACHUM A MIS PLUSIEURS SECONDES À LUI FAIRE LÂCHER LA ROCHE GLACÉE.
MAIS TON PÈRE A FINI PAR TOMBER.
WENDELL ! MON DIEU... WENDELL !!

LE SOUVENIR EST ENCORE VIF, MM, IRON FIST ?
TON PÈRE A FAIT UNE LONGUE CHUTE.
ET LA DERNIÈRE IMAGE QUE TU AS GARDÉE DE LUI EST CELLE D'UNE POUPÉE BRISÉE, REBONDISSANT SUR UN AFFLEUREMENT ROCHEUX.

SANS DOUTE SAVAIS-TU DÉJÀ QUE TU REVERRAIS CETTE HORRIBLE SCÈNE ENCORE ET ENCORE, CHAQUE NUIT DE TA VIE.
UN CAUCHEMAR QUI S'ACHÈVERAIT TOUJOURS DE MÊME :
DANS LE SANGLOT ÉTRANGLÉ DE L'ÉPOUSE DÉSORMAIS SANS MARI, À TES CÔTÉS.
PUIS, UNE VOIX A DE NOUVEAU RETENTI DANS TON ENFER...
TU TE DEMANDAIS POURQUOI JE T'AVAIS ACCOMPAGNÉ, RAND ?
ADIEU, MEACHUM & RAND... IL N'Y A PLUS QUE RAND, INC.
ET AUCUN TÉMOIN POUR PROUVER QUE JE T'AI TUÉ.
HAROLD MEACHUM EXULTAIT, PORTÉ PAR L'IVRESSE DU POUVOIR ABSOLU...
... QUAND LA PREMIÈRE PIERRE L'A FRAPPÉ AU VISAGE.
THUK!
IL ÉTAIT SÛREMENT PLUS SURPRIS QUE BLESSÉ...

... MÊME SI LA HAINE AVAIT ANIMÉ LA MAIN QUI L'AVAIT LANCÉE.
HEATHER ! ARRÊTE ! TU NE COMPRENDS PAS !
JE N'AI RIEN CONTRE VOUS DEUX. JE L'AI FAIT POUR TOI. JE T'AI TOUJOURS AIMÉE !
TU M'ENTENDS, HEATHER ? JE T'AIME !
MAIS TA MÈRE, ENRAGÉE, CONTINUAIT DE JETER DES PIERRES.
PEU D'ENTRE ELLES ONT ATTEINT LEUR CIBLE.
DERNIÈRE CHANCE, FEMME ! VIENS AVEC MOI... SINON POUR TOI... POUR LE BIEN DU PETIT !
TU VEUX QU'IL MEURE AU MILIEU DE NULLE PART ?
HEIN ?
TA MÈRE A ENFIN RÉPONDU.
OUI !
C'EST CE QUE JE VEUX... SI VIVRE, C'EST PARTAGER CE MONDE AVEC TOI !
QUE MON FILS VIVE ET TE TUE DE SES MAINS... OU MEURE COMME SON PÈRE !
COMME TU VOUDRAS, HEATHER.
TU CHANGERAS D'AVIS QUAND LES PREMIERS SIGNES D'ENGOURDISSEMENT VOUS PRENDRONT.
ADIEU, HEATHER.
CONTENT QUE TU L'AIES CAILLASSÉ, MAMAN.
GARDE TES FORCES POUR REMONTER LA PENTE, CHÉRI... SI ON Y ARRIVE.
TU ES PRÊT, DANNY ? PRÊT À ESSAYER ?
OUI, MAMAN. JE SUIS...
... PRÊT !

BIEN. POUR DEVENIR UN DES NÔTRES... PUISER À L'ARBRE D'IMMORTALITÉ ET ACCÉDER À LA VIE ÉTERNELLE, TU DOIS RELEVER...
... LE DÉFI DU DUEL !
J'AI VAINCU UN BATAILLON D'HOMMES, Ô YU-TI.
J'EN BATTRAI UN SEUL.
ES-TU SÛR, MON FILS, QUE CES BRAVADES NE TE SONT PAS SOUFFLÉES PAR UN DÉMON ?
CAR UN SEUL HOMME PEUT EN VALOIR BEAUCOUP... ET PLUS...
... S'IL S'AGIT DE SHU-HU !
CELUI QUI S'EST VOUÉ AU SILENCE, DONT LE NOM SIGNIFIE LA FOUDRE ET...
... DONT LES POINGS SONT DES COUPS DE TONNERRE.
ALORS ? VAS-TU AFFRONTER SHU-HU ?
OU MES ROIS-DRAGONS ET MOI DEVRONS-NOUS ATTENDRE QUE TU TE SOIS REPOSÉ ?
NON, VÉNÉRABLE. JE NE RETARDERAI PAS L'ÉPREUVE DU COMBAT.
ALORS, QU'IL EN SOIT COMME IL EST ÉCRIT.
CALME, DÉTERMINÉ, TU T'AVANCES AU CENTRE DE L'ÉTRANGE ARÈNE COUVERTE.
LE SEIGNEUR DE LA FOUDRE ET TOI VOUS SALUEZ, COMME DE COUTUME EN ORIENT...
... ET À K'UN-LUN PLUS QU'AILLEURS.
LE COMBAT S'ENGAGE.
SHU-HU EST VIF... PRESQUE AUTANT QUE LES COUPS DE TONNERRE QU'IL INCARNE.
MAIS TOI, QUI T'APPELAIS DANNY RAND, TU ESQUIVES SON POING ET LE FRAPPES AU THORAX...
... SANS RÉSULTAT.

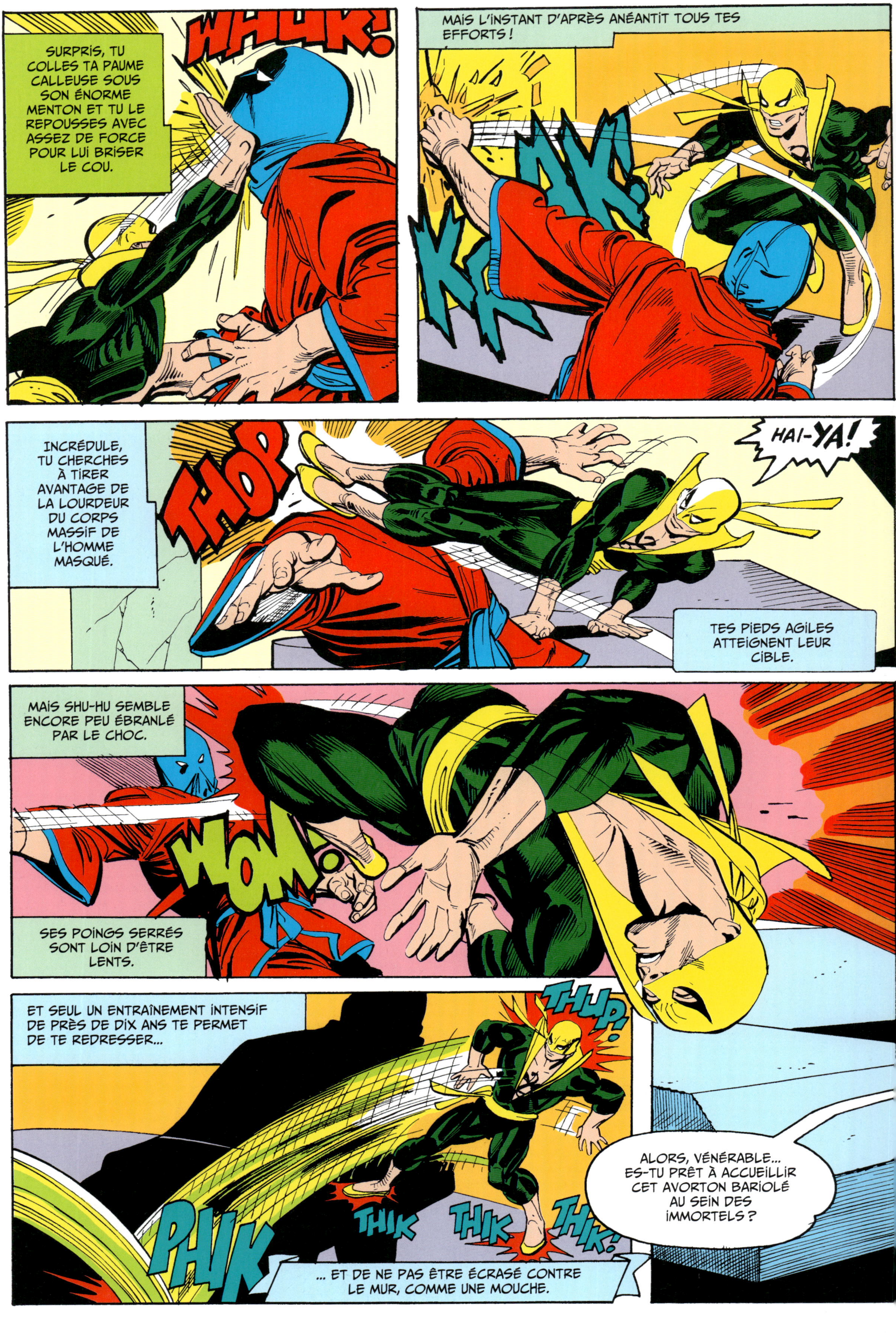
SURPRIS, TU COLLES TA PAUME CALLEUSE SOUS SON ÉNORME MENTON ET TU LE REPOUSSES AVEC ASSEZ DE FORCE POUR LUI BRISER LE COU.
WHUK!
MAIS L'INSTANT D'APRÈS ANÉANTIT TOUS TES EFFORTS !
KRAK!
INCRÉDULE, TU CHERCHES À TIRER AVANTAGE DE LA LOURDEUR DU CORPS MASSIF DE L'HOMME MASQUÉ.
THOP
HAI-YA!
TES PIEDS AGILES ATTEIGNENT LEUR CIBLE.
MAIS SHU-HU SEMBLE ENCORE PEU ÉBRANLÉ PAR LE CHOC.
WOM!
SES POINGS SERRÉS SONT LOIN D'ÊTRE LENTS.
ET SEUL UN ENTRAÎNEMENT INTENSIF DE PRÈS DE DIX ANS TE PERMET DE TE REDRESSER...
THUP!
ALORS, VÉNÉRABLE... ES-TU PRÊT À ACCUEILLIR CET AVORTON BARIOLÉ AU SEIN DES IMMORTELS ?
PHUK
THIK
THIK
THIK!
... ET DE NE PAS ÊTRE ÉCRASÉ CONTRE LE MUR, COMME UNE MOUCHE.

POUR MOI, IL DEVRAIT RETOURNER AUX NEIGES ÉTERNELLES QUI S'AMONCELLENT AU-DELÀ DE LA PORTE DES RÊVES.
LA VÉNÉRABLE FIGURE DE JADE NE DIT MOT.
MÊME LES ROIS-DRAGONS À SES CÔTÉS NE SONT PAS ASSEZ PRÈS POUR VOIR SI SES SOURCILS SE FRONCENT.
CEPENDANT, AVEC UNE RAPIDITÉ INOUÏE, LE GÉANT VIREVOLTE ET FRAPPE DANS L'ÉLAN.
D'UN BOND AGILE, TU ESQUIVES LE PIED DONT LE POIDS BROIERAIT LE CRÂNE D'UN TIGRE.
MAIS UN COUP DE POING FULGURANT TE RENVERSE.
LES MAINS MASSIVES TE MARTÈLENT, ENCORE ET ENCORE...
... TE PLONGENT DANS L'APRÈS-VIE, AU-DELÀ DE K'U-CH'U-CH'IAO, LE PONT DE DOULEUR, ENJAMBANT LES RIVIÈRES POURPRES.
FWUM
DE DÉSESPOIR, TU TE LAISSES PROJETER DE NOUVEAU CONTRE UN MUR...
THAP!
... OÙ TU RICOCHES...
PKOW
... DANS L'ESPOIR D'OBTENIR UN RÉPIT.
DWOP!
UN ESPOIR VITE ANÉANTI !

TU SEMBLES TOUT PRÈS DE PERDRE CONNAISSANCE.
NE SERAIT-IL PAS PLUS SIMPLE DE S'ABANDONNER À LA TORPEUR ?
POURQUOI, ALORS, TON ESPRIT RETOURNE-T-IL SUR CETTE ARÊTE ?
POURQUOI LA VOIX DE TA MÈRE RESSURGIT-ELLE DU PASSÉ ?
VIENS, DANNY. ON VA GRIMPER MAINTENANT.
TON CŒUR S'EMBALLE DANS TA POITRINE.
MAIS BAT-IL ICI... DANS L'ARÈNE DE TA SOUFFRANCE INTENSE...
... OU LÀ-BAS... OÙ DEUX PERSONNES ONT ACCOMPLI JADIS UN EFFORT SURHUMAIN ?
VOUS AVEZ DONC RÉUSSI ?
C'ÉTAIT PLUS FACILE ALORS, MALGRÉ LE FROID... ET LE SOUVENIR TENACE D'UN CRIME IGNOBLE.
CAR, MÊME SI VOUS ÉTIEZ CONSCIENTS QUE VOUS ÉTIEZ PERDUS...
... QUE VOUS PARTIEZ VERS L'INCONNU, ET PAS SUR LES TRACES DE MEACHUM, NI VERS LA MORT QU'IL VOUS RÉSERVAIT SÛREMENT...
... VOUS ÉTIEZ *ENSEMBLE*.
DANNY... TU DOIS ME PROMETTRE UNE CHOSE.
NE DÉTESTE PAS TON PÈRE POUR NOUS AVOIR AMENÉS LÀ.
IL AVAIT VU QU'UN MONDE MEILLEUR NOUS ATTENDAIT, TOUS LES TROIS...
... QUELQUE PART, APRÈS L'UNE DE CES CRÊTES.
PROMETS-LE, DANNY.
PROMIS, MAMAN.
VOUS AVEZ ERRÉ AINSI DES JOURS DURANT. PUIS, ALORS QUE VOS FORCES S'AMENUISAIENT...
... QUE VOS JAMBES VACILLAIENT...
... SOUDAIN, VOUS N'ÉTIEZ PLUS SEULS.

LES LOUPS AVAIENT DÛ VOUS SUIVRE PENDANT DES HEURES, EN SILENCE.
ILS SE SONT MIS À COURIR, COMME S'ILS SAVAIENT QUE LE TEMPS PRESSAIT.
MAMAN... IL CHERCHAIT QUEL GENRE D'ENDROIT PAPA ?
UN ENDROIT RÊVÉ, DANNY. IL N'A JAMAIS EXISTÉ, SAUF DANS SA TÊTE.
MAIS, UN JOUR, J'AI CRU, PENDANT UN INSTANT, QU'IL ÉTAIT RÉEL.
ET, LA SECONDE D'APRÈS, ELLE L'A VU...
NON ! IMPOSSIBLE !
UN PONT ! AU MILIEU DE NULLE PART !
CET ENDROIT N'EXISTE PAS ! ABSURDE !
POURRAIT-IL MENER À... NON ! ÇA NE SE PEUT PAS !
CE N'EST QU'UN PONT, MAMAN.
ET LÀ, VOUS AVEZ ENTENDU DES HURLEMENTS.
VOUS AVEZ RÉALISÉ SOUDAIN QU'ILS ÉTAIENT LÀ DEPUIS LE DÉBUT, ET CETTE PENSÉE VOUS A TOUT AUTANT EFFRAYÉS.
ARROOO
DES LOUPS !
COURS JUSQU'AU PONT, DANNY !
VITE, CHÉRI ! VITE !

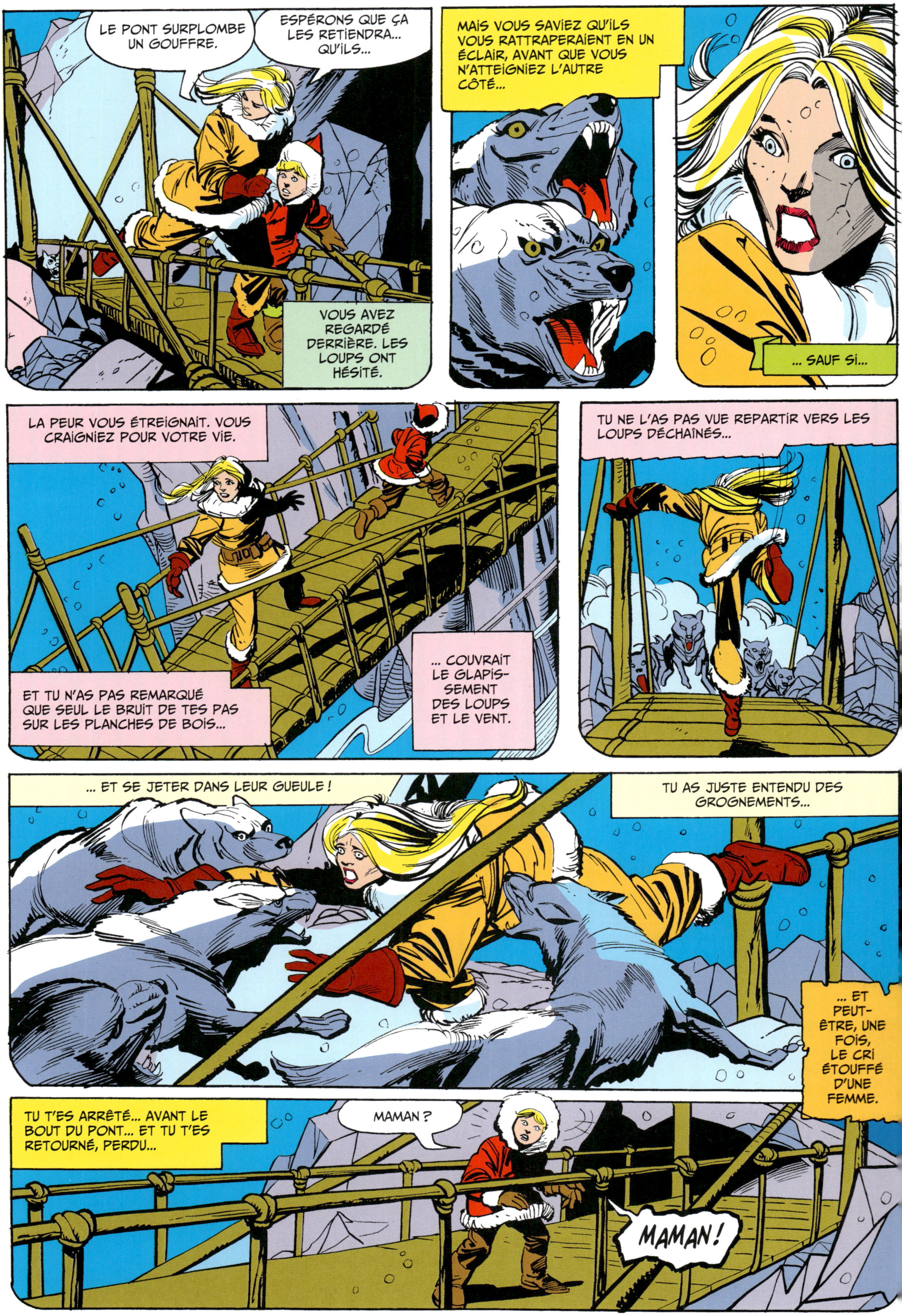
LE PONT SURPLOMBE UN GOUFFRE.
ESPÉRONS QUE ÇA LES RETIENDRA... QU'ILS...
VOUS AVEZ REGARDÉ DERRIÈRE. LES LOUPS ONT HÉSITÉ.
MAIS VOUS SAVIEZ QU'ILS VOUS RATTRAPERAIENT EN UN ÉCLAIR, AVANT QUE VOUS N'ATTEIGNIEZ L'AUTRE CÔTÉ...
... SAUF SI...
LA PEUR VOUS ÉTREIGNAIT. VOUS CRAIGNIEZ POUR VOTRE VIE.
ET TU N'AS PAS REMARQUÉ QUE SEUL LE BRUIT DE TES PAS SUR LES PLANCHES DE BOIS...
... COUVRAIT LE GLAPIS-SEMENT DES LOUPS ET LE VENT.
TU NE L'AS PAS VUE REPARTIR VERS LES LOUPS DÉCHAÎNÉS...
... ET SE JETER DANS LEUR GUEULE !
TU AS JUSTE ENTENDU DES GROGNEMENTS...
... ET PEUT-ÊTRE, UNE FOIS, LE CRI ÉTOUFFÉ D'UNE FEMME.
TU T'ES ARRÊTÉ... AVANT LE BOUT DU PONT... ET TU T'ES RETOURNÉ, PERDU...
MAMAN ?
MAMAN !

MAMAN !
TU AS TOUT VU. ET TU N'AS JAMAIS OUBLIÉ. TU VOULAIS LA REJOINDRE, EN DÉPIT DU TRISTE SORT QUI T'ATTENDAIT...
... QUAND DES MAINS PUISSANTES T'ONT AGRIPPÉ ET RETENU.
ET L'INSTANT D'APRÈS...
THWISSSH !
L'APPARITION DE CES HOMMES, SURGIS DE NULLE PART, NE T'A PAS SURPRIS. NI LEURS ARMES D'UN AUTRE TEMPS.
TROP TARD.
MAMAN ?! JE DOIS LA...
MAIS TOI, TU ES BIEN VIVANT.
BIENVENUE, PETIT.
BIENVENUE À K'UN-LUN.
TU N'AS PAS RÉAGI. TES LARMES ÉTAIENT TROP BRUYANTES, TON CHAGRIN TROP CRIANT... TON JEUNE CORPS TROP ABATTU...
... PAR TANT DE DOULEURS... BIEN DIFFÉRENTES DE CELLES QUE TU RESSENS AUJOURD'HUI, QUI SONT TOUT AUSSI RÉELLES.
MAIS LA RÉALITÉ T'ACCABLE À NOUVEAU, TELLE UNE VAGUE D'AGONIE...
... DES NUAGES NOIRS DE DÉSESPOIR...
... COMME L'OMBRE DE LA MORT MÊME !
JE SUIS IRON FIST... UNE VÉRITABLE ARME VIVANTE... QUI ME PROTÈGE DE TOUT CE QUI EST HUMAIN.
ET TU T'AMUSES AVEC MOI COMME AVEC UN JOUET CASSÉ.
QUI ES-TU ?

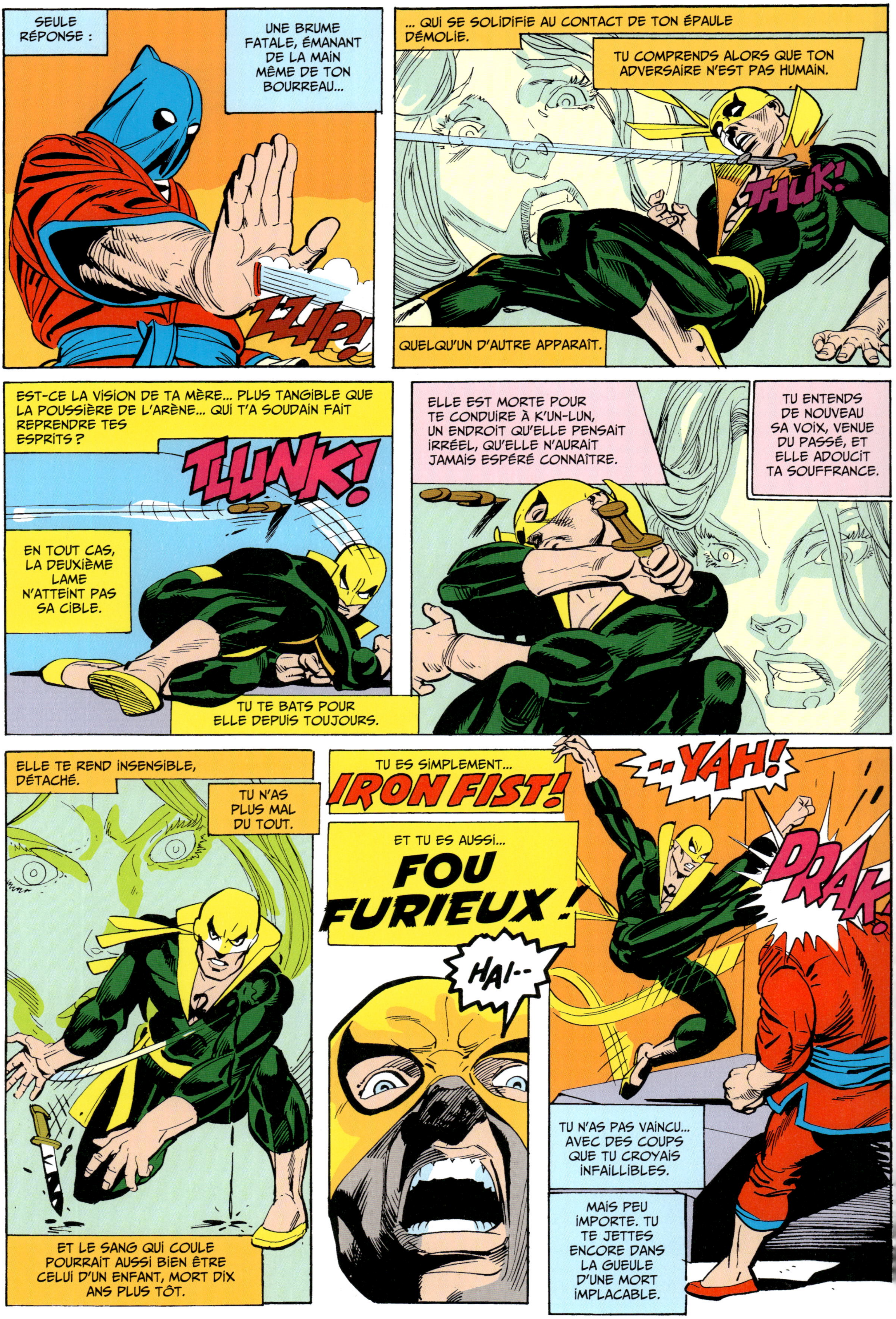
SEULE RÉPONSE :
UNE BRUME FATALE, ÉMANANT DE LA MAIN MÊME DE TON BOURREAU...
ZZUP!
... QUI SE SOLIDIFIE AU CONTACT DE TON ÉPAULE DÉMOLIE.
TU COMPRENDS ALORS QUE TON ADVERSAIRE N'EST PAS HUMAIN.
THUK!
QUELQU'UN D'AUTRE APPARAÎT.
EST-CE LA VISION DE TA MÈRE... PLUS TANGIBLE QUE LA POUSSIÈRE DE L'ARÈNE... QUI T'A SOUDAIN FAIT REPRENDRE TES ESPRITS ?
TLUNK!
EN TOUT CAS, LA DEUXIÈME LAME N'ATTEINT PAS SA CIBLE.
TU TE BATS POUR ELLE DEPUIS TOUJOURS.
ELLE EST MORTE POUR TE CONDUIRE À K'UN-LUN, UN ENDROIT QU'ELLE PENSAIT IRRÉEL, QU'ELLE N'AURAIT JAMAIS ESPÉRÉ CONNAÎTRE.
TU ENTENDS DE NOUVEAU SA VOIX, VENUE DU PASSÉ, ET ELLE ADOUCIT TA SOUFFRANCE.
ELLE TE REND INSENSIBLE, DÉTACHÉ.
TU N'AS PLUS MAL DU TOUT.
ET LE SANG QUI COULE POURRAIT AUSSI BIEN ÊTRE CELUI D'UN ENFANT, MORT DIX ANS PLUS TÔT.
TU ES SIMPLEMENT... IRON FIST!
ET TU ES AUSSI... FOU FURIEUX !
HAI--
--YAH!
DRAK!
TU N'AS PAS VAINCU... AVEC DES COUPS QUE TU CROYAIS INFAILLIBLES.
MAIS PEU IMPORTE. TU TE JETTES ENCORE DANS LA GUEULE D'UNE MORT IMPLACABLE.

ET TU FRAPPES...
WHUMP!
... ENCORE...
BKKK
... ET ENCORE...
TU SENS LE MÉTAL ENDURCI SOUS LE MASQUE. IL COMMENCE À CÉDER, À SE TORDRE.
ET S'IL POUVAIT AVOIR MAL...
FWHAKK!
LES GESTES DU COLOSSE DEVIENNENT PLUS LENTS, MÉCANIQUES.
... SA DOULEUR ÉCLIPSERAIT TOUTES LES TIENNES.
ENFIN, IL VACILLE... TITUBE. MAIS IL N'EST PAS ASSEZ FAIBLE POUR TOMBER.
UN CALME GLAÇANT T'ENVAHIT.
UN CALME QUI EST, EN FAIT, TA PLUS GRANDE FORCE.
TU EN APPELLES À LA VOLONTÉ INÉBRANLABLE QUI T'ANIME, AU PLUS PROFOND DE TON ÊTRE.
DES RESSOURCES INSOUPÇONNÉES DE CONCENTRATION ET DE DÉTERMINATION AFFLUENT DE TON CERVEAU, TES ÉPAULES, TES JAMBES, DE CHAQUE PARTIE DE TON CORPS ENTRAÎNÉ PENDANT DIX LONGUES ANNÉES...
... AFFLUENT ET SE REJOIGNENT EN UN SEUL POINT...
... TA MAIN...
... QUI SE MET À BRÛLER ET IRRADIER...
... JUSQU'À DEVENIR...
... UN POING DE FER !

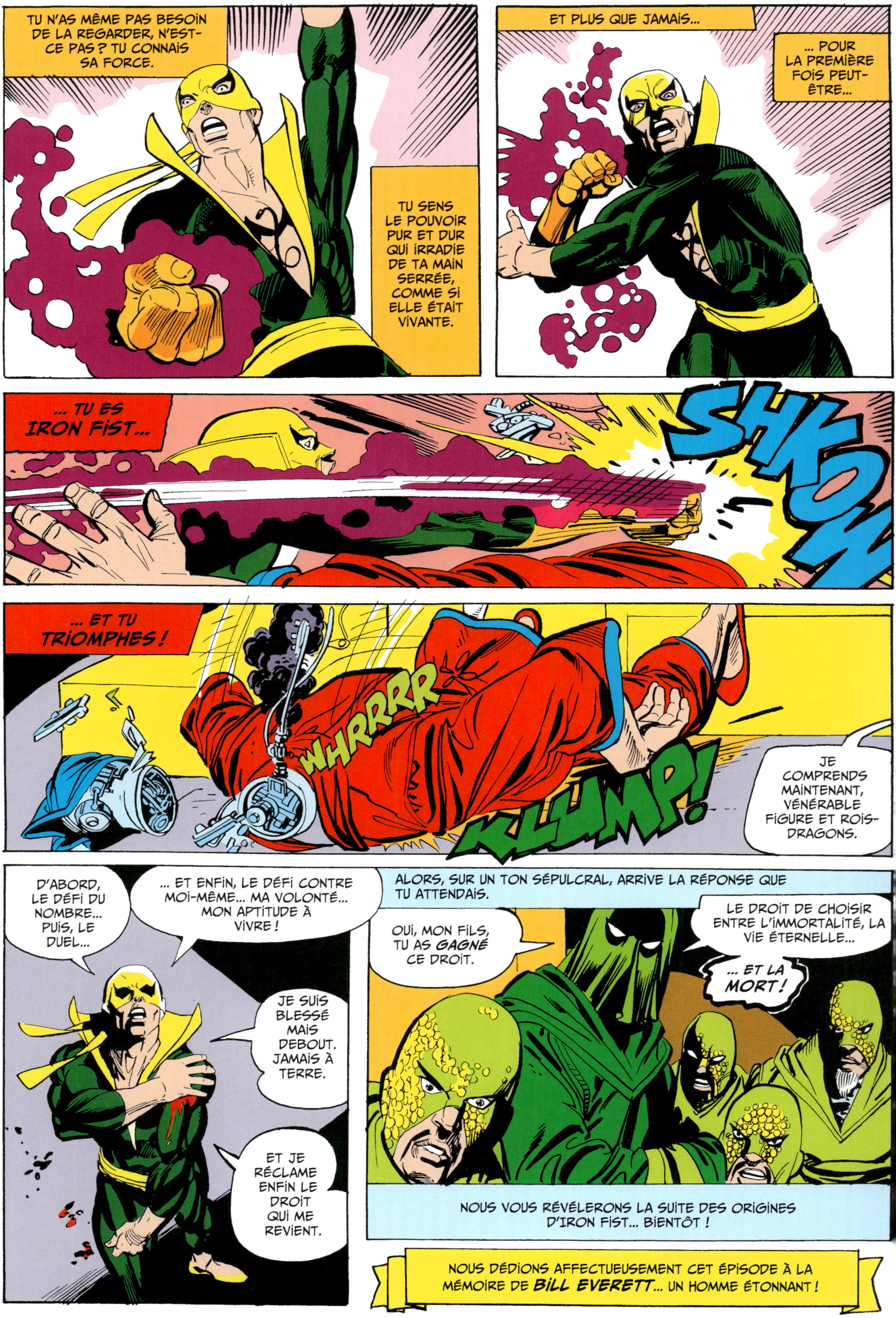
TU N'AS MÊME PAS BESOIN DE LA REGARDER, N'EST-CE PAS ? TU CONNAIS SA FORCE.
TU SENS LE POUVOIR PUR ET DUR QUI IRRADIE DE TA MAIN SERRÉE, COMME SI ELLE ÉTAIT VIVANTE.
ET PLUS QUE JAMAIS...
... POUR LA PREMIÈRE FOIS PEUT-ÊTRE...
... TU ES IRON FIST...
SHKOW
... ET TU TRIOMPHES !
WHRRRR
KLUMP!
JE COMPRENDS MAINTENANT, VÉNÉRABLE FIGURE ET ROIS-DRAGONS.
D'ABORD, LE DÉFI DU NOMBRE... PUIS, LE DUEL...
... ET ENFIN, LE DÉFI CONTRE MOI-MÊME... MA VOLONTÉ... MON APTITUDE À VIVRE !
JE SUIS BLESSÉ MAIS DEBOUT. JAMAIS À TERRE.
ET JE RÉCLAME ENFIN LE DROIT QUI ME REVIENT.
ALORS, SUR UN TON SÉPULCRAL, ARRIVE LA RÉPONSE QUE TU ATTENDAIS.
OUI, MON FILS, TU AS GAGNÉ CE DROIT.
LE DROIT DE CHOISIR ENTRE L'IMMORTALITÉ, LA VIE ÉTERNELLE...
... ET LA MORT !
NOUS VOUS RÉVÉLERONS LA SUITE DES ORIGINES D'IRON FIST... BIENTÔT !
NOUS DÉDIONS AFFECTUEUSEMENT CET ÉPISODE À LA MÉMOIRE DE BILL EVERETT... UN HOMME ÉTONNANT !

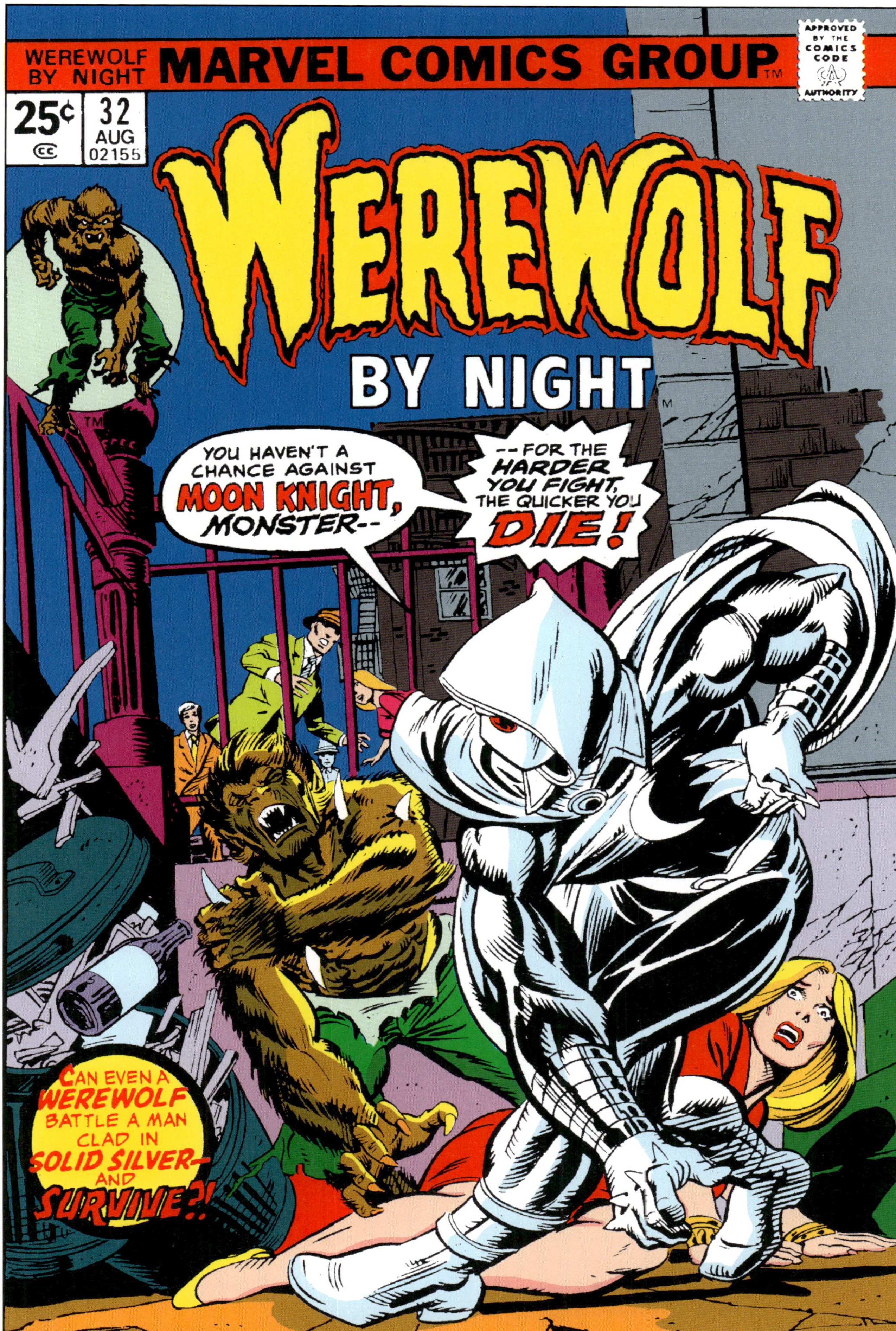

LE CHASSEUR APPELÉ MOON KNIGHT
The Stalker Called Moon Knight
Werewolf by Night (1972) 32
août 1975

Scénario : Doug Moench
Dessin : Don Perlin
Encrage : Howie Perlin
Traduction : Makma/ Mathieu Auverdin
Lettrage : BIT
Rédaction USA : Len Wein, C.B. Cebulski

Lorsque **Doug Moench** réfléchit à un nouvel adversaire à opposer à **Jack Russell**, le **Loup-Garou** de la série *Werewolf by Night*, il songe d'abord à la source du pouvoir du lycanthrope (la Lune), mais également à sa faiblesse (les balles d'argent). Il imagine donc un mercenaire en costume d'argent appelé "**Moonblood**". Mais plusieurs personnages portant le terme "blood" dans leur nom viennent alors d'apparaître (comme **Ulysse Bloodstone**), et le rédacteur en chef **Len Wein** suggère alors **Moon Knight**. Puis, après plusieurs discussions, le dessinateur **Don Perlin** apporte d'autres changements visuels au concept initial : il abandonne l'idée d'un symbole rouge sang sur la poitrine et ajoute une cape attachée aux cestes de ses gants. Cette même cape est modifiée par **Bill Sienkiewicz**, à la demande du responsable **Ralph Macchio**, lorsque Moon Knight occupe plus tard les pages de *Hulk Magazine*. Puis, dans sa propre série, on rectifie une incohérence des débuts : l'agent du comité qui fournit le costume à **Marc Spector** n'est autre que son associé infiltré, **Frenchie**.

* LE CHASSEUR APPELÉ MOON KNIGHT

C'EST LA **DEUXIÈME NUIT**. JE **GEINS**. MA MAIN EST **BRISÉE** ET LE SEUL **SANG** QUE JE VERRAI COULER SERA APPAREMMENT **LE MIEN**.
DEBOUT, SALE CHIEN **GALEUX** !
RELÈVE-TOI ! J'EN AI **PAS FINI** AVEC TOI !
REEEN
MÊME SI SA VOIX N'AVAIT PAS ÉTÉ **ÉTOUFFÉE** PAR LA CAGOULE, CES PAROLES AURAIENT ÉTÉ DU **SWAHILI** POUR LE LOUP-GAROU.
EN FAIT, C'EST LE **TON** DE CE MOON KNIGHT QUI ME REND **FOU DE RAGE**.
ALORS, JE ME RELÈVE ET ME **JETTE** SUR LUI.
SI J'AVAIS PU ME SERVIR DE MA MAIN DROITE...
AHRR
... J'AURAIS SÛREMENT RÉDUIT LE MASQUE DE MON ADVERSAIRE - ET SON VISAGE - EN **CHARPIE**.
OU **PEUT-ÊTRE** PAS.
CELA S'APPELLE UN **CESTE**, LES **GLADIATEURS** PORTAIENT CE GENRE DE GANT DANS L'ARÈNE.
CE CESTE EST HÉRISSÉ DE **POINTES**...
... ET CES POINTES SONT EN **ARGENT**.
OR, L'ARGENT FAIT SOUFFRIR LE MARTYR AUX **LOUPS-GAROUS**.
JE M'ÉCRASE CONTRE LE BITUME CRASSEUX COMME UN CHÊNE FRAPPÉ PAR UN **ÉCLAIR D'ARGENT**... SAUF QUE L'ÉCLAIR DÉCIDE DE FRAPPER **DEUX FOIS** AU MÊME ENDROIT.
WHUMP
JE DÉTESTE LES **LÂCHES** !

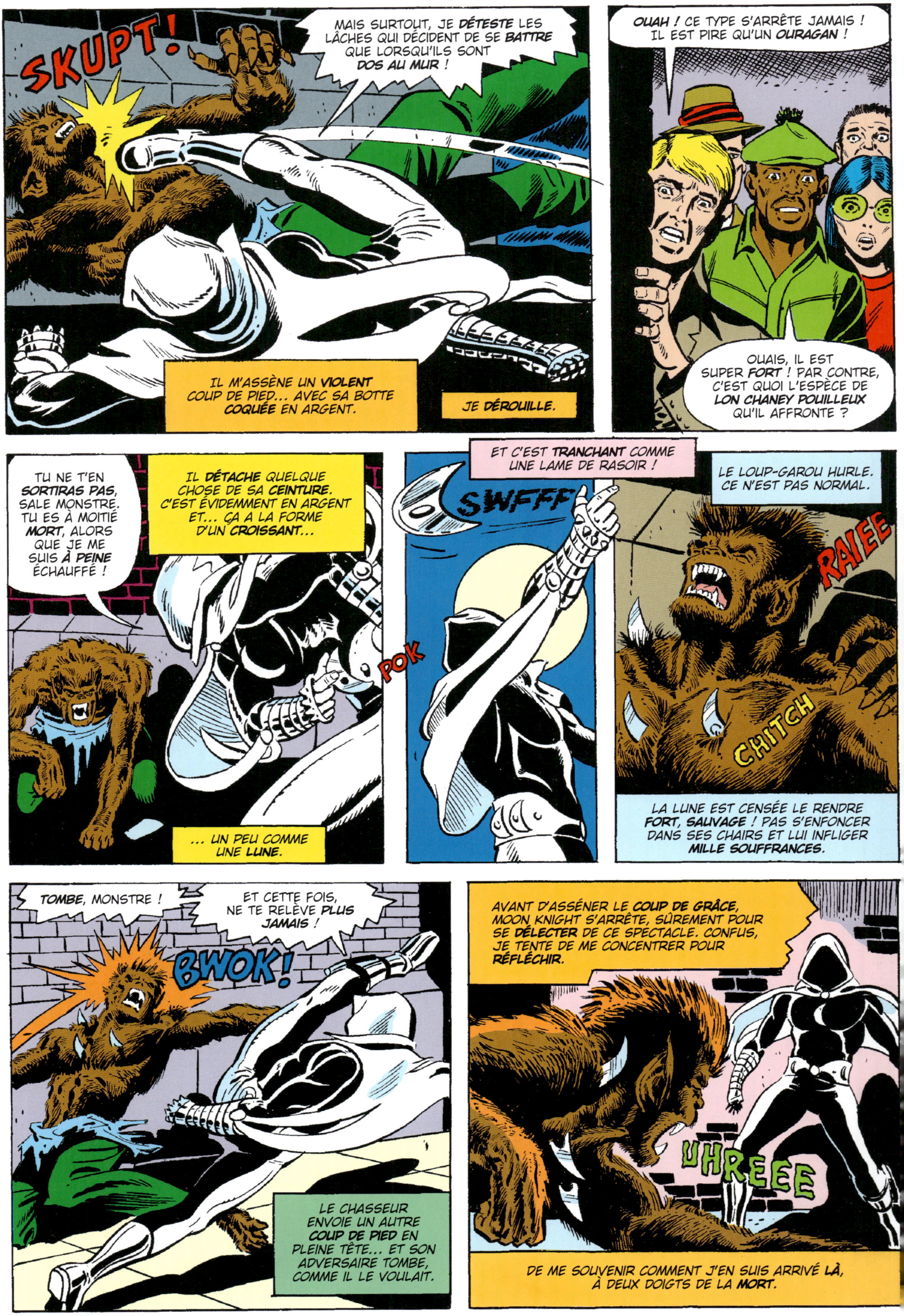

SKUPT !
MAIS SURTOUT, JE DÉTESTE LES LÂCHES QUI DÉCIDENT DE SE BATTRE QUE LORSQU'ILS SONT DOS AU MUR !
IL M'ASSÈNE UN VIOLENT COUP DE PIED… AVEC SA BOTTE COQUÉE EN ARGENT.
JE DÉROUILLE.
OUAH ! CE TYPE S'ARRÊTE JAMAIS ! IL EST PIRE QU'UN OURAGAN !
OUAIS, IL EST SUPER FORT ! PAR CONTRE, C'EST QUOI L'ESPÈCE DE LON CHANEY POUILLEUX QU'IL AFFRONTE ?
TU NE T'EN SORTIRAS PAS, SALE MONSTRE. TU ES À MOITIÉ MORT, ALORS QUE JE ME SUIS À PEINE ÉCHAUFFÉ !
IL DÉTACHE QUELQUE CHOSE DE SA CEINTURE. C'EST ÉVIDEMMENT EN ARGENT ET… ÇA A LA FORME D'UN CROISSANT…
POK
… UN PEU COMME UNE LUNE.
ET C'EST TRANCHANT COMME UNE LAME DE RASOIR !
SWFFF
LE LOUP-GAROU HURLE. CE N'EST PAS NORMAL.
RAIEE
CHITCH
LA LUNE EST CENSÉE LE RENDRE FORT, SAUVAGE ! PAS S'ENFONCER DANS SES CHAIRS ET LUI INFLIGER MILLE SOUFFRANCES.
TOMBE, MONSTRE !
ET CETTE FOIS, NE TE RELÈVE PLUS JAMAIS !
BWOK !
LE CHASSEUR ENVOIE UN AUTRE COUP DE PIED EN PLEINE TÊTE… ET SON ADVERSAIRE TOMBE, COMME IL LE VOULAIT.
AVANT D'ASSÉNER LE COUP DE GRÂCE, MOON KNIGHT S'ARRÊTE, SÛREMENT POUR SE DÉLECTER DE CE SPECTACLE. CONFUS, JE TENTE DE ME CONCENTRER POUR RÉFLÉCHIR.
UHREEE
DE ME SOUVENIR COMMENT J'EN SUIS ARRIVÉ LÀ, À DEUX DOIGTS DE LA MORT.

TOUT A COMMENCÉ LA NUIT PRÉCÉDENTE*, QUAND UNE INNOCENTE BALADE À SKI S'EST TRANSFORMÉE EN CAUCHEMAR. JE ME SUIS TRANSFORMÉ EN LOUP-GAROU ET J'AI FAILLI MASSACRER UNE JOLIE PETITE FILLE DE SEPT ANS, SURNOMMÉE BUTTONS.
HEUREUSEMENT, MON MEILLEUR AMI BUCK COWAN NE M'A PAS LAISSÉ FAIRE.
* DANS WEREWOLF BY NIGHT N. 31.
SON INTERVENTION HÉROÏQUE A PERMIS D'ÉVITER UNE TRAGÉDIE...
... MAIS LUI A ATTIRÉ LES FOUDRES DE LA BÊTE.
LORSQUE TOUT A ÉTÉ FINI, LE LOUP-GAROU L'A LAISSÉ ÉTENDU DANS LA NEIGE, SON CORPS IMMOBILE PROTÉGEANT LA PAUVRE BUTTONS RENDUE HYSTÉRIQUE PAR LA PEUR.
LA BÊTE A ENSUITE TROUVÉ UN AFFLEUREMENT ROCHEUX SOUS LEQUEL S'ABRITER DU BLIZZARD DÉCHAÎNÉ...
... JUSQU'À L'AUBE.
ET QUE JE REFASSE SURFACE.
À DEMI CONGELÉ, COUVERT DE GRAVES ENGELURES, JE SUIS RESSORTI DE LA TANIÈRE DU LOUP ENGLOUTIE PAR LA NEIGE...
... ET J'AI FOUILLÉ LA NEIGE À LA RECHERCHE DE MES VÊTEMENTS.
IL NE M'A FALLU QUE TROIS HEURES POUR LES RETROUVER LÀ OÙ JE LES AVAIS LAISSÉS...
... PLIÉS ET CACHÉS SOUS UN TRONC.

ALORS, JE LES AI ENFILÉS EN TREMBLANT ET J'AI ATTENDU **BUCK**. VOYEZ-VOUS, JE NE ME **SOUVIENS PAS** DE M'ÊTRE BATTU AVEC LUI, QUAND J'ÉTAIS LOUP-GAROU.
OR, BUCK ÉTAIT CENSÉ VENIR ME RÉCUPÉRER ICI.
DÉGAGEZ !! VOUS VOYEZ BIEN QUE C'EST UNE **URGENCE** !
PRÉPAREZ LE **BLOC OPÉRATOIRE** ! VITE !
APRÈS UNE HEURE D'ATTENTE, JE ME SUIS MIS À **M'INQUIÉTER**.
OÙ POUVAIT BIEN ÊTRE BUCK ?
SEIGNEUR ! CET HOMME VA NOUS **CLAQUER** ENTRE LES DOIGTS !
INFIRMIÈRE, ALLEZ CHERCHER D'AUTRES **POCHES DE SANG** !
AU BOUT DE DEUX HEURES, JE ME SUIS MIS EN QUÊTE DE LA ROUTE NATIONALE.
IL ÉTAIT **ÉVIDENT** QUE BUCK NE VIENDRAIT PAS.
JE VEUX LES **MEILLEURS CHIRURGIENS** DANS CE BLOC DANS **MOINS DE TROIS MINUTES** !
COMPRIS, INFIRMIÈRE ?
O-OUI, DOCTEUR. **BIEN COMPRIS** !
JE NE POUVAIS PAS RETOURNER AU **CHALET**, CAR J'AVAIS PRÉTEXTÉ QUE JE PARTAIS TRAVAILLER, LA NUIT PRÉCÉDENTE.
ALORS, J'AI FAIT DU **STOP**.
JE N'AI JAMAIS VU DE TELLES **LACÉRATIONS** !
OUI. ON DIRAIT QU'ELLES ONT ÉTÉ INFLIGÉES PAR UN **ANIMAL**.
MIEUX VAUT INSCRIRE UN **TRAITEMENT CONTRE LA RAGE** DANS NOTRE RAPPORT... EN ESPÉRANT QUE CE PAUVRE HOMME **SURVIVE**.
ET JE SUIS TOMBÉ SUR LE **PIRE CHAUFFEUR**, AU VU DES CIRCONS-TANCES.
DANS **L'ÉNERGIE**, QUE J'LUI AI DIT ! C'EST **LÀ** QU'IL Y A DE **L'ARGENT**. POURQUOI VOUS CROYEZ QUE LES TEXANS ET LES ARABES NAGENT DANS LES BILLETS, ALORS QUE **NOUS**, ON A DU MAL À JOINDRE **LES DEUX BOUTS** ?
ENFIN BON... IL FAIT QUAND MÊME **BEAU**, HEIN ?
BEN QUOI, MON GARS ? TU PARLES PAS. T'ES **MUET** ?

L'ECG EST PLAT, DOCTEUR. SON CŒUR S'EST ARRÊTÉ.
INFIRMIÈRE ! AMENEZ LE DÉFIBRILLATEUR ! VITE !
JE SUIS ENFIN ARRIVÉ CHEZ MON BEAU-PÈRE À WESTWOOD DANS L'APRÈS-MIDI.
BON, ON Y VA !
ACTIVEZ-LE ! PUISSANCE MAXIMUM !
IL A ÉTÉ ÉTONNÉ DE ME VOIR.
JACK ! TOUT VA BIEN, MON GARS ?
BIEN SÛR, PAPA. AUSSI BIEN QUE POSSIBLE LE LENDEMAIN D'UNE PLEINE LUNE.
POURQUOI ? OÙ EST LISSA ?
NEW YORK TO HAVE FREE SUBWAY
ON DOIT SE RENDRE À L'ÉVIDENCE.
ON A FAIT TOUT CE QU'ON A PU.
TU VEUX DIRE QUE... TU NE TE SOUVIENS DE RIEN ?
À CES MOTS, L'HORREUR DE CE QUE J'AVAIS FAIT M'A ENVAHI.
HEIN ? ME SOUVENIR DE QUOI ?
LISSA EST AU WESTWOOD HOSPITAL, JACK. TOPAZ A APPELÉ. TON AMI BUCK EST BLESSÉ.
IL S'EST FAIT... TAILLER EN PIÈCES.
IL... IL RISQUE DE NE PAS S'EN SORTIR.
EN ENTENDANT CES SIMPLES MOTS, J'AI EU L'IMPRESSION QU'UNE MONTAGNE S'EFFONDRAIT SUR MOI ET M'ÉCRASAIT. J'ÉTAIS PARALYSÉ, DANS LE DÉNI.
QUOI ?!
ATTENDS, JACK. DU CALME.

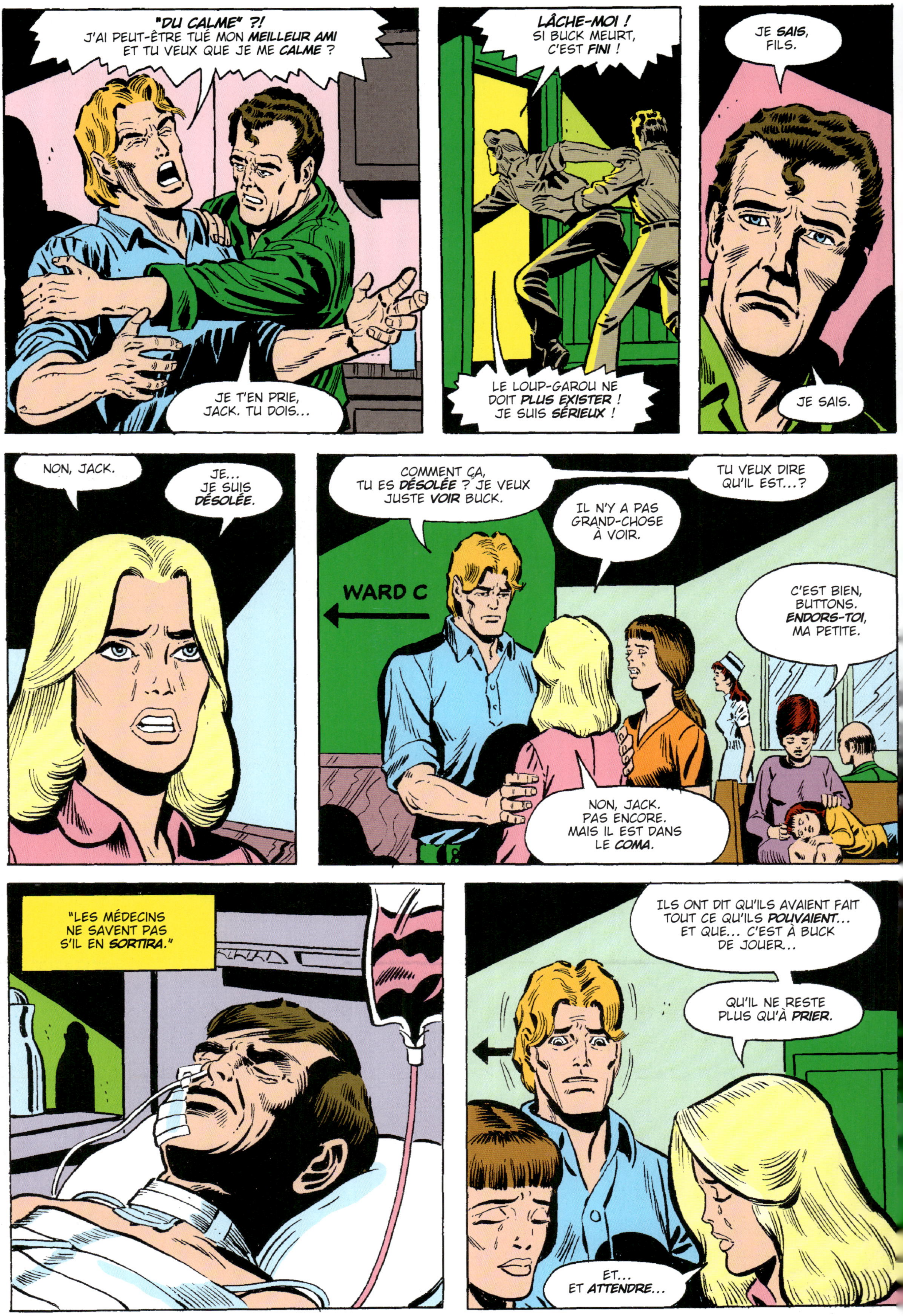
"DU CALME" ?! J'AI PEUT-ÊTRE TUÉ MON MEILLEUR AMI ET TU VEUX QUE JE ME CALME ?
JE T'EN PRIE, JACK. TU DOIS...
LÂCHE-MOI ! SI BUCK MEURT, C'EST FINI !
LE LOUP-GAROU NE DOIT PLUS EXISTER ! JE SUIS SÉRIEUX !
JE SAIS, FILS.
JE SAIS.
NON, JACK.
JE... JE SUIS DÉSOLÉE.
COMMENT ÇA, TU ES DÉSOLÉE ? JE VEUX JUSTE VOIR BUCK.
IL N'Y A PAS GRAND-CHOSE À VOIR.
TU VEUX DIRE QU'IL EST...?
WARD C
C'EST BIEN, BUTTONS. ENDORS-TOI, MA PETITE.
NON, JACK. PAS ENCORE. MAIS IL EST DANS LE COMA.
"LES MÉDECINS NE SAVENT PAS S'IL EN SORTIRA."
ILS ONT DIT QU'ILS AVAIENT FAIT TOUT CE QU'ILS POUVAIENT... ET QUE... C'EST À BUCK DE JOUER...
QU'IL NE RESTE PLUS QU'À PRIER.
ET... ET ATTENDRE...

ATTENDRE...
ATTENDRE QUOI ?!
QUE LA PLEINE LUNE SE LÈVE ?!
SKRAK
ARRÊTE, JACK ! JE T'EN PRIE.
CONTRÔLE-TOI. FAIS-LE POUR MOI SI TU NE LE FAIS PAS POUR TOI. JE NE PEUX PAS EN SUPPORTER DAVANTAGE EN CE MOMENT.
D-D'ACCORD, TOPAZ... JE ME CALME.
TA MAIN EST PEUT-ÊTRE CASSÉE, JACK.
ON DEVRAIT DEMANDER À UN DOCTEUR DE L'EXAMINER.
ÇA VA. OUBLIE MA MAIN.
ÉCOUTEZ, LES ENFANTS. C'EST ÉPROUVANT POUR TOUT LE MONDE. RENTREZ DONC VOUS REPOSER.
WARI
JE PEUX RESTER ICI. DE PLUS, JE N'AI PAS ENVIE DE RÉVEILLER BUTTONS MAINTENANT QU'ELLE S'EST ENFIN ENDORMIE.
TOI AUSSI, LISSA. TU ES ICI DEPUIS LONGTEMPS.
JE VOUS APPELLE S'IL Y A DU NOUVEAU.
D'ACCORD, ELAINE. MAIS SI TU AS BESOIN QUE QUELQU'UN VEILLE SUR BUTTONS...
JE T'APPELLERAI. ALLEZ, RENTREZ VOUS REPOSER.
JE CROIS QU'ELAINE A RAISON, SŒURETTE. ON FERAIT MIEUX D'Y ALLER. JE ME SUIS GARÉ JUSTE DEVANT AVEC LA VOITURE DE PAPA.
EUH... JACK ?

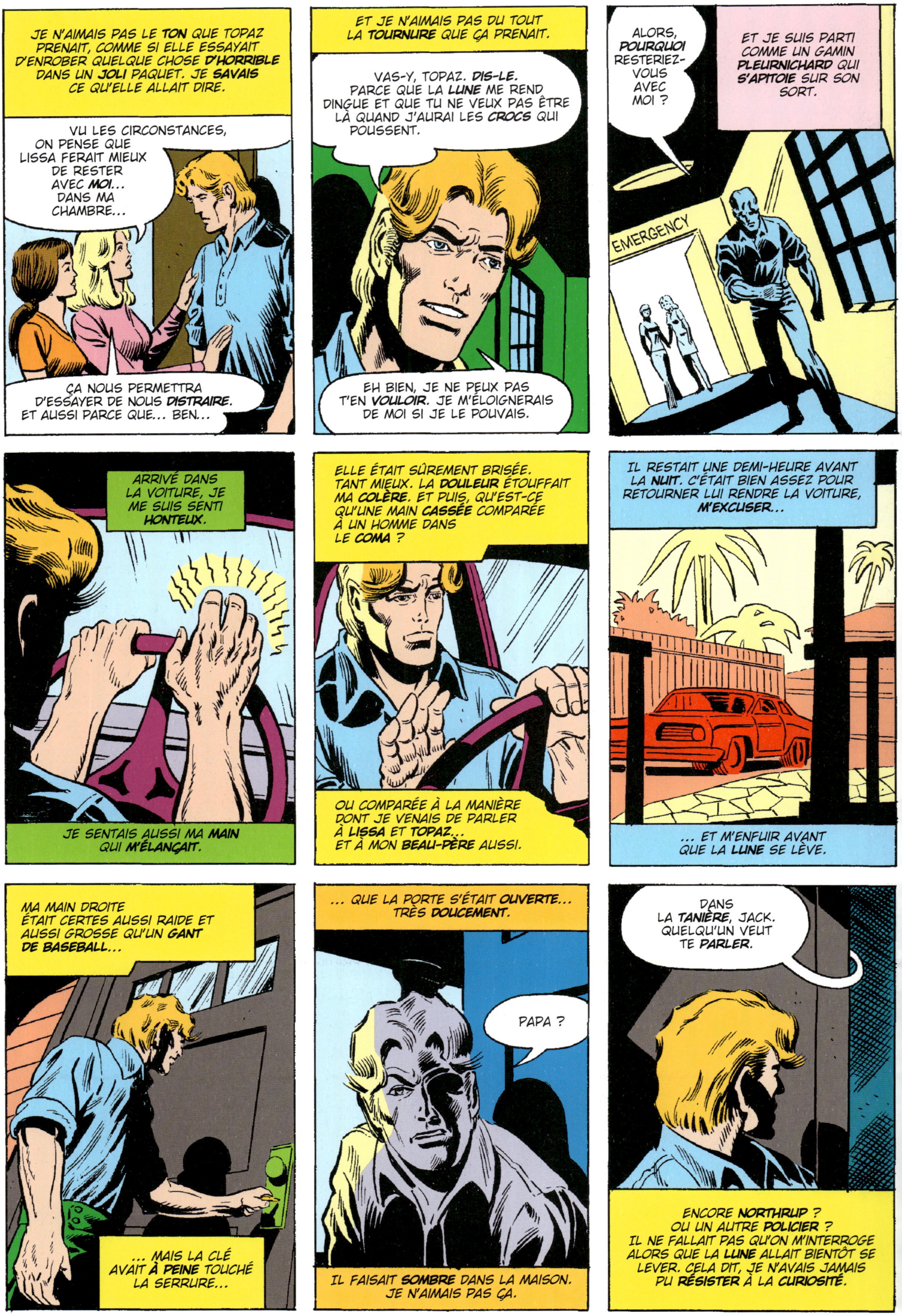
JE N'AIMAIS PAS LE TON QUE TOPAZ PRENAIT, COMME SI ELLE ESSAYAIT D'ENROBER QUELQUE CHOSE D'HORRIBLE DANS UN JOLI PAQUET. JE SAVAIS CE QU'ELLE ALLAIT DIRE.
VU LES CIRCONSTANCES, ON PENSE QUE LISSA FERAIT MIEUX DE RESTER AVEC MOI... DANS MA CHAMBRE...
ÇA NOUS PERMETTRA D'ESSAYER DE NOUS DISTRAIRE. ET AUSSI PARCE QUE... BEN...
ET JE N'AIMAIS PAS DU TOUT LA TOURNURE QUE ÇA PRENAIT.
VAS-Y, TOPAZ. DIS-LE. PARCE QUE LA LUNE ME REND DINGUE ET QUE TU NE VEUX PAS ÊTRE LÀ QUAND J'AURAI LES CROCS QUI POUSSENT.
EH BIEN, JE NE PEUX PAS T'EN VOULOIR. JE M'ÉLOIGNERAIS DE MOI SI JE LE POUVAIS.
ALORS, POURQUOI RESTERIEZ-VOUS AVEC MOI ?
ET JE SUIS PARTI COMME UN GAMIN PLEURNICHARD QUI S'APITOIE SUR SON SORT.
EMERGENCY
ARRIVÉ DANS LA VOITURE, JE ME SUIS SENTI HONTEUX.
JE SENTAIS AUSSI MA MAIN QUI M'ÉLANÇAIT.
ELLE ÉTAIT SÛREMENT BRISÉE. TANT MIEUX. LA DOULEUR ÉTOUFFAIT MA COLÈRE. ET PUIS, QU'EST-CE QU'UNE MAIN CASSÉE COMPARÉE À UN HOMME DANS LE COMA ?
OU COMPARÉE À LA MANIÈRE DONT JE VENAIS DE PARLER À LISSA ET TOPAZ... ET À MON BEAU-PÈRE AUSSI.
IL RESTAIT UNE DEMI-HEURE AVANT LA NUIT. C'ÉTAIT BIEN ASSEZ POUR RETOURNER LUI RENDRE LA VOITURE, M'EXCUSER...
... ET M'ENFUIR AVANT QUE LA LUNE SE LÈVE.
MA MAIN DROITE ÉTAIT CERTES AUSSI RAIDE ET AUSSI GROSSE QU'UN GANT DE BASEBALL...
... MAIS LA CLÉ AVAIT À PEINE TOUCHÉ LA SERRURE...
... QUE LA PORTE S'ÉTAIT OUVERTE... TRÈS DOUCEMENT.
PAPA ?
IL FAISAIT SOMBRE DANS LA MAISON. JE N'AIMAIS PAS ÇA.
DANS LA TANIÈRE, JACK. QUELQU'UN VEUT TE PARLER.
ENCORE NORTHRUP ? OU UN AUTRE POLICIER ? IL NE FALLAIT PAS QU'ON M'INTERROGE ALORS QUE LA LUNE ALLAIT BIENTÔT SE LEVER. CELA DIT, JE N'AVAIS JAMAIS PU RÉSISTER À LA CURIOSITÉ.

ET JE ME SUIS RETROUVÉ NEZ À NEZ AVEC CE TARÉ. MON BEAU-PÈRE SE TENAIT DERRIÈRE LUI, L'AIR INQUIET.
BONJOUR, RUSSELL. ON M'A DEMANDÉ DE ME PRÉSENTER COMME ÉTANT MOON KNIGHT.
C'EST UN SURNOM ASSEZ DÉBILE, SI TU VEUX MON AVIS. MAIS C'EST LE SEUL QUE TU AURAS.
AH OUI ?
ET EN QUOI ÇA ME CONCERNE ? QUI ÊTES-VOUS, À PART UN LUNATIQUE À CAPUCHE ?
LA CAGOULE ARGENTÉE RECOUVRANT SON VISAGE ÉTOUFFAIT SA VOIX ET LUI LISSAIT LE VISAGE, LUI DONNANT UN AIR DE FANTÔME. ÇA NON PLUS, ÇA NE ME PLAISAIT PAS.
DISONS QUE JE SUIS UN TRAVAILLEUR, RUSSELL...
... VENU EFFECTUER SON BOULOT ET GAGNER SA CROÛTE.
"CETTE MISSION A DÉBUTÉ SUR LES QUAIS.
"TU CONNAIS ? C'EST UN QUARTIER GLAUQUE, ENVAHI PAR LES RATS, QUI PUE LA SAUMURE ET DONT LES ENTREPÔTS S'ÉCROULENT.
"MAIS TU SAIS CE QU'ON DIT ? IL FAUT SE MÉFIER DES APPARENCES. L'UN DE CES ENTREPÔTS EST TOUT SAUF CROULANT. ET LA SEULE PUANTEUR QUI Y RÈGNE EST CELLE DE L'ARGENT... DE BEAUCOUP D'ARGENT. J'Y SUIS ALLÉ APRÈS AVOIR EU UN TUYAU. MAIS C'ÉTAIT UN PIÈGE."
VOUS ÊTES DONC MARK SPECTOR...
C'EST MOI. ET VOUS ? QUI ÊTES-VOUS ?
NOUS Y VIENDRONS, M. SPECTOR. PERMETTEZ-MOI DE VOUS DIRE QUE VOTRE DOSSIER EST TRÈS INTÉRESSANT.
MERCENAIRE, VÉTÉRAN DE TROIS GUERRES AFRICAINES, CINQ RÉVOLUTIONS SUD-AMÉRICAINES. VOUS AVEZ BRIÈVEMENT FLIRTÉ AVEC LA CIA, EXPERT EN MANIEMENT D'ARMES, VOUS PRATIQUEZ PRESQUE TOUS LES ARTS MARTIAUX. ANCIEN BOXEUR PROFESSIONNEL, VOUS AVEZ SERVI HUIT ANS CHEZ LES MARINES AVANT DE TABASSER PRESQUE À MORT VOTRE LIEUTENANT... ET J'EN PASSE.
VOTRE DÉPARTEMENT DE RENSEIGNEMENT A FAIT SON BOULOT. ET ALORS ? ON M'A DIT QU'IL Y AVAIT DE L'ARGENT, ICI. QUE DOIS-JE FAIRE POUR L'OBTENIR ?

VOUS ÊTES DIRECT. J'AIME ÇA ET EN FERAI DONC DE MÊME.
TOUT D'ABORD, J'AIMERAIS QUE VOUS OUVRIEZ LE COMPARTIMENT QUI SE TROUVE DEVANT VOUS.
PUIS, VOUS ENFILEREZ LE COSTUME QUI S'Y TROUVE...
... ET VOUS SERVIREZ DE TOUTES LES ARMES QUI L'ACCOMPAGNENT, AINSI QUE DE VOS CAPACITÉS, POUR CAPTURER ET NOUS RAMENER LE LOUP-GAROU APPELÉ JACK RUSSELL.
LORSQUE CE SERA FAIT, VOUS RECEVREZ CECI : DIX MILLE DOLLARS.
ET VOILÀ, RUSSELL. PERSONNELLEMENT, JE NE CROIS PAS AUX LOUPS-GAROUS. MAIS CE COMITÉ, SI, ET ILS SONT PRÊTS À PAYER DIX MILLE DOLLARS, ALORS JE NE VAIS PAS LES CONTREDIRE.
ENCORE LE COMITÉ ! MOI QUI CROYAIS QU'ILS AVAIENT DISPARU POUR DE BON.
TU AS LE CHOIX, RUSSELL. OU TU ME SUIS BIEN GENTIMENT...
... OU JE LEUR LIVRE UNE MARCHANDISE ABÎMÉE.
LA NAUSÉE S'EST EMPARÉE DE MOI TANDIS QU'IL S'AVANÇAIT. ÉTAIT-CE À CAUSE DE MA MAIN OU LA LUNE RONGEAIT-ELLE DÉJÀ LES CIEUX NOIRS ?
JE ME SUIS ALORS RENDU COMPTE QUE JE NE POURRAIS JAMAIS LUI TENIR TÊTE...
... MAIS MON BEAU-PÈRE EN A DÉCIDÉ AUTREMENT.
FUIS, JACK ! JE VAIS TOUT FAIRE POUR LE RETENIR !
J'AI HÉSITÉ, TIRAILLÉ PAR L'INDÉCISION.
PUIS, J'AI SENTI MON SANG COMMENCER À BOUILLIR À CAUSE DU CHANGEMENT ET ME SUIS ENFUI AUSSI VITE QUE POSSIBLE.
DÉPÊCHE-TOI, JACK ! JE NE TIENDRAI PAS...
LÂCHE-MOI, CRÉTIN ! JE NE VEUX PAS TE FAIRE DE MAL...

DEHORS, UN RUGISSEMENT S'ÉLEVANT DU TOIT A ENGLOUTI LES PAROLES DE MOON KNIGHT. ÉTAIT-CE UN HÉLICOPTÈRE ?
JE N'Y PRÊTAIS PAS ATTENTION, ASSAILLI PAR LA DOULEUR.
J'AI DÉTALÉ EN TRÉBUCHANT, ÉCARTANT LES GENS SUR MON PASSAGE...
EH, MAIS...!
... AVANT DE M'ENFONCER DANS UNE RUELLE CRASSEUSE.
J'AI POUSSÉ UN GROGNEMENT...
RARR
... MA TRANSFORMATION ACCOMPLIE.
DERRIÈRE MOI, LE SON DE L'HÉLICOPTÈRE S'EST AMPLIFIÉ, TANDIS QU'IL S'ÉLEVAIT DANS LE CIEL...
... ET SE LANÇAIT À MA POURSUITE.
LÀ-BAS ! C'EST NOTRE HOMME, FRENCHIE.
ET CETTE ORDURE EST LA PREUVE QUE LES LOUPS-GAROUS EXISTENT !
PRIS DE PANIQUE, LES PASSANTS SE SONT ÉLOIGNÉS DU LOUP-GAROU.
POUR UNE FOIS, IL NE REMARQUAIT PAS LES PROIES FACILES.
QUI POURRAIT LUI EN VOULOIR ? SES YEUX ÉTAIENT FIXÉS SUR L'ÉTRANGE CHOSE VOLANTE À SA POURSUITE ET LE NON MOINS ÉTRANGE HOMME QUI DESCENDAIT DE SON VENTRE...
UHRR
LE FAIT QUE MOON KNIGHT ÉTAIT À MA POURSUITE NE SIGNIFIAIT QU'UNE CHOSE. MON BEAU-PÈRE DEVAIT ÊTRE BLESSÉ. MAIS ÉVIDEMMENT, LE LOUP-GAROU NE SAVAIT MÊME PAS QUE PHILLIP RUSSELL EXISTAIT.

DE PLUS, IL AVAIT D'AUTRES PRÉOCCUPATIONS...
... COMME LA BOTTE COQUÉE D'ARGENT DE MOON KNIGHT.
SWUNK
LE SON A DISPARU.
L'HÉLICOPTÈRE S'ÉLOIGNAIT.
ET LE LOUP-GAROU S'EST FAIT TABASSER.
CE QUI NOUS RAMÈNE AU PRÉSENT : MOON KNIGHT QUI SE RÉJOUIT EN SILENCE DE SA FUTURE VICTOIRE, LA DOULEUR PULSANT DE MA MAIN ET CELLE RECOUVERTE DE PICS ARGENTÉS DE MON ADVERSAIRE.
JE DÉCIDE ALORS DE NE PLUS ME LAISSER FAIRE.
JE VAIS L'ÉVENTRER...
ROWRRR
... LE MASSACRER.
ABRUTIE DE BÊTE SAUVAGE !
KRAK
SHOK!
LE COMITÉ TE VEUT VIVANT, MAIS SI TU CONTINUES À RÉSISTER, ILS DEVRONT SE CONTENTER DE CE QUE JE LEUR RAMÈNERAI!
LUI NON PLUS NE SE LAISSE PAS FAIRE.

QU'EST-CE QUI NOUS PREND ?! ON RESTE LÀ À REGARDER COMME SI C'ÉTAIT UN SPECTACLE ! ILS POURRAIENT SE RETOURNER CONTRE NOUS ET TOUS NOUS TUER !
J'APPELLE LA POLICE !
QUI COMBAT UN QUOI ?!
ÉCOUTEZ ! CALMEZ-VOUS, PARLEZ PLUS LENTEMENT... ET VOUS N'ÊTES PAS NON PLUS OBLIGÉ DE CRIER. VOILÀ, C'EST MIEUX !
QUOI ?! VOUS ÊTES SÛR ?
OÙ ÇA ?
OUI, ON ENVOIE DES PATROUILLES. MERCI.
ON DIRAIT QUE NORTHRUP N'ÉTAIT PAS SI FOU QUE ÇA APRÈS TOUT.
COMMENT ÇA, EDDIE ?
UN TARÉ SORTI D'UN COMIC BOOK EST EN TRAIN DE SE CASTAGNER AVEC UN LOUP-GAROU EN PLEIN WESTWOOD.
UN LOUP-GAROU ?! ÇA RESSEMBLE BIEN AUX CONNERIES DE NORTHRUP. ON FERAIT BIEN DE L'APPELER, NON ?
IMPOSSIBLE. VIC EST EN VACANCES. À L'HEURE QU'IL EST, IL DOIT ÊTRE BIEN LOIN D'ICI...
"... ET À QUELQUES MILLIERS DE PIEDS D'ALTITUDE."
DÉBARQUEZ-VOUS À HAÏTI, M. NORTHRUP ?
TOUT À FAIT, MA CHÈRE.
COMPTE SUR MOI MA BELLE ! J'AI UNE AFFAIRE À RÉGLER LÀ-BAS.
ET POUR LA CLORE, JE RÉSERVE CETTE BALLE D'ARGENT...
"... À RAYMOND COKER."
MAIS... COMMENT LE SAVEZ-VOUS ?
JEESALA LA MILLÉNAIRE CONNAÎT TOUS LES RECOINS SOMBRES DE L'ÂME. JE TIRE MES POUVOIRS DU VAUDOU ET MES CONNAISSANCES DE LA VIE DE CE MASQUE.
VOILÀ COMMENT JE SAIS QUE VOUS ÊTES FRAPPÉ PAR LA MALÉDICTION DE L'HOMME-BÊTE.

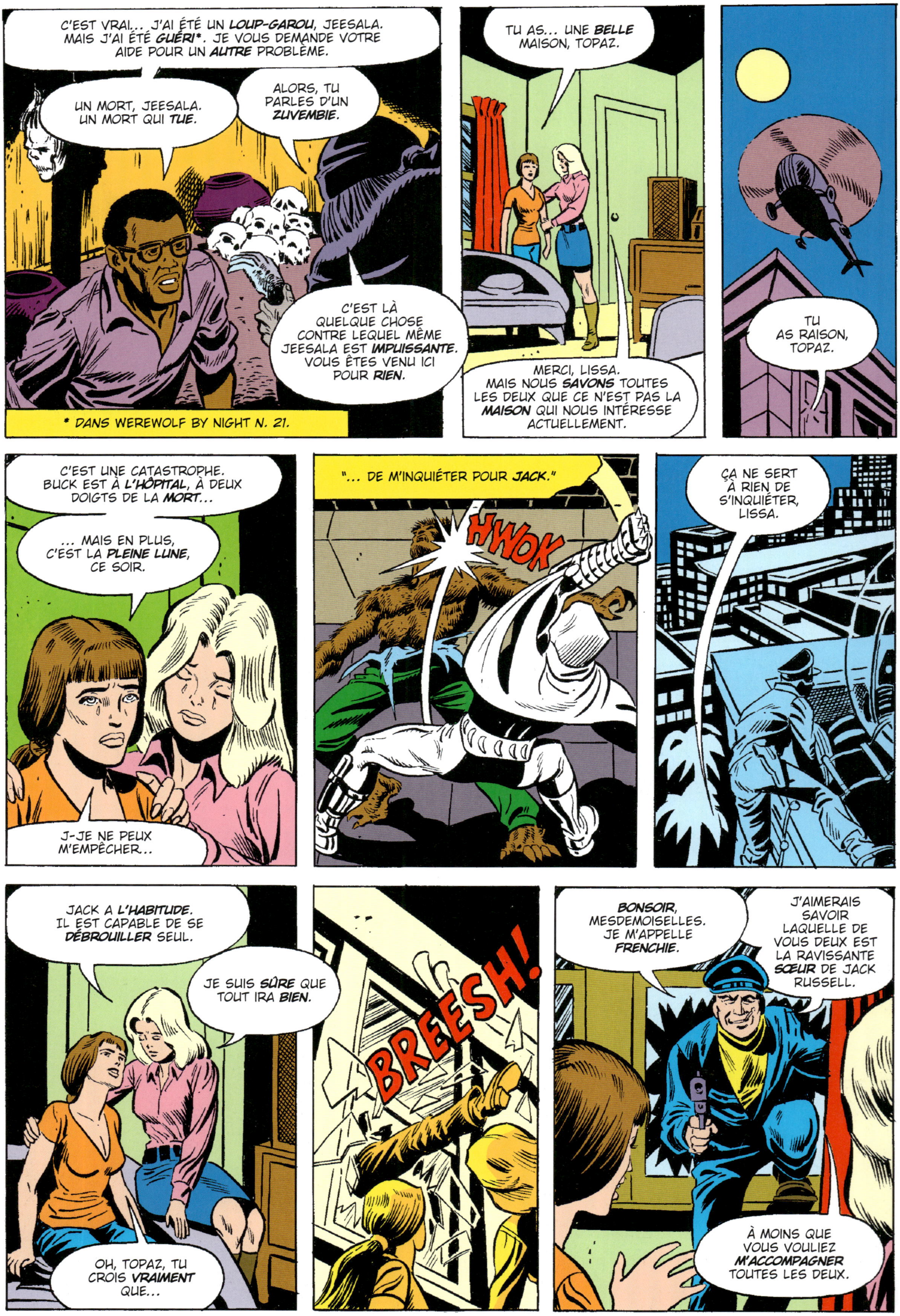
C'EST VRAI... J'AI ÉTÉ UN LOUP-GAROU, JEESALA. MAIS J'AI ÉTÉ GUÉRI*. JE VOUS DEMANDE VOTRE AIDE POUR UN AUTRE PROBLÈME.
UN MORT, JEESALA. UN MORT QUI TUE.
ALORS, TU PARLES D'UN ZUVEMBIE.
C'EST LÀ QUELQUE CHOSE CONTRE LEQUEL MÊME JEESALA EST IMPUISSANTE. VOUS ÊTES VENU ICI POUR RIEN.
* DANS WEREWOLF BY NIGHT N. 21.
TU AS... UNE BELLE MAISON, TOPAZ.
MERCI, LISSA. MAIS NOUS SAVONS TOUTES LES DEUX QUE CE N'EST PAS LA MAISON QUI NOUS INTÉRESSE ACTUELLEMENT.
TU AS RAISON, TOPAZ.
C'EST UNE CATASTROPHE. BUCK EST À L'HÔPITAL, À DEUX DOIGTS DE LA MORT...
... MAIS EN PLUS, C'EST LA PLEINE LUNE, CE SOIR.
J-JE NE PEUX M'EMPÊCHER...
"... DE M'INQUIÉTER POUR JACK."
HWOK
ÇA NE SERT À RIEN DE S'INQUIÉTER, LISSA.
JACK A L'HABITUDE. IL EST CAPABLE DE SE DÉBROUILLER SEUL.
JE SUIS SÛRE QUE TOUT IRA BIEN.
OH, TOPAZ, TU CROIS VRAIMENT QUE...
BREESH!
BONSOIR, MESDEMOISELLES. JE M'APPELLE FRENCHIE.
J'AIMERAIS SAVOIR LAQUELLE DE VOUS DEUX EST LA RAVISSANTE SŒUR DE JACK RUSSELL.
À MOINS QUE VOUS VOULIEZ M'ACCOMPAGNER TOUTES LES DEUX.

JE CONTINUE DE GRIFFER EN ÉPARGNANT MA MAIN DROITE... ET GROGNE DE FUREUR QUAND IL ESQUIVE AISÉMENT MON COUP.
RRRR
OÙ EST LA POLICE, BON SANG ?! À QUOI SERVENT NOS IMPÔTS, HEIN ?
IL SORT UNE AUTRE ARME. ON DIRAIT UNE MATRAQUE...
ET ELLE EST CLAIREMENT EN ARGENT.
SKUMP!
ÉCOUTE-MOI BIEN, SAC À PUCES !
ON PEUT CONTINUER COMME ÇA TOUTE LA NUIT, OU TU PEUX GENTIMENT FAIRE ...
SWOK
... COU-COUCHE PANIER.
J'IGNORE SI C'EST SON MÉPRIS OU LE COUP DE POING, MAIS C'EST LA GOUTTE D'EAU QUI FAIT DÉBORDER LE VASE.
EN TOUT CAS, J'EXPLOSE DANS UNE RAGE AVEUGLE ET LE FRAPPE DE TOUTES MES FORCES DE LOUP-GAROU...
CHWAK
... AVEC MA MAIN DROITE.
LA DOULEUR M'ENGLOUTIT COMME SI ON AVAIT TENTÉ DE ME COUPER LA MAIN AVEC UNE TRONÇONNEUSE ROUILLÉE. JE NE PEUX PLUS RIEN VOIR NI BOUGER.
WHREEEN
JE NE PEUX QUE GÉMIR DE SOUFFRANCE.
-UUUHNNN-

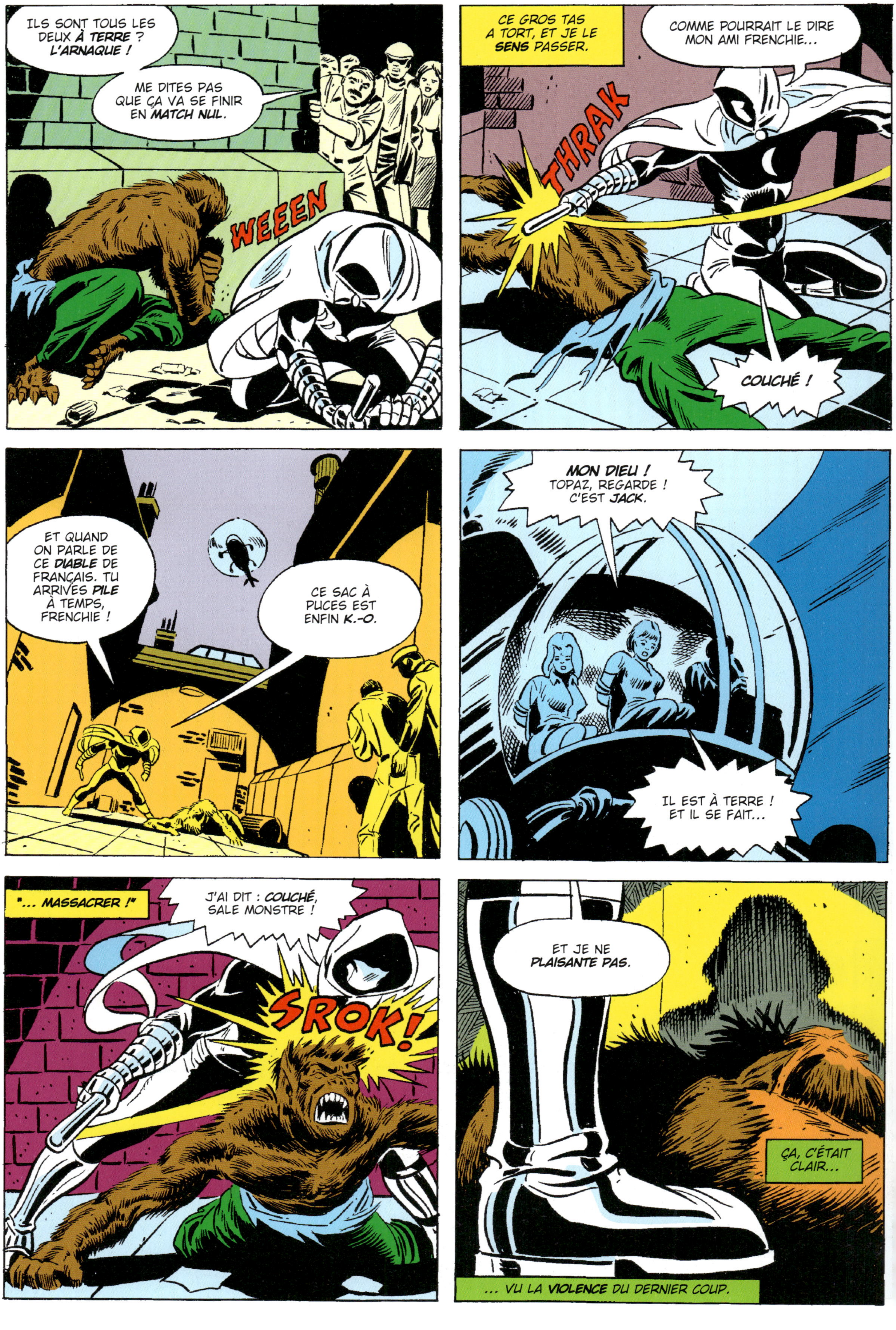
ILS SONT TOUS LES DEUX À TERRE ? L'ARNAQUE !
ME DITES PAS QUE ÇA VA SE FINIR EN MATCH NUL.
WEEEN
CE GROS TAS A TORT, ET JE LE SENS PASSER.
COMME POURRAIT LE DIRE MON AMI FRENCHIE...
THRAK
COUCHÉ !
ET QUAND ON PARLE DE CE DIABLE DE FRANÇAIS. TU ARRIVES PILE À TEMPS, FRENCHIE !
CE SAC À PUCES EST ENFIN K.-O.
MON DIEU ! TOPAZ, REGARDE ! C'EST JACK.
IL EST À TERRE ! ET IL SE FAIT...
"... MASSACRER !"
J'AI DIT : COUCHÉ, SALE MONSTRE !
SROK!
ET JE NE PLAISANTE PAS.
ÇA, C'ÉTAIT CLAIR...
... VU LA VIOLENCE DU DERNIER COUP.

JE SENS QUE MOON KNIGHT ME TRAÎNE DERRIÈRE LUI. MA MAIN BRISÉE FROTTE CONTRE LE BÉTON, ENVOYANT DE NOUVELLES DÉCHARGES DE DOULEUR JUSQU'À MON CERVEAU ET PRÉCIPITANT MON PLONGEON DANS L'INCONSCIENCE.
À TRAVERS LE BROUILLARD DE MON ESPRIT, J'ENTENDS DES SIRÈNES HURLER ET DES PNEUS CRISSER. IL SEMBLE QUE SI MOON KNIGHT NE M'EMMÈNE PAS, D'AUTRES LE FERONT.
POUSSEZ-VOUS. MA PAYE M'ATTEND. ET JE PRÉFÈRE TUER CE MONSTRE...
... PLUTÔT QUE DE LAISSER LES FLICS M'EN PRIVER.
REEEEE
QUELQUE CHOSE DE CHAUD ET HUMIDE GARGOUILLE DANS LA GORGE DU LOUP-GAROU...
... PUIS SON ESPRIT S'ENFONCE POUR DE BON DANS LES TÉNÈBRES.
À SUIVRE :
MOON KNIGHT CONTRE LE LOUP-GAROU ENRAGÉ !

Dans les années 1970, la partenaire d'écriture de **Steve Gerber**, **Mary Skrenes**, propose une première "**Miss Marvel**" : une serveuse dyslexique qui se découvre des pouvoirs consécutifs à des accès de colère. Le concept ne convainc pas, mais le nom inspire **Gerry Conway**. Il l'utilise alors pour inventer un alter ego super-héroïque à une jeune femme déjà présente dans l'univers Marvel. Apparue en 1968 dans les pages de *Marvel Super-Heroes* 13, de **Roy Thomas** et **Gene Colan**, **Carol Danvers** n'est au départ qu'un personnage secondaire de la série *Captain Marvel* : elle est alors la responsable de la sécurité de la NASA et est intriguée par le Dr **Walter Lawson**, en réalité un soldat kree du nom de **Mar-Vell**. Au cours d'une aventure, elle subit de plein fouet l'explosion d'une arme extraterrestre. Les conséquences de ce drame ne sont connues que quelques années plus tard avec cette série, qui la voit changer de métier et endosser son identité costumée à son insu. Le "Ms." de son pseudonyme anglais est une référence évidente au magazine féministe de l'époque créé par **Gloria Steinem**.

LA GUERRIÈRE
This Woman, This Warrior
Ms. Marvel (1977) 1
janvier 1977

Scénario : Gerry Conway
Dessin : John Buscema
Encrage : Joe Sinnott
Traduction : Sophie Watine-Vievard
Lettrage : Ramone
Rédaction USA : Gerry Conway, Archie Goodwin, C.B. Cebulski

Stan Lee présente : MS. MARVEL!™

SCÉNARIO GERRY CONWAY
DESSIN JOHN BUSCEMA
ENCRAGE JOE SINNOTT
COULEURS MARIE SEVERIN

* LA GUERRIÈRE

FRANKIE !
C'EST QUI, CETTE FILLE ?
UNE SUPER-HÉROÏNE, SÛREMENT !
KPOW
ET... ELLE VOLE ?!
JE SAIS FAIRE BIEN PLUS QUE ÇA...
BIEN PLUS !
WHAM!
YUHHH
BON SANG, T'AS VU CETTE FILLE ? T'AS VU CE QU'ELLE SAIT FAIRE ?
ON EST À NEW YORK, CRÉTIN... T'AVAIS JAMAIS VU DE SUPER-HÉROS ?
FRANKIE ET PHIL... ELLE LES A ASSOMMÉS D'UN SEUL COUP !
ELLE EST FORTE, ET ALORS ? UNE FOIS QUE J'AURAI DÉMARRÉ LA VOITURE, PLUS PERSONNE...
TU ES SÛR DE ÇA ?
AAAHHHHH !
C'EST ENCORE ELLE ! ELLE SOULÈVE LA VOITURE COMME SI C'ÉTAIT DU CARTON !
OH, SEIGNEUR ! ELLE VA NOUS...
SPTAK
SPTAK
WHOMP!
DERRIÈRE MOI ! JE SENS QUE QUELQU'UN ME VISE.
SANS MON SEPTIÈME SENS, IL AURAIT PU M'ABATTRE !
SAUF QUE...

... DOMMAGE POUR LUI !
POWW
CINQ BRAQUEURS DE BANQUES...
ET... EMBALLEZ, C'EST PESÉ !
"... QUI FINISSENT AU PAYS DES RÊVES !
"PAS MAL POUR UNE PREMIÈRE JOURNÉE DE TRAVAIL !"
CRASH!
J'AI DÉJÀ VU DES FILLES QUI ASSURAIENT, MAIS CELLE-LÀ...
NON, SUZY... JAMAIS !
TU AS DÉJÀ VU UNE FEMME AUSSI FORTE, MAMAN ?
QUAND JE SERAI GRANDE, JE VEUX ÊTRE COMME ELLE !
...!
TANDIS QUE DANS LA RUE, LA FOULE EN ADMIRATION S'ATTROUPE AUTOUR DE LA JEUNE SUPER-HÉROÏNE...
... À L'INTÉRIEUR DE LA BANQUE, UN DRÔLE D'INDIVIDU SORT DU COFFRE À L'INSU DE TOUS...
QUOIQUE... AURIONS-NOUS PARLÉ TROP VITE ?
PAS UN GESTE !
SI TU ESPÈRES PROFITER DE LA DIVERSION QUE CRÉENT TES COMPLICES, TU TE TROMPES LOURDEM...
HÉ ! JE TE CONNAIS...
TU ES LE SCORPION !
KRAK!
OUI ! ET TU CONNAIS LA MEILLEURE ARME DU SCORPION, CRÉTIN ?
C'EST SA QUEUE !
AHNNFFF !

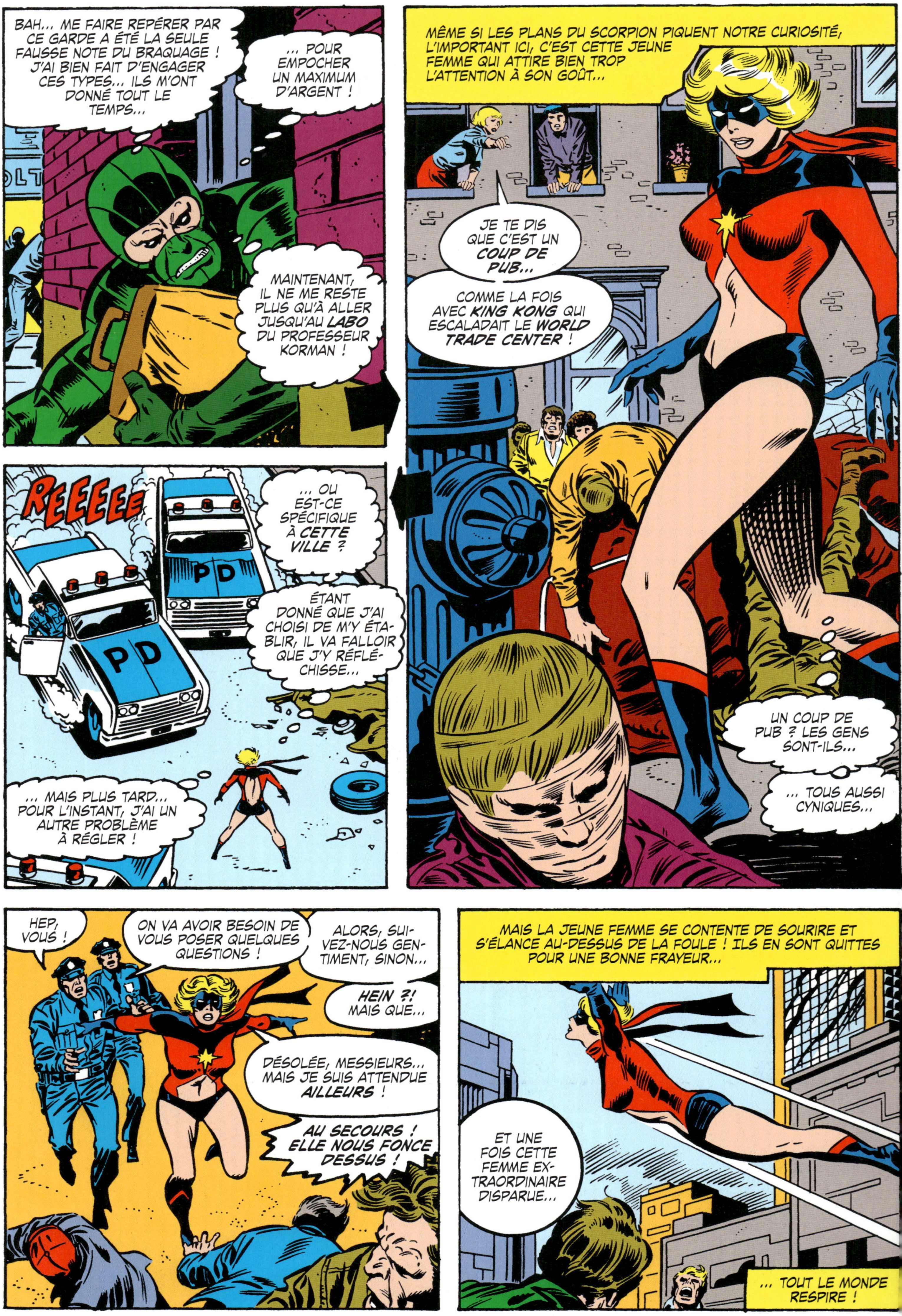
BAH... ME FAIRE REPÉRER PAR CE GARDE A ÉTÉ LA SEULE FAUSSE NOTE DU BRAQUAGE ! J'AI BIEN FAIT D'ENGAGER CES TYPES... ILS M'ONT DONNÉ TOUT LE TEMPS...
... POUR EMPOCHER UN MAXIMUM D'ARGENT !
MAINTENANT, IL NE ME RESTE PLUS QU'À ALLER JUSQU'AU LABO DU PROFESSEUR KORMAN !
REEEEEE
... OU EST-CE SPÉCIFIQUE À CETTE VILLE ?
ÉTANT DONNÉ QUE J'AI CHOISI DE M'Y ÉTABLIR, IL VA FALLOIR QUE J'Y RÉFLÉCHISSE...
... MAIS PLUS TARD... POUR L'INSTANT, J'AI UN AUTRE PROBLÈME À RÉGLER !
PD
PD
MÊME SI LES PLANS DU SCORPION PIQUENT NOTRE CURIOSITÉ, L'IMPORTANT ICI, C'EST CETTE JEUNE FEMME QUI ATTIRE BIEN TROP L'ATTENTION À SON GOÛT...
JE TE DIS QUE C'EST UN COUP DE PUB...
COMME LA FOIS AVEC KING KONG QUI ESCALADAIT LE WORLD TRADE CENTER !
UN COUP DE PUB ? LES GENS SONT-ILS...
... TOUS AUSSI CYNIQUES...
HEP, VOUS !
ON VA AVOIR BESOIN DE VOUS POSER QUELQUES QUESTIONS !
ALORS, SUIVEZ-NOUS GENTIMENT, SINON...
HEIN ?! MAIS QUE...
DÉSOLÉE, MESSIEURS... MAIS JE SUIS ATTENDUE AILLEURS !
AU SECOURS ! ELLE NOUS FONCE DESSUS !
MAIS LA JEUNE FEMME SE CONTENTE DE SOURIRE ET S'ÉLANCE AU-DESSUS DE LA FOULE ! ILS EN SONT QUITTES POUR UNE BONNE FRAYEUR...
ET UNE FOIS CETTE FEMME EXTRAORDINAIRE DISPARUE...
... TOUT LE MONDE RESPIRE !

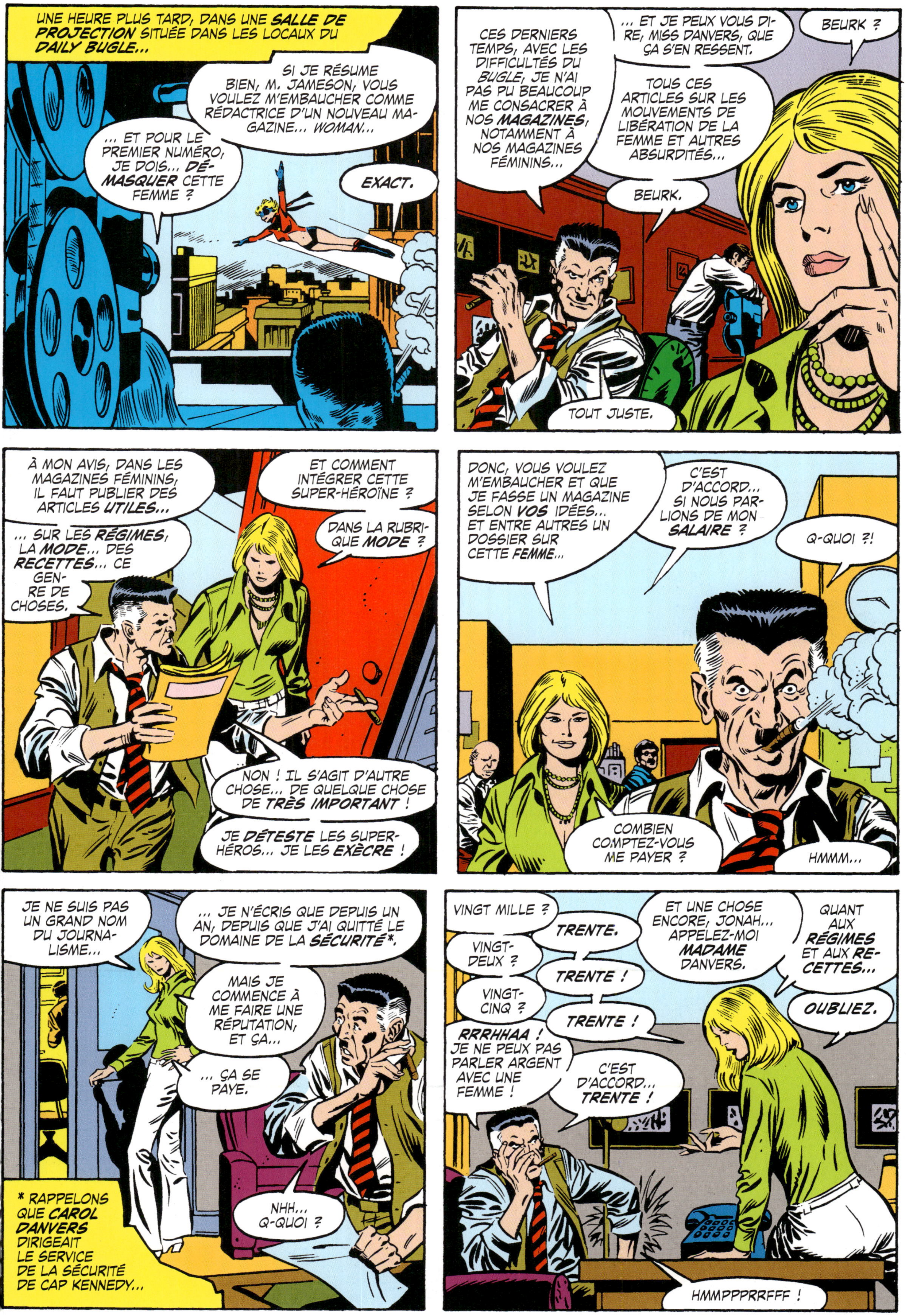

UNE HEURE PLUS TARD, DANS UNE SALLE DE PROJECTION SITUÉE DANS LES LOCAUX DU DAILY BUGLE...
SI JE RÉSUME BIEN, M. JAMESON, VOUS VOULEZ M'EMBAUCHER COMME RÉDACTRICE D'UN NOUVEAU MAGAZINE... WOMAN...
... ET POUR LE PREMIER NUMÉRO, JE DOIS... DÉMASQUER CETTE FEMME ?
EXACT.
CES DERNIERS TEMPS, AVEC LES DIFFICULTÉS DU BUGLE, JE N'AI PAS PU BEAUCOUP ME CONSACRER À NOS MAGAZINES, NOTAMMENT À NOS MAGAZINES FÉMININS...
... ET JE PEUX VOUS DIRE, MISS DANVERS, QUE ÇA S'EN RESSENT.
BEURK ?
TOUS CES ARTICLES SUR LES MOUVEMENTS DE LIBÉRATION DE LA FEMME ET AUTRES ABSURDITÉS...
BEURK.
TOUT JUSTE.
À MON AVIS, DANS LES MAGAZINES FÉMININS, IL FAUT PUBLIER DES ARTICLES UTILES...
... SUR LES RÉGIMES, LA MODE... DES RECETTES... CE GENRE DE CHOSES.
ET COMMENT INTÉGRER CETTE SUPER-HÉROÏNE ?
DANS LA RUBRIQUE MODE ?
NON ! IL S'AGIT D'AUTRE CHOSE... DE QUELQUE CHOSE DE TRÈS IMPORTANT !
JE DÉTESTE LES SUPER-HÉROS... JE LES EXÈCRE !
DONC, VOUS VOULEZ M'EMBAUCHER ET QUE JE FASSE UN MAGAZINE SELON VOS IDÉES... ET ENTRE AUTRES UN DOSSIER SUR CETTE FEMME...
C'EST D'ACCORD... SI NOUS PARLIONS DE MON SALAIRE ?
Q-QUOI ?!
COMBIEN COMPTEZ-VOUS ME PAYER ?
HMMM...
JE NE SUIS PAS UN GRAND NOM DU JOURNALISME...
... JE N'ÉCRIS QUE DEPUIS UN AN, DEPUIS QUE J'AI QUITTÉ LE DOMAINE DE LA SÉCURITÉ*.
MAIS JE COMMENCE À ME FAIRE UNE RÉPUTATION, ET ÇA...
... ÇA SE PAYE.
NHH... Q-QUOI ?
* RAPPELONS QUE CAROL DANVERS DIRIGEAIT LE SERVICE DE LA SÉCURITÉ DE CAP KENNEDY...
VINGT MILLE ?
TRENTE.
VINGT-DEUX ?
TRENTE !
VINGT-CINQ ?
TRENTE !
RRRHHAA ! JE NE PEUX PAS PARLER ARGENT AVEC UNE FEMME !
C'EST D'ACCORD... TRENTE !
ET UNE CHOSE ENCORE, JONAH... APPELEZ-MOI MADAME DANVERS.
QUANT AUX RÉGIMES ET AUX RECETTES...
OUBLIEZ.
HMMPPPRRFFF !

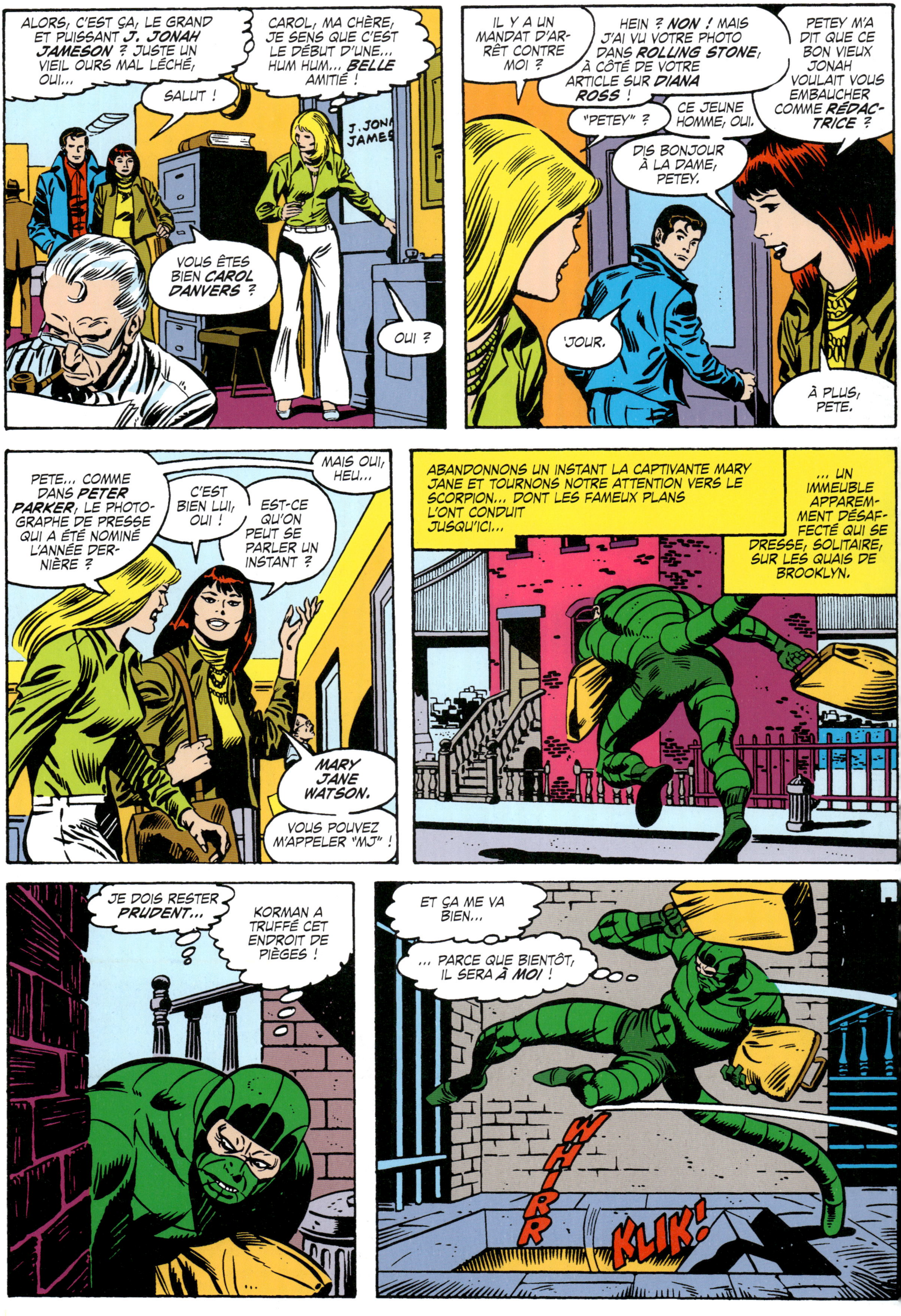
ALORS, C'EST ÇA, LE GRAND ET PUISSANT J. JONAH JAMESON ? JUSTE UN VIEIL OURS MAL LÉCHÉ, OUI...
CAROL, MA CHÈRE, JE SENS QUE C'EST LE DÉBUT D'UNE... HUM HUM... BELLE AMITIÉ !
SALUT !
J. JONA JAMES
VOUS ÊTES BIEN CAROL DANVERS ?
OUI ?
IL Y A UN MANDAT D'ARRÊT CONTRE MOI ?
HEIN ? NON ! MAIS J'AI VU VOTRE PHOTO DANS ROLLING STONE, À CÔTÉ DE VOTRE ARTICLE SUR DIANA ROSS !
PETEY M'A DIT QUE CE BON VIEUX JONAH VOULAIT VOUS EMBAUCHER COMME RÉDACTRICE ?
"PETEY" ?
CE JEUNE HOMME, OUI.
DIS BONJOUR À LA DAME, PETEY.
'JOUR.
À PLUS, PETE.
PETE... COMME DANS PETER PARKER, LE PHOTOGRAPHE DE PRESSE QUI A ÉTÉ NOMINÉ L'ANNÉE DERNIÈRE ?
MAIS OUI, HEU...
C'EST BIEN LUI, OUI !
EST-CE QU'ON PEUT SE PARLER UN INSTANT ?
MARY JANE WATSON.
VOUS POUVEZ M'APPELER "MJ" !
ABANDONNONS UN INSTANT LA CAPTIVANTE MARY JANE ET TOURNONS NOTRE ATTENTION VERS LE SCORPION... DONT LES FAMEUX PLANS L'ONT CONDUIT JUSQU'ICI...
... UN IMMEUBLE APPAREMMENT DÉSAFFECTÉ QUI SE DRESSE, SOLITAIRE, SUR LES QUAIS DE BROOKLYN.
JE DOIS RESTER PRUDENT...
KORMAN A TRUFFÉ CET ENDROIT DE PIÈGES !
ET ÇA ME VA BIEN...
... PARCE QUE BIENTÔT, IL SERA À MOI !
WHIRR
KLIK!

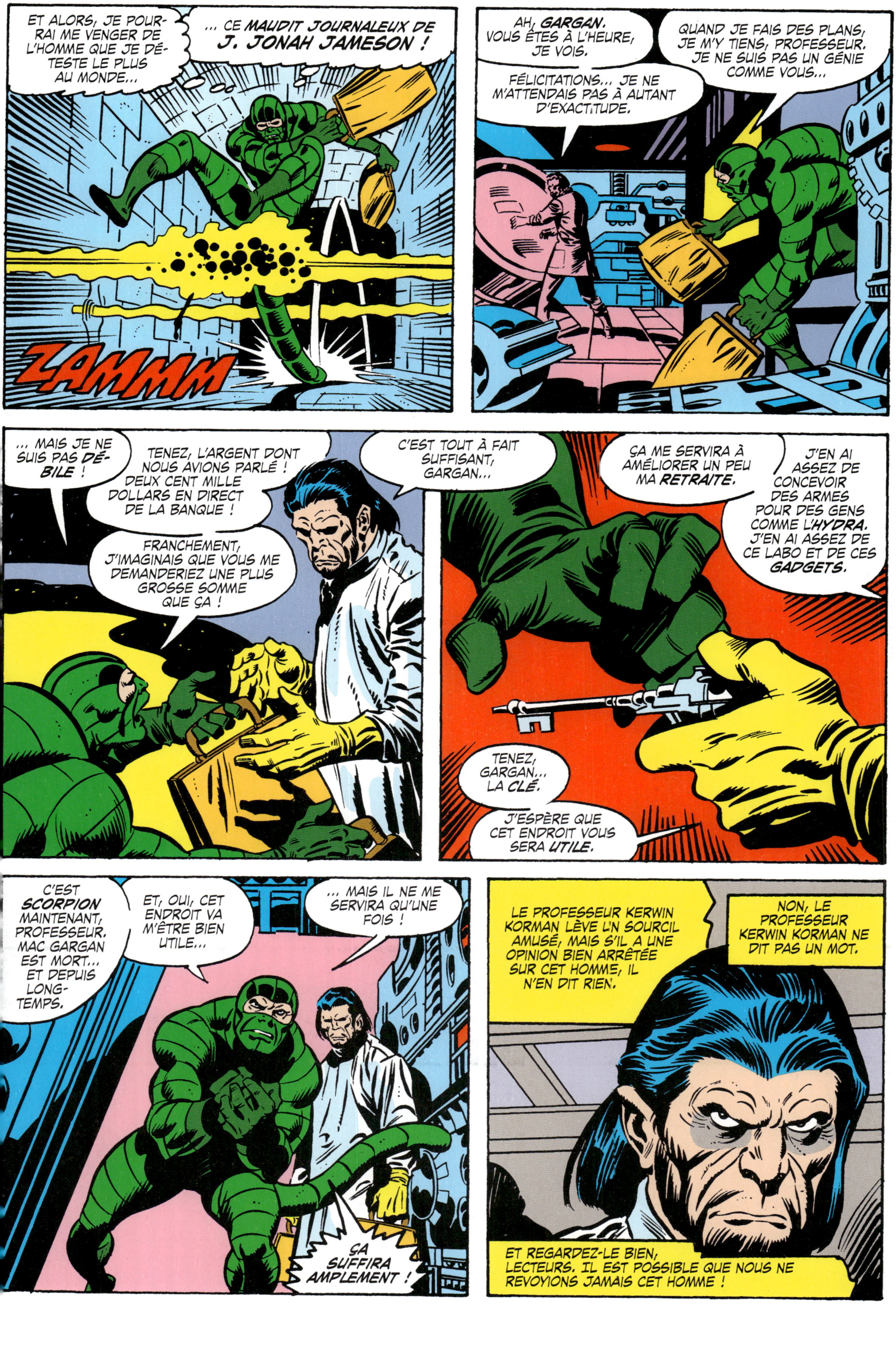
ET ALORS, JE POURRAI ME VENGER DE L'HOMME QUE JE DÉTESTE LE PLUS AU MONDE...
... CE MAUDIT JOURNALEUX DE J. JONAH JAMESON !
ZAMMM
AH, GARGAN. VOUS ÊTES À L'HEURE, JE VOIS.
FÉLICITATIONS... JE NE M'ATTENDAIS PAS À AUTANT D'EXACTITUDE.
QUAND JE FAIS DES PLANS, JE M'Y TIENS, PROFESSEUR. JE NE SUIS PAS UN GÉNIE COMME VOUS...
... MAIS JE NE SUIS PAS DÉBILE !
TENEZ, L'ARGENT DONT NOUS AVIONS PARLÉ ! DEUX CENT MILLE DOLLARS EN DIRECT DE LA BANQUE !
FRANCHEMENT, J'IMAGINAIS QUE VOUS ME DEMANDERIEZ UNE PLUS GROSSE SOMME QUE ÇA !
C'EST TOUT À FAIT SUFFISANT, GARGAN...
ÇA ME SERVIRA À AMÉLIORER UN PEU MA RETRAITE.
J'EN AI ASSEZ DE CONCEVOIR DES ARMES POUR DES GENS COMME L'HYDRA. J'EN AI ASSEZ DE CE LABO ET DE CES GADGETS.
TENEZ, GARGAN... LA CLÉ.
J'ESPÈRE QUE CET ENDROIT VOUS SERA UTILE.
C'EST SCORPION MAINTENANT, PROFESSEUR. MAC GARGAN EST MORT... ET DEPUIS LONGTEMPS.
ET, OUI, CET ENDROIT VA M'ÊTRE BIEN UTILE...
... MAIS IL NE ME SERVIRA QU'UNE FOIS !
ÇA SUFFIRA AMPLEMENT !
LE PROFESSEUR KERWIN KORMAN LÈVE UN SOURCIL AMUSÉ, MAIS S'IL A UNE OPINION BIEN ARRÊTÉE SUR CET HOMME, IL N'EN DIT RIEN.
NON, LE PROFESSEUR KERWIN KORMAN NE DIT PAS UN MOT.
ET REGARDEZ-LE BIEN, LECTEURS. IL EST POSSIBLE QUE NOUS NE REVOYIONS JAMAIS CET HOMME !

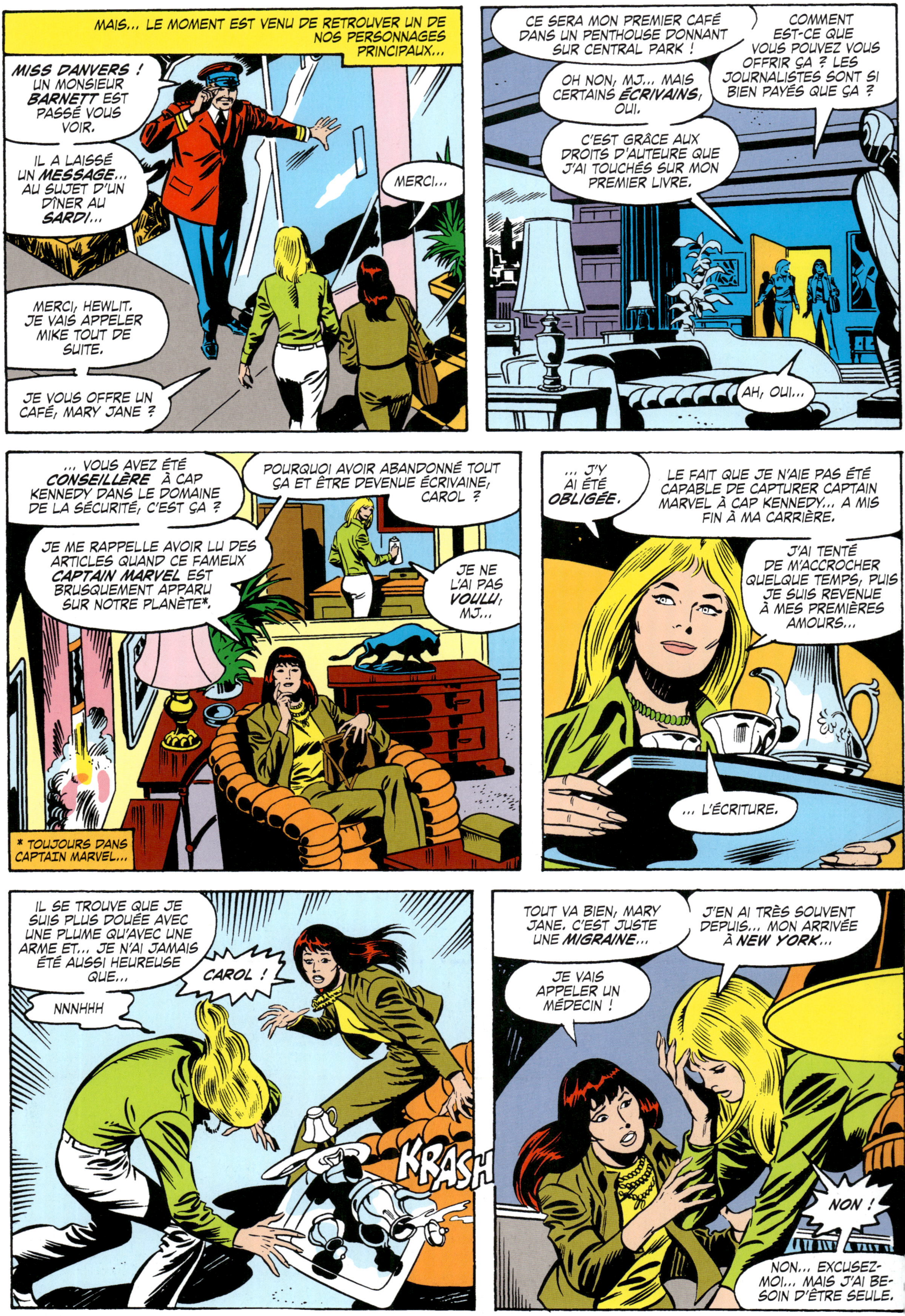

MAIS... LE MOMENT EST VENU DE RETROUVER UN DE NOS PERSONNAGES PRINCIPAUX...
MISS DANVERS ! UN MONSIEUR BARNETT EST PASSÉ VOUS VOIR.
IL A LAISSÉ UN MESSAGE... AU SUJET D'UN DÎNER AU SARDI...
MERCI...
MERCI, HEWLIT. JE VAIS APPELER MIKE TOUT DE SUITE.
JE VOUS OFFRE UN CAFÉ, MARY JANE ?
CE SERA MON PREMIER CAFÉ DANS UN PENTHOUSE DONNANT SUR CENTRAL PARK !
COMMENT EST-CE QUE VOUS POUVEZ VOUS OFFRIR ÇA ? LES JOURNALISTES SONT SI BIEN PAYÉS QUE ÇA ?
OH NON, MJ... MAIS CERTAINS ÉCRIVAINS, OUI.
C'EST GRÂCE AUX DROITS D'AUTEURE QUE J'AI TOUCHÉS SUR MON PREMIER LIVRE.
AH, OUI...
... VOUS AVEZ ÉTÉ CONSEILLÈRE À CAP KENNEDY DANS LE DOMAINE DE LA SÉCURITÉ, C'EST ÇA ?
JE ME RAPPELLE AVOIR LU DES ARTICLES QUAND CE FAMEUX CAPTAIN MARVEL EST BRUSQUEMENT APPARU SUR NOTRE PLANÈTE*.
POURQUOI AVOIR ABANDONNÉ TOUT ÇA ET ÊTRE DEVENUE ÉCRIVAINE, CAROL ?
JE NE L'AI PAS VOULU, MJ...
* TOUJOURS DANS CAPTAIN MARVEL...
... J'Y AI ÉTÉ OBLIGÉE.
LE FAIT QUE JE N'AIE PAS ÉTÉ CAPABLE DE CAPTURER CAPTAIN MARVEL À CAP KENNEDY... A MIS FIN À MA CARRIÈRE.
J'AI TENTÉ DE M'ACCROCHER QUELQUE TEMPS, PUIS JE SUIS REVENUE À MES PREMIÈRES AMOURS...
... L'ÉCRITURE.
IL SE TROUVE QUE JE SUIS PLUS DOUÉE AVEC UNE PLUME QU'AVEC UNE ARME ET... JE N'AI JAMAIS ÉTÉ AUSSI HEUREUSE QUE...
CAROL !
NNNHHH
KRASH
TOUT VA BIEN, MARY JANE. C'EST JUSTE UNE MIGRAINE...
J'EN AI TRÈS SOUVENT DEPUIS... MON ARRIVÉE À NEW YORK...
JE VAIS APPELER UN MÉDECIN !
NON !
NON... EXCUSEZ-MOI... MAIS J'AI BESOIN D'ÊTRE SEULE.

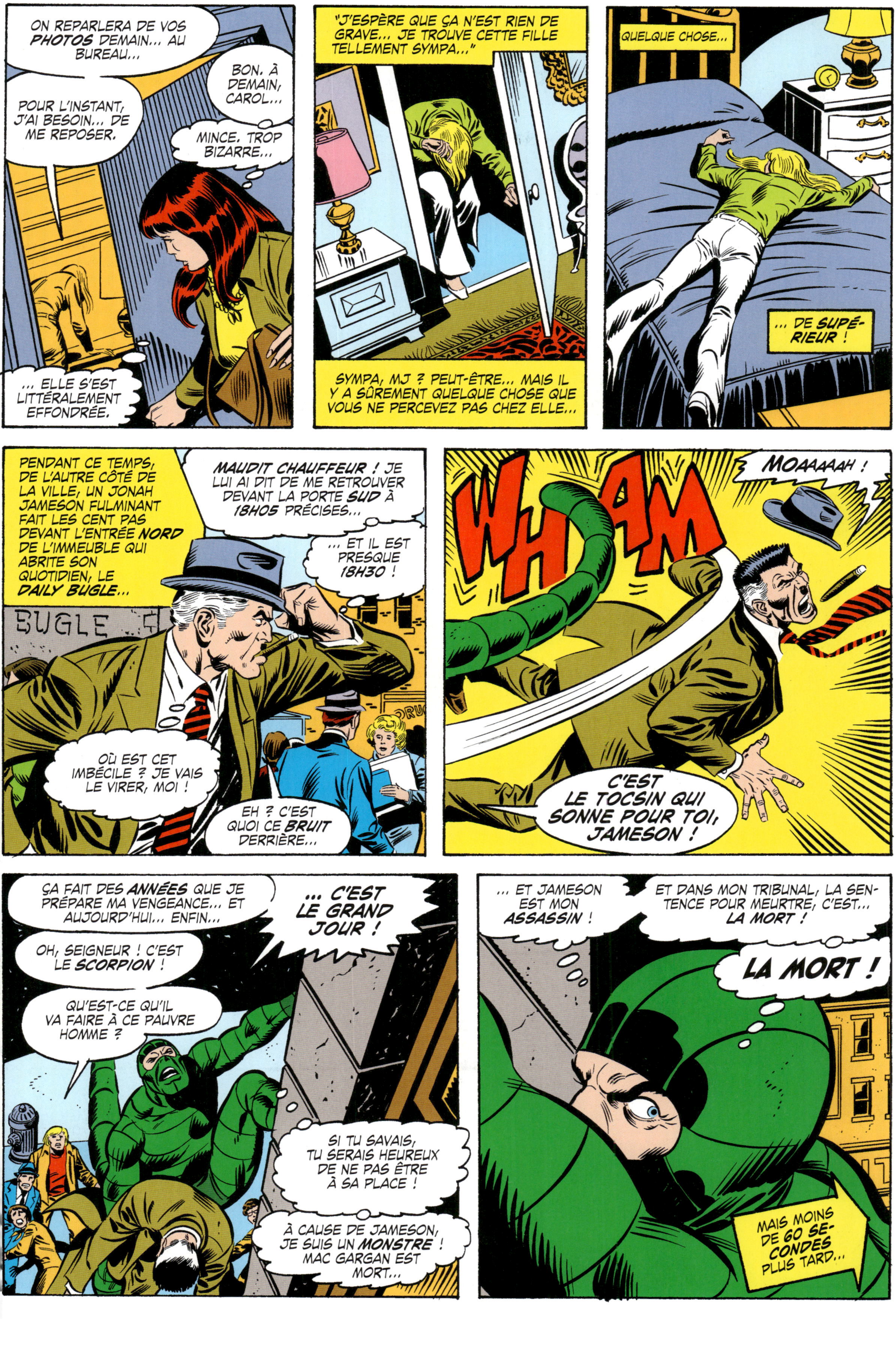
ON REPARLERA DE VOS PHOTOS DEMAIN... AU BUREAU...
POUR L'INSTANT, J'AI BESOIN... DE ME REPOSER.
BON. À DEMAIN, CAROL...
MINCE. TROP BIZARRE...
... ELLE S'EST LITTÉRALEMENT EFFONDRÉE.
"J'ESPÈRE QUE ÇA N'EST RIEN DE GRAVE... JE TROUVE CETTE FILLE TELLEMENT SYMPA..."
SYMPA, MJ ? PEUT-ÊTRE... MAIS IL Y A SÛREMENT QUELQUE CHOSE QUE VOUS NE PERCEVEZ PAS CHEZ ELLE...
QUELQUE CHOSE...
... DE SUPÉRIEUR !
PENDANT CE TEMPS, DE L'AUTRE CÔTÉ DE LA VILLE, UN JONAH JAMESON FULMINANT FAIT LES CENT PAS DEVANT L'ENTRÉE NORD DE L'IMMEUBLE QUI ABRITE SON QUOTIDIEN, LE DAILY BUGLE...
MAUDIT CHAUFFEUR ! JE LUI AI DIT DE ME RETROUVER DEVANT LA PORTE SUD À 18H05 PRÉCISES...
... ET IL EST PRESQUE 18H30 !
BUGLE
OÙ EST CET IMBÉCILE ? JE VAIS LE VIRER, MOI !
EH ? C'EST QUOI CE BRUIT DERRIÈRE...
WHAM
MOAAAAAH !
C'EST LE TOCSIN QUI SONNE POUR TOI, JAMESON !
ÇA FAIT DES ANNÉES QUE JE PRÉPARE MA VENGEANCE... ET AUJOURD'HUI... ENFIN...
... C'EST LE GRAND JOUR !
OH, SEIGNEUR ! C'EST LE SCORPION !
QU'EST-CE QU'IL VA FAIRE À CE PAUVRE HOMME ?
SI TU SAVAIS, TU SERAIS HEUREUX DE NE PAS ÊTRE À SA PLACE !
À CAUSE DE JAMESON, JE SUIS UN MONSTRE ! MAC GARGAN EST MORT...
... ET JAMESON EST MON ASSASSIN !
ET DANS MON TRIBUNAL, LA SENTENCE POUR MEURTRE, C'EST... LA MORT !
LA MORT !
MAIS MOINS DE 60 SECONDES PLUS TARD...

... UNE SILHOUETTE DÉSORMAIS FAMILIÈRE FEND LE CIEL DE MANHATTAN !
LE SCORPION A DISPARU... IL S'EST FAUFILÉ QUELQUE PART SUR LES TOITS.
MON SEPTIÈME SENS M'A AVERTIE TROP TARD QUE JAMESON ALLAIT SE FAIRE ENLEVER...
... MAIS JE PEUX PEUT-ÊTRE ENCORE LE SAUVER AVANT QUE LE SCORPION NE METTE SON PLAN À EXÉCUTION.
CET IMMEUBLE DOIT ÊTRE CELUI DU DAILY BUGLE...
À MON AVIS, JE DEVRAIS POUVOIR Y RECUEILLIR LES VIBRATIONS DONT J'AI BESOIN.
TIENS... MAIS C'EST BIZARRE...
J'AI L'IMPRESSION DE CONNAÎTRE CET ENDROIT... C'EST IMPOSSIBLE, POURTANT !
ON AURA VRAIMENT TOUT VU !
SPIDER-MAN N'ARRÊTE PAS DE VENIR NOUS RENDRE VISITE ET MAINTENANT...
UNE FEMME VOLANTE !
OH, SEIGNEUR DIEU !
CALMEZ-VOUS TOUS ! ELLE NE VA PAS NOUS FAIRE DE MAL...
... SAUF SI ELLE A CHANGÉ DE CAMP DEPUIS QU'ELLE A ARRÊTÉ CES BRAQUEURS CE MATIN.
JE M'APPELLE JOE ROBERTSON, RÉDACTEUR EN CHEF. ET VOUS ÊTES...?
HEU... VOUS VOULEZ SAVOIR MON NOM...?
SI VOUS EN AVEZ UN, OUI.
JE... JE NE CROIS PAS !
JE VOIS. ET QUE VENEZ-VOUS CHERCHER ICI ?
LA JEUNE FEMME NE RÉPOND RIEN, ET L'ESPACE D'UN INSTANT, SON REGARD SE PERD... COMME SI SES YEUX CONTEMPLAIENT UN SPECTACLE INVISIBLE AUX YEUX HUMAINS...
JE SENS LE SCORPION... IL TRANSPORTE JAMESON... VERS UN ENDROIT DANGEREUX.
DANS UN IMMEUBLE... ABANDONNÉ... QUELQUE PART À...
... BROOKLYN !
LENTEMENT, TEL UN PLONGEUR REMONTANT À LA SURFACE, ELLE SORT DE SA TRANSE... MAIS À PEINE A-T-ELLE RETROUVÉ SES SENS QUE...
LA POLICE !
QUELQUE CHOSE ME DIT QU'ON A REPÉRÉ VOTRE ARRIVÉE ICI.
ILS DOIVENT VOULOIR VOUS INTERROGER SUR VOS ACTIVITÉS !
OUI... ET QU'ELLE NOUS PARLE DU SCORPION !
QUOI ?!
DÉSOLÉE, MAIS JE N'AI PAS LE TEMPS DE VOUS EXPLIQUER. IL Y A PLUS IMPORTANT EN JEU...

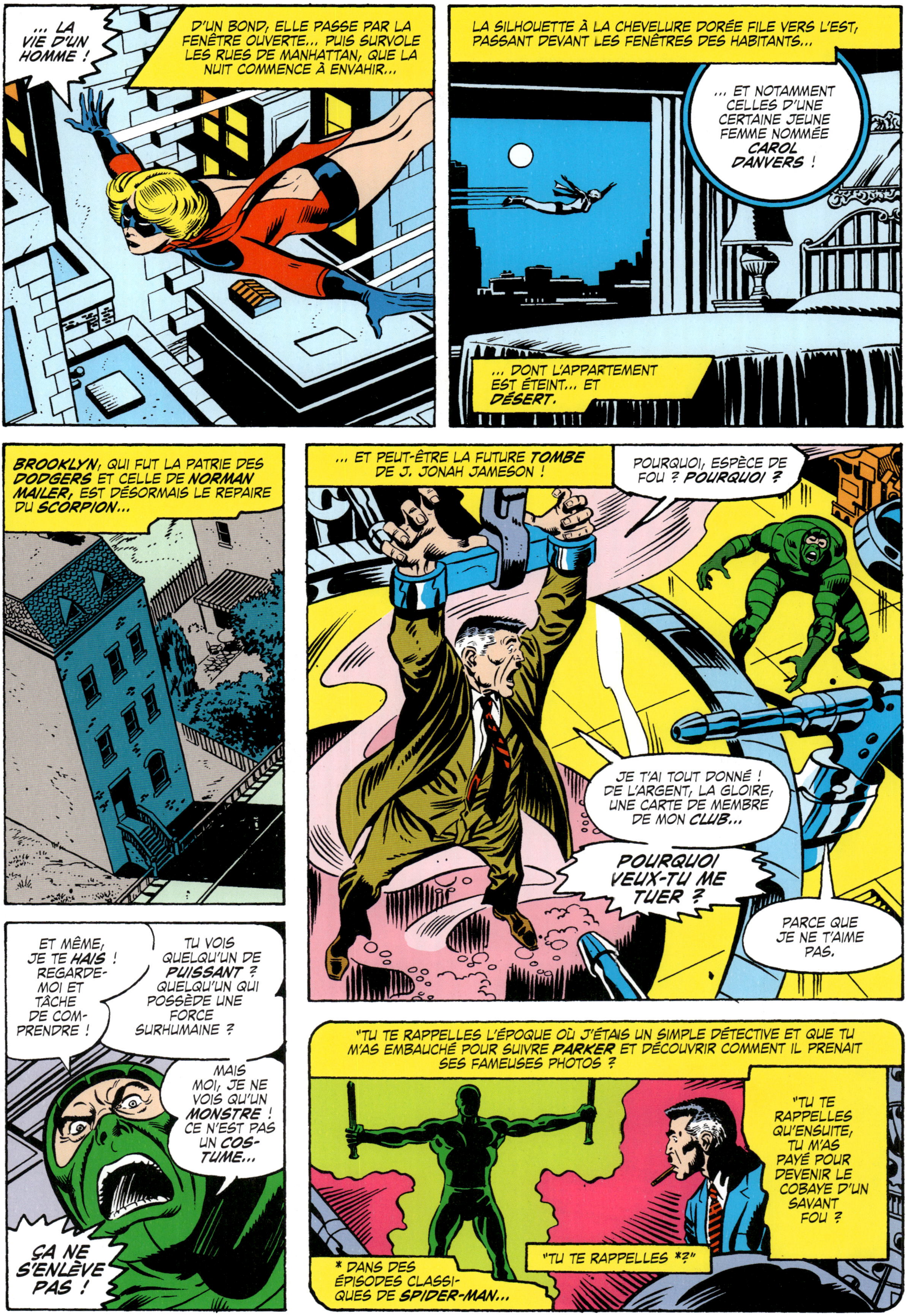
... LA VIE D'UN HOMME !
D'UN BOND, ELLE PASSE PAR LA FENÊTRE OUVERTE... PUIS SURVOLE LES RUES DE MANHATTAN, QUE LA NUIT COMMENCE À ENVAHIR...
LA SILHOUETTE À LA CHEVELURE DORÉE FILE VERS L'EST, PASSANT DEVANT LES FENÊTRES DES HABITANTS...
... ET NOTAMMENT CELLES D'UNE CERTAINE JEUNE FEMME NOMMÉE CAROL DANVERS !
... DONT L'APPARTEMENT EST ÉTEINT... ET DÉSERT.
BROOKLYN, QUI FUT LA PATRIE DES DODGERS ET CELLE DE NORMAN MAILER, EST DÉSORMAIS LE REPAIRE DU SCORPION...
... ET PEUT-ÊTRE LA FUTURE TOMBE DE J. JONAH JAMESON !
POURQUOI, ESPÈCE DE FOU ? POURQUOI ?
JE T'AI TOUT DONNÉ ! DE L'ARGENT, LA GLOIRE, UNE CARTE DE MEMBRE DE MON CLUB...
POURQUOI VEUX-TU ME TUER ?
PARCE QUE JE NE T'AIME PAS.
ET MÊME, JE TE HAIS ! REGARDE-MOI ET TÂCHE DE COMPRENDRE !
TU VOIS QUELQU'UN DE PUISSANT ? QUELQU'UN QUI POSSÈDE UNE FORCE SURHUMAINE ?
MAIS MOI, JE NE VOIS QU'UN MONSTRE ! CE N'EST PAS UN COSTUME...
ÇA NE S'ENLÈVE PAS !
"TU TE RAPPELLES L'ÉPOQUE OÙ J'ÉTAIS UN SIMPLE DÉTECTIVE ET QUE TU M'AS EMBAUCHÉ POUR SUIVRE PARKER ET DÉCOUVRIR COMMENT IL PRENAIT SES FAMEUSES PHOTOS ?
"TU TE RAPPELLES QU'ENSUITE, TU M'AS PAYÉ POUR DEVENIR LE COBAYE D'UN SAVANT FOU ?
"TU TE RAPPELLES *?"
* DANS DES ÉPISODES CLASSIQUES DE SPIDER-MAN...

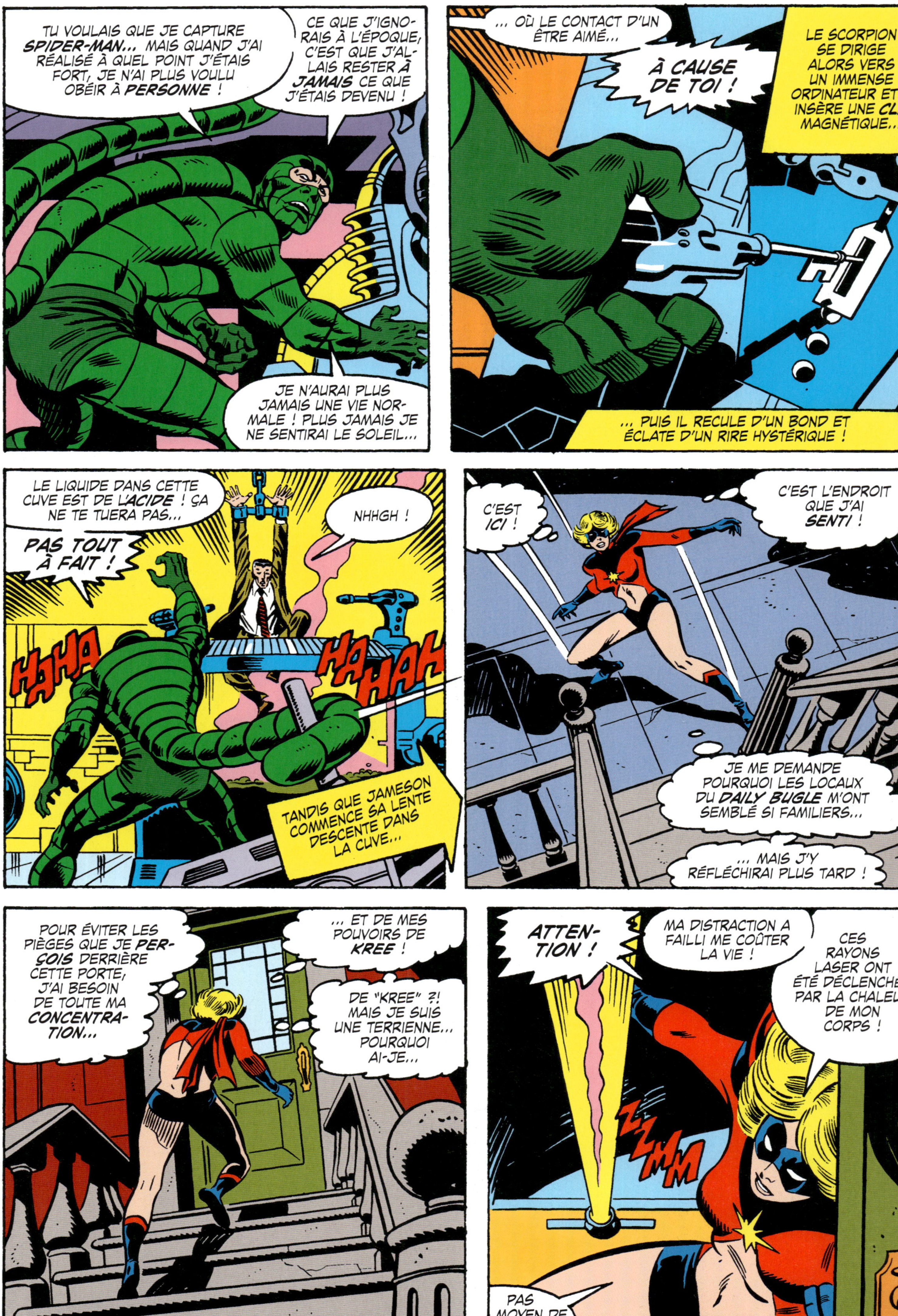
TU VOULAIS QUE JE CAPTURE SPIDER-MAN... MAIS QUAND J'AI RÉALISÉ À QUEL POINT J'ÉTAIS FORT, JE N'AI PLUS VOULU OBÉIR À PERSONNE !
CE QUE J'IGNORAIS À L'ÉPOQUE, C'EST QUE J'ALLAIS RESTER À JAMAIS CE QUE J'ÉTAIS DEVENU !
JE N'AURAI PLUS JAMAIS UNE VIE NORMALE ! PLUS JAMAIS JE NE SENTIRAI LE SOLEIL...
... OÙ LE CONTACT D'UN ÊTRE AIMÉ...
À CAUSE DE TOI !
LE SCORPION SE DIRIGE ALORS VERS UN IMMENSE ORDINATEUR ET Y INSÈRE UNE CLÉ MAGNÉTIQUE...
... PUIS IL RECULE D'UN BOND ET ÉCLATE D'UN RIRE HYSTÉRIQUE !
LE LIQUIDE DANS CETTE CUVE EST DE L'ACIDE ! ÇA NE TE TUERA PAS...
PAS TOUT À FAIT !
NHHGH !
HAHA
HAHAH
TANDIS QUE JAMESON COMMENCE SA LENTE DESCENTE DANS LA CUVE...
C'EST ICI !
C'EST L'ENDROIT QUE J'AI SENTI !
JE ME DEMANDE POURQUOI LES LOCAUX DU DAILY BUGLE M'ONT SEMBLÉ SI FAMILIERS...
... MAIS J'Y RÉFLÉCHIRAI PLUS TARD !
POUR ÉVITER LES PIÈGES QUE JE PERÇOIS DERRIÈRE CETTE PORTE, J'AI BESOIN DE TOUTE MA CONCENTRATION...
... ET DE MES POUVOIRS DE KREE !
DE "KREE" ?! MAIS JE SUIS UNE TERRIENNE... POURQUOI AI-JE...
ATTENTION !
MA DISTRACTION A FAILLI ME COÛTER LA VIE !
CES RAYONS LASER ONT ÉTÉ DÉCLENCHÉS PAR LA CHALEUR DE MON CORPS !
ZZZMMM
PAS MOYEN DE PASSER...

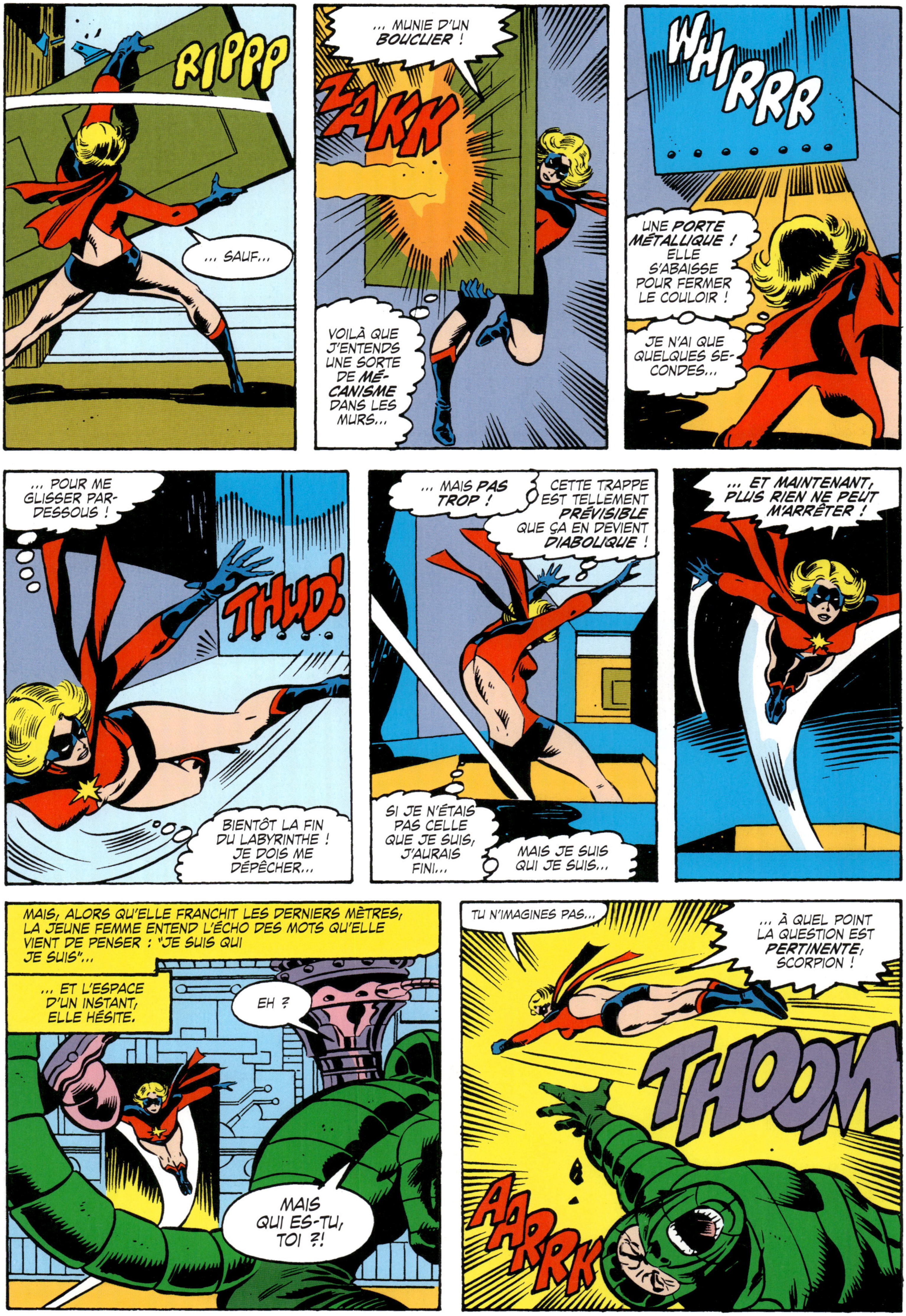
RIPPP
... SAUF...
... MUNIE D'UN BOUCLIER !
ZAKK
VOILÀ QUE J'ENTENDS UNE SORTE DE MÉCANISME DANS LES MURS...
WHIRRR
UNE PORTE MÉTALLIQUE ! ELLE S'ABAISSE POUR FERMER LE COULOIR !
JE N'AI QUE QUELQUES SECONDES...
... POUR ME GLISSER PARDESSOUS !
THUD!
BIENTÔT LA FIN DU LABYRINTHE ! JE DOIS ME DÉPÊCHER...
... MAIS PAS TROP !
CETTE TRAPPE EST TELLEMENT PRÉVISIBLE QUE ÇA EN DEVIENT DIABOLIQUE !
SI JE N'ÉTAIS PAS CELLE QUE JE SUIS, J'AURAIS FINI...
MAIS JE SUIS QUI JE SUIS...
... ET MAINTENANT, PLUS RIEN NE PEUT M'ARRÊTER !
MAIS, ALORS QU'ELLE FRANCHIT LES DERNIERS MÈTRES, LA JEUNE FEMME ENTEND L'ÉCHO DES MOTS QU'ELLE VIENT DE PENSER : "JE SUIS QUI JE SUIS"...
... ET L'ESPACE D'UN INSTANT, ELLE HÉSITE.
EH ?
MAIS QUI ES-TU, TOI ?!
TU N'IMAGINES PAS...
... À QUEL POINT LA QUESTION EST PERTINENTE, SCORPION !
THOOM
AARRK

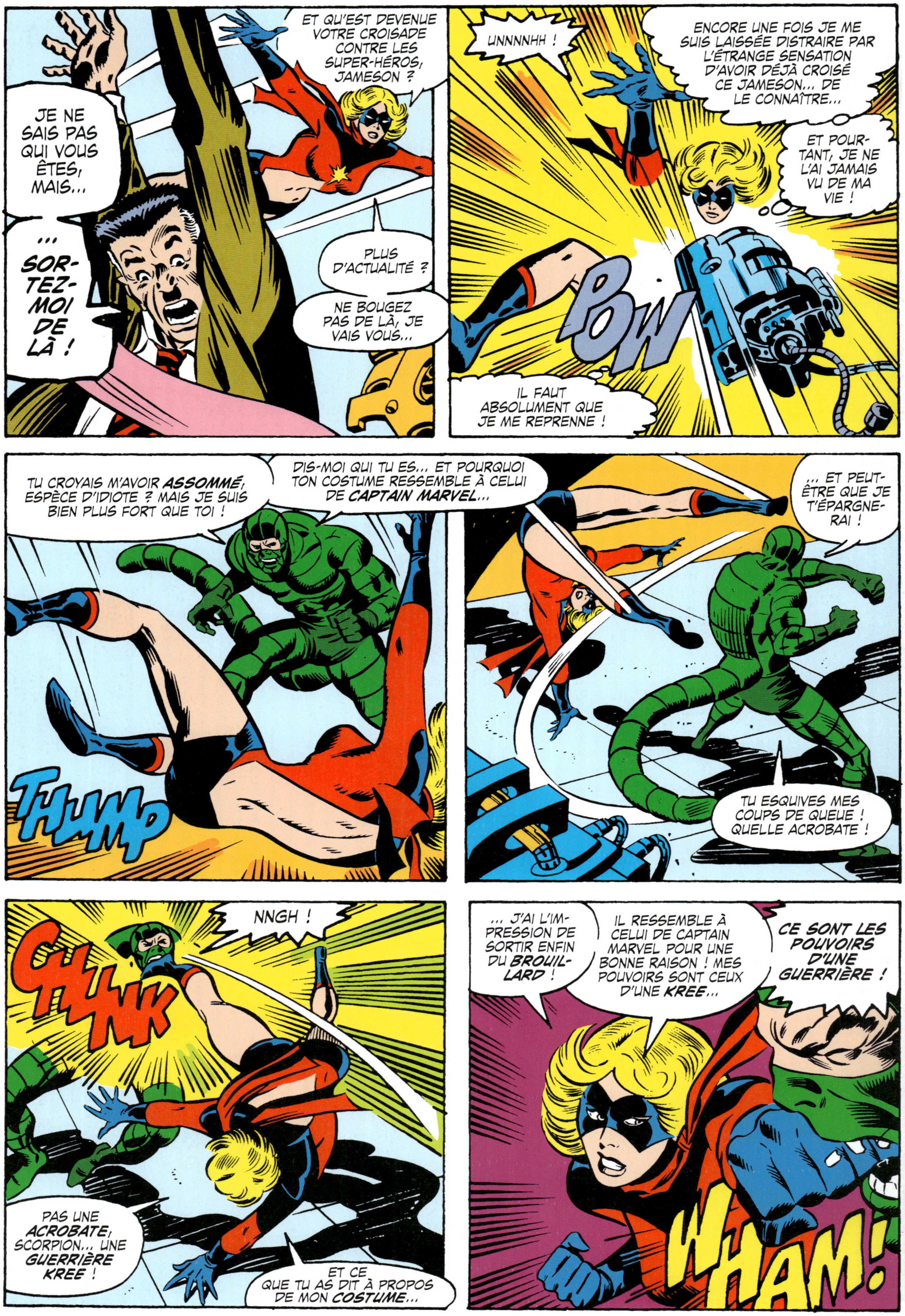
ET QU'EST DEVENUE VOTRE CROISADE CONTRE LES SUPER-HÉROS, JAMESON ?
JE NE SAIS PAS QUI VOUS ÊTES, MAIS...
... SORTEZ-MOI DE LÀ !
PLUS D'ACTUALITÉ ?
NE BOUGEZ PAS DE LÀ, JE VAIS VOUS...
UNNNNHH !
ENCORE UNE FOIS JE ME SUIS LAISSÉE DISTRAIRE PAR L'ÉTRANGE SENSATION D'AVOIR DÉJÀ CROISÉ CE JAMESON... DE LE CONNAÎTRE...
ET POURTANT, JE NE L'AI JAMAIS VU DE MA VIE !
POW
IL FAUT ABSOLUMENT QUE JE ME REPRENNE !
TU CROYAIS M'AVOIR ASSOMMÉ, ESPÈCE D'IDIOTE ? MAIS JE SUIS BIEN PLUS FORT QUE TOI !
DIS-MOI QUI TU ES... ET POURQUOI TON COSTUME RESSEMBLE À CELUI DE CAPTAIN MARVEL...
THUMP
... ET PEUT-ÊTRE QUE JE T'ÉPARGNERAI !
TU ESQUIVES MES COUPS DE QUEUE ! QUELLE ACROBATE !
NNGH !
CHUNK
PAS UNE ACROBATE, SCORPION... UNE GUERRIÈRE KREE !
ET CE QUE TU AS DIT À PROPOS DE MON COSTUME...
... J'AI L'IMPRESSION DE SORTIR ENFIN DU BROUILLARD !
IL RESSEMBLE À CELUI DE CAPTAIN MARVEL POUR UNE BONNE RAISON ! MES POUVOIRS SONT CEUX D'UNE KREE...
CE SONT LES POUVOIRS D'UNE GUERRIÈRE !
WHAM!

SKRASSH!
CETTE FILLE EST FOLLE !
J'AI ENTENDU PARLER DES KREES... DE LEURS SENTINELLES QUI ONT AFFRONTÉ LES FANTASTIQUES ET LES AVENGERS...
... ET DE LEUR SCIENCE QUI A DES MILLIONS D'ANNÉES D'AVANCE SUR NOUS...
... MAIS TU N'ES PAS DES LEURS !
À TA FAÇON DE PARLER, J'EN SUIS SÛR !
PAS UNE TRACE D'ACCENT !
CRUNCH
JE NE SAIS PAS CE QUE TU MIJOTES...
... MAIS ÇA NE MARCHERA PAS !
HN-UNH !
TU AS RAISON... JE NE SUIS PAS UNE KREE !
POURTANT, MÊME SI JE NE COMPRENDS PAS POURQUOI, J'AI HÉRITÉ DES POUVOIRS D'UNE KREE...
UNE FORCE SURHUMAINE, LE POUVOIR DE VOLER ET CET ÉTRANGE SEPTIÈME SENS !
CHOOM!
ET AUTRE CHOSE ENCORE... UNE AMNÉSIE TOTALE !
DONC, TU NE TE SOUVIENDRAIS PAS DE TON PASSÉ ?
TU PARLES !
CROIS-LE OU PAS, JE SUIS SI OCCUPÉE À COMBATTRE DES MALFAITEURS CES DERNIERS JOURS...
... QUE JE N'AI PAS EU LE TEMPS DE RÉFLÉCHIR À MES ÉVANOUISSEMENTS OU À MES SOUVENIRS PERDUS !
PEUT-ÊTRE M'EMPÊCHE-T-ON DE POUVOIR PENSER À MON PASSÉ... QUOI QU'IL EN SOIT...
... J'IGNORE QUI JE SUIS !
HÉ... QU'EST-CE QUE TU FAIS ?!

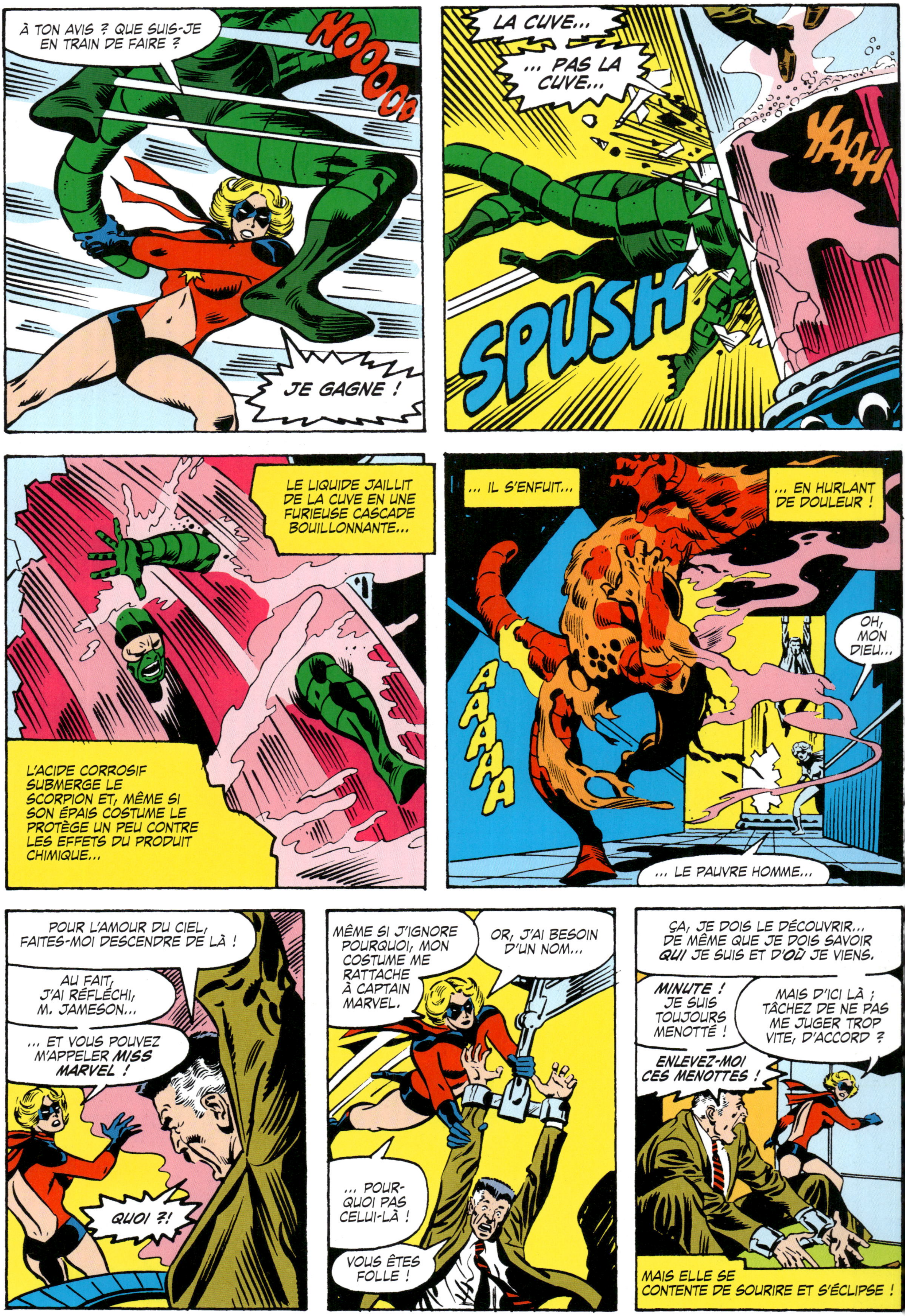

À TON AVIS ? QUE SUIS-JE EN TRAIN DE FAIRE ?
NOOOOO
JE GAGNE !
LA CUVE...
... PAS LA CUVE...
SPUSH
YAAAH
LE LIQUIDE JAILLIT DE LA CUVE EN UNE FURIEUSE CASCADE BOUILLONNANTE...
L'ACIDE CORROSIF SUBMERGE LE SCORPION ET, MÊME SI SON ÉPAIS COSTUME LE PROTÈGE UN PEU CONTRE LES EFFETS DU PRODUIT CHIMIQUE...
... IL S'ENFUIT...
... EN HURLANT DE DOULEUR !
AAAAA
OH, MON DIEU...
... LE PAUVRE HOMME...
POUR L'AMOUR DU CIEL, FAITES-MOI DESCENDRE DE LÀ !
AU FAIT, J'AI RÉFLÉCHI, M. JAMESON...
... ET VOUS POUVEZ M'APPELER MISS MARVEL !
QUOI ?!
MÊME SI J'IGNORE POURQUOI, MON COSTUME ME RATTACHE À CAPTAIN MARVEL.
OR, J'AI BESOIN D'UN NOM...
... POURQUOI PAS CELUI-LÀ !
VOUS ÊTES FOLLE !
ÇA, JE DOIS LE DÉCOUVRIR... DE MÊME QUE JE DOIS SAVOIR QUI JE SUIS ET D'OÙ JE VIENS.
MINUTE ! JE SUIS TOUJOURS MENOTTÉ !
MAIS D'ICI LÀ ; TÂCHEZ DE NE PAS ME JUGER TROP VITE, D'ACCORD ?
ENLEVEZ-MOI CES MENOTTES !
MAIS ELLE SE CONTENTE DE SOURIRE ET S'ÉCLIPSE !

ÉPILOGUE : LE LENDEMAIN MATIN...
JE VEUX QU'ON DÉCOUVRE QUI EST CETTE FEMME... ET TOUT DE SUITE !
PERSONNE N'A LE DROIT DE RIDICULISER J. JONAH JAMESON... SURTOUT PAS UNE FEMME !
JE VAIS FAIRE DE MON MIEUX...
... MAIS ELLE EST ENCORE PLUS MYSTÉRIEUSE QUE SPIDER-MAN !
NE PRONONCEZ PAS CE NOM DANS CE BUREAU ! JAMAIS !
DEHORS !
EH B'EN... QUELLE HUMEUR DE CHIEN. JE ME DEMANDE CE QUI LUI EST ARRIVÉ AVEC LE SCORPION ET CETTE MISS MARVEL...
EN TOUT CAS, IL EST TRÈS ÉNERVÉ.
FRANCHEMENT, S'IL N'Y AVAIT PAS JONAH...
... CE SERAIT VRAIMENT AGRÉABLE DE TRAVAILLER ICI.
LES GENS SONT GENTILS... L'AMBIANCE EST SYMPA... MAIS VOILÀ, IL Y A JONAH !
MAIS BON, JE VOULAIS DEVENIR JOURNALISTE ET M'Y VOICI.
POURTANT, C'EST BIZARRE...
... TOUT À L'HEURE, QUAND JONAH A MENTIONNÉ LE NOM DE MISS MARVEL, J'AI RESSENTI UN FRISSON...
... COMME SI QUELQU'UN VENAIT DE "MARCHER SUR MA TOMBE"...
ET CES ÉTOURDISSEMENTS QUE J'AI CES DERNIERS TEMPS...
... ÇA M'INQUIÈTE... JE NE SAIS JAMAIS QUAND ÇA VA ARRIVER ET SI ÇA VA DURER...
... J'IGNORE CE QUI SE PASSE PENDANT QUE JE SUIS INCONSCIENTE...
ET LE PIRE, C'EST QUE JE MEURS DE PEUR DE VOIR UN MÉDECIN !
DONC, ME VOILÀ AVEC L'ÉNIGME QUE JONAH M'A DONNÉE À RÉSOUDRE, PLUS CES QUESTIONS SUR MOI-MÊME.
JE ME DEMANDE QUI EST LA PLUS MYSTÉRIEUSE... LA FEMME QU'ON APPELLE CAROL DANVERS...
... OU CETTE GUERRIÈRE QU'ON APPELLE MISS MARVEL ?
FIN
TOUT DE SUITE :
LES ORIGINES SECRÈTES DE
Ms. MARVEL

Lorsqu'une maison de production concurrente cherche à monter un dessin animé intitulé *Spider-Woman*, **Stan Lee** charge **Archie Goodwin** de créer rapidement un personnage portant le nom. **Marie Severin** confectionne le costume et décide de s'éloigner du code couleur de **Spider-Man** en utilisant du rouge et du jaune. L'idée est de se démarquer autant que faire se peut de son équivalent masculin. Ainsi, les origines inventées par Goodwin versent plutôt dans la science-fiction horrifique. Mais l'idée que Spider-Woman est en réalité une araignée devenue humaine ne plaît pas à Stan Lee et le scénariste suivant, **Marv Wolfman**, brode sur le canevas de Goodwin pour en faire la fille de scientifiques. Ces derniers contactent le **Maître de l'Évolution** afin de sauver leur enfant, atteinte d'une grave maladie : le remède lui donne ses super-pouvoirs et la vieillit artificiellement. Wolfman révèle également son nom : **Jessica Drew**, en s'inspirant du prénom de sa fille et du nom du personnage de fiction **Nancy Drew**.

SOMBRE DESTIN !
Dark Destiny!
Marvel Spotlight (1971) 32
février 1977

Scénario : Archie Goodwin
Dessin : Sal Buscema
Encrage : Jim Mooney
Traduction : Makma/Sarah Grassart
Lettrage : Astarte Design - Roma
Rédaction USA : Archie Goodwin, C.B. Cebulski

STAN LEE PRÉSENTE : SPIDER-WOMAN!™

ARCHIE GOODWIN SCÉNARIO/RÉDACTION * SAL BUSCEMA & JIM MOONEY DESSIN * JANICE COHEN COULEURS * ASTARTE DESIGN - ROMA LETTRAGE

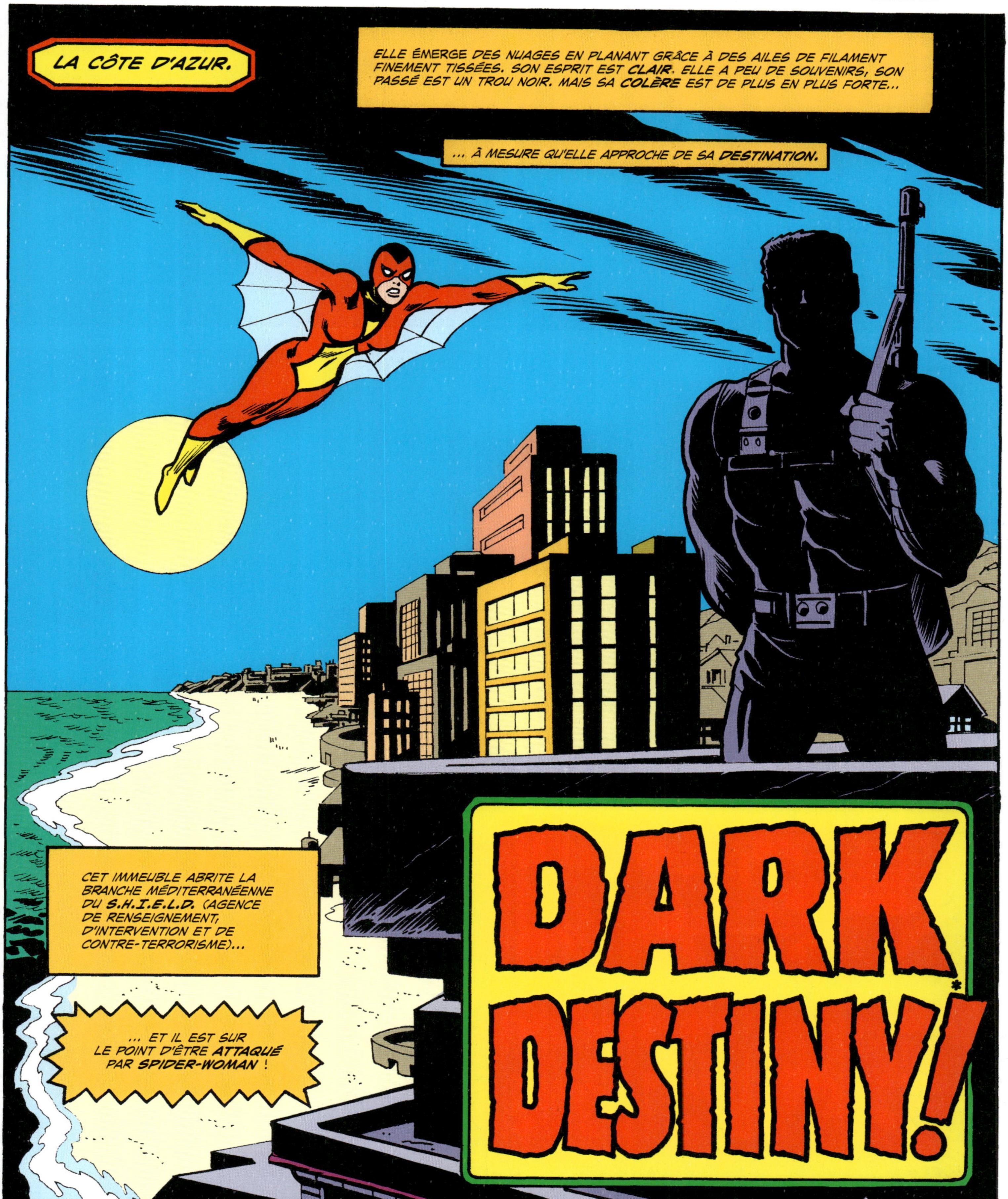

* SOMBRE DESTIN !

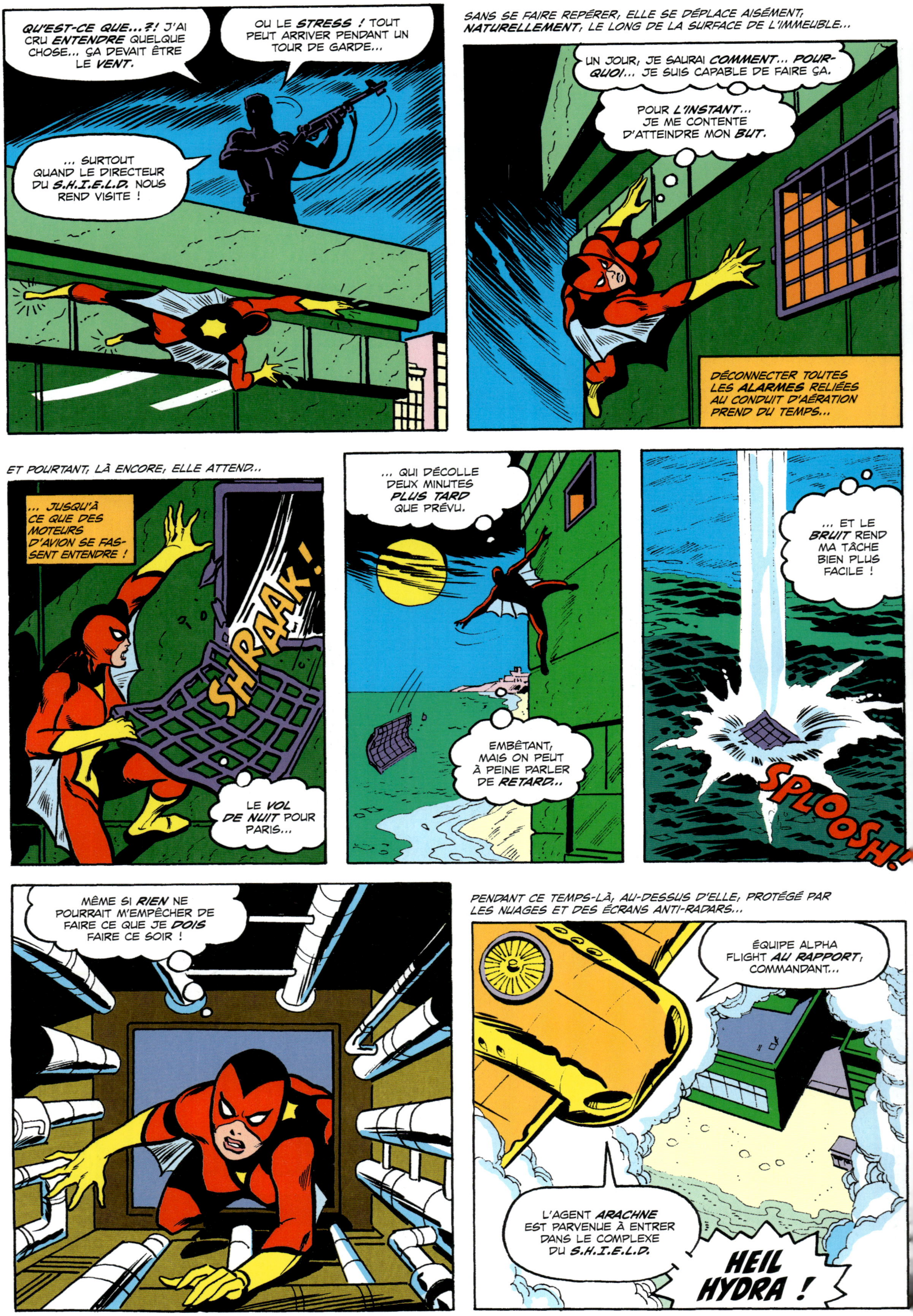
QU'EST-CE QUE...?! J'AI CRU ENTENDRE QUELQUE CHOSE... ÇA DEVAIT ÊTRE LE VENT.
OU LE STRESS ! TOUT PEUT ARRIVER PENDANT UN TOUR DE GARDE...
... SURTOUT QUAND LE DIRECTEUR DU S.H.I.E.L.D. NOUS REND VISITE !
SANS SE FAIRE REPÉRER, ELLE SE DÉPLACE AISÉMENT, NATURELLEMENT, LE LONG DE LA SURFACE DE L'IMMEUBLE...
UN JOUR, JE SAURAI COMMENT... POURQUOI... JE SUIS CAPABLE DE FAIRE ÇA.
POUR L'INSTANT... JE ME CONTENTE D'ATTEINDRE MON BUT.
DÉCONNECTER TOUTES LES ALARMES RELIÉES AU CONDUIT D'AÉRATION PREND DU TEMPS...
ET POURTANT, LÀ ENCORE, ELLE ATTEND...
... JUSQU'À CE QUE DES MOTEURS D'AVION SE FASSENT ENTENDRE !
SHRAAAK !
LE VOL DE NUIT POUR PARIS...
... QUI DÉCOLLE DEUX MINUTES PLUS TARD QUE PRÉVU.
EMBÊTANT, MAIS ON PEUT À PEINE PARLER DE RETARD...
... ET LE BRUIT REND MA TÂCHE BIEN PLUS FACILE !
SPLOOSH !
MÊME SI RIEN NE POURRAIT M'EMPÊCHER DE FAIRE CE QUE JE DOIS FAIRE CE SOIR !
PENDANT CE TEMPS-LÀ, AU-DESSUS D'ELLE, PROTÉGÉ PAR LES NUAGES ET DES ÉCRANS ANTI-RADARS...
ÉQUIPE ALPHA FLIGHT AU RAPPORT, COMMANDANT...
L'AGENT ARACHNE EST PARVENUE À ENTRER DANS LE COMPLEXE DU S.H.I.E.L.D.
HEIL HYDRA !

OUI, CHEF ALPHA, HEIL HYDRA...
À NOUS LA GLOIRE !
JE N'OSE PRESQUE PAS LE CROIRE, COMMANDANT !
QUE NOTRE PETITE UNITÉ DE RÉSERVE ISOLÉE ACCOMPLISSE CE QUE NOS PRÉDÉCESSEURS N'ONT PAS RÉUSSI À FAIRE...
N'EN DOUTE PAS, IDIOT ! MON PROJET D'ASSASSINAT SE DÉROULE PRÉCISÉMENT SELON LE PLAN !
BIENTÔT, CE VISAGE DÉTESTÉ QUE JE GARDE SUR UN AUTRE ÉCRAN EN FACE DE MOI...
... SERA CELUI D'UN HOMME MORT ! PLUS JAMAIS LES RÊVES DE L'HYDRA D'UNE CONQUÊTE DU MONDE NE SERONT DÉJOUÉS PAR...
NICK FURY, DIRECTEUR DU S.H.I.E.L.D. !
MAIS AVANT QUE CELA ARRIVE...
... LE COLONEL FURY AURA BIEN D'AUTRES BOSSES !
WOK!
TU VEUX POSER DES QUESTIONS, FURY ? VOICI MA SEULE RÉPONSE !
RECULE, PRISONNIER ! TOUTE TENTATIVE D'ÉVASION NE TE RAPPORTERA QUE DES COUPS DANS...
TAIS-TOI, JUNIOR ! CET OISEAU EST LA PREUVE VIVANTE QU'IL Y A UN NID DE VIPÈRES DE L'HYDRA DANS LE COIN QU'ON N'A JAMAIS DÉCOUVERT !
POURQUOI PENSES-TU QUE JE SUIS VENU ICI SI VITE ?
MÊME SI LE S.H.I.E.L.D. TIRAIT SUR SES PRISONNIERS – CE QU'IL NE FAIT PAS – IL SAIT QU'ON NE FERAIT PAS DE MAL À NOTRE SEULE SOURCE D'INFORMATIONS !
ALORS TAIS-TOI ET LAISSE-MOI JOUER À SA MANIÈRE.
TRÈS BIEN, COLONEL...
... SI MANGER UN BUREAU NE T'A PAS COUPÉ TOUTE ENVIE DE RELEVER LE DÉFI !

OH, JE NE FAIS PAS PARTIE DES GRANDS CHASSEURS D'ÉLITE DE L'HYDRA COMME TOI, BOUCLES D'OR...
WARGH !
KRAK!
... MAIS À MA FAÇON... J'ESSAIE !
ET DANS UN COULOIR DU MÊME ÉTAGE...
... QUELQU'UN D'AUTRE ESSAIE... ET RÉUSSIT !
J'Y SUIS PRESQUE ! JE DOIS ÊTRE PLUS PRUDENTE QUE JAMAIS.
JE NE PEUX PAS LAISSER LA COLÈRE OU L'INQUIÉTUDE ME FAIRE COMMETTRE UNE ERREUR !
DÉTALANT DISCRÈTEMENT, ARACHNE, LA FILLE AUX POUVOIRS D'ARAIGNÉE, SE DIRIGE VERS LA PIÈCE QU'ELLE CHERCHE...
ON DIRAIT QUE L'INTERROGATOIRE SE CORSE !
TU CROIS QUE LE COLONEL VA AVOIR BESOIN DE NOUS LÀ-DEDANS ?
FURY ? PEU PROBABLE ! EN PLUS...
... VOUS ALLEZ AVOIR D'AUTRES SUJETS D'INQUIÉTUDE !
WOM
SPLAK

LES GARDES TOMBÉS NE SE RELÈVENT PAS... ET LEUR ASSAILLANTE FONCE DROIT VERS LA PORTE D'ACIER DE LA SALLE D'INTERROGATOIRE !
COLONEL FURY ! ON A DE LA VISITE... CLAIREMENT PAS AMICALE !
... PENDANT QUE JE TERMINE AVEC LE CHAMPION DE L'HYDRA !
ARRÊTEZ-LA OU GAGNEZ DU TEMPS...
BA-DOM !
KA-RAK
ÇA SUFFIT ! POUR CE QUE VOUS LUI AVEZ FAIT...
... C'EST À MOI QUE VOUS RENDREZ DES COMPTES !
SA VOIX EST DOUCE MAIS AVEC UNE POINTE DE RAGE. AVEC DEXTÉRITÉ, SPIDER-WOMAN COMMENCE À RETIRER UN DE SES GANTS...
ON A VU CE QUE TU AS FAIT À CETTE PORTE, MA CHÈRE... ON EST IMPRESSIONNÉS !
ALORS RECULE VITE... OU ON SERA FORCÉS D'UTILISER TOUTE CETTE ARTILLERIE !
NON...
... AUCUN D'ENTRE VOUS N'EN AURA LA CHANCE ! PAS QUAND VOUS AUREZ SUBI MES DÉCHARGES DE VENIN !
HEUREUSEMENT POUR VOUS, ELLES NE SONT PAS FATALES, À CETTE DISTANCE.
ZDAK
QU'EST-CE QUE...?! TOUS MES HOMMES... À TERRE !
ET TU ES LE SUIVANT ! MAIS TU AURAS DROIT AU COUP FATAL QUAND JE TE TOUCHERAI.
JE TE TUERAI POUR CE QUE TU AS FAIT...
... À L'HOMME QUE J'AIME !

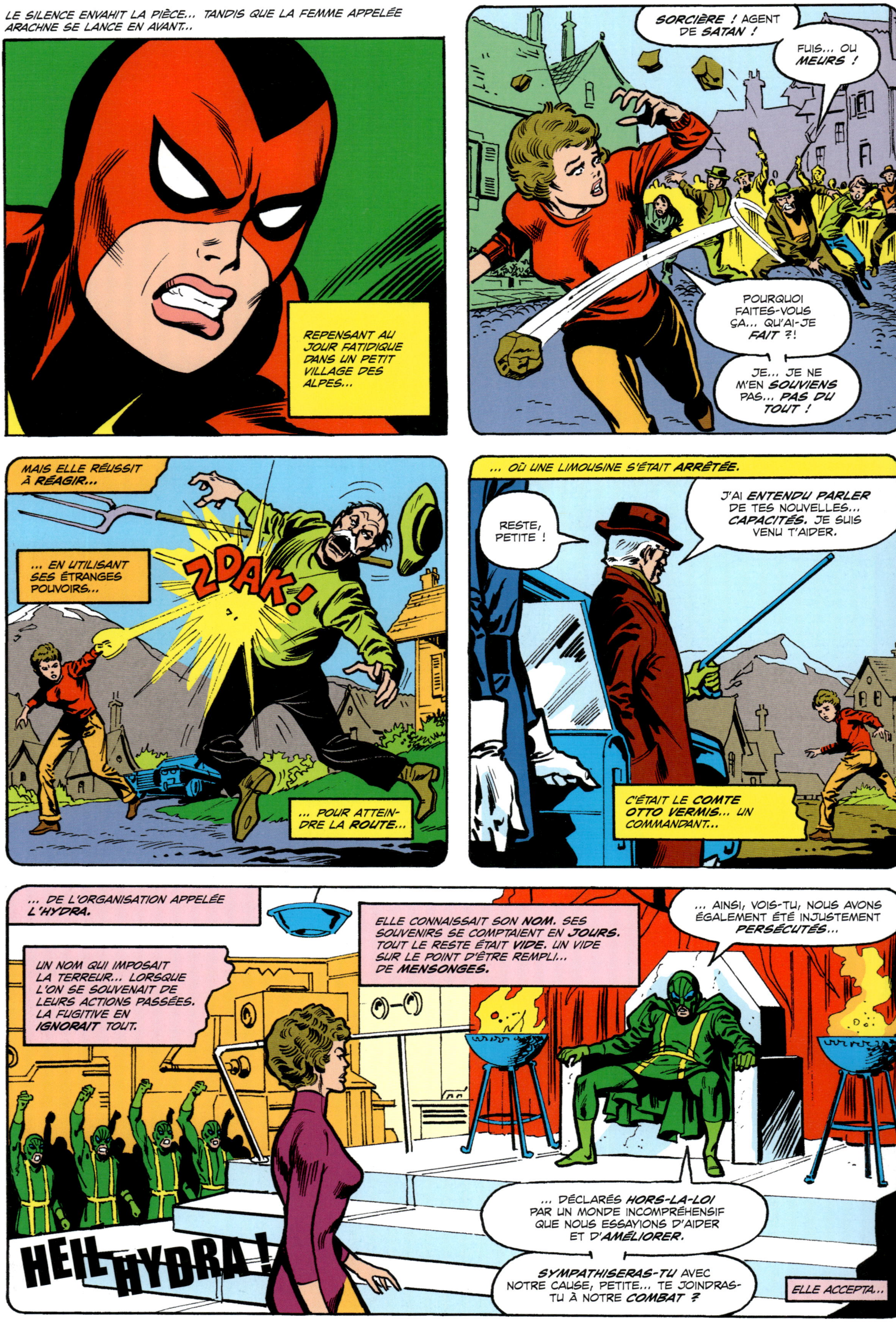
LE SILENCE ENVAHIT LA PIÈCE... TANDIS QUE LA FEMME APPELÉE ARACHNE SE LANCE EN AVANT...
REPENSANT AU JOUR FATIDIQUE DANS UN PETIT VILLAGE DES ALPES...
SORCIÈRE ! AGENT DE SATAN !
FUIS... OU MEURS !
POURQUOI FAITES-VOUS ÇA... QU'AI-JE FAIT ?!
JE... JE NE M'EN SOUVIENS PAS... PAS DU TOUT !
MAIS ELLE RÉUSSIT À RÉAGIR...
... EN UTILISANT SES ÉTRANGES POUVOIRS...
ZDAK !
... POUR ATTEINDRE LA ROUTE...
... OÙ UNE LIMOUSINE S'ÉTAIT ARRÊTÉE.
RESTE, PETITE !
J'AI ENTENDU PARLER DE TES NOUVELLES... CAPACITÉS. JE SUIS VENU T'AIDER.
C'ÉTAIT LE COMTE OTTO VERMIS... UN COMMANDANT...
... DE L'ORGANISATION APPELÉE L'HYDRA.
UN NOM QUI IMPOSAIT LA TERREUR... LORSQUE L'ON SE SOUVENAIT DE LEURS ACTIONS PASSÉES. LA FUGITIVE EN IGNORAIT TOUT.
ELLE CONNAISSAIT SON NOM. SES SOUVENIRS SE COMPTAIENT EN JOURS. TOUT LE RESTE ÉTAIT VIDE. UN VIDE SUR LE POINT D'ÊTRE REMPLI... DE MENSONGES.
... AINSI, VOIS-TU, NOUS AVONS ÉGALEMENT ÉTÉ INJUSTEMENT PERSÉCUTÉS...
... DÉCLARÉS HORS-LA-LOI PAR UN MONDE INCOMPRÉHENSIF QUE NOUS ESSAYIONS D'AIDER ET D'AMÉLIORER.
SYMPATHISERAS-TU AVEC NOTRE CAUSE, PETITE... TE JOINDRAS-TU À NOTRE COMBAT ?
HEIL HYDRA !
ELLE ACCEPTA...

... TROUVANT DU RÉCONFORT AUPRÈS DU COMMANDANT STERN, DONT L'ATTENTION ÉTAIT PRESQUE PATERNELLE...
... ET QUI LUI PROMETTAIT DE BRISER LES BARRIÈRES QUI BLOQUAIENT SES SOUVENIRS.
TU SERAS PLONGÉE DANS UN SOMMEIL PLAISANT ET SANS RÊVE, ARACHNE...
... LE RESTE DÉPEND DE TON ESPRIT.
ET UNE FOIS SON TRAVAIL TERMINÉ...
SEIGNEUR ! PAS ÉTONNANT QUE LE PASSÉ AIT ÉTÉ EFFACÉ DE SA MÉMOIRE !
SA CRÉATION... L'ACCIDENT...! C'EST... C'EST...
C'EST PARFAIT, DOCTEUR.
ENCORE MIEUX QUE CE QUE J'ESPÉRAIS. JE PEUX UTILISER TOUT ÇA...
... LA FAÇONNER POUR QU'ELLE SOIT L'ARME LA PLUS MORTELLE QUE L'HYDRA AIT JAMAIS EUE !
ON LUI DIT QUE LA SONDE MENTALE AVAIT ÉCHOUÉ...
ZADT!
... PUIS SA FORMATION COMMENÇA, SOUS LA SUPERVISION DU MEILLEUR AGENT DE COMBAT...
... JUSQU'À CE QUE SES POUVOIRS NATURELS FUSSENT AIGUISÉS À LA PERFECTION.
ON LUI DONNA UN COSTUME, CONÇU POUR CANALISER ET CONTRÔLER SES POUVOIRS. ET AINSI... SPIDER-WOMAN ÉTAIT NÉE !
ET BIENTÔT... ELLE CONNUT L'AMOUR.
C'ÉTAIT INÉVITABLE, ARACHNE. EN TRAVAILLANT TOUJOURS ENSEMBLE...
OUI, JARED...
OH, OUI !
MAIS L'AMOUR REND VULNÉRABLE... AIMER, C'EST SOUFFRIR, AVOIR PEUR... ÊTRE EN COLÈRE !
JARED, CAPTURÉ PAR LE S.H.I.E.L.D. ? S'ILS LUI ONT FAIT DU MAL...
LEUR DIRECTEUR EST UN FANATIQUE QUAND IL S'AGIT DE L'HYDRA...
VWOM!
... TU LE SAIS. TU SAIS QU'AUCUN DE NOUS N'EST EN SÉCURITÉ TANT QUE...

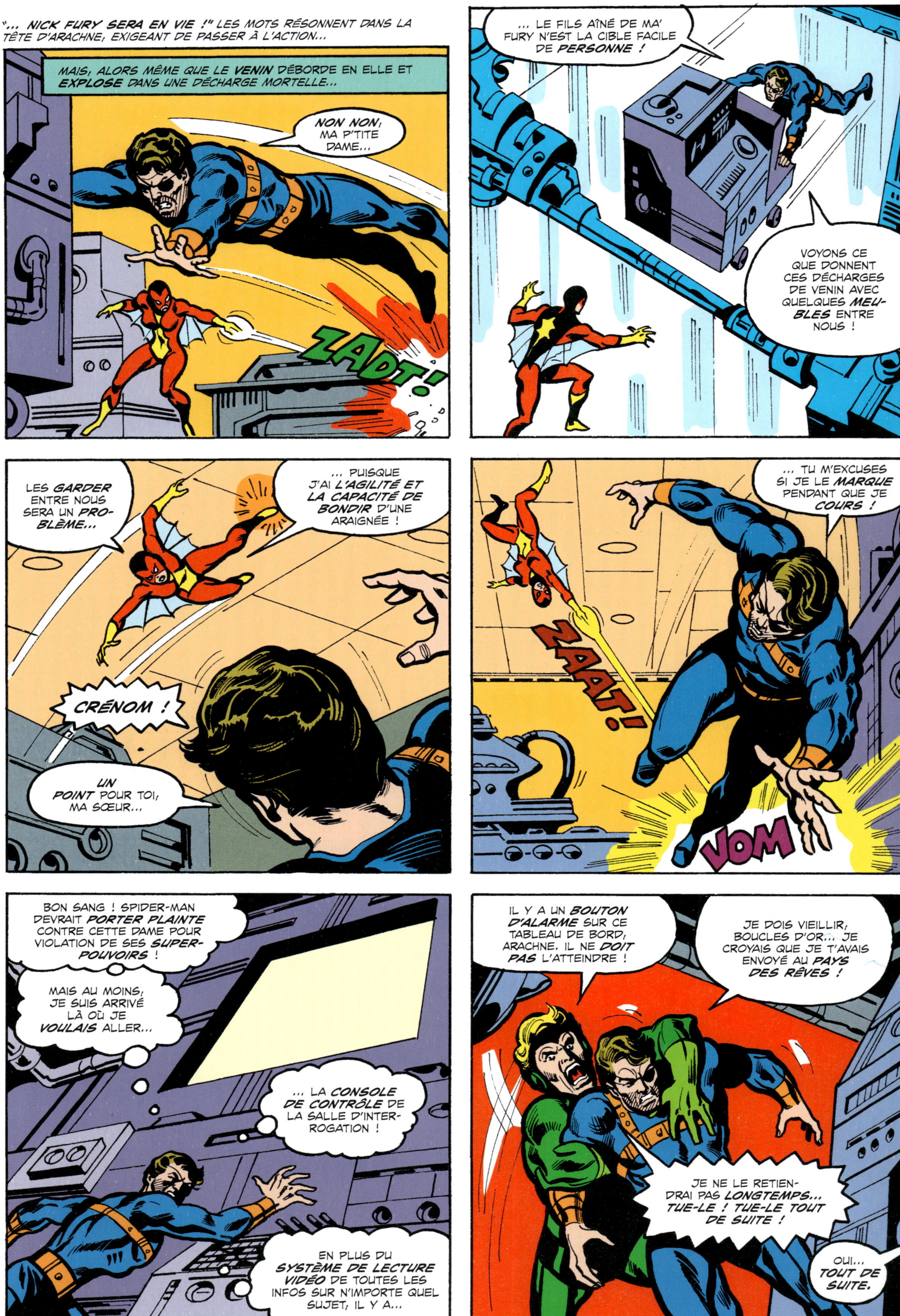
"... NICK FURY SERA EN VIE !" LES MOTS RÉSONNENT DANS LA TÊTE D'ARACHNE, EXIGEANT DE PASSER À L'ACTION...
MAIS, ALORS MÊME QUE LE VENIN DÉBORDE EN ELLE ET EXPLOSE DANS UNE DÉCHARGE MORTELLE...
NON NON, MA P'TITE DAME...
ZADT !
... LE FILS AÎNÉ DE MA' FURY N'EST LA CIBLE FACILE DE PERSONNE !
VOYONS CE QUE DONNENT CES DÉCHARGES DE VENIN AVEC QUELQUES MEUBLES ENTRE NOUS !
LES GARDER ENTRE NOUS SERA UN PROBLÈME...
... PUISQUE J'AI L'AGILITÉ ET LA CAPACITÉ DE BONDIR D'UNE ARAIGNÉE !
CRÉNOM !
UN POINT POUR TOI, MA SŒUR...
... TU M'EXCUSES SI JE LE MARQUE PENDANT QUE JE COURS !
ZAAT !
VOM
BON SANG ! SPIDER-MAN DEVRAIT PORTER PLAINTE CONTRE CETTE DAME POUR VIOLATION DE SES SUPER-POUVOIRS !
MAIS AU MOINS, JE SUIS ARRIVÉ LÀ OÙ JE VOULAIS ALLER...
... LA CONSOLE DE CONTRÔLE DE LA SALLE D'INTERROGATION !
EN PLUS DU SYSTÈME DE LECTURE VIDÉO DE TOUTES LES INFOS SUR N'IMPORTE QUEL SUJET, IL Y A...
IL Y A UN BOUTON D'ALARME SUR CE TABLEAU DE BORD, ARACHNE. IL NE DOIT PAS L'ATTEINDRE !
JE DOIS VIEILLIR, BOUCLES D'OR... JE CROYAIS QUE JE T'AVAIS ENVOYÉ AU PAYS DES RÊVES !
JE NE LE RETIENDRAI PAS LONGTEMPS... TUE-LE ! TUE-LE TOUT DE SUITE !
OUI... TOUT DE SUITE.

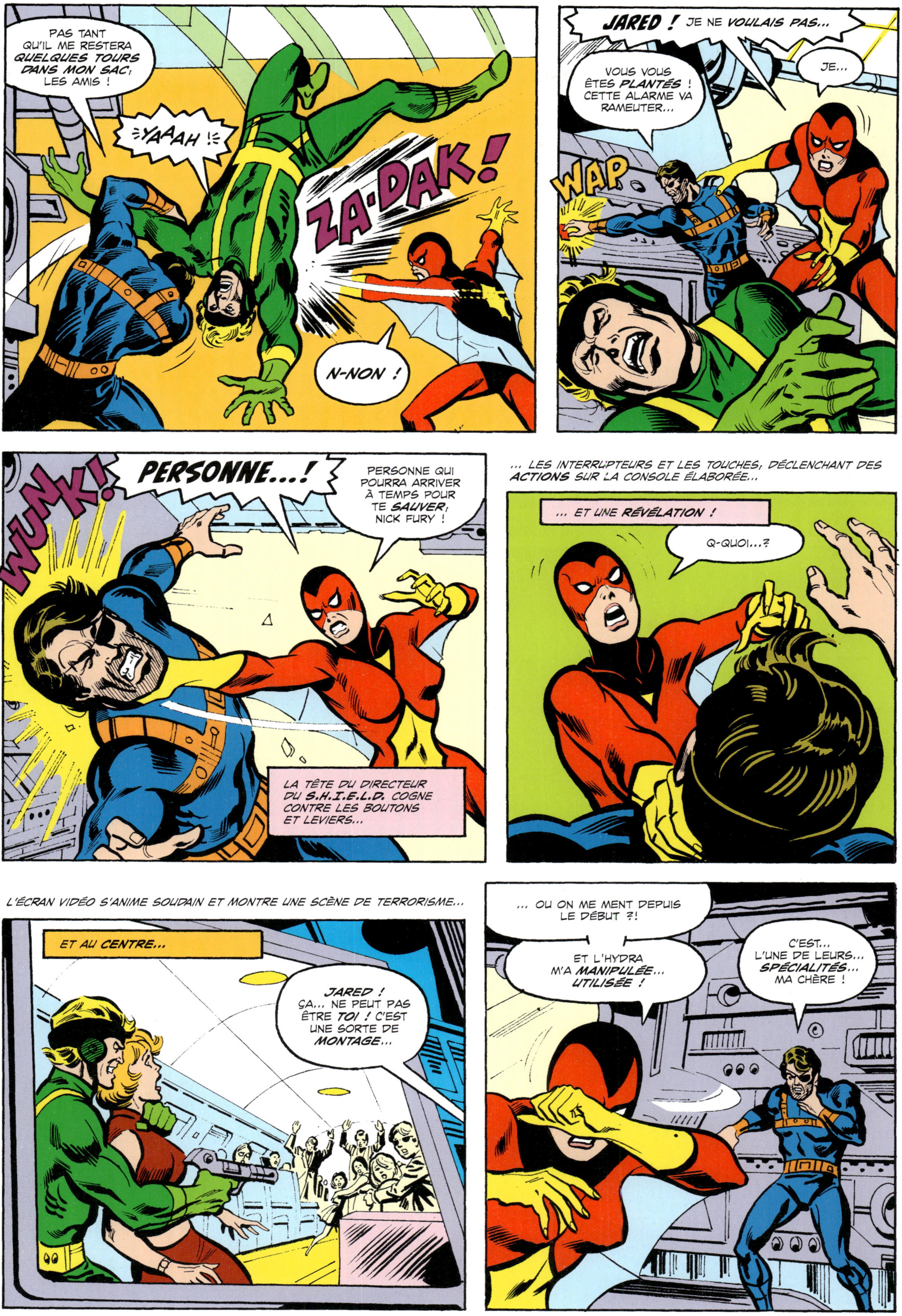
PAS TANT QU'IL ME RESTERA QUELQUES TOURS DANS MON SAC, LES AMIS !
YAAAH !
ZA-DAK !
N-NON !
JARED ! JE NE VOULAIS PAS...
VOUS VOUS ÊTES PLANTÉS ! CETTE ALARME VA RAMEUTER...
JE...
WAP
WUNK !
PERSONNE...!
PERSONNE QUI POURRA ARRIVER À TEMPS POUR TE SAUVER, NICK FURY !
LA TÊTE DU DIRECTEUR DU S.H.I.E.L.D. COGNE CONTRE LES BOUTONS ET LEVIERS...
... LES INTERRUPTEURS ET LES TOUCHES, DÉCLENCHANT DES ACTIONS SUR LA CONSOLE ÉLABORÉE...
... ET UNE RÉVÉLATION !
Q-QUOI...?
L'ÉCRAN VIDÉO S'ANIME SOUDAIN ET MONTRE UNE SCÈNE DE TERRORISME...
ET AU CENTRE...
JARED ! ÇA... NE PEUT PAS ÊTRE TOI ! C'EST UNE SORTE DE MONTAGE...
... OU ON ME MENT DEPUIS LE DÉBUT ?!
ET L'HYDRA M'A MANIPULÉE... UTILISÉE !
C'EST... L'UNE DE LEURS... SPÉCIALITÉS... MA CHÈRE !

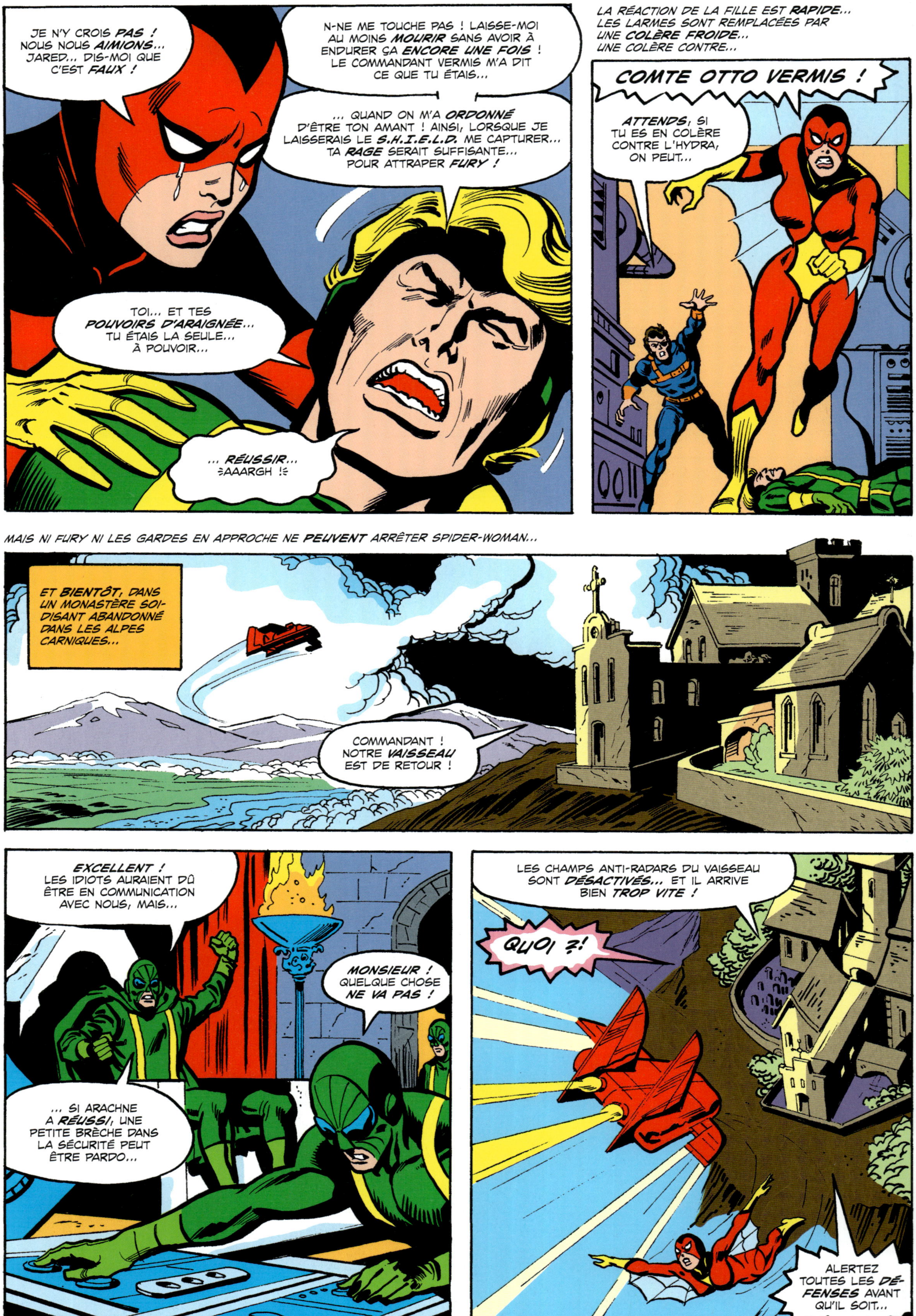
JE N'Y CROIS PAS ! NOUS NOUS AIMIONS... JARED... DIS-MOI QUE C'EST FAUX !
N-NE ME TOUCHE PAS ! LAISSE-MOI AU MOINS MOURIR SANS AVOIR À ENDURER ÇA ENCORE UNE FOIS ! LE COMMANDANT VERMIS M'A DIT CE QUE TU ÉTAIS...
... QUAND ON M'A ORDONNÉ D'ÊTRE TON AMANT ! AINSI, LORSQUE JE LAISSERAIS LE S.H.I.E.L.D. ME CAPTURER... TA RAGE SERAIT SUFFISANTE... POUR ATTRAPER FURY !
TOI... ET TES POUVOIRS D'ARAIGNÉE... TU ÉTAIS LA SEULE... À POUVOIR...
... RÉUSSIR... ¡AAARGH !¡
LA RÉACTION DE LA FILLE EST RAPIDE... LES LARMES SONT REMPLACÉES PAR UNE COLÈRE FROIDE... UNE COLÈRE CONTRE...
COMTE OTTO VERMIS !
ATTENDS, SI TU ES EN COLÈRE CONTRE L'HYDRA, ON PEUT...
MAIS NI FURY NI LES GARDES EN APPROCHE NE PEUVENT ARRÊTER SPIDER-WOMAN...
ET BIENTÔT, DANS UN MONASTÈRE SOI-DISANT ABANDONNÉ DANS LES ALPES CARNIQUES...
COMMANDANT ! NOTRE VAISSEAU EST DE RETOUR !
EXCELLENT ! LES IDIOTS AURAIENT DÛ ÊTRE EN COMMUNICATION AVEC NOUS, MAIS...
MONSIEUR ! QUELQUE CHOSE NE VA PAS !
... SI ARACHNE A RÉUSSI, UNE PETITE BRÈCHE DANS LA SÉCURITÉ PEUT ÊTRE PARDO...
LES CHAMPS ANTI-RADARS DU VAISSEAU SONT DÉSACTIVÉS... ET IL ARRIVE BIEN TROP VITE !
QUOI ?!
ALERTEZ TOUTES LES DÉFENSES AVANT QU'IL SOIT...

... TROP TARD !
BA-ROOM!
LE BRUIT DE L'EXPLOSION S'ESTOMPE, MAIS LES FLAMMES, LE CHAOS ET LA CONFUSION PERDURENT...
... ET SE RÉPANDENT !
NOTRE SYSTÈME DE DÉFENSE EST OUT, COMMENT CELA A-T-IL PU ARRIVER ? À MOINS QUE...
À MOINS QU'UNE PETITE NAÏVE QUE TU AS FACILEMENT PIÉGÉE...
... NE SOIT PLUS SI NAÏVE !
WOK!
WRAM!
L'ATTAQUE DISPERSE LES RANGS DE L'HYDRA...
... Y COMPRIS LEUR CHEF !
VERMIS !
TU NE T'ÉCHAPPERAS PAS ! PAS TANT QUE TU CONNAÎTRAS LE SECRET DE MON IDENTITÉ !
TU VAS TOUT ME RÉVÉLER... PUIS TU PAIERAS POUR CE QUE TU AS FAIT !

LA PETITE SORCIÈRE EST COMPLÈTEMENT DÉCHAÎNÉE !
MES HOMMES VONT SE REGROUPER POUR LA COMBATTRE... MAIS EN ATTENDANT, JE FERAIS MIEUX D'UTILISER LE SYSTÈME D'ÉVACUATION D'URGENCE !
ET LE COMTE VERMIS FONCE...
... VERS LES PROFONDEURS DU MONASTÈRE.
BIEN ! ELLE EST ENCORE LOIN.
UNE FOIS PASSÉE LA PORTE, JE SERAI...
THOM!
ATTRAPÉ !
JARED ET TOI M'AVEZ APPRIS COMMENT ENTRER DISCRÈTEMENT PAR LE SYSTÈME DE VENTILATION D'UN IMMEUBLE, TU TE SOUVIENS ?!
BIEN ! TU AS DES CHOSES À ME DIRE...
A-ATTENDS...! CES BRUITS À L'ÉTAGE !
DES ARMES...! DES EXPLOSIONS ! COMME SI...
UNE ATTAQUE TOTALE EST EN COURS... MENÉE PAR NICK FURY DU S.H.I.E.L.D. !
LES LOUPEZ PAS !
ON A UNE CHANCE... FAUT PAS LA GÂCHER !
FZAK!
BDUM

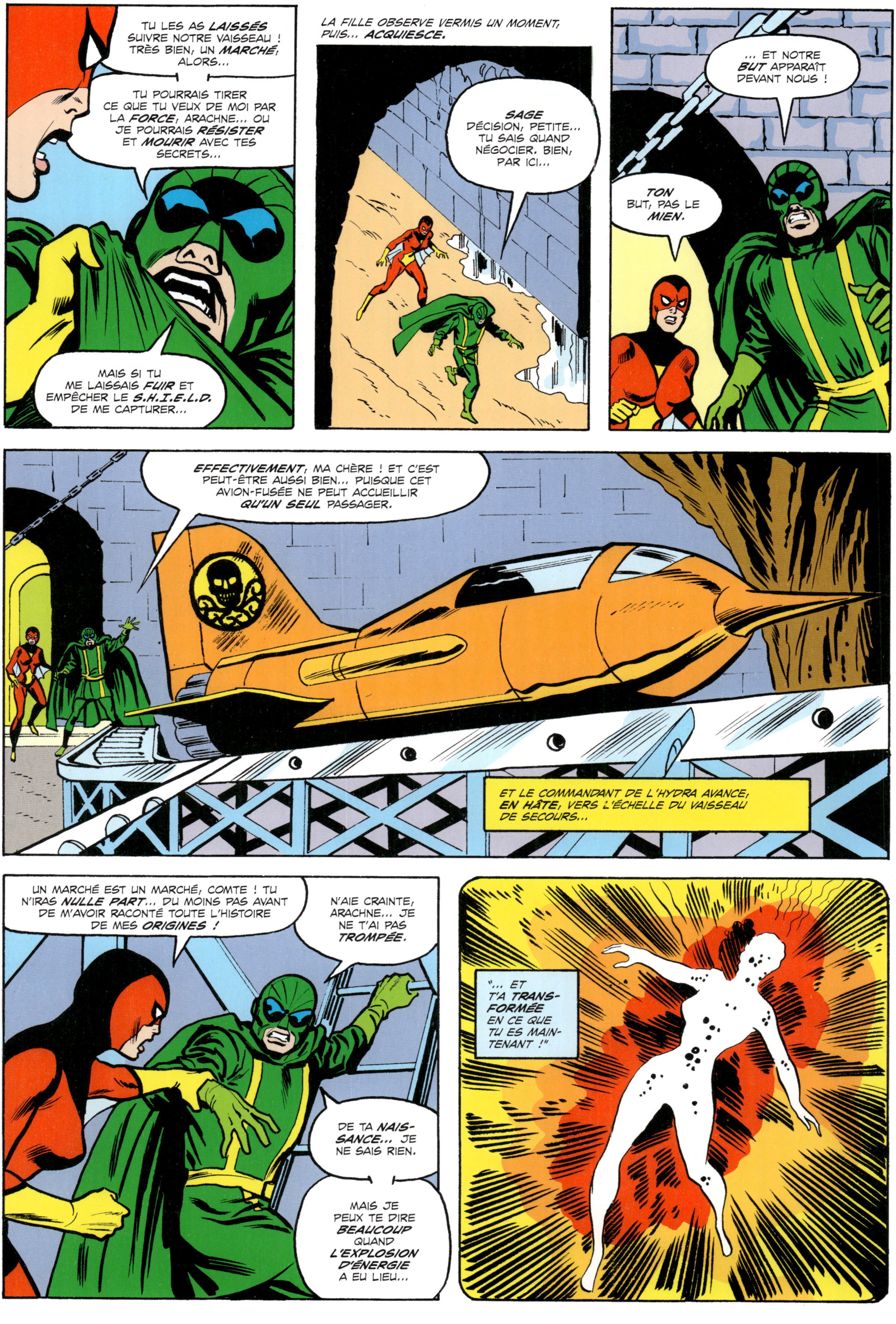
TU LES AS LAISSÉS SUIVRE NOTRE VAISSEAU ! TRÈS BIEN, UN MARCHÉ, ALORS...
TU POURRAIS TIRER CE QUE TU VEUX DE MOI PAR LA FORCE, ARACHNE... OU JE POURRAIS RÉSISTER ET MOURIR AVEC TES SECRETS...
MAIS SI TU ME LAISSAIS FUIR ET EMPÊCHER LE S.H.I.E.L.D. DE ME CAPTURER...
LA FILLE OBSERVE VERMIS UN MOMENT, PUIS... ACQUIESCE.
SAGE DÉCISION, PETITE... TU SAIS QUAND NÉGOCIER. BIEN, PAR ICI...
... ET NOTRE BUT APPARAÎT DEVANT NOUS !
TON BUT, PAS LE MIEN.
EFFECTIVEMENT, MA CHÈRE ! ET C'EST PEUT-ÊTRE AUSSI BIEN... PUISQUE CET AVION-FUSÉE NE PEUT ACCUEILLIR QU'UN SEUL PASSAGER.
ET LE COMMANDANT DE L'HYDRA AVANCE, EN HÂTE, VERS L'ÉCHELLE DU VAISSEAU DE SECOURS...
UN MARCHÉ EST UN MARCHÉ, COMTE ! TU N'IRAS NULLE PART... DU MOINS PAS AVANT DE M'AVOIR RACONTÉ TOUTE L'HISTOIRE DE MES ORIGINES !
N'AIE CRAINTE, ARACHNE... JE NE T'AI PAS TROMPÉE.
DE TA NAISSANCE... JE NE SAIS RIEN.
MAIS JE PEUX TE DIRE BEAUCOUP QUAND L'EXPLOSION D'ÉNERGIE A EU LIEU...
"... ET T'A TRANSFORMÉE EN CE QUE TU ES MAINTENANT !"

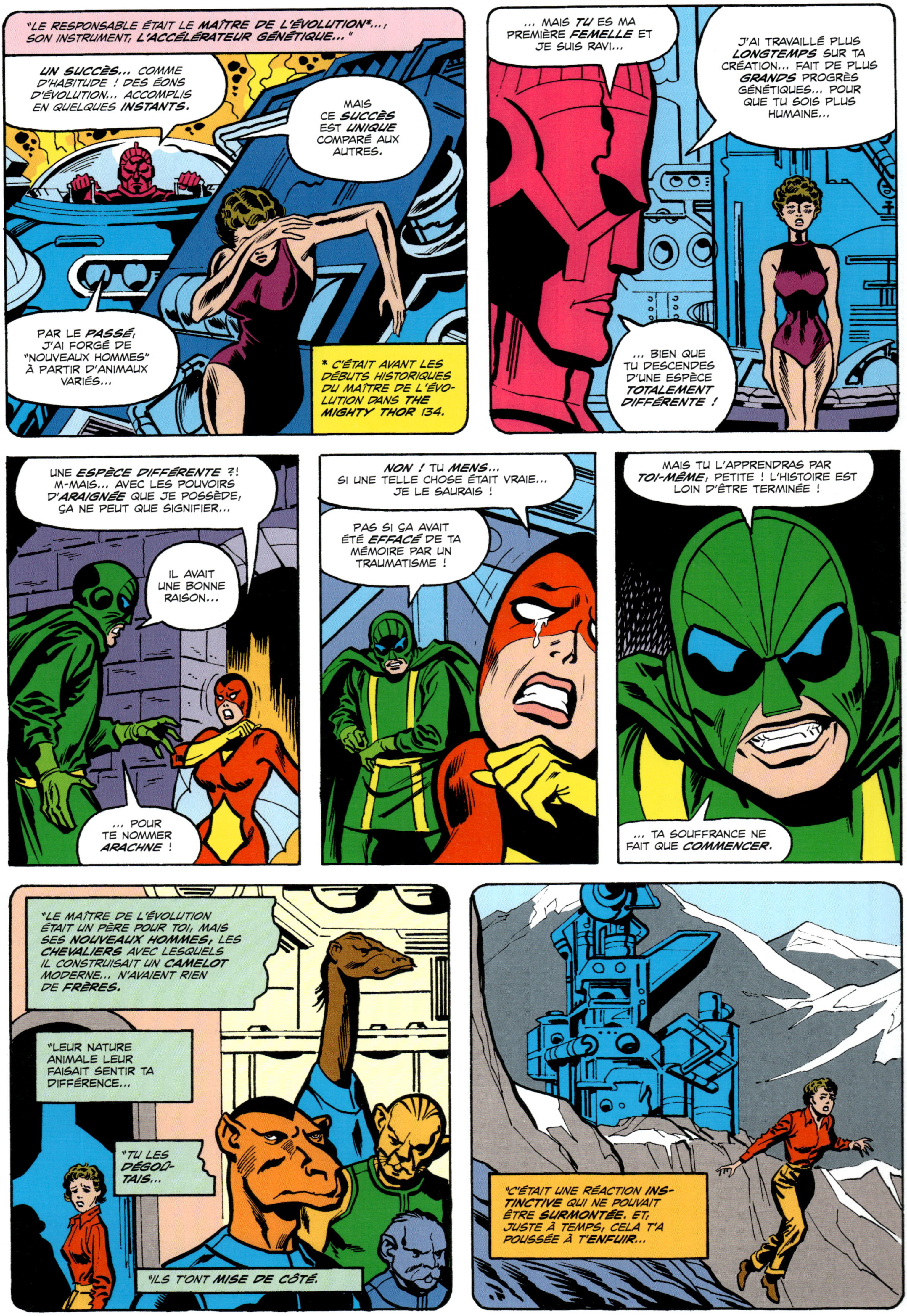
"LE RESPONSABLE ÉTAIT LE MAÎTRE DE L'ÉVOLUTION*..., SON INSTRUMENT, L'ACCÉLÉRATEUR GÉNÉTIQUE..."
UN SUCCÈS... COMME D'HABITUDE ! DES ÉONS D'ÉVOLUTION... ACCOMPLIS EN QUELQUES INSTANTS.
MAIS CE SUCCÈS EST UNIQUE COMPARÉ AUX AUTRES.
PAR LE PASSÉ, J'AI FORGÉ DE "NOUVEAUX HOMMES" À PARTIR D'ANIMAUX VARIÉS...
* C'ÉTAIT AVANT LES DÉBUTS HISTORIQUES DU MAÎTRE DE L'ÉVOLUTION DANS THE MIGHTY THOR 134.
... MAIS TU ES MA PREMIÈRE FEMELLE ET JE SUIS RAVI...
J'AI TRAVAILLÉ PLUS LONGTEMPS SUR TA CRÉATION... FAIT DE PLUS GRANDS PROGRÈS GÉNÉTIQUES... POUR QUE TU SOIS PLUS HUMAINE...
... BIEN QUE TU DESCENDES D'UNE ESPÈCE TOTALEMENT DIFFÉRENTE !
UNE ESPÈCE DIFFÉRENTE ?! M-MAIS... AVEC LES POUVOIRS D'ARAIGNÉE QUE JE POSSÈDE, ÇA NE PEUT QUE SIGNIFIER...
IL AVAIT UNE BONNE RAISON...
... POUR TE NOMMER ARACHNE !
NON ! TU MENS... SI UNE TELLE CHOSE ÉTAIT VRAIE... JE LE SAURAIS !
PAS SI ÇA AVAIT ÉTÉ EFFACÉ DE TA MÉMOIRE PAR UN TRAUMATISME !
MAIS TU L'APPRENDRAS PAR TOI-MÊME, PETITE ! L'HISTOIRE EST LOIN D'ÊTRE TERMINÉE !
... TA SOUFFRANCE NE FAIT QUE COMMENCER.
"LE MAÎTRE DE L'ÉVOLUTION ÉTAIT UN PÈRE POUR TOI, MAIS SES NOUVEAUX HOMMES, LES CHEVALIERS AVEC LESQUELS IL CONSTRUISAIT UN CAMELOT MODERNE... N'AVAIENT RIEN DE FRÈRES.
"LEUR NATURE ANIMALE LEUR FAISAIT SENTIR TA DIFFÉRENCE...
"TU LES DÉGOÛTAIS...
"ILS T'ONT MISE DE CÔTÉ.
"C'ÉTAIT UNE RÉACTION INSTINCTIVE QUI NE POUVAIT ÊTRE SURMONTÉE. ET, JUSTE À TEMPS, CELA T'A POUSSÉE À T'ENFUIR...

"... VERS LE BONHEUR D'UN MONDE IGNORANT...
"... OÙ TU AS TROUVÉ UNE VIE...
"... ET MÊME L'AMOUR.
"EN L'APPRENANT, LE MAÎTRE DE L'ÉVOLUTION ÉTAIT SATISFAIT ET T'A DONC LAISSÉE TRANQUILLE...
"CONTRAIREMENT À CERTAINS VOISINS...
"... QUI ONT CRU QUE SURPRENDRE DE JEUNES AMANTS SERAIT UNE BONNE BLAGUE.
"MAIS LE BRUIT SOUDAIN T'A FAIT RÉAGIR ! INSTINCTIVEMENT...
"IRRATIONNELLEMENT...
ZADT!
"FATALEMENT."
OH MON DIEU !
C'EST ÇA QUI M'AVAIT TRAUMATISÉE ! CE QUE JE N'AI PAS PU SUPPORTER !
JE ME SOUVIENS ! JE ME SOUVIENS !
COMME JE L'ESPÉRAIS, PETITE, AFIN DE POUVOIR UTILISER CECI...
... UNE BOULE DE GAZ PRISE DANS MA CEINTURE PENDANT UN DE TES MOMENTS D'AGITATION !
PDUMF!
TU M'AURAIS SÛREMENT LAISSÉ PARTIR, MAIS AINSI, JE SUIS CERTAIN QUE TU NE ME POURSUIVRAS PAS...
... UNE FOIS QUE LE GAZ AURA FAIT EFFET !
ADIEU, ARACHNE...
... JE CRAINS QUE TU N'AIES JAMAIS CESSÉ D'ÊTRE NAÏVE.
VRRUUUMM!
L-LA FUSÉE DÉCOLLE...! ME SENS VASEUSE... MAIS... DOIS... L'ARRÊTER...
... IL LE FAUT !

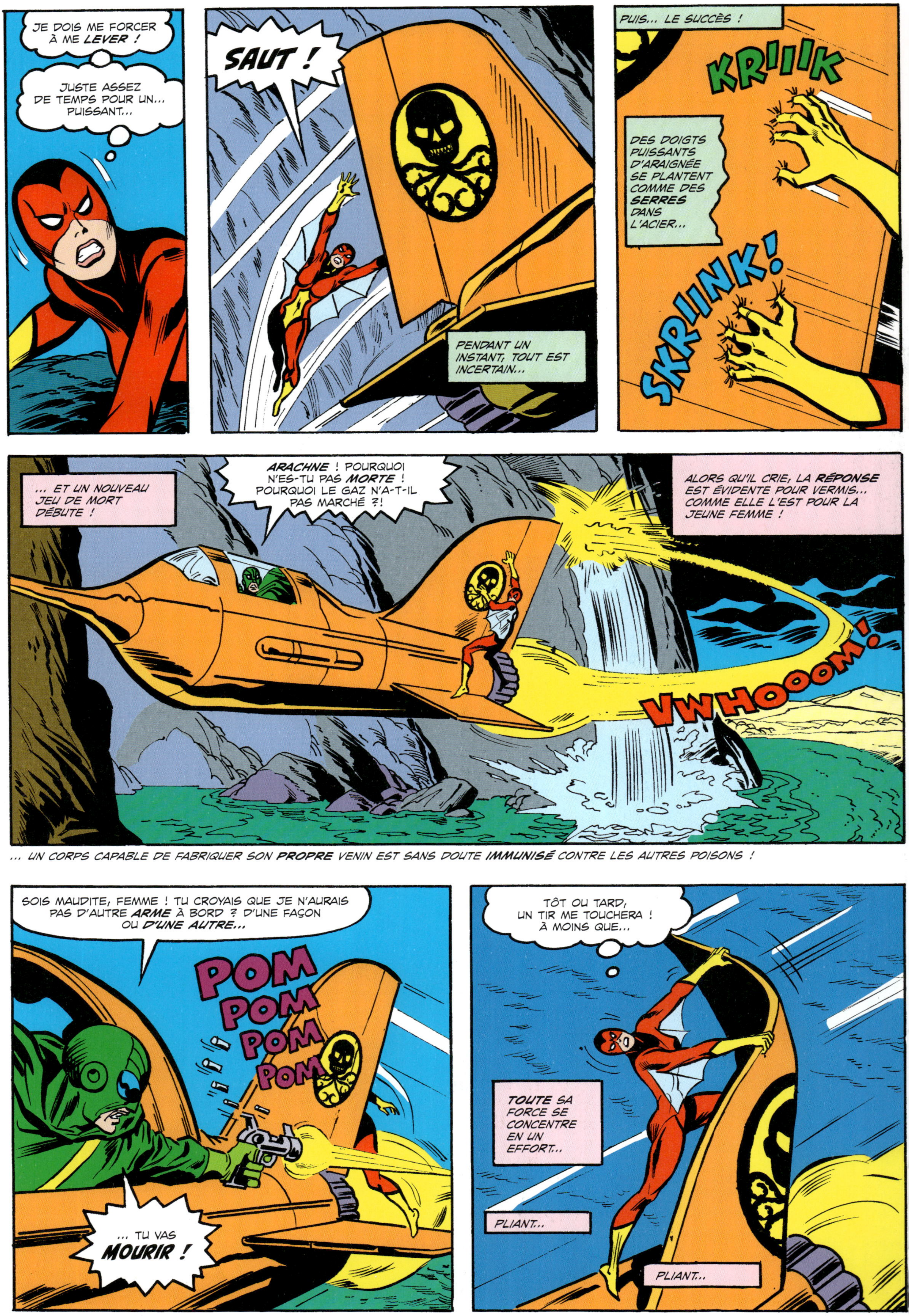
JE DOIS ME FORCER À ME LEVER !
JUSTE ASSEZ DE TEMPS POUR UN... PUISSANT...
SAUT !
PENDANT UN INSTANT, TOUT EST INCERTAIN...
PUIS... LE SUCCÈS !
KRIIIK
DES DOIGTS PUISSANTS D'ARAIGNÉE SE PLANTENT COMME DES SERRES DANS L'ACIER...
SKRIIINK !
... ET UN NOUVEAU JEU DE MORT DÉBUTE !
ARACHNE ! POURQUOI N'ES-TU PAS MORTE ! POURQUOI LE GAZ N'A-T-IL PAS MARCHÉ ?!
ALORS QU'IL CRIE, LA RÉPONSE EST ÉVIDENTE POUR VERMIS... COMME ELLE L'EST POUR LA JEUNE FEMME !
VWHOOOM !
... UN CORPS CAPABLE DE FABRIQUER SON PROPRE VENIN EST SANS DOUTE IMMUNISÉ CONTRE LES AUTRES POISONS !
SOIS MAUDITE, FEMME ! TU CROYAIS QUE JE N'AURAIS PAS D'AUTRE ARME À BORD ? D'UNE FAÇON OU D'UNE AUTRE...
POM POM POM POM
... TU VAS MOURIR !
TÔT OU TARD, UN TIR ME TOUCHERA ! À MOINS QUE...
TOUTE SA FORCE SE CONCENTRE EN UN EFFORT...
PLIANT...
PLIANT...

JUSQU'À...
ARACHNE... NON ! TU DIRIGES LE VAISSEAU...
... DROIT VERS LA FALAISE ! NOUS...
ÇA SE TERMINE... COMME ÇA AVAIT COMMENCÉ.
SPIDER-WOMAN... PLANE GRÂCE À DES AILES DE FILAMENT FINEMENT TISSÉES.
KRASH!
SON PASSÉ N'EST PLUS UN TROU NOIR... MAIS SA COLÈRE EST TOUJOURS FORTE ET PUISSANTE.
ON A FINI LE NETTOYAGE, COLONEL FURY.
ET AUCUN SIGNE DE CETTE SPIDER-DAME.
EH BIEN, OÙ QUE TU SOIS, MA CHÈRE... BONNE CHANCE ! D'APRÈS LE PEU QUE J'AIE PU VOIR DE TOI...
... JE CRAINS QUE TU EN AIES BESOIN !
ELLE DESCEND VERS LA FORÊT SILENCIEUSE, TOTALEMENT ÉPUISÉE ET ENVAHIE PAR...
... UNE INCERTITUDE TROUBLANTE.
ENFIN, JE SAIS QUI - ET CE QUE - JE SUIS ! LA SEULE CHOSE QUE JE NE SAIS PAS...
... C'EST SI JE PEUX VIVRE OU SURVIVRE EN LE SACHANT !
ELLE AVANCE VERS L'AUBE, QUI POURRAIT, OU NON, DÉTENIR LES RÉPONSES À SES QUESTIONS.
À SUIVRE :
DEATHLOK!
LE CHOC DU FUTUR DÉBARQUE DANS LE PRÉSENT !

Comme pour **Spider-Woman**, la création de **Miss Hulk** est motivée par la volonté de coiffer au poteau les producteurs de la série télévisée consacrée à **Hulk**. Ces derniers ont en effet prévu de lancer un équivalent féminin du Colosse de Jade, et **Stan Lee** décide de prendre les devants. Il s'associe à son vieux compère, **John Buscema**, pour réaliser au plus vite le premier numéro de *Savage She-Hulk* avant de passer la main dès le numéro suivant à **David Kraft** et **Mike Vosburg** qui étoffent immédiatement la distribution secondaire de la série. Hélas, celle-ci ne connaît pas un grand succès et est interrompue au bout de 25 numéros. Mais après sa participation aux *Avengers* de **Roger Stern**, puis aux *Fantastic Four* de **John Byrne**, la cote de **Jennifer Walters** grimpe en flèche. Elle obtient à nouveau son propre titre en 1989, écrit et dessiné par Byrne. Il y révèle notamment que Miss Hulk sait qu'elle vit dans un monde de comics et franchit souvent le quatrième mur pour s'adresser aux auteurs comme aux lecteurs.

LA NAISSANCE DE MISS HULK
The She-Hulk Lives
Savage She-Hulk (1980) 1
février 1980

Scénario : Stan Lee
Dessin : John Buscema
Encrage : Chic Stone
Traduction : Makma/Nick Meylander
Lettrage : Astarte design – Roma
Rédaction USA : Jim Shooter,
Tom DeFalco, C.B. Cebulski

* LA NAISSANCE DE MISS HULK

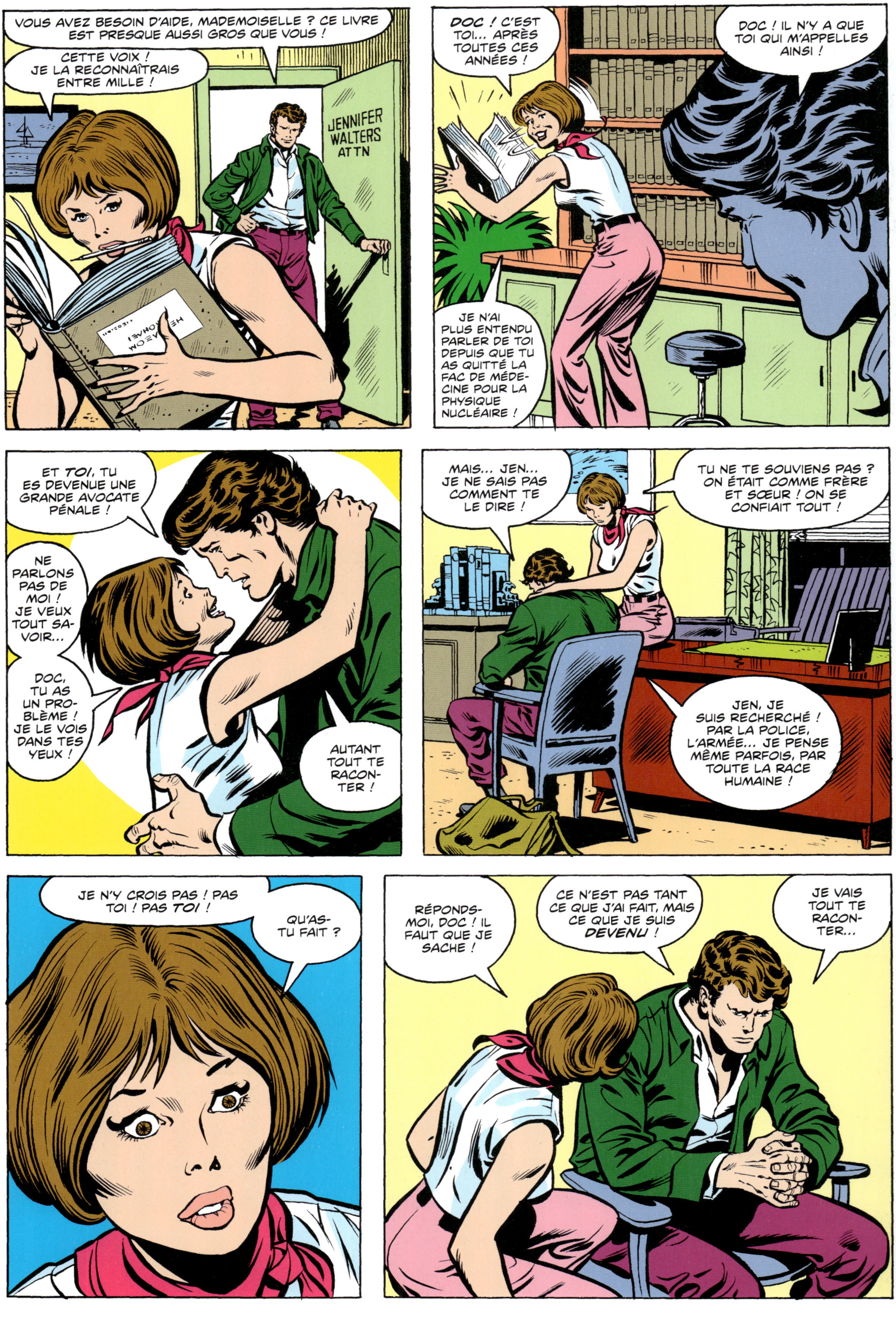

VOUS AVEZ BESOIN D'AIDE, MADEMOISELLE ? CE LIVRE EST PRESQUE AUSSI GROS QUE VOUS !
CETTE VOIX ! JE LA RECONNAÎTRAIS ENTRE MILLE !
JENNIFER WALTERS ATTN
DOC ! C'EST TOI... APRÈS TOUTES CES ANNÉES !
DOC ! IL N'Y A QUE TOI QUI M'APPELLES AINSI !
JE N'AI PLUS ENTENDU PARLER DE TOI DEPUIS QUE TU AS QUITTÉ LA FAC DE MÉDECINE POUR LA PHYSIQUE NUCLÉAIRE !
ET *TOI*, TU ES DEVENUE UNE GRANDE AVOCATE PÉNALE !
NE PARLONS PAS DE MOI ! JE VEUX TOUT SAVOIR...
DOC, TU AS UN PROBLÈME ! JE LE VOIS DANS TES YEUX !
AUTANT TOUT TE RACONTER !
MAIS... JEN... JE NE SAIS PAS COMMENT TE LE DIRE !
TU NE TE SOUVIENS PAS ? ON ÉTAIT COMME FRÈRE ET SŒUR ! ON SE CONFIAIT TOUT !
JEN, JE SUIS RECHERCHÉ ! PAR LA POLICE, L'ARMÉE... JE PENSE MÊME PARFOIS, PAR TOUTE LA RACE HUMAINE !
JE N'Y CROIS PAS ! PAS TOI ! PAS *TOI* !
QU'AS-TU FAIT ?
RÉPONDS-MOI, DOC ! IL FAUT QUE JE SACHE !
CE N'EST PAS TANT CE QUE J'AI FAIT, MAIS CE QUE JE SUIS *DEVENU* !
JE VAIS TOUT TE RACONTER...

"TOUT A COMMENCÉ IL Y A QUELQUES ANNÉES. APRÈS AVOIR QUITTÉ LA FAC, J'AI TRAVAILLÉ SUR LA TERRIBLE BOMBE-G !"
COMPTE À REBOURS DANS SIX SE-CONDES !
DES RAYONS GAMMA ! LE POUVOIR LE PLUS MYSTÉRIEUX DE LA TERRE ! SI JE PEUX LES MAÎTRISER...
TU ES FOU, BANNER !
C'EST TROP DANGEREUX ! TU DÉCHAÎNES DES FORCES INCONTRÔLABLES !
"JE N'AVAIS JAMAIS FAIT CONFIANCE À IGOR ! MAIS AVANT QUE JE PUISSE RÉPONDRE..."
NON ! IL Y A QUELQU'UN LÀ-BAS ?
"C'ÉTAIT UN ADO ! PERDU DANS SON MONDE, INCONSCIENT DU DANGER, IL COURAIT À UNE MORT CERTAINE !
"ORDONNANT À IGOR D'ARRÊTER LE COMPTE À REBOURS, J'AI COURU SUR LE SITE...!"
IMBÉCILE ! TU ES EN DANGER !
"MAIS IGOR M'A TRAHI ! LE COMPTE À REBOURS A CONTINUÉ, JUSQU'À...
KLIKK!
"J'AI JUSTE EU LE TEMPS DE PROJETER LE GAMIN DANS UNE TRANCHÉE... MAIS J'AI PRIS LA RAFALE DE PLEIN FOUET !
"C'EST CELA QUI A FAIT DE MOI LE MONSTRE DESTRUCTEUR QUE TOUT LE MONDE CRAINT ET HAIT...
"... L'INCROYABLE HULK !"

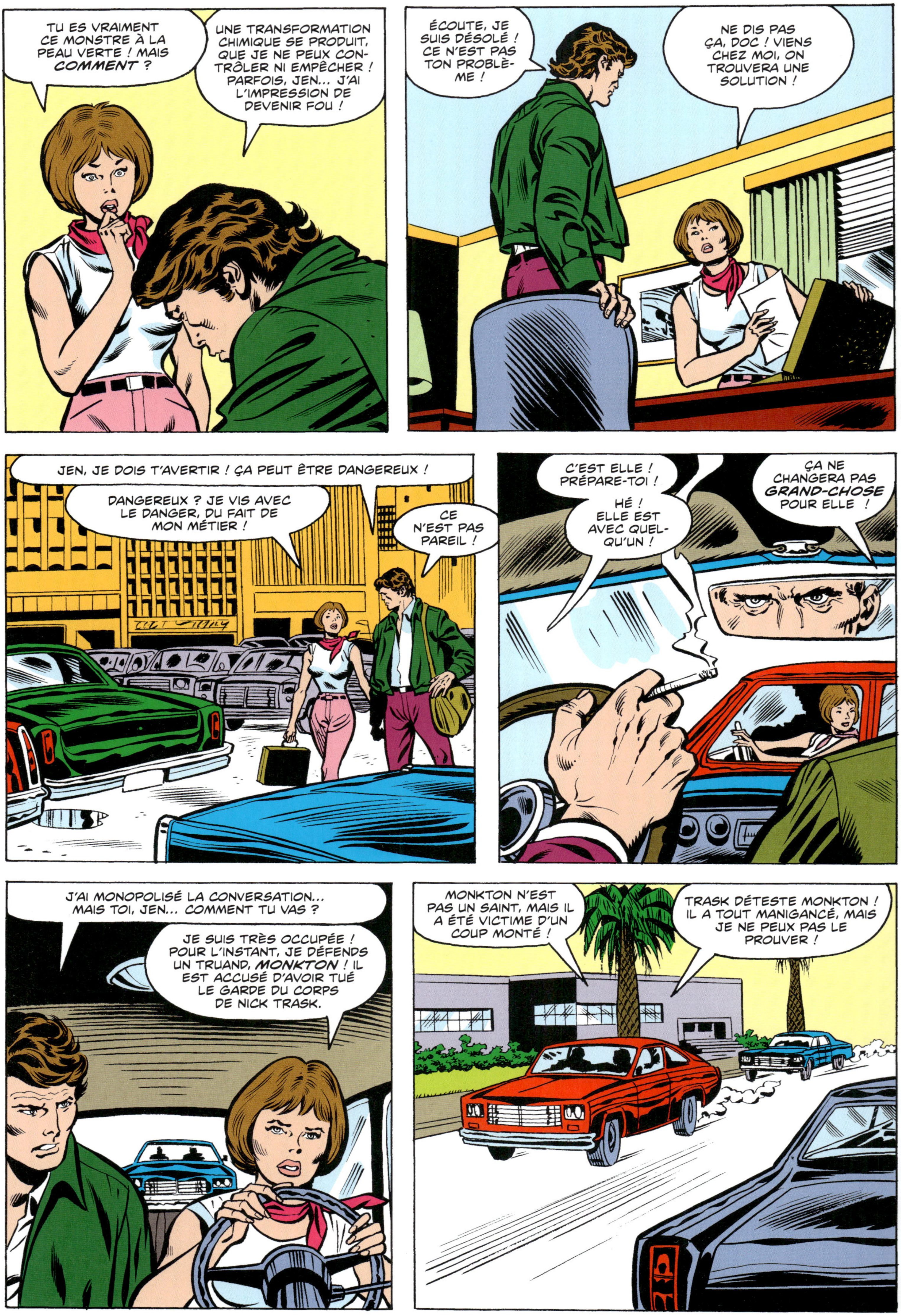
TU ES VRAIMENT CE MONSTRE À LA PEAU VERTE ! MAIS COMMENT ?
UNE TRANSFORMATION CHIMIQUE SE PRODUIT, QUE JE NE PEUX CONTRÔLER NI EMPÊCHER ! PARFOIS, JEN... J'AI L'IMPRESSION DE DEVENIR FOU !
ÉCOUTE, JE SUIS DÉSOLÉ ! CE N'EST PAS TON PROBLÈME !
NE DIS PAS ÇA, DOC ! VIENS CHEZ MOI, ON TROUVERA UNE SOLUTION !
JEN, JE DOIS T'AVERTIR ! ÇA PEUT ÊTRE DANGEREUX !
DANGEREUX ? JE VIS AVEC LE DANGER, DU FAIT DE MON MÉTIER !
CE N'EST PAS PAREIL !
C'EST ELLE ! PRÉPARE-TOI !
HÉ ! ELLE EST AVEC QUELQU'UN !
ÇA NE CHANGERA PAS GRAND-CHOSE POUR ELLE !
J'AI MONOPOLISÉ LA CONVERSATION... MAIS TOI, JEN... COMMENT TU VAS ?
JE SUIS TRÈS OCCUPÉE ! POUR L'INSTANT, JE DÉFENDS UN TRUAND, MONKTON ! IL EST ACCUSÉ D'AVOIR TUÉ LE GARDE DU CORPS DE NICK TRASK.
MONKTON N'EST PAS UN SAINT, MAIS IL A ÉTÉ VICTIME D'UN COUP MONTÉ !
TRASK DÉTESTE MONKTON ! IL A TOUT MANIGANCÉ, MAIS JE NE PEUX PAS LE PROUVER !

COMMENT COMPTES-TU DÉFENDRE TON CLIENT ?
J'AI UN PLAN ! J'AI FAIT COURIR LA RUMEUR QUE J'AVAIS TROUVÉ UNE PREUVE DE LA CULPABILITÉ DE TRASK DANS CE MEURTRE.
ÇA DEVRAIT LE RÉVEILLER !
MAIS SI TRASK EST UN TUEUR, IL VA VOULOIR TE RÉDUIRE AU SILENCE !
BAH, ÇA N'ARRIVE QU'AU CINÉMA !
ILS SE SONT ARRÊTÉS DANS L'ALLÉE. C'EST LÀ QU'ELLE VIT.
BON, DÈS QU'ELLE SORT DE LA VOITURE, TU SAIS QUOI FAIRE !
JEN, TU JOUES AVEC LE FEU ! TU ES TROP VULNÉRABLE !
MAINTENANT !
QU'EST-CE QUE... ?
OHHH...
JEN !

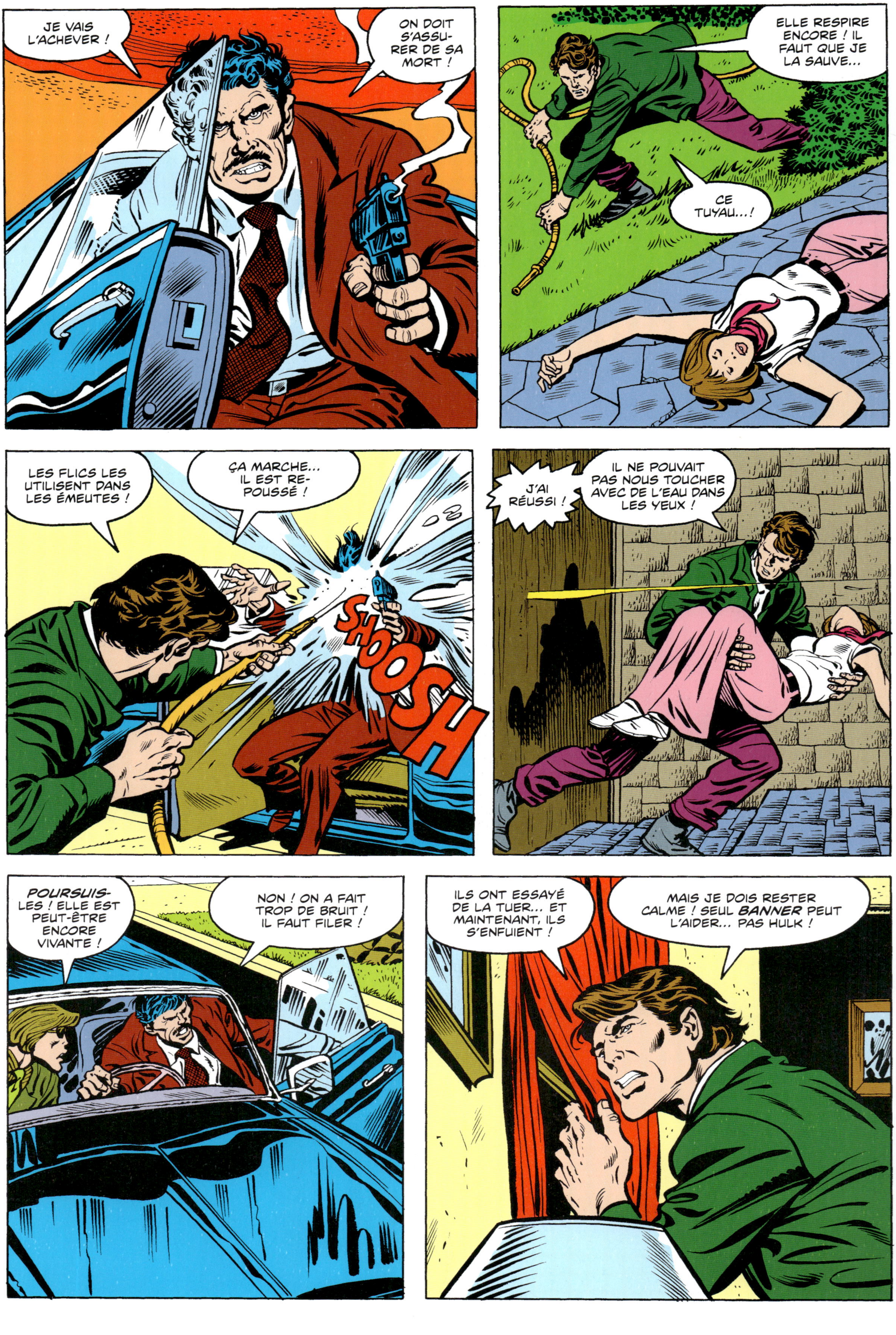
JE VAIS L'ACHEVER !
ON DOIT S'ASSURER DE SA MORT !
ELLE RESPIRE ENCORE ! IL FAUT QUE JE LA SAUVE...
CE TUYAU...!
LES FLICS LES UTILISENT DANS LES ÉMEUTES !
ÇA MARCHE... IL EST REPOUSSÉ !
SHOOSH
J'AI RÉUSSI !
IL NE POUVAIT PAS NOUS TOUCHER AVEC DE L'EAU DANS LES YEUX !
POURSUIS-LES ! ELLE EST PEUT-ÊTRE ENCORE VIVANTE !
NON ! ON A FAIT TROP DE BRUIT ! IL FAUT FILER !
ILS ONT ESSAYÉ DE LA TUER... ET MAINTENANT, ILS S'ENFUIENT !
MAIS JE DOIS RESTER CALME ! SEUL BANNER PEUT L'AIDER... PAS HULK !

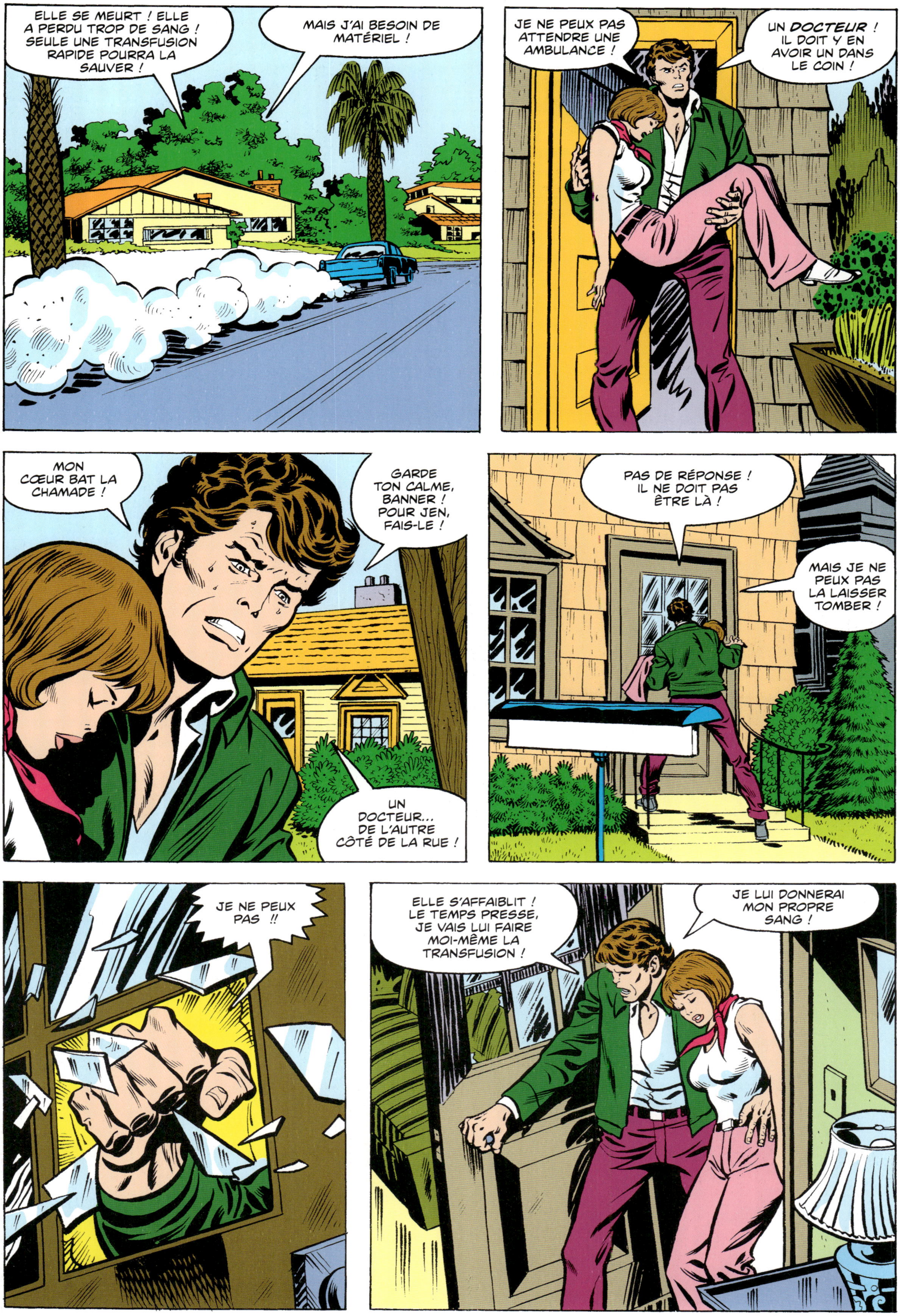
ELLE SE MEURT ! ELLE A PERDU TROP DE SANG ! SEULE UNE TRANSFUSION RAPIDE POURRA LA SAUVER !
MAIS J'AI BESOIN DE MATÉRIEL !
JE NE PEUX PAS ATTENDRE UNE AMBULANCE !
UN *DOCTEUR* ! IL DOIT Y EN AVOIR UN DANS LE COIN !
MON CŒUR BAT LA CHAMADE !
GARDE TON CALME, BANNER ! POUR JEN, FAIS-LE !
UN DOCTEUR... DE L'AUTRE CÔTÉ DE LA RUE !
PAS DE RÉPONSE ! IL NE DOIT PAS ÊTRE LÀ !
MAIS JE NE PEUX PAS LA LAISSER TOMBER !
JE NE PEUX PAS !!
ELLE S'AFFAIBLIT ! LE TEMPS PRESSE, JE VAIS LUI FAIRE MOI-MÊME LA TRANSFUSION !
JE LUI DONNERAI MON PROPRE SANG !

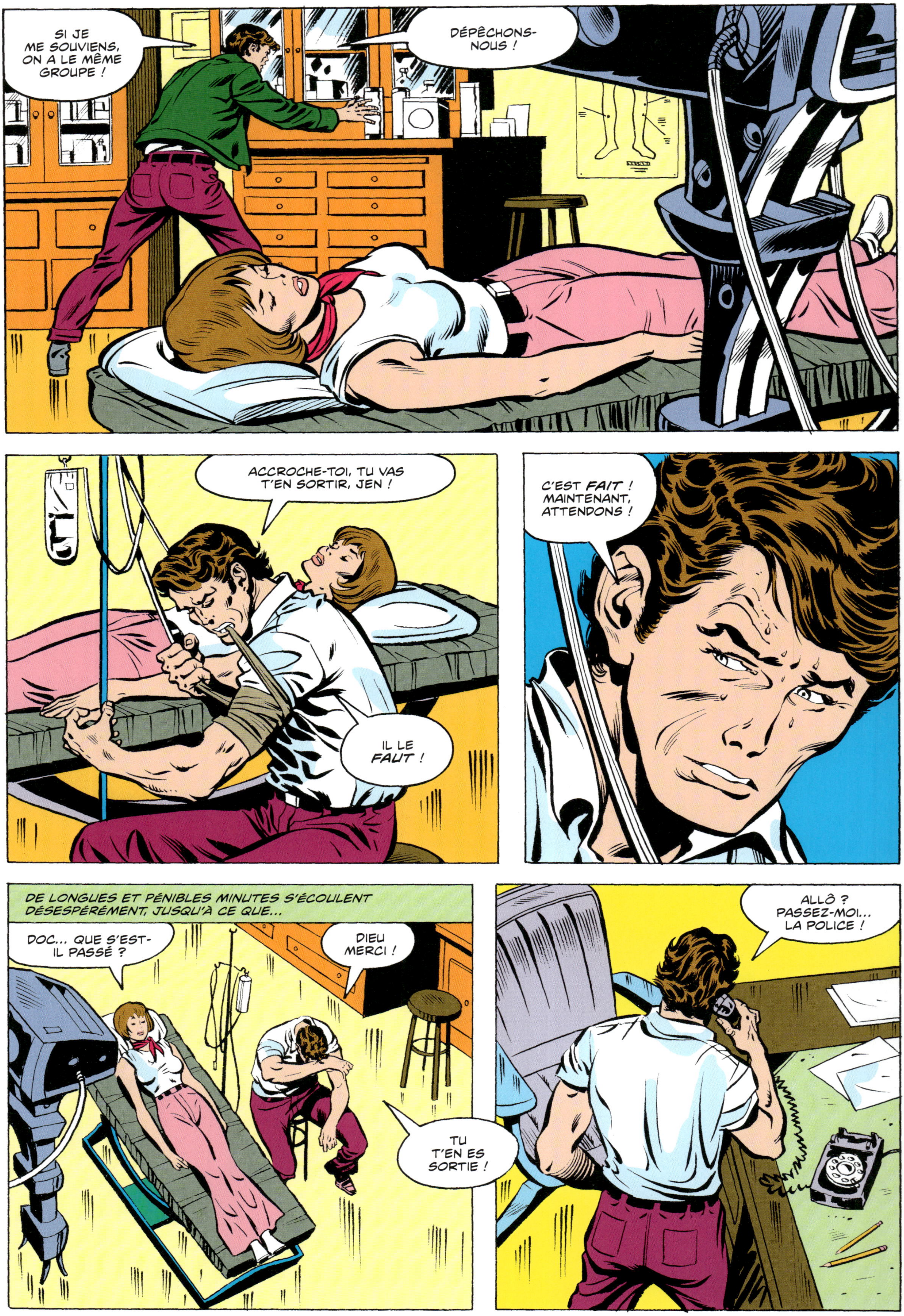
SI JE ME SOUVIENS, ON A LE MÊME GROUPE !
DÉPÊCHONS-NOUS !
ACCROCHE-TOI, TU VAS T'EN SORTIR, JEN !
IL LE *FAUT* !
C'EST *FAIT* ! MAINTENANT, ATTENDONS !
DE LONGUES ET PÉNIBLES MINUTES S'ÉCOULENT DÉSESPÉRÉMENT, JUSQU'À CE QUE...
DOC... QUE S'EST-IL PASSÉ ?
DIEU MERCI !
TU T'EN ES SORTIE !
ALLÔ ? PASSEZ-MOI... LA POLICE !

PEU APRÈS...
C'EST VOUS QUI AVEZ TÉLÉPHONÉ ?
ON VEUT L'INTERRO-GER !
ET BIEN-TÔT...
AUCUN PAPIER D'IDENTITÉ, NI CARTE DE CRÉ-DIT ! QUI ÊTES-VOUS ?
UN AMI DE MLLE WALTERS !
VOUS ÊTES PLUS QUE ÇA ! VOUS ÊTES UN SUSPECT !
RESTEZ LÀ, EN ATTENDANT QU'ON VOIE LE PROCU-REUR !
LE PRO-CUREUR ?
S'ILS ME CUISINENT, ILS SAURONT QUI JE SUIS !
IL NE FAUT PAS QUE ÇA SE PRODUISE !
IL NE LE FAUT PAS !
C'ÉTAIT QUOI CE BRUIT ? OÙ EST LE SUSPECT ?
LE MUR ! BON SANG, REGARDE LE MUR !

TÔT LE LENDEMAIN...
VOILÀ CE QUE JE VOULAIS !
"LE MÉDECIN DIT QUE MADEMOISELLE WALTERS SE REMETTRA."
MAINTENANT QU'ELLE EST SAUVÉE, JE DOIS PARTIR !
ILS VONT ME CHERCHER !
PRENDS BIEN SOIN DE TOI, PETITE JENNIFER ! J'AI FAIT CE QUE J'AI PU !
AU MOINS, TU N'AS PLUS RIEN À CRAINDRE !
ROOMS
MAIS SI LE DR BANNER SAVAIT...
POURQUOI JE ME SENS SI BIZARRE ? MA PEAU... MES OS... ME PICOTENT !
CE DOIT ÊTRE LES MÉDICA-MENTS.
MAIS DOC ? IL AVAIT RAISON POUR TRASK... POURQUOI JE NE L'AI PAS ÉCOUTÉ ?
IL M'A SAUVÉE ! SANS LUI...
MAIS POURQUOI A-T-IL DISPARU COMME ÇA, SANS UN MOT ?
HULK ! BIEN SÛR ! IL AVAIT PEUR QU'ILS APPRENNENT SON SECRET ! MAIS JE VOULAIS L'AIDER !

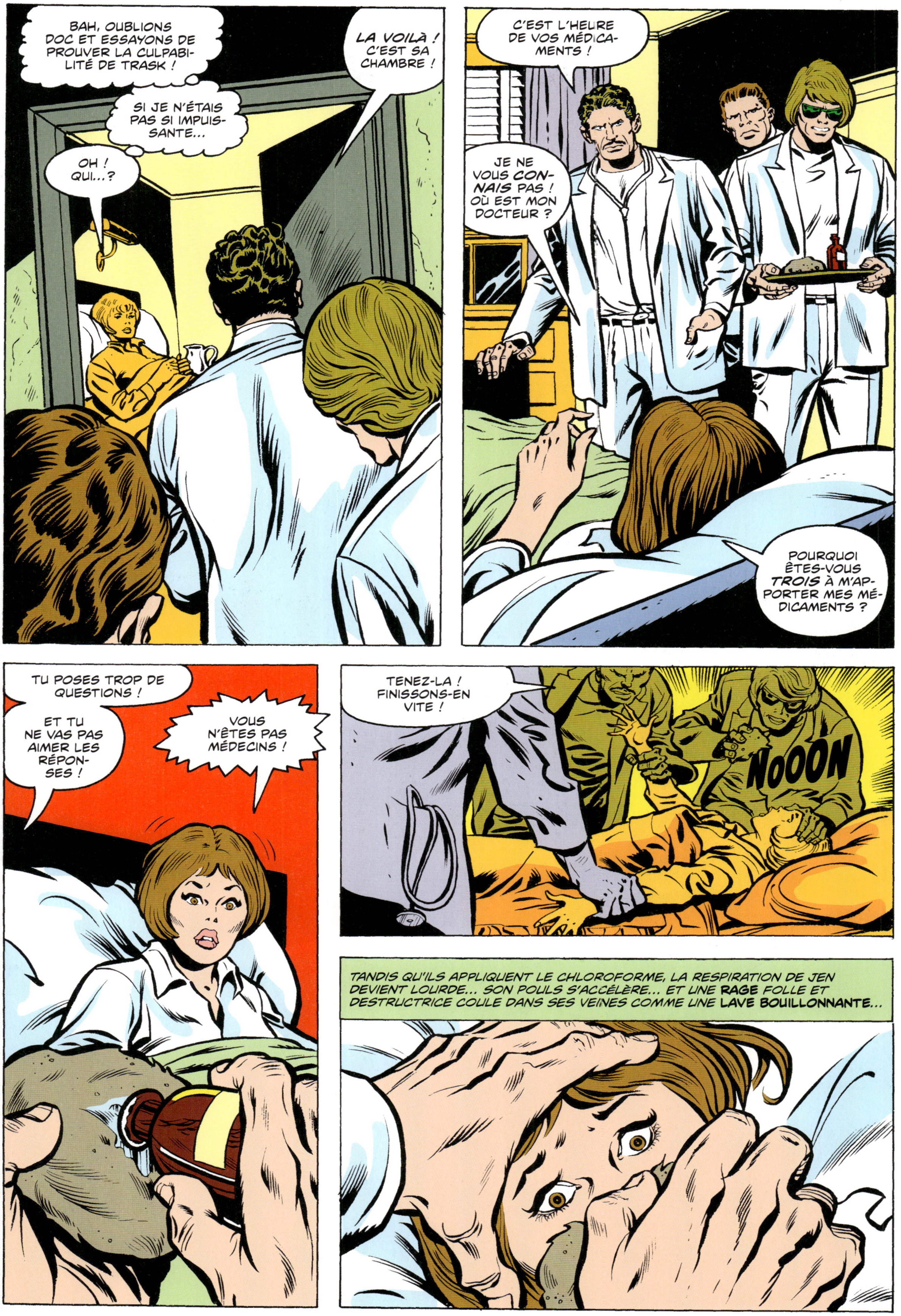
BAH, OUBLIONS DOC ET ESSAYONS DE PROUVER LA CULPABILITÉ DE TRASK !
SI JE N'ÉTAIS PAS SI IMPUISSANTE...
OH ! QUI...?
LA VOILÀ ! C'EST SA CHAMBRE !
C'EST L'HEURE DE VOS MÉDICAMENTS !
JE NE VOUS CONNAIS PAS ! OÙ EST MON DOCTEUR ?
POURQUOI ÊTES-VOUS TROIS À M'APPORTER MES MÉDICAMENTS ?
TU POSES TROP DE QUESTIONS !
ET TU NE VAS PAS AIMER LES RÉPONSES !
VOUS N'ÊTES PAS MÉDECINS !
TENEZ-LA ! FINISSONS-EN VITE !
NOOON
TANDIS QU'ILS APPLIQUENT LE CHLOROFORME, LA RESPIRATION DE JEN DEVIENT LOURDE... SON POULS S'ACCÉLÈRE... ET UNE RAGE FOLLE ET DESTRUCTRICE COULE DANS SES VEINES COMME UNE LAVE BOUILLONNANTE...

ET SOUDAIN...
WOOOOM
QUE S'EST-IL PASSÉ ? QUI NOUS A FRAPPÉS ?
QUI ? COMMENT ?
REGARDEZ ! LÀ-BAS !
MAINTENANT, VOYONS SI VOUS ÊTES SI CORIACES... CONTRE MOI !
C'EST UNE FEMME ! MAIS REGARDEZ SA TAILLE !
SA PEAU ! ELLE... ELLE EST VERTE !
ON DIRAIT UNE SORTE DE... MISS HULK !

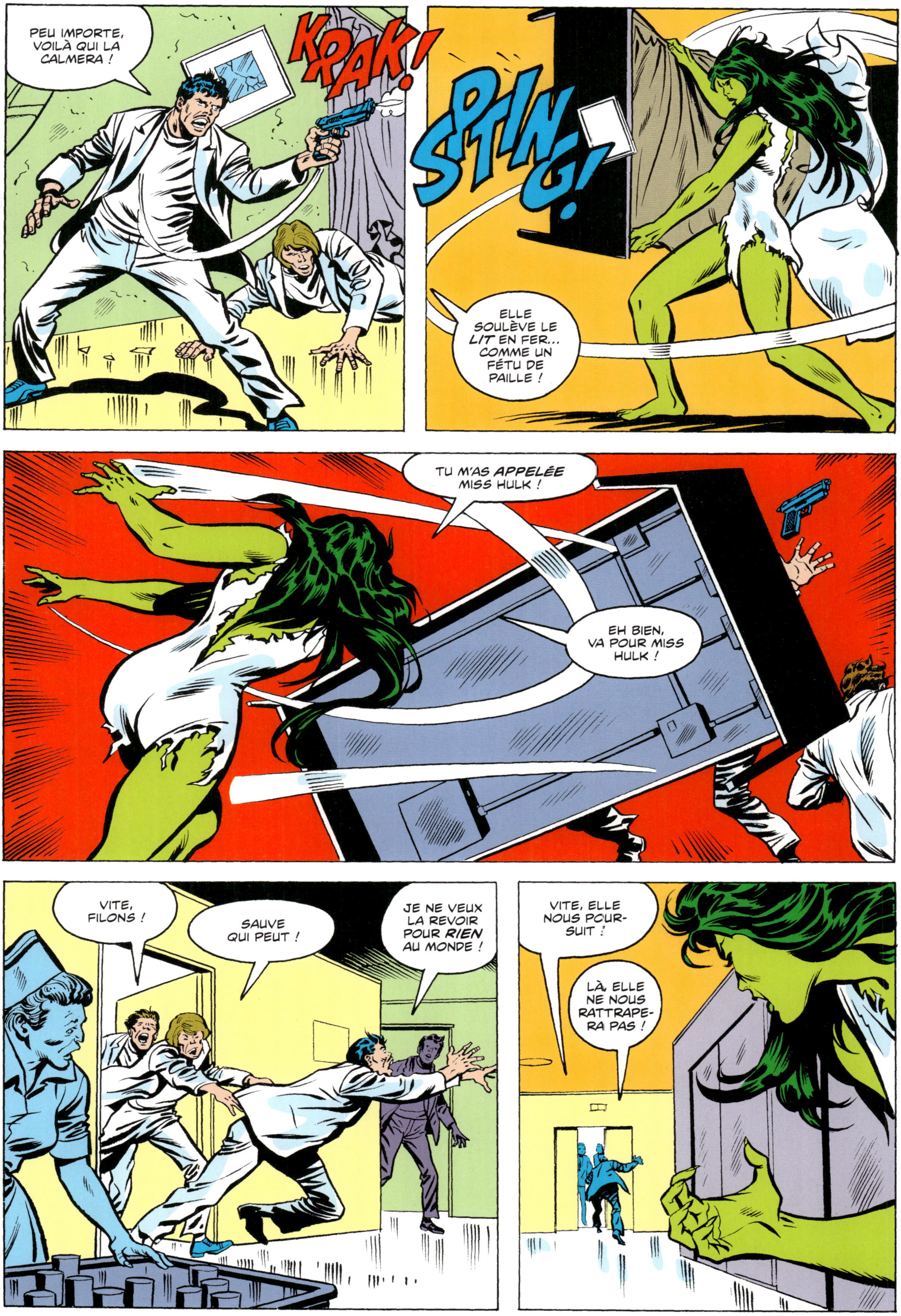
PEU IMPORTE, VOILÀ QUI LA CALMERA !
KRAK!
SPTING!
ELLE SOULÈVE LE LIT EN FER... COMME UN FÉTU DE PAILLE !
TU M'AS APPELÉE MISS HULK !
EH BIEN, VA POUR MISS HULK !
VITE, FILONS !
SAUVE QUI PEUT !
JE NE VEUX LA REVOIR POUR RIEN AU MONDE !
VITE, ELLE NOUS POURSUIT !
LÀ, ELLE NE NOUS RATTRAPERA PAS !

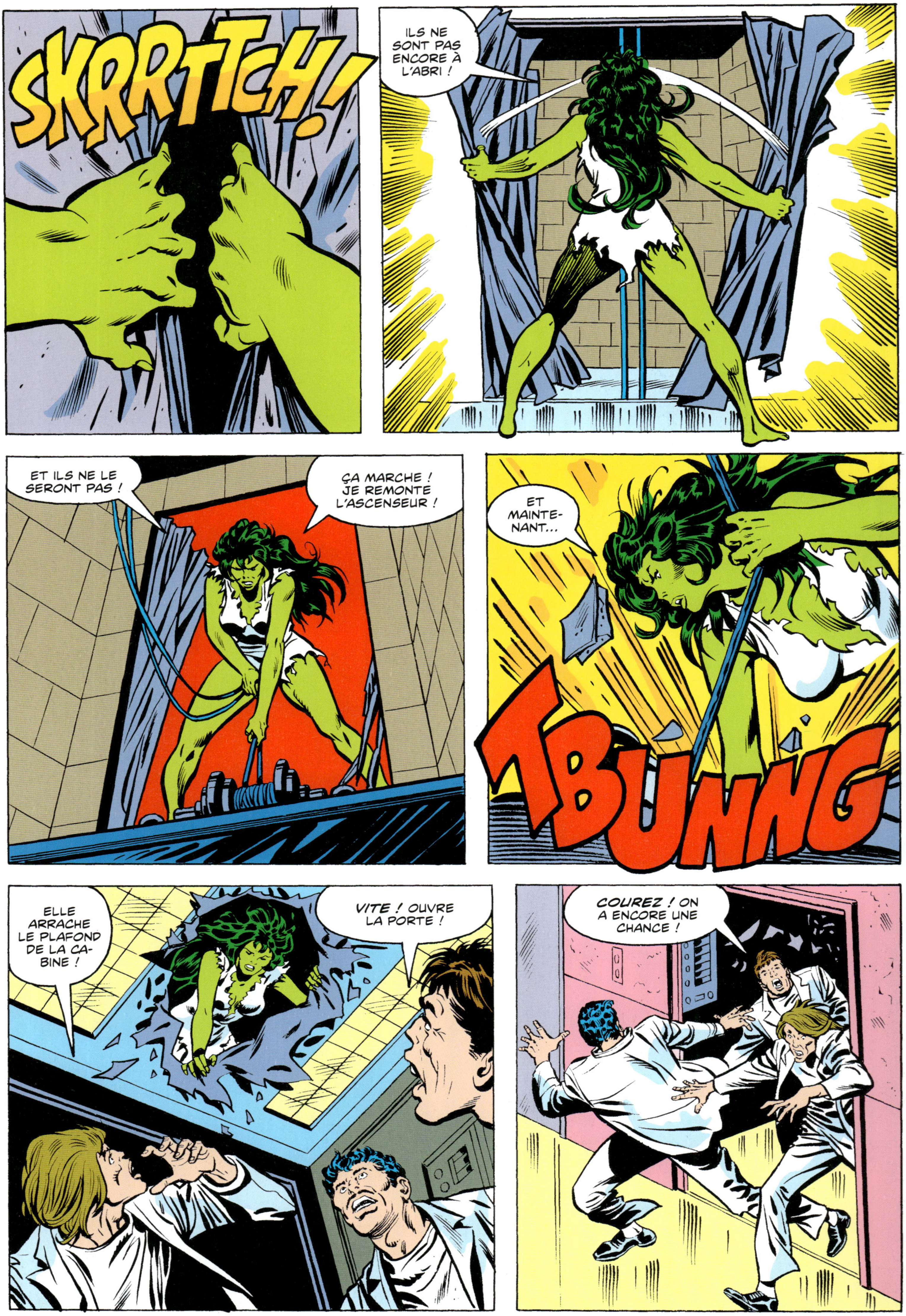
SKRRTTCH!
ILS NE SONT PAS ENCORE À L'ABRI !
ET ILS NE LE SERONT PAS !
ÇA MARCHE ! JE REMONTE L'ASCENSEUR !
ET MAINTE-NANT...
TBUNNG
ELLE ARRACHE LE PLAFOND DE LA CA-BINE !
VITE ! OUVRE LA PORTE !
COUREZ ! ON A ENCORE UNE CHANCE !

MAIS L'AMAZONE À LA PEAU VERTE DEVIENT DE PLUS EN PLUS FURIEUSE...
JE LES AURAI ! JE LES AURAI !
QUEL EST TOUT CE BRUIT ? QUE SE PAS... REGARDEZ ! QUI EST-CE ?
JE NE SAIS PAS, MAIS IL FAUT L'ARRÊTER !
DÉGAGEZ LE PASSAGE ! TOUS !
PERSONNE N'ARRÊTERA MISS HULK ! PERSONNE !
JAMAIS JE NE M'ÉTAIS SENTIE COMME ÇA ! JE PEUX TOUT FAIRE !
UNE FORCE VIBRE EN MOI !
LA REVOILÀ ! COMMENT A-T-ELLE PU DESCENDRE SI VITE ?
PEU IMPORTE ! ON VA LA SEMER !
ARRÊTEZ-VOUS ! RIEN NE VOUS SAUVERA...
... DE MOI !
NO PARKING 8AM
FONCE ! ON NE SAIT PAS DE QUOI ELLE EST CAPABLE !

J'AI LA FORCE MAINTENANT... LA PUISSANCE !
JE PEUX TOUT FAIRE !
TOUT !
HÉ ? QU'EST-CE QUI S'EST PASSÉ ?
OH NON ! C'EST INCROYABLE !
SKINNG
SORS DE LÀ, TOI ! IL FAUT QU'ON PARLE !
D'AC-D'ACCORD ! MAIS NE ME FAITES PAS DE MAL !
C'EST TRASK QUI NOUS A PAYÉS POUR TUER WALTERS !
IL AVAIT PEUR QU'ELLE AIT DES PREUVES CONTRE LUI !
C'ÉTAIT BIEN LUI L'AUTEUR DU MEURTRE ?
OUI, JE LE JURE !
VOUS AVEZ ENTENDU ? ILS SONT À VOUS !
REVENEZ !
ESSAYEZ DE M'ATTRAPER !
ATTENDS, JOE ! J'AI BESOIN DE TOI ! ET UNE PEAU VERTE N'EST PAS UN DÉLIT !
MA COLÈRE RETOMBE... ET MA FORCE AUSSI !
IL ME FAUT VITE RENTRER !

TOUTE DE SUITE : LA COURSE À LA MORT !

Rocket Raccoon, le raton laveur fou de la gâchette, a connu deux lancements. Il apparaît pour la première fois sous l'impulsion de **Bill Mantlo** et **Keith Giffen** dans les pages de *Marvel Preview* 7. Il s'agit alors d'un personnage secondaire nommé **Rocky** et inspiré d'un titre de chanson des **Beatles** : *Rocky Raccoon*. Pendant des années, Mantlo n'y fait plus allusion. Puis il se ravise après avoir remarqué le succès de certains héros-animaux. Il décide donc de réintroduire le raton laveur dans un épisode de *The Incredible Hulk*. Pour éviter tout problème de copyright avec la chanson des Beatles, cette aventure révèle que Rocky n'était en fait que le diminutif de Rocket. Ce détail fait qu'il s'agit là de la première apparition officielle de Rocket Raccoon. Par la suite, le scénariste lui consacrera une mini-série dessinée par le jeune **Mike Mignola**, un artiste qui deviendra l'un des maîtres incontestés des comics. Mais la carrière de Rocket ne décollera que bien plus tard, quand le héros poilu sera intégré dans les rangs des **Gardiens de la Galaxie**.

ROCKET RACCOON!
Rocket Raccoon!
The Incredible Hulk (1968) 271
mai 1982

Scénario : Stan Lee, Bill Mantlo
Dessin et encrage : Sal Buscema
Traduction : Laurence Belingard
Lettrage : Tatiana Bonora
Rédaction USA : Al Milgrom, Jim Shooter, C.B. Cebulski

Stan Lee présente : L'INCROYABLE HULK!®
QUELQUE PART DANS LES TROUS NOIRS DE
SIRIUS MAJOR,
VIVAIT UN JEUNE GARÇON DU NOM DE...
ROCKET RACCOON!
EUH, LEM... QU'EST-CE QUI EST GROS, VERT ET QUI RONFLE TRÈS FORT ?
FRANCHEMENT, ROCKY, JE N'EN AI PAS LA MOINDRE IDÉE !
BILL MANTLO, SAL BUSCEMA, JIM NOVAK, BOB SHAREN, AL MIGROM ET JIM SHOOTER VOUS CONVIENT AU 20E ANNIVERSAIRE LE PLUS DÉJANTÉ DE L'ÈRE MARVEL !
1

ALORS QUE HULK DORT SUR UNE PELOUSE ÉTRANGÈRE, DEUX CURIEUSES SILHOUETTES EXAMINENT MINUTIEUSEMENT LE GÉANT À LA PEAU VERTE.
JE VEUX JUSTE SAVOIR SI C'EST UN DES AUTOMATES ASSASSINS DE JUDSON JAKES !
NÉGATIF, ROCKY ! J'IGNORE CE QU'IL EST, MAIS IL EST VIVANT...
... ET DÉGAGE UNE INCROYABLE DOSE DE RADIATIONS GAMMA !
IL S'AGIT DE ROCKET RACCOON, GARDIEN DU QUADRANT DE KEYSTONE...
... ET SON AMI ET PREMIER MATELOT, LEM ORSE.
SOUDAIN, LES OREILLES DE ROCKET PERÇOIVENT UN LÉGER SON...
SNIKKERSNAK SNIKKERSNAK
LEM ! UN TU-SAIS-QUOI ARRIVE !
ON LAISSE LE GRAND VERT SUR SON CHEMIN ?
NON ! PUISQU'IL EST VIVANT, ON DOIT LE DÉPLACER ! DONNE-MOI UN COUP DE -HNNG- PROTHÈSE !
DES BRAS MÉCANIQUES SORTENT DE LA SACOCHE DE LEM ORSE...
... MAIS ILS NE PARVIENNENT PAS PLUS À DÉPLACER LE PESANT HULK ENDORMI.
SNIKKERSNAK SNIKKERSNAK
ON N'AVANCE PAS, LEM !
ET LE TU-SAIS-QUOI SE RAPPROCHE, ROCKET !
SNIKKERSNAK SNIKKERSNAK
CORRECTION, LEM : LE ROBOTONDEUSE EST LÀ !
SACREDIEU, ROCKET... TU AS RAISON !

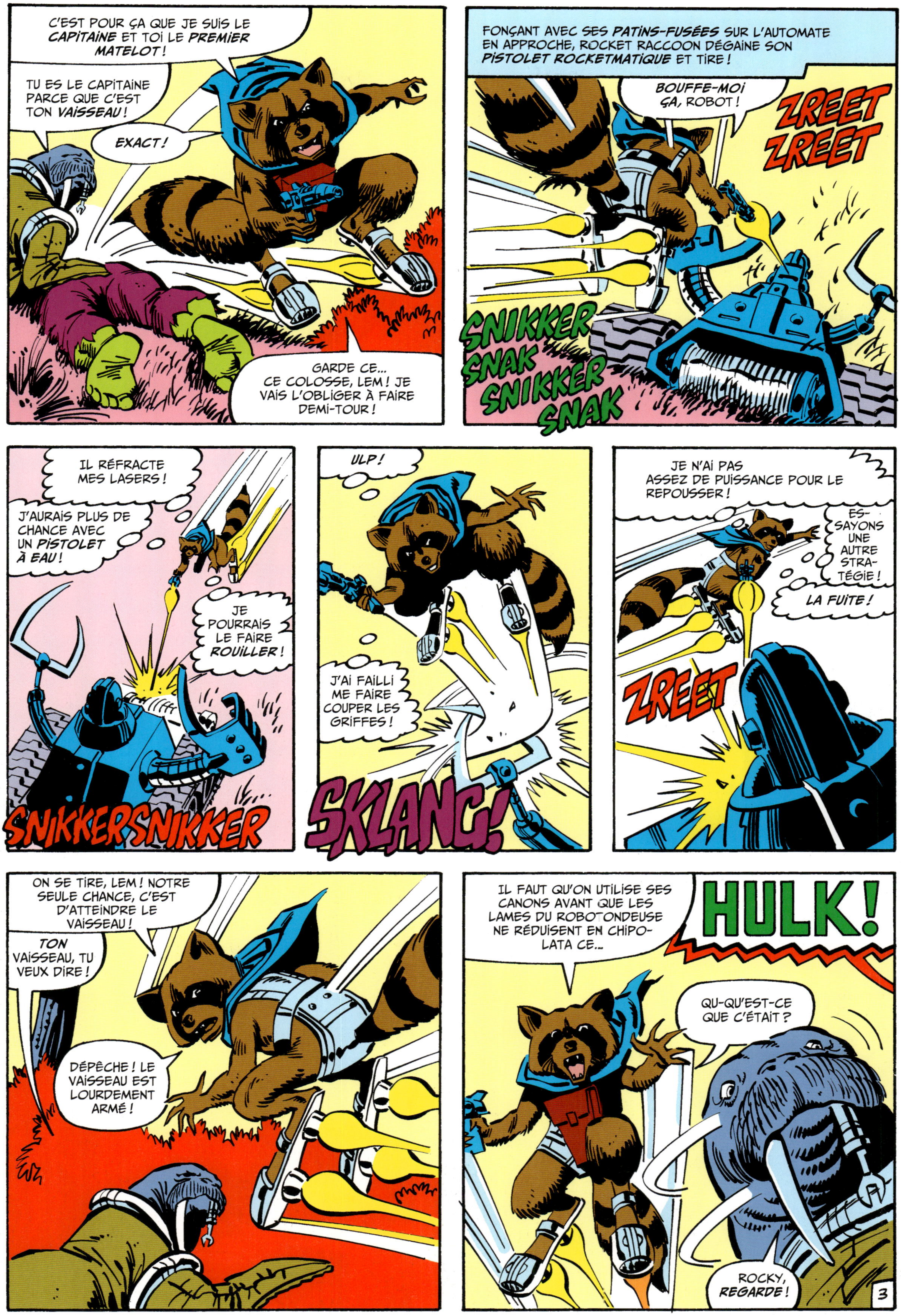
C'EST POUR ÇA QUE JE SUIS LE *CAPITAINE* ET TOI LE *PREMIER MATELOT* !
TU ES LE CAPITAINE PARCE QUE C'EST TON *VAISSEAU* !
EXACT !
GARDE CE... CE COLOSSE, LEM ! JE VAIS L'OBLIGER À FAIRE DEMI-TOUR !
FONÇANT AVEC SES *PATINS-FUSÉES* SUR L'AUTOMATE EN APPROCHE, ROCKET RACCOON DÉGAINE SON *PISTOLET ROCKETMATIQUE* ET TIRE !
BOUFFE-MOI ÇA, ROBOT !
ZREET ZREET
SNIKKER SNAK SNIKKER SNAK
IL RÉFRACTE MES LASERS !
J'AURAIS PLUS DE CHANCE AVEC UN *PISTOLET À EAU* !
JE POURRAIS LE FAIRE *ROUILLER* !
SNIKKERSNIKKER
ULP !
J'AI FAILLI ME FAIRE COUPER LES GRIFFES !
SKLANG!
JE N'AI PAS ASSEZ DE PUISSANCE POUR LE REPOUSSER !
ES-SAYONS UNE AUTRE STRA-TÉGIE !
LA FUITE !
ZREET
ON SE TIRE, LEM ! NOTRE SEULE CHANCE, C'EST D'ATTEINDRE LE VAISSEAU !
TON VAISSEAU, TU VEUX DIRE !
DÉPÊCHE ! LE VAISSEAU EST LOURDEMENT ARMÉ !
IL FAUT QU'ON UTILISE SES CANONS AVANT QUE LES LAMES DU ROBOT-TONDEUSE NE RÉDUISENT EN CHIPO-LATA CE...
HULK !
QU-QU'EST-CE QUE C'ÉTAIT ?
ROCKY, *REGARDE* !
3

BRUIT A RÉVEILLÉ HULK ! HULK NE VOULAIT PAS ÊTRE RÉVEILLÉ ! HULK FURIEUX !
QU'EST-CE QU'IL A DIT ?
QU'IL ÉTAIT FURIEUX !
ET IL EN A L'AIR !
N'EST-CE PAS !
"MAIS ÇA NE L'AIDERA PAS À ARRÊTER UN ROBOTONDEUSE !"
"VA DONC LE LUI DIRE, LEM !"
MACHINE FAIT BRUIT QUI A RÉVEILLÉ HULK !
HULK VA ÉCRASER MACHINE !
SKRAKOW !
TU AIMES FAIRE DU BRUIT, MACHINE ?
HULK VA FAIRE PLUS DE BRUIT QUE TOI !
SRAVRAKK !
SNI-KER-SNAK-KER-SNIK-KER-SNAK-KER
PRÉPARE-TOI, MACHINE !
VOILÀ UN GROS BRUIT !
SKROOM !
HNH ! BIEN. BRUIT ARRÊTÉ ! MAIS HULK N'EST PLUS FATIGUÉ !
LEM... TU AS VU CE QU'IL A FAIT ?
J'AI VU, ROCKY ! J'AI VU !
IL A ARRÊTÉ UN ROBOTONDEUSE À MAINS NUES !
JE SAIS, J'AI VU !
4

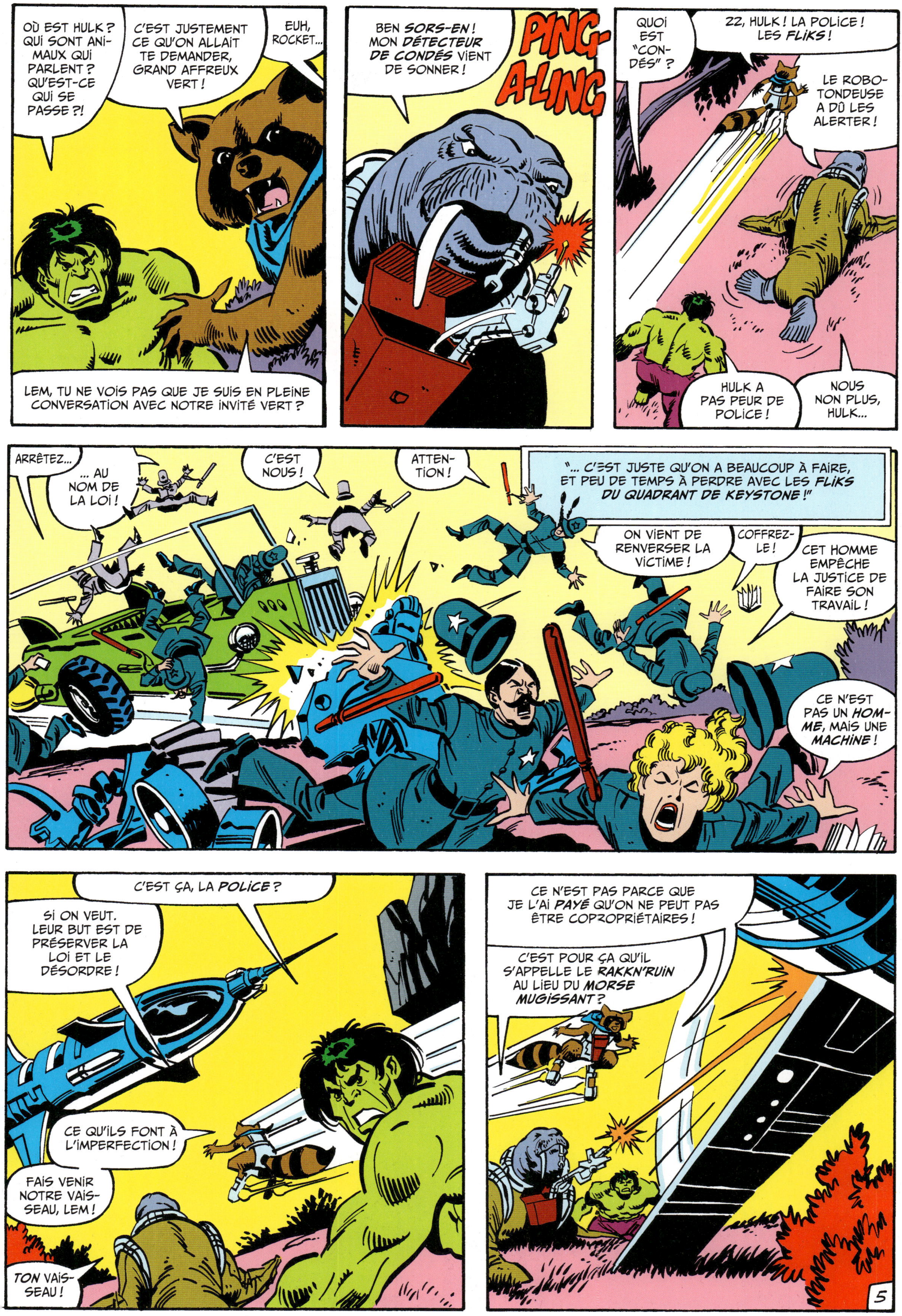

OÙ EST HULK ? QUI SONT ANIMAUX QUI PARLENT ? QU'EST-CE QUI SE PASSE ?!
C'EST JUSTEMENT CE QU'ON ALLAIT TE DEMANDER, GRAND AFFREUX VERT !
EUH, ROCKET...
LEM, TU NE VOIS PAS QUE JE SUIS EN PLEINE CONVERSATION AVEC NOTRE INVITÉ VERT ?
BEN SORS-EN ! MON DÉTECTEUR DE CONDÉS VIENT DE SONNER !
PING-A-LING
QUOI EST "CONDÉS" ?
ZZ, HULK ! LA POLICE ! LES FLIKS !
LE ROBOTONDEUSE A DÛ LES ALERTER !
HULK A PAS PEUR DE POLICE !
NOUS NON PLUS, HULK...
ARRÊTEZ...
... AU NOM DE LA LOI !
C'EST NOUS !
ATTENTION !
"... C'EST JUSTE QU'ON A BEAUCOUP À FAIRE, ET PEU DE TEMPS À PERDRE AVEC LES FLIKS DU QUADRANT DE KEYSTONE !"
ON VIENT DE RENVERSER LA VICTIME !
COFFREZ-LE !
CET HOMME EMPÊCHE LA JUSTICE DE FAIRE SON TRAVAIL !
CE N'EST PAS UN HOMME, MAIS UNE MACHINE !
C'EST ÇA, LA POLICE ?
SI ON VEUT. LEUR BUT EST DE PRÉSERVER LA LOI ET LE DÉSORDRE !
CE QU'ILS FONT À L'IMPERFECTION !
FAIS VENIR NOTRE VAISSEAU, LEM !
TON VAISSEAU !
CE N'EST PAS PARCE QUE JE L'AI PAYÉ QU'ON NE PEUT PAS ÊTRE COPROPRIÉTAIRES !
C'EST POUR ÇA QU'IL S'APPELLE LE RAKKN'RUIN AU LIEU DU MORSE MUGISSANT ?
5

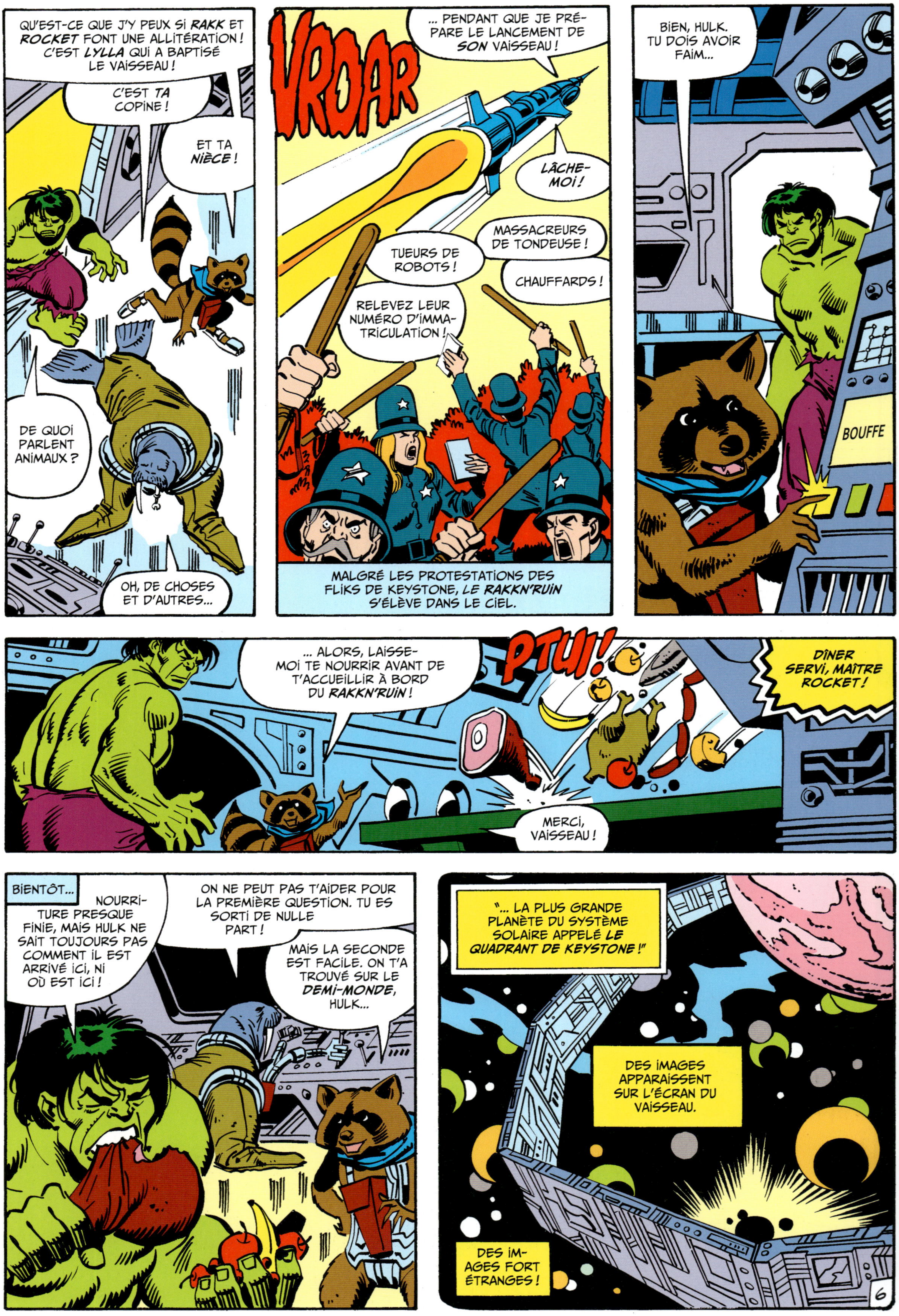
QU'EST-CE QUE J'Y PEUX SI **RAKK** ET **ROCKET** FONT UNE ALLITÉRATION ! C'EST **LYLLA** QUI A BAPTISÉ LE VAISSEAU !
C'EST **TA** COPINE !
ET TA **NIÈCE** !
DE QUOI PARLENT ANIMAUX ?
OH, DE CHOSES ET D'AUTRES...
VROAR
... PENDANT QUE JE PRÉPARE LE LANCEMENT DE **SON** VAISSEAU !
LÂCHE-MOI !
MASSACREURS DE TONDEUSE !
TUEURS DE ROBOTS !
CHAUFFARDS !
RELEVEZ LEUR NUMÉRO D'IMMATRICULATION !
MALGRÉ LES PROTESTATIONS DES FLIKS DE KEYSTONE, *LE RAKKN'RUIN* S'ÉLÈVE DANS LE CIEL.
BIEN, HULK. TU DOIS AVOIR FAIM...
BOUFFE
... ALORS, LAISSE-MOI TE NOURRIR AVANT DE T'ACCUEILLIR À BORD DU **RAKKN'RUIN** !
PTUI !
DÎNER SERVI, MAÎTRE ROCKET !
MERCI, VAISSEAU !
BIENTÔT...
NOURRITURE PRESQUE FINIE, MAIS HULK NE SAIT TOUJOURS PAS COMMENT IL EST ARRIVÉ ICI, NI OÙ EST ICI !
ON NE PEUT PAS T'AIDER POUR LA PREMIÈRE QUESTION. TU ES SORTI DE NULLE PART !
MAIS LA SECONDE EST FACILE. ON T'A TROUVÉ SUR LE **DEMI-MONDE**, HULK...
"... LA PLUS GRANDE PLANÈTE DU SYSTÈME SOLAIRE APPELÉ **LE QUADRANT DE KEYSTONE** !"
DES IMAGES APPARAISSENT SUR L'ÉCRAN DU VAISSEAU.
DES IMAGES FORT ÉTRANGES !

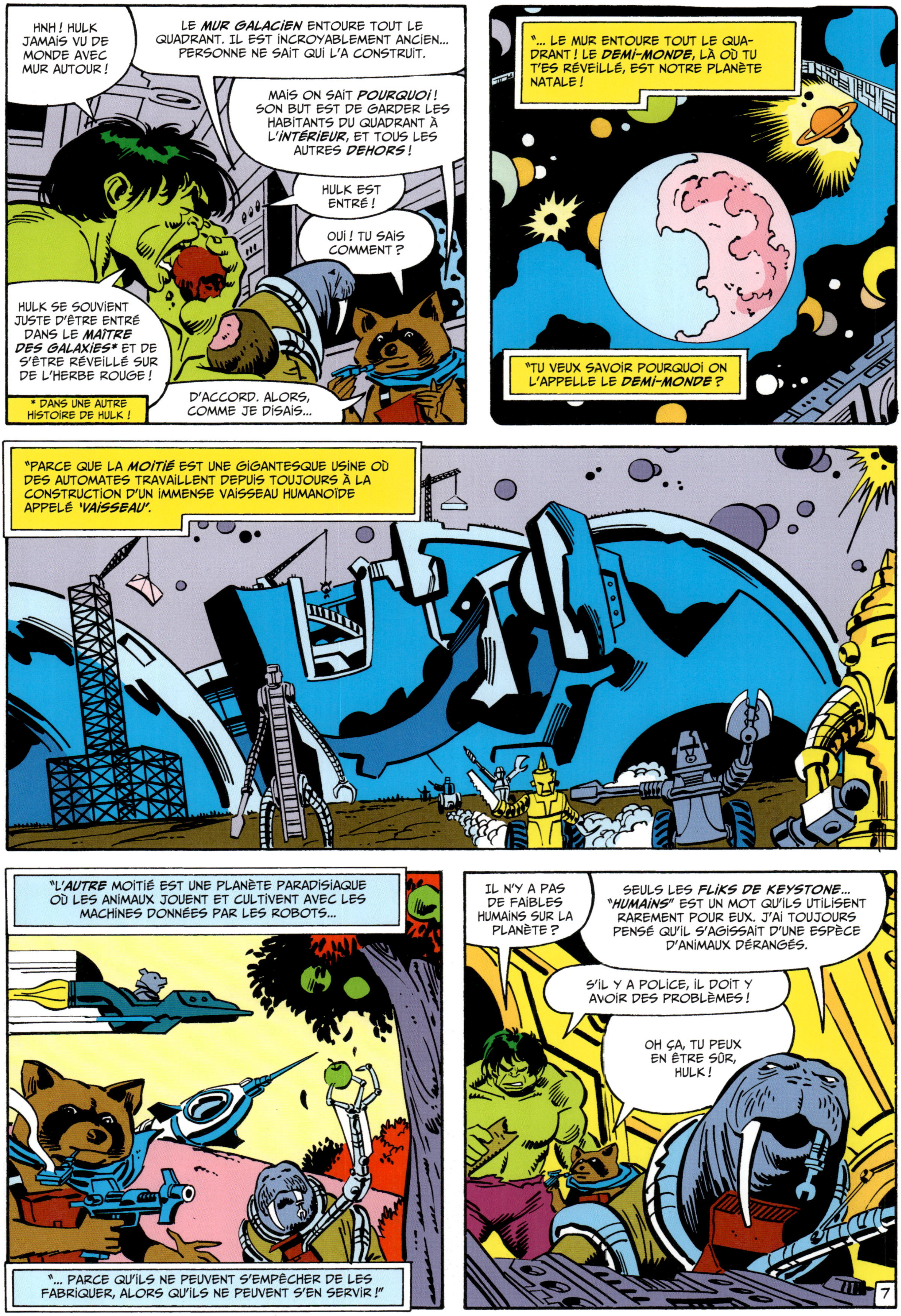
HNH ! HULK JAMAIS VU DE MONDE AVEC MUR AUTOUR !
LE MUR GALACIEN ENTOURE TOUT LE QUADRANT. IL EST INCROYABLEMENT ANCIEN... PERSONNE NE SAIT QUI L'A CONSTRUIT.
MAIS ON SAIT POURQUOI ! SON BUT EST DE GARDER LES HABITANTS DU QUADRANT À L'INTÉRIEUR, ET TOUS LES AUTRES DEHORS !
HULK EST ENTRÉ !
OUI ! TU SAIS COMMENT ?
HULK SE SOUVIENT JUSTE D'ÊTRE ENTRÉ DANS LE MAÎTRE DES GALAXIES* ET DE S'ÊTRE RÉVEILLÉ SUR DE L'HERBE ROUGE !
* DANS UNE AUTRE HISTOIRE DE HULK !
D'ACCORD. ALORS, COMME JE DISAIS...
"... LE MUR ENTOURE TOUT LE QUADRANT ! LE DEMI-MONDE, LÀ OÙ TU T'ES RÉVEILLÉ, EST NOTRE PLANÈTE NATALE !
"TU VEUX SAVOIR POURQUOI ON L'APPELLE LE DEMI-MONDE ?
"PARCE QUE LA MOITIÉ EST UNE GIGANTESQUE USINE OÙ DES AUTOMATES TRAVAILLENT DEPUIS TOUJOURS À LA CONSTRUCTION D'UN IMMENSE VAISSEAU HUMANOÏDE APPELÉ 'VAISSEAU'.
"L'AUTRE MOITIÉ EST UNE PLANÈTE PARADISIAQUE OÙ LES ANIMAUX JOUENT ET CULTIVENT AVEC LES MACHINES DONNÉES PAR LES ROBOTS...
"... PARCE QU'ILS NE PEUVENT S'EMPÊCHER DE LES FABRIQUER, ALORS QU'ILS NE PEUVENT S'EN SERVIR !"
IL N'Y A PAS DE FAIBLES HUMAINS SUR LA PLANÈTE ?
SEULS LES FLIKS DE KEYSTONE... "HUMAINS" EST UN MOT QU'ILS UTILISENT RAREMENT POUR EUX. J'AI TOUJOURS PENSÉ QU'IL S'AGISSAIT D'UNE ESPÈCE D'ANIMAUX DÉRANGÉS.
S'IL Y A POLICE, IL DOIT Y AVOIR DES PROBLÈMES !
OH ÇA, TU PEUX EN ÊTRE SÛR, HULK !

"ET TOUT VIENT D'UNE TERRIBLE TAUPE APPELÉE JUDSON JAKES ! PERSONNE NE SAIT CE QU'IL PRÉPARE, SINON QU'IL SE TERRE AU CENTRE DU QUADRANT À BORD DE SA ROUE DE L'ESPACE, TELLE UNE ARAIGNÉE AU CŒUR DE SA TOILE !
"JAKES DIRIGE UNE SOCIÉTÉ APPELÉE MÉCANIQUES INTERSTELLAIRES, ET SON CHEF SCIENTIFIQUE, UNE TORTUE APPELÉE ONCLE PYKO, PRODUIT DES AUTOMATES ASSASSINS COMME LES CLOWNS TUEURS ET LES AFFREUX DRAKILLARS. IL ENGAGE AUSSI DES LAPINS RENÉGATS, COMME LA BLACK BUNNY BRIGADE, POUR FAIRE SON SALE TRAVAIL !"
ET ?
ET JAKES NE CRÉE TOUTES CES MACHINES MEURTRIÈRES QUE DANS UN BUT ! IL VEUT METTRE SES GRIFFES SUR LE PLUS GRAND TRÉSOR DU QUADRANT DE KEYSTONE !
UN LIVRE APPELÉ LA BIBLE DE GIDEON !
ÉCRITE PAR LES PREMIERS, ELLE EST CENSÉE CONTENIR L'ORIGINE SECRÈTE DU QUADRANT ET DE SES HABITANTS DANS SES PAGES !
MAIS ELLE EST ÉCRITE DANS UN LANGAGE QUE NUL NE PEUT LIRE.
EUH, ROCKET...
... JE REÇOIS UNE ALERTE DE LYLLA !
IL Y A DU RIFIFI SUR LE DEMI-MONDE !
UNE TERRIBLE IMAGE APPARAÎT.
NID DE COUCOU À RAKKN'RUIN... LA BLACK BUNNY BRIGADE NOUS ATTAQUE !
QUOI EST... NID DE COUCOU ?
C'EST LÀ QU'ON GARDE LA BIBLE DE GIDEON, HULK !
ON N'AURAIT JAMAIS CRU QUE JUDSON JAKES OSERAIT ATTAQUER NOTRE FORTERESSE !
EH BIEN, IL A OSÉ... ET S'IL S'EMPARE DE LA BIBLE POUR LA FAIRE DÉCHIFFRER PAR ONCLE PYKO, QUI SAIT QUELS TERRIBLES SECRETS IL DÉCOUVRIRA, QUELLES MONSTRUEUSES MENACES IL LÂCHERA SUR LE QUADRANT DE KEYSTONE !
POUR L'ARRÊTER, IL FAUDRA S'ATTAQUER À JAKES EN PERSONNE !
HULK, NOUS AIDERAS-TU ?
HULK EST ICI PARCE QU'IL EN A AIDÉ UN AUTRE !
HULK A DÛ QUITTER SES AMIS SUR TERRE !
RICK ET BETTY VONT S'INQUIÉTER POUR HULK ! HULK DEVRAIT RENTRER ! MAIS HULK BIZARRE, HULK SAIT PAS QUOI FAIRE !

POURQUOI HULK SE SENT-IL BIZARRE ? CECI EST UNE AUTRE HISTOIRE...
PENDANT CE TEMPS, REVENONS BRIÈVEMENT SUR TERRE...
... VERS UNE PORTION DE DÉSERT OUBLIÉE OÙ, IL Y A DES ANNÉES, DANS UNE TEMPÊTE DE FLAMMES VERTES, HULK EST NÉ.
AUJOURD'HUI, LES FLAMMES NE VIENNENT QUE DU SOLEIL.
MAIS ELLES NE PÉNÈTRENT PAS L'OBSCURITÉ DU COMPLEXE SOUTERRAIN SOUS LE SABLE...
... OÙ, IL Y A PEU, LE DR BRUCE BANNER ŒUVRAIT POUR TUER OU GUÉRIR SON ALTER EGO DE JADE.
PUIS SONT VENUS LES CHASSEURS DE HULK, POUR DEMANDER SON AIDE AU GÉANT VERT CONTRE LE MAÎTRE DES GALAXIES ET SON SERVITEUR SAUVAGE, L'ABOMINATION ! BANNER EST DEVENU HULK, A COMBATTU LES CHASSEURS, PUIS LES A ACCOMPAGNÉS DANS UNE QUÊTE AUX CONFINS DU COSMOS.
IL NE POUVAIT PAS SAVOIR QUE PAR LA SUITE, RICK JONES ALLAIT S'EXPOSER À UNE DOSE MORTELLE DE RAYONS GAMMA, DANS UNE TENTATIVE DÉSESPÉRÉE POUR DEVENIR UN SECOND HULK !
RICK A FAILLI MOURIR, ET BETTY ROSS S'EST RETROUVÉE SEULE, OBLIGÉE DE CONDUIRE RAPIDEMENT RICK À L'HÔPITAL...
... ET FACE À LA FEMME-OISEAU KRYLORIENNE, BEREET !
M-MAIS QUI ES-TU ?!
JE TE L'AI DÉJÀ DIT. JE SUIS BEREET, TECHNO-ARTISTE DE LA PLANÈTE KRYLOR. JE SUIS VENUE RÉALISER UN DOCUMENTAIRE SUR L'INCROYABLE HULK !
GREEPLE REEP ?
QUEL DOMMAGE QU'IL DOIVE COMMENCER PAR LA MORT DE SON MEILLEUR AMI !
CHUT, STURKY... C'EST UN MOMENT TRISTE !
NOUS DEVONS RESPECTER UN INSTANT DE SILENCE, PUIS COMMENCER À FILMER.
9

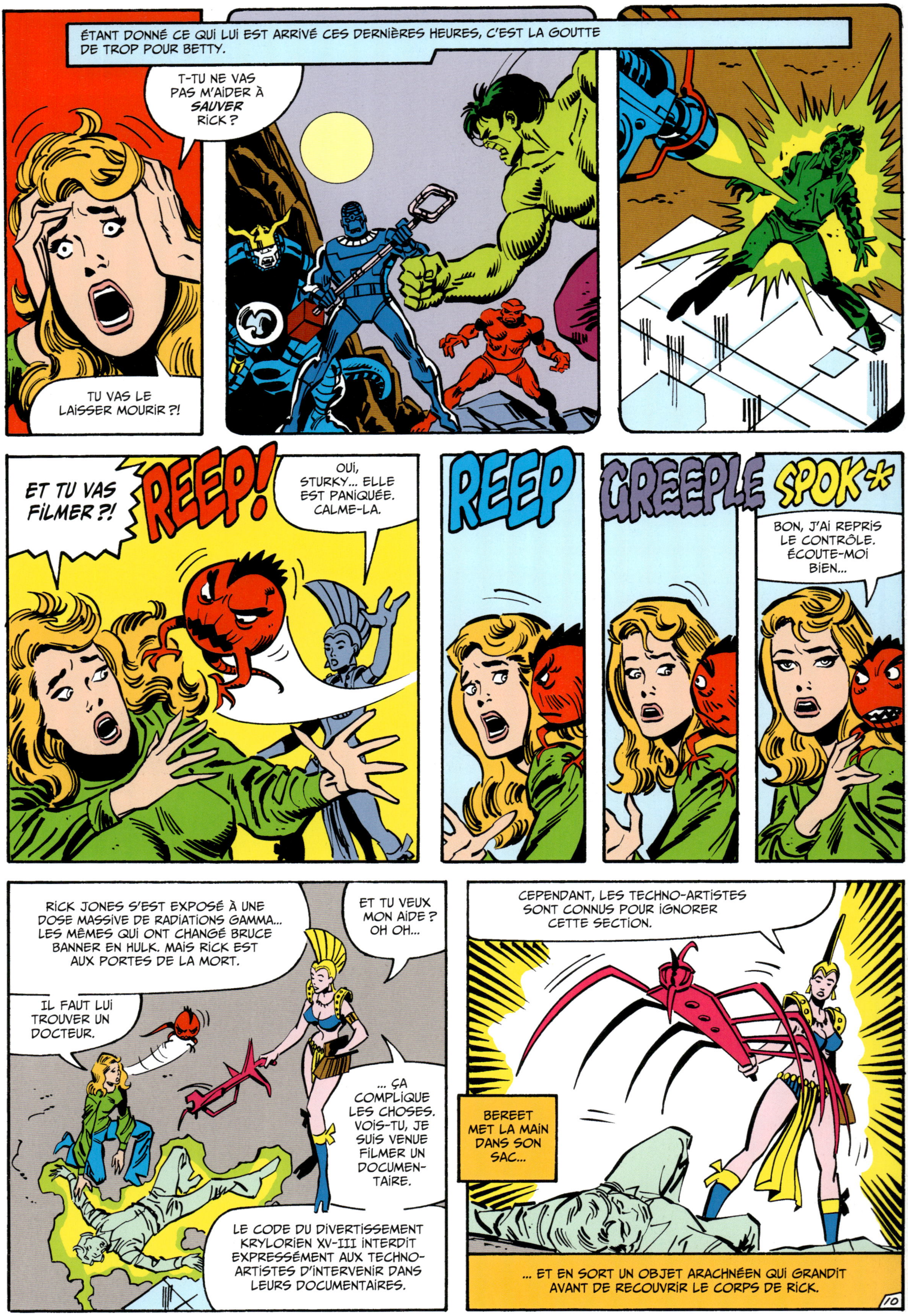
ÉTANT DONNÉ CE QUI LUI EST ARRIVÉ CES DERNIÈRES HEURES, C'EST LA GOUTTE DE TROP POUR BETTY.
T-TU NE VAS PAS M'AIDER À SAUVER RICK ?
TU VAS LE LAISSER MOURIR ?!
ET TU VAS FILMER ?!
REEP!
OUI, STURKY... ELLE EST PANIQUÉE. CALME-LA.
REEP
GREEPLE
SPOK*
BON, J'AI REPRIS LE CONTRÔLE. ÉCOUTE-MOI BIEN...
RICK JONES S'EST EXPOSÉ À UNE DOSE MASSIVE DE RADIATIONS GAMMA... LES MÊMES QUI ONT CHANGÉ BRUCE BANNER EN HULK. MAIS RICK EST AUX PORTES DE LA MORT.
ET TU VEUX MON AIDE ? OH OH...
IL FAUT LUI TROUVER UN DOCTEUR.
... ÇA COMPLIQUE LES CHOSES. VOIS-TU, JE SUIS VENUE FILMER UN DOCUMENTAIRE.
LE CODE DU DIVERTISSEMENT KRYLORIEN XV-III INTERDIT EXPRESSÉMENT AUX TECHNO-ARTISTES D'INTERVENIR DANS LEURS DOCUMENTAIRES.
CEPENDANT, LES TECHNO-ARTISTES SONT CONNUS POUR IGNORER CETTE SECTION.
BEREET MET LA MAIN DANS SON SAC...
... ET EN SORT UN OBJET ARACHNÉEN QUI GRANDIT AVANT DE RECOUVRIR LE CORPS DE RICK.
10

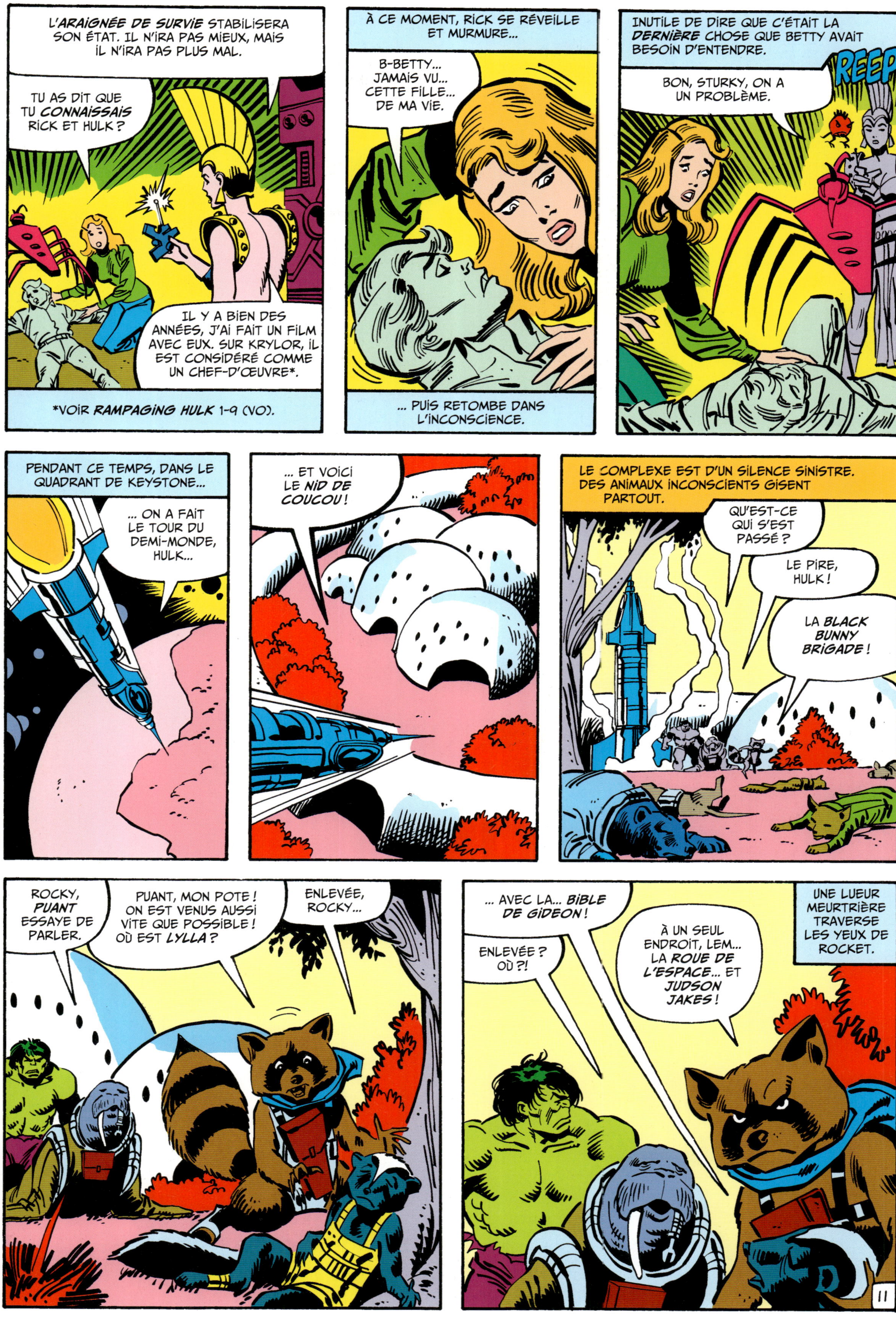

L'ARAIGNÉE DE SURVIE STABILISERA SON ÉTAT. IL N'IRA PAS MIEUX, MAIS IL N'IRA PAS PLUS MAL.
TU AS DIT QUE TU CONNAISSAIS RICK ET HULK ?
IL Y A BIEN DES ANNÉES, J'AI FAIT UN FILM AVEC EUX. SUR KRYLOR, IL EST CONSIDÉRÉ COMME UN CHEF-D'ŒUVRE*.
*VOIR RAMPAGING HULK 1-9 (VO).
À CE MOMENT, RICK SE RÉVEILLE ET MURMURE...
B-BETTY... JAMAIS VU... CETTE FILLE... DE MA VIE.
... PUIS RETOMBE DANS L'INCONSCIENCE.
INUTILE DE DIRE QUE C'ÉTAIT LA DERNIÈRE CHOSE QUE BETTY AVAIT BESOIN D'ENTENDRE.
REEP
BON, STURKY, ON A UN PROBLÈME.
PENDANT CE TEMPS, DANS LE QUADRANT DE KEYSTONE...
... ON A FAIT LE TOUR DU DEMI-MONDE, HULK...
... ET VOICI LE NID DE COUCOU !
LE COMPLEXE EST D'UN SILENCE SINISTRE. DES ANIMAUX INCONSCIENTS GISENT PARTOUT.
QU'EST-CE QUI S'EST PASSÉ ?
LE PIRE, HULK !
LA BLACK BUNNY BRIGADE !
ROCKY, PUANT ESSAYE DE PARLER.
PUANT, MON POTE ! ON EST VENUS AUSSI VITE QUE POSSIBLE ! OÙ EST LYLLA ?
ENLEVÉE, ROCKY...
... AVEC LA... BIBLE DE GIDEON !
ENLEVÉE ? OÙ ?!
À UN SEUL ENDROIT, LEM... LA ROUE DE L'ESPACE... ET JUDSON JAKES !
UNE LUEUR MEURTRIÈRE TRAVERSE LES YEUX DE ROCKET.

LA ROUE DE L'ESPACE !
QUI TOURNE, TOURNE ET TOURNE ENCORE...
... ET SEUL JUDSON JAKES SAIT OÙ ELLE S'ARRÊTERA !
JE DOIS ORDONNER À ONCLE PYKO DE STABILISER LA ROTATION DE LA ROUE. APPAREMMENT, TOUT L'ÉQUIPAGE SOUFFRE DE VERTIGES.
JE M'Y METTRAI... DÈS QUE J'AURAI DÉCHIFFRÉ CET INDÉCHIFFRABLE TOME QUE TON LAPIN-LARBIN A VOLÉ.
ARRÊTE DE TE PLAINDRE, PYKO ! TU AS UN BOULOT TRANQUILLE ICI, PENDANT QUE BLACKJACK O'HARE ET SA BLACK BUNNY BRIGADE FONT TOUT LE SALE TRAVAIL !
ENFIN, JE NE PARLE PAS DE TOI, CHÈRE LYLLA.
DÉTACHE-MOI, MAUDIT LIÈVRE ! QUAND MON ROCKY ARRIVERA...
Bible de GIDEON
IL RECEVRA UN ACCUEIL TRÈS CHALEUREUX, MA CHÈRE !
ET IL VIENDRA, CAR IL EST LE GARDIEN DE LA BIBLE DE GIDEON...
... LE LIVRE DONT LES SECRETS ME RENDRONT MAÎTRE DU QUADRANT DE KEYSTONE !
TU VEUX DIRE LE LIVRE QUI VA ME FICHER LA MIGRAINE ET USER MES ORDINATEURS ? CETTE CHOSE N'A AUCUN SENS !
DES LETTRES ÉTRANGES ! UN ALPHABET INCOMPRÉHENSIBLE ! UN MONCEAU D'ERREURS DE GRAMMAIRE ! QUEL GENRE DE LANGUE PARLAIENT LES PREMIERS ?
C'EST PRÉCISÉMENT CE QUE JE VEUX QUE TU DÉCOUVRES, PYKO.
ET TON IGNORANCE FEINTE INSULTE MON INTELLIGENCE. TU ES UN GÉNIE, PYKO. C'EST TOI QUI AS CONSTRUIT LA ROUE DE L'ESPACE.
SI VOUS VOULEZ MON AVIS, IL EN SAIT TROP !
OH ! QUELLE EST CETTE HORRIBLE CRÉATURE ?
UN SIMPLE DRAKILLAR, MA CHÈRE... UNE DES INNOMBRABLES SENTINELLES QUE J'AI POSTÉES DANS LE QUADRANT !
IL M'INDIQUE PAR TÉLÉPATHIE QUE TON PETIT AMI EST ARRIVÉ !
12

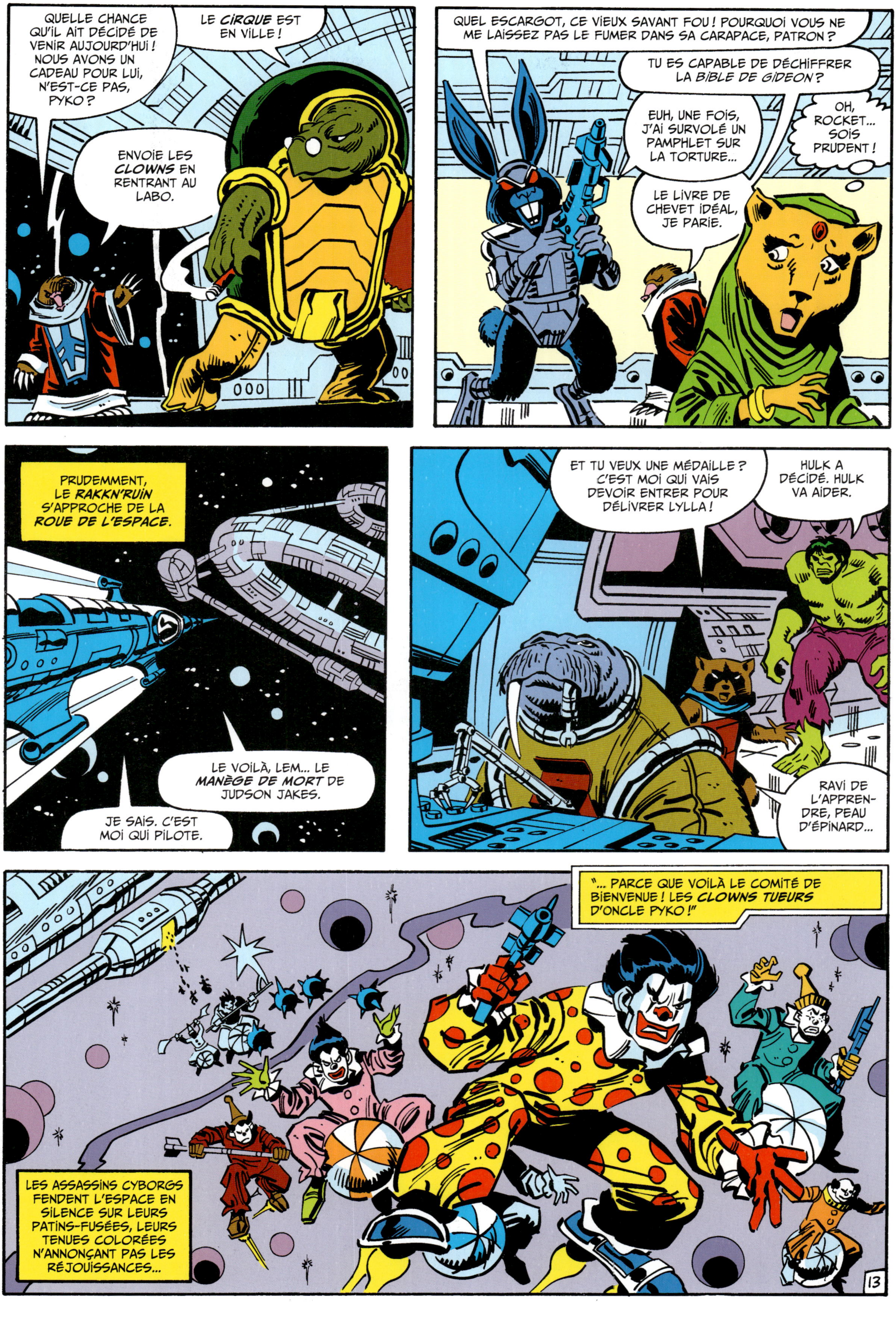

QUELLE CHANCE QU'IL AIT DÉCIDÉ DE VENIR AUJOURD'HUI ! NOUS AVONS UN CADEAU POUR LUI, N'EST-CE PAS, PYKO ?
LE CIRQUE EST EN VILLE !
ENVOIE LES CLOWNS EN RENTRANT AU LABO.
QUEL ESCARGOT, CE VIEUX SAVANT FOU ! POURQUOI VOUS NE ME LAISSEZ PAS LE FUMER DANS SA CARAPACE, PATRON ?
TU ES CAPABLE DE DÉCHIFFRER LA BIBLE DE GIDEON ?
EUH, UNE FOIS, J'AI SURVOLÉ UN PAMPHLET SUR LA TORTURE...
OH, ROCKET... SOIS PRUDENT !
LE LIVRE DE CHEVET IDÉAL, JE PARIE.
PRUDEMMENT, LE RAKKN'RUIN S'APPROCHE DE LA ROUE DE L'ESPACE.
LE VOILÀ, LEM... LE MANÈGE DE MORT DE JUDSON JAKES.
JE SAIS. C'EST MOI QUI PILOTE.
ET TU VEUX UNE MÉDAILLE ? C'EST MOI QUI VAIS DEVOIR ENTRER POUR DÉLIVRER LYLLA !
HULK A DÉCIDÉ. HULK VA AIDER.
RAVI DE L'APPREN-DRE, PEAU D'ÉPINARD...
"... PARCE QUE VOILÀ LE COMITÉ DE BIENVENUE ! LES CLOWNS TUEURS D'ONCLE PYKO !"
LES ASSASSINS CYBORGS FENDENT L'ESPACE EN SILENCE SUR LEURS PATINS-FUSÉES, LEURS TENUES COLORÉES N'ANNONÇANT PAS LES RÉJOUISSANCES...
13

... MAIS LE *MEURTRE* !
MALGRÉ SES ÉCRANS DÉFENSIFS, LE *RAKKN'RUIN* EST MALMENÉ DE TOUTES PARTS !
ILS NE PLAISANTENT PAS !
HULK VEUT SORTIR ET ÉCRASER CLOWNS STUPIDES !
JE NE PENSE PAS QU'ON AIT UNE COMBINAISON À TA TAILLE, HULK !
JE PARIE QUE LA PEAU DE HULK EST ASSEZ SOLIDE POUR RÉSISTER AU FROID DE L'ESPACE.
NON, MAIS ON A UN CASQUE XXL !
ATTENDS, J'ACTIVE TON *INTERCOM-MUNICATEUR* !
HULK A DIT HULK PAS PEUR DE L'ESPACE !
C'EST BIEN, MON GRAND VERT... PARCE QUE C'EST LÀ QU'ON VA ! DÉGOMMER CES *CLOWNS TUEURS* !
ENTRENT DANS L'ARÈNE, *ROCKET RACCOON*...

... ET L'INCROYABLE HULK !
CLOWN A ESSAYÉ DE BLESSER AMIS DE HULK !
HULK TROUVE PAS CLOWNS DRÔLES !
HULK ÉCRASE !
ET ILS SE DÉBROUILLENT BIEN !
MAIS UN ÊTRE AUSSI PUISSANT QUE HULK OBSERVE RAREMENT LES TACTIQUES DE BASE DU COMBAT...
... COMME SURVEILLER SES ARRIÈRES !
D'AUTRES CLOWNS À ÉCRASER ?
HEIN ?
JE DÉTESTE CEUX QUI FRAPPENT EN TRAÎTRE !
ROCKET TIRE BIEN !
C'EST MA SPÉCIALITÉ, MON GARS !
ATTENTION ! UN AUTRE CLOWN DERRIÈRE TOI !
15

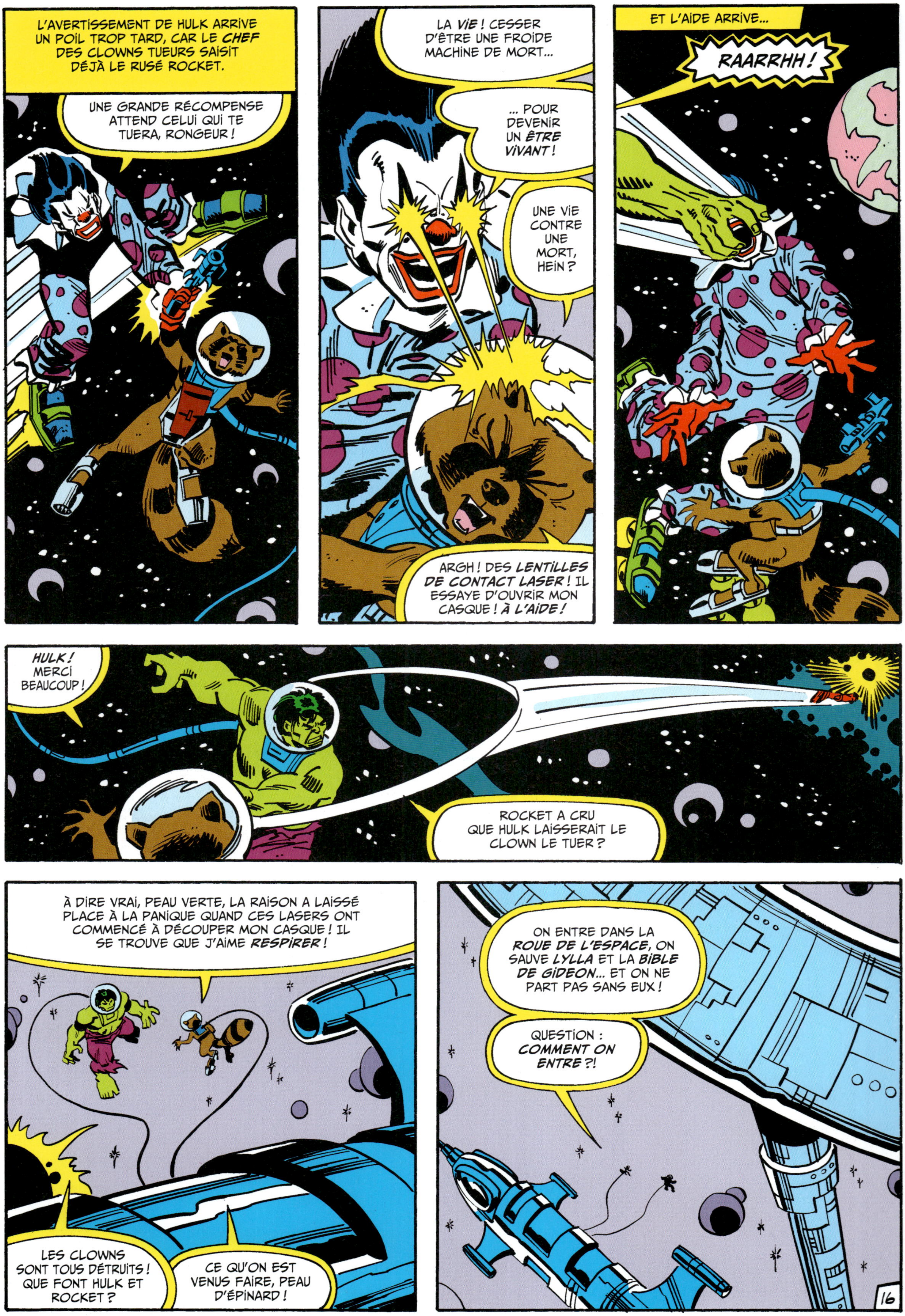

L'AVERTISSEMENT DE HULK ARRIVE UN POIL TROP TARD, CAR LE CHEF DES CLOWNS TUEURS SAISIT DÉJÀ LE RUSÉ ROCKET.
UNE GRANDE RÉCOMPENSE ATTEND CELUI QUI TE TUERA, RONGEUR !
LA VIE ! CESSER D'ÊTRE UNE FROIDE MACHINE DE MORT...
... POUR DEVENIR UN ÊTRE VIVANT !
UNE VIE CONTRE UNE MORT, HEIN ?
ARGH ! DES LENTILLES DE CONTACT LASER ! IL ESSAYE D'OUVRIR MON CASQUE ! À L'AIDE !
ET L'AIDE ARRIVE...
RAARRHH !
HULK ! MERCI BEAUCOUP !
ROCKET A CRU QUE HULK LAISSERAIT LE CLOWN LE TUER ?
À DIRE VRAI, PEAU VERTE, LA RAISON A LAISSÉ PLACE À LA PANIQUE QUAND CES LASERS ONT COMMENCÉ À DÉCOUPER MON CASQUE ! IL SE TROUVE QUE J'AIME RESPIRER !
LES CLOWNS SONT TOUS DÉTRUITS ! QUE FONT HULK ET ROCKET ?
CE QU'ON EST VENUS FAIRE, PEAU D'ÉPINARD !
ON ENTRE DANS LA ROUE DE L'ESPACE, ON SAUVE LYLLA ET LA BIBLE DE GIDEON... ET ON NE PART PAS SANS EUX !
QUESTION : COMMENT ON ENTRE ?!
16

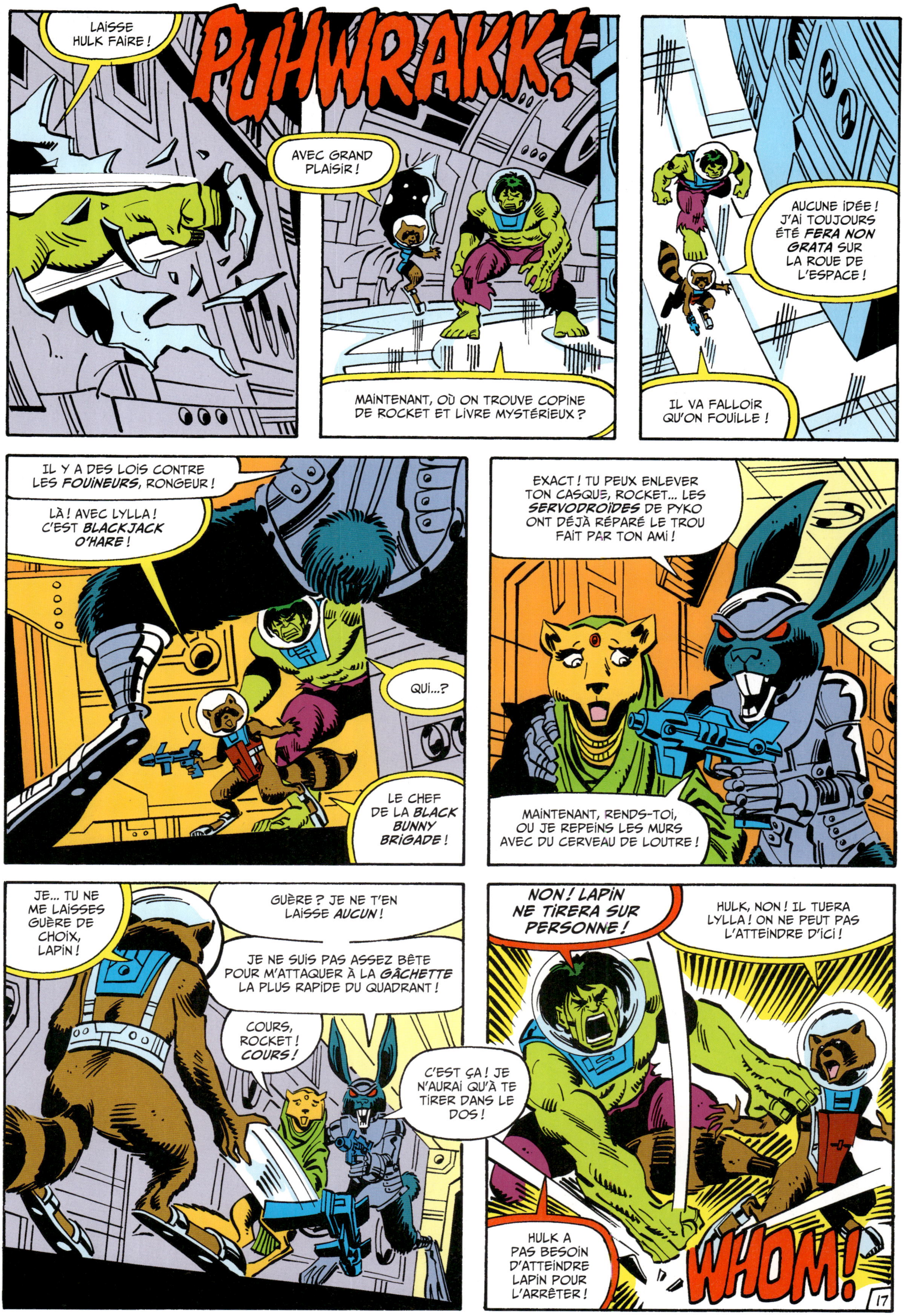

LAISSE HULK FAIRE !
PUHWRAKK !
AVEC GRAND PLAISIR !
MAINTENANT, OÙ ON TROUVE COPINE DE ROCKET ET LIVRE MYSTÉRIEUX ?
AUCUNE IDÉE ! J'AI TOUJOURS ÉTÉ *FERA NON GRATA* SUR LA ROUE DE L'ESPACE !
IL VA FALLOIR QU'ON FOUILLE !
IL Y A DES LOIS CONTRE LES *FOUINEURS*, RONGEUR !
LÀ ! AVEC LYLLA ! C'EST *BLACKJACK O'HARE* !
QUI...?
LE CHEF DE LA *BLACK BUNNY BRIGADE* !
EXACT ! TU PEUX ENLEVER TON CASQUE, ROCKET... LES *SERVODROÏDES* DE PYKO ONT DÉJÀ RÉPARÉ LE TROU FAIT PAR TON AMI !
MAINTENANT, RENDS-TOI, OU JE REPEINS LES MURS AVEC DU CERVEAU DE LOUTRE !
JE... TU NE ME LAISSES GUÈRE DE CHOIX, LAPIN !
GUÈRE ? JE NE T'EN LAISSE *AUCUN* !
JE NE SUIS PAS ASSEZ BÊTE POUR M'ATTAQUER À LA *GÂCHETTE* LA PLUS RAPIDE DU QUADRANT !
COURS, ROCKET ! *COURS* !
C'EST ÇA ! JE N'AURAI QU'À TE TIRER DANS LE DOS !
NON ! LAPIN NE TIRERA SUR PERSONNE !
HULK, NON ! IL TUERA LYLLA ! ON NE PEUT PAS L'ATTEINDRE D'ICI !
HULK A PAS BESOIN D'ATTEINDRE LAPIN POUR L'ARRÊTER !
WHOM !

ET VOILÀ !
WHOA !
N'OUBLIE PAS, BLACKJACK, IL FAUT TOUJOURS SAVOIR OÙ ON MET...
... LES PATTES !
SPOK !
OH, ROCKY, SI TU POUVAIS ENLEVER CE CASQUE, QUE JE T'EMBRASSE !
PLUS TARD, LYLLA ! NOUS DEVONS RÉCUPÉRER LA BIBLE DE GIDEON ET RENTRER AU RAKKN'RUIN !
SUIS-NOUS, HULK !
HULK SUIT...
... MAIS À MI-CHEMIN, UNE LUEUR VERTE FAMILIÈRE ATTIRE SON REGARD...
ENTRE, MON AMI ! JE T'ATTENDAIS !
HEIN ?
TOI... TORTUE ?
INDUBITABLEMENT. JE M'APPELLE PYKO... ONCLE PYKO ! TU RECONNAIS LA PLANÈTE SUR CET ÉCRAN ?
MAISON ! MAISON DE HULK !
JE M'EN DOUTAIS !
CELA DIT, J'AI RAISON SUR TOUT... COMME SUR MON EMPLOYEUR, JUDSON JAKES, QUI L'APPRENDRA UN JOUR À SES DÉPENS !
MAIS CELA T'IMPORTE PEU, NON ? TU VEUX SEULEMENT RENTRER CHEZ TOI, SUR TERRE. EH BIEN JE PEUX ARRANGER CELA, POUR NOTRE BÉNÉFICE COMMUN.

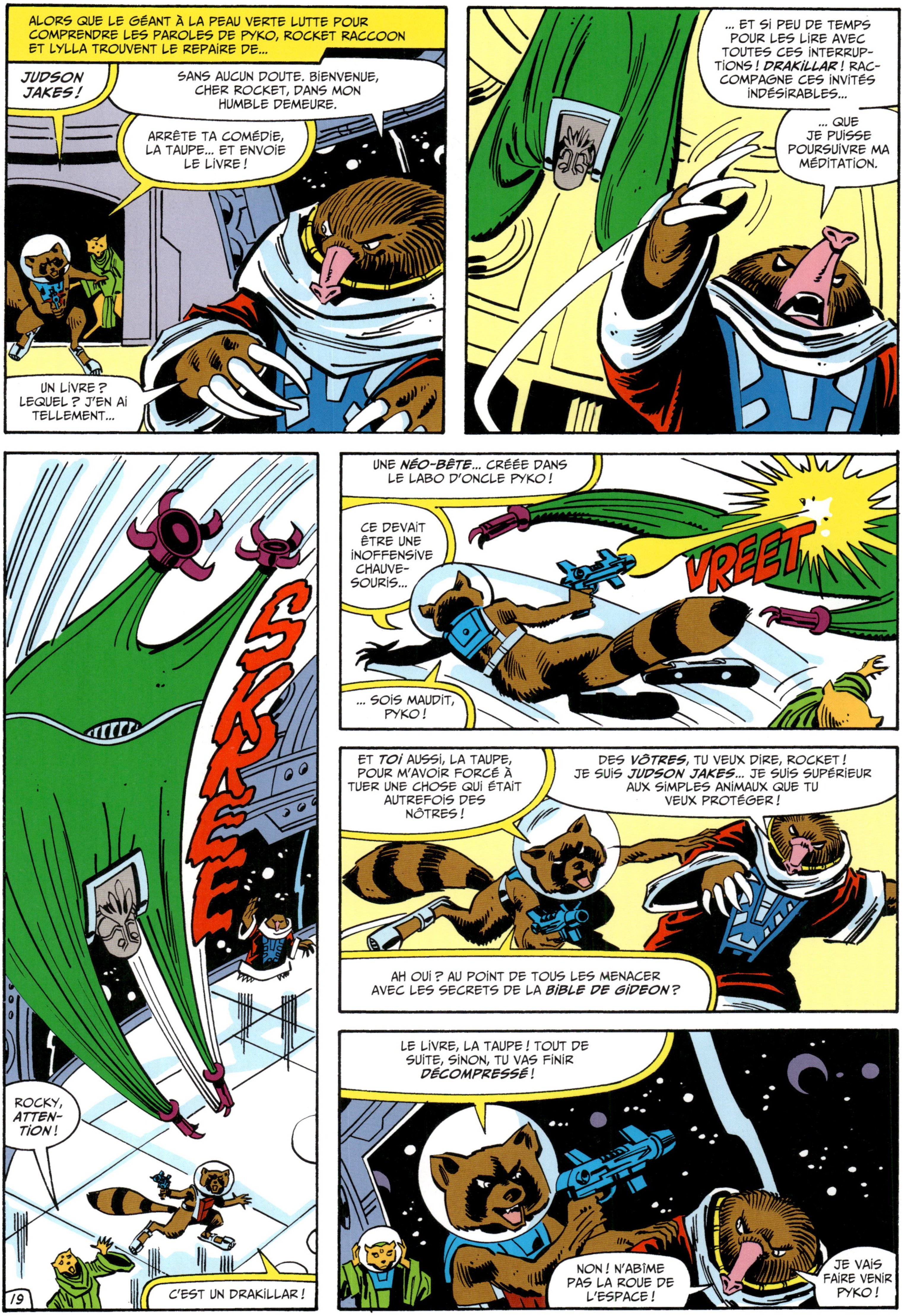
ALORS QUE LE GÉANT À LA PEAU VERTE LUTTE POUR COMPRENDRE LES PAROLES DE PYKO, ROCKET RACCOON ET LYLLA TROUVENT LE REPAIRE DE...
JUDSON JAKES !
SANS AUCUN DOUTE. BIENVENUE, CHER ROCKET, DANS MON HUMBLE DEMEURE.
ARRÊTE TA COMÉDIE, LA TAUPE... ET ENVOIE LE LIVRE !
UN LIVRE ? LEQUEL ? J'EN AI TELLEMENT...
... ET SI PEU DE TEMPS POUR LES LIRE AVEC TOUTES CES INTERRUPTIONS ! DRAKILLAR ! RACCOMPAGNE CES INVITÉS INDÉSIRABLES...
... QUE JE PUISSE POURSUIVRE MA MÉDITATION.
SKREE
ROCKY, ATTENTION !
C'EST UN DRAKILLAR !
UNE NÉO-BÊTE... CRÉÉE DANS LE LABO D'ONCLE PYKO !
CE DEVAIT ÊTRE UNE INOFFENSIVE CHAUVE-SOURIS...
VREET
... SOIS MAUDIT, PYKO !
ET TOI AUSSI, LA TAUPE, POUR M'AVOIR FORCÉ À TUER UNE CHOSE QUI ÉTAIT AUTREFOIS DES NÔTRES !
DES VÔTRES, TU VEUX DIRE, ROCKET ! JE SUIS JUDSON JAKES... JE SUIS SUPÉRIEUR AUX SIMPLES ANIMAUX QUE TU VEUX PROTÉGER !
AH OUI ? AU POINT DE TOUS LES MENACER AVEC LES SECRETS DE LA BIBLE DE GIDEON ?
LE LIVRE, LA TAUPE ! TOUT DE SUITE, SINON, TU VAS FINIR DÉCOMPRESSÉ !
NON ! N'ABÎME PAS LA ROUE DE L'ESPACE !
JE VAIS FAIRE VENIR PYKO !

ET DANS LE LABORATOIRE D'ONCLE PYKO...
BRRZZZZT
AH, LE MAÎTRE DE LA ROUE DE L'ESPACE ME CONVOQUE ! IL A DÛ RECONNAÎTRE SA DÉFAITE, COMME PRÉVU !
JE SAIS TANT DE CHOSES QUE JE DEVRAIS IGNORER... QUI TU ES, D'OÙ TU VIENS, ETC.
PLANÈTE SUR L'ÉCRAN EST *TERRE*, MAISON DE HULK !
C'EST LÀ QUE AMIS DE HULK, *RICK* ET *BETTY*... ATTENDENT HULK !
TORTUE PARLANTE PEUT RENVOYER HULK CHEZ LUI ?
BIEN SÛR ! LE *MUR GALACIEN* QUI ENTOURE LE *QUADRANT DE KEYSTONE* EMPÊCHE SES HABITANTS DE QUITTER CET UNIVERS DE FOUS...
... MAIS AUCUNE BARRIÈRE N'EST INFRANCHISSABLE POUR CELUI QUI S'EST PENCHÉ SUR LES SECRETS DES *PREMIERS*, CELUI QUI COMPREND LES MYSTÈRES DE LA *BIBLE DE GIDEON*...
HULK CROYAIT QUE PERSONNE POUVAIT LIRE LIVRE MYSTÉRIEUX !
PERSONNE SAUF MOI, HULK ! MÊME SI J'AI DÉCOUVERT LA SOLUTION PAR HASARD...
... GRÂCE AUX SOUVENIRS PROFONDÉMENT ENFOUIS DANS LE CERVEAU D'UN *FLIK DE KEYSTONE*. PAUVRE CRÉATURE, ELLE N'A PAS SURVÉCU À L'EXTRACTION !
IL SEMBLE QUE CES POLICIERS DÉRANGÉS DESCENDENT DES *PREMIERS*...
... COMME *TOI*, HULK ! C'EST AINSI QUE J'AI DÉDUIT TA PLANÈTE D'ORIGINE ET COMMENT T'Y RENVOYER !
ET TU *DOIS* RENTRER, HULK ! IL Y A UN ÉQUILIBRE DE POUVOIR DANS LE QUADRANT, ENTRE MA TECHNOLOGIE...
... ET ROCKET RACCOON, AINSI QUE LES AUTRES ANIMAUX. TA FORCE CHANGERAIT CE RAPPORT EN LEUR FAVEUR. JE NE PEUX LE PERMETTRE, ALORS, JE TE RENVOIE CHEZ TOI.
HULK SAIT JUSTE QU'IL N'EST PAS À SA PLACE ! RENVOIE HULK CHEZ LUI, TORTUE PARLANTE !
UN LEVIER EST BAISSÉ...

... ET, AU CŒUR DE LA ROUE DE L'ESPACE, ROCKET RACCOON COMMENCE À CARESSER SA GÂCHETTE.
JE PERDS PATIENCE, JAKES ! LYLLA A ENFILÉ UN CASQUE, ALORS IL N'Y A RIEN QUI M'EMPÊCHE DE TROUER TA JOLIE VUE...
JE T'EN PRIE, ROCKET, C'EST LE PLUS BEAU PANORAMA DE LA ROUE.
ROCKY, C'EST LA TORTUE !
PYKO !
LE LIVRE ! DONNE-LUI LE LIVRE !
LA BIBLE DE GIDEON ? MAIS CERTAINEMENT ! SA PROSE EST IMPÉNÉTRABLE, JE N'Y AI RIEN COMPRIS !
JE CRAINS QU'ELLE NE SOIT JAMAIS UN BEST-SELLER !
Bible de GIDEON
PEUT-ÊTRE PAS, MAIS ELLE SERA EN SÉCURITÉ ET À SA PLACE, DANS LE SANCTUAIRE DU NID DE COUCOU !
UN NOM FORT APPROPRIÉ.
POURQUOI ? PERSONNE NE SAIT CE QUE ÇA VEUT DIRE !
BIEN SÛR QUE NON ! J'AVAIS OUBLIÉ ! REGARDE, TON AMI S'EN VA !
MON AMI...?
OUI ! HULK ! JE CROIS QU'IL S'APPELAIT AINSI.
HULK !
LE RAYON VERT QUI TRAVERSE L'ESPACE NE RÉPOND PAS AU CRI DE ROCKET...
... ET EN UN INSTANT, IL DISPARAIT.
IL EST PARTI... HORS DU QUADRANT DE KEYSTONE ! MAIS COMMENT ?
JE PENSE QUE CE QUI L'A AMENÉ ICI L'EN A AUSSI SORTI !
TU EN SAIS PLUS QUE TU N'EN DIS, TORTUE !
TOUJOURS, MAIS VOUS AVEZ VOTRE LIVRE, ET VOTRE VAISSEAU ATTEND !

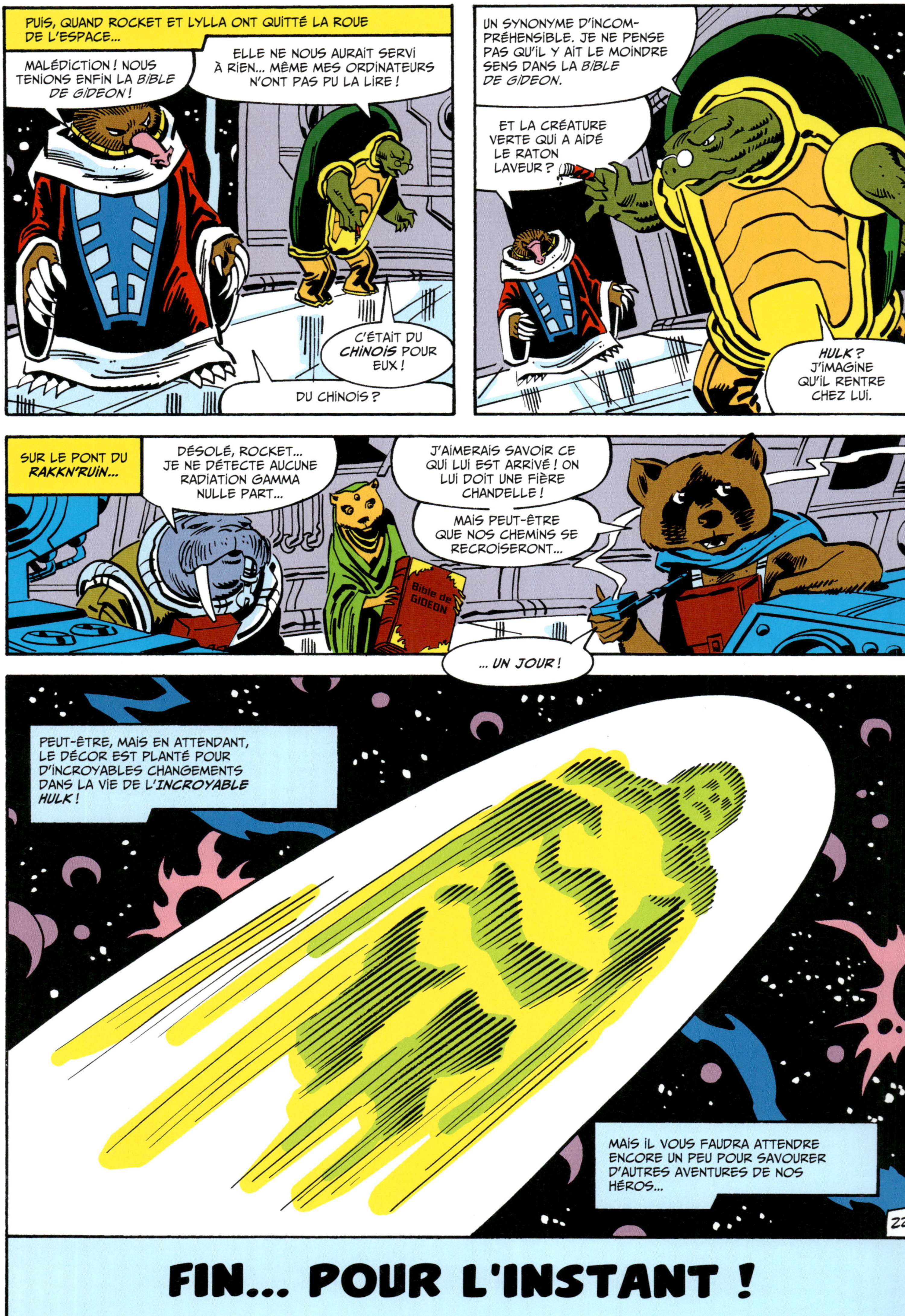
PUIS, QUAND ROCKET ET LYLLA ONT QUITTÉ LA ROUE DE L'ESPACE...
MALÉDICTION ! NOUS TENIONS ENFIN LA *BIBLE DE GIDEON* !
ELLE NE NOUS AURAIT SERVI À RIEN... MÊME MES ORDINATEURS N'ONT PAS PU LA LIRE !
C'ÉTAIT DU *CHINOIS* POUR EUX !
DU CHINOIS ?
UN SYNONYME D'INCOMPRÉHENSIBLE. JE NE PENSE PAS QU'IL Y AIT LE MOINDRE SENS DANS LA *BIBLE DE GIDEON*.
ET LA CRÉATURE VERTE QUI A AIDÉ LE RATON LAVEUR ?
HULK ? J'IMAGINE QU'IL RENTRE CHEZ LUI.
SUR LE PONT DU *RAKKN'RUIN*...
DÉSOLÉ, ROCKET... JE NE DÉTECTE AUCUNE RADIATION GAMMA NULLE PART...
J'AIMERAIS SAVOIR CE QUI LUI EST ARRIVÉ ! ON LUI DOIT UNE FIÈRE CHANDELLE !
MAIS PEUT-ÊTRE QUE NOS CHEMINS SE RECROISERONT...
... *UN JOUR* !
Bible de GIDEON
PEUT-ÊTRE, MAIS EN ATTENDANT, LE DÉCOR EST PLANTÉ POUR D'INCROYABLES CHANGEMENTS DANS LA VIE DE L'*INCROYABLE HULK* !
MAIS IL VOUS FAUDRA ATTENDRE ENCORE UN PEU POUR SAVOURER D'AUTRES AVENTURES DE NOS HÉROS...
22
FIN... POUR L'INSTANT !

MARVEL

Black Panther and the Agents of Wakanda (2019) 1
Couverture variante : **JOHN BUSCEMA**

LES AUTEURS

Né en 1917 à Cambridge, **Bill Everett** est l'un des plus importants pionniers des comics. Il crée le premier super-héros Marvel avec Namor le Prince des Mers, qu'il réalise jusque dans les années 1950. Dans les années 1960, il cocrée également *Daredevil*. Il encre et dessine de nombreux comics pour la Maison des Idées jusqu'à sa mort en 1973.

Considéré comme "le Roi des comics", **Jacob Kurtzberg** dit **Jack Kirby** débute dans l'animation en tant que storyboarder avant de devenir artiste complet de bande dessinée, occupant tour à tour les postes de scénariste, dessinateur, encreur et même éditeur. Jusqu'à son décès en 1994, il crée seul ou en tandem avec Joe Simon ou Stan Lee d'innombrables personnages : de Captain America à Silver Star en passant par les Quatre Fantastiques, les X-Men, Etrigan le Démon ou Darkseid.

Figure incontournable de la maison d'édition Marvel, **Stan Lee**, de son vrai nom Stanley Lieber, occupe le poste de rédacteur en chef de 1941 à 1972. Il écrit son premier récit dans un numéro de *Captain America Comics*, puis devient scénariste. Dans les années 1960, il conçoit avec ses dessinateurs la quasi-intégralité des personnages fondateurs de l'univers Marvel. Il s'éteint en 2018.

Né en Pennsylvanie en 1927, **Steve Ditko** publie ses premiers travaux au début des années 1950 dans des comics d'horreur et fantastiques. Il réalise *Captain Atom* pour Charlton, puis rejoint Marvel où il cocrée Spider-Man et le Dr Strange. Par la suite, il officie sur des titres Charlton, Tower ou DC et invente au passage Blue Beetle ou le Creeper. Actif jusque dans les années 1990, il termine sa carrière dans l'autopublication. Il nous quitte en 2018.

Né en 1931, **Larry Lieber** est le frère cadet de Stan Lee. Scénariste et dessinateur, il fournit de nombreux récits de romance ou de monstres avant de participer à la création de certains héros Marvel, dont Ant-Man et Iron Man. Il dessine ensuite le comic strip de Spider-Man.

Don Heck est un dessinateur né en 1929 qui débute à la fin des années 1940 chez Harvey Comics. Il rejoint l'éditeur Atlas dans les années 1950 et devient l'un des dessinateurs réguliers de Marvel œuvrant sur *Iron Man*, *Avengers*, *X-Men* et bien d'autres. Plus tard, il travaille chez DC sur *Steel* ou *Justice League of America*. Il décède en 1994.

Scénariste prolifique de Timely, **Don Rico** est né en 1925. Après sa carrière dans les comics, il écrit pour la télévision et le cinéma, ainsi que des livres sous plusieurs pseudonymes. Il s'installe à l'époque en Californie et y réside jusqu'à sa mort en 1985.

Lecteur de comics depuis son plus jeune âge, **Roy Thomas** participe aux premiers fanzines. Après avoir rejoint Stan Lee en tant qu'assistant, il lui succède au poste de rédacteur en chef. Il scénarise également de nombreuses séries, comme *Avengers*, *X-Men* ou *Captain Marvel*, et lance des titres licenciés, comme *Conan* ou *Star Wars*. Après un passage chez DC, il revient chez Marvel pour plusieurs séries dont *West Coast Avengers* ou *Thor*.

Gil Kane, de son vrai nom **Eli Katz**, est un dessinateur qui débute à la fin des années 1940. Spécialisé dans le western et la science-fiction, il cocrée pour DC les deuxièmes Green Lantern et Atom. Dans les années 1960, il travaille également pour Marvel sur *Hulk*, *Captain Marvel* ou *Spider-Man* et conçoit ses propres graphic novels. Après une carrière prolifique, Gil Kane meurt en 2000.

Scénariste américain, **Doug Moench** débute dans les années 1970 et connaît un large succès avec sa reprise de *Master of Kung Fu* ainsi qu'avec la création de Moon Knight. Passé chez DC, il y écrit de nombreuses aventures de Batman jusque dans les années 2000, mais aussi *The Spectre*, *Mister Miracle* ou *Blackhawk*.

Né en 1929, **Don Perlin** fait ses premières armes dans les comics à la fin des années 1940. C'est Roy Thomas qui l'embauche pour dessiner *Werewolf by Night*, puis *Ghost Rider* dans les années 1970. Il travaille ensuite dans le domaine des dessins animés avec *Transformers* et des jeux vidéo avec *Turok*.

À la fin des années 1960, **Gerry Conway** livre ses premiers scénarios pour DC Comics, alors qu'il n'a que 16 ans. Quelques années plus tard, pour Marvel, il écrit des épisodes de *Ka-Zar*, *Daredevil* ou *Iron Man*. Il marque de son empreinte *Amazing Spider-Man* en tuant Gwen Stacy et en introduisant le Punisher. Chez DC, on le retrouve également sur *Justice League of America*, ou sa création *Firestorm*.

Né en 1927, **John Buscema** devient, après le départ de Jack Kirby, le dessinateur le plus important de Marvel, au point de réaliser dans les années 1970 un livre intitulé *How to Draw the Marvel Way*. Surnommé "le Michel-Ange des comics", on le retrouve sur des séries aussi variées que *Conan*, *Avengers*, *Fantastic Four* ou *Wolverine*. Il nous quitte en 2002.

Scénariste et éditeur né en 1937, **Archie Goodwin** débute dans les années 1960 en tant qu'assistant pour Leonard Starr. Il travaille ensuite pour Warren, puis pour DC, avec *Detective Comics* et sa série célébrée *Manhunter*. Recruté par Marvel, il occupe le poste de rédacteur en chef. Après avoir quitté cette fonction, il y fonde et dirige le label expérimental Epic. Il revient ensuite chez DC, où il édite des titres tels que *Legends of the Dark Knight* ou *Starman*. Un cancer l'emporte en 1998.

Jeune frère de John Buscema, **Sal Buscema** est l'un des dessinateurs les plus prolifiques de Marvel. Il a illustré de nombreux runs réputés sur *Captain America*, *Incredible Hulk*, *Rom*, *Thor* ou encore *Spectacular Spider-Man*.

Connu pour sa maîtrise des ombres et sa mise en page dynamique voire cinématographique, **Gene Colan** naît en 1926. Il apporte son trait si singulier à des séries comme *Daredevil*, *Captain America* ou *Tomb of Dracula*. Puis, chez DC, il réalise *Night Force*, *Batman* et plusieurs mini-séries. Des problèmes de vue le tiennent à distance plusieurs fois de sa planche à dessin, mais il livre quelques épisodes de *Daredevil* dans les années 1990. Il s'éteint en 2011.

C'est en 1974 que **Bill Mantlo** entre chez Marvel en tant qu'assistant et il appose ses couleurs sur quelques titres. Il devient ensuite scénariste de *Sons of Tiger* dans *Deadly Hands of Kung-Fu*. Spécialiste des épisodes "bouche-trous", Bill Mantlo réalise également des cycles importants sur *Rom*, *Incredible Hulk* ou *Alpha Flight*. En 1992, une voiture le renverse et le paralyse à vie, mettant tragiquement un terme à sa carrière.